文 / 白 / 对 / 照

资治通鑑

第十三册

〔宋〕司马光　　编撰

〔清〕康熙 乾隆　御批

〔清〕申涵煜　　点评

　　萧祥剑　　主编

　　中华文化讲堂　译

团结出版社

目 录

资治通鉴卷第一百五十　梁纪六

起阏逢执徐，尽旃蒙大荒落，凡二年。

【译文】 起甲辰（公元524年），止乙巳（公元525年），共两年。

【题解】 本卷记录了公元524年至525年两年间南梁与北魏两国的大事，正当梁武帝萧衍普通五年、六年。本卷主要记录了北魏政权的严重危机。外部危机主要来自两方面，一方面是民变、兵变，首先起义的是破六韩拔陵，另外是莫折大提与其子莫折念生，还有好几股势力，遍及全国；另一方面是梁朝的边境将领进攻北魏的许多城镇，北魏的边将纷纷向梁国投降。同时北魏政权内部也产生了很大的变化，先是乱臣元叉软禁了胡太后，之后胡太后又夺回政权，消灭了元叉一党，接着胡太后宠幸郑俨、徐纥，二人勾结，群臣依附，北魏朝政更加混乱。还写了在魏国的频繁叛乱中斛律金、尔朱荣、高欢等纷纷崭露头角，为他们日后的叱咤风云做了铺垫。

高祖武皇帝六

普通五年（甲辰，公元五二四年）春，正月，辛丑，魏主祀南郊。

三月，魏以临淮王彧都督北讨诸军事，讨破六韩拔陵。

夏，四月，高平镇民赫连恩等反，推敕勒酋长胡琛为高平

1

王，攻高平镇以应拔陵。魏将卢祖迁击破之，琛北走。

卫可孤攻怀朔镇经年，外援不至，杨钧使贺拔胜诣临淮王
彧告急。胜募敢死少年十馀骑，夜伺隙溃围出，贼骑追及之，胜
曰："我贺拔破胡也。"贼不敢逼。胜见彧于云中，说之曰："怀朔
被围，且夕沦陷，大王今顿兵不进，怀朔若陷，则武川亦危，贼之
锐气百倍，虽有良、平，不能为大王计矣。"彧许为出师，胜还，复
突围而入。钧复遣胜出觇武川，武川已陷。胜驰还，怀朔亦溃，
胜父子俱为可孤所虏。

【译文】普通五年（甲辰，公元524年）春季，正月，辛丑日
（二十日），北魏孝明帝元诩到洛阳的南郊祭祀。

三月，魏国朝廷派临淮王元彧都督北讨诸军事，征讨破六
韩拔陵。

夏季，四月，高平镇百姓赫连恩等人造反，推举敕勒酋长胡
琛为高平王，攻打高平镇来响应破六韩拔陵。北魏将领卢祖迁
将他们打败，胡琛向北方逃走。

卫可孤攻打怀朔镇已经一年，外援一直不来，杨钧派遣贺
拔胜前往临淮王元彧处求援，贺拔胜招募了十几名敢死少年骑
兵，夜晚趁防备松懈突围而出，贼骑追了上来，贺拔胜说："我
是贺拔破胡。"贼骑不敢靠近。贺拔胜在云中见到元彧，向他进
言说："怀朔被贼党包围，现在已经是危在旦夕，大王现在不肯
出兵救援。怀朔倘若失陷，那武川也就危险了，贼党的锐气就会
增加一百倍，就算有张良、陈平，也无法替大王谋划。"元彧答
应他出兵。贺拔胜回来，又突围进入城内。后来杨钧又派遣贺
拔胜出城侦察武川的动静，武川已经失陷。贺拔胜奔驰而回，怀朔
也已经溃败，贺拔胜父子都被卫可孤俘虏。

五月，临淮王彧与破六韩拔陵战于五原，兵败，彧坐削除官爵。安北将军陇西李叔仁又败于白道，贼势日盛。

魏主引丞相、令、仆、尚书、侍中、黄门于显阳殿，问之曰："今寇连恒、朔，逼近金陵，计将安出？"吏部尚书元修义请遣重臣督军镇恒、朔以捍寇。帝曰："去岁阿那瑰叛乱，遣李崇北征，崇上表求改镇为州，朕以旧章难革，不从其请。寻崇此表，开镇户非翼之心，致有今日之患。但既往难追，聊复略论耳。然崇贵戚重望，器识英敏，意欲还遣崇行，何如？"仆射萧宝寅等皆曰："如此，实合群望。"崇曰："臣以六镇遐僻，密迩寇戎，欲以慰悦彼心，岂敢导之为乱！臣罪当就死，陛下赦之；今更遣臣北行，正是报恩改过之秋。但臣年七十，加之疲病，不堪军旅，愿更择贤材。"帝不许。修义，天赐之子也。

◆臣光曰：李崇之表，乃所以销祸于未萌，制胜于无形。魏肃宗既不能用，及乱生之日，曾无愧谢之言，乃更以为崇罪，彼不明之君，乌可与谋哉！《诗》云："听言则对，诵言如醉，匪用其良，覆俾我悖。"其是之谓矣。◆

【译文】五月，临淮王元彧和破六韩拔陵在五原交战中失败，元彧因此被削夺官爵。安北将军陇西人李叔仁也在白道战败，贼寇的势力一天天强大起来。

北魏孝明帝元诩在显阳殿召集丞相、尚书令、尚书仆射、尚书、侍中、黄门，问他们："日前贼寇侵犯恒、朔二地，逼近祖先陵墓金陵，怎么办才好？"吏部尚书元修义建议派遣重臣都督军队镇守恒、朔来抵御敌人，孝明帝元诩说："去年阿那瑰叛乱，派遣李崇北征，李崇上表请求改镇为州，我因为旧制难改，没有听从他的请求。令人没有想到的是李崇这道奏表，开启了镇将与军镇上各级将士的非分之想，因此有现在的祸患，但是已经过去的事情无法弥补，姑且再说一说罢了。然而李崇是贵戚身份，拥有很高的威望，气度、见识英明敏锐，我打算派遣李崇前往，大家觉得怎么样？"仆射萧宝寅等人都说："这样，实在是符合大家的心愿。"李崇说："臣因为六镇位置僻远，和敌对的戎狄相毗邻，打算安抚他们，怎敢诱导他们叛乱？臣的罪应该接受死刑，陛下赦免了，现在又派遣臣北伐，这正是臣立功赎罪的时候。但是臣已经七十岁，加上体弱多病，不能胜任军旅之事，希望另外选派贤才。"孝明帝元诩不同意。元修义是元天赐的儿子。

◆臣司马光说：李崇的奏表，是用来消除祸端在未发生之时，制敌取胜于无形之中。北魏孝明帝元诩既不采用他的建议，等到叛乱发生之后，也没有一点羞愧自责的话，反而认为是李崇的罪过，那种不明白事理的国君，哪里值得为他献计呢！《诗经》说："听言则对，诵言如醉，匪用其良，覆俾我悖。"（顺耳的话就应对，赞美的话就沉醉，不能任用善人，反使我去做悖逆不顺的事情。）说的就是这种人啊！◆

壬申，加崇使持节、开府仪同三司、北讨大都督，命抚军将军崔暹、镇军将军广（安）〔阳〕王深皆受崇节度。深，嘉之子也。

六月，以豫州刺史裴邃督征讨诸军事，以伐魏。

魏自破六韩拔陵之反，二夏、豳、凉，寇盗蜂起。秦州刺史李彦，政刑残虐，在下皆怨。是月，城内薛珍等聚党突入州门，擒彦，杀之，推其党莫折大提为帅，大提自称秦王。魏遣雍州刺史元志讨之。

【译文】壬申日（二十三日），孝明帝元诩加封李崇为使持节、开府仪同三司、北讨大都督，命令抚军将军崔暹、镇军将军广阳王元深都接受李崇的指挥。元深是元嘉的儿子。

六月，梁朝派豫州刺史裴邃都督征讨诸军事，以征讨北魏。

北魏自从破六韩拔陵造反后，二夏、幽、凉等地，盗贼蜂拥而起。秦州刺史李彦，施政苛刻，用刑暴虐，下面的人都怨恨他，这月，城内薛珍等人聚集党羽闯进州府大门，生擒李彦，将他杀了，推举他们的同党莫折大提做统帅，莫折大提自称秦王。北魏派遣雍州刺史元志讨伐莫折大提。

初，南秦州豪右杨松柏兄弟，数为寇盗，刺史博陵崔游诱之使降，引为主簿，接以辞色，使说下群氏，既而因宴会尽收斩之，由是所部莫不猜惧。游闻李彦死，自知不安，欲逃去，未果；城民张长命、韩祖香、孙掩等攻游，杀之，以城应大提。大提遣其党卜胡袭高平，克之，杀镇将赫连略、行台高元荣。大提寻卒，子念生自称天子，置百官，改元天建。

丁酉，魏大赦。

秋，七月，甲寅，魏遣吏部尚书元修义兼尚书仆射，为西道行台，帅诸将讨莫折念生。

崔暹违李崇节度，与破六韩拔陵战于白道，大败，单骑走还。拔陵并力攻崇，崇力战不能御，引还云中，与之相持。

【译文】起初，南秦州的豪族杨松柏兄弟，多次做寇盗，刺史博陵人崔游劝导他，使他投降了朝廷，任用他为主簿，和颜悦色地接待他，派他去游说各部落的氐族人投降，后来却又借着宴会将他们全都逮捕斩首了，因此他的部下无不猜疑害怕。崔游听说李彦被杀的消息后，自知处境危险，想要逃走，没有成功。城民张长命、韩祖香、孙掩等人攻击崔游，将他杀了，献城响应莫折大提。莫折大提派遣他的同党卜胡偷袭高平，将高平攻克，杀死了镇将赫连略、行台高元荣。莫折大提不久去世，他的儿子莫折念生自称天子，设置百官，改年号为天建。

丁酉日（十八日），北魏大赦境内。

秋季，七月，甲寅日（初六），北魏派遣吏部尚书元修义兼尚书仆射，做西道行台，率领诸将征讨莫折念生。

崔暹不听李崇的调度指挥，和破六韩拔陵在白道展开交战，一败涂地，单骑逃回。破六韩拔陵合力攻打李崇，李崇奋力作战，抵挡不住，退回云中，与他展开对峙。

【乾隆御批】 元彧坐失武、怀，不加戮社之罚，虽遣重臣督师，何益！纵而崔暹败北，又以贿免。魏之纲纪陵替极矣。驯至六镇扰攘，迄于灭亡。《易》曰："师出以律否臧凶。"其是之谓乎！

【译文】 元彧坐失武川、怀朔，却不对他加以在社神木主前杀戮的刑罚，虽然派遣重臣去都督军队，又有什么益处！后来崔暹败北，又因为贿赂而免罪。魏国的纲纪已经衰败到了极点。很快就招致六镇纷乱暴动，北魏开始逐渐走向灭亡。《易经》说："军队外出时根据纪律来判断吉凶。"说的就是这种情况吧！

广相王深上言："先朝都平城，以北边为重，盛简亲贤，拥麾作镇，配以高门子弟，以死防遏，非唯不废仕宦，乃更独得复除，当时人物，忻慕为之。太和中，仆射李冲用事，凉州土人悉免斯役；帝乡旧门，仍防边戍，自非得罪当世，莫肯与之为伍。本镇驱使，但为虞候、白直，一生推迁，不过军主；然其同族留京师者得上品通官，在镇者即为清途所隔，或多逃逸。乃峻边兵之格，镇人不听浮游在外，于是少年不得从师，长者不得游宦，独为匪人，言之流涕！自定鼎伊、洛，边任益轻，唯底滞凡才，乃出为镇将，转相模习，专事聚敛。或诸方奸吏，犯罪配边，为之指踪，政以贿立，边人无不切齿。及阿那瑰背恩纵掠，发奔命追之，十五万众度沙漠，不日而还。边人见此援师，遂自意轻中国。尚书令臣崇求改镇为州，抑亦先觉，朝廷未许。而高阙戍主御下失和，拔陵杀之，遂相帅为乱，攻城掠地，所过夷灭，王师屡北，贼党日盛。此段之举，指望销平；而崔暹只轮不返，臣崇与臣逡巡复路，相与还次云中，将士之情莫不解体。今日所虑，非止西北，将恐诸镇寻亦如此，天下之事，何易可量！"书奏，不省。

诏徵崔暹系廷尉；暹以女（岐）〔妓〕、田园赂元叉，卒得不坐。

【译文】广阳王元深上言："先朝建都平城，特别重视北部边境，慎重地选拔亲近而又贤能的人，挂帅担任镇将，用高门子弟相配合，拼死地防备敌人，不但不影响他们的仕宦前途，还可以免除他的赋役，当时的人们，乐于担任守边职责。太和年间，仆射李冲掌权，凉州士人全部免除服役，至于京师的高门大姓，仍旧防守边塞，假如不是得罪了当权者，没有人愿意加入其中。这些人到了边关，受镇将差遣，只是当虞候、白直，一生迁升的最高职位，不过军主，然而他的同族留在京师的却能做到上品显官，在镇的却被排除在清流之外，逃亡的人很多。于是朝廷严定边兵的纪律，镇人不可以在外面游荡，因而少年无法跟随老师学习，成年以后无法到外边做事，受到非人看待，说起来令人落泪！自从迁都洛阳以后，边疆的职务更加被看轻，只有长期不能升迁的平庸之才，才外放为镇将，这些人互相模仿，专门从事于聚敛财物。或者各地方的奸吏，因犯了罪流放边疆，有人替他们出谋划策、指出道路，于是他们的官位也就借着钱财办成了，边民无不切齿痛恨。等到阿那瑰背叛恩德随意劫掠，发动大军追击，十五万部队越过沙漠，没几天就回来了。边人看见这样的援军，心中就有些看不起他们。担任尚书令的大臣李崇请求改镇为州，可算是先觉，却没有获得朝廷准许。而高阙戍主统御部下有失和气，破六韩拔陵把他杀了，于是相继作乱，攻城掠地，所过之处屠杀无算，朝廷的军队多次战败，贼党日益强大。这次兴兵，可望把它踏平，可是，崔暹全军覆没，李崇和我徘徊难进，共同班师驻扎云中，将士的斗志一落千丈。今日所忧虑的，不只是西北，恐怕其余诸镇不久也会这样，天下的事情，岂是容易预料的！"书奏呈上去，没有得到任何回音。

孝明帝元诩下诏征召崔暹回朝，扣押在廷尉处，崔暹用女妓、田园贿赂元乂，终于能够不被判罪。

丁丑，莫折念生遣其都督杨伯年等攻仇鸠、河池二戍，东益州刺史魏子建遣将军伊祥等击破之，斩首千馀级。东益州本氐王杨绍先之国，将佐皆以城民劲勇，二秦反者皆其族类，请先收其器械，子建曰："城民数经行阵，抚之足以为用，急之则腹背为患。"乃悉召城民，慰谕之，既而渐分其父兄子弟外戍诸郡，内外相顾，卒无叛者。子建，兰根之族兄也。

魏凉州幢帅于菩提等执刺史宋颖，据州反。

【译文】丁丑日（二十九日），莫折念生派遣他的都督杨伯年攻打仇鸠、河池两个据点，东益州刺史魏子建派遣将军伊祥等人将他打败，斩首一千多人。东益州本来是氐王杨绍先的领地，将佐都认为城民刚劲勇敢，秦州和南秦州造反的都是他们的族类，请求先没收他们的兵器。魏子建说："城中百姓多次经历战斗,安抚他们可以被我们所用,逼迫他们就会使我们腹背受敌。"于是将城民召集来,加以抚慰劝诱,不久逐渐将他们的父子兄弟分开去诸郡戍守,内外相顾,终于没有背叛的人。魏子建是魏兰根的族兄。

北魏凉州幢帅于菩提等人拘押了刺史宋颖,占据凉州而造反。

八月,庚寅,徐州刺史成景俊拔魏童城。

魏员外散骑侍郎李苗上书曰:"凡食少兵精,利于速战;粮多卒众,事宜持久。今陇贼猖狂,非有素蓄,虽据两城,本无德义,其势在于疾攻,日有降纳,迟则人情离沮,坐待崩溃。夫飚至风举,逆者求万一之功;高壁深垒,王师有全制之策。但天下久泰,人不晓兵,奔利不相待,逃难不相顾,将无法令,士非教习,不思长久之计,各有轻敌之心。如令陇东不守,汧军败散,则两秦遂强,三辅危弱,国之右臂于斯废矣。宜勒大将坚壁勿战,别命偏裨帅精兵数千出麦积崖以袭其后,则汧、岐之下,群妖自散。"

【译文】八月,庚寅日(十二日),梁朝徐州刺史成景俊攻陷了北魏的童城。

北魏员外散骑侍郎李苗上书说:"粮少兵精,以速战速决较有利;粮多兵众,就可以进行持久战。现在陇地贼寇猖狂,并没有什么实力,虽然占据了两个城池,本来没有道德正义可言,他们的情势利在快攻,以便每天有投降的人;行动迟缓就会人心离散,士气消沉,等待崩溃而已。叛军的兴起好像风起云涌,造反的人追求万分之一的成功机会;面对急于求胜的叛军,王师有全胜的策略。但是天下长久泰平,人民不熟悉战事,追逐利益时不能互相等待,逃难时又不能互相照顾,将帅没有法令,士兵不经教习，不思虑长久的计策，各自有轻敌的心理。假如陇东陷入叛贼之手，雍州刺史元志的军队也战败溃散，于是莫折念生旗下的秦州与南秦州的叛军势力将更加强大，长安一带朝廷统治的地方就显得很危险、力量很薄弱，国家的右臂因此就被废掉了。应当敕令大将坚守壁垒，不要出战，另外命令偏将率领精兵数千人从麦积崖偷袭他们的身后，那么汧河、岐原一带地区的那些叛贼就会自行溃散。”

魏以苗为统军，与别将淳于诞俱出梁、益，隶魏子建。未至，莫折念生遣其弟高阳王天生将兵下陇。甲午，都督元志与战于陇口，志兵败，弃众东保岐州。

东西部敕勒皆叛魏，附于破六韩拔陵，魏主始思李崇及广阳王深之言。丙申，下诏：“诸州镇军贯非有罪配隶者，皆免为民。”改镇为州，以怀朔镇为朔州，更命朔州白云州。遣兼黄门侍郎郦道元为大使，抚慰六镇。时六镇已尽叛，道元不果行。

先是，代人迁洛者，多为选部所抑，不得仕进。及六镇叛，元乂乃用代来寒人为传诏以尉悦之。廷尉评代人山伟奏记，称乂德美，乂擢伟为尚书二千石郎。

【译文】北魏派李苗做统军，与别将淳于诞一起出兵梁、益，还没有到达，莫折念生派遣他的弟弟高阳王莫折天生率兵前来陇坻，甲午日（十六日），都督元志和莫折天生在陇口交战，元志战败，抛弃军队往东边退守岐州。

东部与西部的敕勒部都背叛了北魏，归顺破六韩拔陵，北魏孝明帝元诩这时才想起了李崇与广阳王元深的话。丙申日（十八日），孝明帝元诩下诏：“所有州镇的军籍，凡不是因为有罪而流放服役的，一律解除成为百姓。”同时改镇为州，将怀朔镇改为朔州，接着又将朔州更名为云州。派遣黄门侍郎郦道元做大使，宣抚安慰六镇。这时六镇已经全部叛乱，郦道元最终没有去成。

先前，代人移居洛阳的，往往被礼部所压制，不能进入官场为官。等到六镇叛乱，元乂于是起用代地迁来的人作传诏来安抚讨好他们。担任廷尉评的代郡人山伟上奏章，为元乂歌功颂德，元乂提升山伟做尚书省享受二千石俸禄的郎官。

【乾隆御批】 魏自迁洛失策，边防不复措意。镇将之选，皆不得人，此致乱原本。然既有跋扈，亦惟正名致讨毋失事。会乃因其方叛而免军为民，改镇为州，又何怪乎太阿倒持寇仇接迹也哉？

【译文】 魏国自从迁都洛阳失算，边防就不再尽如人意。镇将没有合适的人选，这是致乱的根本。然而既然有人专横跋扈，唯有不失时机地加以讨伐正名。直到那些地方发生叛乱才免军为民，改镇为州，又怎么能怪大权外流，自己反受其害，而仇敌接踵而来呢？

秀容人乞伏莫于聚众攻郡，杀太守；丁酉，南秀容牧子万于乞真反，杀太仆卿陆延，秀容酋长尔朱荣讨平之。荣，羽健之玄孙也。其祖代勤，尝出猎，部民射虎，误中其髀，代勤拔箭，不复推问，所部莫不感悦。官至肆州刺史，赐爵染郡公，年九十馀而卒；子新兴立。新兴时，畜牧尤蕃息，牛羊驼马，色别为群，弥漫川谷，不可胜数。魏每出师，新兴辄献马及资粮以助军，高祖嘉之。新兴老，请传爵于子荣，魏朝许之。荣神机明决，御众严整。时四方兵起，荣阴有大志，散其畜牧资财，招合骁勇，结纳豪杰，于是侯景、司马子如、贾显度及五原段荣、太安窦泰皆往依之。显度，显智之兄也。

戊戌，莫折念生遣都督窦双攻魏盘头郡，东益州刺史魏子建遣将军窦念祖击破之。

【译文】秀容人乞伏莫于聚合百姓攻击郡城，杀了太守。丁酉日（十九日），南秀容的放牧者万于乞真杀了太仆卿陆延，秀容酋长尔朱荣讨伐平定了这场叛乱。尔朱荣是尔朱羽健的玄孙。他的祖父尔朱代勤，有一回出去打猎，他部落中的百姓射杀老虎，误中了尔朱代勤的大腿，尔朱代勤将箭拔出，不再追究，他的部下莫不心悦诚服。尔朱代勤官做到肆州刺史，赐爵梁郡公，九十多岁才去世，他的儿子尔朱新兴继承了爵位。尔朱新兴做酋长时期，畜牧尤其繁殖众多，驼马牛羊，因颜色不同而各自成群，弥漫在山谷之中，数目多得没有办法计算。

北魏每次出师，尔朱新兴往往贡献马匹以及物资粮草来帮助军队，高祖元宏为此称赞勉励他。尔朱新兴年老，请求传让爵位给他的儿子尔朱荣，北魏准许了他的请求。尔朱荣洞若先机，明断果决，统御部下纪律严整。这时四方兵起，尔朱荣暗中有大志，散尽他的畜牧资财，用来招聚壮士，结交豪杰，于是侯景、司马子如、贾显度以及五原人段荣、太安人窦泰都前往投奔他。贾显度是贾显智的哥哥。

戊戌日（二十日），莫折念生派遣都督窦双进攻北魏盘头郡，东益州刺史魏子建派遣将军窦念祖将他打败。

九月，戊申，成景俊拔魏睢陵。戊午，北兖州刺史赵景悦围荆山。裴邃帅骑三千袭寿阳，壬戌夜，斩关而入，克其外郭。魏扬州刺史长孙稚御之，一日九战，后军蔡秀成失道不至，邃引兵还。别将击魏淮阳，魏使行台郦道元、都督河间王琛救寿阳，安乐王鉴救淮阳。鉴，诠之子也。

魏西道行台元修义得风疾，不能治军。壬申，魏以尚书左仆射齐王萧宝寅为西道行台大都督，帅诸将讨莫折念生。

宋颖密求救于吐谷浑王伏连筹，伏连筹自将救凉州，于菩提弃城走，追斩之。城民越天安等复推宋颖为刺史。

【译文】 九月，戊申日（初一），成景俊攻陷北魏的睢陵。戊午日（十一日），北兖州刺史赵景悦围攻荆山。裴邃率领骑兵三千人袭击寿阳，壬戌日（十五日）的晚上，打破城门攻了进去，占领了寿阳的外城。北魏扬州刺史长孙稚抵御他，一天交战了九次，后援的军队蔡秀成迷失道路，没能够及时赶到，裴邃只好率兵退出寿阳。梁朝所派遣的别将攻打北魏的淮阳，北魏派遣行台郦道元、都督河间王元琛援救寿阳，安乐王元鉴救援淮阳。元鉴是元诠的儿子。

北魏西道行台元修义得了风疾，无法指挥军队。壬申日（二十五日），北魏派尚书左仆射齐王萧宝寅做西道行台大都督，率领诸将征讨莫折念生。

宋颖秘密地向吐谷浑王伏连筹求救，伏连筹率兵援救凉州，于菩提弃城逃跑，伏连筹追上将他杀了。城民赵天安等人又推举宋颖做刺史。

河间王琛军至西硖石，解涡阳围，复荆山戍。青、冀二州刺史王神念与战，为琛所败。冬，十月，戊寅，裴邃、元树攻魏建陵城，克之，辛巳，拔曲木，扫虏将军彭宝孙拔琅邪。

魏营州城民刘安定、就德兴执刺史李仲遵，据城反。城民王恶儿斩安定以降；德兴东走，自称燕王。

胡琛遣其将宿勤明达寇幽、夏、北华三州，壬午，魏遣都督北海王颢帅诸将讨之。颢，详之子也。

甲申，彭宝孙拔檀丘。辛卯，裴邃拔狄城；丙申。又拔甓城，进屯黎浆。壬寅，魏东海太守韦敬欣以司吾城降。定远将军曹世宗拔曲阳；甲辰，又拔秦墟，魏守将多弃城走。

魏使黄门侍郎卢同持节诣营州慰劳，就德兴降而复反。诏以同为幽州刺史兼尚书行台，同屡为德兴所败而还。

【译文】 河间王元琛的军队到达西硖石，解除了涡阳的围困，收复了荆山军事据点。青、冀两州刺史王神念和他交战，被元琛打败。冬季，十月，戊寅日（初一），裴邃与元树攻打北魏的建陵城，将它攻克，辛巳日（初四），攻占了曲木，扫虏将军彭宝孙攻克了琅邪。

北魏营州的百姓刘安定、就德兴抓捕了刺史李仲遵，占据城池造反。城民王恶儿杀了刘安定而投降官府，就德兴向东边逃走，自称燕王。

胡琛派遣手下将领宿勤明达侵扰豳、夏、北华三个州，北魏派遣都督北海王元颢率领诸将讨伐他。元颢是元详的儿子。

甲申日（初七），梁朝彭宝孙攻陷了檀丘。辛卯日（十四日），裴邃攻克了狄城，丙申日（十九日），又攻占了甓城，进兵驻扎在黎浆。壬寅日（二十五日），北魏东海太守韦敬欣献上司吾城投降。定远将军曹世宗攻克曲阳，甲辰日（二十七日），又攻占秦墟，北魏的守将大多弃城逃跑。

北魏派遣黄门侍郎卢同手持符节前往营州慰劳投降朝廷的就德兴，就德兴投降后不久又再次叛变。孝明帝元诩下诏任命卢同为幽州刺史兼尚书行台，卢同多次被就德兴打败而撤回。

魏朔方胡反，围夏州刺史源子雍，城中食尽，煮马皮而食之，众无贰心，子雍欲自出求粮，留其子延伯守统万，将佐皆曰：

"今四方离叛，粮尽援绝，不若父子俱去。"子雍泣曰："吾世荷国恩，当毕命此城；但无食可守，故欲往东州为诸君营数月之食，若幸而得之，保全必矣。"乃师羸弱诣东夏州运粮，延伯与将佐哭而送之。子雍行数日，胡帅曹阿各拔邀击，擒之。子雍潜遣人赍书，敕城中努力固守。阖城忧惧，延伯谕之曰："吾父吉凶不可知，方寸焦烂。但奉命守城，所为者重，不敢以私害公。诸君幸得此心。"于是众感其义，莫不奋励。子雍虽被擒，胡人常以民礼事之，子雍为陈祸福，劝阿各拔降。会阿各拔卒，其弟桑生竟帅其众随子雍降。子雍见行台北海王颢，具陈诸贼可灭之状，颢给子雍兵，令其先驱。时东夏州阖境皆反，所在屯结，子雍转斗而前，九旬之中，凡数十战，遂平东夏州，徵税粟以馈统万，二夏由是获全。子雍，怀之子也。

【译文】北魏朔方的胡人造反，围攻夏州刺史源子雍，城中的粮食吃光了，煮马皮来吃，众人都没有背叛的二心。源子雍打算出城去寻找粮食，留下他的儿子源延伯守卫统万，将佐们都说："现在四方都叛乱离心，粮尽援绝，不如父子一同离去。"源子雍流着眼泪说："我历代受到国家的厚恩，应当和这座城共存亡，只是因为没有粮食可资防守，所以想要前往东州，为诸君筹集几个月的供给，假如幸运地获得了，保全城池是一定没有问题的。"于是率领羸弱士兵前往东夏州运粮，源延伯与诸将哭着送他出发。源子雍走了几天，胡人的将领曹阿各拔半路截击他，把他活捉了。源子雍暗中派人传送书信，敕令城中努力坚守。全城的人都担心害怕，源延伯劝他们说："我父亲生死如何还不知道，我的内心焦急万分。只是因为奉命守城，责任重大，不敢因私废公。希望诸君能懂得我的心意。"于是大家都被他的高义所感动，无不奋发勉励。源子雍虽然被擒，胡人经常以属下百姓对待长官的礼节对待他，源子雍向他们分析祸福关系，劝导阿各拔投降。恰好阿各拔去世，他的弟弟桑生终于率领他的部属跟随源子雍投降。源子雍参见行台北海王元颢，详细陈述贼寇可以消灭的情形，元颢交付源子雍一支军队，命令他担任先锋。这时东夏州全境都反叛了，到处集结乱党，源子雍一边战斗一边前进，九十天中，作战几十次，终于平定东夏州，征收税粟来供应统万城的粮食，夏州和东夏州因此获得保全。源子雍是源怀的儿子。

魏广阳王深上言："今六镇尽叛，高车二部亦与之同，以此疲兵击之，必无胜理。不若选练精兵守恒州诸要，更为后图。"遂与李崇引兵还平城。崇谓诸将曰："云中者，白道之冲，贼之咽喉，若此地不全，则并、肆危矣。当留一人镇之，谁可者？"众举费穆，崇乃请穆为朔州刺史。

贺拔度拔父子及武川宇文肱纠合乡里豪杰，共袭卫可孤，杀之；度拔寻与铁勒战死。肱，逸豆归之玄孙也。

李崇引国子博士祖莹为长史；广阳王深奏莹诈增首级，盗没军资，莹坐除名，崇亦免官削爵徵还。深专总军政。

莫折天生进攻魏歧州，十一月，戊申，陷之，执都督元志及刺史裴芬之，送莫折念生，杀之。念生又使卜胡等寇泾州，败光禄大夫薛峦于平凉东。峦，安都之孙也。

【译文】北魏广阳王元深上书给孝明帝元诩说："现在六镇全都背叛，高车两部也与六镇一样，利用这些疲乏的军队攻打他们，一定无法获胜。不如选练精兵防守恒州各重要据点，再作其他的考虑。"于是与李崇率领军队回到平城。李崇对诸将说："云中是白道的要冲，贼寇的咽喉，假如此地不能保全，那么并、肆两地就危急了。应该留一人镇守才好,哪一位可以呢?"众人推举费穆,李崇于是奏请费穆做朔州刺史。

贺拔度拔父子以及武川人宇文肱聚集乡里的豪杰,一同偷袭卫可孤,将卫可孤杀了。贺拔度拔不久在和敕勒交战中战死。宇文肱是宇文逸豆归的玄孙。

李崇举荐国子博士祖莹做长史,广阳王元深上奏弹劾祖莹谎报杀敌人数,盗没军资,祖莹因罪被除去名籍,李崇也被罢免官职,削夺爵位,召回京师。元深一个人总揽军政大权。

莫折天生进攻北魏的岐州,十一月,戊申日(初二),他们攻陷了岐州,俘虏了都督元志和刺史裴芬之,送交莫折念生,莫折念生将他们杀了。莫折念生又派卜胡等人侵扰泾州,在平凉东边将光禄大夫薛峦打败。薛峦是薛安都的孙子。

丙辰,彭宝孙拔魏东莞。壬戌,裴邃攻寿阳之安城,丙寅,马头、安城皆降。

高平人攻杀卜胡,共迎胡琛。

魏以黄门侍郎杨昱兼侍中,持节监北海王颢军,以救豳州,豳州围解。蜀贼张映龙、姜神达攻雍州,雍州刺史元修义请援,一日一夜,书移九通。都督李叔仁迟疑不赴,昱曰:"长安,关中基本,若长安不守,大军自然瓦散,留此何益?"遂与叔仁进击之,斩神达,馀党散走。

【译文】 丙辰日(初十),梁朝彭宝孙攻陷了北魏的东莞。壬戌日(十六日),裴邃攻打寿阳的安城。丙寅日(二十日),马头、安城都向梁军投降。

高平人攻打卜胡,将卜胡杀死,然后一起迎接胡琛。

北魏任命黄门侍郎杨昱兼侍中,持节监督北海王元颢的军队，援救幽州，幽州的围困解除。蜀地的贼寇张映龙、姜神达攻打雍州，雍州刺史元修义请求援军，一天一夜，连续传送了九道告急文书。都督李叔仁迟疑不决，杨昱说："长安是关中的根本，假如长安守不住，大军就要四散瓦解，留着他们有何用处呢？"于是与李叔仁进兵攻打张映龙、姜神达，杀了姜神达，其余的贼党全都四散逃跑。

十二月，戊寅，魏荆山降。

壬辰，魏以京兆王继为太师、大将军，都督西道诸军以讨莫折念生。

乙巳，武勇将军李国兴攻魏平静关；辛丑，信威长史杨乾攻武阳关；任寅，攻岘关；皆克之。国兴进围郢州，魏郢州刺史裴询与蛮酋西郢州刺史田朴特相表里以拒之。围城近百日，魏援军至，国兴引还。询，骏之孙也。

【译文】十二月，戊寅日（初二），北魏的荆山城向梁军投降。

壬辰日（十六日），北魏任命京兆王元继为太师、大将军，都督西道各军征讨莫折念生。

乙巳日（二十九日），梁朝武勇将军李国兴攻打北魏的平靖关；辛丑日（二十五日），信威长史杨乾攻打武阳关；壬寅日（二十六日），进攻岘关，梁军将这三关全部攻克。李国兴进兵包围郢州，北魏郢州刺史裴询与蛮酋西郢州刺史田朴特互相为外援进行抵抗。包围了郢州城将近一百天，北魏的援军到来之后，李国兴率兵退回。裴询是裴骏的孙子。

魏汾州诸胡反；以章武王融为大都督，将兵讨之。

18

魏魏子建招谕南秦诸氐，稍稍降附，遂复六郡十二戍，斩贼帅韩祖香。魏以子建兼尚书，为行台，刺史如故，梁、巴、二益、二秦诸州皆受节度。

莫折念生遣兵攻凉州，城民赵天安复执刺史以应之。

是岁，侍中、太子詹事周舍坐事免，散骑常侍钱唐朱异代掌机密，军旅谋议，方镇改易，朝仪诏敕，皆典之。异好义义，多艺能，精力敏赡，上以是任之。

【译文】北魏汾州的各部匈奴人造反，北魏派章武王元融做大都督，率兵征讨他们。

北魏魏子建招抚南秦州的诸氐族，氐族渐渐投降归顺，于是收复了六郡十二戍，杀了韩祖香。北魏任命魏子建兼尚书，任行台，刺史的职位照旧，梁、巴、二益、二秦各州都接受他的指挥调遣。

莫折念生派兵进攻凉州，城中百姓赵天安活捉了刺史来响应他。

这一年，梁朝侍中、太子詹事周舍因为受到牵连而被免官，散骑常侍钱塘人朱异接替他掌管机密大事，凡是有关军事方面的出谋划策，各州文武长官的任免，以及朝廷礼仪诏令等都由他主管。朱异爱好文章义理，多才多艺，精力充沛，梁武帝萧衍因此重用他。

普通六年（乙巳，公元五二五年）春，正月，丙午，雍州刺史晋安王纲遣安北长史柳浑破魏南乡郡；司马董当门破魏晋城，庚戌，又破马圈、雕阳二城。

辛亥，上祀南郊，大赦。

魏徐州刺史元法僧，素附元叉，见叉骄恣，恐祸及己，遂谋反。魏遣中书舍人张文伯至彭城，法僧谓曰："吾欲与汝去危就安，能从我乎？"文伯曰："我宁死见文陵松柏，安能去忠义而从叛逆乎！"法僧杀之。庚申，法僧杀行台高谅，称帝，改元天启，立诸子为王。魏发兵击之，法僧乃遣其子景仲来降。

【译文】 普通六年（乙巳，公元525年）春季，正月，丙午日（初一），梁朝雍州刺史晋安王萧纲派遣安北长史柳浑攻克了北魏的南乡郡；司马董当门攻破了北魏的晋城。庚戌日（初五），又攻克了马圈、雕阳两座城。

辛亥日（初六），梁武帝萧衍到建康城的南郊祭祀，大赦天下。

北魏徐州刺史元法僧，一向依附于元叉，看见元叉骄横放纵，担心灾祸牵连到自己，于是图谋叛乱。北魏派遣中书舍人张文伯来到彭城，元法僧对他说："我打算和你一起远离危险而处于平安无事之地，你能追随我吗？"张文伯说："我宁愿死了去见孝文帝拓跋宏陵墓上的松柏，怎能背弃忠义去追随叛逆呢？"元法僧将他杀了。庚申日（十五日），元法僧杀了行台高谅，自行称帝，改年号为天启，封诸子为王。北魏发兵攻打他，元法僧于是派遣他的儿子元景仲来到梁朝请求投降。

安东长史元显和，丽之子也，举兵与法僧战；法僧擒之，执其手，命其共坐，显和不肯，曰："与翁皆出皇家，一朝以地外叛，独不畏良史乎！"法僧犹欲慰谕之，显和曰："我宁死为忠鬼，不能生为叛臣。"乃杀之。

上使散骑常侍朱异使于法僧，以宣城太守元略为大都督，与将军义兴陈庆之、胡龙牙、成景俊等将兵应接。

【译文】 安东长史元显和，是元丽的儿子，发兵与元法僧作战，元法僧把他活捉了，拉着他的手，命令他一起坐，元显和不肯，说："我与你都是出于皇族，现在你据地外叛，难道就不怕丑行记入史书吗？"元法僧还想要招抚他，元显和说："我宁愿死了做忠义之鬼，不愿活着当叛逆之臣。"元法僧就把他杀了。

梁武帝萧衍派遣散骑常侍朱异为使者到元法僧那里，又任命宣城太守元略做大都督，和将军义兴人陈庆之、胡龙牙、成景俊等人率领军队接应。

莫折天生军于黑水，兵势甚盛。魏以岐州刺史崔延伯为征西将军、西道都督，帅众五万讨之。延伯与行台萧宝寅军于马嵬。延伯素骁勇，宝寅趣之使战，延伯曰："明晨为公参贼勇怯。"乃选精兵数千西渡黑水，整陈进向天生营；宝寅军于水东，遥为继援。延伯直抵天生营下，扬威胁之，徐引兵还。天生见延伯众少，开营争逐之，其众多于延伯十倍，蹙延伯于水次，宝寅望之失色。延伯自为后殿，不与之战，使其众先渡，部伍严整，天生兵不敢击。须臾，渡华，延伯徐渡，天生之众亦引还。宝寅喜曰："崔君之勇，关、张不如。"延伯曰："此贼非老奴敌也，明公但安坐，观老奴破之。"癸亥，延伯勒兵出，宝寅举军继其后。天生悉众逆战，延伯身先士卒，陷其前锋，将士尽锐竞进，大破之，俘斩十馀万，追奔至小陇，岐、雍及陇东皆平。将士稽留采掠，天生遂塞陇道，由是诸军不能进。

【译文】莫折天生屯驻在黑水，兵势很强盛。北魏派岐州刺史崔延伯做征西将军、西道都督，率兵五万人征讨他。崔延伯与行台萧宝寅屯驻在马嵬。崔延伯一向骁勇，萧宝寅催促他前去交战，崔延伯说："明天早上我为你考验贼寇是勇敢还是怯懦。"于是选了精兵几千人向西渡过黑水，摆好阵势向莫折天生的营垒前进；萧宝寅驻扎在黑水东边，远远地做接应。崔延伯一直到达莫折天生营下，向贼寇示威，慢慢地率兵退回。莫折天生的部队看见崔延伯人少，争先出垒追逐他，人数超过崔延伯十倍，将崔延伯逼到水边，萧宝寅远远望见，大惊失色。崔延伯担任殿后，不与贼寇交战，让部下先渡河，队伍严整，莫折天生的兵不敢进攻。不久，全都渡完，崔延伯才从容地渡河，莫折天生的部下也都退了回去。萧宝寅高兴地说："崔君的勇敢，关羽、张飞都赶不上。"崔延伯说："这些贼寇不是老奴的敌手，明公你只要安稳地坐着，看老奴打败他们。"癸亥日（十八日），崔延伯指挥军队出营，萧宝寅发兵跟在后面。莫折天生发动全部的兵力迎战，崔延伯一马当先，击败他们的前锋，将士勇气倍增，争先前进，大破贼党，俘虏连同斩首的共有十多万人，把残余的敌军一直追赶到小陇山，岐、雍以及陇东都平定了。将士逗留在原地大肆抢掠，莫折天生于是堵住从岐州进入陇山以西的通道，因此崔延伯、萧宝寅的军队无法前进。

宝寅破宛川，俘其民以为奴婢，以美女十人赏岐州刺史魏兰根，兰根辞曰："此县介于强寇，不能自立，故附从以救死。官军之至，宜矜而抚之，奈何助贼为虐，羁以为贱役乎！"悉求其父兄而归之。

己巳，裴邃拔魏新蔡郡，诏侍中、领军将军西昌侯渊藻将众前驱，南兖州刺史豫章王综与诸将继进。癸酉，裴邃拔郑城，汝、颍之间，所在响应。

【译文】萧宝寅攻下宛川，俘虏当地百姓做奴婢，用美女十人赏赐岐州刺史魏兰根，魏兰根推辞说："宛川夹在强盗中间，无法自立，所以附从贼寇求生存。官军来到，应当怜悯安抚他们，怎么可以助贼为虐，俘虏他们来充当奴仆呢？"萧宝寅于是把他们父兄全都找来，那些掠来做奴婢的人让他们父兄都领回家去了。

乙巳日（正月无此日），裴邃攻陷了北魏的新蔡郡，梁武帝萧衍下诏命侍中、领军将军西昌侯萧渊藻率军做前锋，南兖州刺史豫章王萧综与其他的将领陆续前进。癸酉口（二十八口），裴邃攻克了郑城，汝水与颍水之间，到处有人起来响应裴邃。

魏河间王琛等惮邃威名，军于城父，累月不进，魏朝遣廷尉少卿崔孝芬持节、赉斋库刀以趣之。孝芬，挺之子也。琛至寿阳，欲出兵决战。长孙稚以为久雨，未可出；琛不听，引兵五万出城击邃。邃为四甄以待之，使直阁将军李祖怜先挑战而伪退；稚、琛悉众追之，四甄竟发，魏师大败，斩首万馀级。琛走入城，稚勒兵而殿，遂闭门自固，不敢复出。

魏安乐王鉴将兵讨元法僧，击元略于彭城南。略大败，与数十骑走入城。鉴不设备，法僧出击，大破之，鉴单骑奔归。将军王希聘拔魏南阳平，执太守薛昙尚。昙尚，虎子之子也。甲戌，以法僧为司空，封始安郡公。

魏以安丰王延明为东道行台，临淮王或为都督，以击彭城。

魏以京兆王继为太尉。

【译文】 北魏河间王元琛等人一向畏惧裴邃的威名，驻扎在城父，过了几个月不敢前进，北魏派遣廷尉少卿崔孝芬持节携带千牛刀催促他进兵。崔孝芬是崔挺的儿子。元琛到达寿阳，想要出兵决战。长孙稚认为长久下雨不可以出兵，元琛不肯听从，率兵五万人出城攻击裴邃。裴邃已经在四面设下埋伏专等元琛出来交战，裴邃派直阁将军李祖怜先上去挑战而假装败退，长孙稚、元琛率领全军追击，四面埋伏的军队全部冲杀出来，魏军大败，被斩首了一万多人。元琛逃回城内，长孙稚指挥士兵殿后，从此关闭城门，不敢再出兵。

北魏安乐王元鉴率兵征讨元法僧，在彭城南边攻打元略。元略大败，与几十个骑兵逃入城中，元鉴不设防备，元法僧出城攻击，把他打败了，元鉴一个人骑着马逃了回去。梁朝将军王希聃攻陷了北魏的南阳平，俘虏了太守薛昙尚。薛昙尚是薛虎子的儿子。甲戌日（二十九日），梁朝任命元法僧为司空，封始安郡公。

北魏任命安丰王元延明为东道行台，临淮王元彧做都督，前往攻打彭城。

北魏派京兆王元继做太尉。

二月，乙未，赵景悦拔魏龙亢。

初，魏刘腾既卒，胡太后及魏主左右防卫微缓。元叉亦自宽，时出游于外，留连不返，其所亲谏，叉不纳；太后察知之。去秋，太后对帝谓群臣曰：“今隔绝我母子，不听往来，复何用我为！我当出家，修道于嵩山闲居寺耳。”因欲自下发。帝及群臣叩头泣涕，殷勤苦请，太后声色愈厉。帝乃宿于嘉福殿，积数日，遂与太后密谋黜叉。然帝深匿形迹，太后有忿恚，欲得往来显阳之言，皆以告叉；又对叉流涕，叙太后欲出家，忧怖之心日有数四。叉殊不以为疑，乃劝帝从太后所欲。于是太后数御显阳殿，二宫无复禁碍。叉举元法僧为徐州，法僧反，太后数以为言，叉深愧悔。

【译文】二月，乙未日（二十日），赵景悦攻克了北魏的龙亢。

起初，北魏刘腾去世以后，胡太后及孝明帝元诩的左右防卫稍为松弛。元叉也放松自己，时常到外边游玩，流连不归，他亲近的人劝谏他，元叉不听。胡太后已经察知了这种情况。去年秋天，胡太后当着孝明帝元诩的面向群臣说："这样分隔我们母子，不允许我们往来，还要我干什么！我理应出家，前往嵩山闲居寺修道。"于是动手想要剪下头发。孝明帝元诩与群臣叩头流泪，苦苦地哀求，胡太后的态度更加强硬。孝明帝于是在嘉福殿过夜，住了几天，与太后秘密商量罢黜元叉。但是孝明帝的内心想法丝毫没有表现出来，他只是把胡太后发脾气、希望能够允许她随时可以前往显阳殿看望儿子的话，全都告诉元叉，又对着元叉流泪，说太后想要出家，忧伤恐惧的心情溢于言表，这样一天有好几回。元叉一点都不觉得可疑，反而劝孝明帝元诩遵从太后的愿望。因此太后经常来到显阳殿，两宫不再有禁碍。元叉推举元法僧担任徐州刺史，元法僧反叛，胡太后多次提到这事，元叉深深地感到惭愧。

丞相高阳王雍，虽位居叉上，而深畏惮之。会太后与帝游洛水，雍邀二宫幸其第。日晏，帝与太后至雍内室，从者皆不得入，遂相与定图叉之计。于是太后谓之曰："元郎若忠于朝廷，无反心，何故不去领军，以馀官辅政！"叉甚惧，免冠求解领军。乃以叉为骠骑大将军、开府仪同三司、尚书令、侍中、领左右。

戊戌，魏大赦。

壬辰，莫折念生遣都督杨鲊等攻仇池郡，行台魏子建击破之。

【译文】丞相高阳王元雍，虽然职位在元叉之上，却对元叉深为忌惮。恰好胡太后与孝明帝元诩到洛水游玩，元雍邀请他们到自己的府邸做客。入夜，孝明帝与胡太后进入元雍的内室，随从官吏都不能进入，就这样共同商定了对付元叉的计划。后来太后对元叉说："元郎倘若忠于朝廷，没有造反的心思，为什么不辞去领军，以其余的官职辅政？"元叉大为恐惧，脱下帽子请求辞去领军。于是任命元叉为骠骑大将军、开府仪同三司、尚书令、侍中、统领皇帝身边的侍从人员。

戊戌日（二十三日），北魏大赦境内。

壬辰日（十七日），莫折念生派遣都督杨鲊等人进攻仇池郡，行台魏子建把他们打败了。

三月，己酉，上幸白下城，履行六军顿所。乙丑，命豫章王综权顿彭城，总督众军，并摄徐州府事。己巳，以元法僧之子景隆为衡州刺史，景仲为广州刺史。上召法僧及元略还建康，法僧驱彭城吏民万馀人南渡。法僧至建康，上宠待甚厚；元略恶其为人，与之言，未尝笑。

魏诏京光王继班师。

北凉州刺史锡休儒等自魏兴侵魏梁州，攻直城。魏梁州刺史傅竖眼遣其子敬绍击之，休儒等败还。

柔然王阿那瓌为魏讨破六韩拔陵，魏遣牒云具仁赍杂物劳赐之。阿那瓌勒众十万，自武川西向沃野，屡破拔陵兵。夏，四月，魏主复遣中书舍人冯俊劳赐阿那瓌。阿那瓌部落浸强，自称敕连头兵豆伐可汗。

【译文】三月，己酉日（初五），梁武帝萧衍亲自前往白下城，巡行六军屯驻的地方。乙丑日（二十一日），武帝萧衍命令豫章王萧综暂时屯驻彭城，总督诸军，并且兼任徐州刺史。己巳日（二十五日），武帝萧衍任命元法僧的儿子元景隆为衡州刺史，元景仲为广州刺史。武帝萧衍征召元法僧与元略回建康，元法僧驱赶彭城的吏民一万多人南渡。元法僧来到建康，武帝萧衍对待他极为优厚；元略讨厌元法僧的为人，与他谈话时，不曾有笑容。

北魏下诏京兆王元继班师回朝。

北凉州刺史锡休儒等人从魏兴侵入北魏梁州，进攻直城。北魏梁州刺史傅竖眼派遣他的儿子傅敬绍攻打他们，锡休儒等人战败撤退。

柔然王阿那瑰替北魏征讨破六韩拔陵，北魏派遣牒云具仁赏赐物品慰劳他。阿那瑰率领部众十万人，从武川的西边向沃野推进，多次打败了破六韩拔陵的军队。夏季，四月，北魏孝明帝元诩又派遣中书舍人冯俊抚慰赏赐阿那瑰。阿那瑰的部落逐渐强大，自称敕连头兵豆伐可汗。

魏元叉虽解兵权，犹总任内外，殊不自意有废黜之理。胡太后意犹豫未决，侍中穆绍劝太后速去之。绍，亮之子也。潘嫔有宠于魏主，宦官张景嵩说之云："叉欲害嫔。"嫔泣诉于帝曰："叉非独欲杀妾，又将不利于陛下。"帝信之，因叉出宿，解叉侍中。明旦，叉将入宫，门者不纳。辛卯，太后复临朝摄政，下诏追削刘腾官爵，除叉名为民。

清河国郎中令韩子熙上书为清河王怿讼冤，乞诛元叉等，曰："昔赵高柄秦，令关东鼎沸；今元叉专魏，使四方云扰。开逆之端，起于宋维，成祸之末，良由刘腾，宜枭首污宫，斩骸沈族，以明其罪。"太后命发刘腾之墓，露散其骨，籍没家赀，尽杀其养子。以子熙为中书舍人。子熙，麒麟之孙也。

【译文】北魏的元叉虽然解除兵权，但还是总揽内外事务，自己一点都没想到会被废黜。胡太后的心意犹豫不决，侍中穆绍劝胡太后早日除去他。穆绍是穆亮的儿子。潘嫔受到北魏孝明帝元诩的宠爱，宦官张景嵩向她进言说："元叉想谋害您。"潘嫔向孝明帝哭诉说："元叉不仅想要害妾，也将要对陛下不利。"孝明帝相信了她的话，借着元叉出宫回家休息的机会，解除了元叉侍中的职位。第二天早上，元叉要入宫，守门的人不让他进去。辛卯日（十七日），太后又再次临朝代行政事，下诏追削刘腾的官爵，将元叉除去名籍成为百姓。

清河国郎中令韩子熙上书替清河王元怿申冤，请求诛杀元叉等人，奏书中说："从前赵高专揽秦朝的政权，使得关东民变纷起，现在元叉专揽北魏的政权，使得四方动乱。开启逆乱的开端，从宋维开始，造成灾祸的恶果，实在是因为刘腾，应当砍下宋维的人头，悬挂在高杆上示众，毁去刘腾的坟墓，鞭尸灭族，用来宣示他们的罪大恶极。"胡太后下令掘开刘腾的坟墓，抛散他的骨骸，使它暴露在外，没收他的家财，将他的所有养子都杀光。胡太后任命韩子熙为中书舍人。韩子熙是韩麒麟的孙子。

初，宋维父弁常曰："维性疏险，必败吾家。"李崇、郭祚、游肇亦曰："伯绪凶疏，终倾宋氏。若得杀身，幸矣。"维阿附元叉，超迁至洛州刺史，至是除名，寻赐死。

叉之解领军也，太后以叉党与尚强，未可猝制，乃以侯刚代叉为领军以安其意。寻出刚为冀州刺史，加仪同三司，未至州，黜为征虏将军，卒于家。太后欲杀贾粲，以叉党多，恐惊动内外，乃出粲为济州刺史，寻追杀之，籍没其家。唯叉以妹夫，未忍行诛。

【译文】起初，宋维的父亲宋弁常常说："宋维的性情阴险而粗疏，一定会败坏我家。"李崇、郭祚、游肇也说："宋维为人凶恶残忍而粗疏，最后一定会败坏宋家，假如他能被杀，那是宋家的幸运。"宋维阿谀附和元叉，被破格升迁为洛州刺史，到了此时才被除去名籍，不久被北魏孝明帝元诩赐死。

元叉被解除领军的时候，胡太后因为元叉的党羽势力还很强盛，无法立即予以控制，于是派侯刚接替元叉做领军来安抚元叉一党之心。不久外放侯刚为冀州刺史，加仪同三司，还没有到任，又下令贬为征虏将军，最后死在家中。胡太后打算杀掉贾粲，因为元叉党羽众多，担心惊动朝野内外，于是外放贾粲为济州刺史，不久派人追杀他，同时抄封他的家。只有元叉因为是胡太后的妹夫，胡太后不忍心杀死他。

先是，给事黄门侍郎元顺以刚直忤叉意，以为齐州刺史；太后徵还，为侍中。侍坐于太后，叉妻在太后侧，顺指之曰："陛下奈何以一妹之故，不正元叉之罪，使天下不得伸其冤愤！"太后嘿然。顺，澄之子也。它日，太后从容谓侍臣曰："刘腾、元叉昔邀朕求铁券，冀得不死，朕赖不与。"韩子熙曰："事关生杀，岂系铁券！且陛下昔虽不与，何解今日不杀！"太后怃然。未几，有告叉及弟瓜谋诱六镇降户反于定州，又招鲁阳诸蛮侵扰伊阙，欲为内应。得其手书，太后犹未忍杀之。群臣固执不已，魏主亦以为言，太后乃从之，赐叉及弟瓜死于家，犹赠叉骠骑大将军、仪同三司、尚书令。江阳王继废于家，病卒。前幽州刺史卢同坐叉党除名。

【译文】早前，给事黄门侍郎元顺因为刚直忤逆元叉的意旨，外放为济州刺史；胡太后将他征召回朝，任为侍中。元顺陪侍胡太后闲坐，元叉的妻子坐在太后身边，元顺指着她说："陛下为何因为一个妹妹的缘故，就不给元叉以应有的惩罚，而使天下人无法伸张他们的冤屈怨恨。"胡太后默然无语。元顺是元澄的儿子。后来有一天，胡太后很随意地对身边的侍臣说："刘腾、元叉从前向我要过免死铁券，希望任何时候得以不被杀死，幸好我没有给他们。"韩子熙说："事关生杀，难道是铁券所能决定的！况且陛下从前虽然没有给，这对于今日的不杀又怎么说呢！"胡太后表现出了一副很伤心的样子。不久，有人告发说："元叉和他的弟弟元瓜阴谋引诱六镇的降户在定州造反，又招来鲁阳境内的那些少数民族侵犯伊阙，元叉为他们做内应。"同时得到了元叉亲笔的谋反信，胡太后还是不忍心杀他。群臣坚决要求胡太后处死元叉，北魏孝明帝元诩也劝说胡太后，胡太后这才同意，赐元叉与他的弟弟元瓜死在家中，还追赠元叉为骠骑大将军、仪同三司、尚书令。江阳王元继废黜在家，后来病死家中。前任幽州刺史卢同因为是元叉的党羽也被免官。

【申涵煜评】 叉贪痴，大类曹爽。灵后以妹夫之，故至甘被幽囚，不忍加罪，真妇人之仁。元顺面刺其丑，则魏氏之朱虚也。

【译文】 元叉贪婪痴愚，大概类似曹爽。灵太后以妹妹嫁给他，以至于甘愿被元叉幽囚，却不忍心施以罪名给她，真是妇人的仁慈。元顺当面刺穿她的丑陋情态，则像魏国的朱虚一样。

太后颇事妆饰，数出游幸，元顺面谏曰："《礼》，妇人夫没自称未亡人，首去珠玉，衣不文采。陛下母临天下，年垂不惑，修饰过甚，何以仪型后世！"太后惭而还宫，召顺，责之曰："千里相徵，岂欲众中见辱邪！"顺曰："陛下不畏天下之笑，而耻臣之一言乎！"

顺与穆绍同直，顺因醉入其寝所，绍拥被而起，正色让顺曰："身二十年侍中，与卿先君亟连职事，纵卿方进用，何宜相排突也！"遂谢事还家，诏谕久之，乃起。

【译文】胡太后很是看重化妆打扮，经常出去游览，元顺当面进谏说："《礼》书上说：妇人的丈夫去世自称未亡人，头上去掉珠玉，衣服不选取有彩色花纹的。陛下母仪天下，年纪也已经接近不惑之年，如此注重修饰打扮，如何做后世的榜样呢？"胡太后惭愧地回到宫中，召见元顺，责备他说："千里迢迢征召你还朝，难道是要你当众来羞辱我吗？"元顺说："陛下不害怕天下人笑话您，却因为臣的一句话而感到羞愧吗？"

元顺和穆绍一道轮值，元顺由于酒醉误入了穆绍的寝所，穆绍裹着被子站起来，态度严肃地责备元顺说："我做了二十年的侍中，与你的父亲多次共事，纵使你正受重用，怎会如此唐突呢？"于是穆绍辞职回家，胡太后下诏劝说了很长时间，他才回来任职。

初，郑羲之兄孙俨为司徒胡国珍行参军，私得幸于太后，人未之知。萧宝寅西讨，以俨为开府属。太后再摄政，俨请奉使还朝，太后留之，拜谏议大夫、中书舍人，领尝食典御，昼夜禁中；每休沐，太后常遣宦者随之，俨见其妻，唯得言家事而已。中书舍人乐安徐纥，粗有文学，先以谄事赵修，坐徙枹罕。后还，复除中书舍人，又谄事清河王怿；怿死，出为雁门太守。还洛，复谄事元叉。叉败，太后以纥为怿所厚，复召为中书舍人，纥又谄事郑俨。俨以纥有智数，仗为谋主；纥以俨有内宠，倾身承接，共相表里，势倾内外，号为"徐郑"。

【译文】起初，郑羲哥哥的孙子郑俨做司徒胡国珍的行参

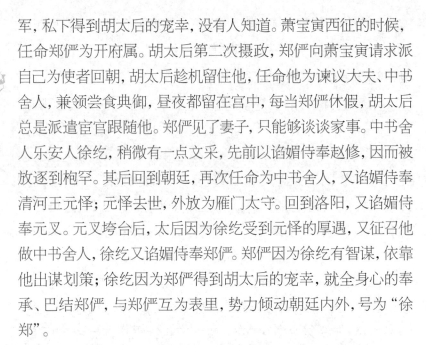

军，私下得到胡太后的宠幸，没有人知道。萧宝寅西征的时候，任命郑俨为开府属。胡太后第二次摄政，郑俨向萧宝寅请求派自己为使者回朝，胡太后趁机留住他，任命他为谏议大夫、中书舍人，兼领尝食典御，昼夜都留在宫中，每当郑俨休假，胡太后总是派遣宦官跟随他。郑俨见了妻子，只能够谈谈家事。中书舍人乐安人徐纥，稍微有一点文采，先前以谄媚侍奉赵修，因而被放逐到枹罕。其后回到朝廷，再次任命为中书舍人，又谄媚侍奉清河王元怿；元怿去世，外放为雁门太守。回到洛阳，又谄媚侍奉元叉。元叉垮台后，太后因为徐纥受到元怿的厚遇，又征召他做中书舍人，徐纥又谄媚侍奉郑俨。郑俨因为徐纥有智谋，依靠他出谋划策；徐纥因为郑俨得到胡太后的宠幸，就全身心的奉承、巴结郑俨，与郑俨互为表里，势力倾动朝廷内外，号为"徐郑"。

俨累迁至中书令、车骑将军；纥累迁至给事黄门侍郎，仍领舍人，总摄中书、门下之事，军国诏令莫不由之。纥有机辩强力，终日治事，略无休息，不以为劳。时有急诏，令数吏执笔，或行或卧，人别占之，造次俱成，不失事理。然无经国大体，专好小数，见人矫为恭谨，远近辐凑附之。

给事黄门侍郎袁翻、李神轨皆领中书舍人，为太后所信任，时人云神轨亦得幸于太后，众莫能明也。神轨求婚于散骑常侍卢义僖，义僖不许。黄门侍郎王诵谓义僖曰："昔人不以一女易众男，卿岂易之邪！"义僖曰："所以不从，正为此耳。从之，恐祸大而速。"诵乃坚握义僖手曰："我闻有命，不敢以告人。"女遂适他族。临婚之夕，太后遣中使宣敕停之，内外惶怖，义僖夷然自若。神轨，崇之子；义僖，度世之孙也。

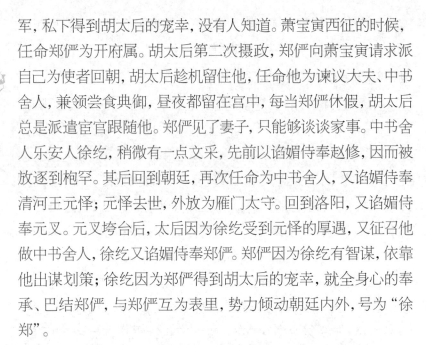

【译文】郑俨几度升官，做到中书令、车骑将军；徐纥几度升官，做到给事黄门侍郎，仍旧兼领舍人，总理中书省和门下省的事情，军国诏令无不经他的手。徐纥有机智，辩才好，体力又充沛，整日办事，丝毫不休息，不觉得疲劳。时或有紧急诏令，徐纥命令几个属吏执笔，自己或行或卧，分别对每人口述诏书内容，几篇诏书轻易地全都写好了，而且都合情合理。但是徐纥没有治国的大才，专喜欢小节，看见人就装出一副恭谨的样子，远近的人都来投靠依附他。

给事黄门侍郎袁翻、李神轨都兼领中书舍人，受到胡太后的信任，当时的人说李神轨也得到胡太后的宠幸，大家对于此事一直辨不清真假。李神轨向散骑常侍卢义僖请求婚事，卢义僖不答应。黄门侍郎王诵对卢义僖说："从前的人不会为了一个女儿的安全来殃及所有儿子的性命，你难道会这样做吗？"卢义僖说："我之所以不答应，正是为了这个缘故。答应了他，恐怕灾祸大而且来得快。"王诵紧握住他的手说："我听从天命，不敢把这件事告诉别人。"于是卢义僖将女儿嫁给别家。临结婚的前夕，胡太后派遣中使传达敕令停止婚事，卢家内外都惊慌恐惧，卢义僖若无其事，如平常一样。李神轨是李崇的儿子；卢义僖是卢度世的孙子。

胡琛据高平，遣其大将万俟丑奴、宿勤明达等寇魏泾州，将军卢祖迁、伊瓮生讨之，不克。萧宝寅、崔延伯既破莫折天生，引兵会祖迁等于安定，甲卒十二万，铁马八千，军威甚盛。丑奴军于安定西北七里，时以轻骑挑战，大兵未交，辄委走。延伯恃其勇，且新有功，遂唱议为先驱击之。别造大盾，内为锁柱，使壮士负而趋，谓之排城，置辎重于中，战士在外，自安定北缘原北上。将战，有贼数百骑诈持文书，云是降簿，且乞缓师。宝寅、延伯未及阅视，宿勤明达引兵自东北至，降贼自西竞下，覆背击之。延伯上马奋击，逐北径抵其营。贼皆轻骑，延伯军杂步卒，战久疲乏，贼乘间得入排城；延伯遂大败，死伤近二万人，宝寅收众退保安定。延伯自耻其败，乃缮甲兵，募骁勇，复自安定西进，去贼七里结营。壬辰，不告宝寅，独出袭贼，大破之，俄顷，平其数栅。贼见军士采掠散乱，复还击之，魏兵大败，延伯中流矢卒，士卒死者万馀人。时大寇未平，复失骁将，朝野为之忧恐。于是贼势愈盛，而群臣自外来者，太后问之，皆言贼弱，以求悦媚，由是将帅求益兵者往往不与。

【译文】胡琛占据高平，派遣他的大将万俟丑奴、宿勤明达等人侵犯魏朝的泾州，将军卢祖迁、伊瓮生征讨他，没有获胜。萧宝寅、崔延伯攻败莫折天生之后，率兵在安定与祖迁等人会合，他们拥有甲士十二万人，铁马八千骑，战斗力很强。万俟丑奴驻扎在安定的西北七里远的地方，经常派轻骑前来挑战，然而大军还没有交锋，却又撤退逃跑了。崔延伯倚仗自己的勇敢，而且刚刚有战功，于是向朝廷提议自己做先锋进攻他们。崔延伯另外造了大盾，其中装了锁柱，让壮士抬着前进，称为排城，将军用物资放在排城里面，战士在排城外面，从安定北边沿着大原北上，将要交战时，有贼兵几百骑假装拿着文书，说是投降的名单，并且请求军队暂缓进攻。萧宝寅、崔延伯来不及详细阅览，宿勤明达率兵从东北来到，降贼从西边争先杀来，腹背两面攻击，崔延伯上马奋力攻击，追杀败逃的敌军一直追到他们的城垒。贼寇都是轻骑，崔延伯的军队还杂有步兵，久战疲乏，贼寇趁机得以进入排城，崔延伯于是大败，死伤将近两万人，萧宝寅收聚他的部下，撤退守卫安定。崔延伯因为战败，觉得羞耻,于是修理甲兵,招募勇士,又从安定向西推进,在距离贼寇七里远的地方扎营。壬辰日(十八日),崔延伯没有告诉萧宝寅,独自出兵偷袭贼寇,把他们打得大败,不久,攻占了他们几个营栅。贼寇看见军士抢掠财物,队伍散乱,又回兵攻击,北魏的军队大败,崔延伯中了流箭身亡,士卒死亡的有一万多人。这时强寇还没有平定,又丧失了骁勇的将领,朝野为此感到忧虑恐惧。这时贼寇的势力更加盛大,可是从外边回到朝廷的大臣,胡太后向他们询问贼情,他们都说贼势微弱,希望得以讨好太后,因此诸将请求增兵的时候,胡太后常常不准。

五月,夷陵烈侯裴邃卒。邃沉深有思略,为政宽明,将吏爱而惮之。壬子,以中护军夏侯宣督寿阳诸军事,驰驿代邃。

益州刺史临汝侯渊猷遣其将樊文炽、萧世澄等将兵围魏益州长史和安于小剑,魏益州刺史邴虬遣统军河南胡小虎、崔珍宝将兵救之。文炽袭破其栅,皆擒之,使小虎于城下说和安令早降。小虎遥谓安曰:"我栅失备,为贼所擒,观其兵力,殊不足言。努力坚守,魏行台、傅梁州援兵已至。"语未终,军士以刀殴杀之。西南道军司淳于诞引兵救小剑,文炽置栅于龙须山上以防归路。戊辰,诞密募壮士夜登山烧其栅,梁军望见归路绝,皆恟惧,诞乘而击之,文炽大败,仅以身免,虏世澄等将吏十一人,斩获万计。魏子建以世澄购胡小虎之尸,得而葬之。

【译文】五月,梁朝夷陵烈侯裴邃去世。裴邃性情深沉,广有智谋,施政宽厚明察,将吏们爱戴他又敬畏他。壬子日(初八),梁朝派中护军夏侯宣都督寿阳诸军事,乘驿车飞速前往寿阳军中接替裴邃的职位。

梁朝益州刺史临汝侯萧渊猷派遣他的部将樊文炽、萧世澄等人率兵在小剑包围北魏的益州长史和安，北魏益州刺史邴虬派遣统军河南人胡小虎、崔珍宝率兵前来援救。樊文炽发动偷袭，攻破了他们的营栅，将他们都俘虏了，命令胡小虎在城下游说和安早日投降，胡小虎远远地对和安说："我的营栅由于没有防备，被敌人擒获，我察看他们的兵力，实在不值得一说。望努力坚守，魏行台、傅梁州的援兵已经到了。"胡小虎的话还没有说完，就被梁国的士兵用刀砍杀了他。西南道军司淳于诞率领军队救援小剑，樊文炽在龙须山上设立营栅防守自己军队的退路。戊辰日（二十四日），淳于诞秘密招募壮士在晚上上山烧了营栅，梁军望见归路断绝，都惊惧不安，淳于诞利用这个机会发动进攻，樊文炽大败，只剩下一个人逃脱了性命，淳于诞俘虏了萧世澄等将吏十一人，斩获的人数以万计。魏子建用萧世澄换回胡小虎的尸首，把胡小虎的尸体安葬了。

魏魏昌武康伯李崇卒。

初，帝纳齐东昏侯宠姬吴淑媛，七月而生豫章王综，宫中多疑之。及淑媛宠衰怨望，密谓综曰："汝七月生儿，安得比诸皇子！然汝太子次弟，幸保富贵，勿泄也！"与综相抱而泣。综由是自疑，昼则谈谑如常，夜则于静室闭户，披发席藁，私于别室祭齐氏七庙。又微服至曲阿拜齐太宗陵，闻俗说割血沥骨，渗则为父子，遂潜发东昏侯冢，并自杀一男试之，皆验，由是常怀异志，专伺时变。综有勇力，能手制奔马；轻财好士，唯留附身故衣，馀皆分施，恒致罄乏。屡上便宜，求为边任，上未之许。常于内斋布沙于地，终日跣行，足下生胝，日能行三百里。王、侯、妃、主及外人皆知其志，而上性严重，人莫敢言。又使通问于萧宝寅，谓之叔父。为南兖州刺史，不见宾客，辞讼隔帘听之，出则垂帷于舆，恶人识其面。

【译文】北魏魏昌武康伯李崇去世。

起初，梁武帝萧衍收东昏侯萧宝卷的宠姬吴淑媛为妃子，七个月之后就生了豫章王萧综，宫中许多人怀疑萧综是东昏侯的儿子。等到吴淑媛不再受到宠爱，心里就产生了怨恨，偷偷地对萧综说："你是我入宫七个月后出生的，怎能够与诸皇子相提并论呢？但是你是太子的二弟，希望你保住富贵，不要把这件事泄露出去。"吴淑媛与萧综抱在一起痛哭起来。萧综因此感到自己身世可疑，白天照常地谈笑戏谑，晚上却在静室关闭门户，披散着头发，坐在草席上，私下里在别室中祭祀南齐的七代祖先。又装扮成寻常百姓前往曲阿祭拜齐高宗萧鸾的陵墓，他听民间传说割取活人的血液滴在死人的骨上，假如血液渗透入骨中便是父子，就暗中掘开东昏侯萧宝卷的坟墓，并且杀死了自己的一个儿子来试验这件事，都和传说的一样，因此萧综常常心存异志，专心等候时机作乱。萧综有勇力，能够空手制伏奔马，看轻财货，爱好人才，只留下贴身的旧衣，其余的都送给别人，经常弄得自己缺衣少食、一无所有。萧综多次上书论说国家当前的急务，请求派往担任边疆上的职务，梁武帝萧衍不准许。经常在内室地上散布泥沙，整天光着脚行走，脚底都长了老茧，每天可以行走三百里。王、侯、嫔妃、公主以及外人都知道他的志向，但是梁武帝性情谨严持重，没有人敢说话。萧综又派遣使者向萧宝寅问候，称他为叔父。萧综做南兖州刺史，不接见宾客，诉讼之事都隔帘听断，外出时就在车舆上垂放帷幕，不愿意别人见到他的脸。

及在彭城，魏安丰王延明、临淮王彧将兵二万逼彭城，胜负久未决。上虑综败没，敕综引军还。综恐南归不复得至北边，乃密遣人送降款于彧；魏人皆不之信，彧募人入综军验其虚实，无敢行者。殿中侍御史济阴鹿悆为彧监军，请行，曰："彧综有诚心，与之盟约；如其诈也，何惜一夫！"时两敌相对，内外严固，悆单骑间出，径趣彭城，为综军所执，问其来状，悆曰："临淮王使我来，欲有交易耳。"时元略已南还，综闻之，谓成景俊等曰："我常疑元略规欲反城，将验其虚实，故遣左右为略使，入魏军中，呼彼一人。今其人果来，可遣人诈为略有疾在深室，呼至户外，令人传言谢之。"综又遣腹心安定梁话迎悆，密以意状语之。悆薄暮入城，先引见胡龙牙，龙牙曰："元中山甚欲相见，故遣呼卿。"又曰："安丰、临淮，将少弱卒，规复此城，容可得乎！"悆曰："彭城，魏之东鄙，势在必争，得否在天，非人所测。"龙牙曰："当如卿言。"又引见成景俊，景俊与坐，谓曰："卿不为刺客邪？"悆曰："今者奉使，欲返命本朝，相刺之事，更卜后图。"景俊为设饮食，乃引至一所，诈令一人自室中出，为元略致意曰："我昔有以南向，且遣相呼，欲闻乡事；晚来疾作，不获相见。"悆曰："早奉音旨，冒险祗赴，不得瞻见，内怀反侧。"遂辞退。诸将竞问魏士马多少，悆盛陈有劲兵数十万。诸将相谓曰："此华辞耳！"悆曰："崇朝可验，何华之有！"乃遣悆还。景俊送之于戏马台，北望城堞，谓曰："险固如此，岂魏所能取！"悆曰："攻守在人，何论险固！"悆还，于路复与梁话申固盟约。六月，庚辰，综与梁话及淮阴苗文宠夜出，步投彧军。及旦，斋内诸閤犹闭不开，众莫知所以，唯见城外魏军呼曰："汝豫章王昨夜已来，在我军中，汝尚何为！"城中求王不获，军遂大溃。魏人入彭城，乘胜追击梁兵，复取诸城，至宿豫而还。将佐士卒死没者什七八，唯陈庆之帅所部得还。

【译文】等到萧综在彭城，北魏的安丰王元延明、临淮王元彧率兵两万人进逼攻打彭城，经过很久，胜负未分。梁武帝萧衍担心萧综伤亡，敕令萧综率军退回。萧综担心回到南方后没有机会再回到北边，于是秘密派人向元彧传达投降的心意，北魏人都不相信他，元彧招募人进入萧综的军中察验他的真假，没有人敢前往。殿中侍御史济阴人鹿悆是元彧的监军，请求前往，说："假如萧综有诚意，便与他缔结盟约；假如他使诈，一人牺牲有何可惜！"这时两军对垒，城内城外防守都很严密，鹿悆单骑抄小路出去，直接前往彭城，被萧综的军士俘虏，问他前来的企图，鹿悆说："临淮王派遣我前来，和你们商量一件事情。"这时元略已经回到南边，萧综听说了这个消息，对成景俊说："我常常怀疑元略打算献出彭城反叛，想察验真假，所以派遣左右假装是元略的使者，进入魏军中，叫对方派一个人前来联系。现在这人果真来了，可派遣一个人假装元略有病正在内室，把魏国派来的人引到门外，命人假装是元略派的人和他说话。"萧综又派遣心腹安定人梁话迎接鹿悆，秘密向他讲明想投降的意思以及假装和成景俊设谋的情况。鹿悆在傍晚的时候进入彭城，先被带去见了胡龙牙，胡龙牙说："元中山很想相见，所以派人叫你来。"又说："安丰王及临淮王将少兵弱，想攻打这座城，能够成功吗？"鹿悆说："彭城是北魏的东部边境，形势重要，无论如何我们都想要争夺，能否得手，这要看天意，不是人所能预料的。"胡龙牙说："你所说也是。"又带他见了成景俊，成景俊与他坐下之后，对他说："你不是来做刺客的吗？"鹿悆说："这一回是奉使前来，想向本朝回复消息，至于行刺的事，就另找机会，以后再说。"成景俊为他设置饮食，于是引导他到了一个所在，假装是元略派了一个人从屋里出来，替元略传达意思说："我此前本来想到南方办一件事情，姑且派人叫你来，想知道家乡的近况，后来疾病发作，没有办法和你见面。"鹿悆说："早就奉到您的意旨，现在冒险赶来，没能见面，内心实在感到不安。"于是告退。诸将争着问他魏朝军马多少，鹿悆夸说有劲兵几十万，诸将彼此说："这是虚假的言辞罢了！"鹿悆说："明天早晨你们就可以证明，怎会是虚假呢！"这才送鹿悆回去。成景俊在戏马台送他。北面眺望城堑，对他说："城堑这样险固，难道是北魏所能攻取的吗？"鹿悆说："攻守主要在人为，和险固有什么关系？"鹿悆回去，在路上又与梁话重申盟约。六月，庚辰日(初七)，萧综与梁话以及淮阴人苗文宠在夜间偷偷地离开，步行前往投奔魏军。到了天亮，萧综住所的几个门还是关闭没有打开，众人全都不知道出了什么事，只见城外魏军喊说："你们豫章王昨夜已经来到我军中，你们还能有什么作为呢？"城中寻找萧综没有找到，军队于是大为溃散，魏人攻入彭城，乘胜追击，又攻克了诸城，直到宿预才撤军，梁朝的将佐士兵死亡的十之七八，只有陈庆之率领他的部属安然撤退。

上闻之，惊骇，有司奏削综爵士，绝属籍，更其子直姓悖氏。未旬日，诏复属籍，封直为永新侯。

西丰侯正德自魏还，志行无悛，多聚亡命，夜剽掠杀人于道，以轻车将军从综北伐，弃军辄还。上积其前后罪恶，免官削爵，徙临海；未至，追赦之。

综至洛阳，见魏主，还就馆，为齐东昏侯举哀，服斩衰三年。太后以下并就馆吊之，赏赐礼遇甚厚，拜司空，封高平郡公、丹杨王，更名赞。以苗文宠、梁话皆为光禄大夫；封鹿悆为定陶县子，除员外散骑常侍。

【译文】 梁武帝萧衍听到这个消息，特别震惊，有关部门的官员奏请削夺萧综的爵位封土，断绝他的属籍，将他的儿子萧直改姓为悖。不到十天，武帝萧衍又下诏恢复了属籍，封萧直为永新侯。

西丰侯萧正德从魏国回来，思想与行为都没有悔改之意，招集亡命之徒，利用晚上在道路上劫掠，他以轻车将军的职衔追随萧综北伐，结果竟然抛弃军队，自己回来了。梁武帝萧衍累计他的前后许多罪恶，将他罢官削爵，放逐到临海，还没有到达，又派人追上去赦免了他。

萧综到了洛阳，朝见北魏孝明帝元诩，回到馆舍，为齐东昏侯萧宝卷举行哀悼，穿着丧服为东昏侯萧宝卷守孝三年。胡太后以下的王公大臣全都到馆舍吊慰他，对他赏赐礼遇特别优厚，拜为司空，封高平郡公、丹杨王，改名为萧赞。魏国任命苗文宠、梁话为光禄大夫；封鹿悆为定陶县子，并任为员外散骑常侍。

【申涵煜评】 综七月而生，未必便是东昏遗体。观其掘墓渗骨，布沙学走，大有东昏之风。临敌而亡，失亲王，此是史册仅事后。循入长白，流转阳平，卒以走而死，宜哉。

【译文】 萧综只在母胎中七个月生下来，不一定就是东昏侯萧宝卷遗留下的遗孤。看他掘开东昏侯萧宝墓地以血渗入枯骨中，布置沙子练习远行的步伐，大有东昏侯萧宝卷的习惯。临近敌人却逃跑，失去亲王的称号，这是史册上在事情发生之后记载的。萧综逃进长白山，流落到阳平，最终因为逃跑而死去，实在应该。

综长史济阳江革、司马范阳祖暅之皆为魏所虏，安丰王延明闻其才名，厚遇之。革称足疾不拜。延明使暅之作欹器、漏刻铭，革唾骂暅之曰："卿荷国厚恩，乃为虏立铭，孤负朝廷！"延明闻之，令革作《大小寺碑》《祭彭祖文》，革辞不为。延明将棰之，革厉色曰："江革行年六十，今日得死为幸，誓不为人执笔！"延明知不可屈，乃止；日给脱粟三升，仅全其生而已。

上密召夏侯亶还，使休兵合肥，俟淮堰成复进。

资治通鉴

【译文】萧综的长史济阳人江革、司马范阳人祖暅之都被魏人俘虏，安丰王元延明听说他们有才气，对待他们很礼遇。江革借口脚有病不行拜礼。元延明命祖暅之作欹器、漏刻铭文，江革吐口水骂祖暅之说："你受了国家的厚恩，却为敌人立铭，辜负了朝廷！"元延明听说了，命江革作《大小寺碑》《祭彭祖文》，江革推辞不作。元延明将要鞭打他，江革脸色凛然地说："江革年将六十，今天能死是幸事，誓不替你作文！"元延明知道无法让他屈服，于是就不再优待江革，每天供给他糙米饭三升，仅够他维持不死而已。

梁武帝萧衍秘密地征召夏侯亶回来，让他停止进攻合肥，等待淮堰完成再行进兵。

【乾隆御批】萧综叛逃，江革不能弭其逆谋，及为魏所虏，当以死殉职。顾乃恬然受延明豢养，几遭箠楚之辱。为人执笔何如践人土，而食人粟乎？问无齿决，适为有识者所鄙耳。

【译文】萧综叛逃，江革不能制止他叛逆的阴谋，直到被魏俘虏，本当以死殉职。然而他却泰然自若地被元延明豢养，遭到刑杖拷打之辱。替人执笔哪比得上践踏别人的土地、吃别人的粮食呢？却不惜给予些许的褒词，这正是被有识者所鄙视的。

癸未，魏大赦，改元孝昌。

破六韩拔陵围魏广阳王深于五原，军主贺拔胜募二百人开东门出战，斩首百馀级，贼稍退。深拔军向朔州，胜常为殿。

云州刺史费穆，招抚离散，四面拒敌。时北境州镇皆没，唯云中一城独存。久之，道路阻绝，援军不至，粮仗俱尽，穆弃城南奔尔朱荣于秀容；既而诣阙请罪，诏原之。

【译文】癸未日（初十），北魏大赦境内，改年号为孝昌。

破六韩拔陵在五原围攻北魏的广阳王元深，军主贺拔胜招募了两百人打开东门出战，杀了一百多人，贼寇才稍微退却。元深拔营向朔州前进，贺拔胜经常担任殿后。

云州刺史费穆，招抚离散士卒，四面抗拒敌人。这时北边的州镇都已经沦陷，只剩下云中一座城池保住。道路阻绝，援军不能到达，粮食兵器都用完了，费穆弃城前往南方的秀容投靠尔朱荣，不久到达京师请罪，北魏下诏赦免了他。

长流参军于谨言于广阳王深曰：“今寇盗蜂起，未易专用武力胜也。谨请奉大王之威命，谕以祸福，庶几稍可离也。”深许之。谨兼通诸国语，乃单骑诣叛胡营，见其酋长，开示恩信，于是西部铁勒酋长乜列河等将三万馀户南诣深降。深欲引兵至折敷岭迎之，谨曰：“破六韩拔陵兵势甚盛，闻乜列河等来降，必引兵邀之，若先据险要，未易敌也。不若以乜列河饵之，而伏兵以待之，必可破也。”深从之，拔陵果引兵邀击乜列河，尽俘其众；伏兵发，拔陵大败，复得乜列河之众而还。

【译文】长流参军于谨对广阳王元深说：“现在寇盗到处发生，不容易专用武力取胜。于谨请求奉着大王的威命，向他们宣告祸福，也许可以使他们稍微离散。"元深准许了他。于谨兼通各国语言，于是单骑前往叛乱的胡人营栅，见了他们的酋长，向他表示出朝廷对他们的恩典和诚信，因此西部铁勒酋长乜列河等人率领了三万多户到南方向元深投降。元深打算带兵到折敷岭迎接他们，于谨说："破六韩拔陵兵势极为强盛，听说乜列河等人前来归降，一定率兵拦截，假如让他们先占据了险要，那就难以抵抗了。不如利用乜列河做诱饵，埋伏军队等待他，一定可以击败他。"元深听从了。破六韩拔陵果真率兵半路截击乜列河，将他的部下全都俘虏了，北魏的伏兵一起发动，破六韩拔陵大败，重新夺回乜列河的部属而后回师。

资治通鉴

柔然头兵可汗大破破六韩拔陵，斩其将孔雀等。拔陵避柔然，南徙渡河。将军李叔仁以拔陵稍逼，求援于广阳王深，深帅众赴之。贼前后降附者二十万人，深与行台元纂表："乞于恒州北别立郡县，安置降户，随宜赈赍，息其乱心。"

魏朝不从，诏黄门侍郎杨昱分处之于冀、定、瀛三州就食。深谓纂曰："此辈复为乞活矣。"

【译文】柔然头兵可汗大败破六韩拔陵，杀了他的将领孔雀等人。破六韩拔陵避开柔然，渡过黄河，往南迁移，将军李叔仁因为破六韩拔陵渐渐逼近，向广阳王元深求救，元深率兵赶去，贼寇前后投降归附的有二十万人，元深与行台元纂上表："请求在恒州北边另外设立郡县，安置归降的人家，根据情况加以救济或借贷，以消除他们的叛乱之心。"

北魏朝廷没有听从，下诏黄门侍郎杨昱将他们分别安排到冀、定、瀛三州自己找饭吃，元深对元纂说："这些人又要成为流民了。"

秋，七月，壬戌，大赦。

八月，魏柔玄镇民杜洛周聚众反于上谷，改元真王，攻没郡县，高欢、蔡俊、尉景及段荣、安定彭乐皆从之。洛周围魏燕州刺史博陵崔秉，九月，丙辰，魏以幽州刺史常景兼尚书为行台，与幽州都督元谭讨之。景，爽之孙也。自卢龙塞至军都关，皆置兵守险，谭屯居庸关。

冬，十月，吐谷浑遣兵击赵天安，天安降，凉州复为魏。

平西将军高徽奉使嚈哒，还，至枹罕。会河州刺史元祚卒，前刺史梁钊之子景进引莫折念生兵围其城。长史元永等推徽行州事，勒兵固守；景进亦自行州事。徽请兵于吐谷浑，吐谷浑救之，景进败走。徽，湖之孙也。

【译文】秋季，七月，壬戌日（十九日），梁国实行大赦。

八月，北魏柔玄镇的百姓杜洛周聚合百姓在上谷造反，改年号为真王，攻陷郡县，高欢、蔡俊、尉景以及段荣、安定人彭乐都跟随了他。杜洛周围攻北魏燕州刺史博陵人崔秉，九月，丙辰日（十四日），北魏派幽州刺史常景兼尚书为行台，与幽州都督元谭一起征讨他。常景是常爽的孙子。北魏从卢龙塞到军都关都安排军队据守险要地形，元谭驻军居庸关。

冬季，十月，吐谷浑派遣军队攻打赵天安，赵天安投降，凉州又归入了北魏的版图。

平西将军高徽奉命出使嚈哒，完成使命回来时经过枹罕。这时恰好河州刺史元祚去世，前任刺史梁钊的儿子梁景进引领莫折念生的军队包围了枹罕，长史元永等人推举高徽代理刺史，指挥军队固守。梁景进也自立为刺史。高徽向吐谷浑请求救兵，吐谷浑派兵前来救援，梁景进战败逃走。高徽是高湖的孙子。

魏方有事西北，二荆、西郢群蛮皆反，断三鸦路，杀都督，寇掠，北至襄城。汝水有冉氏、向氏、田氏，种落最盛，其馀大者万家，小者千室，各称王侯，屯据险要，道路不通。十二月，壬午，魏主下诏曰："朕将亲御六师，扫荡逋秽，今先讨荆蛮，疆理南服。"时群蛮引梁将曹义宗等围魏荆州，魏都督崔暹将兵数万救之，至鲁阳，不敢进。魏更以临淮王彧为征南大将军，将兵讨鲁阳蛮，司空长史辛雄为行台左丞，东趣叶城。别遣征虏将军裴衍、恒农太守京兆王罴将兵一万，自武关出通三鸦路，以救荆州。

【译文】 北魏正用兵西北，二荆、西郢境内的各少数民族都起来反叛，阻断了三鸦路，杀死了都督，侵扰劫掠，向北一直到襄城。汝水一带有冉氏、向氏、田氏，他们的部落最为强大，其余大的有万家，小的有千户，各自称王称侯，占据险要之地，于是道路不通。十二月，壬午日（十二日），北魏孝明帝元诩下诏说："朕将亲自统率六军，扫荡流寇，目前先行征讨荆蛮，治理南面的边疆。"这时那些少数民族正在引导梁朝将领曹义宗等人包围北魏的荆州，北魏都督崔暹率兵数万人赶来救援，到了鲁阳，不敢前进。北魏改派临淮王元彧做征南大将军，率兵征讨鲁阳的蛮族，司空长史辛雄做行台左丞，向东边的叶城推进。另外派遣征虏将军裴衍、恒农太守京兆人王罴率兵一万人，从武关出发，经由三鸦路援救荆州。

衍等未至，彧军已屯汝上，州郡被蛮寇者争来请救，彧以处分道别，不欲应之，辛雄曰："今裴衍未至，王士众已集，蛮左唐突，挠乱近畿，王秉麾阃外，见可而进，何论别道！"彧恐后有得失之责，邀雄符下。雄以群蛮闻魏主将自出，心必震动，可乘势破也，遂符或军，令速赴击。群蛮闻之，果散走。

【译文】裴衍等人还没有到达，元或的军队已经驻扎在汝水边上，州郡受到蛮人侵犯的争着前来求救，元或因为原先安排在另一条道路上出兵，不想答应他们，辛雄说："目前裴衍还没有到达，大王的士兵已经聚集，群蛮来势凶猛，扰乱京畿，大王秉持师旗统兵在外，见机行动，何必理会改变行军路线呢？"元或担心有三长两短，事后受到责备，请辛雄下一道尚书行台的符令。辛雄认为群蛮听说北魏孝明帝元诩将要亲自出师，内心一定不安，可以乘势击败他们，于是下兵符给元或的军队，要他们急速前往进攻。群蛮听说了这个消息，果真四散逃走了。

魏主欲自出讨贼，中书令袁翻谏而止。辛雄自军中上疏曰："凡人所以临陈忘身，触白刃而不惮者，一求荣名，二贪重赏，三畏刑罚，四避祸难。非此数者，虽圣王不能使其臣，慈父不能厉其子矣。明主深知其情，故赏必行，罚必信，使亲疏贵贱勇怯贤愚，闻钟鼓之声，见旌旗之列，莫不奋激，竞赴敌场，岂恢久生而乐速死哉？利害悬于前，欲罢不能耳。自秦、陇逆节，蛮左乱常，已历数年，凡在戎役数十万人，扞御三方，败多胜少，迹其所由，皆不明赏罚之故也。陛下虽降明诏，赏不移时，然将士之勋，历稔不决，亡军之卒，晏然在家，是使节士无所劝慕，庸人无所畏慑；进而击贼，死交而赏赊，退而逃散，身全而无罪，此其所以望敌奔沮，不肯尽力者也。陛下诚能号令必信，赏罚必行，则军威必张，盗贼必息矣。"疏奏，不省。

【译文】北魏孝明帝元诩想要亲自出京征讨贼寇，中书令袁翻进谏，因而没有去成。辛雄从军中上疏说："一个人之所以面对战阵而能忘记自身的危险、身冒白刃而不畏惧的缘故，第一是求取荣名，第二是贪求重赏，第三是害怕刑罚，第四是逃避祸难，假如不是这几个原因，那么就算圣明的天子也无法指挥他的臣下，慈祥的父亲也无法劝谕他的儿子。圣明的天子知晓这种情况，所以有功必赏，有罪必罚，使得无论亲、疏、贵、贱、勇、怯、贤、愚，听到钟鼓的声音，见到旌旗的行列，没有不奋发激昂，争先奔赴敌阵的，这难道是他们厌恶活得太久而乐意速死吗？正是因为利害摆在面前，使得他们欲罢不能而已。自从秦、陇的莫折大提、莫折念生发动叛乱，南方的蛮夷作乱，已经过了几年，统计在军队当中服役的有数十万人，他们西讨秦、陇之贼，北御边镇之乱，南击蛮左之叛，战败多而战胜少，追究他们的原因，实在是赏罚不明的缘故。陛下虽然颁布明诏，毫不耽搁地及时行赏，但是将士们的功勋，即使拖延一年也不能决定，逃亡的士兵，安然在家，因而使得有功的将士得不到鼓励，不能令人羡慕他们、向他们学习，而平庸的人也无所畏惧。前进攻击贼寇，死亡临头而赏赐遥遥无期，撤退逃散，生命保全而没有惩罚，这使得士卒看见敌人就沮丧奔逃，不肯尽力打仗。陛下假如能够号令必信，赏罚必行，那么军中士气必定大增，贼寇必定会平息了。"疏奏呈上去，没有得到回应。

【乾隆御批】 人臣志切同仇，固不应视赏罚严明方为激劝。然人君驱策群力，非信赏必罚，何以操师律而振军威？雄言不独切中当日情形，实古今不易之通义也。

【译文】 为人臣子应志切同仇，本不应把赏罚严明看成激励自己的手段。然而君主要驱策群力，如果不是靠赏罚严明，将以什么来维持军纪并使军威大震呢？辛雄的言论不只切中当日情形，实在是古今不变的普遍真理与法则。

曹义宗等取魏顺阳、马圈，与裴衍等战于淅阳，义宗等败退。衍等复取顺阳，进围马圈。洛州刺史董绍以马圈城坚，衍等粮少，上书言其必败。未几，义宗击衍等，破之，复取顺阳。魏以王罴为荆州刺史。

邵陵王纶摄南徐州事，在州喜怒不恒，肆行非法，遨游市里，问卖鲃者曰："刺史何如？"对言："躁虐。"纶怒，令吞鲃而死。百姓惶骇，道路以目。尝逢丧车，夺孝子服而著之，匍匐号叫。签帅惧罪，密以闻。上始严责，纶不能改，于是遣代。纶悖慢逾甚，乃取一老公短瘦类上者，加以衮冕，置之高坐，朝以为君，自陈无罪；使就坐剥裈，捶之于庭。又作新棺，贮司马崔会意，以辒车挽歌为送葬之法，使妪乘车悲号。会意不能堪，轻骑还都以闻。上恐其奔逸，以禁兵取之，将于狱赐尽，太子统流涕固谏，得免，戊子，免纶官，削爵土。

【译文】曹义宗等人攻克了顺阳、马圈，与裴衍等人在淅阳交战，曹义宗等人战败撤退。裴衍等人又攻占了顺阳，进兵包围马圈。洛州刺史董绍认为马圈城池坚固，裴衍等人粮食少，上书说他一定会失利。不久，曹义宗攻击裴衍等人，将他们打败，又攻克了顺阳。北魏派王罴做荆州刺史。

邵陵王萧纶代理南徐州刺史，在任上喜怒无常，肆意违法乱纪，他在集市上闲逛，问卖黄鳝的人说："刺史的为人怎么样？"卖黄鳝的人回答说："急躁暴虐。"萧纶大怒，命令他吞食黄鳝，将他折磨而死，百姓惶恐万分，在路上相遇连话都不敢说，只能用眼神打招呼。有一回萧纶遇到丧车，夺取孝子的丧服穿在自己身上，趴在地上大声号叫。他身边的典签害怕获罪，暗中上表梁武帝萧衍。武帝萧衍才开始严厉责备萧纶，然而他依然不改，于是梁武帝派人接替他的官职。萧纶因此更加悖逆傲慢，逮捕了一个与武帝形貌相似的瘦小老翁，让他穿上皇帝的龙袍，戴上皇冠，安排他坐在高位，按照君王礼节朝见他，陈说自己没有罪过，又派人在座位上剥掉他的衣服，在庭堂上鞭打他。还制作了一具新的棺材，将担任司马的崔会意装进去，用丧车挽歌替他送葬，命令老妇坐在车上悲哀的号哭，崔会意不能忍受侮辱，轻装骑着马回到京师将这事上奏梁武帝萧衍。武帝害怕萧纶逃走，派出禁兵逮捕他，准备赐他在狱中自尽，太子萧统流着泪一再进谏，萧纶这才免于一死。戊子日（十八日），武帝萧衍罢免萧纶的官职，削夺爵位与封土。

魏山胡刘蠡升反，自称天子，置百官。

初，敕勒酋长斛律金事怀朔镇将杨钧为军主，行兵用匈奴法，望尘知马步多少，嗅地知军远近。及破六韩拔陵反，金拥众归之，拔陵署金为王。既而知拔陵终无所成，乃诣云州降。仍稍引其众南出黄瓜堆，为杜洛周所破，脱身归尔朱荣，荣以为别将。

【译文】北魏山胡人刘蠡升造反，自称天子，设立百官。

起初，北魏酋长斛律金在怀朔镇将杨钧部下做军主，他行军采用匈奴的办法，他望着飞扬的尘土就能够知道骑兵和步兵有多少，趴在地上听听声音就能够知道敌军的远近。等到破六韩拔陵造反，斛律金带着部属归附他，破六韩拔陵任命斛律金为王。后来他知道破六韩拔陵终究不会成功，于是前来云州投降，率领他的部属抵达黄瓜堆稍南的地方，被杜洛周打败，脱身投奔尔朱荣，尔朱荣任命他为别将。

资治通鉴卷第一百五十一　梁纪七

赵柔兆敦牂，尽强圉协洽，凡二年。

【译文】 起丙午（公元526年），止丁未（公元527年），共两年。

【题解】 本卷记录了公元526年、527年共两年间南梁与北魏两国的大事，正当梁武帝萧衍普通七年、大通元年。主要记录了在上谷起兵称王的杜洛周，以及五原降户鲜于修礼部下葛荣的两支变民队伍；秦州一带的变民头领莫折大提，其子莫折念生进据北华州、占领潼关，之后莫折念生被秦州城民杜粲杀死；萧宝寅公开反叛北魏，杀死朝廷派往关中的大使郦道元，在长安自称齐帝；梁将夏侯夔攻克北魏的平静、穆陵、阴山三关，之后又与湛僧智合作围攻北魏的东豫州，接着梁将又进据安阳、楚城等地，此外还记录了胡太后以礼召回元略，任他为大将军、尚书令，以及秀容一带的地方军阀尔朱荣袭击北魏的肆州，委派他的堂叔尔朱羽生为刺史等。

高祖武皇帝七

普通七年（丙午，公元五二六年）春，正月，辛丑朔，大赦。

壬子，魏以汝南王悦领太尉。

魏安州石离、穴城、斛盐三戍兵反，应杜洛周，众合二万，洛周自松岍赴之。行台常景使别将崔仲哲屯军都关以邀之，仲哲战没，元谭军夜溃，魏以别将李琚代谭为都督。仲哲，秉之子也。

【译文】普通七年（丙午，公元526年）春季，正月，辛丑朔日（初一），梁朝大赦天下。

壬子日（十二日），北魏让汝南王元悦兼任太尉。

北魏安州的石离、穴城、斛盐三个军事据点的军队叛乱，响应杜洛周，部众共有两万人，杜洛周从松岍赶往和他们会合。行台常景派遣别将崔仲哲屯驻在军都关半路截击他，崔仲哲战死，元谭的军队在夜晚溃散。北魏派别将李琚接替元谭做都督。崔仲哲是崔秉的儿子。

初，魏广阳王深通于城阳王徽之妃。徽为尚书令，为胡太后所信任。会恒州人请深为刺史，徽言深心不可测。及杜洛周反，五原降户在恒州者谋奉深为主，深惧，上书求还洛阳。魏以左卫将军杨津代深为北道大都督，诏深为吏部尚书。徽，长寿之孙也。

五原降户鲜于修礼等帅北镇流民，反于定州之左城，改元鲁兴，引兵向州城，州兵御之不利。杨津至灵丘，闻定州危迫，引兵救之，入据州城。修礼至，津欲出击之，长史许被不听，津手剑击之，被走得免。津开门出战，斩首数百，贼退，人心少安。诏寻以津为定州刺史兼北道行台。魏以扬州刺史长孙稚为大都督北讨诸军事，与河间王琛共讨修礼。

【译文】起初，北魏广阳王元深和城阳王元徽的妃子私通。元徽当了尚书令，受到胡太后的信任，恰好恒州人请求元深做刺史，元徽就说元深居心叵测。等到杜洛周造反时，五原在恒州的降户打算拥戴元深为领袖，元深害怕，上书请求回到洛阳。北魏派左卫将军杨津接替元深做北道大都督，下诏任命元深为吏部尚书。元徽是元长寿的儿子。

五原的降户鲜于修礼等人率领北镇的流民在定州的左城造反，改年号为鲁兴，率兵向定州城进攻，定州兵抵抗，没有获胜。杨津到达灵丘，听说定州危急，率兵前往援救，进入定州城据守。鲜于修礼来到定州以后，杨津打算出城进攻他，长史许被不听指挥，杨津亲自用剑击他，许被逃开了。杨津打开城门出来作战，杀了几百人，贼寇撤退，人心稍为安定下来。不久北魏孝明帝元诩下诏任命杨津为定州刺史兼北道行台。北魏任命扬州刺史长孙稚为大都督北讨诸军事，与河间王元琛一同征讨鲜于修礼。

二月，甲戌，北伐众军解严。

魏西部敕勒斛律洛阳反于桑乾西，与费也头牧子相连结。三月，甲寅，游击将军尔朱荣击破洛阳于深井，牧子于河西。

夏，四月，乙酉，临川靖惠王宏卒。

魏大赦。

癸巳，魏以侍中、车骑大将军城阳王徽为仪同三司。徽与给事黄门侍郎徐纥共毁侍中元顺于太后，出为护军将军、太常卿。顺奉辞于西游园，纥侍侧，顺指之谓太后曰："此魏之宰嚭，魏国不亡，此终不死！"纥胁肩而出，顺抗声叱之曰："尔刀笔小才，正堪供几案之用，岂应污辱门下，数我彝伦！"因振衣而起。太后默然。

【译文】二月，甲戌日（初五），梁国北伐的各路军队解除戒严。

北魏西部敕勒头领斛律洛阳在桑乾的西边造反，与费也头牧子相互勾结。三月，甲寅日（十五日），游击将军尔朱荣在深井打败斛律洛阳，在北河西边打败费也头牧子。

夏季，四月，乙酉日（十七日），梁朝临川靖惠王萧宏去世。

北魏大赦境内。

癸巳日（二十五日），北魏任命侍中、车骑大将军城阳王元徽为仪同三司。元徽与给事黄门侍郎徐纥在胡太后面前一同毁谤侍中元顺，将他外放为护军将军、太常卿。元顺在西游园辞行，徐纥随侍在旁，元顺指着他对胡太后说："这个人是北魏的太宰颢，魏国不灭亡的话，这个人永远不会死。"徐纥耸着肩膀出去，元顺高声呵斥他说："你这个只会玩弄刀笔、小有才气的人，只能在几案上供事，怎么可以污辱门下省，败坏我朝的常法。"于是拂衣站了起来，胡太后默然无语。

魏朔州城民鲜于阿胡等据城反。

杜洛周南出钞掠蓟城，魏常景遣统军梁仲礼击破之。丁未，都督李琚与洛（问）〔周〕战于蓟城之（此）〔北〕，败没。常景帅众拒之，洛周引还上谷。

长孙稚行至邺，诏解大都督，以河间王琛代之。稚上言："向与琛同在淮南，琛败臣全，遂成私隙，今难以受其节度。"魏朝不听。前至呼沱，稚未欲战，琛不从。鲜于修礼邀击稚于五鹿，琛不赴救，稚军大败，稚、琛并坐除名。

【译文】 北魏朔州的城民鲜于阿胡等人占据州城而后造反。

杜洛周向南边流窜，抢劫蓟城，北魏常景派遣统军梁仲礼将他打败了。丁未日（四月无此日），都督李琚与杜洛周在蓟城北边交战，李琚战败而死。常景率兵抵抗，杜洛周撤退回上谷。

长孙稚到了邺城，朝廷下诏解除他大都督的职位，派河间王元琛代替他。长孙稚向朝廷说："臣从前与元琛一同在淮南作战，元琛战败而臣保全，因此有了私仇，现在难以接受他的调遣指挥。"朝廷不听。大军前进到呼沱河，长孙稚不想作战，元琛不准许。鲜于修礼在五鹿半路截击长孙稚，元琛不赶去救援，长孙稚的军队大败，长孙稚、元琛两人因此都被除去名籍。

五月，丁未，魏主下诏将北讨，内外戒严。既而不行。

衡州刺史元略，自至江南，晨夕哭泣，常如居丧。及魏元叉死，胡太后欲召之，知略因刁双获免，徵双为光禄大夫，遣江革、祖暅之南还以求略。上备礼遣之，宠赠甚厚。略始济淮，魏拜略为侍中，赐爵义阳王；以司马始宾为给事中，栗法光为本县令，刁昌为东平太守，刁双为西兖州刺史。凡略所过，一飧一宿皆赏之。

魏以丞相高阳王雍为大司马，复以广阳王深为大都督，讨鲜于修礼；章武王融为左都督，裴衍为右都督，并受深节度。

【译文】 五月，丁未日（初九），北魏孝明帝元诩下诏将要北伐，宣布内外戒严，后来却没有出发。

衡州刺史元略，自从到江南以后，朝夕哭泣，好像居丧一样。等到北魏元叉死去，胡太后打算征召他，获知元略因为刁双的保护得以脱身，于是征召刁双为光禄大夫，把江革、祖暅之遣送回南方的梁国，用他们交换元略。梁武帝萧衍依照礼节遣送他，馈赠十分优厚。元略才渡过淮水，北魏就封元略为侍中，赐爵义阳王；派司马始宾做给事中，栗法光做屯留县令，刁昌做东平太守，刁双做西兖州刺史。在元略逃难过程中所经过的地方，凡是为他提供了一餐一宿的，都得到了朝廷的赏赐。

北魏任命丞相高阳王元雍为大司马。又任命广阳王元深为大都督，征讨鲜于修礼。任命章武王元融做左都督，裴衍做右都督，两人一同接受元深的调度指挥。

深以其子自随，城阳王徽言于太后曰："广阳王携其爱子，握兵在外，将有异志。"乃敕融、衍潜为之备。融、衍以敕示深，深惧，事无大小，不敢自决。太后使问其故，对曰："徽衔臣次骨，臣疏远在外，徽之构臣，无所不为。自徽执政以来，臣所表请，多不从允。徽非但害臣而已，从臣将士，有勋劳者皆见排抑，不得比它军，仍深被憎嫉，或因其有罪，加以深文，至于殊死，以是从臣行者，莫不悚惧。有言臣善者，视之如仇雠；言臣恶者，待之如亲戚。徽居中用事，朝夕欲陷臣于不测之诛，臣何以自安！陛下若使徽出临外州，臣无内顾之忧，庶可以毕命贼庭，展其忠力。"太后不听。

徽与中书舍人郑俨等更相阿党，外似柔谨，内实忌克，赏罚任情，魏政由是愈乱。

【译文】元深带着儿子跟在身边，城阳王元徽向胡太后进言说："广阳王携带着爱子，率领军队在外边，将要有异心。"于是敕令元融、裴衍暗中监视他。元融、裴衍将敕令交给元深看，元深恐惧，从此无论什么事情，都不敢自己决断。胡太后派人问他原因，元深回答说："元徽对臣恨之入骨，臣在外边，和朝廷疏远，元徽毁谤我，无所不为。自从元徽执政以来，臣所有上表请求，大多数不获准许。元徽不但陷害我，所有追随我的将士，有功劳的都被压制，不能与其他的军队相比，即使这样还被憎恨嫉妒，有的人因为小罪，就被罗织罪名，甚至处以死刑，因此随从臣出发的，没有人不内心恐惧。假如有人说臣好，他就像看到仇敌一样；有人说臣坏，他就像亲戚一样对待他。元徽在朝中掌权，随时打算陷害臣，使臣受到无法预测的罪刑，臣怎么能够自安呢？陛下假如让元徽到外州任职，臣没有内顾的忧虑，就可以和敌人拼命，发挥臣的忠心与力量了。"胡太后不听从。

元徽与中书舍人郑俨等人相互结党，外表看起来柔弱恭顺，内心其实妒忌贤能，赏罚随心所欲，北魏的政治因此更加混乱。

【乾隆御批】深徽嫌郁有日，魏主既所素恐。顾令犄角制肘，自酿祸败。则所谓藉寇兵，济盗粮。孰有甚于是者？

【译文】元深和元徽之间的矛盾已有多日，魏主平素也为此担心。反而让他们成犄角之势，互相抵制、掣肘，结果自酿祸端。正所谓人们所说的把武器借给了贼兵，把粮食送给了盗匪。有什么比这更糊涂的呢？

戊申，魏燕州刺史崔秉帅众弃城，奔定州。

乙丑，魏以安西将军宗正珍孙为都督，讨汾州反胡。

六月，魏降蜀陈双炽聚众反，自号始建王。魏以假镇西将军长孙稚为讨蜀都督。别将河东薛修义轻骑诣双炽垒下，晓以利害，双炽即降。诏以修义为龙门镇将。

丙子，魏徙义阳王略为东平王，顷之，迁大将军、尚书令，为胡太后所委任，与城阳王徽相埒，然徐、郑用事，略亦不敢违也。

【译文】戊申日（初十），北魏燕州刺史崔秉率领部属放弃城池投奔定州。

乙丑日（二十七日），北魏任命安西将军宗正珍孙为都督，征讨汾州造反的胡人。

六月，北魏投降的蜀人陈双炽聚集徒众造反，自号始建王。北魏任命假镇西将军长孙稚为讨蜀都督。别将河东人薛修义轻骑前往陈双炽的军垒底下，向他宣示利害关系，陈双炽立即向朝廷投降。朝廷下诏任命薛修义为龙门镇将。

丙子日（初九），北魏任命义阳王元略为东平王，不久，迁大将军、尚书令，受到胡太后的信任，与城阳王元徽相当，但是徐纥、郑俨专权，元略也不敢有所违背。

杜洛周遣都督王曹纥真等将兵掠蓟南。秋，七月，丙午，行台常景遣都督于荣等击之于栗园，大破之，斩曹纥真及将卒三千馀级。洛周帅众南趣范阳，景与荣等又破之。

魏仆射元纂以行台镇恒州。鲜于阿胡拥朔州流民寇恒州，戊申，陷平城，纂奔冀州。

上闻淮堰水盛，寿阳城几没，复遣郢州刺史元树等自北道攻黎浆，豫州刺史夏侯亶等自南道攻寿阳。

【译文】杜洛周派遣都督王曹纥真等人率兵到达蓟州南边抢掠，秋季，七月，丙午日（初九），行台常景派遣都督于荣等人在栗园攻打他们，将他们打得大败，杀了曹纥真以及将卒三千多人。杜洛周率领部下南逼范阳，常景与于荣等人又将他打败了。

北魏仆射元纂以行台的职衔镇守恒州。鲜于阿胡带领朔州的流民侵犯恒州，戊申日（十一日），攻克了平城，元纂奔往冀州。

梁武帝萧衍听说淮河大坝上游的水势盛大，寿阳城几乎要淹没，又派遣郢州刺史元树等人从北路攻打黎浆，豫州刺史夏侯亶等人从南路攻打寿阳。

八月，癸巳，贼帅元洪业斩鲜于修礼，请降于魏；贼党葛荣复杀洪业自立。

魏安北将军、都督恒、朔讨虏诸军事尔朱荣过肆州，肆州刺史尉庆宾忌之，据城不出。荣怒，举兵袭肆州，执庆宾还秀容。署其从叔羽生为刺史，魏朝不能制。

初，贺拔允及弟胜、岳从元纂在恒州，平城之陷也，允兄弟相失，岳奔尔朱荣，胜奔肆州。荣克肆州。得胜，大喜曰："得卿兄弟，天下不足平也！"以为别将，军中大事多与之谋。

【译文】八月，癸巳日（二十七日），贼寇的将领元洪业杀了鲜于修礼，向北魏请求投降，贼党葛荣又杀了元洪业自立。

北魏安北将军及都督恒、朔讨虏诸军事尔朱荣经过肆州，肆州刺史尉庆宾妒忌他，占据州城不出来。尔朱荣大怒，率兵袭击肆州，俘虏了尉庆宾，回到秀容，委派他的堂叔尔朱羽生做刺史，北魏无法控制他。

起初，贺拔允与他的弟弟贺拔胜、贺拔岳跟随元纂在恒州，平城失陷的时候，贺拔允兄弟失散，贺拔岳投奔尔朱荣，贺拔胜投奔肆州。尔朱荣攻陷肆州，得到贺拔胜，大喜说："得到你们兄弟，平定天下举手之劳罢了。"尔朱荣任命他们为别将，军中的大事多与他们商量。

【乾隆御批】尔朱荣之执尉庆宾，真所谓有无君之心，而后动于恶也。庆宾闭门不纳，其意实欲稍折其萌。而刘友益书法，转以无备致执少之，岂非眇见？

【译文】尔朱荣抓捕尉庆宾，正所谓有目无君主之心，而后才有恶劣之行。尉庆宾闭门不接纳他，其本意实想稍挫一下他这个刚萌芽的想法。然而刘友益写这件事，反而以尉庆宾没有准备被抓来轻视他，岂不是瞎了眼的见解吗？

九月，已酉，鄱阳忠烈王恢卒。

葛荣既得杜洛周之众，北趣瀛州，魏广阳忠武王深自交津引兵蹑之。辛亥，荣至白牛逻，轻骑掩击章武庄武王融，杀之。荣自称天子，国号齐，改元广安。深闻融败，停军不进。侍中元晏宣言于太后曰：“广阳王盘桓不进，坐图非望。有于谨者，智略过人，为其谋主，风尘之际，恐非陛下之纯臣也。”太后深然之，诏榜尚书省门，募能获谨者有重赏。谨闻之，谓深曰：“今女主临朝，信用谗佞，苟不明白殿下素心，恐祸至无日。谨请束身诣阙，归罪有司。”遂径诣榜下，自称于谨；有司以闻。太后引见，大怒。谨备论深忠款，兼陈停军之状，太后意解，遂舍之。

【译文】 九月，己酉日（十三日），梁朝鄱阳忠烈王萧恢去世。

葛荣得到杜洛周的部属以后，往北边的瀛州流窜，北魏广阳忠武王元深率兵从交津尾追葛荣。辛亥日（十五日），葛荣到达白牛逻，用轻骑偷袭章武庄武王元融，将元融杀死。葛荣自称天子，国号齐，改年号为广安。元深听说元融兵败被杀，停军不进，侍中元晏暗中向太后进言：“广阳王徘徊不前，心存非分之想。有个叫于谨的人，智略非凡，做他的谋士，在战事动荡之际，恐怕广阳王不是陛下的忠臣。”胡太后深深认为他的话不错，下诏在尚书省门口贴告示，招募能捉到于谨的人有重赏。于谨听到了这个消息，对元深说：“现在女主临朝，听信重用谗佞的小人，假如不表明殿下的真心，恐怕不消多时灾祸就会降临。于谨请求单身前往京师，向有司自首。”于是径直来到告示下面，自称是于谨，有司将这事报告了胡太后。胡太后召见了他，十分生气，于谨详细说明元深的忠诚，并且陈述停军的原因，胡太后这才怒气消除，将他放了。

深引军还，趣定州，定州刺史杨津亦疑深有异志；深闻之，止于州南佛寺。经二日，深召都督毛谥等数人，交臂为约，危难之际，期相拯恤。谥愈疑之，密告津，云深谋不轨。津遣谥讨深，深走出，谥呼噪逐深。深与左右间行至博陵界，逢葛荣游骑，劫之诣荣。贼徒见深，颇有喜者，荣新立，恶之，遂杀深。城阳王徽诬深降贼，录其妻子。深府佐宋游道为之诉理，乃得释。游道，繇之玄孙也。

【译文】 元深率军回来，赶往定州，定州刺史杨津也怀疑元深有不轨意图，元深听到这个消息，驻扎在定州南的佛寺中。过了两天，元深招来都督毛谥等人，与他们握手订立盟约，危难的时候，希望互相救援。毛谥更加疑心，秘密告诉杨津说元深图谋不轨。杨津派遣毛谥讨伐元深，元深逃出军营，毛谥一边叫喊一边追逐元深。元深带着自己身边的一些侍从抄小路逃到博陵郡界，遇到葛荣派出的侦察骑兵，将元深等人劫持前往见葛荣。贼寇看见元深，颇有一些人心中欢喜，葛荣刚刚自立为天子，厌恶这种情况，就将元深杀了。城阳王元徽诬陷元深投降了贼寇，将他的妻子和儿子一起逮捕。元深的府佐宋游道替元深申辩理冤，才释放了元深的妻儿。宋游道是宋繇的玄孙。

甲申，魏行台常景破杜洛周，斩其武川王贺拔文兴等，捕虏四百人。

就德兴陷魏平州，杀刺史王买奴。

天水民吕伯度，本莫折念生之党也，后显据显亲以拒念生；已而不胜，亡归胡琛，琛以为大都督、秦王，资以士马，使击念生。伯度屡破念生军，复据显亲，乃叛琛，东引魏军。念生窘迫，乞降于萧宝寅，宝寅使行台左丞崔士和据秦州。魏以伯度为泾州刺史，封平秦郡公。大都督元修义停军陇口，久不进。念生复反，执士和送胡琛，于道杀之。久之，伯度为万俟丑奴所杀，贼势益盛，宝寅不能制。胡琛与莫折念生交通，事破六韩拔陵浸慢，拔陵遣其臣费律至高平，诱琛，斩之，丑奴尽并其众。

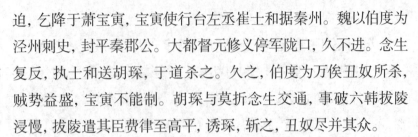

【译文】甲申日（九月无此日），北魏行台常景打败了杜洛周，杀了他们的武川王贺拔文兴等人，俘虏了四百多人。

就德兴攻克北魏的平州，杀了刺史王买奴。

天水百姓吕伯度，本来是莫折念生的党羽，后来又占据显亲抵抗莫折念生，其后没有办法获胜，逃走前往归附胡琛，胡琛任命他为大都督、秦王，资助他军队与马匹，让他攻打莫折念生。吕伯度多次打败莫折念生的军队，又占据了显亲，于是背叛胡琛，引导东边的魏军。莫折念生情势窘迫，向萧宝寅请求投降，萧宝寅派行台左丞崔士和占据秦州。北魏任命吕伯度为泾州刺史，封平秦郡公。大都督元修义停军在陇口，很长时间不进兵，莫折念生又反叛，俘虏了崔士和送交胡琛，在路上将崔士和杀了。过了很久，吕伯度被万俟丑奴杀死，贼寇的气焰更加强盛，萧宝寅无法控制。胡琛与莫折念生互相联络，对待破六韩拔陵逐渐不敬，破六韩拔陵派遣他的臣子费律到达高平，招诱胡琛，将胡琛杀了。万俟丑奴收编了胡琛的部众。

冬，十一月，庚辰，大赦。

丁贵嫔卒，太子水浆不入口，上使谓之曰："毁不灭性，况我在邪！"乃进粥数合。太子体素肥壮，腰带十围，至是减削过半。

夏侯亶等军入魏境，所向皆下。辛巳，魏扬州刺史李宪以寿阳降，宣猛将军陈庆之入据其城，凡降城五十二，获男女七万五千口。丁亥，纵李宪还魏，复以寿阳为〔豫〕州，改合肥为南豫州，以夏侯夔为豫、南豫二州刺史。寿阳久罹兵革，民众流散，夔轻荆薄赋，务农省役，顷之，民户充复。

杜洛周围范阳，戊戌，民执魏幽州刺史王延年、行台常景送洛周，开门纳之。

魏齐州平原民刘树等反，攻陷郡县，频败州军。刺史元欣以平原房士达为将，讨平之。

【译文】冬季，十一月，庚辰日（十五日），梁朝大赦天下。

梁朝丁贵嫔去世，太子萧统因此不吃不喝，梁武帝萧衍派人对他说："哀伤不可以过度以致危急自己的性命，何况我还在呢！"萧统这才喝了几口粥。太子的身体本来肥壮，腰带有十围宽，到了这时已经减少超过一半。

夏侯夔等人的军队进入魏境，所到之处都打了胜仗。辛巳日（十六日），北魏扬州刺史李宪以寿阳投降，宣猛将军陈庆之进兵占据了寿阳，投降的城共有五十二座，虏获了男女共七万五千人。丁亥日（二十二日），释放李宪回到北魏，又将寿阳立为豫州，改置合肥为南豫州，派夏侯夔为豫州及南豫州两州的刺史。寿阳长久以来遭到战争的荼毒，百姓多逃亡离散，夏侯夔减轻刑罚，薄收赋税，致力农业，减轻徭役，不久，百姓的人数又得到了恢复。

杜洛周包围进攻范阳，戊戌日（十一月无此日），百姓俘虏了北魏幽州刺史王延年与行台常景送给杜洛周，打开城门让杜洛周进去。

北魏齐州平原郡的百姓刘树等人造反，攻克郡县，多次打败州军，刺史元欣任命平原人房士达为大将，讨平了造反的人。

曹义宗据穰城以逼新野，魏遣都督魏承祖及尚书左丞、南道行台辛纂救之。义宗战不利，不敢进。纂，雄之从父兄也。

魏盗贼日滋，征讨不息，国用耗竭，预徵六年租调，犹不足，乃罢百官所给酒肉，又税入市者人一钱，及邸店皆有税，百姓嗟怨。吏部郎中辛雄上疏，以为："夷夏之民相聚为乱，岂有馀憾哉! 正以守令不得其人，百姓不堪其命故也。宜及此时早加慰抚。但郡县选举，由来共轻，贵游俊才，莫肯居此。宜改其弊，分郡县为三等，清官选补之法，妙尽才望，如不可并，后地先才，不得拘以停年。三载黜陟，有称职者，补在京名官；如不历守令，不得为内职。则人思自勉，杜屈可申，强暴自息矣。"不听。

【译文】曹义宗占据穰城，对新野造成威胁，北魏派遣都督魏承祖以及尚书左丞、南道行台辛纂赶来救援，曹义宗作战不利，不敢进兵。辛纂是辛雄的堂兄。

北魏的盗贼日益增多，征讨不停，国家的资财因此枯竭，已经预先征收六年的租税，还感到不够，于是取消供给百官的酒肉，对进入市集的人抽税，每人一钱，甚至住店的人都要交税，百姓怨恨叹息。吏部郎中辛雄上疏，认为："华族和夷人相聚作乱，哪有什么其他的怨恨呢? 只是因为郡守县令没有选用合适的人，百姓受不了他们苛政的缘故。应当赶紧在这时加以抚慰。然而朝廷长期以来一直不重视对郡、县两级官员的任用，出生高贵的名门子弟及有才能的人，没有人肯担任郡守县令。应当改革这个弊端，把郡县分成三等，清官选补的办法，最好能兼顾才能以及门第，假如无法兼顾，那就先考虑才能后考虑门第，不该拿候选年限来限制。经过三年的考核，然后予以适当的升迁，有称职的人，调补京师的重要官职，假如没有经历郡守县令的职务，不得担任朝廷的官职。这样一来，人人都会自我勉励，受到冤屈的人可以伸张，造反、作乱的事自然就不会发生了。"北魏朝廷没有采纳辛雄的意见。

【乾隆御批】 汉宣尝以共治天下期之良二千石，可谓深识政要。元魏轻视郡县，选举置牧民为末务。邦本不宁，何以能国？

【译文】 汉宣帝曾把共治天下的期望寄托在优秀的郡守身上，可以说是对施政要领有深刻的认识。元魏轻视郡县，选举官员时，把管理百姓看成世俗琐事。国家的基础不稳定的话，又拿什么来使国家大治呢？

【申涵煜评】 自古暴横之征非一，若税入市者人一钱，则未之前闻，是使户有倍出之丁，而民无厝足之地也。觉王安石手寔、间架，犹为疏阔矣。

【译文】 自古以来横征暴敛的手段不止一种，对于进入集市的人收税，每人一钱，则从来没有过。这样一来，家中哪怕再增加一倍的劳动力，百姓也没有可以立足的地方，和此相比，宋代王安石的手实法和间架税，还是宽松的了。

大通元年(丁未，公元五二七年)春，正月，乙丑，以尚书左仆射徐逸为仆射。

辛未，上祀南郊。

甲戌，魏以司空皇甫度为司徒，仪同三司萧宝寅为司空。

魏分定、相二州四郡置殷州，以北道行台博陵崔楷为刺史。楷表称："州今新立，尺刃斗粮，皆所未有，乞资以兵粮。"诏付外量闻，竟无所给。或劝楷留家，单骑之官，楷曰："吾闻食人之禄者忧人之忧，若吾独往，则将士谁肯固志哉！"遂举家之官。葛荣逼州城，或劝减弱小以避之，楷遣幼子及一女夜出；既而悔之，曰："人谓吾心不固，亏忠而全爱也。"遂命追还。贼至，强弱相悬，又无守御之具；楷抚勉将士以拒之，莫不争奋，皆曰："崔公尚不惜百口，吾属何爱一身！"连战不息，死者相枕，终无叛志。辛未，城陷，楷执节不屈，荣杀之，遂围冀州。

资治通鉴

【译文】　大通元年（丁未，公元527年）春季，正月，乙丑日（初一），梁朝任命尚书左仆射徐勉为仆射。

辛未日（初七），梁武帝萧衍到建康城内的南郊祭祀。

甲戌日（初十），北魏任命司空皇甫度为司徒，仪同三司萧宝寅为司空。

北魏从定、相二州中分出四个郡设置殷州，让北道行台博陵人崔楷做刺史。崔楷上表说："州刚刚设立，一点兵器和米粮都没有，请求供给兵器与粮食。"朝廷下诏交付外臣斟酌应该供给的兵粮数目奏报，最后竟然一点儿都提供不了。有人劝崔楷将家人留下，自己一个人骑马赴任，崔楷说："我听说领了人家的俸禄就该替人家分担忧愁，假如我独自一人前往，那么将士们谁肯坚定心志跟随我呢？"于是全家都前往殷州任所。葛荣进攻逼近殷州城，有人劝他将家中老弱幼小送出城外躲避，崔楷叫小儿子和一个女儿在夜晚出城，事后反悔说："人家会认为我的心意不坚固，不能为国家尽忠，却保全儿女的亲情。"于是派人将他们追回。贼寇到了，强弱悬殊，又没有守城的工具，崔楷勉励将士进行抵抗，大家奋勇争先，说："崔公都不顾念一家百口，我们怎么会爱惜自己的一人之身！"战事接连不断，死亡的人横七竖八地你压着我、我压着你，满地都是，始终没有人叛变投敌。辛未日（十七日），城池沦陷，崔楷坚守气节不屈服，葛荣将他杀了，随后又包围进攻冀州。

魏萧宝寅出兵累年，将士疲弊。秦贼击之，宝寅大败于泾州，收散兵万馀人，屯逍遥园，东秦州刺史潘义渊以汧城降贼。莫折念生进逼岐州，城人执刺史魏兰根应之。幽州刺史毕祖晖战没，行台（羊）〔辛〕深弃城走，北海王颢军亦败。贼帅胡引祖据北华州，叱干麒麟据幽州以应天生，关中大扰。雍州刺史杨椿募兵得七千馀人，帅以拒守，诏加椿侍中兼尚书右仆射，为行台，节度关西诸将。北地功曹毛鸿宾引贼抄掠渭北，雍州录事参军杨侃将兵三千掩击之；鸿宾惧，请讨贼自效，遂擒送宿勤乌过仁。乌过仁者，明达之兄子也。莫折天生乘胜寇雍州，萧宝寅部将羊侃隐身堑中射之，应弦而毙，其众遂溃。侃，祉之子也。

【译文】萧宝寅出兵征战多年，将士疲惫不堪。秦州的贼寇对他进行攻击，萧宝寅在泾州吃了大败仗，收聚散兵一万多人，屯驻在逍遥园。东秦州刺史潘义渊以汧城投降贼寇。莫折念生进兵逼近岐州，城里的人俘虏了刺史魏兰根响应他。幽州刺史毕祖晖战死，行台辛深弃城逃跑，北海王元颢的军队也打了败仗。贼寇的头目胡引祖占据了北华州，叱干麒麟占据了幽州来响应莫折念生，关中一片混乱。雍州刺史杨椿招募士兵七千多人，率领他们守城抵抗，朝廷下诏加封杨椿侍中兼尚书右仆射，为行台，全面统领函谷关以西诸将。北地功曹毛鸿宾引导贼寇抢劫渭水北边一带，雍州录事参军杨侃率兵三千人袭击他，毛鸿宾非常恐惧，请求征讨贼寇替朝廷效命，于是擒获了宿勤乌过仁，将宿勤乌过仁押送给杨侃。宿勤乌过仁是宿勤明达的侄子。莫折天生乘胜侵犯雍州，萧宝寅的部将羊侃隐藏在堑壕中用箭射他，莫折天生中箭毙命，他的部下因而溃散。羊侃是羊祉的儿子。

魏右民郎阳平路思令上疏，以为："师出有功，在于将帅，得其人则六合唾掌可清，失其人则三河方为战地。窃以比年将帅多宠贵子孙，衔杯跃马，志逸气浮，轩眉攘腕，以攻战自许；及临大敌，忧怖交怀，雄图锐气，一朝顿尽。乃令羸弱在前以当寇，强壮居后以卫身，兼复器械不精，进止无节，以当负险之众，敌数战之虏，欲其不败，岂可得哉！是以兵知必败，始集而先逃；将帅畏敌，迁延而不进。国家谓官爵未满，屡加宠命；复疑赏赉之轻，日散金帛。帑藏空竭，民财殚尽，遂使贼徒益甚，生民凋弊，凡以此也。夫德可感义夫，恩可劝死士。今若黜陟幽明，赏罚善恶，简练士卒，缮修器械，先遣辩士晓以祸福，如其不悛，以顺讨逆，如此，则何异厉萧斧而伐朝菌，鼓洪炉而燎毛发哉！"弗听。

【译文】 北魏的右民郎阳平人路思令上奏章，认为："军队出去能够建立战功，关键在于将帅。将帅选得好，那么天下举手之间可以平定；将帅选得不好，那么洛阳地区将成为战场。臣认为近年来将帅多数是宗族豪门的子孙，平时饮酒之后纵马驰骋，心意放纵，气势浮躁，扬眉吐气，自己认为很能打仗，等到遇到了强大的敌人，内心又是担心又是害怕，平时的雄图锐气，一扫而光。于是下令羸弱士兵在前面抗御贼寇，强壮的士兵在后面保护自己，加上兵器不精良，进攻退守没有节度，用这样的军队来抵御占据着险要地形的敌众，抵抗身经数战的贼寇，想要让他们不打败仗，怎么可能呢？士兵们知道必定战败，因此刚刚集合就先逃走，将帅害怕敌人，所以就故意拖延而不敢前进。国家以为官爵不够，一再地加官晋爵，又疑心赏赐太轻，每天从国库中拿出金银布帛对他们进行赏赐。国库空虚，民用枯竭，于是使得贼众更加嚣张，民不聊生，都是这个缘故。德可以感动重义之人，恩可以激励敢死之士，现在假如能贬黜那些昏庸的

资治通鉴

将帅，选用贤明，赏有功，罚有罪，选练士兵，修缮器械，先派遣辩士拿祸福宣告他们，假如他们不知悔改，那就以顺讨逆，像这样，那和用利斧砍伐朝生暮死的小蘑菇、鼓吹烧得很旺的大炉子摧烧毛发有什么不同呢！"北魏朝廷没有听从他的建议。

戊子，魏以皇甫度为太尉。

己丑，魏主以四方未平，诏内外戒严，将亲出讨，竟亦不行。

谯州刺史湛僧智围魏东豫州，将军彭群、王辩围琅邪，魏敕青、南青二州救琅邪。司州刺史夏侯夔帅壮武将军裴之礼等出义阳道，攻魏平静、穆陵、阴山三关，皆克之。夔，亶之弟；之礼，邃之子也。

【译文】戊子日（二十四日），北魏任命皇甫度为太尉。

己丑日（二十五日），北魏孝明帝元诩因为四方还没有平定，下诏内外戒严，打算亲自出去征讨，最终还是没有实行。

谯州刺史湛僧智围攻北魏的东豫州，将军彭群、王辩围攻琅邪，北魏下令青、南青二州援救琅邪。司州刺史夏侯夔率领壮武将军裴之礼等人从义阳出发，攻打北魏的平静、穆陵、阴山三关，将三关全部攻克。夏侯夔是夏侯亶的弟弟；裴之礼是裴邃的儿子。

魏东清河郡山贼群起，诏以齐州长史房景伯为东清河太守。郡民刘简虎尝无礼于景伯，举家亡去。景伯穷捕，擒之，署其子为西曹掾，令谕山贼。贼以景伯不念旧恶，皆相帅出降。

景伯母崔氏，通经，有明识。贝丘妇人列其子不孝，景伯以白其母，母曰："吾闻闻名不如见面，山民未知礼义，何足深责！"乃召其母，与之对榻共食，使其子侍立堂下，观景伯供食。未旬日，悔过求还；崔氏曰："此虽面惭，其心未也，且置之。"凡二十余日，其子叩头流血，母涕泣乞还，然后听之，卒以孝闻。景伯，法寿之族子也。

【译文】 北魏东清河郡的山贼成群而起，朝廷下诏任命齐州长史房景伯为东清河太守。郡民刘简虎曾经对房景伯无礼，于是全家逃走，房景伯尽力搜捕，把他逮获，任用他的儿子做西曹掾，命令他劝说山贼投降。山贼因为房景伯不计较旧恶，都相继出来归降。

房景伯的母亲崔氏，通晓经学，聪明而有见识。贝丘有一位妇人状告她的儿子对她不孝，房景伯把这事告诉他的母亲，母亲说："我听说'闻名不如见面'，山民不知礼义，何必对他们深加责难呢！"于是招来他的母亲，与她对榻一起进餐，让她的儿子侍立在堂下，看着房景伯怎样为自己的母亲端茶送饭。不出十日，那个妇人的儿子就表示悔过要求回去。崔氏说："这时虽然脸上惭愧，他的内心还没有，暂且不理会他。"一共经过二十多天，她的儿子叩头流血，母亲也流着泪请求放她儿子回去，这时房景伯才允许他们回家，回去以后那个儿子终于因为孝顺而闻名。房景伯是房法寿的族侄。

【乾隆御批】 教化之源固在躬行身率。然一人不孝，即命供食以愧之，且历二十余日之久。设州民复有相陈者，一一以此为化导，将不胜敝旦旦劳矣。史家缘饰之笔，岂可尽信哉？

【译文】 教化的本源固然在于身体力行，率先垂范。然而一个人不孝，就命令他侍奉别人吃饭来使他产生愧疚之心，而且历时二十多天。假设州民再有互相讲述这类事情的，都用这种办法一一开化、劝导，将承受不了这个弊端，每日辛劳。这不过是史家的修饰之笔，怎么能全信呢？

二月，秦贼据魏潼关。

庚申，魏东郡民赵显德反，杀太守裴烟，自号都督。

将军成景俊攻魏彭城，魏以前荆州刺史崔孝芬为徐州行台以御之。先是，孝芬坐元叉党与卢同等俱除名，及将赴徐州，入辞太后，太后谓孝芬曰："我与卿姻戚，奈何内头元叉车中，称'此老妪会须去之！'"孝芬曰："臣蒙国厚恩，实无斯语。假令有之，谁能得闻！若有闻者，此于元叉亲密过臣远矣。"太后意解，怅然有愧色。景俊欲堰泗水以灌彭城，孝芬与都督李叔仁等击之，景俊遁还。

【译文】二月，秦州的寇贼攻占了北魏的潼关。

庚申日（二十七日），北魏东郡的百姓赵显德造反，杀了太守裴烟，自号都督。

将军成景俊攻打北魏的彭城，北魏任命前荆州刺史崔孝芬为徐州行台来抵挡他。在这以前，崔孝芬因为被认为是元叉的同党而和卢同等人一同被除名，等到他将要前往徐州就任，入朝向胡太后辞行，胡太后对崔孝芬说："我与你是姻亲，你为什么将头伸入元叉车中，说'这个老太婆应当杀掉'？"崔孝芬说："臣受到国家的厚恩，确实没有说过这话。倘若有的话，谁能听到！假如有听到的，那么这个人与元叉的亲密程度超过臣太多了。"胡太后的怨恨消除，脸上流露出惭愧的神色。成景俊想要在泗水中筑堰来灌淹彭城，崔孝芬与都督李叔仁等人攻打他，成景俊逃回梁国境内。

三月，甲子，魏主诏将西讨，中外戒严。会秦贼西走，复得潼关，戊辰，诏回驾北讨。其实皆不行。

葛荣久围信都，魏以金紫光禄大夫源子邕为北讨大都督以救之。

初，上作同泰寺，又开大通门以对之，取其反语相协。上晨夕幸寺，皆出入是门。辛未，上幸寺舍身；甲戌，还宫，大赦，改元。

魏齐州广川民刘钧聚众反，自署大行台；清河民房须自署大都督，屯据昌国城。

【译文】三月，甲子日（初一），北魏孝明帝元诩下诏打算西讨，朝廷内外戒严。刚好秦州的寇贼向西边逃走，官军又收复了潼关。戊辰日（初五），北魏孝明帝元诩下诏回驾北讨。实际上都没有实行。

葛荣长久围攻信都，北魏任命金紫光禄大夫源子邕为北讨大都督前去救援。

起初，梁武帝萧衍修建同泰寺，又开了大通门与它相对，取它的反语相对仗。梁武帝萧衍早晚前往寺中，都经过这道门。辛未日（初八），武帝萧衍到寺中出家当和尚。甲戌日（十一日），武帝萧衍回宫，大赦天下，改年号为大通。

北魏齐州广川的百姓刘钧聚集百姓造反，自封大行台；清河郡的百姓房须也自封大行台，占据昌国城。

夏，四月，魏将元斌之讨东郡，斩赵显德。

己酉，柔然头兵可汗遣使入贡于魏，且请讨群贼。魏人畏其反覆，诏以盛暑，且俟后敕。

魏萧宝寅之败也，有司处以死刑，诏免为庶人。雍州刺史杨椿有疾求解，复以宝寅为都督雍、泾等四州诸军事、征西将军、雍州刺史、开府仪同三司、西讨大都督，自关以西皆受节度。椿还乡里，其子昱将适洛阳，椿谓之曰："当今雍州刺史亦无逾宝寅者，但其上佐，朝廷应遣心膂重人，何得任其牒用！此乃圣朝百虑之一失也。且宝寅不藉刺史为荣，吾观其得州，喜悦特甚，至于赏罚云为，不依常宪，恐有异心。汝今赴京师，当以吾此意启二圣，并白宰辅，更遣长史、司马、防城都督，欲安关中，正须三人耳。如其不遣，必成深忧。"昱面启魏主及太后，皆不听。

【译文】夏季，四月，北魏将领元斌之讨伐东郡，杀了赵显德。

己酉日（十七日），柔然头兵可汗派遣使者向北魏进贡，并且请求征讨叛贼。魏人担心他们反复无常，下诏说目前天气炎热不宜出兵，且等待以后的圣旨。

北魏萧宝寅战败时，有司将他判处死刑，北魏孝明帝元诩下诏赦免他，废为庶人。雍州刺史杨椿因病请辞，魏国朝廷又任命萧宝寅为都督雍、泾等四州诸军事、征西将军、雍州刺史、开府仪同三司、西讨大都督，从潼关以西所有军队都接受他的调遣指挥。杨椿回到乡里，他的儿子杨昱将要回到洛阳，杨椿对他说："当今雍州刺史的职位也没有比萧宝寅更合适的，可是他的高级僚佐，应当由朝廷派遣心腹重臣去担任，怎么可以任凭他自己委任？这是圣明朝廷百虑中的一项失误。况且萧宝寅不应该因为担任刺史为荣耀，我看他做刺史，喜悦非常，至于赏罚作为，不按照常法，担心他怀有叛逆的心理。你现在前往京师，把我这个意思向圣上及太后禀陈，并且向宰辅报告，请朝廷另外委派长史、司马、防城都督，想要安定关中，正需要这三个人。假如不派遣，一定会成为深忧。"杨昱当面向北魏孝明帝元诩及太后禀陈，两人都不听取他的建议。

五月，丙寅，成景俊攻魏临潼、竹邑，拔之。东宫直阁兰钦攻魏萧城、厥固，拔之，钦斩魏将曹龙牙。

六月，魏都督李叔仁讨刘钧，平之。

秋，七月，魏陈郡民刘获、郑辩反于西华，改元天授，与湛僧智通谋，魏以行东豫州刺史谯国曹世表为东南道行台以讨之，源子恭代世表为东豫州。诸将以贼众强，官军弱，且皆败散之馀，不敢战，欲保城自固。世表方病背肿，舁出，呼统军是云宝谓曰：“湛僧智所以敢深入为寇者，以获、辩皆州民之望，为之内应也。向闻获引兵欲迎僧智，去此八十里；今出其不意，一战可破，获破，则僧智自走矣。”乃选士马付宝，暮出城，比晓而至，击获，大破之，穷讨馀党悉平。僧智闻之，遁还。郑辩与子恭亲旧，亡匿子恭所，世表集将吏面责子恭，收辩，斩之。

魏相州刺史乐安王鉴与北道都督裴衍共救信都。鉴幸魏多故，阴有异志，遂据邺叛，降葛荣。

【译文】五月，丙寅日（初四），成景俊攻打北魏的临潼与竹邑，将临潼与竹邑全部占领。东宫直阁兰钦攻打北魏的萧城与厥固，将萧城与厥固攻克，杀了北魏的将领曹龙牙。

六月，北魏的都督李叔仁征讨刘钧，把刘钧平定了。

秋季，七月，北魏陈郡的百姓刘获、郑辩在西华造反，改年号为天授，与湛僧智相互勾结，北魏任命代理东豫州刺史谯国人曹世表为东南道行台来征讨他们，源子恭接替曹世表做东豫州刺史。诸将由于贼寇势力强大，官军势力弱小，而且都是战败逃散剩下的，不敢作战，想要保守城池巩固自己。曹世表正患着背肿的病，让人用担架抬着出来，唤来统军是云宝，对他说：“湛僧智所以敢深入侵犯的缘故，是因为刘获、郑辩都是州民所仰望的人，为他做内应。刚才我听说刘获率兵想要迎接湛僧智，就在离开此地八十里的地方，现在出其不意，一战可以将他打败，刘获战败，那么湛僧智自然逃走了。"于是选拔军士和马匹交付是云宝，晚上出城，天亮到达，攻打刘获，把他打得大败，然后紧紧追讨，将他残余的党羽全都平定。湛僧智听到这个消息，逃了回去。郑辩与源子恭是亲密的老朋友，郑辩逃匿在源子恭的住所，曹世表集合将吏当面指责源子恭，下令逮捕并杀死了郑辩。

北魏的相州刺史乐安王元鉴与北道都督裴衍一起援救信都。元鉴对于北魏越来越多的叛乱感到高兴，暗中有异心，此时就占据邺城反叛，投降了葛荣。

己丑，魏大赦。

初，侍御史辽东高道穆奉使相州，前刺史李世哲奢纵不法，道穆案之。世哲弟神轨用事，道穆兄谦之家奴诉良，神轨收谦之系廷尉。赦将出，神轨启太后先赐谦之死，朝士哀之。

彭群、王辩围琅邪，自夏及秋，魏青州刺史彭城王劭遣司马鹿悆、南青州刺史胡平遣长史刘仁之将兵击群、辩，破之，群战没。劭，勰之子也。

八月，魏遣都督源之邕、李神轨、裴衍攻邺。子邕行及汤阴，安乐王鉴遣弟斌之夜袭子邕营，不克；子邕乘胜进围邺城，丁未，拔之，斩鉴，传首洛阳，改姓拓跋氏。魏因遣子邕、裴衍讨葛荣。

【译文】己丑日（二十八日），北魏大赦境内。

起初，侍御史辽东人高道穆奉命出使相州，前刺史李世哲奢侈放纵，不遵守法纪，高道穆上奏弹劾他。李世哲的弟弟李神轨当权，高道穆哥哥高谦之的家奴控告高谦之欺压良民为奴婢，李神轨将高谦之逮捕，并交由廷尉审理。大赦令即将发布时，李神轨奏请胡太后先将高谦之赐死，朝廷官吏都对高谦之的死感到痛心。

彭群、王辩围攻琅邪，从夏季一直到秋季，北魏青州刺史彭城王元劭派遣司马鹿念，南青州刺史胡平派遣长史刘仁之率兵攻打彭群、王辩，将他们打败，彭群战死。元劭是元勰的儿子。

八月，北魏派遣都督源子邕、李神轨、裴衍进攻邺城。源子邕来到汤阴，安乐王元鉴派遣他的弟弟元斌之在夜晚偷袭源子邕的营垒，没有成功；源子邕乘胜进兵围攻邺城，丁未日（十七日），攻克了邺城，杀了元鉴，把元鉴的首级送到洛阳，改他的姓为拓跋氏。北魏接着派遣源子邕、裴衍征讨葛荣。

九月，秦州城民杜粲杀莫折念生阖门皆尽，粲自行州事。南秦州城民辛琛亦自行州事，遣使诣萧宝寅请降。魏复以宝寅为尚书令，还其旧封。

谯州刺史湛僧智围魏东豫州刺史元庆和于广陵，魏将军元显伯救之，司州刺史夏侯夔自武阳引兵助僧智。冬，十月，夔至城下，庆和举城降。夔以让僧智，僧智曰："庆和欲降公，不欲降僧智，今往，必乖其意。且僧智所将应募乌合之人，不可御以法；公持军素严，必无侵暴，受降纳附，深得其宜。"夔乃登城，拔魏帜，建梁帜；庆和束兵而出，吏民安堵，获男女四万馀口。

◆臣光曰：湛僧智可谓君子矣！忘其积时攻战之劳，以授一朝新至之将，知己之短，不掩人之长，功成不取，以济国事，忠且无私，可谓君子矣！◆

【译文】九月，秦州城民杜粲杀死了莫折念生全家，杜粲自任刺史。南秦州城民辛琛也自任刺史，派遣使者向萧宝寅请求投降。北魏又任命萧宝寅为尚书令，恢复他原来的封爵。

谯州刺史湛僧智在广陵围攻北魏的东豫州刺史元庆和，北魏的将军元显伯援救元庆和，梁朝司州刺史夏侯夔从武阳率兵援助湛僧智。冬季，十月，夏侯夔到达东豫州，元庆和率全城投降。夏侯夔想让湛僧智前去受降，湛僧智说："元庆和想要向您投降，不想向湛僧智投降，我现在前去，一定不符合他的本意。而且我所率领的是招募的乌合之众，没有办法用纪律约束他们；您治军一向严格，一定不会有侵扰暴虐的事情，接受他的归降，非常合适。"夏侯夔于是登城，拔去北魏的旗帜，竖立梁朝的旗帜；元庆和放下兵器出城投降，官吏百姓安居无事，获得男女四万多人。

◆臣司马光说：湛僧智可以说是君子啊！不在意自己长期攻战的劳苦，将城池交给刚刚新来的将领，知晓自己的短处，不埋没他人的长处，大功告成而不以功臣自居，一心为了成就国事，尽忠而且没有私心，可以称为君子啊！◆

元显伯宵遁，诸军追之，斩获万计。诏以僧智领东豫州刺史，镇广陵。夔引军屯安阳，遣别将屠楚城，由是义阳北道遂与魏绝。

领军曹仲宗、东宫直阁陈庆之攻魏涡阳，诏寻阳太守韦放将兵会之。魏散骑常侍费穆引兵奄至，放营垒未立，麾下止有二百馀人，放免胄下马，据胡床处分，士皆殊死战，莫不一当百，魏兵遂退。放，叡之子也。

【译文】 元显伯夜晚逃走，诸军追讨他，斩获一万多人。梁朝下诏任命湛僧智兼领东豫州刺史，镇守广陵。夏侯夔率军驻扎安阳，派遣别将攻破并屠杀楚城，从此义阳北道就与北魏隔绝了。

领军曹仲宗、东宫直阁陈庆之攻打北魏的涡阳，梁武帝萧衍下诏命寻阳太守韦放率兵前往和他们会师。北魏的散骑常侍费穆率兵突然来到，韦放的营垒还没有建立，部下只有二百多人，韦放脱去头盔，下了马，坐在胡床上指挥部署，战士都拼死作战，一个人对付一百个人，魏兵这才退下。韦放是韦叡的儿子。

魏又遣将军元昭等众五万救涡阳，前军至驼涧，去涡阳四十里。陈庆之欲逆战，韦放以魏之前锋必皆轻锐，不如勿击，待其来至。庆之曰；"魏兵远来疲倦，去我既远，必不见疑，及其未集，须挫其气。诸君若疑，庆之请独取之。"于是帅麾下二百骑进击，破之，魏人惊骇。庆之乃还，与诸将连营而进，背涡阳城与魏军相持。自春至冬，数十百战，将士疲弊。闻魏人欲筑垒于军后，曹仲宗等恐腹背受敌，议引军还。庆之杖节军门曰："共来至此，涉历一岁，縻费极多。今诸君皆无斗心，唯谋退缩，岂是欲立功名，直聚为抄暴耳！吾闻置兵死地，乃可求生；须虏大合，然后与战。审欲班师，庆之别有密敕，今日犯者，当依敕行之！"仲宗等乃止。

【译文】北魏又派遣将军元昭等人率领军队五万人救援涡阳，前锋部队来到驼涧，距离涡阳四十里。陈庆之想要前去迎战，韦放认为魏军的前锋一定都是轻装勇锐的兵士，不如不攻击他们，等待他们自己来到，陈庆之说："魏兵远来疲惫，距离我们又远，一定不会想到我们会去进攻他们，在他们大军没有集结的时候，必须挫挫他们的锐气。诸君假如认为不妥，陈庆之请求独自前往。"于是他率领部下二百名骑兵前去攻击，将他们打败了，北魏人非常惊慌恐惧。陈庆之这才回来，与诸将连营前进，背对着涡阳城与魏军相对峙，从春季到冬季，共打了数十上百次的仗，将士们都疲惫不堪。听说魏人想要在梁军后面构筑营垒，曹仲宗等人害怕腹背受敌，商量要率兵后退，陈庆之手持符节站在军门前说："一同来到此地，战斗了一年，耗费极多。现在诸君都没有斗志，只想要撤退，这哪是想要建立功名，分明是相聚做强盗罢了！我听说将军队置之于死地，才可以求生存，必须使敌人集合在一起，然后与他们交战。假如真想要班师，陈庆之另外有皇上的密旨，今天有触犯的人，当按照敕令办理。"曹仲宗等人这才作罢。

魏人作十三城，欲以控制梁军。庆之衔枚夜出，陷其四城，涡阳城主王纬乞降。韦放简遣降者三十馀人分报魏诸营，陈庆之陈其俘馘，鼓噪随之，魏九城皆溃，追击之，俘斩略尽，尸咽涡水，所降城中男女三万馀口。

萧宝寅之败于泾州也，或劝之归罪洛阳，或曰不若留关中立功自效。行台都令史河间冯景曰："拥兵不还，此罪将大。"宝寅不从，自念出师累年，糜费不赀，一旦覆败，内不自安；魏朝亦疑之。

中尉郦道元，素名严猛。司州牧汝南王悦嬖人丘念，弄权纵恣，道元收念付狱；悦请之于胡太后，太后敕赦之，道元杀之，并以劾悦。

【译文】北魏人建筑了十三座城，想要以此控制梁军。陈庆之让士兵口衔木棍在晚上出兵，攻克了他们的四座城，涡阳城主王纬请求投降。韦放从投降的士兵中挑选了三十多人分别向北魏各军营报告，陈庆之将俘虏的魏军与从被杀死魏军的尸体上割下的耳朵排列在列队前面，梁军在其后面擂鼓呐喊向前行进，北魏其他九座城堡全都崩溃，梁军追击他们，几乎将他们全都予以俘虏或斩首，尸体堵塞了涡水，城中的男女共有三万多人都投降了梁朝。

萧宝寅在泾州兵败的时候，有人劝他回到洛阳自行认罪，有人说："不如留在关中立功赎罪，为朝廷效命。"行台都令史河间人冯景说："统兵在外不肯回京请罪，这个罪更大。"萧宝寅没有听从，想到自己出师多年，花费的钱物多得不可计算，一旦倾覆失败，自己内心感到不安，北魏朝廷也会对他起疑心。

中尉郦道元，一向有严厉威猛的声名，司州牧汝南王元悦的男宠丘念，玩弄权术，骄恣放纵，郦道元逮捕丘念入狱；元悦向胡太后求情，太后想要赦免他，郦道元先将他杀了，并且就这件事弹劾元悦。

时宝寅反状已露，悦乃奏以道元为关右大使。宝寅闻之，谓为取己，甚惧，长安轻薄子弟复劝使举兵。宝寅以问河东柳楷，楷曰："大王，齐明帝子，天下所属，今日之举，实允人望。且谣言'鸾生十子九子鷇，一子不鷇关中乱。'乱者治也，大王当治关中，何所疑！"道元至阴盘驿，宝寅遣其将郭子恢攻杀之，收殡其尸，表言白贼所害。又上表自理，称为杨椿父子所谮。

【译文】这时，萧宝寅反叛的苗头已经显露，元悦就奏请派郦道元做关右大使。萧宝寅听说了这个消息，认为是要来逮捕自己，非常害怕，长安那些轻浮浅薄的贵族子弟又劝他起兵造反，萧宝寅就这件事请教河东人柳楷，柳楷说："大王是齐明帝萧鸾的儿子，你的一举一动是为天下人所瞩目，今日起兵造反，实在是符合人们的愿望。况且民间谣歌说：'鸾生十子九子鷇，一子不鷇关中乱。'（鸾生了十只蛋，有九只蛋坏了，其中一只蛋不坏，关中因而不太平。）大王应该治理关中又有何疑虑呢！"郦道元到了阴盘县内的驿站，萧宝寅派他的将领郭子恢攻杀了他，收殓他的尸体，上表说是被白贼所杀害。又上表为自己辩白，说是受到杨椿父子的诬陷。

宝寅行台郎中武功苏湛，卧病在家，宝寅令湛从母弟开府属天水姜俭说湛曰："元略受萧衍旨，欲见剿除，道元之来，事不可测。吾不能坐受死亡，今须为身计，不复作魏臣矣。死生荣辱，与卿共之。"湛闻之，举声大哭。俭遽止之，曰："何得便尔！"湛曰："我百口今屠灭，云何不哭！"哭数十声，徐谓俭曰："为我白齐王，王本以穷鸟投入，赖朝廷假王羽翼，荣宠至此。属国步多虞，不能竭忠报德，乃欲乘人间隙，信惑行路无识之语，欲以羸败之兵守关问鼎。今魏德虽衰，天命未改，且王之恩义未洽于民，但见其败，未见有成，苏湛不能以百口为王族灭。"宝寅复使谓曰："我救死不得不尔，所以不先相白者，恐沮吾计耳。"湛曰："凡谋大事，当得天下奇才与之从事，今但与长安博徒谋之，此有成理不？湛恐荆棘必生于斋阁，愿赐骸骨归乡里，庶得病死，下见先人。"宝寅素重湛，且知其不为己用，听还武功。

【译文】萧宝寅的行台郎中武功人苏湛，卧病在家，萧宝寅派苏湛的姨母弟开府属天水人姜俭游说苏湛："元略受到梁武帝萧衍的命令，回来打算要除掉我，郦道元这回前来，不晓得存着什么居心，我不能束手待毙，现在，必须为自己性命着想，不能再做北魏的臣子了。此后无论生死荣辱，与你共同担受。"苏湛听了，放声大哭，姜俭马上阻止他说："为什么这样？"苏湛说："我全家百口就要被屠灭，怎么不哭！"哭了几十声，慢慢对姜俭说："替我回复齐王说，大王原来是穷困的鸟雀投奔他林，仰仗朝廷赐给大王羽翼，因而有今天的荣耀。遇上国家多事，不能尽忠报德，反而想要乘人之危，相信道路上流传的没有见识的言语，打算凭借羸弱战败的士兵坚守关中，窥伺皇位。如今北魏德业虽然衰弱，但天命没有改变。况且大王的恩义没有受到百姓的感戴，如此只会失败，不可能成功，苏湛一家百口不能因为大王而受灭族的刑罚。"萧宝寅又派人对他说："我为了活命不得不如此，不事先将准备谋反的事情跟你说明，是担心你阻挠我的计谋罢了。"苏湛说："凡是图谋大事，应当搜罗天下奇才与他一起从事，如今只和长安赌徒商量，这有成功的道理吗？苏湛恐怕荆棘会生于大王的府邸，希望大王准许我辞官返回故乡，或许能够因病而死，有面目到地下见先人。"萧宝寅一向看重苏湛，而且知道他不会替自己效劳，就允许他返回武功。

甲寅，宝寅自称齐帝，改元隆绪，赦其所部，署百官。都督长史毛遐，鸿宾之兄也，与鸿宾帅氏、羌起兵于马祇栅以拒宝寅；宝寅遣大将军卢祖迁击之，为遐所杀。宝寅方祀南郊，行即位礼未毕，闻败，色变，不暇整部伍，狼狈而归。以姜俭为尚书左丞，委以心腹。文安周惠达为宝寅使，在洛阳，有司欲收之，惠达逃归长安。宝寅以惠达为光禄勋。

丹杨王萧赞闻宝寅反，惧而出走，趣白鹿山，至河桥，为人所获，魏主知其不预谋，释而尉之。行台郎封伟伯等与关中豪杰谋举兵诛宝寅，事泄而死。

【译文】甲寅日（二十五日），萧宝寅自称齐帝，改年号为隆绪，赦免他的部下，设置各种官职。都督长史毛遐是毛鸿宾的哥哥，与毛鸿宾率领氏人和羌人在马祇栅起兵抗击萧宝寅；萧宝寅派遣大将军卢祖迁攻打他们，卢祖迁被毛遐杀死。萧宝寅正在长安城的南郊祭祀，举行的即位仪式还没完毕，听说兵败，变了脸色，来不及整理好队伍，狼狈地回到长安城。萧宝寅任命姜俭为尚书左丞，视他为心腹。文安人周惠达做萧宝寅的使者，正在洛阳，有司想要逮捕他，周惠达逃回长安。萧宝寅任命周惠达为光禄勋。

丹杨王萧赞听说萧宝寅造反，因为害怕牵连到自己而逃走，前往白马山，到达河桥，被人截获，北魏孝明帝元诩知道他没有参加反叛，释放并且安慰他。行台郎封伟伯等人与关中的豪杰密谋起兵诛杀萧宝寅，因事情泄露而被杀。

魏以尚书仆射长孙稚为行台以讨宝寅。

正平民薛凤贤反，宗人薛修义亦聚众河东，分据盐池，攻围蒲坂，东西连结以应宝寅。诏都督宗正珍孙讨之。

十一月，丁卯，以护军萧渊藻为北讨都督，镇涡阳。戊辰，以涡阳置西徐州。

葛荣围魏信都，自春及冬，冀州刺史元孚帅励将士，昼夜拒守，粮储既竭，外无救援，己丑，城陷；荣执孚，逐出居民，冻死者什六七。孚兄祐为防城都督，荣大集将士，议其生死。孚兄弟各自引咎，争相为死，都督潘绍等数百人，皆叩头请就法以活使君。荣曰：“此皆魏之忠臣义士。”于是同禁者五百人皆得免。

【译文】北魏任命尚书仆射长孙稚为行台征讨萧宝寅。

正平郡的百姓薛凤贤造反，他的族人薛修义也在河东聚集百姓，分据盐池，围攻蒲坂，东西相连接来响应萧宝寅。北魏下诏命都督宗正珍孙征讨他们。

十一月，丁卯日（初八），梁武帝萧衍任命护军萧渊藻为北讨都督，镇守涡阳。戊辰日（初九），梁朝改涡阳为西徐州。

葛荣围攻信都，从春季一直到冬季，冀州刺史元孚激励将士，昼夜抗击防守，粮食储备已经用尽，外面又没有援军。己丑日（三十日），城池陷落；葛荣俘虏了元孚，把居民赶出城去，冻死的占十分之六七。元孚的哥哥元祐做防城都督，葛荣集合所有将士，商议决定元孚、元祐的生死。元孚兄弟各自引罪自责，争着要替代对方受死，都督潘绍等几百人，都叩头请求处死自己来换取刺史的性命。葛荣说："这些人都是北魏的忠臣义士。"于是元孚兄弟和被拘禁的五百人一同都被赦免了。

资治通鉴

魏以源子邕为冀州刺史，将兵讨荣；裴衍表请同行，诏许之。子邕上言："衍行，臣请留；臣行，请留衍；若逼使同行，败在旦夕。"不许，十二月，戊申，行至阳平东北漳水曲，荣帅众十万击之，子邕、衍俱败死。

相州吏民闻冀州已陷，子邕等败，人不自保。相州刺史恒农李神志气自若，抚勉将士，大小致力，葛荣尽锐攻之，卒不能克。

秦州民骆超杀杜粲，请降于魏。

【译文】北魏任命源子邕为冀州刺史，率军征讨葛荣；裴衍上表请求和源子邕同行，北魏孝明帝元诩下诏准许了。源子邕上言："裴衍假如前往，臣请求留下；臣假如前往，请求留下裴衍；倘若硬要让我们同行，战败就在眼前。"孝明帝元诩没有答应。十二月，戊申日（二十日），他们来到阳平东北的漳水边上，葛荣率领十万人攻打他们，源子邕、裴衍都战死了。

相州的官吏百姓听说冀州已经沦陷，源子邕等人战败，人人自危。相州刺史恒农人李神神态自若，慰劳勉励将士，将士们人人尽力，葛荣出动所有精锐攻城，终于还是无法攻克。

秦州的百姓骆超杀了杜粲，向北魏请求投降。

资治通鉴卷第一百五十二　梁纪八

著雍涒滩，一年。

【译文】起止戊申（公元528年），共一年。

【题解】本卷记录了公元528年一年间南梁与北魏两国的大事，当时正当梁武帝大通二年。这一年中，北魏朝廷内部发生大变革，先是经历了胡太后毒杀孝明帝元诩，另立三岁的元钊为帝，之后尔朱荣声讨郑俨、徐纥的弑君之罪，带兵进入洛阳，淹死胡太后和幼主元钊，将朝廷百官两千多人集体诛杀，史称河阴之变，最后尔朱荣拥立元勰之子元子攸为帝。还记录了农民起义军势力不断壮大，变民领袖葛荣不仅统领了鲜于修礼的部众，还统帅了杜洛周的部众，一时之间号令幽、冀、瀛、定的广大地区；投降梁朝的北魏北海王元颢，被梁武帝萧衍封为魏王，在梁朝名将陈庆之的带兵护送下返回魏国，建立分裂政权，元颢占据铚城；占据关中的萧宝寅被叛将侯终德击败，逃出长安，投奔万俟丑奴等事件。

高祖武皇帝八

大通二年（戊申，公元五二八年）春，正月，癸亥，魏以北海王颢为骠骑大将军、开府仪同三司、相州刺史。

魏北道行台杨津守定州城，居鲜于修礼、杜洛周之间，迭来攻围。津蓄薪粮，治器械，随机拒击，贼不能克。津潜使人以铁券说贼党，贼党有应津者，遗津书曰："贼所以围城，正为取北人耳。城中北人，宜尽杀之，不然，必为患。"津悉收北人内子城中而不杀，众无不感其仁。

及葛荣代修礼统众，使人说津，许以为司徒，津斩其使，固守三年。杜洛周围之，魏不能救。津遣其子遁突围出，诣柔然头兵可汗求救。遁日夜泣请，头兵遣其从祖吐豆发帅精骑一万南出；前锋至广昌，贼塞陉口，柔然遂还。乙丑，津长史李裔引贼入，执津，欲烹之，既而舍之。瀛州刺史元宁以城降洛周。

资治通鉴

【译文】大通二年（戊申，公元528年）春季，正月，癸亥日（初五），北魏任命北海王元颢为骠骑大将军、开府仪同三司、相州刺史。

北魏的北道行台杨津镇守定州城，位置在鲜于修礼和杜洛周的中间，鲜于修礼和杜洛周轮流前来围攻；杨津储备粮草，修治兵甲器械，随机抗御，贼寇无法攻克定州城。杨津暗中派人用铁券游说贼党，贼党中有响应杨津的，送信给杨津说："贼寇之所以围城的缘故，只是为了要得到城中北方过来的鲜卑人罢了，城中北方过来的鲜卑人，应当将他们全杀掉，不这样，必定成为后患。"杨津将北方过来的鲜卑人全部逮捕安置在内城中而不杀害，这些北方人都被他的仁心所感动。

等到葛荣接替鲜于修礼统率他的部属，派人游说杨津，答应让他当司徒，杨津杀了他的使者，坚固地防守了三年。杜洛周又进行围攻，北魏无法救援。杨津派他的儿子杨遁突围出去，向柔然头兵可汗求救。杨遁日夜流着泪请求，头兵可汗派他的叔祖父吐豆发率领精锐的骑兵一万人向南边进发；吐豆发的前锋到达广昌，贼寇堵住了陉口，柔然的军队就又回去了。乙丑日（初七），杨津的长史李裔引导贼寇进城，俘虏了杨津，想要烹杀他，后来又把他放了。瀛州刺史元宁率领全城投降杜洛周。

【乾隆御批】 铸铁在炉灌贼几何？其视擂木囊沙讵，可以道
里计？十七史中似此诞漫语，指不胜摘矣。

【译文】 在铸炉中冶铁来浇灌敌人会杀死多少人？这与用擂木和
囊沙对付敌人相比较，它们的差距怎么能算得出来？十七史中像这样荒
诞无稽的话，简直都摘不过来。

乙丑，魏潘嫔生女，胡太后诈言皇子。丙寅，大赦，改元武
泰。

萧宝寅围冯翊，未下；长孙稚军至恒农，行台左丞杨侃谓稚
曰："昔魏武与韩遂、马超据潼关相拒，遂、超之才，非魏武敌也，
然而胜负久不决者，扼其险要故也。今贼守御已固，虽魏武复
生，无以施其智勇。不如北取蒲坂，渡河而西，入其腹心，置兵
死地，则华州之围不战自解，潼关之守必内顾而走。支节既解，
长安可坐取也。若愚计可取，愿为明公前驱。"稚曰："子之计则
善矣！然今薛修义围河东，薛凤贤据安邑，宗正珍孙守虞坂不得
进，如何可往？"侃曰："珍孙行陈一夫，因缘为将，可为人使，安
能使人！河东治在蒲坂，西逼河滸，封疆多在郡东。修义驱帅士
民西围郡城，其父母妻子皆留旧村，一旦闻官军来至，皆有内顾
之心，必望风自溃矣。"稚乃使其子子彦与侃帅骑兵自恒农北渡，
据石锥壁，侃声言："今且停此以待步兵，且观民情向背。命送降
名者各自还村，俟台军举三烽，当亦举烽相应；其无应烽者，乃
贼党也，当进击屠之，以所获赏军。"于是村民转相告语，虽实未
降者亦诈举烽，一宿之间，火光遍数百里。贼围城者不测其故，

各自散归；修义亦逃还，与凤贤俱请降。丙子，稚克潼关，遂入河东。

【译文】 乙丑日（初七），北魏的潘嫔生了个女孩，胡太后诈说是皇子。丙寅日（初八），北魏大赦境内，改年号为武泰。

萧宝寅围攻冯翊，没有攻下。长孙稚的军队到达恒农，行台左丞杨侃对长孙稚说："从前魏武帝曹操与韩遂、马超据守潼关互相抗拒，韩遂与马超的才略，不是魏武帝曹操的对手，然而却很长时间不能分出胜负，这是因为控制险要的缘故。目前贼寇的守御已经稳固，就算魏武帝曹操再生，也无法施展他的智谋和勇气。不如向北攻取蒲坂，渡过黄河往西推进，进入萧宝寅的腹地，置兵于死地，那么华州的围困不需要作战就可以解除，潼关的守兵一定回头向关中逃跑，周围的城池解决了，长安可以不费力地攻取了。假如明公认为愚臣的计策可以实行，我愿意做明公的先锋。"长孙稚说："您的计策是很好，但是现在薛修义围攻河东，薛凤贤据守安邑，宗正珍孙保守虞坂无法前进，像这种情况怎么能够前往？"杨侃说："宗正珍孙是战阵中的一名武夫，机缘巧合使他升到将军，像他这种人只适合接受别人的指挥，怎么能够指挥他人呢？河东的治所在蒲坂，西面濒临黄河边缘，所管辖的区域大部分在郡治所东面。薛修义率领士民到西边围攻郡城，他们的父母妻子都留在原来的村庄，一旦听说官军来到，大家都有内顾之忧，一定会望风逃散的。"长孙稚于是派遣他的儿子长孙子彦与杨侃率领骑兵从恒农渡河北进，驻守石锥壁，杨侃发表声明说："现在暂且屯驻在此地等待步兵，并且看看民心的向背。"于是命令那些送来投降名册的人各自回到他们的村庄，并且告诉他们："等到官军举三次烽火，你们也要举烽火相应，那没有举烽火的便是贼党，当进击屠

资治通鉴

灭他们，将所获得的财物赏赐军队。"于是村民辗转互相转告，即使内心不想投降的人也举起烽火。一夜之间，火光遍及数百里，围攻蒲坂城的贼寇不知道是怎么回事，各自都逃散回家，薛修义也逃了回去，与薛凤贤一起请求投降。丙子日（十八日），长孙稚攻陷潼关，随即进兵河东。

　　会有诏废盐池税，稚上表以为："盐池天产之货，密迩京畿，唯应宝而守之，均赡以理。今四方多虞，府藏罄竭，冀、定扰攘，常调之绢不复可收，唯仰府库，有出无入。略论盐税，一年之中，准绢而言，不减三十万匹，乃是移冀、定二州置于畿甸。今若废之，事同再失。臣前仰违严旨，而先讨关贼，径解河东者，非缓长安而急蒲坂，一失盐池，三军乏食。天助大魏，兹计不爽。昔高祖升平之年，无所乏少，犹创置盐官而加典护，非与物竞利，恐由利而乱俗也。况今国用不足，租徵六年之粟，调折来岁之资，此皆夺人私财，事不获已。臣辄符同监将、尉，还帅所部，依常收税，更听后敕。"

　　【译文】这时恰好朝廷下诏废除盐池税，长孙稚上表认为："盐池是天然资源，靠近京城洛阳，只应该好好地守卫它，合理地予以分配。如今四方多事，府库空虚，冀州、定州叛乱纷起，平时征取的绢无法收取，一切全靠府库的储备，只有支出，没有收入。大略地统计盐税，一年里面所收，假如拿绢当标准来计算，不少于三十万匹，这如同移置冀、定两州在京郊一样。现在假如废除了盐池税，是再次失计。臣先前违抗严厉的圣旨，没有先讨伐潼关的寇贼，直接前往解除河东的围困，并不是认为长安不重要而蒲坂重要，实在是因为如果失去了盐池，军队将会缺乏粮食。上天帮助大魏，这个计策果然不错。从前高祖元宏天下太平的时代,什么都不缺少,都还设置盐官对盐池加以管理保护,这并不是和百姓争利,是担心由于利益而导致社会动乱。何况现在国家财政不足,预征六年的谷子,折抵明年的税租,这都是夺取百姓的私财,是不得已的方法。臣已经以朝廷颁发给我的符节为凭证下令给监守盐池的将、尉,率领所部,照常收税,听取之后的诏令,再行决定是否废除盐税。"

萧宝寅遣其将侯终德击毛遐。会郭子恢等屡为魏军所败,终德因其势挫,还军袭宝寅;至白门,宝寅始觉,丁丑,与终德战,败,携其妻南阳公主及其少子帅麾下百馀骑自后门出,奔万俟丑奴。丑奴以宝寅为太傅。

二月,魏以长孙稚为车骑大将军、开府仪同三司、雍州刺史、尚书仆射、西道行台。

群盗李洪攻烧巩西阙口以东,南结诸蛮;魏都督李神轨、武卫将军费穆讨之。穆败洪于阙口南,遂平之。

【译文】萧宝寅派遣他的部将侯终德攻打毛遐。恰好郭子恢等人多次被魏军打败,侯终德趁着萧宝寅的气势受到挫折,就回转军队袭击萧宝寅,侯终德到达白门,萧宝寅才发觉,丁丑日(十九日),与侯终德交战,萧宝寅战败,就带着他的妻子南阳公主和他的幼子率领部下骑兵一百多人从后门逃走,投奔万俟丑奴。万俟丑奴任命萧宝寅为太傅。

二月,北魏任命长孙稚为车骑大将军、开府仪同三司、雍州刺史、尚书仆射、西道行台。

李洪率群盗攻取烧毁了巩西县,他们在伊阙口以东烧杀抢夺,与南边的蛮人勾结一气;北魏都督李神轨、武卫将军费穆征讨他。费穆在伊阙口的南边打败李洪,平定了李洪的叛乱。

葛荣击杜洛周，杀之，并其众。

魏灵太后再临朝以来，嬖幸用事，政事纵弛，威恩不立，盗贼蜂起，封疆日蹙。魏肃宗年浸长，太后自以所为不谨，恐左右闻之于帝，凡帝所爱信者，太后辄以事去之，务为壅蔽，不使帝知外事。通直散骑常侍昌黎谷士恢有宠于帝，使领左右；太后屡讽之，欲用为州，士恢怀宠，不愿出外，太后乃诬以罪而杀之。有蜜多道人，能胡语，帝常置左右，太后使人杀之于城南而诈悬赏购贼。由是母子之间，嫌隙日深。

【译文】 葛荣攻打杜洛周，将杜洛周杀了，合并了杜洛周的部属。

北魏胡太后二度临朝以来，宠幸之徒横行专权，政事荒废，朝廷的威信没有树立起来，盗贼蜂拥而起，封疆一天比一天缩小。北魏孝明帝元诩逐渐长大，胡太后自己觉得行为欠检点，担心身边的人向孝明帝报告，于是凡是孝明帝元诩所宠信的人，胡太后往往假借一些事情将他罢除，一味地蒙蔽孝明帝，不让孝明帝知晓外间的事。通直散骑常侍、昌黎人谷士恢受到孝明帝元诩的宠爱，孝明帝派他统领宫中卫士；太后多次用言语暗示他，想要任命他为刺史，谷士恢眷恋孝明帝的恩宠，不愿意外放，胡太后就诬加罪名将他杀了。有一个蜜多道人，能说胡语，孝明帝元诩经常让他随侍左右，胡太后派人在城南把他杀了，然后悬赏捉拿凶手。因此母子之间，隔阂日益加深。

是时，车骑将军、仪同三司、并、肆、汾、广、恒、云六州讨虏大都督尔朱荣兵势强盛，魏朝惮之。高欢、段荣、尉景、蔡俊先在杜洛周党中，欲图洛周，不果，逃奔葛荣，又亡归尔朱荣。

刘贵先在尔朱荣所，屡荐欢于荣，荣见其憔悴，未之奇也。欢从荣之马厩，厩有悍马，荣命欢剪之，欢不加羁绊而剪之，竟不蹄啮；起，谓荣曰："御恶人亦犹是矣。"荣奇其言，坐欢于床下，屏左右，访以时事。欢曰："闻公有马十二谷，色别为群，畜此竟何用也？"荣曰："但言尔意！"欢曰："今天子暗弱，太后淫乱，嬖孽擅命，朝政不行。以明公雄武，乘时奋发，讨郑俨、徐纥之罪以清帝侧，霸业可举鞭而成，此贺六浑之意也。"荣大悦。语自日中至夜半乃出，自是每参军谋。

资治通鉴

【译文】 此时，车骑将军、仪同三司及并、肆、汾、广、恒、云六州讨虏大都督尔朱荣兵势强盛，北魏害怕他。高欢、段荣、尉景、蔡俊先前与杜洛周一伙，后来想要暗算杜洛周没有成功，逃跑投奔葛荣，后来又逃亡归附尔朱荣。刘贵先前在尔朱荣那里，多次向尔朱荣举荐高欢，尔朱荣看见高欢面容憔悴，没有重视他。高欢跟随尔朱荣前往马厩，马厩里有悍马，尔朱荣命令高欢修剪马鬃，高欢没有给马套上笼头、捆住马腿就修剪起来，那悍马竟然不踢他也不咬他，修剪完毕站起来，对尔朱荣说："驾驭恶人也像这个样子。"尔朱荣觉得他的谈话不平凡，于是请高欢坐在床下，屏退左右，向他请教天下大事。高欢说："听说明公有马布满了十二条山谷，颜色不同各自成群，明公畜养这些马究竟有什么用处？"尔朱荣说："你只说说你的看法。"高欢说："现在天子懦弱，太后淫乱，受她宠幸的那些奸诈小人专权，朝廷政令不能贯彻执行。凭着明公的雄壮威武，趁着时机兴兵，声讨郑俨、徐纥的罪过，肃清天子身边的小人，霸王之业挥鞭之际就可以成就，这是我高欢的看法。"尔朱荣十分喜悦，两人从中午谈到夜半高欢才离去，从此以后，高欢便经常参与军事谋划。

并州刺史元天穆，孤之五世孙也，与荣善，荣兄事之。荣常与天穆及帐下都督贺拔岳密谋，欲举兵入洛，内诛嬖幸，外清群盗，二人皆劝成之。

荣上书，以"山东群盗方炽，冀、定覆没，官军屡败，请遣精骑三千东援相州。"太后疑之，报以"念生枭戮，宝寅就擒，丑奴请降，关、陇已定。费穆大破群蛮，绛蜀渐平。又，北海王颢帅众二万出镇相州，不须出兵。"荣复上书，以为："贼势虽衰，官军屡败，人情危怯，恐实难用。若不更思方略，无以万全。臣愚以为蠕蠕主阿那瑰荷国厚恩，未应忘报，宜遣发兵东趣下口以蹑其背，北海之事严加警备以当其前。臣麾下虽少，辄尽力命自井陉以北，滏口以西，分据险要，攻其肘腋。葛荣虽并洛周，威恩未著，人类差异，形势可分。"遂勒兵，召集义勇，北捍马邑，东塞井陉。徐纥说太后以铁券间荣左右，荣闻而恨之。

【译文】并州刺史元天穆是元孤的五世孙，与尔朱荣相友善，尔朱荣按照兄长的礼节侍奉他。尔朱荣经常与元天穆以及帐下都督贺拔岳秘密商量，打算兴兵进入洛阳，对内诛除那些受宠幸的奸诈小人，对外肃清各处的盗贼，两人都鼓励他付诸实行。

尔朱荣上书认为"山东一带群盗猖獗，冀州及定州一起陷落，官军多次战败，请求派遣精锐骑兵三千人前去东边援助相州"。胡太后对他疑心，回复说："莫折念生被杀，萧宝寅就擒，万俟丑奴请降，潼关、陇坂一带已经平定，费穆大破群蛮，绛、蜀一带渐渐平静。又北海王元颢率领军队两万人前往镇守相州，不需要出兵。"尔朱荣再度上书，认为"盗贼的势力虽然削弱，官军多次战败，人人心怀危怯，恐怕实际上难以派上用场。

假如不考虑其他的办法，无法确保万无一失。愚臣认为蠕蠕国的君主阿那瑰受到国家的厚恩，不应当忘记报答，应当命他派遣军队东趋下口，攻击贼寇的背后，北海王的军队严加戒备挡住贼寇的正面。臣的部下虽然不多，当尽力效命，从井陉以北，滏口以西，分别占据险要之地，从侧面攻击贼寇。至于葛荣虽然吞并了杜洛周，恩威没有树立，部下并非一族，赶紧予以征讨，那么可以使他们分崩离析"。于是尔朱荣指挥军队，召集义勇，北边捍卫马邑，东边堵塞井陉。徐纥向胡太后进言，使用铁券离间尔朱荣的左右亲信，尔朱荣听到了这消息，对徐纥极为痛恨。

资治通鉴

魏肃宗亦恶俨、纥等，逼于太后，不能去，密诏荣举兵内向，欲以胁太后。荣以高欢为前锋，行至上党，帝复以私诏止之。俨、纥恐祸及己，阴与太后谋鸩帝。癸丑，帝暴殂。甲寅，太后立皇女为帝，大赦。既而下诏称："潘充华本实生女，故临洮王宝晖世子钊，体自高祖，宜膺大宝。百官文武加二阶，宿卫加三阶。"乙卯，钊即位。钊始生三岁，太后欲久专政，故贪其幼而立之。

【译文】北魏孝明帝元诩也讨厌郑俨、徐纥等人，受到胡太后的钳制，无法除去他们，秘密下诏让尔朱荣举兵至京城，打算用来胁迫太后。尔朱荣派高欢做前锋，来到上党，孝明帝元诩又用私诏阻止了这一行动。郑俨、徐纥恐怕大祸降到自己身上，暗中与太后设计毒杀孝明帝元诩。癸丑日（二十五日），孝明帝元诩突然驾崩。甲寅日（二十六日），胡太后立孝明帝元诩的宠妃潘氏所生的女儿冒充男孩做皇帝，大赦境内。不久下诏说："潘充华实际上生的是女儿，已故临洮王元宝晖的世子元钊，是高祖元宏的曾孙，应当继承天子之位。百官文武各加二阶，宿卫加三阶。"乙卯日（二十七日），元钊即位。元钊才刚三岁，胡太后打算长期把持魏国朝政，所以看中了元钊年纪小才立他为天子。

尔朱荣闻之，大怒，谓元天穆曰："主上晏驾，春秋十九，海内犹谓之幼君；况今奉未言之儿以临天下，欲求治安，其可得乎！吾欲帅铁骑赴哀山陵，剪除奸佞，更立长君，何如？"天穆曰："此伊、霍复见于今矣。"乃抗表称："大行皇帝背弃万方，海内咸称鸩毒致祸。岂有天子不豫，初不召医，贵戚大臣皆不侍侧，安得不使远近怪愕！又以皇女为储两，虚行赦宥。上欺天地，下惑朝野，已乃选君于孩提之中，实使奸竖专朝，黩乱纲纪，此何异掩目捕雀，塞耳盗钟！今群盗沸腾，邻敌窥窬，而欲以未言之儿镇安天下，不亦难乎！愿听臣赴阙，参预大议，问侍臣帝崩之由，访禁卫不知之状，以徐、郑之徒付之司败，雪同天之耻，谢远近之怨，然后更择宗亲以承宝祚。"荣从弟世隆，时为直阁，太后遣诣晋阳慰谕荣；荣欲留之，世隆曰："朝廷疑兄，故遣世隆来，今留世隆，使朝廷得预为之备，非计也。"乃遣之。

【译文】尔朱荣听到这个消息，十分愤怒，对元天穆说："主上去世，年龄十九，天下人都还称为幼君，何况如今拥立还不会说话的小孩来统治天下，想要国家长治久安，这是可能的吗？我打算率领披着铁甲的骑兵前去为天子奔丧，剪除奸佞小人，另外拥立年纪大的国君，你看怎样？"元天穆说："假如能这样做，那就好比是伊尹、霍光重现于今日了。"于是尔朱荣上表抗言说："大行皇帝突然崩殂，天下的人都说皇帝是被毒杀而死。哪有天子有病，都不召请医生，贵戚大臣都不服侍左右的道理？哪能不使远近的人感到奇怪！又立皇女做储君，妄自大赦天下，对上来说是欺骗天地，对下来说是迷惑朝野人士。其后又选立孩提之人做国君，实际是想要让奸佞之臣专揽朝政，败乱国家的法纪，这和蒙着眼睛捕捉鸟雀、塞住耳朵盗取乐钟有什么不同？现在各地群盗猖狂，邻国之敌暗中窥伺，却打算用不会说话的小孩镇抚安定天下，这不是很困难吗？希望允许我前往京师，参与商讨国家大计，向侍臣追问皇帝去世的原因，访查侍卫所不知道的情形，将徐纥、郑俨这一批人交付司寇，昭雪普天之下人的耻辱，消除远近的怨恨，然后另行选择宗亲来继承皇位。"尔朱荣的堂弟尔朱世隆，这时担任直阁，胡太后派遣他前往晋阳安抚晓谕尔朱荣；尔朱荣打算留下他，尔朱世隆说："朝廷怀疑哥哥，所以派遣我来，现在将我留下，使得朝廷得以预先戒备，这不是好办法。"于是将尔朱世隆送走。

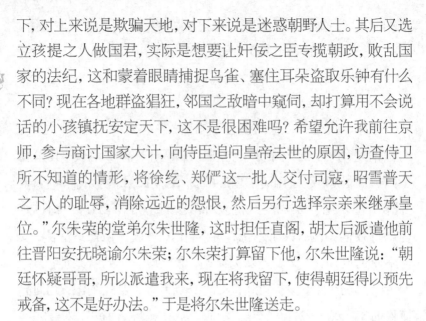

【乾隆御批】 恶郑俨、徐纥而不能自正其罪，乃欲授戈尔朱荣。且旋召旋止。以至速变。前此之何进召董卓、袁绍，后此之崔胤召朱全忠，覆辙相寻、噬脐不悟者，多矣。

【译文】 憎恶郑俨、徐纥却不能亲自给他们判罪正法，却想授戈给尔朱荣。而且刚召命让他进京，随即又让他停止。以致时局飞速变化。在此之前的何进召董卓、袁绍，在此之后的崔胤召朱全忠，都是重蹈覆辙、遭受巨大损失而后悔不及后却仍未醒悟的人，这样的人真是太多了。

三月，癸未，葛荣陷魏沧州，执刺史薛庆之，居民死者什八九。

乙酉，魏葬孝明皇帝于定陵，庙号肃宗。

尔朱荣与元天穆议，以彭城武宣王有忠勋，其子长乐王子攸，素有令望，欲立之。又遣从子天光及亲信奚毅、仓头王相入洛，与尔朱世隆密议。天光见子攸，具论荣心，子攸许之。天光等还晋阳，荣犹疑之，乃以铜为显祖诸子孙各铸像，唯长乐王像成。荣乃起兵发晋阳，世隆逃出，会荣于上党。灵太后闻之，甚惧，悉召王公等入议，宗室大臣皆疾太后所为，莫肯致言。徐纥独曰："尔朱荣小胡，敢称兵向阙，文武宿卫足以制之。但守险要以逸待劳，彼悬军千里，上马疲弊，破之必矣。"太后以为然，以黄门侍郎李神轨为大都督，帅众拒之，别将郑季明、郑先护将兵守河桥，武卫将军费穆屯小平津。先护，俨之从祖兄弟也。

资治通鉴卷第一百五十二 梁纪八

【译文】三月，癸未日（二十六日），葛荣攻陷北魏的沧州，擒获了刺史薛庆之，居民死亡十之八九。

乙酉日（二十八日），北魏埋葬孝明皇帝元诩在定陵，庙号肃宗。

尔朱荣与元天穆商议，认为彭城武宣王对国家尽忠，卓有功勋，他的儿子长乐王元子攸，平素声望很高，打算立他为天子。尔朱荣又派遣侄儿尔朱天光和亲信奚毅、仆人王相进入洛阳，与尔朱世隆秘密商量。尔朱天光见了元子攸，向他详细地讲了尔朱荣的想法，元子攸答应了。尔朱天光等人回到晋阳，尔朱荣还犹疑不决，于是用铜为皇室子孙铸像，以此来占卜谁能做皇帝，只有长乐王的像铸成。尔朱荣于是起兵从晋阳出发，尔朱世隆逃出了京师，到上党与尔朱荣会合。胡太后听到了这个消息，十分害怕，将王公贵臣全部召请入朝商讨对策，宗室大臣都痛恨太后的所作所为，没有人肯发言。只有徐纥说："尔朱荣小小胡人，胆敢举兵攻打京师，文武宿卫就足以制伏他。只要守住险要，以逸待劳，尔朱荣行军千里，兵马疲惫，一定可以打败他。"胡太后认为他的话不错，任命黄门侍郎李神轨为大都督，率领军队抗击他，别将郑季明、郑先护率兵防守河桥，武卫将军费穆驻扎小平津。郑先护是郑俨的族兄弟。

荣至河内，复遣王相密至洛，迎长乐王子攸。夏，四月，丙申，子攸与兄彭城王劭、弟霸城公子正潜自高渚渡河，丁酉，会荣于河阳，将士咸称万岁。戊戌，济河，子攸即帝位，以劭为无上王，子正为始平王；以荣为侍中、都督中外诸军事、大将军、尚书令、领军将军、领左右，封太原王。

郑先护素与敬宗善，闻帝即位，与郑季明开城纳之。李神轨至河桥，闻北中不守，即遁还；费穆弃众先降于荣。徐纥矫诏夜开殿门，取骅骝厩御马十匹，东奔兖州，郑俨亦走还乡里。太后尽召肃宗后宫，皆令出家，太后亦自落发。荣召百官迎车驾，己亥，百官奉玺绶，备法驾，迎敬宗于河桥。庚子，荣遣骑执太后及幼主，送至河阴。太后对荣多所陈说，荣拂衣而起，沉太后及幼主于河。

【译文】 尔朱荣到达河内，又派遣王相暗中来到洛阳，迎接长乐王元子攸。夏季，四月，丙申日（初九），元子攸与他的哥哥彭城王元劭、弟弟霸城公元子正秘密从高渚渡过黄河，丁酉日（初十），在河阳与尔朱荣会合，将士都高呼万岁。戊戌日（十一日），大军渡过黄河，元子攸即皇帝位，封元劭为无上王，元子正为始平王；任命尔朱荣为侍中、都督中外诸军事、大将军、尚书令、领军将军、领左右千牛备身，封太原王。

郑先护素来与元子攸相友善，听说元子攸即位，与郑季明打开城门放他们进来。李神轨到达河桥，听说北中失守，马上逃回洛阳；费穆抛弃部下首先向尔朱荣投降。徐纥假传圣旨在夜晚开启殿门，取了骅骝厩中的御马十匹，向东投奔兖州，郑俨也逃回乡里。胡太后将北魏孝明帝元诩的后宫全部召来，命令她们全部出家,胡太后自己也剪下了头发当了尼姑。尔朱荣召令百官迎接孝庄帝元子攸的车驾。己亥日(十二日),百官奉上皇帝玉玺,准备法驾,到河桥来迎接孝庄帝元子攸。庚子日(十三日),尔朱荣派遣骑兵逮捕胡太后与幼主元钊,把他们送到河阴。胡太后对尔朱荣说了很多为自己辩解的话,尔朱荣拂衣而起,他下令把太后和幼主一起丢到黄河里淹死。

费穆密说荣曰:“公士马不出万人,今长驱向洛,前无横陈,既无战胜之威,群情素不厌服。以京师之众,百官之盛,知公虚实,有轻侮之心。若不大行诛罚,更树亲党,恐公还北之日,未度太行而内变作矣。”荣心然之,谓所亲慕容绍宗曰:“洛中人士繁盛,骄侈成俗,不加芟剪,终难制驭。吾欲因百官出迎,悉诛之,何如?”绍宗曰:“太后荒淫失道,嬖幸弄权,殽乱四海,故明公兴义兵以清朝廷。今无故歼夷多士,不分忠佞,恐大失天下之望,非长策也。”荣不听,乃请帝循河西至淘渚,引百官于行宫西北,云欲祭天。百官既集,列胡骑围之,责以天下丧乱,肃宗暴崩,皆由朝臣贪虐,不能匡弼。因纵兵杀之,自丞相高阳王雍、司空元钦、仪同三司义阳王略以下,死者二千馀人。前黄门郎王遵业兄弟居父丧,其母,敬宗之从母也,相帅出迎,俱死。遵业,慧龙之孙也,俊爽涉学,时人惜其才而讥其躁。有朝士百馀人后至,荣复以胡骑围之,令曰:“有能为禅文者免死。”侍御史赵元则出应募,遂使为之。荣又令其军士言:“元氏既灭,尔朱氏兴。”皆称万岁。荣又遣数十人拔刀向行宫,帝与无上王劭、始平王子正俱出帐外。荣先遣并州人郭罗刹、西部高车叱列杀鬼侍帝侧,诈言防卫,抱帝入帐,馀人即杀劭及子正,又遣数十人迁帝于河桥，置之幕下。

【译文】费穆暗中游说尔朱荣："明公的兵马不超过万人，现在长驱向洛阳进军，丝毫没有受到抵抗，既没有战胜的威势，大家的内心一向不太服气。以京师兵马的众多，百官的盛大，知道明公的底细之后，都有轻视怠慢的心意。假如不大大地进行诛杀、惩罚，另外树立亲近的党羽，担心明公北还的时候，还没有渡过太行山而内部的叛乱已经发生了。"尔朱荣认为他说得很对，对所亲近的人慕容绍宗说："洛阳城中人士繁盛，骄奢淫逸已经形成风俗，如若不加以修剪，永远难以制伏。我想借着百官出来迎接皇帝的机会，全部予以诛杀，你看怎样？"慕容绍宗说："太后荒淫无道，奸佞小人弄权，惑乱天下，所以明公发动义兵来肃清朝廷。现在无端诛杀百官，不分忠佞，恐怕大失天下人的厚望，这不是好计策。"尔朱荣不听，于是请北魏孝庄帝元子攸沿着河西行直到淘渚，引导百官到行宫的西北边，说是要祭天。百官集合以后，散开胡骑包围了他们，指责他们说天下丧乱，孝明帝元诩突然崩殂，都是由于朝廷大臣贪婪残暴，不能挽救朝政之失、辅佐皇帝铲除奸佞，于是放纵士兵杀害文武百官，从丞相高阳王元雍、司空元钦、仪同三司义阳王元略以下，死亡的共有两千多人。前黄门侍郎王遵业兄弟正为父亲守丧，他们的母亲是孝庄帝元子攸的姨母，一起出来迎接孝庄帝，全都被杀。王遵业是王慧龙的孙子，天资英爽，博览典籍，当时人可惜他的才学而指责他的追逐名利。有一百多名朝臣来晚了，尔朱荣又派遣胡骑包围他们，下令说："有能写作禅文的赦免他的死罪。"侍御史赵元则出来应募，于是派他草拟禅文。尔朱荣又下令他的军士说："元氏消灭以后，尔朱氏兴起。"都呼叫万岁。尔朱荣又派遣几十人拔出刀来闯向行宫，孝庄帝元子·攸与无上王元劭、始平王元子正一同走出帐外。尔朱荣事先派并州人郭罗刹、西部高车人叱列杀鬼随侍孝庄帝元子攸身边，假称防卫，将孝庄帝元子攸抱入帐中，其余的人立即将元劭和元子正杀死，又派几十人迁移孝庄帝到河桥，将他安置在军队的大帐里。

帝忧愤无计，使人谕旨于荣曰："帝王迭兴，盛衰无常。今四方瓦解，将军奋袂而起，所向无前，此乃天意，非人力也。我本相投，志在全生，岂敢妄希天位！将军见逼，以至于此。若天命有归，将军宜时正尊号；若推而不居，存魏社稷，亦当更择亲贤而辅之。"时都督高欢劝荣称帝，左右多同之，荣疑未决。贺拔岳进曰："将军首举义兵，志除奸逆，大勋未立，遽有此谋，正可速祸，未见其福。"荣乃自铸金为像，凡四铸，不成。功曹参军燕郡刘灵助善卜筮，荣信之，灵助言天时人事未可。荣曰："若我不吉，当迎天穆立之。"灵助曰："天穆亦不吉，唯长乐王有天命耳。"荣亦精神恍惚，不自支持，久而方寤，深自愧悔曰："过误若是，唯当以死谢朝廷。"贺拔岳请杀高欢以谢天下，左右皆曰："欢虽复愚疏，言不思难，今四方多事，须藉武将，请舍之，收其后效。"荣乃止。夜四更，复迎帝还荣，荣望马首叩头请死。

【译文】孝庄帝元子攸又担忧又愤怒，无计可施，派人向尔朱荣宣示旨意说："帝王轮番兴起，盛衰无常。现在四方瓦解，将军奋袖而起，所到之处毫无抵抗，这是天意，不是人力所能做到。我本是前来投奔，意在于保全性命，哪敢狂妄地希望天子之位，是因为将军的逼迫，造成今天的形势。假如天命归于将军，将军应当及时正尊号，即天子位；假如推让而不愿即位，想保全魏朝社稷，也应该另外选择宗亲有德的人辅佐他。"当时都督高欢劝尔朱荣称帝，左右大多表示赞成，尔朱荣犹疑不决。贺拔岳进言说："将军率先发动义兵，本意在于剪除奸逆，大功还没建立，突然有此打算，只会加剧灾祸到来，没有什么好处。"尔朱荣于是铸金为像进行占卜，共铸了四次，都不成功。功曹参军燕郡人刘灵助擅长卜筮，尔朱荣相信他，刘灵助说天时与人事都不允许。尔朱荣说："假如我不吉，当迎接元天穆来立为天子。"刘灵助说："元天穆也不吉，只有长乐王有天命而已。"尔朱荣也精神恍惚，无法自持，过了很久才醒悟过来，深思懊悔说："犯了这么大的过错，应该以死向朝廷谢罪。"贺拔岳请求杀掉高欢向天下人谢罪，左右说："高欢虽是愚昧粗陋，说话不考虑会带来灾祸。但现今四方多事，必须依赖武将，请赦免他，让他以后立功赎罪。"尔朱荣于是作罢。夜晚四更，又迎接孝庄帝元子攸回营，尔朱荣望着马头叩头请死。

荣所从胡骑杀朝士既多，不敢入洛城，即欲向北为迁都之计。荣狐疑甚久，武卫将军汜礼固谏。辛丑，荣奉帝入城。帝御太极殿，下诏大赦，改元建义。从太原王将士，普加五阶，在京文官二阶，武官三阶，百姓复租役三年。时百官荡尽，存者皆窜匿不出，唯散骑常侍山伟一人拜赦于阙下。洛中士民草草，人怀异虑，或云荣欲纵兵大掠，或云欲迁都晋阳；富者弃宅，贫者襁负，率皆逃窜，什不存一二，直卫空虚，官守旷废。荣乃上书，称："大兵交际，难可齐壹，诸王朝贵，横死者众，臣今粉躯不足塞咎，乞追赠亡者，微申私责。无上王请追尊为无上皇帝，自馀死于河阴者，诸王赠三司，三品赠令、仆，五品赠刺史，七品已下及白民赠郡、镇；死者无后听继，即授封爵。又遣使者循城劳问。"诏从之。于是朝士稍出，人心粗安。封无上王之子韶为彭城王。

　　【译文】尔朱荣所带领的胡骑因残杀朝臣很多，不敢进入洛阳城，就有向北边迁都的打算。尔朱荣犹豫了很长时间，武卫将军汎礼一再地进谏，反对迁都。辛丑日（十四日），尔朱荣护送北魏孝庄帝元子攸入城。孝庄帝元子攸进入太极殿，下诏大赦境内，改年号为建义。跟随太原王尔朱荣的将士，一律加官五阶，在京师的文官加二阶，武官加三阶，百姓免除租役三年。这时百官几乎被杀光，活着的人都逃跑躲藏起来，只有散骑常侍山伟一个人到皇宫门口拜见皇帝，接受敕命。洛阳城中的士民害怕无故得罪，人人都心怀疑虑，有的说尔朱荣打算放纵军队进行大肆劫掠，有的说尔朱荣想要迁都晋阳；富有的人家抛弃宅第，贫穷的人家背负着子女，大部分逃走了，留下来的不到十之一二，宫廷内院连值班的人都找不到，官府各部门都空无一人。尔朱荣于是上书，说："大兵交接之际，难以整齐统一，诸王以及朝廷显贵大臣，被杀死的人很多，我现在粉身碎骨不足以抵偿罪过，请求追赠死亡的人，稍微弥补一下我的罪过。请求追尊无上王为无上皇帝，其余死在河阴的人，先前分封为王的赠三司，三品官员赠尚书令、尚书左右仆射，五品官员赠刺史，七品以下及没有官职的赠郡守或是镇将；死者假如没有后代，允许他们任选继承人，立即授予封爵。再派遣使者到城中各地巡视慰问。"孝庄帝元子攸下诏批准了。于是朝臣渐渐出头露面，人心略为安定。封无上王的儿子元韶做彭城王。

【申涵煜评】 荣之入洛，与董卓事绝类。而河阴之难，费穆以一言歼朝士二千余人，又与朱温白马驿千古同惨。未几，赠荫滥施，人多暴贵，乱世祸福不可定如此。

【译文】 尔朱荣进入洛阳，和董卓的事例非常相似。而且在河阴之战当中，费穆凭借一句话杀了朝廷官员两千多人，又和朱温的白马驿事件成为千古残酷的事件。没有多久时间，赠荫过分地施与，人们大多突然富贵起来，乱世之中灾祸和福气是无法预定的。

　　荣犹执迁都之议，帝亦不能违。都官尚书元谌争之，以为不可，荣怒曰："何关君事，而固执也！且河阴之役，君应知之。"谌曰："天下事当与天下论之，奈何以河阴之酷而恐元谌！谌，国之宗室，位居常伯，生既无益，死复何损！正使今日碎首流肠，亦无所惧！"荣大怒，欲抵谌罪，尔朱世隆固谏，乃止。见者莫不震悚，谌颜色自若。后数日，帝与荣登高，见宫阙壮丽，列树成行，乃叹曰："臣昨愚暗，有北迁之意，今见皇居之盛，熟思元尚书言，深不可夺。"由是罢迁都之议。谌，谧之兄也。

　　【译文】尔朱荣这时还抱持迁都的意见，北魏孝庄帝元子攸也无法违背。都官尚书元谌力争，认为不可以，尔朱荣发怒说："这关你什么事，竟然这样固执！况且河阴的事情，你应当知道。"元谌说："天下的事情应该与天下人商议，为什么却拿河阴的残酷事件来恐吓我？元谌是皇族宗亲，位居尚书之职，活着既然无益，死了又有什么损失，就算今天头碎肠流，我也无所恐惧！"尔朱荣大为发怒，想要治元谌的罪，尔朱世隆再三地进行劝阻，这才作罢。看见的人无不胆战心惊，元谌神色镇定自如。过了几天，孝庄帝元子攸与尔朱荣一起登高，看到宫阙壮丽，列树成行，于是叹息说："臣前几日由于愚昧糊涂，有迁都北方的想法，现在看了皇都的壮丽宏伟，再仔细考虑元尚书所说的话，深感他说得对。"从此打消了迁都的计划。元谌是元谧的哥哥。

　　癸卯，以江阳王继为太师，北海王颢为太傅；光禄大夫李延寔为太保，赐爵濮阳王；并州刺史元天穆为太尉，赐爵上党王；前侍中杨椿为司徒；车骑大将军穆绍为司空，领尚书令，进爵顿丘王；雍州刺史长孙稚为骠骑大将军、开府仪同三司，赐爵冯翊王；殿中尚书元谌为尚书右仆射，赐爵魏郡王；金紫光禄大夫广陵王恭加仪同三司；其馀起家暴贵者，不可胜数。延寔，冲之子也，以帝舅故得超拜。

徐纥弟献伯为北海太守，季产为青州长史，纥使人告之，皆将家属逃去，与纥俱奔泰山。郑俨与从兄荥阳太守仲明谋据郡起兵，为部下所杀。

【译文】癸卯日（十六日），北魏朝廷任命江阳王元继为太师，北海王元颢为太傅；光禄大夫李延寔为太保，赐爵濮阳王；并州刺史元天穆为太尉，赐爵上党王；前侍中杨椿为司徒；车骑大将军穆绍为司空，兼领尚书令，晋爵顿丘王；雍州刺史长孙稚为骠骑大将军、开府仪同三司，赐爵冯翊王；殿中尚书元谌为尚书右仆射，赐爵魏郡王；金紫光禄大夫广陵王元恭加仪同三司；其他突然从平民百姓成为显贵官员的不知有多少。李延寔是李冲的儿子，因为是孝庄帝元子攸的大舅子，得以破格拜官。

徐纥的弟弟徐献伯做北海太守，徐季产做青州长史，徐纥派人告诉他们京师所发生的变故，他们都携带着家眷逃走，与徐纥一起投奔泰山。郑俨与他的堂兄荥阳太守郑仲明图谋占据郡治作乱，被部下杀死。

丁未，诏内外解严。

魏郢州刺史元（愿）〔显〕达请降，诏郢州刺史元树迎之，夏侯夔亦自楚城往会之，遂留镇焉。改魏郢州为北司州，以夔为刺史，兼督司州。夔进攻毛城，逼新蔡；豫州刺史夏侯亶围南顿，攻陈项；魏行台源子恭拒之。

庚戌，魏赐尔朱荣子义罗爵梁郡王。

柔然头兵可汗数入贡于魏，魏诏头兵赞拜不名，上书不称臣。

【译文】丁未日（二十日），北魏孝庄帝元子攸下诏内外解除戒严。

北魏郢州刺史元显达请求投降，梁武帝萧衍下诏命郢州刺史元树前往迎接他，夏侯夔也从楚城前往与他们会合，于是梁武帝萧衍将夏侯夔留下来镇守郢州。梁朝改置北魏的郢州为北司州，派夏侯夔做刺史，同时监督司州。夏侯夔攻打毛城，威逼新蔡；豫州刺史夏侯夔包围南顿，攻打陈项；北魏行台源子恭率兵抵抗。

庚戌日（二十三日），北魏赐尔朱荣的儿子尔朱义罗为梁郡王。

柔然头兵可汗多次向北魏进贡，北魏下诏准许头兵可汗赞拜不称名，上书不称臣。

魏汝南王悦及东道行台临淮王彧闻河阴之乱，皆来奔。先是，魏人降者皆称魏官为伪，或表启独称魏临淮王；上亦体其雅素，不之责。

魏北海王颢将之相州，至汲郡，闻葛荣南侵及尔朱荣纵暴，阴为自安之计，盘桓不进；以其舅殷州刺史范遵行相州事，代前刺史李神守邺。行台甄密知颢有异志，相帅废遵，复推李神摄州事，遣兵迎颢，且察其变。颢闻之，帅左右来奔。密，琛之从父弟也。北青州刺史元世俊、南荆州刺史李志皆举州来降。

【译文】北魏汝南王元悦与东道行台临淮王元彧听到了河

阴的乱事，一起来投奔梁朝。先前，北魏人投降的都称自己在北魏的官职为伪，元彧上奏梁武帝萧衍时则只称自己为魏临淮王；梁武帝萧衍也体谅他是一个心口如一，怎么想就怎么说的人，因此没有责怪他。

北魏北海王元颢将前往相州，到达汲郡，听说葛荣南侵以及尔朱荣的放纵凶残，暗中做如何保全自己的考虑，他在汲郡徘徊不进，又让他的舅舅殷州刺史范遵代理相州刺史，接替前刺史李神暂守邺城。行台甄密知道元颢有异心，联合他人罢黜范遵，又推举李神代理相州刺史，派遣军队迎接元颢，同时观察他的反应。元颢听到这个消息，率领他的左右亲信来投奔梁朝。甄密是甄琛的堂弟。北青州刺史元世俊、南荆州刺史李志都率领全州人马投降梁朝。

五月，丁巳朔，魏加尔朱荣北道大行台。以尚书右仆射元罗为东道大使，光禄勋元欣副之，巡方黜陟，先行后闻。欣，羽之子也。

尔朱荣入见魏主于明光殿，重谢河桥之事，誓言无复贰心。帝自起止之，因复为荣誓，言无疑心。荣喜，因求酒饮之，熟醉；帝欲诛之，左右苦谏，乃止，即以床舆向中常侍省。荣夜半方寤，遂达旦不眠，自此不复禁中宿矣。

【译文】五月，丁巳朔日（初一），北魏加封尔朱荣为北道大行台。任命尚书右仆射元罗为东道大使，光禄勋元欣做他的副使，巡视四方，对地方官员赏罚升降之事，有权先施行然后奏报。元欣是元羽的儿子。

尔朱荣进入明光殿朝见北魏孝庄帝元子攸，再次为河桥事件谢罪，发誓说不敢再有二心。孝庄帝元子攸亲自起来阻止他向自己道歉，随即又向尔朱荣发誓，说对他没有疑心。尔朱荣一时欢喜，就要酒来喝，喝得烂醉；孝庄帝元子攸想诛杀他，左右侍从苦苦地劝阻，才没有动手，就用床把他抬到中常侍省。尔朱荣到了半夜才醒过来，于是到天亮都不敢合眼，从此不再在宫中过夜。

荣女先为肃宗嫔，荣欲敬宗立以为后，帝疑未决，给事黄门侍郎祖莹曰："昔文公在秦，怀嬴入侍；事有反经合义，陛下独何疑焉！"帝遂从之，荣意甚悦。

荣举止轻脱，喜驰射，每入朝见，更无所为，唯戏上下马；于西林园宴射，恒请皇后出观，并召王公、妃主共在一堂。每见天子射中，辄自起舞叫，将相卿士悉皆盘旋，乃至妃主亦不免随之举袂。及酒酣耳热，必自匡坐唱虏歌；日暮罢归，与左右连手蹋地唱《回波乐》而出。性甚严暴，喜愠无恒，刀槊弓矢，不离于手，每有瞋嫌，即行击射，左右恒有死忧。尝见沙弥重骑一马，荣即令相触，力穷不复能动，遂使旁人以头相击，死而后已。

【译文】尔朱荣的女儿原先是北魏孝明帝元诩的嫔妃，尔朱荣希望孝庄帝元子攸立她为皇后，孝庄帝元子攸犹豫不决，黄门侍郎祖莹说："从前晋文公重耳在秦国避难，弟媳怀嬴侍奉他；有些事违背常道却合于权宜，陛下何必犹豫呢！"孝庄帝元子攸于是听从了尔朱荣的意思，尔朱荣内心十分高兴。

尔朱荣举止轻佻，喜爱骑马射箭，每次入宫朝见，只是表演上马下马的游戏，其他什么事情也不做；在西林园宴饮射箭，常常请皇后出来观看，并且召集王公、妃嫔、公主共在一堂。每次看见孝庄帝元子攸射中，往往起舞叫喊，将相卿士全都一起起舞，甚至妃嫔、公主也不免随着他们的节拍举起衣袖翩翩起舞。

等到酒酣耳热，尔朱荣自己一定正襟危坐唱起胡歌；黄昏酒宴结束各自返回的时候，尔朱荣与左右侍从手牵着手踏地唱《回波乐》走出西林园。尔朱荣性情极严厉残暴，喜怒无常，刀矟、弓箭，经常不离身，每当发怒烦躁，立即击射，左右侍从常常有死亡的忧虑。有一回，看见两个和尚合骑一匹马，尔朱荣就命令他们两人相互撞击，直到力量用尽不再能动，于是又叫旁人拉着两个人的头相撞，直到死了才罢休。

辛酉，荣还晋阳，帝饯之于邙阴。荣令元天穆入洛阳，加天穆侍中、录尚书事、京畿大都督兼领军将军，以行台郎中桑乾朱瑞为黄门侍郎兼中书舍人，朝廷要官，悉用其腹心为之。

丙寅，魏主诏："孝昌以来，凡有冤抑无诉者，悉集华林东门，当亲理之。"时承丧乱之后，仓廪虚竭，始诏"入粟八千石者赐爵散侯，白民输五百石者赐出身，沙门授本州统及郡县维那。"

尔朱荣之趣洛也，遣其都督樊子鹄取唐州，唐州刺史崔元珍、行台郦恽拒守不从。乙亥，子鹄拔平阳，斩元珍及恽。元珍，挺之从父弟也。

【译文】辛酉日（初五），尔朱荣回到晋阳，北魏孝庄帝元子攸在邙阴为他饯行。尔朱荣叫元天穆进入洛阳，加封元天穆为侍中、录尚书事、京畿大都督兼领军将军，任命行台郎中桑乾人朱瑞为黄门侍郎兼中书舍人，朝廷上的重要官职，全部任用他的心腹来担任。

丙寅日（初十），北魏孝庄帝元子攸下诏："从孝昌年间以来，凡是受到冤屈压抑无处申诉的，全部到华林东门集合，朕当亲自审理。"这时正当动乱之后，府库空竭，于是下诏"捐献谷子八千石的赐爵为散侯，没有官爵的平民捐献五百石的赐予做官的资格，假如是和尚就任为本州僧统及郡县的知事僧"。

尔朱荣前往洛阳的时候，派遣他的都督樊子鹄攻打唐州，唐州刺史崔元珍、行台郦恽守城抵抗，不向樊子鹄屈服。乙亥日（十九日），樊子鹄攻克平阳，杀了元珍和郦恽。元珍是崔挺的堂弟。

将军曹义宗围魏荆州，堰水灌城，不没者数板。时魏方多难，不能救，城中粮尽，刺史王罴煮粥，与将士均分食之，每出战，不擐甲胄，仰天大呼曰："荆州城，孝文皇帝所置，天若不祐国家，令箭中王罴额；不尔，王罴必当破贼。"弥历三年，前后搏战甚众，亦不被伤。癸未，魏以中军将军费穆都督南征诸军事，将兵救之。

魏临淮王彧闻魏主定位，乃以母老求还，辞情恳至。上惜其才而不能违，六月，丁亥，遣彧还。魏以彧为侍中、骠骑大将军，加仪同三司。

【译文】将军曹义宗围攻北魏的荆州，筑坝堵水淹了荆州城，没有淹没的只剩下几个墙板。这时北魏正遭遇多种灾难，无法救援，城中的粮食吃光了，刺史王罴煮粥与将士平均分配食用，每次出战，不穿戴甲胄，仰天大呼说："荆州城，是孝文皇帝元宏所设置，上天假如不保佑国家，就让箭射中王罴的头，不然的话，王罴定当击败敌人。"一共持续了三年，前后搏战的次数很多，也没有受伤。癸未日（二十七日），北魏派中军将军费穆都督南征诸军事，率兵救援他。

北魏临淮王元彧听说孝庄帝元子攸君位已经稳固，就借口母亲年老请求回到北魏，文辞及情感都很恳切。梁武帝萧衍爱惜他的才华而不愿意拒绝他的请求，六月，丁亥日（初一），梁武帝萧衍遣送元彧返回北魏。北魏任命元彧为侍中、骠骑大将军，加封仪同三司。

魏员外散骑常侍高乾，祐之从子也，与弟敖曹、季式皆喜轻侠，与魏主有旧。尔朱荣之向洛也，逃奔齐州，闻河阴之乱，遂集流民起兵于河、济之间，受葛荣官爵，频破州军。魏主使元欣谕旨，乾等乃降。以乾为给事黄门侍郎兼武卫将军，敖曹为通直散骑侍郎。荣以乾兄弟前为叛乱，不应复居近要，魏主乃听解官归乡里。敖曹复行抄掠，荣诱执之，与薛修义同拘于晋阳。敖曹名昂，以字行。

葛荣军乏食，遣其仆射任褒将军南掠至沁水。魏以元天穆为大都督东北道诸军事，帅宗正珍孙等讨之。

前幽州平北府主簿河间邢杲帅河北流民十万馀户反于青州之北海，自称汉王，改元天统。戊申，魏以征东将军李叔仁为车骑大将军、仪同三司，帅众讨之。

【译文】北魏的员外散骑常侍高乾是高祐的侄儿，与他的弟弟高敖曹、高季式都喜欢行侠仗义，与孝庄帝元子攸是老朋友。尔朱荣前往洛阳的时候，高氏兄弟逃奔齐州，后来听说了河阴的惨祸，就聚集流民在河、济之间起兵，接受了葛荣的官爵，多次打败州军。孝庄帝元子攸派遣元欣传谕圣旨，高乾等人才向朝廷投降，孝庄帝元子攸任命高乾为给事黄门侍郎兼武卫将军，高敖曹为通直散骑侍郎。尔朱荣认为高乾兄弟先前曾经叛乱，不应当再任皇帝身边的要职，孝庄帝元子攸于是让他们辞官回归乡里。高敖曹又干起行侠仗义、杀富济贫的事情，尔朱荣诱捕了他，把他与薛修义一同囚禁在晋阳。高敖曹名叫高昂，人们以他的字敖曹称呼他。

葛荣的军队缺少粮食，派遣他的仆射任褒率兵向南抢掠一直到沁水县，北魏任命元天穆为大都督东北道诸军事，率领宗正珍孙等人征讨他。

北魏前幽州平北府主簿河间人邢杲率领河北的流民十几万户在青州的北海造反，自称汉王，改年号为天统。戊申日（二十二日），北魏任命征东将军李叔仁为车骑大将军、仪同三司，率领军队征讨邢杲。

辛亥，魏主诏曰：“朕当亲御六戎，扫静燕、代。”以大将军尔朱荣为左军，上党王天穆为前军，司徒杨椿为右军，司空穆绍为后军。葛荣退屯相州之北。

秋，七月，乙丑，魏加尔朱荣柱国大将军、录尚书事。

壬子，魏光州民刘举聚众反于濮阳，自称皇武大将军。

是月，万俟丑奴自称天子，置百官。会波斯国献师子于魏，丑奴留之，改元神兽。

【译文】辛亥日（二十五日），北魏孝庄帝元子攸下诏说：“朕要亲自率领六军，扫除平定燕、代。”派大将军尔朱荣率领左军，上党王元天穆率领前军，司徒杨椿率领右军，司空穆绍率领后军。葛荣听到了这个消息，撤退驻扎在相州的北边。

秋季，七月，乙丑日（初十），北魏加封尔朱荣为柱国大将军、录尚书事。

壬子日（七月无此日），北魏光州的百姓刘举聚集百姓在濮阳造反，自称皇武大将军。

这一月，万俟丑奴自称天子，设立百官。恰好这时波斯国向北魏进贡了一头狮子，万俟丑奴把狮子扣留，改年号为神兽。

魏泰山太守羊侃，以其祖规尝为宋高祖祭酒从事，常有南归之志。徐纥往依之，因劝侃起兵，侃从之。兖州刺史羊敦，侃之从兄也，密知之，据州拒侃。八月，侃引兵袭敦，弗克，筑十馀城守之，且遣使来降；诏广晋县侯泰山羊鸦仁等将兵应接。魏以侃为票骑大将军、泰山公、兖州刺史，侃斩其使者不受。

将军王弁侵魏徐州，蕃郡民续灵珍拥众万人攻蕃城以应梁；魏徐州刺史杨昱击灵珍，斩之，弁引还。

甲辰，魏大都督宗正珍孙击刘举于濮阳，灭之。

【译文】 北魏的泰山太守羊侃，因为他的祖父羊规曾经做宋高祖刘裕的祭酒从事，常常有回到南方的念头。徐纥前往投奔他，于是劝羊侃起兵，羊侃听从了。兖州刺史羊敦，是羊侃的堂兄，暗中得到了这消息，守住州城抵抗羊侃。八月，羊侃率兵偷袭羊敦，没有成功，于是羊侃修筑了十几座城进行围困，同时派遣使者来梁朝请求投降，梁武帝萧衍下诏命广晋县侯泰山人羊鸦仁等人率兵前去接应。北魏任命羊侃做骠骑大将军、泰山公、兖州刺史，羊侃杀了北魏派来的使者不接受北魏朝廷的任命。

将军王弁侵入北魏的徐州，蕃郡的百姓续灵珍率领部众一万人进攻蕃郡来响应梁朝；北魏徐州刺史杨昱攻打续灵珍，将续灵珍杀死，王弁率兵撤回。

甲辰日(十九日)，北魏的大都督宗正珍孙在濮阳对刘举发动进攻，消灭了刘举。

葛荣引兵围邺，众号百万，游兵已过汲郡，所至残掠，尔朱荣启求讨之。九月，尔朱荣召从子肆州刺史天光留镇晋阳，曰："我身不得至处，非汝无以称我心。"自帅精骑七千，马皆有副，倍道兼行，东出滏口，以侯景为前驱。葛荣为盗日久，横行河北，尔朱荣众寡非敌，议者谓无取胜之理。葛荣闻之，喜见于色，令其众曰："此易与耳，诸人俱办长绳，至则缚取。"自邺以北，列陈数十里，箕张而进。尔朱荣潜军山谷，为奇兵，分督将已上三人为一处，处有数百骑，令所在扬尘鼓噪，使贼不测多少。又以人马逼战，刀不如棒，勒军士赍袖棒一枚，置于马侧，至战时虑废腾逐，不听斩级，以棒棒之而已。分命壮勇所向冲突，号令严明，战士同奋。尔朱荣身自陷陈，出于贼后，表里合击，大破之，于陈擒葛荣，馀众悉降。以贼徒既众，若即分割，恐其疑惧，或更结聚，乃下令各从所乐，亲属相随，任所居止，于是群情大喜，登即四散，数十万众一朝散尽。待出百里之外，乃始分道押领，随便安置，咸得其宜。擢其渠帅，量才授任，新附者咸安，时人服其处分机速。以槛车送葛荣赴洛，冀、定、沧、瀛、殷五州皆平。时上党王天穆军于朝歌之南，穆绍、杨椿犹未发，而葛荣已灭，乃皆罢兵。

【译文】葛荣率兵围攻邺城，人数号称百万，游击的部队已经过了汲郡，所到之处，抢掠极为残酷，尔朱荣上表请求讨伐他。九月，尔朱荣召来他的侄儿肆州刺史尔朱天光，命他留镇晋阳，说："我到不了的地方，只有你去，我才放心。"尔朱荣率领精锐骑兵七千人，马都备有副马，每天加倍赶路，往东从滏口出兵，尔朱荣让侯景做先锋。葛荣叛乱的日子已经很久了，横行在黄河以北一带，尔朱荣的人数少得很，人们议论纷纷，认为没有打胜的可能。葛荣听了，喜形于色，对他的部属下令说："尔朱荣容易对付，你们大家都预备好长绳子，等他们到来就把他们捆绑起来。"从邺地以北，展开阵势几十里，像簸箕张开一样向前推进。尔朱荣埋伏军队在山谷中，部署军队准备出其不意对葛荣发起攻击，分派督将以上的军官三人为一组，每组有数百个

资治通鉴

骑兵,下令他们故意扬起灰尘,并且击鼓呐喊,让敌人无法知道人数多少。又考虑到人马逼近作战,刀剑不如棍棒,命令军士各自携带短棒一根,放置在马侧,到了作战时担心下马斩首会影响骑兵追击敌人,于是不让他们斩首级,只用棍棒,棒打敌人而已。分别命令壮勇向各个方向奋勇冲杀,尔朱荣号令严明,战士全都奋勇争先。尔朱荣亲自冲锋陷阵,绕到敌人的背后,内外夹击,将盗寇打得大败,就在战阵上擒获了葛荣,其余的贼军全都投降。因为贼军众多,假如马上将他们分开,担心引起他们的疑惧,也许又会聚集在一起,就命令他们根据自己的心愿,与亲属在一起,愿意到哪居住就在哪居住,于是众人十分欢喜,马上就四散了,几十万的部众一朝之间就散尽。等到他们离开百里以外,这才分道押送、引领着他们,随便安置,让他们觉得安置得很合适。尔朱荣从葛荣的队伍中选拔一些头目,根据他们的才能授予适当的职位,于是新归附的人都安定了下来,当时的人都佩服他的处置果断敏捷。尔朱荣用槛车将葛荣押送到洛阳,冀、定、沧、瀛、殷五个州都平定了。此时上党王元天穆驻军在朝歌的南边,穆绍、杨椿还没有出发,而葛荣已经被消灭,于是全部停止发兵。

【乾隆御批】 以号称百万之众,七千骑鼓勇可破。虽史笔不无过甚其辞,然用兵有方,正不在数之众寡。若懦夫临戎,鳃鳃亟议增兵,其见周远出尔朱下。然所云刀不如棒,以棒取胜,则又剌谬之甚不可信者矣。

【译文】 号称百万之师,七千个骑兵鼓足勇气可以打败他们。虽然史家的笔下不是没有过分的言辞,然而用兵有方,真正不在于人数的多少。如果懦夫亲临战场,害怕得急忙讨论增兵,他们的见解原本远在尔朱氏之下。然而所说的刀不如棒，以棒取胜，却又是荒谬至极而让人无法相信的。

初，宇文肱从鲜于修礼攻定州，战死于唐河。其子泰在修礼军中，修礼死，从葛荣；葛荣败，尔朱荣爱泰之才，以为统军。

乙亥，魏大赦，改元永远。

辛巳，以尔朱荣为大丞相、都督河北畿外诸军事，荣子平昌公文殊、昌乐公文畅并进爵为王，以杨椿为太保，城阳王徽为司徒。

冬，十月，丁亥，葛荣至洛，魏主御阊阖门引见，斩于都市。

帝以魏北海王颢为魏王，遣东宫直阁将军陈庆之将兵送之还北。

【译文】起初，宇文肱跟随鲜于修礼进攻定州，在唐河战死。他的儿子宇文泰在鲜于修礼军中，鲜于修礼死后，跟随葛荣；葛荣败后，尔朱荣爱惜宇文泰的才华，任命他为统军。

乙亥日（二十一日），北魏大赦境内，改年号为永安。

辛巳日（二十七日），北魏任命尔朱荣为大丞相、都督河北畿外诸军事，尔朱荣的儿子平昌公尔朱文殊、昌乐公尔朱文畅一起晋爵为王，任命杨椿为太保，城阳王元徽为司徒。

冬季，十月，丁亥日（初三），葛荣被押送到洛阳，北魏孝庄帝元子攸亲临阊阖门见过葛荣后，葛荣在大集市被斩首示众。

梁武帝萧衍封北魏北海王元颢做魏王，派遣东宫直阁将军陈庆之率兵送他回北方。

丙申，魏以太原王世子尔朱菩提为票骑大将军、开府仪同三司；丁酉，以长乐等七郡各万户，通前十万户，为太原王荣国；戊戌，又加荣太师；皆赏擒葛荣之功也。

壬子，魏江阳武烈王继卒。

魏使征虏将军韩子熙招谕邢杲，杲诈降而复反。李叔仁击杲于潍水，失利而还。

魏费穆奄至荆州，曹义宗军败，为魏所擒，荆州之围始解。

元颢取魏铚城而据之。

【译文】丙申日（十二日），北魏任命太原王的世子尔朱菩提为骠骑大将军、开府仪同三司。丁酉日（十三日），北魏孝庄帝元子攸又将长乐等七个郡各一万户，和从前合起来共十万户，做太原王尔朱荣的采邑。戊戌日（十四日），又加封尔朱荣为太师，这些都是用来奖赏他擒捉葛荣的功劳。

壬子日（二十八日），北魏的江阳武烈王元继去世。

北魏派遣征虏将军韩子熙招降邢杲，邢杲假装投降后又反叛。李叔仁在淮水边上攻击邢杲，战事失利，只好退兵。

北魏的费穆率军突然到达荆州。曹义宗的军队战败，被魏人所擒获，荆州的围困这才解除。

元颢率兵偷袭北魏的铚城，占据了铚城。

魏行台尚书左仆射于晖等兵数十万，击羊侃于瑕丘，徐纥恐事不济，说侃请乞师于梁，侃信之，纥遂来奔。晖等围侃十馀重，机中矢尽，南军不进。十一月，癸亥夜，侃溃围出，且战且行，一日一夜乃出魏境，至渣口，众尚万馀人，马二（十）〔千〕匹。士卒皆竟夜悲歌，侃乃谢曰："卿等怀土，理不能见随，幸适去留，于此为别。"各拜辞而去。魏复取泰山。晖，劲之子也。

戊寅，魏以上党王天穆为大将军、开府仪同三司，世袭并州刺史。

十二月，庚子，魏诏于晖还师讨邢杲。

葛荣馀党韩楼复据幽州反，北边被其患。尔朱荣以抚军将军贺拔胜为大都督，镇中山；楼畏胜威名，不敢南出。

【译文】 北魏行台尚书左仆射于晖等人率领军队几十万人，在瑕丘攻打羊侃，徐纥担心事情不妙，劝羊侃向梁朝请求援军，羊侃相信了他，徐纥于是前来投奔梁朝。于晖等人包围羊侃十几层，营栅中的箭已经用完，南方的援军还不见到来。十一月，癸亥日（初十）的晚上，羊侃突围逃出，一面作战一面逃跑，经过一天一夜，才出了北魏的国境。到达渣口，还有一万多人，马两千匹。士卒整夜全都在悲凉地唱歌，羊侃于是向他们谢罪说："你们想念故土，看来无法再让你们跟着我走了，希望你们或去或留，各随自己的意思，要离去的就在此地分别吧！"士兵们都各自拜辞离去了。北魏又占领了泰山。于晖是于劲的儿子。

戊寅日（二十五日），北魏任命上党王元天穆为大将军、开府仪同三司，世袭并州刺史。

十二月，庚子日（十七日），北魏下诏命于晖回师征讨邢杲。

葛荣的余党韩楼又攻占幽州造反，北边受到他的骚扰。尔朱荣让抚军将军贺拔胜做大都督，镇守中山；韩楼畏惧贺拔胜的威名，不敢向南进犯。

资治通鉴卷第一百五十三　梁纪九

屠维作噩，一年。

【译文】起止己酉（公元529年），共一年。

【题解】本卷记录了公元529年一年间南梁与北魏两国的大事，正当梁武帝萧衍中大通元年。主要记录了投降梁朝的北魏北海王元颢返回魏国境内，攻克睢阳后，称帝改元，接着攻克考城，攻下荥阳，进据虎牢；北魏孝庄帝元子攸逃到河内郡，朝中大臣将元颢迎进洛阳；元颢打算背叛梁国，与陈庆之外表和谐内心各异，言语之间多有猜忌；尔朱荣与元颢、陈庆之在黄河边上对峙，尔朱兆、贺拔胜偷袭南岸的守将元颢之子元冠受，元颢南逃被杀，部下离散，所占有的各城又都向北魏投降；魏将杨津洒扫宫殿，迎接孝庄帝元子攸返回洛阳，孝庄帝大大奖赏了尔朱荣与渡河击破元颢的尔朱兆，此外还记录了梁武帝萧衍迷恋佛教，常到同泰寺宣讲佛经，甚至还把自己舍身给寺院，群臣只得花巨资将其赎回等。

高祖武皇帝九

中大通元年（己酉，公元五二九年）春，正月，甲寅，魏于晖所部都督彭乐师二千馀骑叛，奔韩楼，晖引还。

辛酉，上祀南郊，大赦。

甲子，魏汝南王悦求还国，许之。

辛巳，上祀明堂。

二月，甲午，魏主尊彭城武宣王为文穆皇帝，庙号肃祖；母李妃为文穆皇后。将迁神主于太庙，以高祖为伯考，大司马兼录尚书临淮王彧表谏，以为："汉高祖立太上皇庙于香街，光武祀南顿君于春陵。元帝之于光武，已疏绝服，犹身奉子道，入继大宗。高祖德洽寰中，道超无外，肃祖虽勋格宇宙，犹北面为臣。又，二后皆将配享，乃是君臣并筵，嫂叔同室，窃谓不可。"吏部尚书李神俊亦谏，不听，彧又请去"帝"著"皇"，亦不听。

诏更定二百四十号将军为四十四班。

【译文】中大通元年（己酉，公元529年）春季，正月，甲寅日（初二），北魏于晖属下的都督彭乐率领两千多骑兵反叛而前往投奔韩楼，于晖只好回师。

辛酉日（初九），梁武帝萧衍到建康的南郊祭祀，大赦天下。

甲子日（十二日），北魏汝南王元悦向梁武帝萧衍请求返回北魏，梁武帝萧衍答应了他。

辛巳日（二十九日），梁武帝萧衍到明堂祭祀。

二月，甲午日（十二日），北魏孝庄帝元子攸尊奉自己的生父彭城武宣王元勰为文穆皇帝，庙号肃祖；母亲李妃为文穆皇后。北魏孝庄帝元子攸想要把文穆皇帝的牌位迁到太庙，与高祖元宏的灵牌并列，孝庄帝称高祖元宏为伯父，大司马兼录尚书临淮王元彧上表劝谏，认为"汉高祖刘邦在香街建立太上皇庙，光武帝刘秀在春陵祭祀南顿君。汉元帝刘奭与光武帝刘秀，血缘关系已经疏远得出了五服，光武帝刘秀还是心甘情愿地去给汉元帝刘奭当儿子，入继大宗。高祖元宏德满天下，道高无外，肃祖元勰虽然功勋塞满宇宙，对高祖元宏却仍旧北面称臣。再说，如果让高祖元宏和肃祖元勰的灵牌都在太庙里享受祭祀，这是君臣并坐筵席，嫂叔同居一室，臣私下认为不妥当"。吏部尚书李神俊也进谏，孝庄帝元子攸不听。元彧又请求去掉"帝"字使用"皇"字，孝庄帝元子攸也不听从。

梁武帝萧衍下诏，将二百四十号各种将军名号分成为四十四个等级。

壬寅，魏诏济阴王晖业兼行台尚书，都督丘大千等镇梁国。晖业，小新成之曾孙也。

三月，壬戌，魏诏上党王天穆讨邢杲，以费穆为前锋大都督。

夏，四月，癸未，魏迁肃祖及文穆皇后神主于太庙，又追尊彭城王劭为孝宣皇帝。临淮王彧谏曰："兹事古所未有，陛下作而不法，后世何观！"弗听。

魏元天穆将击邢杲，以北海王颢方入寇，集文武议之，众皆曰："杲众强盛，宜以为先。"行台尚书薛琡曰："邢杲兵众虽多，鼠窃狗偷，非有远志。颢帝室近亲，来称义举，其势难测，宜先去之。"天穆以诸将多欲击杲，又魏朝亦以颢为孤弱不足虑，命天穆等先定齐地，还师击颢，遂引兵东出。

【译文】壬寅日（二十日），北魏下诏任命济阴王元晖业兼行台尚书，都督丘大千等人镇守梁国。元晖业是拓跋小新成的曾孙。

三月，壬戌日（十一日），北魏下诏上党王元天穆征讨邢杲，让费穆做前锋大都督。

夏季，四月，癸未日（初二），北魏迁移肃祖元勰以及文穆皇后的神位到太庙，又追尊彭城王元劭为孝宣皇帝。临淮王元或进谏说："这种事情旷古未有，陛下的作为不符合法度，后世的人会怎么想呢？"北魏孝庄帝元子攸不听。

北魏元天穆将要进攻邢杲，因为北海王元颢正入境骚扰，于是召集文武群臣商议，大家都说："邢杲的部属强盛，应当优先讨伐。"行台尚书薛琡说："邢杲人马虽然众多，却是鼠窃狗偷之辈，没有什么远大抱负。元颢则是帝室近亲，此番前来号称举义兵，他的势力难以预测，应当先消灭他。"元天穆因为诸将多想攻打邢杲，同时北魏朝廷也认为元颢孤单势弱不足为虑，命令元天穆等人先平定齐地，然后回师攻打元颢，元天穆于是率兵向东进发去消灭邢杲。

颢与陈庆之乘虚自铚城进拔荥城，遂至梁国。魏丘大千有众七万，分筑九城以拒之。庆之攻之，自旦至申，拔其三垒，大千请降。颢登坛燔燎，即帝位于睢阳城南，改元孝基。济阴王晖业帅羽林兵二万军考城，庆之攻拔其城，擒晖业。

辛丑，魏上党王天穆及尔朱兆破邢杲于济南，杲降，送洛阳，斩之。兆，荣之从子也。

五月，丁巳，魏以东南道大都督杨昱镇荥阳，尚书仆射尔朱世隆镇虎牢，侍中尔朱世承镇崿岅。乙丑，内外戒严。

【译文】元颢与陈庆之趁着空虚从铚城进兵攻克荥城，于是到达梁国；北魏丘大千有部队七万人，分筑了九座城来防御。陈庆之对他发动进攻，从天刚亮一直战到申时，攻克了他的三座城垒，丘大千请求投降。元颢登上高坛，烧柴祷告，就在睢阳城的南边即帝位，改年号为孝基。济阴王元晖业率领羽林兵二万人驻扎在考城，陈庆之攻克考城，俘虏了元晖业。

辛丑日（二十日），北魏上党王元天穆以及尔朱兆在济南将邢杲打败，邢杲投降，押送到洛阳，将他斩首。尔朱兆是尔朱荣的侄儿。

五月，丁巳日（初六），北魏派东南道大都督杨昱镇守荥阳，尚书仆射尔朱世隆镇守虎牢，侍中尔朱世承镇守崿岅。乙丑日（十四日），北魏孝庄帝元子攸下令内外戒严。

戊辰，北海王颢克梁国。颢以陈庆之为卫将军，徐州刺史，引兵而西。杨昱拥众七万，据荥阳。庆之攻之，未拔，颢遣人说昱使降，昱不从。元天穆与骠骑将军尔朱吐没儿将大军前后继至，梁士卒皆恐。庆之解鞍秣马，谕将士曰："吾至此以来，屠城略地，实为不少；君等杀人父兄、掠人子女，亦无算矣！天穆之众，皆是仇雠。我辈众才七千，虏众三十馀万，今日之事，唯有必死乃可得生耳。虏骑多，不可与之野战，当及其未尽至，急攻取其城而据之。诸君勿或狐疑，自取屠脍。"乃鼓之，使登城。将士即相帅蚁附而入，癸酉，拔荥阳，执杨昱。诸将三百馀人伏颢帐前请曰："陛下渡江三千里，无遗镞之费，昨荥阳城下一朝杀伤五百馀人，愿乞杨昱以快众意！"颢曰："我在江东闻梁主言，初举兵下都，袁昂为吴郡不降，每称其忠节。杨昱忠臣，奈何杀之！此外唯卿等所取。"于是，斩昱所部统帅三十七人，皆刳其心而食之。俄而天穆等引兵围城，庆之帅骑三千背城力战，大破之，天穆、吐没儿皆走。庆之进击虎牢，尔朱世隆弃城走，获魏东中郎将辛纂。

【译文】戊辰日（十七日），北海王元颢攻克梁国。元颢任命陈庆之为卫将军、徐州刺史，率兵向西推进。杨昱率领部属七万人，据守荥阳城，陈庆之攻打荥阳城，没有攻下，元颢派人

游说杨昱投降，杨昱不接受。元天穆与骠骑将军尔朱吐没儿率
领大军先后来到，梁朝的士兵都害怕了。陈庆之解去马鞍边喂
马吃草料，边告诉将士："我们到这里以来，屠灭的城邑、攻占
的地盘，确实不少；各位杀了人家的父兄，劫掠人家的子女，也
无法计算；元天穆的部下，都是我们的仇敌。我们仅有七千人，
敌人却有三十多万，今天的事，唯有抱着必死的决心才有可能生
存，敌人的骑兵众多，不可以和他们野战，应该在他们还没有全
部到达的时候，赶紧攻下他们的城而据守。各位不要再犹豫，否
则自取被宰割的命运。"于是击鼓进兵，下令将士们向荥阳发起
猛攻，将士就相率进入，像蚂蚁相附一样。癸酉日（二十二日），
陈庆之攻陷荥阳，抓住了杨昱。诸将三百多人伏拜在元颢的帐
前请求说："陛下渡过长江三千里，连一支箭的损耗都没有，昨
日荥阳城下一朝死伤五百多人，希望杀死杨昱来解大家心头之
恨。"元颢说："我在江东听到梁朝皇帝说，起初举兵攻京师
时，袁昂守住吴郡不肯投降，梁武帝萧衍经常称许他为人忠诚、
有节操。杨昱是个忠臣，怎么可以杀他？除他以外，其他人任你
们处理。"于是杀了杨昱所部的统帅三十七人，挖出他们的心全
部吃掉。不久，元天穆等人率兵围攻荥阳城，陈庆之率领骑兵
三千人背城奋力作战，将他们打败了，元天穆、尔朱吐没儿全都
逃走。陈庆之进兵攻打虎牢，尔朱世隆弃城逃走，俘虏了北魏
东中郎将辛纂。

魏主将出避颢，未知所之，或劝之长安，中书舍人高道穆曰：
"关中荒残，何可复往！颢士众不多，乘虚深入，由将帅不得其
人，故能至此。陛下若亲帅宿卫，高募重赏，背城一战，臣等竭
其死力，破颢孤军必矣。或恐胜负难期，则车贺不若渡河，徵大

将军天穆、大丞相荣各使引兵来会,犄角进讨,旬月之间,必见成功。此万全之策也。"魏主从之。甲戌,魏主北行,夜,至河内郡北,命高道穆于烛下作诏书数十纸,布告远近。于是四方始知魏主所在。乙亥,魏主入河内。

临淮王彧、安丰王延明,帅百僚,封府库,备法驾迎颢。丙子,颢入洛阳宫,改元建武,大赦。以陈庆之为侍中、车骑大将军,增邑万户。杨椿在洛阳,椿弟顺为冀州刺史,兄子侃为北中郎将,从魏主在河北。颢意忌椿,而以其家世显重,恐失人望,未敢诛也。或劝椿出亡,椿曰:"吾内外百口,何所逃匿!正当坐待天命耳。"

【译文】北魏孝庄帝元子攸打算离开洛阳以躲避元颢的军队,不知到哪儿去才好,有人劝他到长安,中书舍人高道穆说:"关中已经荒芜残破,怎么可以再前往呢?元颢的士兵不多,乘虚攻了进来,这是因为将帅选择的不合适,所以才造成这种局面。陛下亲自率领宿卫,用重赏招募壮勇,背城一战,臣等人竭尽全力,那必定会打败元颢的军队。假如您担心胜负没有把握,那么车驾不如渡过黄河,征召大将军元天穆、大丞相尔朱荣,叫他们各自率兵前来会师,使两军相互策应,进军讨伐元颢,少则十日,多则一月,必定可以成功,这是万全的策略。"孝庄帝元子攸听从了。甲戌日(二十三日),孝庄帝向北方进发,当夜,到达河内郡的北边,命令高道穆在烛光下写诏书几十张,向远近的郡县通告,于是四方才知道孝庄帝在什么地方。乙亥日(二十四日),孝庄帝进入河内。

临淮王元彧,安丰王元延明,率领文武百官,封闭府库,准备法驾迎接元颢。丙子日(二十五日),元颢进入洛阳宫,改年号为建武,大赦境内。任命陈庆之为侍中、车骑大将军,增加封邑万户。杨椿当时在洛阳,而杨椿的弟弟担任冀州刺史的杨顺,担任北中郎将的侄子杨侃,现在都跟随北魏孝庄帝元子攸在河北。元颢的心中忌恨杨椿,可是因为他的家世显赫,担心失去人心,不敢诛杀他。有人劝杨椿逃亡出去,杨椿说:"我一家上下有百口之多,有什么地方可以躲避呢?只好听天由命罢了。"

颢后军都督侯暄守睢阳,为后援。魏行台崔孝芬、大都督刁宣驰往围暄,昼夜急攻,戊寅,暄突走,擒斩之。

上党王天穆等帅众四万攻拔大梁,分遣费穆将兵二万攻虎牢,颢使陈庆之击之。天穆畏颢,将北渡河,谓行台郎中济阴温子升曰:"卿欲向洛,为随我北渡?"子升曰:"主上以虎牢失守,致此狼狈。元颢新入,人情未安,今往击之,无不克者。大王平定京邑,奉迎大驾,此恒、文之举也。舍此北渡,窃为大王惜之。"天穆善之而不能用,遂引兵渡河。费穆攻虎牢,将拔,闻天穆北渡,自以无后继,遂降于庆之。庆之进击大梁、梁国,皆下之。庆之以数千之众,自发铚县至洛阳,凡取三十二城,四十七战,所向皆克。

【译文】元颢的后军都督侯暄镇守睢阳作为后援,北魏行台崔孝芬、大都督刁宣前往围攻侯暄,日夜抢攻,戊寅日(二十七日),侯暄突围逃走,被北魏军擒获杀死。

上党王元天穆等人率兵四万人攻克了大梁,另外派遣费穆率兵两万人攻打虎牢,元颢派陈庆之进攻他们。元天穆害怕元颢,打算北渡黄河,对行台郎中济阴人温子升说:"你打算前往洛阳,还是跟随我北渡?"温子升说:"主上因为虎牢失守,因此这等狼狈。元颢刚刚进入洛阳,人心还没安定,现在前往进攻他,没有不胜的。大王平定京师,奉迎皇帝大驾回都,这是齐桓公、晋文公的作为。您不这样做却要向北渡河,私下替大王惋惜。"元天穆认为他说得对却不能采纳,于是率兵渡过黄河。费穆进攻虎牢,就要攻克时,听说元天穆向北渡河了,觉得自己没有后援,于是就向陈庆之投降了。陈庆之进兵攻击大梁城及梁国,将大梁、梁国全部攻克。陈庆之只有几千名部下,从铚县出发直到洛阳,共攻占了三十二座城,经历四十七次的战斗,每次都打胜仗。

颢使黄门郎祖莹作书遗魏主曰:"朕泣请梁朝,誓在复耻,正欲问罪于尔朱,出卿于桎梏。卿托命豺狼,委身虎口,假获民地,本是荣物,固非卿有。今国家隆替,在卿与我。若天道助顺,则皇魏再兴;脱或不然,在荣为福,于卿为祸。卿宜三复,富贵可保。"

颢既入洛,自河以南州郡多附之。齐州刺史沛郡王欣集文武议所从,曰:"北海、长乐,俱帝室近亲,今宗祐不移,我欲受赦,诸君意何如?"在坐莫不失色。军司崔光韶独抗言曰:"元颢受制于梁,引寇仇之兵以覆宗国,此魏之贼臣乱子也。岂唯大王家事所宜切齿,下官等皆荷朝眷,未敢仰从!"长史崔景茂等皆曰:"军司议是。"欣乃斩颢使。光韶,亮之从父弟也。于是襄州刺史贾思同、广州刺史郑先护、南兖州刺史元暹亦不受颢命。思同,思伯之弟也。颢以冀州刺史元孚为东道行台、彭城郡王,孚封送其书于魏主。平阳王敬先起兵于河桥以讨颢,不克而死。

【译文】元颢让黄门郎祖莹写信给北魏孝庄帝元子攸说:"朕向梁朝流泪请兵,发誓要雪耻复仇,正想要向尔朱氏问罪,将你从桎梏中救出。你托命于豺狼,委身于虎口,暂时所得的人民与土地,本来是尔朱荣的东西,不是你的所有。现在国家的兴废，关键就在你和我。假如天道助顺，那么皇魏可以再兴；如果不这样，对尔朱荣来说是福，对你来说是灾祸。你应当再三考虑这点，富贵就可以保全。"

元颢进入洛阳之后，黄河以南的州郡多归顺他。齐州刺史沛郡王元欣集合文武百官商议应该投靠谁，说："北海、长乐都是皇室近亲，现在宗庙里供奉的先祖牌位没有改动，我打算接受北海王元颢的赦令，各位的意思怎样？"在座的人无不大惊失色。军司崔光韶独自抗言说："元颢受到梁朝的控制，引导敌人的军队前来覆灭我国，这是魏国的乱臣贼子，这不仅是大王的家族丑事令人感到切齿痛恨，下官等人受到朝廷的眷顾，所以不敢听从大王去投靠元颢！"长史崔景茂等人都说："军司所说得很对。"元欣于是杀了元颢所派来的使者。崔光韶是崔亮的堂弟。这时襄州刺史贾思同、广州刺史郑先护、南兖州刺史元遹也不接受元颢的命令。贾思同是贾思伯的弟弟。元颢任命冀州刺史元孚为东道行台、彭城郡王，元孚将书信封起来呈给北魏孝庄帝元子攸。平阳王元敬先在河桥起兵讨伐元颢，战败被杀。

魏以侍中、车骑将军、尚书右仆射尔朱世隆为使持节、行台仆射、大将军、相州刺史，镇邺城。

魏主之出也，单骑而去，侍卫后宫皆案堵如故。颢一旦得之，号令已出，四方人情想其风政。而颢自谓天授，遂有骄怠之志。宿昔宾客近习，咸见宠待，干扰政事，日夜纵酒，不恤军国，所从南兵，陵暴市里，朝野失望。高道穆兄子儒自洛阳出从魏主，魏主问洛中事，子儒曰："颢败在旦夕，不足忧也。"尔朱荣闻魏主北出，即时驰传见魏主于长子，行，且部分。魏主即日南还，荣为前驱。旬日之间，兵众大集，资粮器仗，相继而至。六月，壬午，魏大赦。

【译文】北魏加封侍中、车骑将军、尚书右仆射尔朱世隆为使持节、行台仆射、大将军、相州刺史，镇守邺城。

北魏孝庄帝元子攸离开洛阳的时候，是他自己一个人骑着马出去的，侍卫及后宫依旧留在京城，没有迁动。元颢一旦得到政权，号令皆由自己发布，四方的百姓希望他励精图治。可是元颢认为自己是天命所归，渐渐有骄傲怠慢的心理，从前的宾客与亲近旧识，都受到宠爱与优待，干涉政事，日夜纵酒，不操心军国大事，跟随来的南方士兵，在市井间欺侮虐待百姓，朝野对他都很失望。高道穆的哥哥高子儒从洛阳逃出去跟随孝庄帝元子攸，孝庄帝问起洛阳的情形，高子儒说："元颢的失败就在且夕之间，不值得担心。"尔朱荣听说孝庄帝离开洛阳北去，马上乘坐着驿站的马车飞速赶往长子县拜见孝庄帝，一面赶路一面部署对策。孝庄帝元子攸当天就踏上了返回洛阳之路，尔朱荣做前驱。不出十日光景，士兵大量集结起来，军用物资、粮食、兵器、器械，相继到达。六月，壬午日（初二），北魏大赦境内。

荣既南下，并、肆不安，乃以尔朱天光为并、肆等九州行台，仍行并州事。天光至晋阳，部分约勒，所部皆安。

己丑，费穆至洛阳，颢引入，责以河阴之事而杀之。颢使都督宗正珍孙与河内太守元袭据河内；尔朱荣攻之，上党王天穆引兵会之，壬寅，拔其城，斩珍孙及袭。

辛亥，魏淮阴太守晋鸿以湖阳来降。

闰月，己未，南康简王绩卒。

【译文】尔朱荣南下之后，并州及肆州不安定，于是任命尔朱天光为并、肆等九州行台，仍旧代理并州刺史的职务。尔朱天光到达晋阳，部署指挥，所辖地区全都安定下来。

己丑日（初九），费穆到达洛阳，元颢把他召进皇宫，以河阴事件责备他，把他杀了。

元颢让都督宗正珍孙和河内太守元袭据守河内；尔朱荣向他们进攻，上党王元天穆率兵前来会师。壬寅日（二十二日），尔朱荣等人攻陷了河内郡，杀了宗正珍孙与元袭。

辛亥日（六月无此日），北魏淮阴太守晋鸿献出湖阳城来投降梁朝。

闰月，己未日（初九），梁朝南康简王萧绩去世。

魏北海王颢既得志，密与临淮王彧、安丰王延明谋叛梁；以事难未平，藉陈庆之兵力，故外同内异，言多猜忌。庆之亦密为之备，说颢曰："今远来至此，未服者尚多，彼若知吾虚实，连兵四合，将何以御之！宜启天子，更请精兵，并敕诸州，有南人没此者悉须部送。"颢欲从之，延明曰："庆之兵不出数千，已自难制；今更增其众，宁肯复为人用乎！大权一去，动息由人，魏之宗庙，于斯坠矣。"颢乃不用庆之言。又虑庆之密启，乃表于上曰："今河北、河南一时克定，唯尔朱荣尚敢跋扈，臣与庆之自能擒讨。州郡新服，正须绥抚，不宜更复加兵，摇动百姓。"上乃诏诸军继进者皆停于境上。

【译文】北魏北海王元颢进入洛阳做了皇帝之后，暗中与临淮王元彧、安丰王元延明商议打算背叛梁朝，因为混乱局面还没平定，需借助陈庆之的兵力，所以外表和谐内心各异，言语之间多有猜忌。陈庆之也暗中防备他，向元颢进言说："现今我们远道来到此地，尚未服从的还很多，他们倘若知道我们的虚实，大家联合起来，从四面攻打我们，我们凭什么抗拒他们！应当把这里的情况奏明我们梁国的皇帝，另外请求派遣精兵前来支援，并且敕令各州，假如有南朝人沦没在各州各郡的必须全部护送到洛阳来。"元颢打算听从他，元延明说："陈庆之的军队不过几千人，已经是难以控制，现在再增加他的部属，他怎肯再接受别人的指挥呢？大权一旦失去，行动便受人控制，魏朝的宗庙，从此就覆亡了。"又担心陈庆之秘密向梁武帝萧衍上奏，于是上表给梁武帝萧衍说："现在河北、河南一时之间已经平定，只有尔朱荣还敢顽抗，臣和陈庆之自然能够讨伐擒捉他。州郡刚刚服从，正需要加以慰抚，不应再行发兵，使百姓惶恐不安。"梁武帝萧衍于是下诏，命令正在继续前进的各军都停驻在边境上。

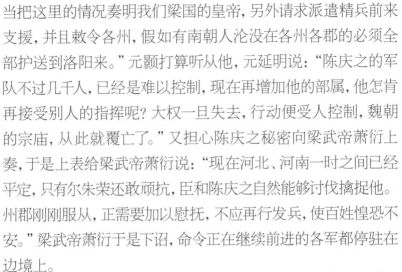

洛中南兵不满一万，而羌、胡之众十倍，军副马佛念为庆之曰："将军威行河、洛，声震中原，功高势重，为魏所疑，一旦变生不测，可无虑乎！不若乘其无备，杀颢据洛，此千载一时也。"庆之不从。颢先以庆之为徐州刺史，因固求之镇，颢心惮之，不遣，曰："主上以洛阳之地全相任委，忽闻舍此朝寄，欲往彭城，谓君遽取富贵，不为国计，非徒有损于君，恐仆并受其责。"庆之不敢复言。

【译文】洛阳城中梁朝士兵不到一万人，可是羌、胡的军队却有十倍，军副马佛念向陈庆之进言说："将军威行河、洛一带，声名振动中原，功高权重，受到北魏的猜忌，一旦发生不可预测的事变，难道不令人担忧吗？不如趁着他们没有准备，杀掉元颢而占据洛阳，这是千载难逢的机会。"陈庆之不听从。元颢先前任命陈庆之为徐州刺史，陈庆之于是再三要求到徐州上任，元颢害怕他，不派他前往徐州，说："梁朝皇帝将洛阳这个地方全权委托给您，忽然听说您抛弃作为魏朝寄托的洛阳，打算前去彭城，会认为你急于求取富贵，不替国家考虑，这不仅对你有损害，恐怕我也要受到责罚。"陈庆之不敢再说话。

尔朱荣与颢相持于河上。庆之守北中城，颢自据南岸；庆之三日十一战，杀伤甚众。有夏州义士为颢守河中渚，阴与荣通谋，求破桥立效，荣引兵赴之。及桥破，荣应接不逮，颢悉屠之，荣怅然失望。又以安丰王延明缘河固守，而北军无船可渡，议欲还北，更图后举。黄门郎杨侃曰："大王发并州之日，已知夏州义士之谋指来应之邪？为欲广施经略匡复帝室乎？夫用兵者，何尝不散而更合，疮愈更战；况今未有所损，岂可以一事不谐而众谋顿废乎！今四方颙颙，视公此举；若未有所成，遽复引归，民情失望，各怀去就，胜负所在，未可知也。不若徵发民材，多为桴筏，间以舟楫，缘河布列，数百里中，皆为渡势，首尾既远，使颢不知所防，一旦得渡，必立大功。"高道穆曰："今乘舆飘荡，主忧臣辱，大王拥百万之众，辅天子而令诸侯，若分兵造筏，所在散渡，指掌可克；奈何舍之北归，使颢复得完聚，徵兵天下！此所谓养虺成蛇，悔无及矣。"荣曰："杨黄门已陈此策，当相与议之。"刘灵助言于荣曰："不出十日，河南必平。"伏波将军正平杨檦与其族居马渚，自言有小船数艘，求为乡导。戊辰，荣命车骑将军尔朱兆与大都督贺拔胜缚材为筏，自马渚西硖石夜渡，袭击颢子领军将军冠受，擒之；安丰王延明之众闻之，大溃。颢失据，帅麾下数百骑南走，陈庆之收步骑数千，结陈东还，颢所得诸城，一时复降于魏。尔朱荣自追陈庆之，会嵩高水涨，庆之军士死散略尽，乃削须发为沙门，间行出汝阴，还建康，犹以功除右卫将军，封永兴县侯。

【译文】尔朱荣与元颢在黄河边上对峙。陈庆之守北中城，元颢占据南岸；陈庆之三天之中经历十一次战斗，杀伤敌人很多。有一群夏州义士替元颢守着河中渚，暗中与尔朱荣勾结，希望破桥立功，尔朱荣率兵前来接应。等到桥梁破坏，尔朱荣接应不及，元颢将他们全都杀了，尔朱荣感到很失望。又派安丰王沿着河岸坚守，尔朱荣率领的北边军队无船可以渡河，商议回到北方的并州，另外考虑下一步的行动。黄门郎杨侃说："大王从并州兴兵的时候，是已经知道夏州义士的计谋特地赶来接应呢，还是为了大展宏图匡复帝室呢？说到用兵这回事，何尝不是溃散之后重新集结，疮伤愈痊之后重又投向战场，何况现在没有什么损失，怎么可以因为一件事情不顺利就将所有的计谋突然放弃呢？现在百姓望眼欲穿，都在看明公这回的举动；假如这回没有成功，忽然率军退回，百姓大失所望，各自考虑何去何从，胜负所在，就很难说了。不如征调百姓的木材，多编一些桴筏，沿着河岸排列，几百里中，都做出将要渡河的样子，首尾相距很远，让元颢不知道在何处防守，一旦能够渡过，必定可以建立大功。"高道穆说："现在圣驾被迫外出，主上忧虑，臣下羞辱，大王拥有百万的军队，辅佐天子而号令诸侯，假如分出士兵编造木筏，分散开来到处抢渡，战胜敌人如动动指掌一般的容易，为何要放弃他们率兵北返，使得元颢又可以修缮城郭，营聚粮草，向天下征发军队？这就是人们所说的把小蛇养成了大蛇，到时候恐怕后悔都来不及了。"尔朱荣说："杨黄门已经提出这个计策，当一起商议。"刘灵助向尔朱荣进言说："不超过十天，河南一定可以平定。"伏波将军正平人杨㭴与他的族人住在马渚，说自己有几艘小船，请求做向导。戊辰日（十九日），尔朱荣命令车骑将军尔朱兆与大都督贺拔胜把木材编成木筏，从马渚西边的硖石山趁夜向南渡过黄河，偷袭元颢的儿子领军将军元冠受的军队，擒获了元冠受。安丰王元延明的部众听到了这个消息，大为溃散。元颢失去了依靠，率领部下的数百名骑兵向南逃走，陈庆之收聚步兵和骑兵数千人，结成阵势向东退回，元颢所获得的各城，一下子又向北魏投降了。尔朱荣亲自追击陈庆之，恰好遇到嵩山上下来的水势暴涨，陈庆之的军士死伤殆尽，陈庆之于是剃去胡须和头发扮成和尚，抄小路经过汝阴，回到建康，梁武帝萧衍仍然根据功劳授予陈庆之右卫将军，封永兴县侯。

【申涵煜评】颢随陈庆之破洛阳，得失易于反掌。其得也乘中原之乱，其失也由主臣之骄。然能为天下诛一费穆，犹不枉此番举动。

【译文】元颢追随陈庆之攻破洛阳，取得或失去洛阳就像翻转手掌一样容易。他们取得洛阳也是趁着中原战乱，他们失去洛阳也是因为君臣的骄傲。但是能够代替天下人诛杀一个费穆，依然没有浪费这次行动。

中军大都督兼领军大将军杨津入宿殿中，扫洒宫庭，封闭府库，出迎魏主于北邙，流涕谢罪，帝慰劳之。庚午，帝入居华林园，大赦。以尔朱兆为车骑大将军、仪同三司，北来军士及随驾文武诸立义者加五级，河北报事之官及河南立义者加二级。壬申，加大丞相荣天柱大将军，增封通前二十万户。

北海王颢自轩辕南出至临颍，从骑分散，临颍县卒江丰斩之；癸酉，传首洛阳。临淮王彧复自归于魏主，安丰王延明携妻子来奔。

　　陈庆之之入洛也，萧赞送启求还。时吴淑媛尚在，上使以赞幼时衣寄之，信未达而庆之败。庆之自魏还，特重北人，朱异怪而问之，庆之曰："吾始以为大江以北皆戎狄之乡，比至洛阳，乃知衣冠人物尽在中原，非江东所及也，奈何轻之？"

　　【译文】中军大都督兼领军大将军杨津进入殿中宿卫，洒扫宫廷，封闭府库。出来到北面的邙山迎接北魏孝庄帝元子攸，痛哭流涕地向孝庄帝谢罪，孝庄帝慰劳了他一番。庚午日（二十日），孝庄帝元子攸入居华林园，大赦境内。任命尔朱兆为车骑大将军、仪同三司，凡是跟随尔朱荣从北方并州南来的军士和一直跟随在孝庄帝身边的文武百官以及没有投降元颢的官员一律加官五级，凡是河北向朝廷报告敌情的官员，以及河南没有投降元颢的官员一律加官两级。壬申日（二十二日），北魏孝庄帝元子攸加封大丞相尔朱荣为天柱大将军，增加封邑，与从前合计二十万户。

　　北海王元颢从轩辕南走，到达临颍，追随的骑兵分散，临颍县的士卒江丰将元颢杀了，癸酉日（二十三日），他的首级被传送到洛阳。临淮王元彧又回去归顺北魏孝庄帝元子攸，安丰王元延明携带他的妻子和儿女前来投奔梁朝。

　　陈庆之进入洛阳的时候，萧赞给陈庆之送书信请求返回梁国，这时萧赞的生母吴淑媛还活着，梁武帝萧衍让她拿萧赞小时候所穿的衣服寄给萧赞，东西还没有寄到洛阳，而陈庆之已经兵败而返。陈庆之从北方回来后，特别看重北方人，朱异感觉奇怪，问他什么原因，陈庆之说："我原先认为大江以北都是戎狄的地方，等到了洛阳之后，才晓得有才德、有名望的士大夫都在中原，不是江东所能赶得上的，为什么要看轻他们？"

甲戌，魏以上党王天穆为太宰，城阳王徽为大司马兼太尉。乙亥，魏主宴劳尔朱荣、上党王天穆及北来督将于都亭，出宫人三百，缯锦杂彩数万匹，班赐有差，凡受元颢爵赏阶复者，悉追夺之。

秋，七月，辛巳，魏主始入宫。

以高道穆为御史中尉。帝姊寿阳公主行犯清路，赤棒卒呵之，不止，道穆令卒击破其车。公主泣诉于帝，帝曰："高中尉清直之士，彼所行者公事，岂可以私责之也！"道穆见帝，帝曰："家姊行路相犯，极以为愧。"道穆免冠谢，帝曰："朕以愧卿，卿何谢也！"

【译文】甲戌日（二十四日），北魏任命上党王元天穆为太宰，城阳王元徽为大司马兼太尉。乙亥日（二十五日），北魏孝庄帝元子攸在都亭设宴慰劳尔朱荣、上党王元天穆以及跟随尔朱荣北来的督将，孝庄帝派出宫女三百人，又取出各类丝织品数万匹，按照不同等级分别对他们进行赏赐。所有接受元颢的爵位赏赐官阶和免除赋役的人，全都予以撤销。

秋季，七月，辛巳日（初二），北魏孝庄帝元子攸才进入洛阳的皇宫。

北魏任命高道穆为御史中尉。孝庄帝元子攸的姐姐寿阳公主外出时违反了皇帝出行的清道戒严令，手执赤棒负责开道的士卒呵斥她，她仍然不停止，高道穆下令士卒将她的车子打破。公主向孝庄帝哭诉，孝庄帝说："高中尉是个清高正直的人，他所执行的是公务，怎么可以拿私情责备他呢！"高道穆朝见孝庄帝，孝庄帝说："家姐出行犯了规，朕感到极为羞愧。"高道穆脱去帽子谢罪，孝庄帝说："朕对卿感到羞愧，卿为何谢罪。"

于是魏多细钱，米斗几直一千，高道穆上表，以为："在市铜价，八十一钱得铜一斤，私造薄钱，斤赢二百。既示之以深利，又随之以重刑，抵罪虽多，奸铸弥众。今钱徒有五铢之文而无二铢之实，置之水上，殆欲不沉。此乃因循有渐，科防不切，朝廷失之，彼复何罪！宜改铸大钱，文载年号，以记其始，则一斤所成止七十钱，计私铸所费不能自润，直置无利，自应息心，况复严刑广设也！"金紫光禄大夫杨侃亦奏乞听民与官并铸五铢钱，使民乐为而弊自改。魏主从之，始铸永安五铢钱。

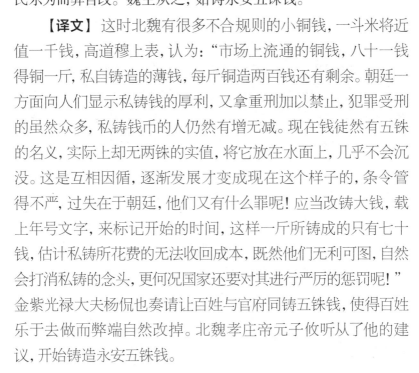

【译文】 这时北魏有很多不合规则的小铜钱，一斗米将近值一千钱，高道穆上表，认为："市场上流通的铜钱，八十一钱得铜一斤，私自铸造的薄钱，每斤铜造两百钱还有剩余。朝廷一方面向人们显示私铸钱的厚利，又拿重刑加以禁止，犯罪受刑的虽然众多，私铸钱币的人仍然有增无减。现在钱徒然有五铢的名义，实际上却无两铢的实值，将它放在水面上，几乎不会沉没。这是互相因循，逐渐发展才变成现在这个样子的，条令管得不严，过失在于朝廷，他们又有什么罪呢！应当改铸大钱，载上年号文字，来标记开始的时间，这样一斤所铸成的只有七十钱，估计私铸所花费的无法收回成本，既然他们无利可图，自然会打消私铸的念头，更何况国家还要对其进行严厉的惩罚呢！"金紫光禄大夫杨侃也奏请让百姓与官府同铸五铢钱，使得百姓乐于去做而弊端自然改掉。北魏孝庄帝元子攸听从了他的建议，开始铸造永安五铢钱。

辛卯，魏以车骑将军杨津为司空。

初，魏以梁、益二州境土荒远，更立巴州以统诸獠，凡二十馀万户，以巴酋严始欣为刺史。又立隆城镇，以始欣族子恺为镇将。始欣贪暴，孝昌初，诸獠反，围州城，行台魏子建抚谕之，乃散。始欣恐获罪，阴来请降，帝遣使以诏书、铁券、衣冠等赐之，为恺所获，以送子建。子建奏以隆城镇为南梁州，用恺为刺史，囚始欣于南郑。魏以唐永为东益州刺史代子建，以梁州刺史傅竖眼为行台。子建去东益而氐、蜀寻反，唐永弃城走，东益州遂没。

【译文】辛卯日（十二日），北魏任命车骑将军杨津为司空。

起初，北魏因为梁、益两州地处荒僻遥远，另外设立巴州来统治所有獠族，一共二十多万户，任命巴州的酋长严始欣为刺史，又设置隆城镇，任命严始欣的族侄严恺为镇将。严始欣贪残暴虐，魏肃宗元诩孝昌初年，各獠族造反，包围州城，行台魏子建安抚、劝谕他们，他们才逐渐解散。严始欣担心北魏朝廷会治他的罪，暗中请求投降梁朝，梁武帝萧衍派遣使者拿诏书、铁券、衣冠等物赏赐他，不料这些物品都被严恺所截获，严恺把这些都送给了魏子建。魏子建奏请改置隆城镇为南梁州，任命严恺为刺史，将严始欣幽囚在南郑。北魏派唐永做东益州刺史接替魏子建，派梁州刺史傅竖眼做行台。魏子建离开东益州不久，氐族与蜀人起来造反，唐永弃城逃跑，东益州于是沦陷了。

傅竖眼之初至梁州也，州人相贺。既而久病，不能亲政事。其子敬绍，奢淫贪暴，州人患之。严始欣重赂敬绍，得还巴州，遂举兵击严恺，灭之，以巴州来降，帝遣将军萧玩等将兵援之。傅敬绍见魏室方乱，阴有保据南郑之志，使其妻兄唐昆仑于外扇诱山民相聚围城，欲为内应。围合而谋泄，城中将士共执敬绍，以白竖眼而杀之，竖眼耻恚而卒。

【译文】 傅竖眼刚到梁州的时候，州人相互道贺，不久傅竖眼长久生病，无法处理政事。他的儿子傅敬绍，荒淫奢侈，贪婪横暴，州人都厌恶他。严始欣用重金贿赂傅敬绍，得以回到巴州，于是发兵攻击严恺，将严恺消灭，献出巴州投降了梁朝，梁武帝萧衍派遣将军萧玩等人带兵接应他。傅敬绍看到魏国局势正值混乱之时，暗中有据守南郑的打算，派遣他的妻兄唐昆仑到外头去煽动山民，相聚包围了南郑城，自己想做内应。山民已经包围城池，此时计谋泄露，城中将士一起逮捕傅敬绍，向傅竖眼报告然后把傅敬绍杀死，傅竖眼既羞耻又愤怒，就这样死了。

八月，己未，魏以太傅李延寔为司徒。甲戌，侍中、太保杨椿致仕。

九月，癸巳，上幸同泰寺，设四部无遮大会。上释御服，持法衣，行清净大舍，以便省为房，素床瓦器，乘小车，私人执役。甲子，升讲堂法座，为四部大众开《涅槃经》题。癸卯，群臣以钱一亿万祈白三宝，奉赎皇帝菩萨，僧众默许。乙巳，百辟诣寺东门，奉表请还临宸极，三请，乃许。上三答书，前后并称"顿首"。

【译文】 八月，己未日（初十），北魏任命太傅李延寔为司徒。甲戌日（二十五日），侍中、太保杨椿辞去官职回家养老。

九月，癸巳日（十五日），梁武帝萧衍驾临同泰寺，举办僧、尼、善男、信女都可以参加的佛教大法会。梁武帝脱掉皇帝的服装，穿着法衣，举行舍身寺庙的出家仪式，利用同泰寺自己曾经方便休息过的屋子当作修行的住所，睡的是光板床，用的是粗瓷瓦罐，乘坐小车，身边只有几个奴仆帮着干些粗活。甲子日（九月无此日），梁武帝萧衍登上讲经堂的法座，为那些和尚、尼姑、善男、信女开讲《涅槃经》的中心意旨。癸卯日（二十五日），梁朝群臣用一亿万钱向寺庙的主持祈告，请求赎回成了菩萨的皇帝，僧众默许了。乙巳日（二十七日），百官到达寺的东门，上表请求梁武帝回返皇宫，请求了三次，梁武帝才答应。梁武帝在给群臣的三次复信中，前后都称"顿首"（平辈之间写信常用的客气话）。

魏尔朱荣使大都督尖山侯渊讨韩楼于蓟，配卒甚少，骑止七百。或以为言，荣曰："侯渊临机设变，是其所长；若总大众，未必能用。今以此众击此贼，必能取之。"渊遂广张军声，多设供具，亲帅数百骑深入楼境。去蓟百馀里，值贼帅陈周马步万馀，渊潜伏以乘其背，大破之，虏其卒五千馀人。寻还其马仗，纵令入城，左右谏曰："既获贼众，何为复资遣之？"渊曰："我兵既少，不可力战，须为奇计以离间之，乃可克也。"渊度其已至，遂帅骑夜进，昧旦，叩其城门。韩楼果疑降卒为渊内应，遂走；追擒之，幽州平。以渊为平州刺史，镇范阳。

先是，魏使征东将军刘灵助兼尚书左仆射，慰劳幽州流民于濮阳顿丘，因帅流民北还，与侯渊共灭韩楼；仍以灵助行幽州事，加车骑将军，又为幽、平、营、安四州行台。

万俟丑奴攻魏东秦州，拔之，杀刺史高子朗。

【译文】北魏尔朱荣派遣大都督尖山人侯渊前往蓟州征讨韩楼，配给他的士卒很少，骑兵只有七百人，有人向尔朱荣提到这事，尔朱荣说："侯渊临机应变，是他的擅长；假如领导大军，未必能够运用。现在利用这些军队攻打这个寇贼，必定可以打败他。"侯渊于是虚张声势，伪装军队强大，准备了很多吃的、用的，亲自率领骑兵数百人深入韩楼的境内。离蓟城一百多里，与敌帅陈周的骑兵和步兵一万多人遭遇，侯渊潜伏起来从他们的背后发动进攻，将他们打败，俘虏了他们的士兵五千多人。随即归还他们的马匹与兵器，放他们进入蓟州县县城，身边的人都劝阻说："既然已经俘虏了贼众，为什么又还给他们马匹、兵器让他们回去呢？"侯渊说："我方的士兵少，不可以和他们拼实力战斗，必须使用奇计来离间他们，才可以战胜。"侯渊估计那些被放回的将士已经回到了他们的大本营，于是就率领骑兵连夜进发，第二天，天刚蒙蒙亮，侯渊的骑兵就开始进攻他们的城门。韩楼果然疑心那些投降返回来的士卒做侯渊的内应，于是逃走了；侯渊追上把韩楼擒捉住，幽州的叛乱宣告平定。北魏任命侯渊为平州刺史，镇守范阳。

先前，北魏派遣征东将军刘灵助兼尚书左仆射，前往濮阳、顿丘慰劳幽州的流民，趁机率领流民北返，与侯渊一同消灭了韩楼。朝廷于是让刘灵助代理幽州刺史，加封车骑将军，又做幽、平、营、安四州行台。

万俟丑奴进攻北魏的东秦州，将州城攻克，杀了刺史高子朗。

冬，十月，己酉，上又设四部无遮大会，道、俗五万馀人。会毕，上御金辂还宫，御太极殿，大赦，改元。

魏以前司空萧赞为司徒。

十一月，己卯，就德兴请降于魏，营州平。

丙午，魏以城阳王徽为太保，丹杨王萧赞为太尉，雍州刺史长孙稚为司徒。

十二月，辛亥，兖州刺史张景邕、荆州刺史李灵起、雄信将军萧进明叛，降魏。

以陈庆之为北兖州刺史。有妖贼僧强，自称天子，土豪蔡伯龙起兵应之，众起三万，攻陷北徐州；庆之讨斩之。

魏以岐州刺史王罴行南秦州事。罴诱捕州境群盗，悉诛之。

【译文】 冬季，十月，己酉日（初一），梁武帝萧衍又在同泰寺举办僧、尼、善男信女都可以参加的佛教大法会，出家人以及俗众共五万多人参加。大会完毕，梁武帝萧衍乘着用黄金做装饰的车驾回宫，进入太极殿，大赦天下，改年号为中大通。

北魏任命前司空萧赞为司徒。

十一月，己卯日（初二），就德兴向北魏请求投降，营州平定。

丙午日（二十九日），北魏任命城阳王元徽为太保，丹杨王萧赞为太尉，雍州刺史长孙稚为司徒。

十二月，辛亥日（初四），梁朝兖州刺史张景邕、荆州刺史李灵起、雄信将军萧进明背叛了梁朝，投降北魏。

梁朝任命陈庆之为北兖州刺史。有个妖僧名叫僧强，自称天子，地方豪强蔡伯龙起兵响应他，聚集了三万人，攻陷了北徐州。陈庆之率军征讨，把僧强、蔡伯龙杀死。

北魏命岐州刺史王罴代理南秦州刺史，王罴设计诱捕州境的群盗，将他们都杀了。

资治通鉴卷第一百五十四　梁纪十

上章阉茂，一年。

【译文】起止庚戌（公元530年），共一年。

【题解】本卷记录了公元530年一年间南梁与北魏两国的大事，正当梁武帝萧衍中大通二年。主要记录了尔朱荣先是命尔朱天光与贺拔岳讨伐万俟丑奴，接着尔朱天光又消灭了在水洛城称帝的略阳变民首领王庆云和万俟丑奴的余部万俟道洛，至此关陇地区全部平定；北魏孝庄帝元子攸在城阳王元徽、中书舍人温子升的协助下杀了尔朱荣与元天穆，孝庄帝虽起用一些名臣讨伐尔朱氏，但均失败，最后尔朱兆率领晋阳兵进入洛阳城，抓住元子攸，改立长广王元晔为帝，元子攸死在晋阳的三级佛寺；河西少数民族纥豆陵步蕃率军南下，尔朱兆在晋州刺史高欢的援助下击败纥豆陵步蕃，高欢因此得到葛荣的余部，又借口并州连年霜害且干旱，假称带降户去太行山东面就食，途中又抢了尔朱荣妻子的一些马匹，从而势力大增，摆脱了尔朱兆的控制，此外还记录了梁朝遣散义阳镇的军队，停止水旱漕运，沿长江以及洞庭湖、彭蠡湖一带的各州休养生息等。

高祖武皇帝十

中大通二年（庚戌，公元五三零年）春，正月，己丑，魏益州刺史长孙寿、梁州刺史元俊等遣将击严始欣，斩之，萧玩等亦败死，失亡万馀人。

辛亥，魏东徐州城民吕文欣等杀刺史元大宾，据城反，魏遣都官尚书平城樊子鹄等讨之。二月，甲寅，斩文欣。

万俟丑奴侵扰关中，魏尔朱荣遣武卫将军贺拔岳讨之。岳私谓其兄胜曰："丑奴，勍敌也。今攻之不胜，固有罪；胜之，谗嫉将生。"胜曰："然则奈何？"岳曰："愿得尔朱氏一人为帅而佐之。"胜为之言于荣，荣悦，以尔朱天光为使持节、都督二雍、二岐诸军事、票骑大将军、雍州刺史，以岳为左大都督，又以征西将军代郡侯莫陈悦为右大都督，并为天光之副以讨之。

【译文】中大通二年（庚戌，公元530年）春季，正月，己丑日（十三日），北魏益州刺史长孙寿、梁州刺史元俊等人派遣将领进攻严始欣，把严始欣杀死，萧玩等人也战败而死，梁朝的军队损失了一万多人。

辛亥日（正月无此日），北魏东徐州城的百姓吕文欣等杀了刺史元大宾，据守州城造反，北魏派遣都官尚书平城人樊子鹄等人征讨他。二月，甲寅日（初八），樊子鹄斩杀了吕文欣。

万俟丑奴侵犯关中，北魏尔朱荣派遣武卫将军贺拔岳征讨他。贺拔岳私下对他的哥哥贺拔胜说："万俟丑奴是强敌，现在我奉命进攻他，倘若不胜，一定会获罪；假如胜了，将会引起他人的嫉妒而进谗言诋毁我们。"贺拔胜说："那怎么办？"贺拔岳说："希望有一位尔朱氏的人出来做统帅，让我担任他的副手。"贺拔胜将这个意思告诉了尔朱荣，尔朱荣很高兴，任命尔朱天光为使持节、都督二雍二岐诸军事、骠骑大将军、雍州刺史，任命贺拔岳为左都督，又任命征西将军代郡人侯莫陈悦为右都督，一起做尔朱天光的副手而进兵讨伐万俟丑奴。

天光初行，唯配军士千人，发洛阳以西路次民马以给之。时赤水蜀贼断路，诏侍中杨侃先行慰谕，并税其马，蜀持疑不下。军至潼关，天光不敢进，岳曰："蜀贼鼠窃，公尚迟疑，若遇大敌，将何以战？"天光曰："今日之事，一以相委。"岳遂进击蜀于渭北，破之，获马二千匹，简其壮健以充军士，又税民马合万馀匹。以军士尚少，淹留未进。荣怒，遣骑兵参军刘贵乘驿至军中责天光，杖之一百，以军士二千人益之。

【译文】尔朱天光刚出发时，只配给军士一千人，尔朱荣向洛阳以西沿路的百姓征调马匹供给尔朱天光。此时赤水的蜀贼切断道路，朝廷下诏命侍中杨侃先前去抚慰、劝说，同时征收他们的马匹，贼寇犹豫不决。大军到了潼关，尔朱天光不敢前进，贺拔岳说："蜀贼是鼠窃之辈，明公还犹豫不敢前进，假如遭遇大敌，将怎样作战？"尔朱天光说："今天的事，全权委托你了。"贺拔岳于是进兵，在渭水北边对蜀贼展开进攻，把他们打败了，得到两千匹马，选择贼军中强壮体健的充当军士，同时征收了百姓的马一万多匹。由于军士人数很少，停了很久没有前进。尔朱荣大怒，派遣骑兵参军刘贵乘着驿马到军中来责备尔朱天光，杖击了尔朱天光一百军棍，调派了军士两千人增援他。

三月，丑奴自将其众围岐州，遣其大行台尉迟菩萨、仆射万俟仵自武功南渡渭，攻围趣栅。天光使贺拔岳将千骑救之。菩萨等已拔栅而还，岳故杀掠其吏民以挑之，菩萨帅步骑二万至渭北。岳以轻骑数十自渭南与菩萨隔水而语，称扬国威，菩萨令省事传语，岳怒曰："我与菩萨语，卿何人也！"射杀之。明日，复引百馀骑隔水与贼语，稍引而东，至水浅可涉之处，岳即驰马东出。贼以为走，乃弃步兵，轻骑南渡渭追岳。岳依横冈设伏兵以待之，贼半渡冈东，岳还兵击之，贼败走。岳下令，贼下马者勿杀；贼悉投马，俄获三千人，马亦无遗，遂擒菩萨。仍渡渭北，降步卒万馀，并收其辎重。丑奴闻之，弃岐州，北走安定，置栅于平亭。天光方自雍至岐，与岳合。

【译文】三月，万俟丑奴亲自率领他的部下围攻岐州，派遣他的大行台尉迟菩萨、仆射万俟仵从武功南渡渭水，围攻北魏军队的营栅，尔朱天光派贺拔岳率领骑兵一千人前去救援。尉迟菩萨等人已经攻克营栅撤走了，贺拔岳故意大肆杀掠他们占领区的官吏和百姓向他们挑战，尉迟菩萨率领步兵与骑兵两万人到了渭水北边，贺拔岳带着轻骑几十人从渭水南岸与尉迟菩萨隔水对话，宣扬国威，尉迟菩萨命令负责在两军阵前往来传达言语的人传话给贺拔岳，贺拔岳发怒说："我与尉迟菩萨说话，你是什么人！"用箭将传话的人射死了。第二天，贺拔岳又带着百余骑兵隔着渭水与贼寇对话，渐渐将贼军引向了东边，到了水浅可渡的地方，贺拔岳就驰马向东边跑。贼寇认为他要逃走，就丢弃了步兵，轻骑南渡渭水追赶贺拔岳。贺拔岳沿着丘陵设置伏兵等候他们，贼寇一半人马刚渡过丘陵以东，贺拔岳回兵攻击他们，贼兵战败逃走。贺拔岳下达命令，贼兵下马的不得杀害，贼兵纷纷弃马，很快虏获了三千人，马匹也都没有跑失，随后又俘虏了尉迟菩萨。贺拔岳率军接着渡过渭水北岸，投降的步兵有一万多人，并且缴获了他们所有的军用物资。万俟丑奴听说了这个消息，立即放弃岐州，向北逃到安定，在平亭建立营栅。尔朱天光这才从雍州到达岐州，与贺拔岳会师。

　　夏，四月，天光至汧、渭之间，停军牧马，宣言："天时将热，未可行师，俟秋凉更图进止。"获丑奴觇候者，纵遣之。丑奴信之，散众耕于细川，使其太尉侯伏侯元进将兵五千，据险立栅，其馀千人已下为栅者甚众。天光知其势分，晡时，密严诸军，相继俱发。黎明，围元进大栅，拔之，所得俘囚，一皆纵遣，诸栅闻之皆降。天光昼夜径进，抵安定城下，贼泾州刺史侯几长贵以城降。丑奴弃平亭走，欲趣高平，天光遣贺拔岳轻骑追之，丁卯，及于平凉。贼未成列，直阁代郡侯莫陈崇单骑入贼中，于马上生擒丑奴，因大呼，众皆披靡，无敢当者，后骑益集，贼众崩溃，遂大破之。天光进逼高平，城中执送萧宝寅以降。

【译文】夏季，四月，尔朱天光到达汧水和渭水之间，驻扎军队，放牧马匹，宣言说："天气渐渐炎热，不适合行军，等到秋天凉爽时再考虑北上。"有部下擒获了万俟丑奴的侦察兵，故意放他逃走。万俟丑奴相信了侦察兵的话，解散他的部下在细川耕作，派遣他的太尉侯伏侯元进率领士兵五千人，依靠险要之地建立营栅，其余千人以下所建立的营栅还有很多。尔朱天光知晓他们的势力已经分散，傍晚时分，暗中严令诸军，相继进发，到了黎明，包围进攻侯伏侯元进的营栅，把营栅攻陷了，所获得的俘虏，全部释放，各营栅听到这个消息全都出来投降。尔朱天光日夜进兵，直接来到安定城下，贼寇泾州刺史侯几长贵率领全城投降。万俟丑奴放弃平亭逃走，想要前往高平。尔朱天光派遣贺拔岳率领轻骑追赶他，丁卯日（二十二日），贺拔岳在平凉追上了万俟丑奴。万俟丑奴的军队还没有来得及排成阵势，直阁代郡人侯莫陈崇单骑冲入贼寇军中，在马上生擒了万俟丑奴，并大声喊叫，众人都四散逃开，没有人敢阻挡他，跟在后面的骑兵陆续赶到，贼众崩溃，于是将他们打得大败。尔朱天光进兵高平，城里的人逮捕了萧宝寅，押送给尔朱天光，全都向尔朱天光投降。

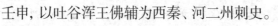

壬申，以吐谷浑王佛辅为西秦、河二州刺史。

甲戌，魏以关中平，大赦。万俟丑奴、萧宝寅至洛阳，置阊阖门外都街之中，士女聚观凡三日。丹杨王萧赞表请宝寅之命，吏部尚书李神俊、黄门侍郎高道穆素与宝寅善，欲左右之，言于魏主曰："宝寅叛逆，事在前朝。"会应诏王道习自外至，帝问道习在外所闻，对曰："唯闻李尚书、高黄门与萧宝寅周款，并居得言之地，必能全之。且二人谓宝寅叛逆在前朝，宝寅为丑奴太傅，岂非陛下时邪？贼臣不剪，法欲安施！"帝乃赐宝寅死于驼牛署，斩丑奴于都市。

【译文】 壬申日（二十七日），梁朝任命吐谷浑王佛辅为西秦、河两州刺史。

甲戌日（二十九日），北魏因为关中平定，大赦境内。万俟丑奴、萧宝寅被押送到洛阳，安置在阊阖门外的大街上示众，男女百姓聚集围观了三天。丹杨王萧赞上表请求赦免萧宝寅一死，吏部尚书李神俊、黄门侍郎高道穆一向与萧宝寅关系亲密友好，也打算帮助萧赞替萧宝寅求情，对北魏孝庄帝元子攸说："萧宝寅叛逆的事情，发生在前朝。"这时恰好应诏而来的王道习从外地来到洛阳面见孝庄帝，孝庄帝问王道习说："卿在外面听到了什么话？"王道习回答说："只听说李尚书、高黄门与萧宝寅极为友爱，两人都有进言的身份，一定能保全他。况且两人说萧宝寅叛逆的事情发生在前朝，但是萧宝寅做万俟丑奴的太傅，难道不是在陛下在位的时候吗？叛逆的臣子倘若不加剪除，法令将怎样推行！"孝庄帝元子攸于是赐萧宝寅在驼牛署自杀，将万俟丑奴在闹市中斩首示众。

【乾隆御批】　王允诛董卓株连已甚，故召催汜之祸。若尔朱等与荣同恶相济，固不当在胁从罔治之例。魏主虑其难治，而不知其不可抚。所谓畏首畏尾，适足酿祸而已。

【译文】　王允诛董卓株连得太过分，所以招致催汜之祸。如果尔朱兆等和尔朱荣互相帮助，共同作恶的话，本来就不应当属于被迫跟从别人犯罪，可以不予处治之列。魏孝庄帝担心他们难以控制，而不知道他们不可安抚。所谓畏首畏尾，足以酿成祸患罢了。

【申涵煜评】　萧宝寅伏阙请兵时，何异秦廷之哭？魏人尊宠之极矣，一旦乘其有事，便欲据关问鼎。以出亡始，而以作贼终。无功于齐，有负于魏。

【译文】　萧宝寅跪在朝堂里请求出兵的时候，和申包胥的秦廷之哭有什么不同？北魏的人身处尊宠到了极点，忽然趁着他国战乱，就想要占据关隘问鼎中原。萧宝寅起初出走逃亡，最后做了叛贼。对南齐没有功劳，又有负于北魏。

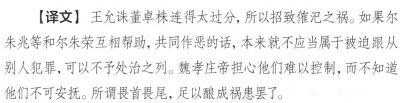

六月，丁巳，帝复以魏汝南王悦为魏王。

戊寅，魏诏胡氏亲属受爵于朝者皆黜为民。

庚申，以魏降将范遵为安北将军、司州牧，从魏王悦北还。

万俟丑奴既败，自泾、豳以西至灵州，贼党皆降于魏，唯所署行台万俟道洛帅众六千逃入山中，不降。时高平大旱，尔朱天光以马乏草，退屯城东五十里，遣都督长孙邪利帅二百人行原州事以镇之。道洛潜与城民通谋，掩袭邪利，并其所部皆杀之。天光帅诸军赴之，道洛出战而败，帅其众西入牵屯山，据险自守。尔朱荣以天光失邪利，不获道洛，复遣使杖之一百，以诏书黜天光为抚军将军、雍州刺史，降爵为侯。

【译文】六月，丁巳日（十三日），梁武帝萧衍又封北魏汝南王元悦为魏王。

戊寅日（六月无此日），北魏诏令胡太后的亲属凡是在朝廷受有爵位的全部贬为百姓。

庚申日（十六日），梁武帝萧衍任命北魏降将范遵为安北将军、司州牧，跟随魏王元悦北返回北魏另立朝廷。

万俟丑奴失败以后，从泾州、豳州以西直到灵州，所有贼党都投降了北魏，只有万俟丑奴所委派的行台万俟道洛率领部属六千人逃入山中，不愿意投降。这时高平发生大旱灾，尔朱天光由于马缺乏粮草，撤退驻扎在城东五十里的地方，派遣都督长孙邪利率领两百人代理原州刺史镇守在原州。万俟道洛暗中与城中百姓串通，突然袭击长孙邪利，连他的部属一起都杀了。尔朱天光率领大军赶去，万俟道洛出来迎战，战败，率领他的部下向西逃入牵屯山，占据险要地点据守。尔朱荣因为尔朱天光损失了长孙邪利，又没有逮到万俟道洛，就派遣使者来到军中杖责了尔朱天光一百军棍，以孝庄帝元子攸的名义发布诏书贬黜尔朱天光为抚军将军、雍州刺史，降低他的爵位为侯。

天光追击道洛于牵屯，道洛败走，入陇，归略阳贼帅王庆云。道洛骁果绝伦，庆云得之，甚喜，谓大事可济，遂称帝于水洛城，置百官，以道洛为大将军。

秋，七月，天光师诸军入陇，至水洛城，庆云、道洛出战，天光射道洛中臂，失弓还走，拔其东城。贼并兵趣西城，城中无水，众渴乏，有降者言庆云、道洛欲突走。天光恐失之，乃遣人招谕庆云使早降，曰："若未能自决，当听诸人今夜共议，明晨早报。"庆云等冀得少缓，因待夜突出，乃报曰："请俟明日。"天光因使谓曰："知须水，今相为小退，任取涧水饮之。"贼众悦，无复走心。天光密使军士多作木枪，各长七尺，昏后，绕城布列，要路加厚，又伏人枪中，备其冲突，兼令密缚长梯于城北。其夜，庆云、道洛果驰马突出，遇枪，马各伤倒，伏兵起，即时擒之。军士缘梯入城，馀众皆出城南，遇枪而止，穷窘乞降。丙子，天光悉收其仗而坑之，死者万七千人，分其家口。于是三秦、河、渭、瓜、凉、鄯州皆降。

【译文】尔朱天光率军至牵屯山追击万俟道洛，万俟道洛战败逃走，进入陇山，归附略阳贼寇的首领王庆云。万俟道洛骁勇果断无与伦比，王庆云得到了他，十分高兴，认为可以成就大事，于是在水洛城称帝，设置百官，任命万俟道洛为大将军。

秋季，七月，尔朱天光率领诸军进入陇山，抵达水洛城，王庆云、万俟道洛出来迎战，尔朱天光射中了万俟道洛的手臂，万俟道洛丢下弓箭，回身逃走，尔朱天光于是攻克了水洛城的东城。贼寇一起赶往西城，城中没有水，大家又口渴又疲乏，有投降的人说王庆云、万俟道洛想要突围。尔朱天光担心他们跑掉，就派人招抚王庆云要他们早日投降，说："假如不能自己做决定，可以让你们今天晚上一同商议，明天早上早一点回话。"王庆云等人希望能够得到时间稍为休息，然后等到晚上突围出去，就回复说："请求等到明日。"尔朱天光于是派人对他们说："我知道你们需要水，现在我们暂且稍微后退一点，任凭你们从山涧取水来喝。"贼众大喜，不再有逃走的念头。尔朱天光秘密派遣军士多做木枪，各长七尺，日落以后，环绕城边布置好，重要的路口特别加厚，又让士兵埋伏在枪丛中，防备贼寇突围，同时下令在城北暗中绑缚长梯。当天晚上，王庆云、万俟道洛果然骑着马飞快地从水洛西城突围而出，遇到了木枪，马都受伤倒地，立即俘虏了王庆云、万俟道洛。军士沿着长梯爬入城中，贼寇的余党都从城南冲出，遇到了木枪无法前进，走投无路之下只好请求投降。丙子日（初三），尔朱天光将他们的兵器没收，然后将他们全部活埋，死亡的有一万七千人，将他们的家属分赏将士。于是三秦、河、渭、瓜、凉、鄯州都投降了北魏。

天光顿军略阳。诏复天光官爵，寻加侍中、仪同三司。以贺拔岳为泾州刺史，侯莫陈悦为渭州刺史。秦州城民谋杀刺史骆超，南秦州城民谋杀刺史辛显，超、显皆觉之，走归天光，天光遣兵讨平之。

步兵校尉宇文泰从贺拔岳入关，以功迁征西将军，行原州事。时关、陇凋弊，泰抚以恩信，民皆感悦，曰："早遇宇文使君，吾辈岂从乱乎！"

【译文】尔朱天光驻军在略阳，北魏下诏恢复尔朱天光的官爵，不久加封侍中、仪同三司。任命贺拔岳为泾州刺史，侯莫陈悦为渭州刺史。秦州城中的百姓密谋杀死刺史骆超，南秦州城中的百姓密谋杀死刺史辛显，骆超、辛显及时发觉了他们的阴谋，逃走归附了尔朱天光，尔朱天光派遣军队讨平了叛乱的百姓。

步兵校尉宇文泰追随贺拔岳进入关中，因为功绩升迁为征西将军，代理原州刺史。此时关、陇一带民生凋敝，宇文泰用恩惠、诚信安抚他们，百姓都很感激他、乐于接受他的管理，他们说："若是早先遇到宇文泰来做刺史，我们哪会跟随叛乱呢！"

八月，庚戌，上饯魏王悦于德阳堂，遣兵送至境上。

魏尔朱荣虽居外藩，遥制朝政，树置亲党，布列魏主左右，伺察动静，大小必知。魏主虽受制于荣，然性勤政事，朝夕不倦，数亲览辞讼，理冤狱；荣闻之，不悦。帝又与吏部尚书李神俊议清治选部，荣尝关补曲阳县令，神俊以阶悬，不奏，别更拟人。荣大怒，即遣所补者往夺其任。神俊惧而辞位，荣使尚书左仆射尔朱世隆摄选。荣启北人为河南诸州，帝未之许；太宰天穆入见面论，帝犹不许。天穆曰：“天柱既有大功，为国宰相，若请普代天下官，恐陛下亦不得违之，如何启数人为州，遽不用也！”帝正色曰：“天柱若不为人臣，朕亦须代；如其犹存臣节，无代天下百官之理。”荣闻之，大恚恨，曰：“天子由谁得立？今乃不用我语！”

【译文】八月，庚戌日（初七），梁武帝萧衍在德阳堂饯别魏王元悦，派遣军队送他到边境。

北魏尔朱荣虽然驻军于晋阳，却遥控朝政，培植亲近的党羽，安排在孝庄帝元子攸的左右，伺察朝廷的动静，大小事情尔朱荣一定知道。孝庄帝虽是受到尔朱荣的控制，但是生性勤于政事，朝夕不倦，多次亲自阅览辞讼，审理冤狱，尔朱荣听说了这种情形，心里很不高兴。孝庄帝又与吏部尚书李神俊商议整顿官吏的选拔，尔朱荣曾经补授过一位曲阳县令，事后才向吏部报备，李神俊认为官阶相差悬殊，没有同意，另外改派他人。尔朱荣因此大怒，就派遣他所补的人前往夺取职位。李神俊因为惧怕尔朱荣的权势，就辞去了吏部尚书之职，尔朱荣让尚书左仆射尔朱世隆代理吏部尚书。尔朱荣向朝廷推荐在北方州镇任职的人担任河南诸州的刺史，孝庄帝元子攸没有答应；太宰元天穆入朝晋见孝庄帝当面请求批准，孝庄帝还是不准。元天穆说：“天柱将军既然对国家有大功，又担任国家的宰相，假如请求撤换天下所有的官，陛下也不得违背，为何他请求任用几个人当刺史，您竟然不准许呢！”孝庄帝元子攸态度严肃地说：

"天柱将军倘若不想做人臣，那么连朕也可以被撤换；倘若他还保存做臣子的品节，没有撤换天下百官的道理。"尔朱荣听说后，大为愤怒，说："天子是靠着谁的力量而当上的？现在居然不采纳我的意见！"

尔朱皇后性妒忌，屡致忿恚。帝遣尔朱世隆语以大理，后曰："天子由我家置立，今便如此；我父本即自作，今亦复决。"世隆曰："止自不为，若本自为之，臣今亦封王矣。"

帝既外逼于荣，内迫皇后，恒怏怏不以万乘为乐，唯幸寇盗未息，欲使与荣相持。及关、陇既定，告捷之日，乃不甚喜，谓尚书令临淮王彧曰："即今天下便是无贼。"彧见帝色不悦，曰："臣恐贼平之后，方劳圣虑。"帝畏徐人怪之，还以它语乱之曰："然。抚宁荒馀，弥成不易。"荣见四方无事，奏称"参军许周劝臣取九锡，臣恶其言，已斥遣令去。"荣时望得殊礼，故以意讽朝廷。帝实不欲与之，因称叹其忠。

【译文】尔朱皇后生性嫉妒，经常发脾气。孝庄帝元子攸派遣尔朱世隆对她讲明大道理，皇后说："天子由我们家拥立，现在却这样；我的父亲假如原来自己做天子，现在什么事情都可以决定。"尔朱世隆说："正因为没有自己做，假如原来就自己做，臣现在也封王了。"

孝庄帝元子攸在外面受到尔朱荣的逼迫，里面受到皇后的欺压，所以常常怏怏不乐，不把做天子当成乐事，只庆幸寇盗没有平息，盼望他们与尔朱荣相抗拒。等到关、陇平定之后，捷报传来的那一天，却不十分高兴，对尚书令临淮王元彧说："从今以后天下便没有盗贼了。"元彧看到孝庄帝元子攸的脸色不高兴，说："臣担心贼寇平定之后，才更使圣上忧虑。"孝庄帝元子攸担心其他的人听到元彧的话感到奇怪，就用别的话来岔开，说："是啊！抚慰安定战乱之后的百姓，更为不容易。"尔朱荣看到四方无事，上奏章说："参军许周劝说臣取得九锡的恩宠，臣不喜欢他的话，已经予以斥责，将他赶走了。"尔朱荣时常希望得到特殊的礼遇，所以拿这个话暗示朝廷，孝庄帝元子攸实在不想给他九锡的待遇，就称赞他的忠贞。

　　荣好猎，不舍寒暑，列围而进，令士卒必齐壹，虽遇险阻，不得违避，一鹿逸出，必数人坐死。有一卒见虎而走，荣谓曰："汝畏死邪！"即斩之。自是每猎，士卒如登战场。尝见虎在穷谷中，荣令十馀人空手搏之，毋得损伤，死者数人，卒擒得之，以此为乐，其下甚苦之。太宰天穆从容谓荣曰："大王勋业已盛，四方无事，唯宜修政养民，顺时蒐狩，何必盛夏驰逐，感伤和气？"荣攘袂曰："灵后女主，不能自正，推奉天子，乃人臣常节。葛荣之徒，本皆奴才，乘时作乱，譬如奴走，擒获即已。顷来受国大恩，未能混壹海内，何得遽言勋业！如闻朝士犹自宽纵，今秋欲与兄戒勒士马，校猎嵩高，令贪污朝贵，入围搏虎。仍出鲁阳，历三荆，悉拥生蛮，北填六镇，回军之际，扫平汾胡。明年，简练精骑，分出江、淮，萧衍若降，乞万户侯；如其不降，以数千骑径度缚取。然后与兄奉天子，巡四方，乃可称勋耳。今不频猎，兵士懈怠，安可复用也！"

　　【译文】尔朱荣喜好打猎，不分寒暑，让军队布列成围而前进，命令士卒一定行动整齐，即使遇到艰难险阻，也不得避开，如果有一只鹿逃出，一定有几个人因而被处死。一次，有一个士兵看见老虎而逃跑，尔朱荣对他说："你怕死吗？"立即将他杀了，以后每次打猎，士卒仿佛上战场一样。有一回看见老虎在荒僻的山谷中，尔朱荣命令十几人空手捉拿它，不可以让它受到损伤，死亡了好几人，最后总算把它生擒了，尔朱荣就拿这个当乐趣，他的部下都觉得很痛苦。太宰元天穆曾经装作很随意似的对尔朱荣说："大王的功勋、事业已经很盛大，四方无事，这时应当修政养民，顺应时节进行搜捕狩猎，何必要在盛暑的时候打猎驱逐，损害了天地的和气呢？"尔朱荣卷起袖子说："胡太后是个女主，无法自己管理好朝廷的政事，因此我才拥立当今的天子，是人臣的一般品节。葛荣这一伙人，原本都是奴才，趁着时机起来作乱，好像奴隶和走狗，我把他们擒获就算了。近来受到国家的大恩，没能统一天下，怎么可以说我已经建立了丰功伟业呢？好像听说朝廷官员生活还是懒散放纵，今年秋季想要与我兄您一起指挥士马，到嵩山去打猎，命令朝廷的贵臣入围搏虎，然后我就向南通过鲁阳，经历三荆，把那些尚未归附的蛮族人全部俘获，再向北去抚慰北部边境上的六镇中饱受灾难的民众，回军的时候，顺便扫平汾州一带的匈奴人。明年，选拔精锐的骑兵，分别向长江与淮水进兵。

萧衍假如投降，就封他为万户侯；假如不投降，我就率领几千骑兵直接渡江把他捉住捆绑起来。然后与我兄一起侍奉天子，巡狩四方，这样才可以称为建立了功勋。现在假如不常常打猎，兵士懈怠，怎么能够再用呢？"

城阳王徽之妃，帝之舅女；侍中李彧，延寔之子，帝之姊婿也。徽、彧欲得权宠，恶荣为己害，日毁荣于帝，劝帝除之。帝惩河阴之难，恐荣终难保，由是密有图荣之意。侍中杨侃、尚书右仆射元罗亦预其谋。

会荣请入朝，欲视皇后娩乳。徽等劝帝因其入，刺杀之。

唯胶东侯李侃晞、济阴王晖业言："荣若来，必当有备，恐不可图。"又欲杀其党与，发兵拒之。帝疑未定，而洛阳人怀忧惧，中书侍郎邢子才之徒巳避之东出。荣乃遍与朝士书，相任去留。中书舍人温子升以书呈帝，帝恒望其不来，及见书，以荣必来，色甚不悦。子才名邵，以字行，峦之族弟也。时人多以字行者，旧史皆因之。

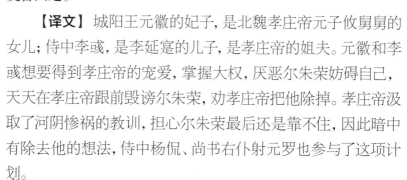

【译文】 城阳王元徽的妃子，是北魏孝庄帝元子攸舅舅的女儿；侍中李或，是李延寔的儿子，是孝庄帝的姐夫。元徽和李或想要得到孝庄帝的宠爱，掌握大权，厌恶尔朱荣妨碍自己，天天在孝庄帝跟前毁谤尔朱荣，劝孝庄帝把他除掉。孝庄帝汲取了河阴惨祸的教训，担心尔朱荣最后还是靠不住，因此暗中有除去他的想法，侍中杨侃、尚书右仆射元罗也参与了这项计划。

恰好这时尔朱荣请求入朝，想要探视皇后生产。元徽等人就劝孝庄帝元子攸趁他入朝的机会杀他。只有胶东侯李侃晞、济阴王元晖业说："尔朱荣倘若来京，一定有防备，恐怕没法算计他。"又打算杀尔朱荣的党羽，发兵抵抗他。孝庄帝犹豫未定，而洛阳城中的每个人都提心吊胆，中书侍郎邢子才这类人甚至离开洛阳向东逃去，尔朱荣给朝廷的每一位官员都送去了一封书信，表示或去或留随他们的意。中书舍人温子升将尔朱荣的信呈给孝庄帝看，孝庄帝一直希望他不来，等到看了信，知道尔朱荣一定会来，脸色很不高兴。邢子才，名劭，字子才，人们用他的字称呼他，他是邢峦的族弟。这时的人多以字通行，旧史都沿袭下来没有改变。

武卫将军奚毅，建义初往来通命，帝每期之甚重，然犹以荣所亲信，不敢与之言情。毅曰："若必有变，臣宁死陛下，不能事契胡！"帝曰："朕保天柱无异心，亦不忘卿忠款。"

尔朱世隆疑帝欲为变，乃为匿名书自榜其门云："天子与杨侃、高道穆等为计，欲杀天柱。"取以呈荣。荣自恃其强，不以为意，手毁其书，唾地曰："世隆无胆。谁敢生心！"荣妻北乡长公主亦劝荣不行，荣不从。

【译文】 武卫将军奚毅，于孝庄帝元子攸建义初年以来往来传递命令，孝庄帝一向对他很看重，但还是由于他是尔朱荣所亲信的人，不敢跟他说心里话。奚毅说："倘若一定发生事变，臣宁愿为陛下牺牲，也不愿侍奉一个匈奴人。"孝庄帝说："朕保证对天柱没有二心，但是对卿的忠诚也不敢忘记。"

尔朱世隆疑心孝庄帝元子攸打算发动事变，就写了匿名信贴在自己的门上说："天子与杨侃、高道穆等人设下计谋，想要杀死天柱。"尔朱世隆把匿名信拿了呈给尔朱荣。尔朱荣仗恃自己的强大，不将这件事放在心上，把信给撕了，往地上吐了一口唾沫说："尔朱世隆没有胆量。谁敢算计我呢！"尔朱荣的妻子北乡长公主也劝尔朱荣不要进京，尔朱荣不听。

是月，荣将四五千骑发并州，时人皆言荣反，又云"天子必当图荣"。九月，荣至洛阳，帝即欲杀之，以太宰天穆在并州，恐为后患，故忍未发，并召天穆。有人告荣云"帝欲图之。"荣即具奏，帝曰："外人亦言王欲害我，岂可信之！"于是荣不自疑，每入谒帝，从人不过数十，又皆挺身不持兵仗。帝欲止，城阳王徽曰："纵不反，亦何可耐，况不可保邪！"

先是，长星出中台，扫大角；恒州人高荣祖颇知天文，荣问之，对曰："除旧布新之象也。"荣甚悦。荣至洛阳，行台郎中李显和曰:"天柱至,那无九锡,安须王自索也!亦是天子不见机。"都督郭罗刹曰:"今年真可作禅文,何但九锡!"参军褚光曰:"人言并州城上有紫气,何虑天柱不应之!"荣下人皆陵侮帝左右,无所忌惮,故其事皆上闻。

【译文】这个月,尔朱荣率领了四五千骑兵从并州出发,当时的人都说"尔朱荣要造反",又说"天子必定会对付尔朱荣"。九月,尔朱荣到达洛阳,当时孝庄帝元子攸立即就想杀掉他,因为太宰元天穆在并州,担心成为后患,所以隐忍下来没有发动,同时征召元天穆回朝。有人告诉尔朱荣说:"孝庄帝打算算计你。"尔朱荣就将这件事奏禀给孝庄帝,孝庄帝说:"外边的人也说大王打算要害我,怎么可以相信他们的胡说?"于是尔朱荣不再有所疑虑,每次进宫谒见孝庄帝元子攸,随从的人不过几十个,又都空身不拿兵器。孝庄帝想停止杀他的计划,城阳王元徽说:"就算尔朱荣不造反,对他也怎么能够忍受,何况造反不造反又无法保证?"

在此之前,有彗星出现在中台星的位置,扫过大角星;恒州人高荣祖很懂得天文,尔朱荣就问他彗星出现的意义,高荣祖说:"这是除旧布新的征兆。"尔朱荣极为高兴。尔朱荣到了洛阳,行台郎中李显和说:"天柱将军到来,怎能不加九锡,何必要大王自己开口要求呢!天子也未免太不能见机而做了。"都督郭罗刹说:"今年其实可以做禅让的文告,何止是九锡而已。"参军褚光说:"人家都说并州城上有紫气,何必担心不应在天柱将军的身上呢!"尔朱荣的部下对孝庄帝元子攸的左右亲近大加欺侮,无所顾忌,所以这些话孝庄帝都听闻了。

奚毅又见帝,求间,帝即下明光殿与语,知其至诚,乃召城阳王徽及杨侃、李彧，告以毅语。荣小女适帝兄子陈留王宽，荣尝指之曰："我终当得此婿力。"徽以白帝，曰："荣虑陛下终为己患，脱有东宫，必贪立孩幼，若皇后不生太子，则立陈留耳。"帝梦手持刀自割落十指，恶之，告徽及杨侃。徽曰："蝮蛇螫手，壮士解腕。割指亦是其类，乃吉祥也。"

戊子，天穆至洛阳，帝出迎之。荣与天穆并从入西林园宴射，荣奏曰："近来侍官皆不习武，陛下宜将五百骑出猎，因省辞讼。"先是，奚毅言荣欲因猎挟天子移都，由是帝益疑之。

【译文】 奚毅又觐见孝庄帝元子攸，请求私下与孝庄帝说话，孝庄帝立即离开明光殿和他谈话，知晓他诚心诚意，于是召见城阳王元徽与杨侃、李彧，将奚毅的话告诉了他们。尔朱荣的幼女嫁给孝庄帝哥哥的儿子陈留王元宽，尔朱荣曾经指着元宽说："我终会得到这位女婿的帮助。"元徽把这件事报告给孝庄帝，说："尔朱荣担心陛下最后成为自己的祸害，倘若有东宫，必定要求立幼孩，如果皇后不生太子，那就立陈留王吧！"孝庄帝梦见自己拿刀割掉了十个指头，醒来之后心里厌烦，就把自己做的梦告诉了元徽和杨侃，元徽说："人一旦被毒蛇咬到了手，壮士就拿刀断腕来保全自己的性命，割掉指头也属于这类，这是吉祥的事。"

戊子日（十五日），元天穆到达洛阳，孝庄帝元子攸出城迎接他。尔朱荣与元天穆一起跟随孝庄帝进入西林园宴饮射箭，尔朱荣上奏说："近来陛下的侍从官都不练习武艺，陛下应该带领五百个骑兵出去打猎，借机缓解一下，察看下面上报的诉讼材料的辛苦。"在这以前，奚毅说尔朱荣打算借着打猎的机会挟持天子迁都，因此孝庄帝更加怀疑他存心不轨。

辛卯，帝召中书舍人温子升，告以杀荣状，并问以杀董卓事，子升具（通）〔道〕本末。帝曰："王允若即赦凉州人，必不应至此。"良久，语子升曰："朕之情理，卿所具知。死犹须为，况不必死！吾宁为高贵乡公死，不为常道乡公生！"帝谓杀荣、天穆，即赦其党，皆应不动。应诏王道习曰："尔朱世隆、司马子如、朱元龙特为荣所委任，具知天下虚实，谓不宜留。"徽及杨侃皆曰："若世隆不全，仲远、天光岂有来理！"帝亦以为然。徽曰："荣腰间常有刀，或能狼戾伤人，临事愿陛下起避之。"乃伏侃等十馀人于明光殿东。其日，荣与天穆并入，坐食未讫，起出，侃等从东阶上殿，见荣、天穆已至中庭，事不果。

壬辰，帝忌日；癸巳，荣忌日。甲午，荣暂入，即诣陈留王家饮洒，极醉，遂言病动，频日不入。帝谋颇泄，世隆又以告荣，且劝其速发。荣轻帝，以为无能为，曰："何匆匆！"

【译文】辛卯日（十八日），孝庄帝元子攸召见中书舍人温子升，告诉他想要杀尔朱荣的事情，并且问他当年王允杀董卓的经过，温子升就把这件事的前因后果详细地对孝庄帝说了，孝庄帝说："王允倘若马上赦免凉州人，一定不会到达这个地步。"过了许久，孝庄帝对温子升说："我内心在想什么，卿是完全知道的。就算会死也必须去做，何况不一定会死，我宁可像高贵乡公曹髦那样去死，不愿像常道乡公曹奂那样活着！"孝庄帝认为杀了尔朱荣与元天穆以后，马上赦免他们的党羽，那么他们应该不会有所行动。应诏官王道习说："尔朱世隆、司马子如、朱元龙特别受到尔朱荣的信任，他们对于天下的虚实知道得很清楚，臣以为不该留下他们。"元徽与杨侃两人都说："假如尔朱世隆被杀，尔朱仲远和尔朱天光哪有归来的道理！"孝庄帝元子攸认为他们这个考虑不错。元徽说："尔朱荣腰间经常有刀,情急拼命也许会伤人,到时希望陛下起身避开。"于是埋伏了杨侃等十几个人在明光殿的东边。到了那天,尔朱荣与元天穆一起进来,坐下吃饭还没等结束,就起身告辞而出,杨侃等人从东阶上殿,看到尔朱荣与元天穆已经走到庭院当中,刺杀的事情没有成功。

壬辰日(十九日),是孝庄帝元子攸父母的忌日;癸巳日(二十日),是尔朱荣父母的忌日。甲午日(二十一日),尔朱荣入殿没待多久,就前往陈留王元宽的家里饮酒,喝得大醉,于是说自己疾病发作,一连好几天没有入殿。孝庄帝的密谋逐渐泄露出去,尔朱世隆又将这事向尔朱荣报告,并且劝他赶紧采取行动,尔朱荣蔑视孝庄帝,认为孝庄帝不会有什么作为,说:"何必那么着急!"

预帝谋者皆惧,帝患之。城阳王徽曰:"以生太子为辞,荣必入朝,因此毙之。"帝曰:"后怀孕始九月,可乎?"徽曰:"妇人不及期而产者多矣,彼必不疑。"帝从之。戊戌,帝伏兵于明光殿东序,声言皇子生,遣徽驰骑至荣第告之。荣方与上党王天穆博,徽脱荣帽,欢舞盘旋,兼殿内文武传声趣之,荣遂信之,与天穆俱入朝。帝闻荣来,不觉失色,中书舍人温子升曰:"陛下色变。"帝连索酒饮之。帝令子升作赦文,既成,执以出,遇荣自外入,问:"是何文书?"子升颜色不变,曰:"赦。"荣不取视而入。帝在东序下西向坐,荣、天穆在御榻西北南向坐。徽入,始一拜,荣见光禄少卿鲁安、典御李侃晞等抽刀从东户入,即起趋御座。帝先横刀膝下,遂手刃之。安等乱斫,荣与天穆同时俱死。荣子菩提及车骑将军尔朱阳睹等三十人从荣入宫,亦为伏兵所杀。帝得荣手板,上有数牒启,皆左右去留人名,非其腹心者悉在出限。帝曰:"竖子若过今日,遂不可制。"于是内外喜噪,声满洛阳城,百僚入贺。帝登闾阖门,下诏大赦,遣武卫将军奚毅、前燕州刺史崔渊将兵镇北中。是夜,尔朱世隆奉北乡长公主帅荣部曲,焚西阳门,出屯河阴。

【译文】参与孝庄帝元子攸计谋的人都心生恐惧,孝庄帝感到很担心。城阳王元徽说:"拿皇后生下太子做借口,尔朱荣必定入朝,利用这个机会杀了他。"孝庄帝说:"皇后怀孕才九个月,这样说行吗?"元徽说:"妇人还没到期就早产的很多,他一定不会怀疑的。"孝庄帝听从了。戊戌日(二十五日),孝庄帝在明光殿的东厢房埋伏下了勇士,宣布说皇子诞生,派元徽骑着马飞快地到尔朱荣的宅第告诉他。尔朱荣正在与上党王元天穆赌博,元徽脱掉尔朱荣的帽子,欢舞盘旋,向他祝贺,再加上殿内文武百官传声催促,尔朱荣于是相信了,与元天穆一同入朝。孝庄帝听说尔朱荣来了,惊慌失色,中书舍人温子升说:"陛下脸色变了。"孝庄帝连忙要酒来喝。孝庄帝命令温子升草拟实行大赦的文告,写成之后,拿着走出,碰见尔朱荣从外边进来,问温子升说:"是什么文书?"温子升脸色不变,说:"是敕文。"尔朱荣没取来看就进去了。孝庄帝在东厢房下面朝西坐,尔朱荣、元天穆在御榻的西北方面朝南坐。元徽进来,刚一叩拜,尔朱荣就看到光禄少卿鲁安、典御李侃晞等人拔刀从东边的门进来,他立即起身跑向孝庄帝的座位,孝庄帝事先横放一把刀在膝下,于是亲手杀了尔朱荣,鲁安等人乱砍,尔朱荣与元天穆同时都被杀死。尔朱荣的儿子尔朱菩提与车骑将军尔朱阳睹等三十几人跟随尔朱荣入宫,也都被伏兵杀了。孝庄帝得到了尔朱荣上朝奏事用的手板,上面有几道启奏书,都是孝庄帝左右侍从或去或留的名单,不是尔朱荣的心腹的全在遣出的名单内,孝庄帝说："这小子倘若过了今天，就无法制伏了。"于是内外欢喜叫喊，声音充满整个洛阳城。百官入殿道贺。孝庄帝登上阊阖门，下诏大赦，派遣武卫将军奚毅、前燕州刺史崔渊率兵镇守黄河北岸的河桥城。当天晚上，北乡长公主率领尔朱荣的部属，放火烧西阳门，离开洛阳城驻扎在黄河以南的河阴。

【申涵煜评】 庄帝手刃尔朱，真是快事。然谋事之先，举国皆知，赖天夺荣魄，不至败泄者，幸耳。子昇以一书生与谋，其间临危不乱，胆周于身矣。

【译文】 北魏孝庄帝元子攸亲手杀死尔朱荣，真是一件令人痛快的事情。但是在谋划事情之前，全国上下都知道了，依靠上天要夺尔朱荣的命，才没有到达失败泄露的地步，真是庆幸。温子昇凭借一名书生的身份参与谋划，在当中面临危险却不慌乱，一身是胆。

卫将军贺拔胜与荣党田怡等闻荣死。奔赴荣第。时宫殿门犹未加严防，怡等议即攻门，胜止之曰："天子既行大事，必当有备，吾等众少，何可轻尔！但得出城，更为它计。"怡乃止。及世隆走，胜遂不从，帝甚嘉之。朱瑞虽为荣所委，而善处朝廷之间，帝亦善遇之，故瑞从世隆走而中道逃还。

荣素厚金紫光禄大夫司马子如，荣死，子如自宫中突出，至荣第，弃家，随荣妻子走出城。世隆即欲还北，子如曰："兵不厌诈，今天下恟恟，唯强是视，当此之际，不可以弱示人。若亟北走，恐变生肘腋。不如分兵守河桥，还军向京师，出其不意，或可成功。假使不得所欲，亦足示有馀力，使天下畏我之强，不敢叛散。"世隆从之。己亥，攻河桥，擒奚毅等，杀之，据北中城。魏朝大惧，遣前华阳太守段育慰谕之，世隆斩首以徇。

【译文】 卫将军贺拔胜与尔朱荣的党徒田怡听说尔朱荣被杀的消息,奔往尔朱荣的宅第。这时宫殿的门还没有增派士兵严密防守,田怡等人商量立即攻打殿门,贺拔胜阻止他们说:"天子既然要对太原王下手,一定有准备,我们人数少,怎么可以轻举妄动呢? 姑且先出城去,再做其他的打算。"田怡这才作罢。等到尔朱世隆等人逃走之后,贺拔胜没有跟他们一起逃走,孝庄帝元子攸对他的表现非常称赞。朱瑞虽是尔朱荣所委派的人,但是他在朝廷与其他人相处得相当好,孝庄帝也对他不错,所以朱瑞跟随尔朱世隆逃走却半路跑了回来。

尔朱荣一向对金紫光禄大夫司马子如很好,尔朱荣被杀,司马子如从宫中闯了出来,到尔朱荣的宅第,抛弃家眷,追随尔朱荣的妻子逃出城外。尔朱世隆立刻想要回到北方的并州,司马子如说:"兵不厌诈,现在天下动乱,只看你是不是强盛。这种时候,不可以弱示人,假如仓促往北方逃走,恐怕在自己的身边就会有人发动叛变。倒不如分一部分兵力守住河桥,回转军队杀回洛阳,出其不意,也许可以成功。就算不能如愿,也足够表示我们有余力,使天下害怕我们的强大,不敢背叛散离。"尔朱世隆听从了他的话。已亥日(二十六日),进攻河桥,擒获了奚毅等人,将他们杀了,占据了河桥城。北魏朝廷大为恐惧,派遣前华阳太守段育抚慰开导他们归顺朝廷,尔朱世隆将他们斩首示众。

魏以雍州刺史尔朱天光为侍中、仪同三司,以司空杨津为都督并、肆等九州诸军事、骠骑大将军、并州刺史,兼尚书令、北道大行台,经略河、汾。

荣之入洛也,以高敖曹自随,禁于驼牛署。荣死,帝引见,劳勉之。兄乾自东冀州驰赴洛阳，帝以乾为河北大使，敖曹为直阁将军，使归，招集乡曲为表里形援。帝亲送之于河桥，举酒指水曰："卿兄弟冀部豪杰，能令士卒致死，京城倘有变，可为朕河上一扬尘。"乾垂涕受诏，敖曹援剑起舞，誓以必死。

【译文】北魏任命雍州刺史尔朱天光为侍中、仪同三司。任命司空杨津为都督并肆等九州诸军事、骠骑大将军、并州刺史，兼尚书令、北道行台，经营治理黄河、汾水一带。

尔朱荣进入洛阳的时候，把高敖曹带在身边，囚禁在驼牛署。尔朱荣死之后，孝庄帝元子攸接见高敖曹，慰劳勉励他。他的哥哥高乾从东冀州赶赴洛阳，孝庄帝任命高乾为河北大使，高敖曹为直阁将军，让他们回到自己的家乡，招集乡勇，做朝廷的外援。孝庄帝送他们到河桥，举起酒杯指着河水说："你们兄弟都是冀州的豪杰，能使士卒拼死效命，京城倘若有变，可替朕到黄河边上跑一趟。"高乾流泪接受诏令，高敖曹拔剑拜舞，发誓一定以死来报效。

冬，十月，癸卯朔，世隆遣尔朱拂律归将胡骑一千，皆白服，来至郭下，索太原王尸。帝升大夏门望之，遣主书牛法尚谓之曰："太原王立功不终，阴图衅逆，王法无亲，已正刑书。罪止荣身，馀皆不问。卿等若降，官爵如故。"拂律归曰："臣等从太原王入朝，忽致冤酷，今不忍空归。愿得太原王尸，生死无恨。"因涕泣，哀不自胜，群胡皆恸哭，声振城邑。帝亦为之怆然，遣侍中朱瑞赍铁券赐世隆。世隆谓瑞曰："太原王功格天地，赤心奉国，长乐不顾信誓，枉加屠害，今日两行铁字，何足可信！吾为太原王报仇，终无降理！"瑞还，白帝，帝即出库物置城西门外，募敢死之士以讨世隆，一日即得万人，与拂律归等战于郭外。拂律归等生长戎旅，洛阳之人不习战斗，屡战不克。甲辰，以前车骑大将军李叔仁为大都督，帅众讨世隆。

【译文】冬季，十月，癸卯朔日（初一），尔朱世隆派遣尔朱拂律归率领胡骑一千人，都穿着丧服，来到洛阳城的外城下面，索要太原王尔朱荣的尸体。孝庄帝元子攸登上大夏门观看，派遣主书牛法尚对他们说："太原王建立功劳不能有始有终，阴谋叛逆，王法不分亲疏，已经将他按照法律进行了惩处。罪只在尔朱荣一个人，其他人都不予追究。卿等倘若投降，官爵仍旧。"尔朱拂律归说："臣等人追随太原王入朝，突然遭到残酷的冤杀，现在不忍心空手回去。希望得到太原王的尸体，臣等生死无遗憾。"一边说一边痛哭流涕，悲哀的情绪不能控制，所有胡人都伤心痛哭，声音振动京城。

孝庄帝元子攸也为此感到悲伤，派遣侍中朱瑞持铁券赐给尔朱世隆。尔朱世隆对朱瑞说："太原王功勋等同天地，忠心效命国事，长乐王不顾当年发过的誓言，冤枉地予以屠害，现在两行铁字，怎么可以信任！我替太原王报仇，绝对没有投降的道理！"朱瑞回到京师，向孝庄帝报告，孝庄帝令人拿出库藏的财物放置在洛阳城的西门外边，招募敢死之士征讨尔朱世隆，一天就得到一万人，与尔朱拂律归等人在外城交战。尔朱拂律归等人在军旅中长大，洛阳的人不娴习战斗，多次交战都没有获胜。甲辰日（初二），朝廷任命前车骑大将军李叔仁为大都督，率领军队征讨尔朱世隆。

戊申，皇子生，大赦。以中书令魏兰根兼尚书左仆射，为河北行台，定、相、殷三州皆禀兰根节度。

尔朱氏兵犹在城下，帝集群臣博议，皆悃惧，不知所出。通直散骑常侍李苗奋衣起曰："今小贼唐突如此，朝廷有不测之危，正是忠臣烈士效节之日。臣虽不武，请以一旅之众为陛下径断河桥。"城阳王徽、高道穆皆以为善，帝许之。乙卯，苗募人从马渚上流乘船夜下，去桥数里，纵火船焚河桥，倏忽而至。尔朱氏兵在南岸者，望之，争桥北度。俄而桥绝，溺死者甚众。苗将百许人泊于小渚以待南援官军，不至，尔朱氏就击之，左右皆尽，苗赴水死。帝伤惜之，赠车骑大将军、仪同三司，封河阳侯，谥曰忠烈。世隆亦收兵北遁。丙辰，诏行台源子恭将步骑一万出西道，杨昱将募士八千出东道以讨之，子恭仍镇太行丹谷，筑垒以防之。世隆至建州，刺史陆希质闭城拒守。世隆攻拔之，杀城中人无遗类，以肆其忿，唯希质走免。诏以前东荆州刺史元显恭为晋州刺史，兼尚书左仆射、西道行台。

【译文】 戊申日（初六），皇子诞生，北魏大赦境内。北魏任命中书令魏兰根兼尚书左仆射，做河北行台，定、相、殷三州都接受魏兰根的节度。

尔朱氏的军队还在洛阳城下，孝庄帝元子攸召集群臣广泛商议，大家都心怀恐惧，不知道如何是好。通直散骑常侍李苗撩衣站起来说："现在贼寇这样猖狂，朝廷有不可预测的危难，正是忠臣烈士效命的时候。臣虽然不勇敢，请求率领五百人为陛下去砍断河桥。"城阳王元徽、高道穆都觉得这个办法很好，孝庄帝元子攸就答应了他。乙卯日（十三日），李苗招募人员在夜里从马渚上游乘船而下，离开桥几里远，开始放出火船焚烧河桥，速度很快，一下子就到了河桥。尔朱氏的士兵在南岸，远远望见，争着拥上桥向北逃跑，不久桥断了，溺死的很多。李苗率领一百多人停泊在小洲上等待南面朝廷的援军，官军却没有到来，尔朱氏的军队迫近攻击他，李苗身边的人全都战死了，李苗跳水自杀。孝庄帝为李苗的死感到悲伤惋惜，追赠李苗为车骑大将军、仪同三司，封河阳侯，谥称忠烈。尔朱世隆也收兵向北方逃走。丙辰日（十四日），孝庄帝元子攸下诏命令行台源子恭率领步兵及骑兵一万人从西路出发，杨昱率领招募来的敢死队八千人从东路出发，分两路进讨。源子恭于是镇守太行丹谷，修建营垒以此防御。尔朱世隆到达建州，刺史陆希质关闭城门坚守，尔朱世隆将城池攻陷，屠杀了全城的人，以此来发泄他的怒气，只有陆希质逃走而免于一死。孝庄帝元子攸下诏任命前东荆州刺史元显恭为晋州刺史，兼任尚书左仆射、西道行台。

魏东徐州刺史广牧斛斯椿素依附尔朱荣，荣死，椿惧。闻汝南王悦在境上，乃帅部众弃州归悦。悦授椿侍中、大将军、司空，封灵丘郡公，又为大行台前驱都督。

汾州刺史尔朱兆闻荣死，自汾州帅骑据晋阳；世隆至长子，兆来会之，壬申，共推太原太守、行并州事长广王晔即皇帝位，大赦，改元建明。晔，英之弟子也。以兆为大将军，进爵为王；世隆为尚书令，赐爵乐平王，加太傅、司州牧。又以荣从弟度律为太尉，赐爵常山王；世隆兄天柱长史彦伯为侍中；徐州刺史仲远为车骑大将军，兼尚书左仆射、三徐州大行台。仲远亦起兵向洛阳。

【译文】北魏东徐州刺史广牧人斛斯椿一向依附尔朱荣，尔朱荣被杀以后，斛斯椿心怀恐惧，听说汝南王元悦在边境上，就率领部众弃州归附元悦。元悦任命斛斯椿为侍中、大将军、司空，封灵丘郡公，又做大行台前驱都督。

汾州刺史尔朱兆听说尔朱荣被杀的消息，从汾州率领骑兵攻占晋阳；尔朱世隆到达长子，尔朱兆前来相会。壬申日（三十日），尔朱世隆、尔朱兆一同拥戴太原太守、代理并州刺史的长广王元晔即皇帝位，大赦境内，改年号为建明。元晔是元英弟弟的儿子。元晔任命尔朱兆为大将军，晋爵位为王；尔朱世隆为尚书令，赐爵乐平王，加封太傅、司州牧，又任命尔朱荣的堂弟尔朱度律为太尉，赐爵常山王；尔朱世隆的哥哥天柱长史尔朱彦伯为侍中；徐州刺史尔朱仲远为车骑大将军，兼任尚书左仆射、三徐州大行台。尔朱仲远也起兵向洛阳进发。

尔朱天光之克平凉也，宿勤明达请降，既而复叛，北走。天光遣贺拔岳讨之，明达奔东夏。岳闻尔朱荣死，不复穷追，还泾州以待天光。天光与侯莫陈悦亦下陇，与岳谋引兵向洛。魏敬宗使朱瑞慰谕天光，天光与岳谋，欲令帝外奔而更立宗室，乃频启云："臣实无异心，唯欲仰奉天颜，以申宗门之罪。"又使其下僚属启云："天光密有异图，愿思胜算以防之。"

范阳太守卢文伟诱平州刺史侯渊出猎，闭门拒之。渊屯于郡南，为荣举哀，勒兵南向，进至中山，行台仆射魏兰根邀击之，为渊所败。

【译文】尔朱天光攻陷平凉的时候，宿勤明达请求投降，不久又再次叛乱，往北方逃去，尔朱天光派遣贺拔岳征讨他，宿勤明达投奔了东夏。贺拔岳听说尔朱荣被杀害的消息，不再继续追赶宿勤明达，回到泾州等待尔朱天光。尔朱天光与侯莫陈悦也从陇山下来，与贺拔岳商议率兵攻向洛阳。北魏孝庄帝元子攸派遣朱瑞前往安抚劝说尔朱天光，尔朱天光与贺拔岳商议，想要逼迫孝庄帝逃离洛阳，另外拥立一名皇室成员为帝，于是一再上书给孝庄帝说："臣实在没有异心，只是想要见陛下一面，申诉我们尔朱氏家族所蒙受的冤屈。"尔朱天光又命他下面的部属上书给孝庄帝说："尔朱天光暗中有谋叛的意思，希望能够有万全的计策来防备他。"

范阳太守卢文伟诱使平州刺史侯渊出去打猎，然后关闭城门不让他入城。侯渊驻扎在郡南，为尔朱荣举行哀悼，然后指挥军队向南推进，来到中山，担任河北行台、尚书左仆射的魏兰根半路截击他，被侯渊打败。

敬宗以城阳王徽兼大司马、录尚书事，总统内外。徽意谓荣既死，枝叶自应散落，及尔朱世隆等兵四起，党众日盛，徽忧怖，不知所出。性多忌嫉，不欲人居己前。每独与帝谋议，群臣有献策者，徽辄劝帝不纳，且曰："小贼何虑不平！"又靳惜财货，赏赐率皆薄少，或多而中减，或与而复追，故徒有靡费而恩不感物。

十一月，癸酉朔，敬宗以车骑将军郑先护为大都督，与行台杨昱共讨尔朱仲远。

乙亥，以司徒长孙稚为太尉，临淮王彧为司徒。

【译文】北魏孝庄帝元子攸任命城阳王元徽兼大司马、录尚书事，总负责内外之事。元徽内心以为尔朱荣死了以后，枝叶自然会散落，等到尔朱世隆等人的军队从各处起兵进攻洛阳，党羽越来越多，元徽忧虑害怕，不知道怎么办才好。性情又多猜忌，不希望别人的地位超过自己，常常一个人与孝庄帝商谈，群臣有献计策的，元徽往往劝孝庄帝不要采纳，并且说："对付这些小贼，何必担心不能平定！"又吝惜财物，赏赐他人往往很微薄，有时原来赏得多，中途又把它减少了，有时给了人家却又追讨回来，所以只是白白浪费财物，恩惠却没有能使人感激。

十一月，癸酉朔日（初一），北魏孝庄帝元子攸任命车骑将军郑先护为大都督，与行台杨昱一同征讨尔朱仲远。

乙亥日（初三），北魏任命司徒长孙稚为太尉，临淮王元彧为司徒。

丙子，进雍州刺史广宗公尔朱天光爵为王。长广王亦以天光为陇西王。

尔朱仲远攻西兖州，丁丑，拔之，擒刺史王衍。衍，萧之兄子也。癸未，敬宗以右卫将军贺拔胜为东征都督。壬辰，又以郑先护兼尚书左仆射为行台，与胜共讨仲远。戊戌，诏罢魏兰根行台，以定州刺史薛崀尚兼尚书，为北道行台。郑先护疑贺拔胜，置之营外。庚子，胜与仲远战于滑台东，兵败，降于仲远。

【译文】丙子日（初四），北魏孝庄帝元子攸加封雍州刺史广宗公尔朱天光的爵位为王。长广王元晔也封尔朱天光为陇西王。

尔朱仲远攻打西兖州，丁丑日（初五），攻克了西兖州，擒获了刺史王衍。王衍是王萧哥哥的儿子。癸未日（十一日），北魏孝庄帝元子攸任命右卫将军贺拔胜为东征都督。壬辰日（二十日），孝庄帝又任命郑先护兼任尚书左仆射，为行台，与贺拔胜一同讨伐尔朱仲远。戊戌日（二十六日），孝庄帝元子攸下诏罢免魏兰根行台的职务，任命定州刺史薛崀尚兼任尚书，为北道行台。郑先护不信任贺拔胜，安置他在营垒外面。庚子日（二十八日），贺拔胜与尔朱仲远在滑台东边交战，贺拔胜战败，投降了尔朱仲远。

初，尔朱荣尝从容问左右曰：“一日无我，谁可主军？”皆称尔朱兆。荣曰：“兆虽勇于战斗，然所将不过三千骑，多则乱矣。堪代我者，唯贺六浑耳。”因戒兆曰：“尔非其匹，终当为其穿鼻。”乃以高欢为晋州刺史。及兆引兵向洛，遣使召欢，欢遣长史孙腾诣兆，辞以"山蜀未平，今方攻讨，不可委去，致有后忧。定蜀之日，当隔河为犄角之势。"兆不悦，曰："还白高晋州，吾得吉梦，梦与吾先人登高丘，丘旁之地，耕之已熟，独馀马蔺，先人命吾拔之，随手而尽。以此观之，往无不克。"腾还报，欢曰："兆狂愚如是，而敢为悖逆，吾势不得久事尔朱矣。"

【译文】起初，尔朱荣曾经很随意地问身边的人说："万一有一天我不在了，哪一个人可以统领军队？"大家都说尔朱兆。尔朱荣说："尔朱兆虽然作战时很勇敢，但是所率领的军队不能超过三千骑，超过就要乱了阵势。可以接替我的，只有贺六浑而已。"于是告诫尔朱兆说："你不是他的对手，终会被他所制伏。"于是任命高欢为晋州刺史。等到尔朱兆率兵进攻洛阳，派遣使者召见高欢，高欢派长史孙腾前往参见尔朱兆，推辞说："山里的蜀人还没有平定，目前正在征讨，不可以丢下离开，以免造成后患。山蜀平定以后，当隔着黄河与你构成一种相互合作、相互支援的形势。"尔朱兆心中不高兴，他对孙腾说："你回去告诉高晋州，我得了一个吉祥的梦，梦见与我的先人登上高丘，高丘旁边有一块地，已经是久经耕种的良田，只剩下一些马蔺草，先人命令我将它拔去，我随手就将它们拔光了。依据这个梦推断起来，这次出兵，一定会无往而不胜。"孙腾回复高欢，高欢说："尔朱兆这么狂妄愚昧，竟敢做出叛逆的事情，看来我无法长久侍奉尔朱氏了。"

十二月，壬寅朔，尔朱兆攻丹谷，都督崔伯凤战死，都督史仵龙开壁请降，源子恭退走。兆轻兵倍道兼行，从河桥西涉渡。先是，敬宗以大河深广，谓兆未能猝济，是日，水不没马腹。甲辰，暴风，黄尘涨天，兆骑叩宫门，宿卫乃觉，弯弓欲射，矢不得发，一时散走。华山王鸷，斤之玄孙也，素附尔朱氏。帝始闻兆南下，欲自帅诸军讨之，鸷说帝曰："黄河万仞，兆安得渡！"帝遂自安。及兆入宫，鸷复约止卫兵不使斗。帝步出云龙门外，遇城阳王徽乘马走，帝屡呼之，不顾而去。兆骑执帝，锁于永宁寺楼上。帝寒甚，就兆求头巾，不与。兆营于尚书省，用天子金鼓，设刻漏于庭，扑杀皇子，污辱嫔御妃主，纵兵大掠，杀司空临淮王彧、尚书左仆射范阳王诲、青州刺史李延寔等。

【译文】 十二月，壬寅朔日（初一），尔朱兆攻打丹谷，都督崔伯凤战死，都督史仵龙打开营垒请求投降，源子恭率军退出丹谷。尔朱兆率轻兵加快速度赶路，从河桥西边涉水渡河。先前，北魏孝庄帝元子攸因为河水又深河面又宽，认为尔朱兆无法很快渡河，这一天，水深不超过马腹。甲辰日（初三），突然刮起了沙尘暴，黄色的尘埃漫天，等到尔朱兆的骑兵叩打宫门，宿卫才发觉，弯弓想射箭，箭发不出去，大家四散逃跑。华山王元鸷，是元斤的玄孙，一向依附尔朱氏。孝庄帝元子攸刚刚听说尔朱兆率兵南下的时候，想要率领诸军征讨他，元鸷向孝庄帝进言说："黄河深达万仞，尔朱兆怎么能够渡过？"孝庄帝因此认为自己处境很安全。等到尔朱兆入宫，元鸷又约束侍卫不让他们战斗。孝庄帝徒步逃出云龙门外，遇到城阳王元徽乘马逃走，孝庄帝多次叫喊元徽，元徽不回头径自跑了。尔朱兆的骑兵俘虏了孝庄帝，锁在永宁寺楼上，孝庄帝感到非常寒冷，向尔朱兆讨要头巾，尔朱兆不给他。尔朱兆驻军在尚书省，使用天子金鼓，在庭院中设置报时的刻漏，扑杀皇子，污辱嫔妃公主，放纵士兵大肆劫掠，杀了司空临淮王元彧、尚书左仆射范阳王元诲、青州刺史李延寔等人。

城阳王徽走至山南，抵前洛阳令寇祖仁家。祖仁一门三刺史，皆徽所引拔，以有旧恩，故投之。徽赏金百斤，马五十匹，祖仁利其财，外虽容纳，而私谓子弟曰："如闻尔朱兆购募城阳王，得之者封千户侯，今日富贵至矣！"乃怖徽云官捕将至，令其逃于它所，使人于路邀杀之，送首于兆；兆亦不加勋赏。兆梦徽谓己曰："我有金二百斤、马百匹在祖仁家，卿可取之。"兆既觉，意所梦为实，即掩捕祖仁，征其金、马。祖仁谓人密告，望风款服，云"实得金百斤、马五十匹。"兆疑其隐匿，依梦征之，祖仁家旧有金三十斤、马三十匹，尽以输兆，兆犹不信，发怒，执祖仁，悬首高树，大石坠足，捶之至死。

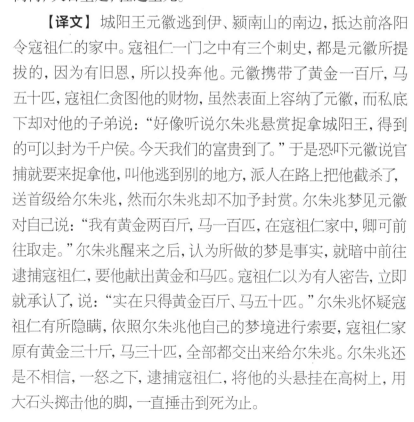

【译文】城阳王元徽逃到伊、颍南山的南边，抵达前洛阳令寇祖仁的家中。寇祖仁一门之中有三个刺史，都是元徽所提拔的，因为有旧恩，所以投奔他。元徽携带了黄金一百斤，马五十匹，寇祖仁贪图他的财物，虽然表面上容纳了元徽，而私底下却对他的子弟说："好像听说尔朱兆悬赏捉拿城阳王，得到的可以封为千户侯。今天我们的富贵到了。"于是恐吓元徽说官捕就要来捉拿他，叫他逃到别的地方，派人在路上把他截杀了，送首级给尔朱兆，然而尔朱兆却不加予封赏。尔朱兆梦见元徽对自己说："我有黄金两百斤，马一百匹，在寇祖仁家中，卿可前往取走。"尔朱兆醒来之后，认为所做的梦是事实，就暗中前往逮捕寇祖仁，要他献出黄金和马匹。寇祖仁以为有人密告，立即就承认了，说："实在只得黄金百斤、马五十匹。"尔朱兆怀疑寇祖仁有所隐瞒，依照尔朱兆他自己的梦境进行索要，寇祖仁家原有黄金三十斤，马三十匹，全部都交出来给尔朱兆。尔朱兆还是不相信，一怒之下，逮捕寇祖仁，将他的头悬挂在高树上，用大石头掷击他的脚，一直捶击到死为止。

【申涵煜评】 徽以宗王大臣，遇难弃帝不顾，悖逆之人，即为鬼亦必不灵，安得以金马事梦报尔朱兆，致寇祖仁于死地？史录此段，近于左氏之诬矣。

【译文】 元徽以宗族亲王大臣的身份，遭受国难抛弃北魏孝庄帝元子攸而不顾，这样违反正道叛逆的人，就是成为了鬼神也一定不灵验，怎么会因为金马事的梦里报告尔朱兆，导致寇祖仁被杀呢？史册上记录此事，和左丘明之诬相近。

尔朱世隆至洛阳，兆自以为己功，责世隆曰："叔父在朝日久，耳目应广，如何令天柱受祸！"按剑瞋目，声色甚厉。世隆逊辞拜谢，然后得已，由是深恨之。尔朱仲远亦自滑台至洛。

戊申，魏长广王大赦。

尔朱荣之死也，敬宗诏河西贼帅纥豆陵步蕃使袭秀容。及兆入洛，步蕃南下，兵势甚盛，故兆不暇久留，亟还晋阳以御之，使尔朱世隆、度律、彦伯等留镇洛阳。甲寅，兆迁敬宗于晋阳，兆自于河梁监阅财资。高欢闻敬宗向晋阳，帅骑东巡，欲邀之，不及。因与兆书，为陈祸福，不宜害天子，受恶名；兆怒，不纳。尔朱天光轻骑入洛，见世隆等，即还雍州。

【译文】 尔朱世隆到达洛阳，尔朱兆认为是自己的功劳，责备尔朱世隆说："叔父在朝廷的时间久，耳目应当很广，怎么使得天柱将军遭受横祸？"按剑怒目，声色俱厉。尔朱世隆低声下气地向尔朱兆谢罪行礼，尔朱兆这才作罢，因为这件事，尔朱世隆从此深深地恨上了尔朱兆。尔朱仲远也从滑台抵达洛阳。

戊申日（初七），北魏长广王元晔在自己的辖区内实行大赦。

尔朱荣被杀死的时候，北魏孝庄帝元子攸下诏安抚了河西的贼帅纥豆陵步蕃，要他偷袭秀容郡，等到尔朱兆进入洛阳，纥豆陵步蕃就率兵南下，兵势十分盛大，所以尔朱兆没有时间在洛阳久留，赶快回到晋阳抵御纥豆陵步蕃的进攻，尔朱兆让尔朱世隆、尔朱度律、尔朱彦伯等人留下来镇守洛阳。甲寅日（十三日），尔朱兆迁移北魏敬宗元子攸前往晋阳，尔朱兆自己在河桥上监督清点从洛阳城中所掠夺的财物。高欢听说孝庄帝元子攸被押往晋阳，率领骑兵东巡，想要将孝庄帝拦截下来，结果没能赶上，于是写信给尔朱兆，向他分析利害祸福，劝他不要杀害天子，承受弑君的恶名；尔朱兆大怒，他没有听取高欢的意见。尔朱天光轻骑进入洛阳，见了尔朱世隆等人，马上再回到雍州。

初，敬宗恐北军不利，欲为南走之计，托云征蛮，以高道穆为南道大行台，未及发而兆入洛。道穆托疾去，世隆杀之。主者请追李苗封赠，世隆曰："当时众议，更一二日即欲纵兵大掠，焚烧郭邑，赖苗之故，京师获全。天下之善一也，不宜复追。"

尔朱荣之死也，世隆等徵兵于大宁太守代人房谟，谟不应，前后斩其三使，遣弟毓诣洛阳。及兆得志，其党建州刺史是兰安定执谟系州狱，郡中蜀人闻之，皆叛。安定给谟弱马，令军前慰劳，诸贼见谟，莫不遥拜。谟先所乘马，安定别给将士。战败，蜀人得之，谓谟遇害，莫不悲泣，善养其马，不听人乘之，儿童妇女竞投草粟，皆言此房公马也。尔朱世隆闻之，舍其罪，以为其府长史。

【译文】起初，北魏孝庄帝元子攸担心北方的军队战事失利，打算好向南逃走的计策，借口说征讨蛮人，任命高道穆为南道大行台，没有来得及出发而尔朱兆已经进入洛阳。高道穆借口生病想要离去，尔朱世隆将他杀死。朝廷中有关部门的官员请求废掉李苗的封赠，尔朱世隆说："当时大家商议，再过一两天就要放纵军队大肆抢掠，焚烧城郭，依赖李苗的缘故，京城得以保全。天下的善是一样的，不应当再追夺对李苗的封赠。"

尔朱荣被杀死的时候，尔朱世隆等人向大宁太守代人房谟征调军队，房谟不答应，他前后杀了尔朱世隆等人派来的三个使者，并派遣他的弟弟房毓前往洛阳。等到尔朱兆得意之后，他的同党建州刺史是兰安定将房谟逮捕关在建州的监狱里，郡中所有蜀人听到了这个消息，全都起兵造反。是兰安定派给房谟赢弱的马，命令他到军前去安抚慰问那些造反的蜀人，所有贼寇看见房谟，没有不远远地向他行礼的。房谟原先所乘坐的马，是兰安定送给其他的将士，是兰安定的军队被造反的蜀人打败之后，马被蜀人所获得，便以为房谟已经遇害，无不悲伤哭泣，好好地饲养房谟的马，不让人骑这匹马，儿童妇女争着投掷食粟给它吃，都说这是房先生的马。尔朱世隆听说这件事，赦免了房谟的罪，任命他为自己的幕府长史。

北道大行台杨津，以众少，留邺召募，欲自滏口入并州，会尔朱兆入洛，津乃散众，轻骑还朝。

尔朱世隆与兄弟密谋，虑长广王母卫氏干预朝政，伺其出行，遣数十骑如劫盗者于京巷杀之，寻悬榜以千万钱募贼。

甲子，尔朱兆缢敬宗于晋阳三级佛寺，并杀陈留王宽。

是月，纥豆陵步蕃大破尔朱兆于秀容，南逼晋阳。兆惧，使人召高欢并力。僚属皆劝欢勿应召，欢曰："兆方急，保无它虑。"遂行。欢所亲贺拔焉过儿请缓行以弊之，欢往往逗留，辞以河无桥，不得渡。步蕃兵日盛，兆屡败，告急于欢，欢乃往从之。兆时避步蕃南出，步蕃至平乐郡，欢与兆进兵合击，大破之，斩步蕃于石鼓山，其众退走。兆德欢，相与誓为兄弟，将数十骑诣欢，通夜宴饮。

【译文】北道大行台杨津，因为部下人数少，便留在邺城招募人马，想要从滏口进入并州，恰好这时尔朱兆进入洛阳，杨津于是解散部属，轻骑回到洛阳。

尔朱世隆与自己的兄弟秘密商量，担心长广王元晔的母亲卫氏干涉朝政，暗中探听到她外出的时候，就派遣了数十名骑兵扮成盗匪模样在洛阳的巷子里将她杀死，接着张贴告示悬赏千万钱购求杀她的盗贼。

甲子日（二十三日），尔朱兆在晋阳三级佛寺将北魏孝庄帝元子攸勒死，并且杀害了陈留王元宽。

这个月，纥豆陵步蕃在秀容郡把尔朱兆的军队打得大败，向南进逼晋阳。尔朱兆恐惧，派人征召高欢并肩作战。僚属都劝高欢不要应召，高欢说：“尔朱兆正值危急的时候，保证没有其他的阴谋。”于是出发前往秀容郡。高欢的亲信贺拔焉过儿请求高欢缓慢行走以使得尔朱兆因连连战败而实力削弱，高欢常常停留，借口说黄河上面没有桥梁，无法渡过。纥豆陵步蕃兵势一天比一天壮大，尔朱兆多次战败，向高欢求救，高欢这才前往会合。尔朱兆这时避开纥豆陵步蕃向南边逃走，纥豆陵步蕃来到平乐郡，高欢与尔朱兆进兵合力攻打他，把纥豆陵步蕃打得大败，在石鼓山上把纥豆陵步蕃斩首，纥豆陵步蕃的部众撤退逃走。尔朱兆感激高欢，彼此发誓约为兄弟，又率领几十个骑兵前往拜见高欢，与高欢彻夜吃酒欢宴。

初，葛荣部众流入并、肆者二十馀万，为契胡陵暴，皆不聊生，大小二十六反，诛夷者半，犹谋乱不止。兆患之，问计于欢，欢曰："六镇反残，不可尽杀，宜选王腹心使统之，有犯者罪其帅，则所罪者寡矣。"兆曰："善！谁可使者？"贺拔允时在坐，请使欢领之。欢拳殴其口，折一齿，曰："平生天柱时，奴辈伏处分如鹰犬。今日天下事取舍在王，而阿鞠泥敢僭易妄言，请杀之！"兆以欢为诚，遂以其众委焉。欢以兆醉，恐醒而悔之，遂出，宣言："受委统州镇兵，可集汾东受号令。"乃建牙阳曲川，陈部分。军士素恶兆而乐属欢，莫不皆至。

【译文】起初，葛荣的部众流入并、肆两州的有二十多万，受到契胡的凌辱虐待，全都生活没有着落，他们先后大小反叛共二十六次，被诛杀的人约有一半，仍然图谋叛乱不止。尔朱兆感到头疼，向高欢请教计策，高欢说："六镇反叛的余众，不可以全部杀光，应当挑选大王的心腹来统率他们，如果有反叛冒犯事情，就加罪于他们的统帅，那么叛乱的人就少了。"尔朱兆说："这计策很好！哪一个人可以派遣呢？"贺拔允当时在座，建议派高欢统领他们。高欢用拳头殴打他的嘴巴，断了一个牙齿，说："当天柱将军在世时，你们这些奴才像鹰犬一样听从指挥，今日天下事取舍之权在于大王，你怎敢僭越随便发表意见，请大王将他杀了！"尔朱兆认为高欢所说是真心话，就把葛荣的部众交托给他统率。高欢因为尔朱兆喝醉了酒，担心他醒来后反悔，就赶快走出营帐，公开宣布说："我接受大王命令统率州镇的士兵，你们可在汾水东边集合接受号令。"于是在阳曲县竖起大旗，安置所属部队。军士向来厌恶尔朱兆而乐于归属高欢，因此纷纷投奔高欢。

居无何，又使刘贵请兆，以"并、肆频岁霜旱，降户掘田鼠而食之，面无谷色，徒污人境内，请令就食山东，待温饱更受处分。"兆从其议。长史慕容绍宗谏曰："不可。方今四方纷扰，人怀异望，高公雄才盖世，复使握大兵于外，譬如借蛟龙以云雨，将不可制矣。"兆曰："有香火重誓，何虑邪！"绍宗曰："亲兄弟尚不可信，何论香火！"时兆左右已受欢金，因称绍宗与欢有旧隙。兆怒，因绍宗，趣欢发。欢自晋阳出滏口，道逢北乡长公主自洛阳来，有马三百匹，尽夺而易之。兆闻之，乃释绍宗而问之，绍宗曰："此犹是掌握中物也。"兆乃自追欢，至襄垣，会漳水暴涨，桥坏，欢隔水拜曰："所以借公主马，非有它故，备山东盗耳。王信公主之谮，自来赐追，今不辞渡水而死，恐此众便叛。"兆自陈无此意，因轻马渡水，与欢坐幕下陈谢，授欢刀，引颈使欢斫之。欢大哭曰："自天柱之薨，贺六浑更何所仰！但愿大家千万岁，以申力用耳。今为旁人所构间，大家何忍复出此言！"兆投刀于地，复斩白马，与欢为誓，因留宿夜饮。尉景伏壮士欲执兆，欢啮臂止之，曰："今杀之，其党必奔归聚结；兵饥马瘦，不可与敌。若英雄乘之而起，则为害滋甚。不如且置之，兆虽骁勇，凶悍无谋，不足图也。"旦日，兆归营，复召欢，欢将上马诣之，孙腾牵欢衣，欢乃止。兆隔水肆骂，驰还晋阳。兆腹心念贤领降户家属别为营，欢伪与之善，观其佩刀，因取杀之。士众感悦，益愿附从。

【译文】 过了不久，高欢又派遣刘贵向尔朱兆请求，因为"并、肆连年霜害又干旱，投降的人家掘取田鼠来吃，脸上没有谷色，只会白白玷污您管辖的地区，请求让他们到太行山东面就食，等他们解决温饱后再接受指令"。尔朱兆听从了他的建议。长史慕容绍宗进谏说："不能答应他。现在四方动乱，人人怀着不安分的心思，高公雄才大略，当世无人能比，又让他在外边掌握大军，就如同给蛟龙提供了云雨，将会变得无法控制。"尔朱兆说："我们之间有香火重誓在，何必担忧呢！"慕容绍宗说："亲兄弟还无法信任，何况是结义兄弟！"这时尔朱兆身边的人已经接受了高欢的金子，就说慕容绍宗与高欢有仇隙，尔朱兆发怒，囚禁慕容绍宗，催促高欢出发。高欢从晋阳经过滏口，路上遇到北乡长公主从洛阳来，身边有马三百匹，全都予以劫夺，调换成了瘦马。尔朱兆听到这事，就释放慕容绍宗向他询问计策，慕容绍宗说："这时他还在咱们的掌握中。"尔朱兆于是亲自追赶高欢，到达襄垣，恰好遇到漳水突然水涨，桥梁坏了，高欢隔着水行礼说："之所以借公主的马，没有别的缘故，只是为防备山东的盗贼而已。大王相信了公主的谗言，亲自来追高欢，现在高欢渡过河去到您跟前请罪，让您把我杀死，只担心我带领的这些人会造反。"尔朱兆说明自己并没有这个意思，于是轻骑渡过漳水，与高欢坐在大帐之下，把刀交给高欢，伸长脖子让高欢砍。高欢大哭说："自从天柱将军薨后，贺六浑更何所仰望！只希望大家长命百岁，可以发展抱负而已。现在受到外人的构陷离间，大家何忍再说出这种话来！"尔朱兆将刀丢在地上，又杀了白马，与高欢一起发誓，于是留下过夜饮宴。尉景埋伏壮士打算俘虏尔朱兆，高欢用口咬臂阻止他，说："现在杀了他，他的党羽一定奔回聚结在一起，我们兵饥马瘦，无法与他们对抗，假如有英雄趁这个机会起来，那么害处更为严重，不如暂且放过他。尔朱兆虽然骁勇，但是凶悍而无谋，很容易对付的。"天明，尔朱兆回营，又召请高欢过河，高欢上了马准备过河，孙腾牵住高欢的衣服，高欢才作罢。尔朱兆隔着水叫骂，奔驰回到晋阳。尔朱兆的心腹念贤率领降户的家属另外扎营，高欢假装与他友好，观看他的佩刀，借机用他的刀把他杀了。士众都很感激高欢，更加愿意归顺他。

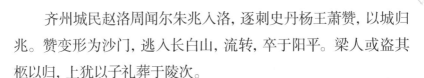

齐州城民赵洛周闻尔朱兆入洛，逐刺史丹杨王萧赞，以城归兆。赞变形为沙门，逃入长白山，流转，卒于阳平。梁人或盗其枢以归，上犹以子礼葬于陵次。

魏荆州刺史李琰之，韶之族弟也。南阳太守赵修延，以琰之敬宗外族，诬琰之欲奔梁，发兵袭州城，执琰之，自行州事。

魏王悦改元更兴，闻尔朱兆已入洛，自知不及事，遂南还。斛斯椿复弃悦奔魏。

是岁，诏以陈庆之为都督南、北司等四州诸军事、南、北司二州刺史。庆之引兵围魏悬瓠，破魏颍州刺史娄起等于溱水，又破行台孙腾等于楚城。罢义阳镇兵，停水陆漕运，江、湖诸州并得休息；开田六（十）〔千〕顷，二年之后，仓廪充实。

【译文】齐州城的百姓赵洛周听说尔朱兆进入洛阳，驱逐刺史丹杨王萧赞，献城归附尔朱兆。萧赞化装成和尚，逃入长白山。转徙漂泊，最后死在阳平。梁朝人盗取他的棺枢回去，梁武帝萧衍仍然用儿子的礼节将他埋葬在自己的陵墓旁边。

北魏荆州刺史李琰之，是李韶的族弟。南阳太守赵修延，因为李琰之是北魏孝庄帝元子攸母亲方面的亲戚，于是诬告说李琰之想要投奔梁朝，因而发兵偷袭荆州城，俘虏了李琰之，自己担任荆州刺史。

魏王元悦改年号为更兴，听说尔朱兆已经进入洛阳，自知趁魏国内乱进入洛阳夺取政权是毫无希望了，于是又回到南方的梁朝。斛斯椿又背弃元悦投奔北魏。

这一年，梁武帝萧衍下诏任命陈庆之为都督南、北司等

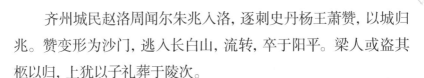

四州诸军事和南、北司二州刺史。陈庆之率兵围攻北魏的悬瓠城，在溱水打败了北魏颍州刺史娄起等人，又在楚城打败了行台孙腾等人。梁国朝廷遣散义阳镇的军队，停止水路和陆路的漕运，沿长江以及洞庭湖、彭蠡湖一带的各州同时得到休息；开辟田亩六千顷，两年以后，国家府库充实。

资治通鉴卷第一百五十五　梁纪十一

起重光大渊献，尽玄黓困敦，凡二年。

【译文】 起辛亥（公元531年），止壬子（公元532年），共两年。

【题解】 本卷记录了公元531年、532年共两年间南梁与北魏两国的大事，正当梁武帝萧衍中大通三年、四年。主要记录了尔朱世隆因废长广王元晔、另立广陵王元恭为帝与尔朱兆之间的矛盾进一步尖锐；高欢正式造反，尔朱氏起兵讨伐高欢，高欢进一步挑拨尔朱兆与尔朱世隆的矛盾；尔朱世隆主动向尔朱兆求和，两派恢复合作，联合出兵讨伐高欢，高欢以少胜多，反败为胜，在韩陵大破尔朱氏各军；斛斯椿与贾显度、贾显智等在洛阳发动政变，占据河桥，消灭了尔朱氏一党，尔朱荣的部将侯景投靠高欢，尔朱仲远南投梁朝；宇文泰初露头角，逐渐掌握关中大权；高欢杀死节闵帝元恭，另立元怀之子元修为帝，又在晋阳设立大丞相府，此外还记录了梁武帝萧衍怀疑太子萧统图谋不轨，致使萧统终身不能洗刷冤屈，抑郁而死，之后梁武帝立萧纲为皇太子等。

高祖武皇帝十一

中大通三年（辛亥，公元五三一年）春，正月，辛巳，上祀南郊，大赦。

魏尚书右仆射郑先护闻洛阳不守，士众逃散，遂来奔。丙申，以先护为征北大将军。

二月，辛丑，上祀明堂。

魏自敬宗被囚，宫室空近百日。尔朱世隆镇洛阳，商旅流通，盗贼不作。世隆兄弟密议，以长广王疏远，又无人望，欲更立近亲。仪同三司广陵王恭，羽之子也，好学有志度，正光中领给事黄门侍郎，以元叉擅权，托瘖病居龙华佛寺，无所交通。永安末，有白敬宗言王阳瘖，将有异志，恭惧，逃于上洛山，洛州刺史执送之，系治久之，以无状获免。关西大行台郎中薛孝通说尔朱天光曰："广陵王，高祖犹子，夙有令望，沉晦不言，多历年所，若奉以为主，必天人允叶。"天光与世隆等谋之，疑其实瘖，使尔朱彦伯潜往敦谕，且胁之，恭乃曰："天何言哉！"世隆等大喜。孝通，聪之子也。

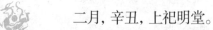

【译文】中大通三年（辛亥，公元531年）春季，正月，辛巳日（初十），梁武帝萧衍到建康南郊祭祀，大赦天下。

北魏尚书右仆射郑先护听说洛阳失守，属下的将士逃散，于是前来投奔梁朝。丙申日（二十五日），梁武帝萧衍任命郑先护为征北大将军。

二月，辛丑日（初一），梁武帝萧衍到明堂祭祀。

北魏自从孝庄帝元子攸被囚禁以后，宫室空虚将近百日。尔朱世隆镇守洛阳，商人与旅客照样来往，盗贼不敢骚扰。尔朱世隆兄弟秘密商议，认为长广王元晔与皇室支系疏远，又没有威望，打算另外拥立近亲。仪同三司广陵王元恭，是孝文帝元宏的弟弟元羽的儿子，好学而有志气度量，在孝明帝元诩正光年间兼任过给事黄门侍郎，因为元叉专权，元恭借口生病不能说话住在龙华佛寺，与外人不相往来。永安末年，有人向孝庄帝元子攸报告说元恭假装哑巴，将有图谋篡位的野心，元恭心生恐惧，逃到上洛山，洛州刺史逮捕他移送洛阳，幽禁审讯了许久，因为没有证据获得释放。关西大行台郎中薛孝通向尔朱天光进言说："广陵王元恭是高祖元宏的侄子，早就有好名声，韬光养晦，假装哑巴，经过了许多年，假如拥护他做皇帝，一定是上合天意，下顺民心。"尔朱天光与尔朱世隆等人商议，疑心他真的不能说话，于是派遣尔朱彦伯暗中前督促、劝说元恭出来做皇帝，并且胁迫他，元恭答复说："老天爷他说话吗？"尔朱世隆等人得知元恭已经答应下来大为欢喜。薛孝通是薛聪的儿子。

己巳，长广王至邙山南，世隆等为之作禅文，使泰山太守辽西窦瑗执鞭独入，启长广王曰："天人之望，皆在广陵，愿行尧、舜之事。"遂署禅文。广陵王奉表三让，然后即位。大赦，改元普泰。黄门侍郎邢子才为赦文，叙敬宗枉杀太原王荣之状，节闵帝曰："永安手翦强臣，非为失德，直以天未厌乱，故逢成济之祸耳。"因顾左右取笔，自作赦文，直言："门下：朕以寡德，运属乐推，思与亿兆，同兹大庆，肆眚之科，一依常式。"帝闭口八年，至是乃言，中外欣然，以为明主，望至太平。

【译文】己巳日（二十九日），长广王元晔到达邙山的南边，尔朱世隆等人替他做了禅文，派遣泰山太守辽西人窦瑗拿着鞭独自过去，向长广王元晔启奏说："上天和人民的希望，都在广陵王身上，愿实行尧、舜禅让的事。"于是长广王元晔在禅文上签了名。广陵王元恭双手捧禅文辞让了三次，然后即位，大赦境内，改年号为普泰。黄门侍郎邢子才草拟赦文，说到孝庄帝元子攸冤杀太原王尔朱荣的情形，节闵帝元恭说："孝庄帝元子攸亲手剪除强横的臣下，不算是不对，只是因为老天爷还不想出现太平局面，所以让敬宗皇帝元子攸遭遇了像往日成济弑高贵乡公曹髦那样的灾祸罢了。"于是叫左右拿笔来，亲自草拟赦文，直接说："敕门下省：朕实在是寡德，因为大家好意的推举，想与天下万民，共同享受这齐天洪福，有关赦免罪犯的规定，完全比照向来的旧例。"节闵帝元恭闭口不言了八年，到现在才开口说话，朝廷内外都很欢喜，认为是遇到了贤明的国君，希望能为天下带来太平。

资治通鉴

【乾隆御批】 邢劭叙敬宗枉杀尔朱荣，所谓六经扫地。平日博闻强记，文出为之纸贵者，正虚车之饰耳。

【译文】 邢劭叙述敬宗错杀尔朱荣的事，真可谓是六经扫地。平日博闻强记，文章一写出来，纸张都因此而涨价的人，只不过是一个以学富五车的虚名来伪饰自己的人罢了。

庚午，诏以"三皇称'皇'，五帝称'帝'，三代称'王'，盖递为冲挹；自秦以来，竟称'皇帝'，予今但称'帝'，亦已褒矣"。加尔朱世隆仪同三司，赠尔朱荣相国、晋王，加九锡。世隆使百官议荣配飨，司直刘季明曰："若配世宗，于时无功；若配孝明，亲害其母；若配庄帝，为臣不终。以此论之，无所可配。"世隆怒曰："汝应死！"季明曰："下官既为议首，依礼而言，不合圣心，剪戮唯命！"世隆亦不之罪。以荣配高祖庙廷。又为荣立庙于首阳山，因周公旧庙而为之，以为荣功可比周公。庙成，寻为火所焚。

尔朱兆以不预废立之谋，大怒，欲攻世隆。世隆使尔朱彦伯往谕之，乃止。

【译文】 庚午日（三十日），北魏节闵帝元恭下诏说："三皇称'皇'，五帝称'帝'，三代称'王'，这是因为越来越谦虚的缘故，从秦代以来，大家并称'皇帝'，我现在只称'帝'，已经算是有点过分了。"节闵帝元恭加封尔朱世隆仪同三司，追赠尔朱荣相国、晋王，加九锡。尔朱世隆命令百官讨论应该把尔朱荣的灵位摆放在哪一位皇帝的旁边陪同享受祭祀，司直刘季明说："假如把尔朱荣的灵位摆放在世宗皇帝元恪的灵位旁边陪同享受祭祀，但世宗皇帝执政时期尔朱荣还没有功劳；倘若把尔朱荣的灵位摆放在孝明皇帝元诩的灵位旁边陪同享受祭祀，而孝明皇帝的母亲胡太后又是被尔朱荣亲手杀死的；假如把尔朱荣的灵位摆放在孝庄皇帝元子攸的灵位旁边陪同享受祭祀，但做人臣下却不能有始有终。照此说来，没有合适的地方可以安放尔朱荣的灵位使其陪同皇帝享受祭祀。"尔朱世隆发怒说："你该死！"刘季明说："下官既然身为议首，依照礼节的规定而发言，不合圣心，要诛要杀随皇帝的心思办！"尔朱世隆最终还是没有加罪于他。最后把尔朱荣的灵位摆放在高祖皇帝元宏的祭庙里陪同享受祭祀。又替尔朱荣在首阳山立庙，利用周公姬旦的旧庙而改修，认为尔朱荣的功勋可以与周公相比。庙修好之后，不久就被大火焚毁了。

尔朱兆因为没有参与废立的计谋，大为生气，打算进攻尔朱世隆。尔朱世隆派尔朱彦伯前去向他说明，这才作罢。

初，敬宗使安东将军史仵龙、平北将军阳文义各领兵三千守太行岭，侍中源子恭镇河内。及尔朱兆南向，仵龙、文义帅众先降，由是子恭之军望风亦溃，兆遂乘胜直入洛阳。至是，尔朱世隆论仵龙、文义之功，各封千户侯。魏主曰："仵龙、文义，于王有功，于国无勋。"竟不许。尔朱仲远镇滑台，表用其下都督为西兖州刺史，先用后表。诏答曰："已能近补，何劳远闻！"尔朱天光之灭万俟丑奴也，始获波斯所献师子，送洛阳。及节闵帝即位，诏曰："禽兽囚之则违其性。"命送归本国。使者以波斯道远不可达，于路杀之而返。有司劾违旨，帝曰："岂可以兽而罪人！"遂赦之。

资治通鉴

【译文】起初，北魏孝庄帝元子攸派安东将军史仵龙、平北将军阳文义各自率领士兵三千人镇守太行岭，侍中源子恭镇守河内。等到尔朱兆向南进军，史仵龙、阳文义率领部属率先投降，源子恭的军队也就闻风溃散，尔朱兆于是乘胜长驱直入洛阳。到了这时，尔朱世隆论起史仵龙、阳文义的功劳，各自封千户侯，节闵帝元恭说："史仵龙、阳文义，对大王来说是有功劳，对国家来说却是没有功劳。"最终没有准许。尔朱仲远镇守滑台，上表任用他手下的都督做西兖州刺史，先任命然后上表。节闵帝元恭下诏答复说："既然已经就近补人，又何必麻烦远来请示！"尔朱天光灭万俟丑奴的时候，得到波斯所献的狮子，他把狮子送到洛阳，等到节闵帝元恭即位，下诏说："禽兽予以囚禁那就违背了它的本性。"下令送回到波斯国。使者因为波斯道路太远无法抵达，在半路中把狮子杀了而后返回洛阳，有关部门的官员弹劾他违背圣旨，节闵帝说："怎么可以因为禽兽而加罪于人类呢？"于是赦免了使者。

魏镇远将军清河崔祖螭等，聚青州七郡之众围东阳，旬日之间，众十馀万。刺史东莱王贵平帅城民固守，使太傅谘议参军崔光伯出城慰劳，其兄光韶曰："城民陵纵日久，众怒甚盛，非慰谕所能解。家弟往，必不全。"贵平强之，既出外，外人射杀之。

幽、安、营、并四州行台刘灵助，自谓方术可以动人，又推算知尔朱氏将衰，乃起兵自称燕王、开府仪同三司、大行台，声言为敬宗复仇，且妄述图谶，云："刘氏当王。"由是幽、瀛、沧、冀之民多从之，从之者夜举火为号，不举火者诸村共屠之。引兵南至博陵之安国城。尔朱兆遣监军孙白鹞至冀州，托言调发民马，欲俟高乾兄弟送马而收之。乾等知之，与前河内太守封隆之等合谋，潜部勒壮士，袭据信都，杀白鹞，执刺史元嶷。乾等欲推其父翼行州事，翼曰："和集乡里，我不如封皮。"乃奉隆之行州事，为敬宗举哀，将士皆缟素，升坛誓众，移檄州郡，共讨尔朱氏，仍受刘灵助节度。隆之，磨奴之族孙也。

【译文】北魏镇远将军清河人崔祖螭等人聚集青州七郡的百姓围攻东阳，十日之间，人数达到十几万。刺史东莱人王贵平率领军队坚守，派遣太傅谘议参军崔光伯出城慰劳崔祖螭的部众，崔光伯的哥哥崔光韶说："东阳城民仗着官府的势力侵侮属郡，已经很久了，群众的怒气非同小可，不是抚慰劝谕所能解除的，家弟前去，一定无法生还。"王贵平强迫崔光伯出城，出城之后，就被人射杀了。

　　幽、安、营、并四州行台刘灵助，以为可以靠自己所掌握的有关天文、气象、占卜等方面的学问可以煽动百姓，又推算知晓尔朱氏就要衰败，于是起兵叛乱自称燕王、开府仪同三司、大行台，声称要为北魏孝庄帝元子攸报仇，并且乱编了一些预言，说"刘姓的人应当称王"。因此幽、瀛、沧、冀各州的百姓大多跟随他，投奔刘灵助的人晚上举火把做信号，不举火把的各村则把他们全部杀光。刘灵助率兵南进，到达博陵的安国城。尔朱兆派遣监军孙白鹞到冀州，借口说要征调百姓的马匹，打算等待高乾兄弟送马匹来然后逮捕他们。高乾等人知晓这是阴谋，与前河内太守封隆之等人联合谋划，暗中指令壮士，发动偷袭而攻占了信都，杀死孙白鹞，俘虏刺史元嶷。高乾等人想要推举他的父亲高翼代理刺史职务，高翼说："团结乡里，我不如封隆之。"于是高乾兄弟拥戴封隆之，让他代理刺史，替孝庄帝元子攸举行哀悼，将士都穿上了白色的丧服，登上土坛对大众发表誓师文告，向州郡发出檄文，共同征讨尔朱氏，仍受刘灵助的节度。封隆之是封磨奴的族孙。

资治通鉴

殷州刺史尔朱羽生将五千人袭信都，高敖曹不暇擐甲，将十馀骑驰击之。乾在城中绳下五百人，追救未及，敖曹已交兵，羽生败走。敖曹马稍绝世，左右无不一当百，时人比之项籍。

高欢屯胡关大王山六旬，乃引兵东出，声言讨信都。信都人皆惧，高乾曰："吾闻高晋州雄略盖世，其志不居人下。且尔朱无道，弑君虐民，正是英雄立功之会，今日之来，必有深谋，吾当轻马迎之，密参意旨，诸君勿惧也。"乃将十馀骑与封隆之子子绘潜谒欢于滏口，说欢曰："尔朱酷逆，痛结人神，凡曰有知，莫不思奋。明公威德素著，天下倾心，若兵以义立，则屈强之徒不足为明公敌矣。鄴州虽小，户口不减十万，谷秸之税，足济军资。愿公熟思其计。"乾辞气慷慨，欢大悦，与之同帐寝。

【译文】 殷州刺史尔朱羽生率领五千人偷袭信都，高敖曹来不及披挂铠甲，就率领十几个骑兵攻打他们。城中的高乾用绳子从城墙上送下五百人，打算赶去追援，然而已经来不及，高敖曹已经与尔朱羽生交上了手，尔朱羽生战败逃走。高敖曹的马上长矛功夫冠绝当世，他身边跟随的人无不以一当百，当时人将他比作楚霸王项籍。

高欢驻扎在壶关大王山，六十天后，才率兵向东进兵，公开宣布说要征讨信都。信都人都感到很恐惧，高乾说："我听说高晋州雄才伟略，当代之世堪数第一，依照他的志向一定不肯位居他人之下。况且尔朱氏残暴无道，杀害国君，凌辱百姓，这正是英雄立功的时候，今天他到来，一定有深远的考虑，我会轻骑前往迎接，暗中探测清楚他的真正意图，诸君不必担忧。"于是高乾率领十几个骑兵与封隆之的儿子封子绘秘密到滏口拜见高欢，向高欢进言说："尔朱氏暴虐弑君，人神都感到愤怒，凡是有良知的人，谁不想奋发兴起呢！明公的声威与品德一向被世人所熟知，天下人所倾心，假如军队因正义而发动，那么尔朱氏那批顽强的党羽绝不是明公的敌手。我们冀州虽然小，但户口不少于十万，能够征收起来的粮草，足以帮助军队的供应，希望明公对我提的这个建议好好考虑。"高乾讲话时激昂慷慨，高欢大为欢喜，与他同帐寝宿。

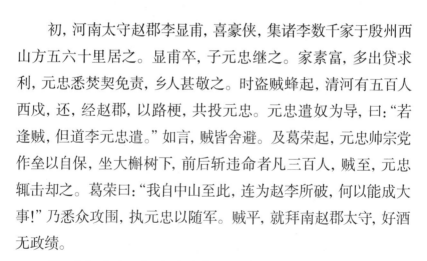

初，河南太守赵郡李显甫，喜豪侠，集诸李数千家于殷州西山方五六十里居之。显甫卒，子元忠继之。家素富，多出贷求利，元忠悉焚契免责，乡人甚敬之。时盗贼蜂起，清河有五百人西戍，还，经赵郡，以路梗，共投元忠。元忠遣奴为导，曰："若逢贼，但道李元忠遣。"如言，贼皆舍避。及葛荣起，元忠帅宗党作垒以自保，坐大槲树下，前后斩违命者凡三百人，贼至，元忠辄击却之。葛荣曰："我自中山至此，连为赵李所破，何以能成大事！"乃悉众攻围，执元忠以随军。贼平，就拜南赵郡太守，好酒无政绩。

【译文】起初，河南太守赵郡人李显甫，喜爱豪侠，聚集李姓几千家居住在殷州西山方圆五六十里的地方。李显甫死后，他的儿子李元忠继承了他的家业。他们家一向富有，往往借钱给他人赚取利息，李元忠将借据全都烧了，免除了借债人的债务，乡人都很尊敬他。这时盗贼纷纷兴起，清河有五百人在西边防守，回来时路过赵郡，因为道路阻塞不通，一起投靠了李元忠。李元忠派遣仆人替他们做前导，说："假如遇到盗贼，只需说是李元忠所派遣的。"仆人按照他的吩咐去做，盗贼都避开了。等到葛荣起兵，李元忠率领他的宗族乡人修筑城垒来保护自己的家乡，他自己坐在大槲树底下，前后杀掉违抗命令的共三百人。盗贼到了之后，李元忠多次将他们击退。葛荣说："我从中山到达此地，一再被李氏所打败，如何能够成就大事呢！"于是调集全部的部众进行围攻，俘虏了李元忠，把李元忠带在自己的队伍里。等到葛荣被平定之后，北魏就任命李元忠为南赵郡太守，因爱好饮酒，没有政绩可言。

及尔朱兆弑敬宗，元忠弃官归，谋举兵讨之。会高欢东出，元忠乘露车，载素筝浊酒以奉迎，欢闻其酒客，未即见之。元忠下车独坐，酌酒擘脯食之，谓门者曰："本言公招延俊杰，今闻国士到门，不吐哺辍洗，其人可知，还吾刺，勿通也！"门者以告，欢遽见之，引入，觞再行，元忠车上取筝鼓之，长歌慷慨，歌阕，谓欢曰："天下形势可见，明公犹事尔朱邪？"欢曰："富贵皆因彼所致，安敢不尽节！"元忠曰："非英雄也！高乾邕兄弟来未？"时乾已见欢，欢绐之曰："从叔辈粗，何肯来！"元忠曰："虽粗，并解事。"欢曰："赵郡醉矣。"使人扶出。元忠不肯起，孙腾进曰："此君天遣来，不可违也。"欢乃复留与语，元忠慷慨流涕，欢亦悲不自胜。元忠因进策曰："殷州小，无粮仗，不足以济大事。若向冀州，高乾邕兄弟必为明公主人，殷州便以赐委。冀、殷既合，沧、瀛、幽、定自然弭服，唯刘诞黠胡或当乖拒，然非明公之敌。"欢急握元忠手而谢焉。

【译文】 等到尔朱兆杀害了北魏敬宗元子攸之后，李元忠抛弃官职返回故乡，打算举兵征讨尔朱兆。恰好这时高欢向东发兵，李元忠乘着一辆没有蓬的车子，上面载着一把没有任何装饰的筝、混浊的家乡酒来迎接高欢，高欢听说李元忠是个酒客，没有马上接见他。李元忠下车独坐，一边喝酒一边用手撕着干肉吃，对守门的人说："原本以为先生延揽俊杰，现在听说一国之中杰出人士已经登门求见，却没能效法周公那样一饭三吐哺、一沐三握发地赶紧出来接待来访之士，那么先生的为人我可以知道了，请退还我的名片，不要替我通报了。"守门的人将他的话转告高欢，高欢立即接见他，引导他进去，酒过三巡，李元忠从车上取下筝来弹奏，一面唱歌，歌声慷慨激昂，一歌既终，对高欢说："天下的形势已经明显可见，明公难道还要继续侍事奉尔朱氏吗？"高欢说："富贵都是依靠他而获得，怎敢不尽忠节呢！"李元忠说："这样做不算英雄，高乾邕兄弟来过没有？"这时高乾已经见过了高欢，高欢欺骗他说："我的那些堂叔都是粗人，怎肯前来！"李元忠说："虽是粗人，却都明白事理。"高欢说："李郡守喝醉了。"派人将他扶出去。李元忠不肯起来，孙腾进言说："这位先生是上天派来相助的，不可以疏远他。"高欢于是又将他留下来说话，李元忠慷慨流涕，高欢也悲伤得不能控制自己。李元忠趁机进献计策说："殷州地方小，缺少粮草兵器，无法成就大事。假如进兵冀州，高乾邕兄弟必定做明公的东道主。殷州便交给我李元忠。冀州和殷州既已连合，沧、瀛、幽、定各州自然就会顺服，只有相州刺史刘诞这个狡猾的胡人也许要抗拒，但他不是明公的对手。"高欢赶紧握住李元忠的手向他道谢。

欢至山东，约勒士卒，丝毫之物不听侵犯，每过麦地，欢辄步牵马。远近闻之，皆称高仪同将兵整肃，益归心焉。

欢求粮于相州刺史刘诞，诞不与；有车营租米，欢掠取之。进至信都，封隆之、高乾等开门纳之。高敖曹时在外略地，闻之，以乾为妇人，遗以布裙。欢使世子澄以子孙礼见之，敖曹乃与俱来。

【译文】 高欢到达山东，约束士兵，不让他们丝毫有所侵犯，每当经过麦田，高欢常常下马牵着走。远近的人听说了，都称赞高欢带兵纪律严整，因此内心更加对他归服。

高欢向相州刺史刘诞征求粮食，刘诞不给，正好有运送税粮的车队从此处经过，高欢就把这批粮食抢走了。高欢率军到达信都，封隆之、高乾等人打开城门迎接他。高敖曹这时在外边开拓地盘，听说了这事，认为高乾是妇人之见，就送给高乾一套布裙。高欢派遣世子高澄以晚辈子孙的礼节晋见高敖曹，高敖曹这才和高澄一同回到信都。

癸酉，魏封长广王晔为东海王，以青州刺史鲁郡王肃为太师，淮阳王欣为太傅，尔朱世隆为太保，长孙稚为太尉，赵郡王谌为司空，徐州刺史尔朱仲远、雍州刺史尔朱天光并为大将军，并州刺史尔朱兆为天柱大将军；赐高欢爵勃海王，徵使入朝。长孙稚固辞太尉，乃以为骠骑大将军、开府仪同三司。尔朱兆辞天柱，曰："此叔父所终之官，我何敢受！"固辞，不拜，寻加都督十州诸军事，世袭并州刺史。高欢辞不就徵。尔朱仲远徙镇大梁，复加兖州刺史。

【译文】 癸酉日（三月初三），北魏封长广王元晔做东海王，任命青州刺史鲁郡王元肃为太师，淮阳王元欣为太傅，尔朱世隆为太保，长孙稚为太尉，赵郡王元谌为司空，徐州刺史尔朱仲远、雍州刺史尔朱天光一起做大将军，并州刺史尔朱兆做天柱大将军；赐高欢爵为渤海王，征召他入朝。长孙稚坚决推辞太尉，于是任命他为骠骑大将军、开府仪同三司。尔朱兆推辞天柱大将军的职位，说："这是叔父最后的官衔，我怎么敢接受？"辞意很坚决，因此没有授予，不久加封尔朱兆都督十州诸军事，世袭并州刺史。高欢推辞不肯接受征召。尔朱仲远改为镇守大梁，又加封兖州刺史。

尔朱世隆之初为仆射也，畏尔朱荣之威严，深自刻厉，留心几案，应接宾客，有开敏之名。及荣死，无所顾惮，为尚书令，家居视事，坐符台省，事无大小，不先白世隆，有司不敢行。使尚书郎宋游道、邢昕在其听事东西别坐，受纳辞讼，称命施行；公为贪淫，生杀自恣；又欲收军士之意，泛加阶级，皆为将军，无复员限，自是勋赏之官大致猥滥，人不复贵。是时，天光专制关右，兆奄有并、汾，仲远擅命徐、兖，世隆居中用事，竞为贪暴。而仲远尤甚，所部富室大族，多诬以谋反，籍没其妇女财物入私家，投其男子于河，如是者不可胜数。自荥阳已东，租税悉入其军，不送洛阳。东南州郡自牧守以下至士民，畏仲远如豺狼。由是四方之人皆恶尔朱氏，而惮其强，莫敢违也。

【译文】尔朱世隆先前当尚书仆射的时候，害怕尔朱荣的威严，所以能够严格的要求自己，注意做好本官职以内的工作，认真地接待宾客，有思想开明、办事敏捷的好名声。等到尔朱荣死了以后，无所顾忌，担任尚书令，竟然在家办公，指挥台省，事无大小，不先向尔朱世隆禀报，有关部门的官员便不敢执行。尔朱世隆让尚书郎宋游道、邢昕在他的厅堂上东西分开办公，接受各方面的请示报告，秉承尔朱世隆的意旨办事；尔朱世隆公然贪赃枉法，放纵淫乱，生杀随他的高兴，又想收买军心，普遍地提高军官的级别，让他们都成为将军，不再有员额限制，从此勋赏的官衔变得多而滥，人们不再看重。此时，尔朱天光独揽函谷关以西的一切军政大权，尔朱兆据有并、汾二州，尔朱仲远在徐、兖二州自作主张，尔朱世隆在朝廷掌握大权，他们争先做贪婪残暴的事。其中尤其以尔朱仲远最厉害，他管辖的富家大族，尔朱仲远多诬陷他们谋反，没收他们的妇女财物进入他的私宅，将男子投到黄河，像这种情形多得无法计算。从荥阳往东的地区，所有的租税全都进入他的军中，不向朝廷上交任何东西。东南一带的州郡从牧守以下直到士民，害怕尔朱仲远如同豺狼一般。因此四方的人都厌恶尔朱氏，可是害怕他们的强盛，没有人敢违抗他们。

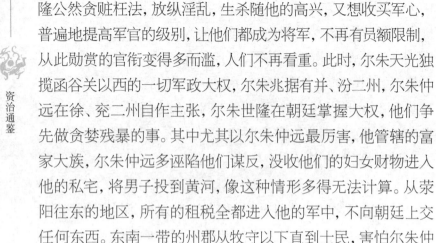

　　己丑，魏以泾州刺史贺拔岳为岐州刺史，渭州刺史侯莫陈悦为秦州刺史，并加仪同三司。

　　魏使大都督侯渊、骠骑大将军代人叱列延庆讨刘灵助，至固城，渊畏其众，欲引兵西入，据关拒险，以待其变。延庆曰："灵助庸人，假妖术以惑众，大兵一临，彼皆恃其符厌，岂肯戮力致死，与吾争胜负哉！不如出营城外，诈言西归。灵助闻之，必自宽纵，然后潜军击之，往则成擒矣。"渊从之，出顿城西，声云欲还，丙申，简精骑一千夜发，直抵灵助垒；灵助战败，斩之，传首洛阳。

　　初，灵助起兵，自占胜负，曰："三月之末，我必入定州，尔朱氏不久当灭。"及灵助首函入定州，果以是月之末。

　　【译文】己丑日（三月十九日），北魏任命泾州刺史贺拔岳为岐州刺史，渭州刺史侯莫陈悦为秦州刺史，并且加封仪同三司。

北魏派遣大都督侯渊、骠骑大将军代人叱列延庆征讨刘灵助，讨伐大军到达固城，侯渊畏惧对方人多势众，打算率军从西边进兵，据守关塞，凭险抗御，来等待他们内乱。叱列延庆说："刘灵助是个平庸的家伙，假借妖术迷惑群众，大军一到达，他们都仗恃刘灵助的符咒来取胜，怎么肯尽力拼命，和我们的士卒争夺胜负呢？不如到城外去扎营，诈说要西归，刘灵助听到这个消息，一定很宽心不加戒备，然后暗中发动军队进攻他，那就一举就可以擒住他了。"侯渊听从了，出城到城西驻扎，宣布说打算班师。丙申日（三月二十六日），选拔精锐的骑兵一千人在夜里出发，径直前往进攻刘灵助的营垒，刘灵助战败，被官军斩首，把他的首级传送到洛阳。

起初，刘灵助起兵的时候，替自己的未来成败算了卦，说："三月底，我一定进入定州，尔朱氏当会灭亡。"等到刘灵助的首级进入定州，果真是在这个月的月底。

夏，四月，乙巳，昭明太子统卒。太子自加元服，上即使省录朝政，百司进事，填委于前，太子辨析诈谬，秋毫必睹，但令改正，不加案劾，平断法狱，多所全宥，宽和容众，喜愠不形于色。好读书属文，引接才俊，赏爱无倦。出宫二十馀年，不畜声乐。每霖雨积雪，遣左右周行间巷，视贫者赈之。天性孝谨，在东宫，虽燕居，坐起恒西向，或宿被召当入，危坐达旦。及寝疾，恐贻帝忧，敕参问，辄自力手书。及卒，朝野惋愕，建康男女，奔走宫门，号泣满路。

【译文】夏季，四月，乙巳日（初六），梁朝的昭明太子萧统去世。太子自从行加冠礼成为成人以后，梁武帝萧衍就让他

199

观察、统领朝政，百官禀告的奏章，堆积在昭明太子面前，太子辨别其中弄虚作假的东西和错误的地方，丝毫不遗漏，但他只是要他们改正，不予以弹劾查究，审判狱讼时，往往能够做到公平、合理，有很多人因此被赦免，保全了性命。昭明太子为人宽和，能包容众人，喜怒不形于色。喜好读书作文，接纳才俊之士，对他们赏识友爱，永不疲倦。出居东宫二十多年，从不养歌儿舞女。每当久雨或积雪的时候，就派遣他身边的人巡行闾巷，看到贫穷的人就予以接济。昭明太子天性孝顺小心，在东宫，就算是平常闲居，坐起之时也都面朝西边。有时晚上被宣召，当于第二天早晨入宫，往往正襟危坐直到天亮。等到卧病在床，深怕让父皇担心，每当梁武帝萧衍派人传话问候他的病情，太子往往勉强支撑亲自写回信报告病情。等他去世，朝野人士都感到惋惜惊讶，建康的男女，奔走来到宫门哀吊，在道路上悲伤号哭。

癸丑，魏以高欢为大都督、东道大行台、冀州刺史，又以安定王尔朱智虎为肆州刺史。

魏尔朱天光出夏州，遣将讨宿勤明达，癸亥，擒明达，送洛阳，斩之。

丙寅，魏以侍中、票骑大将军尔朱彦伯为司徒。

魏诏有司不得复称"伪梁"。

五月，丙子，魏荆州城民斩赵修延，复推李琰之行州事。

魏尔朱仲远使都督魏僧勔等讨崔祖螭于东阳，斩之。

初，昭明太子葬其母丁贵嫔，遣人求墓地之吉者。或赂宦者俞三副求卖地，云若得钱三百万，以百万与之。

【译文】癸丑日（十四日），北魏任命高欢为大都督、东道大行台、冀州刺史，又任命安定王尔朱智虎为肆州刺史。

北魏尔朱天光出兵夏州，派遣将领征讨宿勤明达，癸亥日（二十四日），擒获了宿勤明达，把他送到洛阳，斩首示众。

丙寅日（二十七日），北魏任命侍中、骠骑大将军尔朱彦伯为司徒。

北魏下诏给有关部门的官员不可以再称梁朝为"伪梁"。

五月，丙子日（初七），北魏荆州城民杀了赵修延，又推举李琰之代理刺史的职务。

北魏尔朱仲远派都督魏僧勖等人前往东阳征讨崔祖螭，将他杀了。

起初，梁朝的昭明太子萧统安葬他母亲丁贵嫔的时候，派人觅求吉祥的墓地，有人贿赂宦官俞三副请求买他的地，说假如得钱三百万，将要给俞三副一百万。

【译文】 高欢在魏国，已经形成尾大不掉之势。然而也是当时的君主想征召他造成的。征召他，他却不到，叛逆的迹象已经彰显，却还是把重要的职务交给他，虽然出于无可奈何，然而高欢却因此更加肆无忌惮。贺拔岳、宇文泰等从而效仿他，魏国于是像烂鱼一样不可救药了。

三副密启上，言"太子所得地不如今地于上为吉"。上年老多忌，即命市之。葬毕，有道士云："此地不利长子，若厌之，或可申延。"乃为蜡鹅及诸物埋于墓侧长子位。宫监鲍邈之、魏雅初皆有宠于太子，邈之晚见疏于雅，乃密启上云："雅为太子厌祷。"上遣检掘，果得鹅物，大惊，将穷其事。徐勉固谏而止，但诛道士。由是太子终身惭愤，不能自明。及卒，上徵其长子南徐州刺史华容公欢至建康，欲立以为嗣，衔其前事，犹豫久之，卒不立，庚寅，遣还镇。

◆臣光曰：君子之于正道，不可少顷离也，不可跬步失也。以昭明太子之仁孝，武帝之慈爱，一染嫌疑之迹，身以忧死，罪及后昆，求吉得凶，不可湔涤，可不戒哉！是以诡诞之士，奇邪之术，君子远之。◆

【译文】俞三副秘密向梁武帝萧衍报告，说："太子所觅得的那块地不如这块地对皇上您吉利。"梁武帝萧衍年纪大，忌讳多，就下令将地买下了。葬完以后，有道士说："这块地不利长子，假如能用法术将不利因素加以控制，也许可以使灾祸延迟发生。"昭明太子萧统于是做了蜡鹅以及其他的物品埋在墓旁长子的位置。宫监鲍邈之、魏雅早先都受到太子的宠爱，鲍邈之后来被魏雅所疏远，于是秘密启禀梁武帝萧衍说："魏雅替太子进行巫术活动。"梁武帝派人去挖掘检查，果然找到蜡鹅等物，大为吃惊，准备彻底究办这事，徐勉再三谏诤，这才作罢，只将道士杀了。从此以后，太子终身感到惭愧愤怒，无法替自己表白。等到去世，梁武帝征召他的长子南徐州刺史华容公萧欢来到建康，打算立他为继承人，因为对于前事不能释然，犹豫了很久，最终没有立萧欢。庚寅日（二十一日），梁武帝打发萧欢回到镇地。

◆臣司马光说：君子对于正道，片刻也不可以离开，不可以有半步的失误。以昭明太子萧统的仁孝，梁武帝萧衍的慈爱，一且产生一点嫌疑，自身因为忧愤而死，罪及后世子孙，原意求吉，反而得凶，无法洗刷自己冤屈，人们能不引以为戒吗！所以搞邪门歪道的人，对于不合正道的法术，君子要远远地离开。◆

丙申，立太子母弟晋安王纲为皇太子。朝野多以为不顺，司议侍郎周弘正，尝为晋安王主簿，乃奏记曰："谦让道废，多历年所。伏惟明大王殿下，天挺将圣，四海归仁，是以皇上发德音，以大王为储副。意者愿闻殿下抗目夷上仁之义，执子臧大贤之节，逃玉舆而弗乘，弃万乘如脱屣，庶改浇竞之俗，以大吴国之风。古有其人，今闻其语，能行之者，非殿下而谁！使无为之化复生于遂古，让王之道不坠于来叶，岂不盛欤！"王不能从。弘正，舍之兄子也。

【译文】　丙申日（二十七日），梁武帝萧衍立太子同母的弟弟晋安王萧纲为皇太子，朝野人士都认为这样做不符合顺序，司议侍郎周弘正曾经做过晋安王的主簿，就向晋安王上书劝谏说："谦让之道被废弃，已经许多年了。英明的大王殿下，您是天上派下来的大圣人，四海之内称赞您是仁德君子，所以皇上才发布福音，选大王您做储君。我琢磨着天下人很希望听到殿下发扬目夷尊尚仁人的义行，秉承子臧大贤的节操，逃避玉舆而不愿乘坐，抛弃万乘之位如同脱去破鞋，这样也许可以改变浮薄躁进的风俗，光大吴太伯让国的高风。古代有这样的人，现在还能听到他们说过的话，但能够去实行的，除了殿下还有谁？使得无为的教化再现于今日，让王的义行流传后世，那不是很好的事吗？"萧纲没有听从。周弘正是周舍的侄儿。

太子以侍读东海徐摛为家令，兼管记，寻带领直。摛文体轻丽，春坊尽学之，时人谓之宫体。上闻之，怒，召摛，欲加诮责。及见，应对明敏，辞义可观，意更释然，因问经史及释教，摛商较从横，应对如响，上甚加叹异，宠遇日隆。领军朱异不悦，谓所亲曰："徐叟出入两宫，渐来见逼，我须早为之所。"遂乘间白上曰："摛年老，又爱泉石，意在一郡自养。"上谓摛真欲之，乃召摛，谓曰："新安大好山水。"遂出为新安太守。

六月，癸丑，立华容公欢为豫章王，其弟枝江公誉为河东王，曲阿公詧为岳阳王。上以人言不息，故封欢兄弟以大郡，用慰其心。久之，鲍邈之坐诱略人，罪不至死，太子纲追思昭明之冤，挥泪诛之。

【译文】太子萧纲任用侍读东海人徐摛做太子家令，兼任管记，不久又任命他统领东宫的警卫军队。徐摛的文章风格轻佻、辞藻华丽，太子宫府的人都跟从他学习，当时的人称为宫体。梁武帝萧衍听说了这件事，非常生气，召见徐摛，打算予以责备。等到见了面，徐摛应答敏捷，辞义可观，梁武帝的怒气一下子就消除了，于是问他经史及佛教方面的问题，徐摛便侃侃而谈，说得头头是道，回答问题全都是随口而出，如同响之应声，不带迟疑、不加思量，梁武帝深为叹赏，认为不平凡，因此对徐摛的宠遇一天比一天增加。领军朱异十分不高兴，对亲近他的人说："徐老头出入两宫，对我越来越构成威胁，我必须早些做打算。"于是利用机会对梁武帝说："徐摛年老，又喜好泉石，想要在一郡中颐养天年。"梁武帝萧衍以为徐摛心意真是如此，就召见徐摛，对他说："新安山水绝佳。"于是将他外放为新安太守。

六月，癸丑日（十五日），梁武帝萧衍立华容公萧欢为豫章王，他的弟弟枝江公萧誉为河东王，曲阿公萧詧为岳阳王。梁武帝因为人们还在为立萧纲为太子的议论一直不平息，所以将大郡封给萧欢兄弟，用来安慰他们。过了一段时候，鲍邈之犯诱骗抢掠人口的罪，论其罪过不至于死，太子萧纲追念昭明太子萧统所受的冤屈，流着泪将鲍邈之杀了。

【乾隆御批】 储贰地易，嫌疑厌祷迹，涉巫蛊。昭明读书好古，奈何不以戾太子事为鉴？虽云小人构寡，然亦有以自取之矣。

【译文】 改立皇储，是因为萧统厌祷事件有涉及巫蛊之术的嫌疑。昭明太子读书好古，为什么不把汉武帝时戾太子因巫蛊事件而被迫自杀的事引以为鉴呢？虽说有小人从中构陷，然而也有咎由自取的原因啊。

【乾隆御批】 昭明既不享年，以次立贤于理未为不顺。而朝野嗃嗃，属意统子，宏正奏记简文执鱼、臧已事为例。徒高逊让之名，而不顾祢祖之紊，正义庸有当乎？即如洪武因刘三吾一言令太孙主器，以致诸王不逊，祸酿燕藩。迂儒误人家国大率如此。梁武且以人言不息封统子，以慰众心，是诚何为者耶？

【译文】 昭明既然不能安享天年，接次序立其弟为太子继承人在事理上也没什么说不过去的。而朝野却为此争论不休，都属意于萧统的儿子，周宏正甚至援引宋子鱼、曹子臧的事例上奏给简文帝。这些人只是在抬高逊让之名，却不顾及宗庙的紊乱，正义难道需要这样做才是恰当的吗？就像明朝的朱洪武因为刘三吾的一句话就让太孙主管宗庙祭器，去当皇帝，以致诸王都不服，终于酿成燕王朱棣夺权的祸事。不通世情的读书人误人家国大都如此。梁武帝只因人言不止便封萧统的儿子，以安抚众人之心，这诚然又在做什么呢？

魏高欢将起兵讨尔朱氏，镇南大将军斛律金、军主善无库狄干与欢妻弟娄昭、妻之姊夫段荣皆劝成之。欢乃诈为书，称尔朱兆将以六镇人配契胡为部曲，众皆忧惧。又为并州符，徵兵讨步落稽，发万人，将遣之。孙腾与都督尉景为请留五日，如此者再，欢亲送之郊，雪涕执别，众皆号恸，声震郊野。欢乃谕之曰："与尔俱为失乡客，义同一家，不意在上徵发乃尔！今直西向，已当死，后军期，又当死，配国人，又当死，奈何？"众曰："唯有反耳！"欢曰："反乃急计，然当推一人为主，谁可者？"众共推欢，欢曰："尔乡里难制。不见葛荣乎？虽有百万之众，曾无法度，终自败灭。今以吾为主，当与前异，毋得陵汉人，犯军令，生死任吾则可；不然，不能为天下笑。"众皆顿颡曰："死生唯命！"欢乃椎牛飨士，庚申，起兵于信都，亦未敢显言叛尔朱氏也。

【译文】北魏高欢将要起兵征讨尔朱氏，镇南大将军斛律金、军主善无人库狄干与高欢的妻弟娄昭、妻子的姐夫段荣都在旁劝诱，促成其事。高欢于是伪造书信，说尔朱兆准备将六镇的人分配到契胡人的属下去做他们的奴隶，大家都担心恐惧。又假造并州的兵符，征调兵士讨伐步落稽人，征发了一万人，准备派遣上路。孙腾与都督尉景替士兵请求停留五天，像这样一共两次，高欢亲自送他们到郊外，流泪握手告别，众人都悲恸号哭，声音震动旷野。高欢这才劝慰他们说："我与你们都是背井离乡客居异地的人，情谊好像一家人一般，没想到上面的人这样来征发！现在径直向西去，将死在战场上，耽搁军期，又会被处死，把你们编入契胡人的名下，还是免不了一死，怎么办呢？"众人说："只有造反了。"高欢说："这是一种紧急对策，但是应该推举一个人做领袖，谁可以担当呢？"大家共同推举高欢，高欢说："你们都是乡里乡亲，很难以节制。没有看到葛荣吗？他虽然有上百万的士兵，却一点没有法纪，最后还是自取灭亡。现今假如让我做领袖，应当与从前不同，不可以凌辱汉人，冒犯军令，生死任我处置才行，不然，我就会被天下人耻笑。"众人都磕头行礼说："是死是活，我们都听你的。"高欢于是杀牛犒赏将士，庚申日（二十二日），高欢在信都起兵，但也不敢立即公开宣称背叛尔朱氏。

会李元忠举兵逼殷州，欢令高乾帅众救之。乾轻骑入见刺史尔朱羽生，与指画军计，羽生与乾俱出，因擒斩之，持羽生首谒欢。欢抚膺曰："今日反决矣！"乃以元忠为殷州刺史，镇广阿。欢于是抗表罪状尔朱氏，尔朱世隆匿之不通。

【译文】 此时恰好李元忠发兵进逼殷州，高欢命令高乾率领众人前去救援。高乾轻骑入城见尔朱羽生，与他商议军事大计，尔朱羽生和高乾一起出来，高乾借机将尔朱羽生擒杀了，拿着尔朱羽生的头来见高欢。高欢用手拍着自己的胸膛说："现在只好下定决心造反了。"于是任命李元忠为殷州刺史，镇守广阿。高欢于是上表陈述尔朱氏的罪状，尔朱世隆将这道表藏匿起来没有上报。

魏杨播及弟椿、津皆有名德。播刚毅，椿、津谦恭，家世孝友，缌服同爨，男女百口，人无间言。椿、津皆至三公，一门七郡太守，三十二州刺史。敬宗之诛尔朱荣也，播子侃预其谋；城阳王徽、李彧，皆其姻戚也。尔朱兆入洛，侃逃归华阴，尔朱天光使侃妇父韦义远招之，与盟，许贳其罪。侃曰："彼虽食言，死者不过一人，犹冀全百口。"乃出应之，天光杀之。时椿致仕，与其子昱在华阴，椿弟冀州刺史顺、司空津、顺子东雍州刺史辨、正平太守仲宣皆在洛。秋，七月，尔朱世隆诬奏杨氏谋反，请收治之，魏主不许。世隆苦请，帝不得已，命有司检案以闻。壬申夜，世隆遣兵围津第，天光亦遣兵掩椿家于华阴，东西之族无少长皆杀之，籍没其家。世隆奏云："杨氏实反，与收兵相拒，皆已格杀。"帝愍怅久之，不言而已，朝野闻之，无不痛愤。津子逸为光州刺史，尔朱仲远遣使就杀之。唯津子愔于被收时适出在外，逃匿，获免，往见高欢于信都，泣诉家祸，因为言讨尔朱氏之策。欢甚重之，即署行台郎中。

【译文】北魏杨播与他的弟弟杨椿、杨津都有名望、有才德，杨播个性刚毅，杨椿、杨津两人性格谦虚恭谨，他们家世代孝敬父母，友爱兄弟，五代同堂而居，男女共有百人之多，彼此和睦相处，没有嫌隙之言。杨椿、杨津都做到三公，一门之中有七个郡太守，三十二个州刺史。北魏孝庄帝元子攸诛杀尔朱荣的时候，杨播的儿子杨侃参与了这项计谋，城阳王元徽、李彧都是他们的儿女亲家。尔朱兆进入洛阳，杨侃逃回华阴，尔朱天光派遣杨侃的岳父韦义远征召他，与他结盟，答应赦免他的罪。杨侃说："尔朱天光就算食言，死的不过是我一个人罢了，还有希望可以保全一家百口。"于是出来应招，尔朱天光将他杀了。这时杨椿已经退休，与他的儿子杨昱在华阴，杨椿的弟弟冀州刺史杨顺、司空杨津、杨顺的儿子东雍州刺史杨辨、正平太守杨仲宣都在洛阳。秋季，七月，尔朱世隆诬奏杨氏图谋造反，请求予以逮捕查办，节闵帝元恭不肯答应。尔朱世隆苦苦地请求，节闵帝元恭不得已，命令有关部门的官员调查虚实然后上奏。壬申日（初四）的晚上，尔朱世隆派遣军队包围杨津的宅第，尔朱天光也派遣军队到华阴逮捕杨椿一家，居住在西部华阴和居住在洛阳的杨氏家族无论男女老幼都被屠杀，将他们的家财全都予以没收充公。尔朱世隆上奏说："杨氏真的造反，与派去逮捕的士兵相抗拒，已经予以格杀。"节闵帝元恭惋惜怅恨了许久，只是不说罢了。朝野人士听说了这件事，没有不痛心悲愤的。杨津的儿子杨逸做光州刺史，尔朱仲远派遣使者前往将他杀了。只有杨津的儿子杨愔当杨家被逮捕时恰好在外边，逃走躲藏起来，得以脱身，前往信都谒见高欢，向他哭诉杨家所遭到的横祸，于是向高欢进言征讨尔朱氏的计策。高欢非常看重他，立刻任命他为行台郎中。

【申涵煜评】 杨氏家世孝友，百口同居，一时东西族俱被惨祸，仅愔一人获免，于天道福善之理似爽。或者一门两三公、七郡守、三十二刺史，盛极者故必衰与，然何其甚也。

【译文】 杨氏家族世代孝顺友爱，百人一同居住，一时之间东西的族人都遭受惨祸，只有杨愔一个获得避免，对于天道福善的道理似乎有所差错。也许是一个门户拥有两位出任三公、七位郡守、三十二位刺史，难道兴盛到了极点就一定会衰败，怎么这么严重呢？

乙亥，上临轩策拜太子，大赦。

丙戌，魏司徒尔朱彦伯以旱逊位。戊子，以彦伯为侍中、开府仪同三司。彦伯于兄弟中差无过恶。尔朱世隆固让太保，魏主特置仪同三师之官，位次上公之下，庚寅，以世隆为之。斛斯椿谮朱瑞于世隆，世隆杀之。

庚寅，诏："凡宗戚有服属者，并可赐沐，食乡亭侯，随远近为差。"

【译文】 乙亥日（初七），梁武帝萧衍上殿册封萧纲为太子，大赦天下。

丙戌日（十八日），北魏司徒尔朱彦伯因为旱灾而辞去司徒的职务，戊子日（二十日），节闵帝元恭任命尔朱彦伯为侍中、开府仪同三司。尔朱彦伯在他们兄弟当中没有什么大的过错。尔朱世隆坚决推辞太保，节闵帝特地设置仪同三司的官职，地位仅在三公之下，庚寅日（二十二日），节闵帝任命尔朱世隆为仪同三司。斛斯椿向尔朱世隆进谗言毁谤朱瑞，尔朱世隆把朱瑞杀了。

庚寅日（二十二日），梁武帝萧衍下诏："凡是血缘关系在五服之内的同族人，男子都可以封乡侯或亭侯，妇人都可赐汤沐邑，按照血缘关系的远近区别对待。"

壬辰，以吏部尚书何敬容为尚书右仆射。敬容，昌宇之子也。

魏尔朱仲远、度律等闻高欢起兵，恃其强，不以为虑，独尔朱世隆忧之。尔朱兆将步骑二万出井陉，趣殷州，李元忠弃城奔信都。八月，丙午，尔朱仲远、度律将兵讨高欢。九月，己卯，魏以仲远为太宰，庚辰，以尔朱天光为大司马。

癸巳，魏主追尊父广陵惠王为先帝，母王氏为先太妃，封弟永业为高密王，子恕为勃海王。

【译文】 壬辰日（二十四日），梁武帝萧衍任命吏部尚书何敬容为尚书右仆射。何敬容是何昌宇的儿子。

北魏尔朱仲远、尔朱度律等人听说高欢起兵，倚仗他们的兵势强盛，不放在心上，只有尔朱世隆感到忧虑。尔朱兆率领步兵和骑兵两万人出井陉，进逼殷州，李元忠弃城投奔信都。八月，丙午日（初九），尔朱仲远、尔朱度律率兵征讨高欢。九月，己卯日（十二日），北魏任命尔朱仲远为太宰，庚辰日（十三日），任命尔朱天光为大司马。

癸巳日（二十六日），北魏节闵帝元恭追尊他的父亲广陵惠王元羽为先帝，母亲王氏为先太妃，封他的弟弟元永业为高密王，儿子元恕为渤海王。

冬，十月，己酉，上幸同泰寺，升法座，讲《涅槃经》，七日而罢。

乐山侯正则，先有罪徙郁林，招诱亡命，欲攻番禺，广州刺史元景仲讨斩之。正则，正德之弟也。

孙腾说高欢曰："今朝廷隔绝，号令无所禀，不权有所立，则众将沮散。"欢疑之，腾再三固请，乃立勃海太守元朗为帝。朗，融之子也。壬寅，朗即位于信都城西，改元中兴。以欢为侍中、丞相、都督中外诸军事、大将军、录尚书事、大行台，高乾为侍中、司空，高敖曹为骠骑大将军、仪同三司、冀州刺史，孙腾为尚书左仆射，河北行台魏兰根为右仆射。

【译文】 冬季，十月，己酉日（十三日），梁武帝萧衍前往同泰寺，登上法座，讲解《涅槃经》，一连讲了七天才停止。

梁朝乐山侯萧正则，过去因为有罪被迁徙到郁林，在郁林招诱亡命之徒，想要攻击番禺，广州刺史元仲景（仲景当作景仲）征讨他，把他杀了。萧正则是萧正德的弟弟。

孙腾游说高欢："现在和朝廷断绝，目前没有一个能让我们信赖、能向之请示的人，假如不暂时立一位皇帝，那么众人将会丧气离散。"高欢对他的话很是犹疑不定，孙腾再三坚决请求，于是高欢立渤海太守元朗为帝。元朗是元融的儿子。壬寅日（初六），元朗在信都城西边即帝位，改年号为中兴。任命高欢为侍中、丞相、都督中外诸军事、大将军、录尚书事、大行台，任命高乾为侍中、司空；任命高敖曹为骠骑大将军、仪同三司、冀州刺史，任命孙腾为尚书左仆射，任命河北行台魏兰根为右仆射。

己酉，尔朱仲远、度律与票骑大将军斛斯椿、车骑大将军、仪同三司贺拔胜、车骑大将军贾显智军于阳平。显智名智，以字行，显度之弟也。尔朱兆出井陉，军于广阿，众号十万。高欢纵反间，云"世隆兄弟谋杀兆"，复云"兆与欢同谋杀仲远等"，由是迭相猜贰，徘徊不进。仲远等屡使斛斯椿、贺拔胜往谕兆，兆帅轻骑三百来就仲远，同坐幕下，意色不平，手舞马鞭，长啸凝望，疑仲远等有变，遂趋出，驰还。仲远遣椿、胜等追，晓说之，兆执椿、胜还营，仲远、度律大惧，引兵南遁。兆数胜罪，将斩之，曰："尔杀卫可孤，罪一也；天柱薨，尔不与世隆等俱来，而东征仲远，罪二也。我欲杀尔久矣，今复何言？"胜曰："可孤为国巨患，胜父子诛之，其功不小，反以为罪乎？天柱被戮，以君诛臣，胜宁负王，不负朝廷。今日之事，生死在王。但寇贼密迩，骨肉构隙，自古及今，未有如是而不亡者。胜不惮死，恐王失策。"兆乃舍之。

【译文】己酉日（十三日），尔朱仲远、尔朱度律与骠骑大将军斛斯椿、车骑大将军、仪同三司贺拔胜、车骑大将军贾显智驻扎在阳平。贾显智名贾智，字显智，人们都习惯称呼他的字，是贾显度的弟弟。尔朱兆出井陉，屯驻在广阿，人数号称十万。高欢使用反间计，说"尔朱世隆兄弟图谋杀尔朱兆"，又说"尔朱兆和高欢共同图谋杀尔朱仲远等人"，因此各军互相猜忌，徘徊不进。尔朱仲远等人多次派遣斛斯椿、贺拔胜前往向尔朱兆解释、劝说，尔朱兆率领轻骑三百人前来拜见尔朱仲远，一起坐在大帐中，尔朱兆对尔朱仲远满脸的不信任，他手里不停地挥动马鞭，嘴里打着口哨，眼睛凝视远方，疑心尔朱仲远等人会对自己发动袭击，因此就快步走出大帐，奔驰回到自己的驻地。尔朱仲远派遣斛斯椿、贺拔胜等人追他，向他解释，尔朱兆俘虏斛斯椿、贺拔胜回营，尔朱仲远、尔朱度律大为恐惧，率兵向南逃走。尔朱兆数说贺拔胜的罪过，想要杀掉他，说："你杀了卫可孤，这是第一个罪过；天柱将军被杀后，你不与尔朱世隆等人一起前来，却东征尔朱仲远，这是第二个罪过。我想杀你已经很久了，现在你还有什么话说？"贺拔胜说："卫可孤是国家的大祸患，贺拔胜父子将他诛杀，功劳不小，反而是一种罪过吗？天柱将军被杀，是以君诛臣，贺拔胜宁可辜负大王，不愿辜负朝廷。今天的事，生死之权操在大王的手中，只是寇贼近在眼前，却骨肉之间相互起仇隙，从古到今，像这样没有不败亡的。贺拔胜不害怕死亡，只怕大王打错了主意。"尔朱兆于是赦免了他。

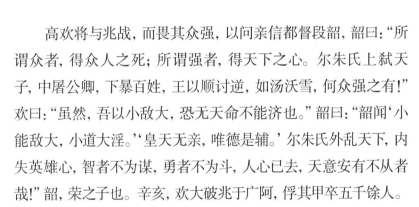

高欢将与兆战，而畏其众强，以问亲信都督段韶，韶曰："所谓众者，得众人之死；所谓强者，得天下之心。尔朱氏上弑天子，中屠公卿，下暴百姓，王以顺讨逆，如汤沃雪，何众强之有！"欢曰："虽然，吾以小敌大，恐无天命不能济也。"韶曰："韶闻'小能敌大，小道大淫。''皇天无亲，唯德是辅。'尔朱氏外乱天下，内失英雄心，智者不为谋，勇者不为斗，人心已去，天意安有不从者哉！"韶，荣之子也。辛亥，欢大破兆于广阿，俘其甲卒五千馀人。

【译文】高欢将与尔朱兆交战，可是担心尔朱兆人多势众，拿这件事向他的亲信都督段韶请教，段韶说："所谓'众'，是能够得到众人的拼死效力；所谓'强'，是得到天下人的心。尔朱氏对上来说杀害天子，对中来说残杀公卿，对下来说凌虐百姓，大王以顺讨逆，好比将热汤浇在雪上，有什么'众强'可说呢！"

高欢说："话是不错，但我以小敌大，假如没有天命是无法成功的。"段韶说："我听说'小可以敌大，因为小的有道而大的无道。''皇天没有亲人，他只帮助有德的人。'尔朱氏对外扰乱天下，对内失去英雄的拥护，聪明的人不为他献计，勇敢的人不替他作战，人心已经丧失，天意哪有不顺从的呢！"段韶是段荣的儿子。辛亥日（十五日），高欢在广阿将尔朱兆打得大败，擒获了他的甲士五千多人。

【乾隆御批】 "得众人之死，得天下之心"，段韶二语可谓达于事理。高欢惟以众寡论强弱，不复知顺逆大经者，由其素志颇与尔朱相似，故自生犹豫耳。

【译文】 "得众人之死，得天下之心"，段韶这两句话可谓通达事理。高欢只以人数多少来论强弱，却不再知道顺逆的常道，是因为他平素的志向与尔朱氏颇为相似，所以才会自己产生犹豫。

十一月，乙未，上幸同泰寺，讲《般若经》，七日而罢。

庚辰，魏高欢引兵攻邺，相州刺史刘诞婴城固守。

是岁，魏南兖州城民王乞得劫刺史刘世明，举州来降。世明，芳之族子也。上以侍中元树为镇北将军、都督北讨诸军事，镇谯城。以世明为征西大将军、郢州刺史，加仪同三司。世明不受，固请北归，上许之。世明至洛阳，奉送所持节，归乡里，不仕而卒。

【译文】 十一月，乙未日（二十九日），梁武帝萧衍前往同泰寺，讲解《般若经》，持续了七天才停止。

庚辰日（十四日），北魏高欢率兵攻打邺地，相州刺史刘诞据城固守。

这一年，北魏南兖州城百姓王乞得劫持刺史刘世明，举州前来投降梁朝。刘世明是刘芳的族侄。梁武帝萧衍任命侍中元树为镇北将军、都督北讨诸军事，镇守谯城。任命刘世明为征西大将军、郢州刺史，加封仪同三司。刘世明不接受，坚决请求返回北魏，武帝准许了他。刘世明抵达洛阳，向朝廷奉还所持的旌节，回到自己的家乡，不再出来做官，一直到去世。

中大通四年（壬子，公元五三二年）春，正月，丙寅，以南平王伟为大司马，元法僧为太尉，袁昂为司空。

立西丰侯正德为临贺王。正德自结于朱异，上既封昭明诸子，异言正德失职，故王之。

以太子右卫率薛法护为司州牧，卫送魏王悦入洛。

庚午，立太子纲之长子大器为宣城王。

魏高欢攻邺，为地道，施柱而焚之，城陷入地。壬午，拔邺，擒刘诞，以杨愔为行台右丞。时军国多事，文檄教令，皆出于愔及开府谘议参军崔㥄。㥄，逞之五世孙也。

【译文】 中大通四年（壬子，公元532年）春季，正月，丙寅日（初一），梁武帝萧衍任命南平王萧伟为大司马，元法僧为太尉，袁昂为司空。

梁武帝萧衍立西丰侯萧正德为临贺王。萧正德与朱异相结交，武帝封完昭明太子的几个儿子后，朱异说萧正德的爵位太低，所以封他为王。

梁武帝萧衍任命太子右卫率薛法护为司州牧，护送魏王元悦进入洛阳。

庚午日（初五），梁武帝萧衍立太子萧纲的长子萧大器为宣城王。

北魏高欢攻打邺地，挖掘地道，用柱子支撑，地道挖成后就放火焚烧柱子，导致城墙坍塌，陷入地中。壬午日（十七日），高欢攻克邺城，俘虏了刘诞，高欢任命杨愔为行台右丞。此时军队和国家正处于多事之秋，文告教令，都是出于杨愔以及开府谘议参军崔凌的手笔。崔凌是崔逞的五世孙。

二月，以太尉元法僧为东魏王，欲遣还北，兖州刺史羊侃为军司马，与法僧偕行。

扬州刺史邵陵王纶遣人就市赊买锦彩丝布数百匹，市人皆闭邸店不出；少府丞何智通依事启闻。

纶被责还第，乃遣防閤戴子高等以槊刺智通于都巷，刃出于背。智通识子高，取其血以指画车壁为"邵陵"字，乃绝，由是事觉。庚戌，纶坐免为庶人，锁之于第，经三旬，乃脱锁，顷之复封爵。

【译文】二月，梁武帝萧衍任命太尉元法僧为东魏王，打算派遣他北归，兖州刺史羊侃做军司马，与元法僧同行。

扬州刺史邵陵王萧纶派人到市场强买几百匹的锦、彩、丝、布却不付钱，商人都关闭店门不出来做生意，少府丞何智通将这件事上奏梁武帝萧衍。

萧纶被谴责回到自己的府邸之后，就派遣防阁戴子高等人用槊在京巷中杀何智通，刃从背后穿出来。何智通认识戴子高，取自己的血在乘坐的车壁上写上"邵陵"字样，这才断气，因此这件事的真相很快被查出。庚戌日（十五日），萧纶因此被罢免为庶人，锁在他的宅第中。过了三十天，才解去锁，不久，又恢复了萧纶的封爵。

【乾隆御批】智通举劾，不愧能于其职。蔑法如邵陵，不复知有君父。而武帝暂免旋复，溺爱失义。厥后台城既陷，构祸相寻。其罔上恣行，所谓由来渐矣。

【译文】何智通列举萧纶的罪状，对他加以弹劾，真正做到了恪尽职守。如邵陵王那样藐视法律，不知道还有君有父。而梁武帝只是暂时免去他的王位，不久又恢复了，真是溺爱儿子而失去了大义。其后禁城陷落，引发的祸患一个接着一个。萧纶欺君罔上，肆意横行，可以说是由来已久了。

辛亥，魏安定王追谥敬宗曰武怀皇帝，甲子，以高欢为丞相、柱国大将军、太师；三月，丙寅，以高澄为票骑大将军。丁丑，安定王帅百官入居于邺。

尔朱兆与尔朱世隆等互相猜阻，世隆卑辞厚礼谕兆，欲使之赴洛，唯其所欲，又请节闵帝纳兆女为后；兆乃悦，并与天光、度律更立誓约，复相亲睦。

【译文】辛亥日（十六日），北魏安定王元朗追谥孝庄帝元子攸为武怀皇帝。甲子日（二十九日），安定王任命高欢为丞相、柱国大将军、太师；三月，丙寅日（初二），安定王任命高澄为骠骑大将军。丁丑日（十三日），安定王元朗率领百官进住邺城。

尔朱兆与尔朱世隆等人互相猜忌阻挠，尔朱世隆用谦虚恭敬的言辞、优厚的礼物劝说尔朱兆，打算让尔朱兆赶赴洛阳，许诺他到了洛阳一切听他调遣，又请北魏节闵帝元恭娶尔朱兆的女儿做皇后；尔朱兆这才欢喜，并且与尔朱天光、尔朱度律重新订立誓约，相互之间又重新和睦亲密起来。

斛斯椿阴谓贺拔胜曰："天下皆怨毒尔朱，而吾等为之用，亡无日矣，不如图之。"胜曰："天光与兆各据一方，欲尽去之甚难，去之不尽，必为后患，奈何？"椿曰："此易致耳。"乃说世隆追天光等赴洛，共讨高欢。世隆屡徵天光，天光不至，使椿自往邀之，曰："高欢作乱，非王不能定，岂可坐视宗族夷灭邪！"天光不得已，将东出，问策于雍州刺史贺拔岳，岳曰："王家跨据三方，士马殷盛，高欢乌合之众，岂能为敌！但能同心戮力，往无不捷。若骨肉相疑，则图存之不暇，安能制人！如下官所见，莫若且镇关中以固根本，分遣锐师与众军合势，进可以克敌，退可以自全。"天光不从。闰月，壬寅，天光自长安，兆自晋阳，度律自洛阳，仲远自东郡，皆会于邺，众号二十万，夹洹水而军，节闵帝以长孙稚为大行台，总督之。

【译文】 斛斯椿私下对贺拔胜说："天下人都痛恨尔朱氏，而我们还在为他们效命，灭亡的日子不远了，不如想法对付他们。"贺拔胜说："尔朱天光与尔朱兆各自占据一方，想要除掉他们很困难，若不能把他们彻底除掉，一定成为后患，怎么办呢？"斛斯椿说："这个容易做。"于是斛斯椿就游说尔朱世隆催促尔朱天光等人到洛阳，共同征讨高欢。尔朱世隆多次征召尔朱天光，尔朱天光不来，就派斛斯椿亲自前往邀请他，说："高欢作乱，没有大王无法平定，怎么可以坐视宗族被消灭呢？"尔朱天光不得已，将要率军东出，向雍州刺史贺拔岳讨教计策，贺拔岳说："大王您一家雄踞三方，兵马殷盛，高欢是乌合之众，怎么会是敌手？只要同心协力，前进没有不获胜的。假如是骨肉猜疑，那么图谋生存还都没有余暇，怎么能够制伏敌人呢？依下官所见，不如暂且坐镇关中来巩固根本，分别派出精锐的军队与各军会合，进可以战胜敌人，退可以保全自己。"尔朱天光没有听从。闰月，壬寅日（初八），尔朱天光从长安，尔朱兆从晋阳，尔朱度律从洛阳，尔朱仲远从东郡来到邺城会师，

资治通鉴

人数号称二十万，夹着洹水两岸屯驻军队，北魏节闵帝元恭任命长孙稚为大行台，总管监督所有军队。

高欢令吏部尚书封隆之守邺，癸丑，出顿紫陌，大都督高敖曹将乡里部曲王桃汤等三千人以从。欢曰："高都督所将皆汉兵，恐不足集事，欲割鲜卑兵千馀人相杂用之，何如？"敖曹曰："敖曹所将，练习已久，前后格斗，不减鲜卑。今若杂之，情不相洽，胜则争功，退则推罪，不烦更配也。"

【译文】高欢命令吏部尚书封隆之镇守邺城，癸丑日（十九日），高欢出兵屯驻在紫陌，大都督高敖曹率领着家乡的私人武装王桃汤等三千人跟随高欢屯驻在紫陌。高欢说："高都督所率领的都是汉兵，恐怕难以取得胜利，打算拨给你鲜卑兵千余人掺杂在一起作战，你看怎样？"高敖曹说："我所率领的军队，练习已经很久了，前后格斗，不比鲜卑人差。现在掺杂作战，情感不会融洽，战胜了就互相争功，撤退就互相推罪给对方，所以不需要再行配属。"

庚申，尔朱兆帅轻骑三千夜袭邺城，叩西门，不克而退。壬戌，欢将战马不满二千，步兵不满三万，众寡不敌，乃于韩陵为圆阵，连系牛驴以塞归道，于是将士皆有死志。兆望见欢，遥责欢以叛己，欢曰："本所以戮力者，共辅帝室。今天子何在？"兆曰："永安枉害天柱，我报仇耳。"欢曰："我昔亲闻天柱计，汝在户前立，岂得言不反邪！且以君杀臣，何报之有！今日义绝矣！"遂战。欢将中军，高敖曹将左军，欢从父弟岳将右军。欢战不利，兆等乘之，岳以五百骑冲其前，别将斛律敦收散卒蹑其后，敖曹以千骑自栗园出横击之，兆等大败，贺拔胜与徐州刺史杜德于阵降欢。兆对慕容绍宗抚膺曰："不用公言，以至于此！"欲轻骑西走，绍宗反旗鸣角，收散卒成军而去。兆还晋阳，仲远奔东郡。尔朱彦伯闻度律等败，欲自将兵守河桥，世隆不从。

【译文】 庚申日（二十六日），尔朱兆率领轻骑三千人在夜间偷袭邺城，进攻西门，不能获胜而退。壬戌日（二十八日），高欢率领不满两千人的骑兵，不满三万人的步兵，因为人数的众寡不相当，于是在韩陵结成圆阵，把牛驴拴在一起来堵住自己后退的道路，所以将士们都有必死的决心。尔朱兆望见高欢，远远地指责高欢背叛自己，高欢说："原来之所以同心协力的缘故，是为了共同辅佐帝室，而今天子何在？"尔朱兆说："北魏孝庄帝元子攸冤害天柱将军，我不过是报仇罢了。"高欢说："我从前在旁听取天柱将军谈论叛逆的计策，你在门前站着，怎能说是没有反叛呢？况且以君杀臣，有什么仇可报呢？今天我们的情义断绝了。"说完双方军队交战。高欢率领中军，高敖曹率领左军，高欢的堂弟高岳率领右军。高欢战事不利，尔朱兆等人乘机抢攻，高岳带着五百名骑兵冲击尔朱兆的前面，别将斛律敦收聚散兵攻打尔朱兆的后面，高敖曹率领一千名骑兵从栗园冲出来拦腰截击尔朱兆的军队，尔朱兆等人大败，贺拔胜与徐州刺史杜德在阵前投降了高欢。尔朱兆抚摩自己的胸口对慕容绍宗说："不采纳你的建议，以致有今天的惨败！"尔朱兆想要率领轻骑向西逃走，慕容绍宗却掉转大旗，吹起号角，收聚散兵，聚集成一支部队带着他们逃走了。尔朱兆回到晋阳，尔朱仲远奔回东郡。尔朱彦伯听说尔朱度律等人战败，想要率兵守住河桥，尔朱世隆不答应。

度律、天光将之洛阳，大都督斛斯椿谓都督贾显度、贾显智曰:"今不先执尔朱氏,吾属死无类矣。"乃夜于桑下盟,约倍道先还。世隆使其外兵参军阳叔渊单骑驰赴北中,简阅败众,以次内之。椿至,不得入城,乃诡说叔渊曰:"天光部下皆是西人,闻欲大掠洛邑,迁都长安,宜先内我以为之备。"叔渊信之。夏,四月,甲子朔,椿等入据河桥,尽杀尔朱氏之党。度律、天光欲攻之,会大雨昼夜不止,士马疲顿,弓矢不可施,遂西走,至漼波津,为人所擒,送于椿所。椿使行台长孙稚诣洛阳奏状,别使贾显智、张欢帅骑掩袭世隆,执之。彦伯时在禁直,长孙稚于神虎门启陈:"高欢义功既振,请诛尔朱氏。"节闵帝使舍人郭崇报彦伯,彦伯狼狈走出,为人所执,与世隆俱斩于阊阖门外,送其首并度律、天光于高欢。

【译文】尔朱度律、尔朱天光将要前往洛阳,大都督斛斯椿对都督贾显度、贾显智说:"现在假如不先逮捕尔朱氏,我们就要被他们灭族了。"于是就在夜里于桑树下结盟,约定加倍速度抢先赶回洛阳。尔朱世隆派遣他的外兵参军阳叔渊驰马赶往北中,检查失败而回的士兵,按次序让他们进入洛阳城。斛斯椿到达后,没有办法进城,于是哄骗阳叔渊说:"尔朱天光的部下都是西方人,听说他们打算要劫掠洛阳,迁都长安,应当先让我进去,以便防备他们。"阳叔渊相信了他的话。夏季,四月,甲子朔日(初一),斛斯椿等人进城占据了河桥,将尔朱氏的党羽全都杀了。尔朱度律、尔朱天光想要攻打他们,恰好大雨昼夜下个不停,兵马疲困,弓箭无法使用,于是就向西逃去,到达漼陂津的时候,尔朱度律、尔朱天光被人抓住,送到斛斯椿的住地。斛斯椿派行台长孙稚前往洛阳奏明情由,另外派遣贾显智、张欢率领骑兵偷袭尔朱世隆,并逮捕了他。尔朱彦伯这时在宫中轮值,长孙稚在神虎门启奏说:"高欢伸张正义的大功已经告成,请求诛除尔朱氏。"节闵帝元恭派舍人郭崇通知尔朱彦伯，尔朱彦伯狼狈逃出，路上被人抓住，与尔朱世隆一起在阊阖门外斩首，将他们的头连同尔朱度律、尔朱天光一道送给高欢。

节闵帝使中书舍人卢辩劳欢于邺，欢使之见安定王，辩抗辞不从，欢不能夺，乃舍之。辩，同之兄子也。

辛未，票骑大将军、行济州事侯景降于安定王。以景为尚书仆射、南道大行台、济州刺史。

尔朱仲远来奔。仲远帐下都督乔宁、张子期自滑台诣欢降。欢责之曰："汝事仲远，擅其荣利，盟契百重，许同生死。前仲远自徐州为逆，妆为戎首；今仲远南走，汝复叛之。事天子则不忠，事仲远则无信，犬马尚识饲之者，汝曾犬马之不如！"遂斩之。

【译文】北魏节闵帝元恭派遣中书舍人卢辩前往邺城慰劳高欢，高欢要卢辩拜见安定王元朗，卢辩直言抗争不听从，高欢无法强迫他，就把卢辩放走了。卢辩是卢同的侄子。

辛未日（初八），骠骑大将军、行济州事侯景投降了安定王元朗，安定王元朗任命侯景为尚书仆射、南道大行台、济州刺史。

尔朱仲远前来投奔梁朝。尔朱仲远的帐下都督乔宁、张子期从滑台前往投降高欢。高欢责备他们说："你们侍奉尔朱仲远，享尽了荣华富贵，与他盟誓，答应同生共死。前年尔朱仲远从徐州叛逆，举兵指向洛阳，你们是军中主角；现在尔朱仲远逃向南方，你们又背叛他。从侍奉天子来说是不忠，从侍奉尔朱仲远来说是无信，狗与马等畜生都还认得喂养它的人，像你们就连狗和马都还不如！"于是将他们斩首了。

尔朱天光之东下也，留其弟显寿镇长安，召秦州刺史侯莫陈悦，欲与之俱东。贺拔岳知天光必败，欲留悦共图显寿以应高欢，计未有所出。宇文泰谓岳曰："今天光尚近，悦未必有贰心，若以此告之，恐其惊惧。然悦虽为主将，不能制物，若先说其众，必人有留心；悦进失尔朱之期，退恐人情变动，乘此说悦，事无不遂。"岳大喜，即令泰入悦军说之，悦遂与岳共袭长安。泰帅轻骑为前驱，显寿弃城走，追至华阴，擒之。欢以岳为关西大行台，岳以泰为行台左丞，领府司马，事无巨细皆委之。

【译文】 尔朱天光东下洛阳的时候，留下他的弟弟尔朱显寿镇守长安，征召秦州刺史侯莫陈悦打算与他一同向东进兵。贺拔岳知道尔朱天光一定战败，想要留下侯莫陈悦共同算计尔朱显寿来响应高欢，没有想到合适的计策。宇文泰对贺拔岳说："现在尔朱天光还没有走出多远，侯莫陈悦未必有背叛之意，假如突然拿这事跟他说，恐怕他会惊慌恐惧。侯莫陈悦虽然是主将，但无法约束他的部下，假如先游说他的部众，一定人人内心都想要留在长安；侯莫陈悦进则延误了尔朱天光的约期，退则恐怕人心思变，趁这时游说他，事情没有不成功的。"贺拔岳大为欢喜，立即命令宇文泰进入侯莫陈悦军中游说将士们，侯莫陈悦于是与贺拔岳一同偷袭长安。宇文泰率领轻骑做先锋，尔朱显寿弃城逃走，追到华阴，把他擒获了。高欢任命贺拔岳为关西大行台，贺拔岳任命宇文泰为行台左丞，领府司马，不论大小事情都交给他办。

尔朱世隆之拒高欢也，使齐州行台尚书房谟募兵趣四渎，又使其弟青州刺史弼趣乱城，扬声北渡，为掎角之势。及韩陵既败，弼还东阳，闻世隆等死，欲来奔，数与左右割臂为盟。帐下都督冯绍隆，素为弼所信待，说弼曰："今方同契阔，宜更割心前之血以盟众。"弼从之，大集部下，披胸令绍隆割之。绍隆因推刃杀之，传首洛阳。

丙子，安东将军辛永以建州降于安定王。

【译文】尔朱世隆抵抗高欢的时候，派遣齐州行台尚书房谟招募士兵赶往四渎，又派遣他的弟弟青州刺史房弼赶往乱城，宣称将要北渡黄河进攻高欢的根据地，成为相互策应、相互支援的形势。等到韩陵战败之后，房弼回到洛阳，听说尔朱世隆等人已死的消息，打算前来投奔梁朝，多次与身边的亲信割臂盟誓。帐下都督冯绍隆，一向受到房弼的信任，向房弼进言说："现在正是辛苦困难的时期，应当再割取心前的血来与大家结盟。"房弼听从了，将部下全都召集起来，露出胸膛让冯绍隆割血，冯绍隆就利用这个机会把他杀了，将他的头传送到洛阳。

丙子日（十三日），安东将军辛永献出建州投降了安定王元朗。

辛巳，安定王至邙山。高欢以安定王疏远，使仆射魏兰根慰谕洛邑，且观节闵帝之为人，欲复奉之。兰根以帝神采高明，恐于后难制，与高乾兄弟及黄门侍郎崔㥄共劝欢废之。欢集百官问所宜立，莫有应者，太仆代人綦毋俊盛称节闵帝贤明，宜主社稷，欢欣然是之。㥄作色曰："若言贤明，自可待我高王，徐登大位。广陵既为逆胡所立，何得犹为天子！若从俊言，王师何名义举？"欢遂幽节闵帝于崇训佛寺。

欢入洛阳，斛斯椿谓贺拔胜曰："今天下事，在吾与君耳，若不先制人，将为人所制。高欢初至，图之不难。"胜曰："彼有功于时，害之不祥。比数夜与欢同宿，具序往昔之怀，兼荷兄恩意甚多，何苦惮之!"椿乃止。

欢以汝南王悦，高祖之子，召欲立之，闻其狂暴无常，乃止。

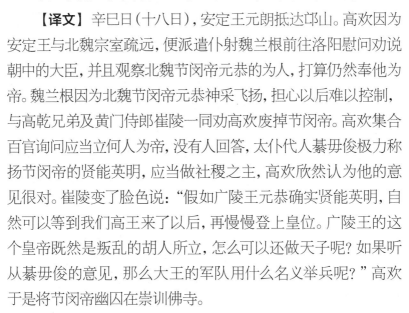

【译文】辛巳日（十八日），安定王元朗抵达邙山。高欢因为安定王与北魏宗室疏远，便派遣仆射魏兰根前往洛阳慰问劝说朝中的大臣，并且观察北魏节闵帝元恭的为人，打算仍然奉他为帝。魏兰根因为北魏节闵帝元恭神采飞扬，担心以后难以控制，与高乾兄弟及黄门侍郎崔㥄一同劝高欢废掉节闵帝。高欢集合百官询问应当立何人为帝，没有人回答，太仆代人綦毋俊极力称扬节闵帝的贤能英明，应当做社稷之主，高欢欣然认为他的意见很对。崔㥄变了脸色说："假如广陵王元恭确实贤能英明，自然可以等到我们高王来了以后，再慢慢登上皇位。广陵王的这个皇帝既然是叛乱的胡人所立，怎么可以还做天子呢? 如果听从綦毋俊的意见，那么大王的军队用什么名义举兵呢? "高欢于是将节闵帝幽囚在崇训佛寺。

高欢进入洛阳，斛斯椿对贺拔胜说："目前天下的事，掌握在我与你的手中，假如不先发制人，就要被人所制。高欢刚刚来到，要对付他不难。"贺拔胜说："他有功劳于社稷，谋害他不吉祥。最近几个晚上与高欢住在一起，并且互相诉说旧日的情怀，同时他又感谢你的恩惠，何苦要怕他呢! " 斛斯椿这才作罢。

高欢因为汝南王元悦是北魏高祖元宏的儿子，想立他为皇帝，听说他狂暴无常，就只好作罢。

时诸王多逃匿，尚书左仆射平阳王修，怀之子也，匿于田舍。欢欲立之，使斛斯椿求之。椿见修所亲员外散骑侍郎太原王思政，问王所在，思政曰：“须知问意。”椿曰：“欲立为天子。”思政乃言之。椿从思政见修，修色变，谓思政曰：“得无卖我邪？”曰：“不也。”曰：“敢保之乎？”曰：“变态百端，何可保也？”椿驰报欢。欢遣四百骑迎修入毡帐，陈诚，泣下沾襟，修让以寡德，欢再拜，修亦拜。欢出备服御，进汤沐，达夜严警。昧爽，文武执鞭以朝，使斛斯椿奉劝进表。椿入帷门，磬折延首而不敢前，修令思政取表视之，曰：“便不得不称朕矣。”乃为安定王作诏策而禅位焉。

资治通鉴

【译文】此时诸王多逃走躲藏了起来，尚书左仆射平阳王元修，是广平王元怀的儿子，隐藏在农村。高欢打算立他，于是派遣斛斯椿寻找他。斛斯椿前往拜见元修所亲近的员外散骑侍郎太原人王思政，询问元修在何处，王思政说：“必须知道询问的目的。”斛斯椿说：“打算立他为天子。”王思政这才说了出来。斛斯椿随着王思政会见元修，元修见了他们变了脸色，对王思政说：“莫非你出卖我了？”王思政说：“没有。”元修说：“你敢保证吗？”王思政说：“事情千变万化，如何能够保证呢？”斛斯椿立即飞马报告了高欢。高欢派遣四百个骑兵迎接元修进入毡帐，向他说明诚意，泪流满面，衣襟都被泪水沾湿了，元修推辞说自己对人缺少恩德，高欢拜了两拜，元修也跟着拜。高欢出来准备服饰与御用物品，奉上热水供平阳王元修洗浴，整个晚上严加警备。第二天早晨，文武百官拿着马鞭朝见平阳王元修，高欢派遣斛斯椿奉上劝其进位称帝的表章。斛斯椿进入帷帐的门口，弯腰作揖伸着脖子而不敢向前，元修叫王思政取表来看，说：“这样一来不得不称朕了。”于是高欢让人替安定王元朗做诏策，安定王禅让了天子之位。

戊子，孝武帝即位于东郭之外，用代都旧制，以黑毡蒙七人，

226

欢居其一，帝于毡上西向拜天毕，入御太极殿，群臣朝贺，升阊阖门大赦，改元太昌。以高欢为大丞相、天柱大将军、太师，世袭定州刺史。庚寅，加高澄侍中、开府仪同三司。

初，欢起兵信都，尔朱世隆知司马子如与欢有旧，自侍中、骠骑大将军出为南岐州刺史。欢入洛，召子如为大行台尚书，朝夕左右，参知军国。广州刺史广宁韩贤，素为欢所善，欢入洛，凡尔朱氏所除官爵例皆削夺，唯贤如故。

【译文】 戊子日（二十五日），北魏孝武帝元修在洛阳东郭外边即帝位，沿用建都平城时皇帝登基的旧规矩，拿黑毡蒙在七个人身上，高欢是其中一个，孝武帝元修在毡上向西方拜天之后，进入太极殿，群臣朝拜庆贺，登上阊阖门大赦境内，改年号为太昌。孝武帝元修任命高欢为大丞相、天柱大将军、太师，世袭定州刺史。庚寅日（二十七日），孝武帝加封高澄为侍中、开府仪同三司。

起初，高欢从信都起兵，尔朱世隆知道司马子如与高欢有交情，从侍中、骠骑大将军将司马子如外放为南岐州刺史。高欢进入洛阳后，征召司马子如做大行台尚书，从早到晚跟随在自己身边，参与军国大事。广州刺史广宁人韩贤，一向被高欢所赏识，高欢进入洛阳，所有尔朱氏所封的官爵照例都予以削夺，只有韩贤职位照旧。

以前御史中尉樊子鹄兼尚书左仆射，为东南道大行台，与徐州刺史杜德追尔朱仲远，仲远已出境，遂攻元树于谯。

丞相欢徵贺拔岳为冀州刺史，岳畏欢，欲单马入朝。行台右丞薛孝通说岳曰："高王以数千鲜卑破尔朱百万之众，诚亦难敌。然诸将或素居其上，或与之等夷，虽屈首从之，势非获已。

今或在京师，或据州镇，高王除之则失人望，留之则为腹心之疾。且吐万人虽复败走，犹在并州，高王方内抚群雄，外抗勍敌，安能去其巢穴，与公争关中之地乎！今关中豪俊皆属心于公，愿效其智力。公以华山为城，黄河为堑，进可以兼山东，退可以封函谷，奈何欲束手受制于人乎！”言未卒，岳执孝通手曰：“君言是也。”乃逊辞为启而不就徵。

【译文】 北魏任命前御史中尉樊子鹄兼尚书左仆射，做东南道大行台，和徐州刺史杜德一同率军追击尔朱仲远，尔朱仲远已经逃离北魏，于是樊子鹄等人到谯城攻打元树。

丞相高欢征召贺拔岳做冀州刺史，贺拔岳畏惧高欢，打算单人骑马入朝接受任命。行台右丞薛孝通向贺拔岳进言说：“高欢率领数千名鲜卑人打败尔朱氏百万的军队，您实在也是难以与他抗争。但是诸将中有的一向职位在他的上面，有的和他地位相当，现在低头跟从他，是迫于情势上的不得已。现在这些将领有的在京师，有的占据着州镇，高王倘若除掉他们那就失去人心，留下他们就会成为心腹之患。况且尔朱兆虽然战败逃走，人还在并州，高欢正当对内安抚群雄，对外抗拒强敌之时，怎能离开自己的巢穴，与明公来争夺关中之地呢！现今关中的豪强俊杰都心向明公，希望报效他们的智慧和力量。明公以华山做城墙，黄河做护城河，前进可以兼并淆山以东地区，退却可以封死函谷关，怎么就想要捆住自己的手脚受人家的控制呢？”话还没说完，贺拔岳拉着薛孝通的手说：“你说得很对。”于是用谦逊的言辞给高欢回信而没有到洛阳去。

壬辰，丞相欢还邺，送尔朱度律、天光于洛阳，斩之。

五月，丙申，魏主鸩节闵帝于门下外省，诏百司会丧，葬用殊礼。

以沛郡王欣为太师，赵郡王谌为太保，南阳王宝炬为太尉，长孙稚为太傅。宝炬，愉之子也。丞相欢固辞天柱大将军，戊戌，许之。己酉，清河王亶为司徒。

侍中河南高隆之，本徐氏养子，丞相欢命以为弟，恃欢势骄狎公卿，南阳王宝炬殴之，曰："镇兵何敢尔！"魏主以欢故，六月，丁犯，黜宝炬为票骑大将军，归第。

【译文】 壬辰日（二十九日），丞相高欢回到邺城，送尔朱度律、尔朱天光前往洛阳，斩首示众。

五月，丙申日（初三），北魏孝武帝元修在门下省正门以外的屋舍里用毒酒毒杀节闵帝元恭，下诏百官都来吊丧，埋葬时用特殊优厚于诸王的礼节。

北魏孝武帝元修任命沛郡王元欣为太师，赵郡王元谌为太保，南阳王元宝炬为太尉，长孙稚为太傅。元宝炬是元愉的儿子。丞相高欢坚决推辞不当天柱大将军，戊戌日（初五），孝武帝批准了高欢的请求。己酉日（十六日），孝武帝任命清河王元亶为司徒。

侍中河南人高隆之，本来是徐氏的养子，丞相高欢认他做弟弟，倚仗高欢的权势对公卿们很骄横，南阳王元宝炬殴打高隆之，对高隆之说："镇兵怎敢如此猖狂？"北魏孝武帝元修因为高欢的缘故，六月，丁卯日（初五），贬黜元宝炬为骠骑大将军，令他辞官回家。

魏主避广平武穆王之讳，改谥武怀皇帝曰孝庄皇帝，庙号敬宗。

秋，七月，庚子，魏复以南阳王宝炬为太尉。

壬寅，魏丞相欢引兵入滏口，大都督库狄干入井陉，击尔朱兆。庚戌，魏主使骠骑大将军、仪同三司高隆之帅步骑十万会丞相欢于太原，因以隆之为丞相军司。欢军于武乡，尔朱兆大掠晋阳，北走秀容。并州平。欢以晋阳四塞，乃建大丞相府而居之。

【译文】北魏孝武帝元修为了避开自己的父亲广平武穆王元怀的名讳，改谥元子攸的武怀皇帝为孝庄皇帝，庙号敬宗。

秋季，七月，庚子日（初八），北魏又重新任命南阳王元宝炬为太尉。

壬寅日（初十），北魏丞相高欢率兵进入滏口，大都督库狄干进入井陉，进攻尔朱兆。庚戌日（十八日），北魏孝武帝元修派骠骑大将军、仪同三司高隆之率领步兵及骑兵十万人到太原与丞相高欢会师，高欢趁机委任高隆之为丞相军司。高欢驻扎在武乡，尔朱兆对晋阳进行劫掠，然后往北逃到秀容郡。并州遂宣告平定。高欢因为晋阳四面有险要的关塞，于是建立大丞相府而住在此地。

魏夏州迁民郭迁据青州反，刺史元嶷弃城走。诏行台侯景等讨之，拔其城，迁来奔。

魏东南道大行台樊子鹄围元树于谯城，分兵攻取蒙县等五城，以绝援兵之路。树请帅众南归，以地还魏，子鹄等许之，与之誓约。树众半出，子鹄击之，擒树及谯州刺史朱文开以归。羊侃行至官竹，闻树败而还。九月，树至洛阳，久之，复欲南奔，魏人杀之。

【译文】北魏夏州的迁民郭迁占据青州造反，刺史元嶷弃城逃跑，朝廷下诏行台侯景等人征讨郭迁，侯景率军攻克了青州城，郭迁前来投奔梁朝。

北魏东南道大行台樊子鹄在谯城围攻元树，分兵攻克了蒙县等五个城，来断绝援兵的道路。元树请求率领部众向南撤回梁国境内，将占据的土地还给北魏，樊子鹄等人允许了，与他立了誓约。元树的部众刚有一半出城，樊子鹄对他发动进攻，俘虏了元树和谯州刺史朱文开。羊侃率军来到官竹，听说元树战败就率军回去了。九月，元树到达洛阳，很久以后，又打算逃奔梁国，北魏人将他杀了。

乙巳，以司空袁昂领尚书令。

冬，十一月，丁酉，日南至，魏主祀圜丘。

甲辰，魏杀安定王朗、东海王晔。

己酉，以汝南王悦为侍中、大司马。

魏葬灵太后胡氏。

上闻魏室已定，十二月，庚辰，复以太尉元法僧为郢州刺史。

魏主以汝南王悦属近地尊，丁亥，杀之。

魏大赦，改元永兴；以与太宗同号，复改永熙。

【译文】乙巳日（十四日），梁朝任命司空袁昂兼领尚书令。冬季，十一月，丁酉日（初七），冬至，北魏孝武帝元修到圜丘祭祀。甲辰日（十四日），魏国人杀了安定王元朗、东海王元晔。己酉日（十九日），北魏任命汝南王元悦为侍中、大司马。

北魏安葬了灵太后胡氏。

梁武帝萧衍听说北魏政局已经稳定，十二月，庚辰日（二十一日），再次任命太尉元法僧为郢州刺史。

北魏孝武帝元修因为汝南王元悦与自己的血缘关系亲近，地位尊贵，丁亥日（二十八日），杀死了汝南王元悦。北魏大赦境内，改年号为永兴，因为与太宗拓跋嗣即位后的第一个年号相同，又改为永熙。

魏主纳丞相欢女为后，命太常卿李元忠纳币于晋阳。欢与之宴，论及旧事，元忠曰："昔日建义，轰轰大乐，比来寂寂无人问。"欢抚掌笑曰："此人逼我起兵。"元忠戏曰："若不与侍中，当更求建义处。"欢曰："建义不虑无，止畏如此老翁不可遇耳。"元忠曰："止为此翁难遇，所以不去。"因捋欢须大笑。欢悉其雅意，深重之。

尔朱兆既至秀容，分守险隘，出入寇抄。魏丞相欢扬声讨之，师出复止者数四，兆意怠。欢揣其岁首当宴会，遣都督窦泰以精骑驰之，一日一夜行三百里，欢以大军继之。

【译文】北魏孝武帝元修娶丞相高欢的女儿做皇后，命令太常卿李元忠前往晋阳送彩礼。高欢以宴会款待李元忠，与他谈论起旧事，李元忠说："从前起义的时候，轰轰烈烈，何等快活，近来却凄凉冷落，没有人再说什么了。"高欢拍掌笑着说："你这个人是在逼我起兵啊！"李元忠开玩笑说："倘若不给予侍中的职位，当另外寻求起义的地方。"高欢说："起义的地方不怕没有，只是担心像您这样的老翁无法遇到罢了。"李元忠说："就因为像我这样的老翁无法遇到，所以我才不离开你。"李元忠于是手捋高欢的胡须大笑。高欢明白他的言外之意，所以非常看重他。

尔朱兆抵达秀容郡之后，分兵守住险隘，四处进犯抢掠。北魏丞相高欢宣称要征讨他，军队出发之后又取消行动，这样有好多次，尔朱兆的防备松懈了。高欢推想他在年初一定会有宴会，派遣都督窦泰带了精锐的骑兵飞速前往秀容郡，高欢率领大军跟在后面。

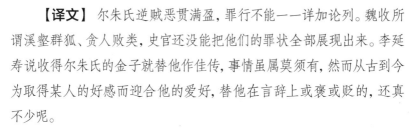

【乾隆御批】 尔朱逆恶贯盈，不可更仆数。魏收所谓溪壑群狐、贪人败类，正未足尽其罪状。李延寿谓收得尔朱氏金作佳传，事虽莫须有，然千古阿其所好而为之抑扬其辞者，正复不少。

【译文】 尔朱氏逆贼恶贯满盈，罪行不能一一详加论列。魏收所谓溪壑群狐、贪人败类，史官还没能把他们的罪状全部展现出来。李延寿说收得尔朱氏的金子就替他作佳传，事情虽属莫须有，然而从古到今为取得某人的好感而迎合他的爱好，替他在言辞上或褒或贬的，还真不少呢。

资治通鉴卷第一百五十六　梁纪十二

起昭阳赤奋若，尽阏逢摄提格，凡两年。

【译文】 起癸丑（公元533年），止甲寅（公元534年），共两年。

【题解】 本卷记录了公元533年到534年的史事，共两年。正当梁武帝萧衍中大通五年、六年，北魏孝武帝元修永熙二年、三年。此时梁武帝萧衍陶醉于佛教提供的心理安宁，对北方乱局没有趁火打劫，向北扩张，而北魏发生政权更替的大事变，本卷内容集中记述北魏命丧权臣的短命皇帝孝武帝元修一朝的事变，详细记载北魏分裂为东魏、西魏两朝的始末，为北齐、北周的兴起埋下伏笔。

高祖武皇帝十二

中大通五年（癸丑，公元五三三年）春，正月，辛卯，上祀南郊，大赦。

魏窦泰奄至尔朱兆庭，军人因宴休惰，忽见泰军，惊走，追破之于赤洪岭，众并降散。兆逃于穷山，命左右西河张亮及苍头陈山提斩己首以降，皆不忍；兆乃杀所乘白马，自缢于树。欢亲临，厚葬之。慕容绍宗携尔朱荣妻子及兆馀众诣欢降，欢以义故，待之甚厚。兆之在秀容，左右皆密通款于欢，唯张亮无启疏。欢嘉之，以为丞相府参军。

魏罢诸行台。

【译文】中大通五年（癸丑，公元533年）春季，正月，辛卯日（初二），梁武帝萧衍在京师的南郊举行祭天盛典，大赦天下。

北魏都督窦泰的精锐铁骑突然攻进尔朱兆的驻地，军人因年初宴庆，有疏忽怠惰的心理，突见窦泰军队到来，惊慌逃窜。大军追击，在赤洪岭把尔朱兆打得大败，众兵都投降溃散。尔朱兆逃到深山，命左右的亲信西河郡人张亮和仆从陈山提斩下他的头，提去投降，但二人都不忍下手。尔朱兆于是杀死自己所骑的白马，吊死在树下。高欢来到尔朱兆自缢的地方哭丧，并且很隆重地把他埋葬了。慕容绍宗带着尔朱荣的妻子儿女及尔朱兆的残余士卒向高欢投降，高欢因为他忠义的缘故，所以待他非常优厚。尔朱兆在秀容郡时，他的左右亲信都秘密和高欢通好言和，唯有张亮没有暗通消息，高欢赞许他的忠诚，任命他做丞相府参军。

北魏废置各地的行台机构。

辛亥，上祀明堂。

丁巳，魏主追尊其父为武穆帝，太妃冯氏为武穆后，母李氏为皇太妃。

营州刺史曹凤、东荆州刺史雷能胜等举城降魏。

魏侍中斛斯椿闻乔宁、张子期之死，内不自安，与南阳王宝炬、武卫将军元毗、王思政密劝魏主图丞相欢。毗，遵之玄孙也。舍人元士弼又言欢受诏不敬，帝由是不悦。椿劝帝置阁内都督部曲，又增武直人数，自直阁已下，员别数百，皆选四方骁勇者充之。帝数出游幸，椿自部勒，别为行陈，由是朝政、军谋，帝专与椿决之。帝以关中大行台贺拔岳拥重兵，密与相结，又出侍中贺拔胜为都督三荆等七州诸军事、荆州刺史，欲倚胜兄弟以敌欢，欢益不悦。

【译文】辛亥日（二十二日），梁武帝萧衍在明堂举行祭祀大典。

丁巳日（二十八日），北魏孝武帝元修追尊他的父亲为武穆帝，太妃冯氏为武穆后，母亲李氏为皇太妃。

梁朝劳州刺史曹凤、东荆州刺史雷能胜等人举城投降北魏。

北魏侍中斛斯椿听说尔朱仲远帐下的都督乔宁、张子期被斩而死，内心非常不安，于是与南阳王元宝炬、武卫将军元毗、王思政等秘密劝孝武帝元修除掉丞相高欢。元毗，就是常山王元遵的玄孙。舍人元士弼又说丞相高欢在接受诏命时态度不恭敬，孝武帝因此内心很不高兴。斛斯椿劝说孝武帝设置宫廷都督，编制宫内军队，又增加入守殿阁侍卫的人数，从直阁以下，增员达数百人，这些都是从四方挑选出来的勇武刚健的人。孝武帝数次出游，所到的地方，斛斯椿都亲自部署警卫，另外组织编队。从此以后，朝政、军谋等大事，孝武帝都专和斛斯椿一同决议。孝武帝元修因关中大行台贺拔岳拥有大军，秘密和他联合，又任命侍中贺拔胜为都督三荆等七州诸军事，想依靠贺拔岳、贺拔胜兄弟的力量来对抗高欢。高欢更加不高兴。

侍中、司空高乾之在信都也，遭父丧，不暇终服。及孝武帝即位，表请解职行丧，诏听解侍中，司空如故。乾虽求退，不谓遽见许。既去内侍，朝政多不关预，居常怏怏。帝既贰于欢，冀乾为己用，尝于华林园宴罢，独留乾，谓之曰："司空奕世忠良，今日复建殊效，相与虽则君臣，义同兄弟，宜共立盟约，以敦情契。”殷勤逼之。乾对曰：“臣以身许国，何敢有贰。”时事出仓猝，且不谓帝有异图，遂不固辞，亦不以启欢。及帝置部曲，乾乃私谓所亲曰：“主上不亲勋贤而招集群小，数遣元士弼、王思政往来关西与贺拔岳计议，又出贺拔胜为荆州，外示疏忌，实欲树党，令其兄弟相近，冀据有西方。祸难将作，必及于我。”乃密启欢。欢召乾诣并州，面论时事，乾因劝欢受魏禅。欢以袖掩其口曰：“勿妄言！今令司空复为侍中，门下之事一以相委。”欢屡启请，帝不许。乾知变难将起，密启欢求为徐州。二月，辛酉，以乾为骠骑大将军、开府仪同三司、徐州刺史，以咸阳王坦为司空。

【译文】侍中、司空高乾在信都时，正赶上父亲去世，但没时间服满孝期，又匆忙赴任。到了孝武帝元修即位时，上表请求辞去职务，以便回家守丧，孝武帝下诏书，允许他辞去侍中，但司空职位仍然保留。高乾虽然请求身退，但是没想到朝廷这么快就批准。离开内侍的职位后，朝政大事多不能再插手干预，居家常闷闷不乐。孝武帝与高欢不合，希望高乾能为自己所用，曾于华林园设宴，宴会散后，只留下高乾一人，对他说：“司空一家，世代都是朝廷的忠良重臣，今日又为国家建立大功，我们相处，名分上虽然是君臣，情义却如同兄弟，应当共同订立盟约，使我们情义更加深厚。”孝武帝情意恳切地逼高乾答应。高乾说：“我为国家效命，怎么敢有不忠的心呢！”当时因为事情发生得太突然，而且高乾也没有想到孝武帝会有另外的企图，所以没有坚决地推辞，也没有将这件事告诉高欢。等到孝武帝编制宫内军队，高乾才私下对左右亲近的人说：“主上不亲近那些有功勋而又贤明的人，反而纠集了一群小人，好几次派遣元士弼、王思政往来关西与贺拔岳商谈，又任命贺拔胜为荆州刺史，表面上似乎显示疏远贺拔胜，实质上却是拉帮结派，让他们兄弟俩相互亲近，希望他们占据西部地区。祸患灾难即将发生，这种灾祸一定会牵连我。"于是将这件事秘密陈报高欢，高欢召请高乾到并州，当面与他谈论当前的情形，高乾于是劝高欢接受孝武帝元修禅位。高欢用袖子掩住他的嘴说："不要乱说话，我现在让你恢复侍中的职位，门下省的一切事务，就全部交托给你了。"高欢多次启奏请求恢复高乾侍中的职务，孝武帝都不批准。高乾知道灾变将要发生，秘密陈报高欢，请求改派为徐州刺史。二月，辛酉日（初三），孝武帝任命高乾为骠骑大将军、开府仪同三司、徐州刺史，让咸阳王元坦担任司空。

【乾隆御批】 欢之跋扈已有形迹，然魏之君臣未能计操刀之割，而机事不密，早酿衅端。此与明建文定策方黄，皆所云"既不能令，又不受命"者也。

【译文】 高欢的跋扈已露形迹，然而魏国的君臣却没能做到操刀必割，行事不够果断，致使机密之事没能保密，早早就酿成争端。这和明朝建文年间制订策略犹豫不决，最终导致皇位被夺，都是所说的"既不能发令，又不愿受命"的人做出来的事情。

癸未，上幸同泰寺，讲《般若经》，七日而罢，会者数万人。

魏正光以前，阿至罗常附于魏。及中原多事，阿至罗亦叛，丞相欢招抚之，阿至罗复降，凡十万户。三月，辛卯，诏复以欢为大行台，使随宜裁处。欢与之粟帛，议者以为徒费无益，欢不从；及经略河西，大收其用。

高乾将之徐州，魏主闻其漏泄机事，乃诏丞相欢曰："乾邕与朕私有盟约，今乃反覆两端。"欢闻其与帝盟，亦恶之，即取乾前后数启论时事者遣使封上。帝召乾，对欢使责之，乾曰："陛下自立异图，乃谓臣为反覆，人主加罪，其可辞乎！"遂赐死。帝又密敕东徐州刺史潘绍业杀其弟敖曹，敖曹先闻乾死，伏壮士于路，执绍业，得敕书于袍领，遂将十馀骑奔晋阳。欢抱其首哭曰："天子枉害司空。"敖曹兄仲密为光州刺史，帝敕青州断其归路，仲密亦间行奔晋阳。仲密名慎，以字行。

【译文】癸未日（二十五日），梁武帝萧衍前往同泰寺，讲《般若经》，七日才讲完，到会的有数万人。

北魏孝明帝元诩正光年间以前，阿至罗国常依附于北魏，等到中原战乱纷繁，阿至罗国也背叛北魏。丞相高欢再去招抚，阿至罗国才又投降，共有十万户。三月，辛卯日（初三），孝武帝元修下诏书，又任命高欢为大行台，授权他对阿至罗国随机处置。高欢想给那些来投降的阿至罗国人粟米、布帛等，而那些参与讨论此事的人都认为只是白白浪费财物罢了，没有什么益处，高欢没有听从他们的意见。等到高欢征讨河西地方，果然大大地得到阿至罗国人的支持。

高乾将到徐州上任时，孝武帝元修听到有关高乾泄露机密的事情，于是下诏给丞相高欢说："高乾跟我私下订有盟约，现在却在你我两边，反复行事。"高欢听到高乾跟孝武帝订有盟约，也非常生气，随即找了高乾前后好几次谈论时事的书信封好派遣使者向孝武帝上奏。孝武帝宣召高乾，当着高欢使者的面谴责高乾。高乾说："陛下自己另有企图，却说臣两边行事，反复无常，人主要想加罪给臣子，难道还有可以推脱罪过的理由吗？"于是孝武帝赐高乾死罪。又秘密诏命东徐州刺史潘绍业杀死高乾的弟弟高敖曹。高敖曹已经提前得知他哥哥高乾被赐死，于是埋伏壮士在半路上，将潘绍业捉住，在他的内层衣领上找到了孝武帝的诏命，于是率领十余兵骑奔到晋阳。高欢抱着他的头痛哭说："天子枉曲事实，害死了司空。"高敖曹的哥哥高仲密任光州刺史，孝武帝诏命青州方面隔断了他回晋阳的道路，高仲密只好由小路秘密投奔到晋阳。高仲密名慎，以字行世。

【乾隆御批】 部人杀其长吏，天下所当共诛。岂可以邻国而垂公恶？或因其纳地归降，从而抚绥足矣。即以其官官之，奖恶赏乱不可为训。

【译文】 杀掉长官的部下，应被普天之下共同诛杀。岂能因他是邻国人就不顾众怒？或许因为他奉上土地前来归降，那么对他加以安抚就足够了。竟然让他担任那个地方原来的官职，这种奖恶赏乱的做法不能被当作典范。

魏太师鲁郡王肃卒。

丙辰，南平元襄王伟卒。

丁巳，魏以赵郡王谌为太尉，南阳王宝炬为太保。

魏尔朱兆之入洛也，焚太常乐库，钟磬俱尽。节闵帝诏录尚书事长孙稚、太常卿祖莹等更造之，至是始成，命曰大成乐。

魏青州民耿翔聚众寇掠三齐，胶州刺史裴粲，专事高谈，不为防御；夏，四月，翔掩袭州城。左右白贼至，粲曰："岂有此理！"左右又言已入州门，粲乃徐曰："耿王来，可引之听事，自馀部众，且付城民。"翔斩之，送首来降。

五月，魏东徐州民王早等杀刺史崔庠，以下邳来降。

六月，壬申，魏以骠骑大将军樊子鹄为青、胶大使，督济州刺史蔡俊等讨耿翔。秋，七月，魏师至青州，翔弃城来奔，诏以为兖州刺史。

【译文】北魏太师鲁郡王元肃去世。

丙辰日（二十八日），梁朝南平元襄王萧伟去世。

丁巳日（二十九日），北魏任用赵郡王元谌为太尉，南阳王元宝炬为太保。

北魏的尔朱兆进入洛阳时，烧毁了太常府的乐器库房，钟磬等乐器都被烧光。节闵帝元恭下诏命令录尚书事长孙稚、太常卿祖莹等人重新制造，到现在才完成，命名为《大成乐》。

北魏青州的百姓耿翔聚集一批人掠夺了三齐，胶州刺史裴粲只会高谈阔论，而不做防御的工作。夏季，四月，耿翔偷偷地袭击胶州城，身边的人禀报贼兵已经来了，裴粲说："岂有此理！"身边的人又报告说贼兵已经进入州城门了，裴粲才慢慢说道："耿王来了，可以引他到厅堂来，若是其余的部众，暂且交给城中的百姓照顾。"耿翔将刺史裴粲杀掉，带着他的首级向梁朝投降。

五月，北魏东徐州百姓王早等人杀掉刺史崔庠，献出下邳城来投降梁朝。

六月，壬申日（十五日），北魏任命骠骑大将军樊子鹄为青州、胶州大使，督率济州刺史蔡俊等征讨耿翔。秋季，七月，北魏进兵青州，耿翔放弃了青州赶来投奔梁朝，梁武帝萧衍下诏任命耿翔为兖州刺史。

壬辰，魏以广陵王欣为大司马，赵郡王谌为太师。庚戌，以前司徒贺拔允为太尉。

初，贺拔岳遣行台郎冯景诣晋阳，丞相欢闻岳使至，甚喜，曰："贺拔公讵忆吾邪！"与景歃血，约与岳为兄弟。景还，言于岳曰："欢奸诈有余，不可信也。"府司马宇文泰自请使晋阳以观

资治通鉴卷第一百五十六　梁纪十二

欢之为人，欢奇其状貌，曰："此儿视瞻非常。"将留之，泰固求复命；欢既遣而悔之，发驿急追，至关，不及而返。

【译文】壬辰日（初六），北魏孝武帝元修任命广陵王元欣为大司马，赵郡王元谌为太师。庚戌日（二十四日），孝武帝任命前司徒贺拔允为太尉。

起初，贺拔岳派遣行台郎冯景到晋阳，丞相高欢听到贺拔岳的使者前来，十分高兴，说："贺拔公怎么还记得我呀？"于是与冯景歃血为盟，约定与贺拔岳结为兄弟。冯景回去后，回复贺拔岳说："高欢是个非常狡猾奸诈的人，不可以信任他。"府司马宇文泰请求出使晋阳，去观察高欢的为人，高欢看到宇文泰的相貌非常惊奇，说："这个青年人，不是平凡人的长相。"想要将他留下来，宇文泰坚决请求回去复命；高欢送他走后，又后悔起来，立刻调动驿马紧急追赶，直追到潼关也没有追上就回来了。

泰至长安，谓岳曰："高欢所以未篡者，正惮公兄弟耳；侯莫陈悦之徒，非所忌也。公但潜为之备，图欢不难。今费也头控弦之骑不下一万，夏州刺史斛拔弥俄突胜兵三千馀人，灵州刺史曹泥、河西流民纥豆陵伊利等各拥部众，未有所属。公若移军近陇，（抗）〔扼〕其要害，震之以威，怀之以惠，可收其士马以资吾军。西辑氐、羌，北抚沙塞，还军长安，匡辅魏室，此桓、文之功也。"岳大悦，复遣泰诣洛阳请事，密陈其状。魏主喜，加泰武卫将军，使还报。八月，帝以岳为都督雍、华等二十州诸军事、雍州刺史，又割心前血，遣使者赍以赐之。岳遂引兵西屯平凉，以牧马为名。斛拔弥俄突、纥豆陵伊利及费也头万俟受洛干、铁勒斛律沙门等皆附于岳，唯曹泥附于欢。秦、南秦、河、渭四州刺史同会平凉，受岳节度。岳以夏州被边重要，欲求良刺史以镇之，众举宇文泰，岳曰："宇文左丞，吾左右手，何可废也！"沈吟累日，卒表用之。

【译文】宇文泰回到长安，对贺拔岳说："高欢之所以还没有篡位的原因，正是害怕你们兄弟罢了，侯莫陈悦那些人，不是他所畏惧的。你只要深加戒备，算计高欢，不是困难的事。现在费也头部族能作战的骑兵不会少过一万人，夏州刺史斛拔弥俄突手下精兵也有三千多人，灵州刺史曹泥、河西流徙的百姓纥豆陵伊利等也都各拥有部众，还不知道要归属哪一方。你假如率兵到陇坂附近驻守，控制他们的要害之地，以威势震慑他们，用恩泽招抚他们，就可以收服他们的兵马，资助我方的军力。西边亲睦氐、羌，北方安抚沙漠塞外的百姓，然后将军队带回长安，匡正辅佐魏朝帝室，这是齐桓公、晋文公的功业啊！"贺拔岳听了非常高兴，又派遣宇文泰到洛阳向北魏孝武帝元修请示有关事宜，秘密奏报相关情况。孝武帝很高兴，加封宇文泰武卫将军，派遣他回去复命。八月，孝武帝任命贺拔岳为都督，统管雍州、华州等二十州的军事及雍州刺史，又割取心前之血，派遣使者送去赏赐给贺拔岳。于是贺拔岳率领军队假借放养军马之名，驻守在西边的平凉。斛拔弥俄突、纥豆陵伊利及费也头、万俟受洛干、铁勒斛律沙门等都归降贺拔岳，只有曹泥归附高欢。秦、南秦、河、渭四州刺史一同会合于平凉，接受贺拔岳的节制调度。贺拔岳认为夏州处在边陲的要地，想寻找一位优秀的刺史镇抚，大家都推举宇文泰，贺拔岳说："宇文左丞，就像我的左右手一样，怎么可以派遣他去呢？"仔细思考了好几天，最终还是上表请求任用宇文泰为夏州刺史。

九月，癸酉，魏丞相欢表让王爵，不许；请分封邑十万户颁授勋义，从之。

冬，十月，庚申，以尚书右仆射何敬容为左仆射，吏部尚书谢举为右仆射。

十一月，癸巳，魏以殷州刺史中山邸珍为徐州大都督、东道行台、仆射，以讨下邳。

十二月，丁巳，魏主狩于嵩高；己巳，幸温汤；丁丑，还宫。

【译文】九月，癸酉日（九月无此日），北魏丞相高欢上表辞让王爵，孝武帝元修没有答应；高欢请求将自己封邑的十万户人家颁授给从信都起义征讨尔朱氏有功勋的人，孝武帝元修答应了他的请求。

冬季，十月，庚申日（初五），梁武帝萧衍任命尚书右仆射何敬容为左仆射，吏部尚书谢举为右仆射。

十一月，癸巳日（初九），北魏任命殷州刺史中山人邸珍为徐州大都督、东道行台、仆射，率领军队征讨下邳。

十二月，丁巳日（初三），北魏孝武帝元修在嵩高山狩猎；己巳日（十五日），临幸温泉；丁丑日（二十三日），回到宫中。

魏荆州刺史贺拔胜寇雍州，拔下迮戍，搧动诸蛮；雍州刺史庐陵王续遣军击之，屡为所败，汉南震骇。胜又遣军攻冯翊、安定、沔阳、酂城，皆拔之。续遣电威将军柳仲礼屯穀城以拒之，胜攻之，不克，乃还。于是沔北荡为丘墟矣。仲礼，庆远之孙也。

魏丞相欢患贺拔岳、侯莫陈悦之强，右丞翟嵩曰："嵩能间之，使其自相屠灭。"欢遣之。欢又使长史侯景招抚纥豆陵伊利，伊利不从。

【译文】北魏荆州刺史贺拔胜进犯雍州，攻取下迮戍，煽动那些蛮人归降北魏；雍州刺史庐陵王萧续派遣军队攻击贺拔胜，多次都被贺拔胜击败，汉水以南人民都震惊恐惧起来。贺拔胜又派遣军队攻打冯翊、安定、沔阳、酂城，都攻克了。萧续派遣电威将军柳仲礼屯驻谷城来对抗他，贺拔胜攻击不下，就退了回来。这场战争使得沔北一带都成为土丘废墟。柳仲礼，是柳庆远的孙子。

北魏丞相高欢担忧贺拔岳、侯莫陈悦的强盛，右丞翟嵩说："我能离间他们，使他们自相残杀而灭亡。"于是高欢将这件事交给他。高欢又派长史侯景去招抚纥豆陵伊利，纥豆陵伊利没有听从。

中大通六年(甲寅, 公元五三四年) 春, 正月, 壬辰, 魏丞相欢击伊利于河西, 擒之, 迁其部落于河东。魏主让之曰:"伊利不侵不叛, 为国纯臣, 王忽伐之, 讵有一介行人先请之乎!"

魏东梁州民夷作乱, 二月, 诏以行东雍州事丰阳泉企讨平之。企世为商、洛豪族, 魏世祖以其曾祖景言为本县令, 封丹水侯, 使其子孙袭之。

壬戌, 魏大赦。

癸亥, 上耕藉田。大赦。

魏永宁浮图灾, 观者皆哭, 声振城阙。

【译文】中大通六年 (甲寅, 公元534年) 春季, 正月, 壬辰日 (初九), 北魏丞相高欢在五原河的西边攻打纥豆陵伊利, 并将他擒获, 把他的部落迁到五原河的东边。北魏孝武帝元修谴责高欢说:"纥豆陵伊利不来侵犯, 也不叛乱, 是一个忠贞不贰的臣子, 你突然去攻打他, 为什么单独去征伐而不先向朝廷请示呢?"

北魏东梁州的百姓造反,二月,孝武帝元修诏令行东雍州事丰阳人泉企去征讨平定。泉企一家世代为商、洛地区的豪门大族,魏世祖拓跋焘时任用他的曾祖泉景言为商洛县令,封为丹水侯,让他的子孙世袭这一爵位。

壬戌日(初九),北魏大赦境内。

癸亥日(初十),梁武帝萧衍亲自到藉田耕种,来激励农事,同时大赦天下。

北魏永宁寺的佛塔起火焚烧,看到的人都放声痛哭,声音振动整个都城。

魏贺拔岳将讨曹泥,使都督武川赵贵至夏州与宇文泰谋之,泰曰:"曹泥孤城阻远,未足为忧。侯莫陈悦贪而无信,宜先图之。"岳不听,召悦会于高平,与共讨泥。悦既得翟嵩之言,乃谋取岳。岳数与悦宴语,长史武川雷绍谏,不听。岳使悦前行,至河曲,悦诱岳入营坐,论军事。悦阳称腹痛而起,其婿元洪景拔刀斩岳。岳左右皆散走,悦遣人谕之云:"我别受旨,止取一人,诸君勿怖。"众以为然,皆不敢动。而悦心犹豫,不即抚纳,乃还入陇,屯水洛城。岳众散还平凉,赵贵诣悦请岳尸葬之,悦许之。岳既死,悦军中皆相贺,行台郎中薛憕私谓所亲曰:"悦才略素寡,辄害良将,吾属今为人虏矣,何贺之有!"憕,真度之从孙也。

【译文】 北魏贺拔岳将要征讨曹泥,派都督武川人赵贵到夏州与宇文泰共同谋划,宇文泰说:"曹泥独守孤城,路途艰险而遥远,不足以造成忧患,侯莫陈悦贪心又不守信,应当先讨伐他。"贺拔岳不听,召集侯莫陈悦在高平会合,共同征讨曹泥。侯莫陈悦听了翟嵩的谗言后,就图谋杀掉贺拔岳。贺拔岳多次与侯莫陈悦举行欢宴，谈得很投机，长史武川人雷绍劝谏，贺拔岳不听。贺拔岳派侯莫陈悦带兵做先锋，到了河曲，侯莫陈悦诱骗贺拔岳到自己营帐内，商议军事，侯莫陈悦假装肚子疼站起来，侯莫陈悦的女婿元洪景，拔出刀来斩了贺拔岳。贺拔岳身边的人都四散逃走，侯莫陈悦派人告诉他们说："我是奉命行事，只杀贺拔岳一个人，各位不必惊慌。"士卒们以为是真的，都不敢轻举妄动。而侯莫陈悦心里犹疑不决，没敢安抚收编贺拔岳的部属，就率领部队回到陇山，驻扎在水洛城。贺拔岳的军队，散乱地回到平凉，赵贵到侯莫陈悦那儿请求取回贺拔岳的尸首，将他埋葬，侯莫陈悦答应了。贺拔岳死后，侯莫陈悦军中都互相庆贺，行台郎中薛憕私底下对亲近的朋友说："侯莫陈悦没什么谋略，常常杀害良将，我们这些人都会成为人家的俘虏，有什么好庆贺的。"薛憕，是薛真度兄弟的孙子。

岳众未有所属，诸将以都督武川寇洛年最长，推使总诸军；洛素无威略，不能齐众，乃自请避位。赵贵曰："宇文夏州英略冠世，远近归心，赏罚严明，士卒用命。若迎而奉之，大事济矣。"诸将或欲南召贺拔胜，或欲东告魏朝，犹豫未决。都督盛乐杜朔周曰："远水不救近火，今日之事，非宇文夏州无能济者，赵将军议是也。朔周请轻骑告哀，且迎之。"众乃使朔周驰至夏州召泰。

泰与将佐宾客共议去留，前太中大夫颍川韩褒曰："此天授也，又何疑乎！侯莫陈悦，井中蛙耳，使君往，必擒之。"众以为："悦在水洛，去平凉不远，若已有贺拔公之众，则图之实难，愿且留以观变。"泰曰："悦既害元帅，自应乘势直据平凉，而退屯水洛，吾知其无能为也。夫难得易失者，时也。若不早赴，众心将离。"

【译文】贺拔岳的军队没有了头领，诸将因为都督武川人寇洛年岁最大，便推举他总领诸军；寇洛一向没什么威名谋略，也不能统一部众，于是请求让贤。赵贵说："宇文夏州的英明才略，冠绝当世，远近的人都归顺他，他赏罚严明，士兵都能遵奉命令行事，倘若迎接他来，拥戴他为统帅，必定可以成就大事。"诸将领有的想要到南方召请贺拔胜来，有的想要到东方禀告北魏朝廷，意见犹疑不定。都督盛乐人杜朔周说："远水救不了近火，眼前的事，没有宇文夏州是没办法完成的，赵将军的提议是对的，我请求能轻骑去向宇文夏州报告这一噩耗，并且将他迎接来。"众人于是派杜朔周为使者奔驰到夏州去召请宇文泰。

宇文泰与副将、宾客一同商讨离去还是留下，前太中大夫颍川人韩褒说："这是上天赐给你的，又迟疑什么呢？侯莫陈悦像井底之蛙一般，如果你前去，必定可以捉到他。"众人却认为："侯莫陈悦在水洛，离平凉不远，如果已经拥有贺拔岳的部众，那么想要谋取侯莫陈悦，实在很难，希望暂且留下，观看时局变化再说。"宇文泰说："侯莫陈悦既然已经杀死元帅，自然应当趁势直取平凉，他却退而据守在水洛，我知道他一定没有能力再做什么了。人家说最难得到而最容易失去的，就是时机。倘若不早点去，那些部众恐怕就会有背离的心。"

夏州首望都督弥姐元进阴谋应悦，泰知之，与帐下都督高平蔡祐谋执之，祐曰："元进会当反噬，不如杀之。"泰曰："汝有大决。"乃召元进等入计事，泰曰："陇贼逆乱，当与诸人戮力讨之，诸人似有不同者，何也？"祐即被甲持刀直入，瞋目谓诸将曰："朝谋夕异，何以为人！今日必断奸人首！"举坐皆叩头曰："愿有所择。"祐乃叱元进，斩之，并诛其党，因与诸将同盟讨悦。泰谓祐曰："吾今以尔为子，尔其以我为父乎？"

泰与帐下轻骑驰赴平凉，令杜朔周帅众先据弹筝峡。时民间惶惧，逃散者多，军士争欲掠之，朔周曰："宇文公方伐罪吊民，奈何助贼为虐乎！"抚而遣之，远近悦附；泰闻而嘉之。朔周本姓赫连，曾祖库多汗避难改焉，泰命复其旧姓，名之曰达。

【译文】 都督弥姐元进家是夏州首屈一指的家族，他暗地里谋划策应侯莫陈悦。宇文泰知晓了这件事，就跟帐下都督高平人蔡祐商讨如何捉拿他，蔡祐说："弥姐元进是一个受人恩惠反而加害于人的人，不如将他杀掉。"宇文泰说："你能决断大事。"于是召见弥姐元进等一批人到军帐议事。宇文泰说："陇地盗贼叛逆作乱，应该与各位齐心协力去讨伐，诸位之中好像有人不赞同，是什么缘故呢？"蔡祐立即披着战甲拿着刀径直闯进来，瞪大眼睛，怒视着那些将领说："早上共同谋划，晚上就生异心，这怎么能算得上是个人？今天我一定要把这种奸贼的头砍下来。"满座的人都叩头说："希望把内奸揪出来。"蔡祐于是大声斥责弥姐元进，接着杀掉他，并诛灭了他的党羽，随后与那些将军结成同盟，一同征讨侯莫陈悦。宇文泰对蔡祐说："我如今将你当成我的儿子一样，你会把我当成你的父亲吗？"

字文泰与帐下的轻骑兵奔到平凉，命令杜朔周带领部队先抢占弹筝峡。当时老百姓特别惶恐害怕，四处逃散的有很多，军士争着想去抢掠百姓，杜朔周说："宇文公正讨伐罪人，为什么要帮助那些贼寇做坏事呢？"于是安抚百姓后再遣放他们回去，远近的人都心悦诚服；字文泰听到后便嘉奖他。杜朔周本姓赫连，曾祖库多汗避难时改姓，字文泰命令他再恢复旧姓，取名赫连达。

【乾隆御批】 崔延伯乘胜长驱，连平岐、陇，使迅扫秦州，则天生可探囊而得。乃以将士稽留采掠，致贼得伺隙缮完。则军今何在？且昧日中必慧之义矣。

【译文】 崔延伯乘胜长驱直入，连续平定岐、陇，派兵迅速扫荡秦州，那么，擒获莫折天生就像探囊取物一样容易了。却允许将士停留下来抄掠抢劫，致使贼人得以伺机修整完备。军令何在？而且我体味到做事要当机立断，不失时机的道理。

丞相欢使侯景招抚岳众，泰至安定，遇之，谓曰："贺拔公虽死，宇文泰尚存，卿何为者！"景失色曰："我犹箭耳，唯人所射。"遂还。

泰至平凉，哭岳甚恸，将士皆悲喜。

欢复使侯景与散骑常侍代郡张华原、义宁太守太安王基劳泰，泰不受，欲劫留之，曰："留则共享富贵，不然，命在今日。"华原曰："明公欲胁使者以死亡，此非华原所惧也。"泰乃遣之。基还，言"泰雄杰，请及其未定击灭之。"欢曰："卿不见贺拔、侯莫陈乎！吾当以计拱手取之。"

【译文】 丞相高欢派侯景去招纳安抚贺拔岳的部众，宇文泰在安定遇见了他，对他说："贺拔公虽然死了，我宇文泰还在啊！你想要做什么呢？"侯景变了脸色说："我不过是一支箭，随人家怎么去射。"侯景于是回去了。

宇文泰到平凉，非常悲痛地哭吊贺拔岳，将士也都非常悲哀。

高欢又派侯景和散骑常侍代郡人张华原、义宁太守太安人王基去慰劳宇文泰。宇文泰不接受，反而想扣留他们，说："留下来，与我一同共享荣华富贵的生活，不然的话，今天就将你们杀掉。"张华原说："我知道您想用死亡来逼迫我们这些使者，不过这并不是我张华原所害怕的事。"宇文泰只好放回他们。王基回去，告诉高欢说："宇文泰是一位英雄豪杰，请赶快趁他尚未安定时灭掉他。"高欢说："你没有看到贺拔岳、侯莫陈悦的下场吗？我自有计谋轻易除掉他。"

魏主闻岳死，遣武卫将军元毗慰劳岳军，召还洛阳，并召侯莫陈悦。毗至平凉，军中已奉宇文泰为主；悦既附丞相欢，不肯应召。泰因元毗上表称："臣岳忽罹非命，都督寇洛等令臣权掌军事。奉诏召岳军入京，今高欢之众已至河东，侯莫陈悦犹在水洛，士卒多是西人，顾恋乡邑，若逼令赴阙，悦蹑其后，欢邀其前，恐败国殄民，所损更甚。乞少赐停缓，徐事诱导，渐就东引。"魏主乃以泰为大都督，即统岳军。

初，岳以东雍州刺史李虎为左厢大都督，岳死，虎奔荆州，说贺拔胜使收岳众，胜不从。虎闻宇文泰代岳统众，乃自荆州还赴之。至阌乡，为丞相欢别将所获，送洛阳。魏主方谋取关中，得虎甚喜，拜卫将军，厚赐之，使就泰。虎，歆之玄孙也。

【译文】北魏孝武帝元修听说贺拔岳死了，派遣武卫将军元毗去慰劳贺拔岳的军队，想将他们召回洛阳，同时召回侯莫陈悦。元毗到了平凉，贺拔岳的军队已经尊奉宇文泰为主帅；侯莫陈悦已经归降丞相高欢，不肯应召回洛阳。宇文泰通过元毗上表说："大臣贺拔岳突然遭受杀害而死，都督寇洛等要臣全权掌管军事。我奉诏命征召贺拔岳的军队回京师，但现在高欢的军队已经到了五原河东，侯莫陈悦还在水洛，而士兵大部分是西方人，留恋自己的家乡，倘若逼令他们前去京师，侯莫陈悦跟随在后头，而高欢又在前面截击，恐怕会使国家败乱，百姓遭到屠杀，损失不是更严重吗？请允准稍事停留整顿，慢慢开导他们，渐渐地将他们带到东边的京师地区。"孝武帝元修于是任命宇文泰为大都督，统率贺拔岳的军队。

起初，贺拔岳任命东雍州刺史李虎为左厢大都督，贺拔岳死后，李虎奔到荆州，劝说贺拔胜请他接收贺拔岳的部众，贺拔胜没有听从。李虎听说宇文泰接替贺拔岳统率部众，就从荆州回来要去投靠宇文泰，到了闵乡，被丞相高欢派在外地的将领擒获，将他送到洛阳。北魏孝武帝元修正想谋取关中，得到李虎，十分高兴，封他为卫将军，赏赐丰厚，叫他归附在宇文泰那里。李虎，是李歆的玄孙。

泰与悦书，责以"贺拔公有大功于朝廷。君名微行薄，贺拔公荐君为陇右行台。又高氏专权，君与贺拔公同受密旨，屡结盟约；而君党附国贼，共危宗庙，口血未干，匕首已发。今吾与君皆受诏还阙，今日进退，唯君是视：君若下陇东迈，吾亦自北道同归；若首鼠两端，吾则指日相见！"

魏主问泰以安秦、陇之策，泰表言："宜召悦授以内官，或处以瓜、凉一藩；不然，终为后患。"

【译文】宇文泰写信给侯莫陈悦，责备他说："贺拔公对国家有很大的功劳。你名气小，立功也少，贺拔公推荐你为陇右行台。而且高欢独揽大权，你与贺拔公同样接到朝廷密旨，好几次订结盟约，可是你却和国贼结党，一同危害国家，你与贺拔公歃血为盟时，口角沾的血还没干，刀剑却已经出鞘，杀害贺拔公。现在我与你同时受诏回朝廷，今天是进是退，全看你的了：你若从陇山向东边洛阳前进，我也从北边平凉取道泾州东归洛阳；倘若你犹豫不决，心怀二心，我将立刻进兵征讨你！"

北魏孝武帝元修询问宇文泰用什么计策安定秦、陇两地，宇文泰上表说："应当召请侯莫陈悦，授给他朝廷的官职，或者将他安置在瓜州、凉州一带；不然的话，终究会成为祸患。"

原州刺史史归，素为贺拔岳所亲任，河曲之变，反为悦守。悦遣其党王伯和、成次安将兵二千助归镇原州，泰遣都督侯莫陈崇帅轻骑一千袭之。崇乘夜将十骑直抵城下，馀众皆伏于近路；归见骑少，不设备。崇即入，据城门，高平令陇西李贤及弟远穆在城中，为崇内应。于是中外鼓噪，伏兵悉起，遂擒归及次安、伯和等归于平凉。泰表崇行原州事。三月，泰引兵击悦，至原州，众军毕集。

夏，四月，癸丑朔，日有食之。

魏南秦州刺史陇西李弼说侯莫陈悦曰："贺拔公无罪而公害之，又不抚纳其众，今奉宇文夏州以来，声言为主报仇，此其势不可敌也，宜解兵谢之！不然，必及祸。"悦不从。

【译文】原州刺史史归，一向被贺拔岳亲近信任，可是在河曲兵变时，反而替侯莫陈悦守卫。侯莫陈悦派遣他的同党王伯和、成次安率领军队两千人去帮助史归镇守原州。宇文泰派都督侯莫陈崇率领轻骑兵一千人去偷袭原州。侯莫陈崇趁着黑夜率领十个骑兵直接抵达原州城下，其余的骑兵埋伏在附近的道路上。史归看到骑兵人数很少，没有进行防备。侯莫陈崇进城后，占据城门，高平令陇西人李贤与弟弟李远穆在城中，为侯莫陈崇做内应。于是城里城外鼓声响起，那些伏兵都出来奋战，抓住了史归与成次安、王伯和等带回平凉。宇文泰上表推荐侯莫陈崇代行原州政务。三月，宇文泰引兵攻打侯莫陈悦，到达原州，所有军队会师在一起。

夏季，四月，癸丑朔日（初一），有日食出现。

北魏南秦州刺史陇西人李弼劝说侯莫陈悦说："贺拔公没有罪，可是你却杀害他，又不安抚收编他的部众，现在他们奉宇文夏州的命令而来，声言要为主帅报仇，这种声势，你是没办法抵抗的，应当放下武器，向他们谢罪，不然的话，一定会有灾祸降临。"侯莫陈悦没有听从。

宇文泰引兵上陇，留兄子导为都督，镇原州。泰军令严肃，秋毫无犯，百姓大悦。军出木狭关，雪深二尺，泰倍道兼行，出其不意。悦闻之，退保略阳，留万人守水洛。泰至，水洛即降。泰遣轻骑数百趣略阳，悦退保上邽，召李弼与之拒泰。弼知悦必败，阴遣使诣泰，请为内应。悦弃州城，南保山险，弼谓所部曰："侯莫陈公欲还秦州，汝辈何不装束！"弼妻，悦之姨也，众咸信之，争趣上邽。弼先据城门以安集之，遂举城降泰，泰即以弼为秦州刺史。其夜，悦出军将战，军自惊溃。悦性猜忌，既败，不听左右近己，与其二弟并子及谋杀岳者七八人弃军逃走。数日之中，槃桓往来，不知所趣。左右劝向灵州依曹泥，悦从之。自乘骡，令左右皆步从，欲自山中趣灵州。宇文泰使原州都督贺拔颖追之，悦望见追骑，缢死于野。

【译文】宇文泰带领军队向陇山进发，留下侄子宇文导为都督，镇守原州。宇文泰军令十分严格，一丝一毫的东西都不可以侵犯，所以老百姓很高兴。军队出了木狭关以后，积雪有二尺深，宇文泰还是加快速度前进，准备让侯莫陈悦措手不及。侯莫陈悦得到消息后，退守略阳，留下万余人把守水洛。宇文泰的军队一到，水洛马上投降。宇文泰派遣轻骑兵数百人，奔赴略阳，侯莫陈悦退守上邽，召请李弼与他一同抗拒宇文泰。李弼知道侯莫陈悦必定会失败，暗地里派使者到宇文泰那儿，请求作为内应。侯莫陈悦放弃上邽城，守住城南的山区险要，李弼告诉所属的部众说："侯莫陈公想回秦州，你们为什么不收拾行装呢？"李弼的妻子就是侯莫陈悦妻子的妹妹，所以大家都相信他，争着奔赴上邽城，李弼先占据城门来安定回城士兵，接着就举城投降宇文泰，宇文泰当即任命李弼为秦州刺史。这天晚上，侯莫陈悦带出军队将要作战，军队却自行惊动溃散，侯莫陈悦生性喜欢猜忌，打了败仗，不让左右亲信靠近自己，与他的两个弟弟还有他的儿子，以及谋杀贺拔岳的部下七八人丢下军队逃跑了，好几天中，在山中转来转去，也不知道将要到哪里，身边的人劝他逃向灵州去归顺曹泥，侯莫陈悦听从了。自己乘着骡车，命令左右的人都步行跟从，想从山中直奔灵州。宇文泰派原州都督贺拔颖追赶他，侯莫陈悦看见追来的骑兵，就在荒野中吊死了。

泰入上邽，引薛憕为记室参军。收悦府库，财物山积，泰秋毫不取，皆以赏士卒；左右窃一银瓮以归，泰知而罪之，即剖赐将士。

悦党豳州刺史孙定儿据州不下，有众数万，泰遣都督中山刘亮袭之。定儿以大军远，不为备；亮先竖一纛于近城高岭，自将二十骑驰入城。定儿方置酒，众猝见亮至，骇愕，不知所为，亮麾兵斩定儿，遥指城外纛，命二骑曰："出召大军！"城中皆慑服，莫敢动。

【译文】宇文泰进入上邽城，举荐薛憕为记室参军。没收侯莫陈悦的府库，财物堆积如山，宇文泰一点也不贪取，全部拿来赏赐给将士。身边的人偷了一个银瓮回来，宇文泰知道后处罚了这个人，将银瓮剖开，赏赐给将士。

侯莫陈悦的同党豳州刺史孙定儿，占据州地不肯投降，拥有军队数万人，宇文泰派都督中山人刘亮去攻打他。孙定儿以为大军还远，不加戒备。刘亮先在接近城边的高岭上竖立一面大旗，自己率领二十个骑兵奔驰进城。孙定儿刚备好酒，忽然看到刘亮来到，惊骇错愕，不知该怎么办，刘亮指挥兵士将孙定儿杀掉，指着远远的城外的大旗，命令两名骑兵说："出去召集大军！"城中守军都服帖从命，没人敢违抗。

先是，故氐王杨绍先乘魏乱逃归武兴，复称王。凉州刺史李叔仁为其民所执，氐、羌、吐谷浑所在蜂起，自南岐至瓜、鄯，跨州据郡者不可胜数。宇文泰令李弼镇原州，夏州刺史拔也恶蚝镇南秦州，渭州刺史可朱浑〔道〕元镇渭州，卫将军赵贵行秦州事，徵豳、泾、东秦、岐四州之粟以给军。杨绍先惧，称藩，送妻子为质。

夏州长史于谨言于泰曰："明公据关中险固之地，将士骁勇，土地膏腴。今天子在洛，迫于群凶，若陈明公之恳诚，算时事之利害，请都关右，挟天子以令诸侯，奉王命以讨暴乱，此桓、文之业，千载一时也！"泰善之。

【译文】起初，过去的氐王杨绍先趁着北魏内乱，逃回武兴，又自立为王。凉州刺史李叔仁被当地的老百姓擒获，氐、羌、吐谷浑等各族也都纷纷蠢蠢欲动，从南岐到瓜州、鄯州，跨州据郡叛乱的情形多得数不清。宇文泰派李弼镇守原州，夏州刺史拔也恶蚝镇守南秦州，渭州刺史可朱浑道元镇守渭州，卫将军赵贵代行秦州的政事，征收豳、泾、东秦、岐四州的谷粮供给军队。杨绍先很害怕，愿意将自己的土地作为北魏的藩属，并且将妻子儿女送去当人质。

夏州长史于谨对宇文泰说："您占据关中险要的地方，将士勇武刚健，土地肥沃。现在，天子在洛阳，被一群邪恶的奸臣包围，如果您能向天子表明您的诚意，分析时事的利弊，请天子迁都到函谷关以西的地方，挟天子的威名来号令诸侯，尊奉天子的命令去征讨叛乱的人，这样一定可以建立像齐桓公、晋文公一样的霸业，这是千载难逢的好时机啊！"宇文泰认为他的意见很好。

丞相欢闻泰定秦、陇，遣使甘言厚礼以结之，泰不受，封其书，使都督济北张轨献于魏主。斛斯椿问轨曰："高欢逆谋，行路皆知之，人情所恃，唯在西方，未知宇文何如贺拔！"轨曰："宇文公文足经国，武能定乱。"椿曰："诚如君言，真可恃也。"

【译文】丞相高欢听说宇文泰已经平定了秦州、陇西等地区，就派遣使者前去表示善意，赠送厚重的礼物，想要结交他，宇文泰不肯接受，将他的信封好，派遣都督济北人张轨献给北魏孝武帝元修。斛斯椿问张轨："高欢叛逆，想要图谋天下，路人都知道，依人的常理来说，所能依靠的，只有在西方的宇文泰了，但不知道宇文泰比起贺拔岳来怎么样呢？"张轨说："宇文公的才学足以治理国家，他的武功也足以平定乱事。"斛斯椿说："假如的确像你所说的，那就真的可以倚仗他了。"

魏主命泰发二千骑镇东雍州，助为势援，仍命泰稍引军而东。泰以大都督武川梁御为雍州刺史，使将步骑五千前行。先是，丞相欢遣其都督太安韩轨将兵一万据蒲坂以救侯莫陈悦，雍州刺史贾显度以舟迎之。梁御见显度，说使从泰，显度即出迎御，御入据长安。

魏主以泰为侍中、骠骑大将军、开府仪同三司、关西大都督、略阳县公，承制封拜。泰乃以寇洛为泾州刺史，李弼为秦州刺史，前略阳太守张献为南岐州刺史。南岐州刺史卢待伯不受代，泰遣轻骑袭而擒之。

【译文】北魏孝武帝元修命令宇文泰派两千名骑兵镇守东雍州，增强救援京都的形势，同时仍命令宇文泰慢慢将军队带到东边来。宇文泰任用大都督武川人梁御为雍州刺史，命他率领步兵和骑兵五千名作为先锋。先前，丞相高欢派遣他的都督太安人韩轨率领一万名军队据守蒲坂以便援助侯莫陈悦，雍州刺史贾显度，还用船去迎接他。等到梁御见到贾显度后，游说他归顺宇文泰，贾显度当即出来迎接梁御，梁御就占领了长安。

北魏孝武帝元修任命宇文泰为侍中、骠骑大将军、开府仪同三司、关西大都督、略阳县公，宇文泰可假借孝武帝元修的命令，封拜官爵。宇文泰就任用寇洛为泾州刺史，李弼为秦州刺史，先前的略阳太守张献为南岐州刺史。南岐州刺史卢待伯不接受张献替代自己，宇文泰派遣轻骑去攻打他，并且将他抓住。

侍中封隆之言于丞相欢曰："斛斯椿等今在京师，必构祸乱。"隆之与仆射孙腾争尚魏主妹平原公主，公主归隆之，腾泄其言于椿，椿以白帝。隆之惧，逃还乡里，欢召隆之诣晋阳。会腾带仗入省，擅杀御史，惧罪，亦逃就欢。领军娄昭辞疾归晋阳。帝以斛斯椿兼领军，改置都督及河南、关西诸刺史。华山王鸷在徐州，欢使大都督邸珍夺其管钥。建州刺史韩贤，济州刺史蔡俊，皆欢党也。帝省建州以去贤，使御史举俊罪，以汝阳王叔昭代之。欢上言："俊勋重，不可解夺；汝阳懿德，当受大藩；臣弟永宝，猥任定州，宜避贤路。"帝不听。五月，丙子，魏主增置勋府庶子，厢别六百人；又增骑官，厢别二百人。

【译文】侍中封隆之对丞相高欢说："斛斯椿那批人现在在京师，一定会造成祸乱。"封隆之与仆射孙腾争着要娶北魏孝武帝元修的妹妹平原公主，平原公主嫁给了封隆之。孙腾就把封隆之的话泄露给斛斯椿，斛斯椿转而禀报孝武帝元修。封隆之很害怕，逃回了自己的家乡。高欢招请封隆之到晋阳。恰好孙腾带着护卫进入尚书省，擅自杀害了御史，担心被治罪，也逃去投靠高欢。领军娄昭因为生病辞职回到晋阳。孝武帝让斛斯椿兼任领军，又另外分别委任了都督及河南、关西等地的刺史。华山王元鸷在徐州，高欢命大都督邸珍夺取他的城，逼迫他交出钥匙。建州刺史韩贤、济州刺史蔡俊，都是高欢的同党，孝武帝也废置了建州，免去韩贤的职位，命御史检举揭发蔡俊的罪状，以汝阳王元叔昭代替他的职位。高欢向孝武帝进言说："蔡俊功勋卓著，不可以解除他的职位；汝阳王有美好的德行，应该担任一个大州刺史；臣的弟弟高永宝，现任定州刺史，应当退让给贤能的人一展抱负。"孝武帝不肯听从。五月，丙子日（五月无此日），孝武帝增设勋府庶子，左右厢各六百人，又增加骑官，左右厢各两百人。

魏主欲伐晋阳，辛卯，下诏戒严，云欲自将伐梁。发河南诸州兵，大阅于洛阳，南临洛水，北际邙山，帝戎服与斛斯椿临观之。六月，丁巳，魏主密诏丞相欢，称"宇文黑獭、贺拔胜颇有异志，故假称南伐，潜为之备；王亦宜共为形援。读讫燔之。"欢表以为"荆、雍将有逆谋，臣今潜勒兵马三万，自河东渡，又遣恒州刺史库狄干等将兵四万自来违津渡，领军将军娄昭等将兵五万以讨荆州，冀州刺史尉景等将山东兵五万、突骑五万以讨江左，皆勒所部，伏听处分。"帝知欢觉其变，乃出欢表，令群臣议之，欲止欢军。欢亦集并州僚佐共议，还以表闻，仍云："臣为嬖佞所间，陛下一旦赐疑。臣若敢负陛下，使身受天殃，子孙殄绝。陛下若垂信赤心，使干戈不动，佞臣一二人愿斟量废出。"

【译文】北魏孝武帝元修想去征讨晋阳，辛卯日（初十），下令戒严，说将要自己率领军队去讨伐梁朝。征召河南等各州的军队，在洛阳举行盛大的校阅仪式，南边到达洛水，北边直到邙山，孝武帝穿着戎服与斛斯椿亲临校阅。六月，丁巳日（初六），孝武帝秘密下诏令给丞相高欢，称"宇文泰、贺拔胜颇有背叛的心思，所以我假装说要向南进攻梁朝，实际上是暗地里有所准备，你也应当一同协助防御。读完后将它烧掉"。高欢也上表认为"荆州、雍州将有背叛的阴谋，臣现在就暗中统御三万兵马，从河东西渡，又派遣恒州刺史库狄干等率领四万名士兵从违津渡河，领军将军娄昭等率领五万名兵卒去征伐荆州，冀刺史尉景等率领山东士兵七万，还有能冲锋陷阵的骑兵五万去攻打江左的敌人，大家都统御军队，听候调遣分派"。孝武帝元修知道高欢已感觉到事情的蹊跷，于是拿出高欢的奏表，命群臣共同商量对策，想要阻止高欢的军队。高欢也聚集了并州的幕僚官佐一同商议，还上表奏陈心意，并且说："臣被陛下所宠信的佞臣离间，陛下终有一天会怀疑我的忠心。臣如果敢辜负陛下而背叛的话，愿意受到上天的惩罚，还断子绝孙。陛下如果相信我对朝廷的赤胆忠心，军队就不要轻举妄动，使战乱不发生，希望酌量轻重利害，将这一两个奸佞的臣子除掉。"

丁卯，帝使大都督源子恭守阳胡，汝阳王暹守石济，又以仪同三司贾显智为济州刺史，帅豫州刺史斛斯元寿东趣济州。元寿，椿之弟也。蔡俊不受代，帝愈怒。辛未，帝复录洛中文武议意以答欢，且使舍人温子升为敕赐欢曰："朕不劳尺刃，坐为天子，所谓生我者父母，贵我者高王。今若无事背王，规相攻讨，则使身及子孙，还如王誓。近虑宇文为乱，贺拔应之，故戒严，欲与王俱为声援。今观其所为，更无异迹。东南不宾，为日已久，今天下户口减半，未宜穷兵极武。朕既阍昧，不知佞人为谁。顷高乾之死，岂独朕意！王忽对昂言兄枉死，人之耳目何易可轻！如闻库狄干语王云：'本欲取懦弱者为主，无事立此长君，使其不可驾御。今但作十五日行，自可废之，更立馀者。'如此议论，自是王间勋人，岂出佞臣之口！去岁封隆之叛，今年孙腾逃去，不罪不送，谁不怪王！王若事君尽诚，何不斩送二首！王虽启云'西去'，而四道俱进，或欲南度洛阳，或欲东临江左，言之者犹应自怪，闻之者宁能不疑！王若晏然居北，在此虽有百万之众，终无图彼之心；王若举旗南指，纵无匹马只轮，犹欲奋空拳而争死。朕本寡德，王已立之，百姓无知，或谓实可。若为他人所图，则彰朕之恶；假令还为王杀，幽辱薤粉，了无遗恨！本望君臣一体，若合符契，不图今日分疏至此！"

【译文】 丁卯日（十六日），北魏孝武帝元修命大都督源子恭镇守阳胡，汝阳王元暹镇守石济，又任用仪同三司贾显智为济州刺史，率领军队与豫州刺史斛斯元寿东赴济州。斛斯元寿，是斛斯椿的弟弟。蔡俊不肯将刺史之位让给贾显智，孝武帝元修更加生气。辛未日（二十日），孝武帝又记下洛阳文武官员议论的意见答复高欢，并且命舍人温子升拟写诏命给高欢说："我没有动用半点兵力，轻而易举，就登上天子的宝座，所以说，生育我的是父母，而使我显贵的是您。今天假如无缘无故背叛大王，互相图谋攻打的话，那么一定使我和我的子子孙孙，都像大王所发的誓一样受到惩罚。最近担心宇文泰作乱，贺拔胜会接应他，因而实行戒严，想要与大王一起互为援手。现在观察他们的所作所为，一点都没有可疑的迹象。东南地方不太安定，时间已经很久了，现在天下人口减少了一半，实在不适宜再乱用武力，战争不止。朕生性愚昧，不晓得左右奸邪的臣子是谁。不久前高乾的死，难道是朕的意思吗？大王突然对高昂说他哥哥死得冤枉，人的耳目为什么那么轻易受蒙蔽呢？就像听说库狄干告诉大王说：'本来想找懦弱无能的人做君主就好，没有打算要永久立一个国君，使得没有办法控制他。今天我们既然只做暂时的打算，自然可以废除他，再立其他的人为帝。'这样的议论，自然必是大王左右有功勋的人才敢说的话，怎么会是出自谄媚的臣子口中呢？去年封隆之的叛变，今年孙腾又逃去归附大王，大王既不治他们的罪，也不将他们押送回洛阳，谁不责怪大王呢？大王假如尽诚心侍奉君主，为什么不将他们两个的首级斩下来，送回洛阳呢？大王虽然启奏上说'要向西去进攻宇文泰'，可是你的军队却分四路进兵，有的想南渡到洛阳，有的却往东到江左，说这些话的人应该感到奇怪，听到的人怎么能不怀疑？大王如若安然地居住在晋阳，朕这里虽然有百万的军队，终究没有算计你的心思，但是假如大王举起旌旗指向南方，朕纵使没有一匹马一辆车，仍然要赤手空拳奋斗到死。朕本来就是个德薄的人，大王已经立朕为主，百姓愚昧无知，或许还认为我不错，可以担任大事。倘若朕被别人赶下台，就会显示朕有罪过；如果朕被大王所杀，幽囚受辱，粉身碎骨，也一点都没什么好怨恨的！本来希望君臣能团结为一体，如符信一样地契合，亲密无间，没想到今天会分离疏远到这个地步！"

中军将军王思政言于魏主曰："高欢之心，昭然可知。洛阳非用武之地，宇文泰乃心王室，今往就之，还复旧京，何虑不克？"帝深然之，遣散骑侍郎河东柳庆见泰于高平，共论时事。泰请奉迎舆驾，庆复命，帝复私谓庆曰："朕欲向荆州，何如？"庆曰："关中形胜，宇文泰才略可依。荆州地非要害，南迫梁寇，臣愚，未见其可。"帝又问阁内都督宇文显和，显和亦劝帝西幸。时帝广徵州郡兵，东郡太守河东裴侠帅所部诣洛阳，王思政问曰："今权臣擅命，王室日卑，奈何？"侠曰："宇文泰为三军所推，居百二之地，所谓己操戈矛，宁肯授人以柄！虽欲投之，恐无异避汤入火也。"思政曰："然则如何而可？"侠曰："图欢有立至之忧，西巡有将来之虑，且至关右徐思其宜耳。"思政然之，乃进侠于帝，授左中郎将。

【译文】中军将军王思政对北魏孝武帝元修说："高欢的野心，我们可以很清楚地知道了。洛阳并不是用兵的地方，宇文泰是忠心王室的人，现在我们去依靠他，再想办法返回，何必担心不会成功呢？"孝武帝认为他的话没错，派遣散骑侍郎河东人柳庆在高平会见宇文泰，一同议论时事。宇文泰请求能迎接孝武帝前来，柳庆回京复命，孝武帝又私下对柳庆说："朕想到荆州贺拔胜那里去，怎么样呢？"柳庆说："关中地势险要，宇文泰的才干谋略都值得信任依赖。荆州并不是险要的地方，南边又受到梁朝的威胁侵扰，依臣的愚见，没什么值得去的理由。"孝武帝又去问阁内都督宇文显和，宇文显和也劝孝武帝西入关中。当时孝武帝广召州郡的兵马，东郡太守河东人裴侠率领部众来到洛阳，王思政问他说："现在有权的臣子专权跋扈，王室的地位已经一天比一天衰微了，要怎么办才好呢？"裴侠说："宇文泰被三军推崇，占据关中险要地方，所以说，自己操纵着军事大任，怎么肯再把权柄让给别人呢？虽然是去依靠他，恐怕与为了躲避滚汤而掉入大火的处境没有区别。"王思政说："那么应当怎么办才好呢？"裴侠说："除掉高欢一定会立刻遭到灾祸，西入关中，将来也会遇到忧患，暂且到关中慢慢想出适当的办法吧！"王思政也认同他的意见，于是就带着裴侠去觐见孝武帝，孝武帝授给他左中郎将的职位。

初，丞相欢以为洛阳久经丧乱，欲迁都于邺，帝曰："高祖定鼎河、洛，为万世之基；王既功存社稷，宜遵太和旧事。"欢乃止。至是复谋迁都，遣三千骑镇建兴，益河东及济州兵，拥诸州和籴粟，悉运入邺城。帝又敕欢曰："王若厌伏人情，杜绝物议，唯有归河东之兵，罢建兴之戍，送相州之粟，追济州之军。使蔡俊受代，邸珍出徐，止戈散马，各事家业，脱须粮廪，别遣转输。则谗人结舌，疑悔不生，王高枕太原，朕垂拱京洛矣。王若马首南向，问鼎轻重，朕虽不武，为社稷宗庙之计，欲止不能。决在于王，非朕能定，为山止篑，相为惜之。"欢上表极言宇文泰、斛斯椿罪恶。

【译文】起初，丞相高欢认为洛阳长久以来，经历了许多丧死祸乱的事，想将国都迁移到邺城。北魏孝武帝元修说："从高祖元宏定都于洛阳以后，已经为后世子孙立下了根基，大王既然想要保全国家来建立功业，就应当遵从孝文帝元宏太和年间遗留下来的旧有规定。"高欢这才作罢。到此时，高欢又想谋划迁都邺城的事，派遣三千名骑兵镇守建兴，增加了河东和济州的军队，征集各州由官府收购买下的粟粮，都运进邺城里。北魏孝武帝元修又下诏令给高欢说："你假如想要收服人心，断绝众人的诽谤，只有撤回河东的军队，撤走建兴的戍守部众，运走相州的粟粮，调回济州的军队，命蔡俊接受调职，邸珍离开徐州，放下武器，遣散兵马，让每个人各自去经营他们的家事。如果需要粮食，另外派人转运，那么喜欢进谗言的人就无话可说，也不会有令人怀疑的举动或做出后悔的事了。大王就可以在太原高枕无忧，朕也可以在京师洛阳推行无为而治的大道。大王如果将马头转向南方，想要窥伺皇位，朕虽然不想打仗，但为了国家宗庙的大计，就是想罢休也是不可能的。一切的决定都在大王，并不是朕能决定的事，事情的成败，就在这个重要的决定，不然就会功败垂成，希望能互相珍惜。"高欢又上表，极力指责宇文泰与斛斯椿的罪恶。

帝以广宁太守广宁任祥兼尚书左仆射加开府仪同三司，祥弃官走，度河，据郡待欢。帝乃敕文武官北来者任其去留，遂下制书数欢咎恶，召贺拔胜赴行在所。胜以问太保掾范阳卢柔，柔曰："高欢悖逆，公席卷赴都，与决胜负，死生以之，上策也。北阻鲁阳，南并旧楚，东连兖、豫，西引关中，带甲百万，观衅而动，中策也；举三荆之地，庇身于梁，功名皆去，下策也。"胜笑而不应。

帝以宇文泰兼尚书仆射，为关西大行台，许妻以冯翊长公主，谓泰帐内都督秦郡杨荐曰："卿归语行台，遣骑迎我！"以荐为直阁将军。泰以前秦州刺史骆超为大都督，将轻骑一千赴洛，又遣荐与长史宇文测出关候接。

丞相欢召其弟定州刺史琛使守晋阳，命长史崔暹佐之。暹，挺之族孙也。欢勒兵南出，告其众曰："孤以尔朱擅命，建大义于海内，奉戴主上，诚贯幽明；横为斛斯椿谗构，以忠为逆，今者南迈，诛椿而已。"以高敖曹为前锋。宇文泰亦移檄州郡，数欢罪恶，自将大军发高平，前军屯弘农。贺拔胜军于汝水。

【译文】北魏孝武帝元修任用广宁太守广宁人任祥兼任尚书左仆射及开府仪同三司等职，任祥弃官逃走，渡河后，据守在广宁郡等候高欢。孝武帝就下诏令，凡是从北方来的文武官员要离去或留下都可以，并颁下诏书指责高欢的过错和罪恶，召请贺拔胜到孝武帝巡幸时所住的地方。贺拔胜就此事问太保的属官范阳人卢柔，卢柔说："高欢叛乱造反，明公聚集所有的部众奔赴京都，与他一决胜负，是生是死由此决定，这是上策。北边以鲁阳为屏障，南边并吞楚地，东边连接兖州、豫州，西边依靠关中，率领百万军队，观察等待机会再动兵，这是中策。拿三荆的地方，到梁朝去请求庇护，功名成就都会一扫而空，这是下策啊！"贺拔胜笑而不答。

北魏孝武帝元修让宇文泰兼任尚书仆射，任命为关西大行台，答应将冯翊长公主嫁给他。孝武帝对宇文泰帐内都督秦郡人杨荐说："你回去对行台说，派遣骑兵来迎接我！"并任命杨荐为直阁将军。宇文泰任命前秦州刺史骆超为大都督，率领轻骑一千名赶赴洛阳，又派遣杨荐与长史宇文测出函谷关外去等候迎接孝武帝。

丞相高欢召来他的弟弟定州刺史高琛，命他镇守晋阳，又命令长史崔暹辅佐他。崔暹就是崔挺的儿子。高欢整治军队向南进发，告诉他的部属说："我因为尔朱氏跋扈专权，不受节制，所以在海内伸张大义，恭奉敬事主上，我的真诚能贯通阴阳，人鬼共鉴，但常常被斛斯椿进谗言诬陷，将我的忠心当成叛逆，现在我要向南方进兵，不过是想杀掉斛斯椿罢了。"高欢任命高敖曹为前锋。宇文泰也将那些声讨的文书转到各州郡，指责高欢的罪过，自己率领着大军从高平出发，前锋屯驻在弘农。贺拔胜的军队驻扎在汝水。

秋，七月，己丑，魏主亲勒兵十馀万屯河桥，以斛斯椿为前驱，陈于邙山之北。椿请帅精骑二千夜度河掩其劳弊，帝始然之。黄门侍郎杨宽说帝曰："高欢以臣伐君，何所不至！今假兵于人，恐生它变。椿若度河，万一有功，是灭一高欢，生一高欢矣。"帝遂敕椿停行，椿叹曰："顷荧惑入南斗，今上信左右间构，不用吾计，岂天道乎！"宇文泰闻之，谓左右曰："高欢数日行八九百里，此兵家所忌，当乘便击之。而主上以万乘之重，不能度河决战，方缘津据守。且长河万里，捍御为难，若一处得度，大事去矣。"即以大都督赵贵为别道行台，自蒲坂济，趣并州，遣大都督李贤将精骑一千赴洛阳。

【译文】 秋天，七月，己丑日（初九），北魏孝武帝元修统治军士十万屯驻在河桥，以斛斯椿为前驱，列阵在邙山的北面。斛斯椿请求率领精良骑兵两千名，利用晚上渡河偷袭高欢疲惫的士卒，孝武帝开始很赞成，黄门侍郎杨宽向孝武帝进言说："高欢以臣子的身份征讨君王，天下人谁不知道？现在却要借别人的军队去进攻他，恐怕会生其他的变故。斛斯椿如若渡河去作战，万一打赢而立了战功，恐怕会灭掉一个高欢，又生出一个高欢来。" 孝武帝于是下诏令斛斯椿停止出兵，斛斯椿很感慨地说："不久前荧惑星（火星）进入南斗星，斗星盛明，表示王道平和，现在火星进入，火星是罚星，一定有不利天子的事。现在主上相信身边谗邪臣子的挑拨离间，不采纳我的计谋，难道是天意如此吗？"宇文泰听了，就对身边的人说："高欢几天就走了八九百里，这是兵家最忌讳的事情，应该趁机去进攻他，然而主上因肩负天下的重任，不能渡河去与高欢决一死战，只沿着黄河边防守，而河长几万里，防御不是那么容易的事，如果有一处被他们渡过，那就大事不妙了！"随即任用大都督赵贵为别道行台，从蒲坂渡河，奔赴并州，打算威胁高欢的后面，并派遣大都督李贤率领精锐骑兵一千名奔赴洛阳去迎接孝武帝元修。

帝使斛斯椿与行台长孙稚、大都督颍川王斌之镇虎牢，行台长孙子彦镇陕，贾显智、斛斯元寿镇滑台。斌之，鉴之弟；子彦，稚之子也。欢使相州刺史窦泰趣滑台，建州刺史韩贤趣石济。窦泰与显智遇于长寿津，显智阴约降于欢，引军退。军司元玄觉之，驰还，请益师，帝遣大都督侯幾绍赴之，战于滑台东，显智以军降，绍战死。北中郎将田怙为欢内应，欢潜军至野王，帝知之，斩怙。欢至河北十馀里，再遣使口申诚款；帝不报。丙午，欢引军度河。

【译文】北魏孝武帝元修派斛斯椿与行台长孙稚、大都督颍川王元斌之镇守虎牢，行台长孙子彦镇守陕州，贾显智、斛斯元寿镇守滑台。元斌之，是安乐王元鉴的弟弟；长孙子彦，是长孙稚的儿子。高欢派相州刺史窦泰赶往滑台，建州刺史韩贤赶往石济。窦泰与贾显智在长寿津相遇，贾显智暗地里与窦泰约定投降高欢，率领军队撤退，军司元玄发现，奔驰回去，请求增援，孝武帝元修派大都督侯幾绍前往。与窦泰在滑台东交战，贾显智率领军队投降，侯幾绍战死。北中郎将田怙为高欢做内应，高欢暗中带着军队到了野王，孝武帝知道后，将田怙杀掉。高欢从野王进兵到距黄河北边十余里的地方，再派使者带口信给孝武帝表示自己忠诚的心意，孝武帝没有回应。丙午日（二十六日），高欢率领军队渡过黄河。

魏主问计于群臣，或欲奔梁，或云南依贺拔胜，或云西就关中，或云守洛口死战，计未决。元斌之与斛斯椿争权，弃椿还，绐帝云："高欢兵已至！"丁未，帝遣使召椿还，遂帅南阳王宝炬、清河王亶、广阳王湛以五千骑宿于瀍西，南阳王别舍沙门惠臻负玺持千牛刀以从。众知帝将西出，其夜，亡者过半，亶、湛亦逃归。湛，深之子也。武卫将军云中独孤信单骑追帝，帝叹曰："将军辞父母、捐妻子而来，'世乱识忠臣'，岂虚言也！"戊申，帝西奔长安，李贤遇帝于崤中。己酉，欢入洛阳，舍于永宁寺，遣领军娄昭等追帝，请帝东还。长孙子彦不能守陕，弃城走。高敖曹帅劲骑追帝至陕西，不及。帝鞭马长骛，糗浆乏绝，三二日间，从官唯饮涧水。至湖城，有王思村民以麦饭壶浆献帝，帝悦，复一村十年。至稠桑，潼关大都督毛鸿宾迎献酒食，从官始解饥渴。

资治通鉴卷第一百五十六　梁纪十二

【译文】北魏孝武帝元修向群臣征询对策，有的想要去投奔梁朝，有的说到南边去依靠贺拔胜，有的说向西到关中，有的说守住洛口与敌人决一死战，众说纷纭，计策无法决定。元斌之与斛斯椿争夺权力，丢下斛斯椿跑了回来，欺骗孝武帝说："高欢的军队已经到了。"丁未日（二十七日），孝武帝派使者召回斛斯椿，于是统率南阳王元宝炬、清河王元亶、广阳王元湛与五千骑兵投宿在湟水西边，寄居在南阳王的别墅中，和尚惠臻背着玉玺，拿着千牛刀跟从着。众人都知道孝武帝将要到西方去，那天晚上，逃亡的人数超过了半数，清河王元亶、广阳王元湛也逃走了。元湛，是元深的儿子。武卫将军云中人独孤信单枪匹马地追来跟随北魏孝武帝元修，孝武帝感叹地说："将军辞别父母，抛下妻子儿女而来，'乱世识忠臣'这句话一点都不假啊！"戊申日（二十八日），孝武帝向西逃到长安，李贤在崤山中遇到孝武帝。己酉日（二十九日），高欢进入洛阳，住在永宁寺，派遣领军娄昭等去追孝武帝，请孝武帝回洛阳来。长孙子彦守不住陕州，弃城逃跑了。高敖曹率领勇健的骑兵追赶孝武帝到陕城西边，还是没有追上。孝武帝快马加鞭，长途跋涉，干粮、汤水都缺乏，三两日里跟随的官员，也只有喝溪涧的水充饥。到了湖城，有王思村的老百姓拿了麦米饭和开水进献给孝武帝，孝武帝很高兴，诏命免除这一村的十年徭役。到了稠桑，潼关大都督毛鸿宾迎接并献上酒食，跟随的官员，才解除了饥渴。

八月，甲寅，丞相欢集百官谓曰："为臣奉主，匡救危乱，若处不谏争，出不陪从，缓则耽宠争荣，急则委之逃窜，臣节安在！"众莫能对，兼尚书左仆射辛雄曰："主上与近习图事，雄等不得预闻。及乘舆西幸，若即追随，恐迹同佞党；留待大王，又以不从蒙责，雄等进退无所逃罪。"欢曰："卿等备位大臣，当以身报国。群佞用事，卿等尝有一言谏争乎？使国家之事一朝至此，罪欲何归！"乃收雄及开府仪同三司叱列延庆、兼吏部尚书崔孝芬、都官尚书刘廞、兼度支尚书天水杨机、散骑常侍元士弼，皆杀之。孝芬子司徒从事中朗猷间行入关，魏主使以本官奏门下事。欢推司徒清河王亶为大司马，承制决事，居尚书省。

【译文】八月，甲寅日（初四），丞相高欢召集百官说："做臣子的侍奉主上，本就应当拯救危难，假若在朝时不知道进谏过失，出奔时不能陪侍随从，无事时沉溺在争宠幸求荣耀中，有急难时就背弃主上逃走，这种臣子的节操到底在哪里？"大家都不敢回答，只有兼尚书左仆射辛雄说："主上与他的亲近臣子

资治通鉴

谋划国家大事，我们也不能事先知道，等到主上乘车西去了，我们如果及时追随着一起去，恐怕又同奸臣党羽一样。可留在这里等待大王，没想到又要蒙受不跟随主上的罪过，辛雄等不管跟随或不跟随都逃避不了罪责。"高欢说："你们都是拥有官位的大臣，应当献身报效国家，一大堆的奸臣专权，你们可曾经有过一句进谏的话吗？使得国家大事现在变成这种地步，这种罪过要谁承担呢？"于是收押辛雄与开府仪同三司叱列延庆、兼吏部尚书崔孝芬、都官尚书刘廞、兼度支尚书天水杨机、散骑常侍元士弼，统统将他们杀死。崔孝芬的儿子司徒从事中郎崔猷抄小路逃入关中，孝武帝元修让他任原职在门下省办事。高欢推举司徒清河王元亶为大司马，以皇上名义处理政事，在尚书省办公。

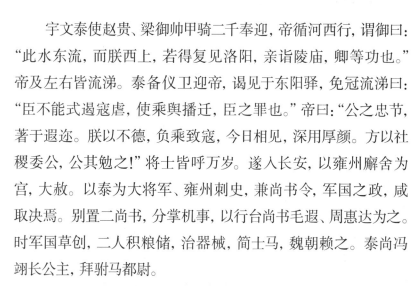

宇文泰使赵贵、梁御帅甲骑二千奉迎，帝循河西行，谓御曰："此水东流，而朕西上，若得复见洛阳，亲诣陵庙，卿等功也。"帝及左右皆流涕。泰备仪卫迎帝，谒见于东阳驿，免冠流涕曰："臣不能式遏寇虐，使乘舆播迁，臣之罪也。"帝曰："公之忠节，著于遐迩。朕以不德，负乘致寇，今日相见，深用厚颜。方以社稷委公，公其勉之！"将士皆呼万岁。遂入长安，以雍州廨舍为宫，大赦。以泰为大将军、雍州刺史，兼尚书令，军国之政，咸取决焉。别置二尚书，分掌机事，以行台尚书毛遐、周惠达为之。时军国草创，二人积粮储，治器械，简士马，魏朝赖之。泰尚冯翊长公主，拜驸马都尉。

【译文】宇文泰派赵贵、梁御率领武装骑兵两千名去恭迎北魏孝武帝元修，孝武帝沿着黄河向西边行进，对梁御说："这条水向东流，而我却向西走，假如能让我再回到洛阳，必定亲自去拜祭祖庙，那都是你们的功劳啊！"孝武帝和身边的人都流下眼泪。宇文泰准备了仪仗护卫迎接孝武帝，在东阳驿拜见了孝武帝，脱下帽子流着眼泪说："臣不能阻止残暴的匪徒作乱，让皇上流离迁徙，这是臣的罪过。"孝武帝说："你的忠孝节义，远近的人都知道，朕因为寡德，让小人得志，导致匪徒侵扰，今天相见，实在非常羞愧。朕如今把国家的大任委托给你，你一定要尽心尽力啊！"所有将士都高呼万岁。

于是进入长安，将雍州的官署作为宫殿，大赦境内，任命宇文泰为大将军、雍州刺史兼尚书令，军务国政都由宇文泰决定。另外再设置两个尚书，分别掌管机要大事，由行台尚书毛遐、周惠达担任。当时军务国政刚刚开始建立，两位尚书积储粮食，修造兵器，挑选士卒马匹，北魏朝廷的一切事情都依赖他们。宇文泰迎娶冯翊长公主，拜官为驸马都尉。

先是，荧惑入南斗，去而复还，留止六旬。上以谚云"荧惑入南斗，天子下殿走"，乃跣而下殿以禳之；及闻魏主西奔，惭曰："虏亦应天象邪！"

己未，武兴王杨绍先为秦、南秦二州刺史。

辛酉，魏丞相欢自追迎魏主。戊辰，清河王宣下制大赦。欢至弘农，九月，癸巳，使行台仆射元子思帅侍官迎帝；己酉，攻潼关，克之，擒毛鸿宾，进屯华阴长城，龙门都督薛崇礼以城降欢。

【译文】先前有火星进入南斗星，离开后又回来，停留了六十天。梁武帝萧衍因为谚语说："火星进入南斗星，会有对天子不利的事。"于是光着脚走下殿阶，祭神祈求消除灾祸。等听到北魏孝武帝元修投奔到西方后，惭愧地说："这个胡人也能应验天象吗？"

己未日（初九），武兴王杨绍先出任秦、南秦二州的刺史。

辛酉日（十一日），北魏丞相高欢亲自去追迎孝武帝元修。戊辰日（十八日），清河王元亶下命令大赦境内。高欢到达弘农，九月，癸巳日（十三日），高欢派遣行台仆射元子思率领侍官去迎接孝武帝。己酉日（初五），高欢攻克潼关。擒获毛鸿宾，进兵驻守在华阴长城，龙门都督薛崇礼献城投降高欢。

【申涵煜评】 荧惑入斗，天子下殿，应在魏而不在梁，天分明以正统予魏。朱子《纲目》一书，直与造化争权。

【译文】 荧惑进入南斗，天子从殿堂走下逃亡，征兆应该在北魏却不在梁国，上天明明将正统送给了北魏。朱熹《资治通鉴纲目》一书，简直在和上天争夺权力。

贺拔胜使长史元颖行荆州事，守南阳，自帅所部西赴关中。至淅阳，闻欢已屯华阴，欲还，行台左丞崔谦曰："今帝室颠覆，主上蒙尘，公宜倍道兼行，朝于行在，然后与宇文行台同心戮力，唱举大义，天下孰不望风响应！今舍此而退，恐人人解体，一失事机，后悔何及！"胜不能用，遂还。

欢退屯河东，使行台尚书长史薛瑜守潼关，大都督库狄温守封陵，筑城于蒲津西岸，以薛绍宗为华州刺史，使守之，以高敖曹行豫州事。

欢自发晋阳，至是凡四十启，魏主皆不报。欢乃东还，遣行台侯景等引兵向荆州，荆州民邓诞等执元颖以应景。贺拔胜至，景逆击之，胜兵败，帅数百骑来奔。

【译文】 贺拔胜让长史元颖代理荆州事务，镇守南阳，自己带领军队向西边关中前进。到了淅阳，听说高欢已经屯驻在华阴，想要退回去，行台左丞崔谦说："现在帝室已经被推翻，天子也已出逃，您应当加快速度，日夜不停地走，到帝王居住的地方去觐见，然后再与宇文泰同心协力，共同伸张大义，天下百姓有谁会听到消息而不响应的呢？现在不这样做却退回去，恐怕大家都会松懈怠慢，士气瓦解，一旦失去机会，后悔就来不及了。"贺拔胜没有采用他的计策，于是率领军队退回荆州。

高欢退兵驻守在河东，派遣行台长史薛瑜镇守潼关，大都督库狄温镇守封陵，在蒲津的西岸修筑城墙，任用薛绍宗为华州刺史，让他镇守在那里，任用高敖曹代理豫州政事。

高欢从晋阳出发，到现在一共上了四十次的奏疏，北魏孝武帝元修都没有答复他。高欢于是东回洛阳，派遣行台侯景等率领军队攻打荆州，荆州百姓邓诞等捉拿了元颖来响应侯景。贺拔胜到达荆州，侯景迎击他，贺拔胜溃败，带领数百名骑兵投奔梁朝。

【乾隆御批】 齐景行善政而躔迁，宋公应德言而舍徙。彼侯国尚能以修省感讯祥，矧梁主固俨然南朝主乎？顾乃跣足下殿，如术士厌禳丑态，且闻魏奔而谩语解嘲，陋已甚矣。

【译文】 齐景施行善政而历经迁都，宋公应和有德之言而舍弃迁徙。他们这些诸侯国尚能用修身反省的方法求得护佑，况且梁王俨然是南朝的皇帝呢？看他竟光脚走下大殿，如术士用巫术祈祷鬼神除灾降福一样的丑态，并且在听到魏主出奔时以轻谩之言给自己解嘲，丑陋至极。

魏主之在洛阳也，密遣阁内都督河南赵刚召东荆州刺史冯景昭帅兵入援，兵未及发，魏主西入关。景昭集府中文武议所从，司马冯道和请据州待北方处分。刚曰："公宜勒兵赴行在所。"久之，更无言者。刚抽刀投地曰："公若欲为忠臣，请斩道和；如欲从贼，可速见杀！"景昭感悟，即帅众赴关中。侯景引兵逼穰城，东荆州民杨祖欢等起兵应之，以其众邀景昭于路，景昭战败，刚没蛮中。

【译文】北魏孝武帝元修在洛阳时，秘密派遣阁内都督河南人赵刚召集东荆州刺史冯景昭率领军队来救援，军队还来不及出发，孝武帝已经西逃进入关中。冯景昭集合府中文武官员商量何去何从，司马冯道和请求据守在东荆州等待高欢的决定。赵刚说："你应当整治军队前往皇帝所在的地方。"等了很久，都没有人再说话。赵刚抽出刀子扔在地上说："明公假如想要做忠臣，请将冯道和杀掉；假如想跟随着贼人，可以马上将我杀掉！"冯景昭感悟了这番话的道理，立即带领军队奔往关中。侯景率领军队逼近穰城，东荆州的老百姓杨祖欢等起兵接应侯景，带领他的军队，在半路上迎击冯景昭的部队，冯景昭战败，赵刚逃入南蛮。

冬，十月，丞相欢至洛阳，又遣僧道荣奉表于孝武帝曰："陛下若远赐一制，许还京洛，臣当帅勒文武，式清宫禁。若返正无日，则七庙不可无主，万国须有所归，臣宁负陛下，不负社稷。"帝亦不答。欢乃集百官耆老，议所立。时清河王亶出入已称警跸，欢丑之，乃托以"孝昌以来，昭穆失序，永安以孝文为伯考，永熙迁孝明于夹室，业丧祚短，职此之由。"遂立清河〔王〕世子善见为帝，谓亶曰："欲立王，不如立王之子。"亶不自安，轻骑南走，欢追还之。丙寅，孝静帝即位于城东北，时年十一。大赦，改元天平。

魏宇文泰进军攻潼关，斩薛瑜，虏其卒七千人，还长安，进位大丞相。东魏行台薛修义等度河据杨氏壁；魏司空参军河东薛端纠帅村民击却东魏兵，复取杨氏，丞相泰遣南汾州刺史苏景恕镇之。

【译文】 冬季，十月，丞相高欢到了洛阳，又派遣和尚道荣奉上奏表给北魏孝武帝元修说："陛下假如能给我们一道命令，许诺回到京师洛阳，臣当立即率领文武百官，清扫干净您居住的宫殿。假如回来的日期遥遥不可知，国家不可以没有主人，各国必须有所依附，臣宁愿背弃了陛下，也不能背负了国家。" 孝武帝元修仍然没有答复他。高欢于是召集文武官员，朝中老臣，商量另外立一个新君。当时清河王元亶，认为自己一定是新君的当然人选，出出进进都已有清除道路要求行人回避的排场了，高欢非常厌恶他，于是借口说："从孝明帝元诩以来，宗庙的辈分已经混乱了，孝庄帝元子攸称孝文帝元宏为伯父，孝武帝元修自以为和孝明帝元诩是兄弟，兄弟是不相入庙的，所以将孝明帝元诩的灵位迁入宗庙侧室。近来皇帝基业丧失，国运衰败，都是这种因素所造成的。"于是立清河王元亶的长子元善见为帝，并对元亶说："假如要立大王你为帝，不如立你的儿子。"元亶内心非常羞愧不安，轻装骑马向南逃走，高欢派人又将他追了回来。丙寅日（十七日），孝静帝元善见在洛阳城东北举行即位大典，当时仅十一岁，大赦境内，改年号为天平。

西魏宇文泰率兵攻打潼关，杀死薛瑜，俘虏他的士卒七千人，回到长安，进升职位为大丞相。东魏行台薛修义等渡过黄河攻占了杨氏壁。西魏司空参军河东人薛端集合率领村民击退了东魏军队，再次夺回杨氏壁，丞相宇文泰派南汾州刺史苏景恕去镇守杨氏壁。

丁卯，以信武将军元庆和为镇北将军，帅众伐东魏。

初，魏孝武帝既与丞相欢有隙，齐州刺史侯渊、兖州刺史樊子鹄、青州刺史东莱王贵平阴相连结，以观时变；渊亦遣使通于欢所。及孝武帝入关，清河王亶承制，以汝阳王暹为齐州刺史。暹至城西，渊不时纳。城民刘桃符等潜引暹入城，渊帅骑出走，妻子部曲悉为暹所虏。行及广里，会承制以渊行青州事。欢遗渊书曰："卿勿以部曲单少，惮于东行，齐人浇薄，唯利是从，齐州尚能迎汝阳王，青州岂不能开门待卿也！"渊乃复东，暹归其妻子部曲。贵平亦不受代，渊袭高阳郡，克之。置累重于城中，自帅轻骑游掠于外。贵平使其世子帅众攻高阳，渊夜趣东阳，见州民馈粮者，绐之曰："台军已至，杀戮殆尽。我，世子之人也，脱走还城，汝何为复往！"闻者皆弃粮走。比晓，复谓行人曰："台军昨夜已至高阳，我是前锋，今至此，不知侯公竟在何所！"城民恟惧，遂执贵平出降。戊辰，渊斩贵平，传首洛阳。

【译文】丁卯日（十八日），梁武帝萧衍任命信武将军元庆和为镇北将军，率领军队进攻东魏。

起初，北魏孝武帝元修已经和丞相高欢有隔阂。齐州刺史侯渊、兖州刺史樊子鹄、青州刺史东莱王元贵平等人暗中互相勾结，静静地观察时局的变化；侯渊也派遣使者到高欢那儿联络。等到孝武帝元修入函谷关后，清河王元亶以皇帝的名义，任用汝阳王元暹为齐州刺史，元暹到了齐州城西面，侯渊不及时出城迎接。城中百姓刘桃符等人偷偷地带领元暹入城，侯渊率领骑兵弃城逃走，他的妻子、儿女以及部队都被元暹俘虏。侯渊等人走到广里，恰好清河王以皇帝名义任用侯渊代理青州政事。

高欢写给侯渊的信上说："您不要因为部队少，就害怕到东边来，齐地的人轻浮，只要有利益，他们就会顺从，齐州老百姓都能迎接汝阳王元暹，青州老百姓难道就不能开门等待你吗？"侯渊于是又回到东方，汝阳王元暹归还给他的妻子、儿女和军队。元贵平不肯让出青州，侯渊攻打高阳郡，攻克下来后，将家室资产等都放在城中，自己带领轻骑在城外巡逻掳掠。元贵平派他的世子带领军队进攻高阳郡，侯渊趁夜赶往青州县治东阳城，看到运送粮食的青州老百姓，就蒙骗他们说："官府的军队已经来了，我们军队都快被杀光了。我是世子的人，逃回到城里来，你们为什么还要前去呢？"听到的人都丢弃粮食逃跑。等到天亮后，又对来往的行人说："官府的军队，昨天已经到了高阳，我是领头的先锋，今天来到这里，不知道侯公究竟在哪里？"城中的老百姓都惊惶害怕，于是就将旧刺史元贵平抓起来，打开城门投降。戊辰日（十九日），侯渊将元贵平杀掉，砍下他的头，传送到洛阳。

庚午，东魏以赵郡王谌为大司马，咸阳王坦为太尉，开府仪同三司高盛为司徒，高敖曹为司空。坦，树之弟也。

丞相欢以洛阳西逼西魏，南近梁境，乃议迁邺，书下三日即行。丙子，东魏主发洛阳，四十万户狼狈就道。收百官马，尚书丞郎已上非陪从者，尽令乘驴。欢留后部分，事毕，还晋阳。改司州为洛州，以尚书令元弼为洛州刺史，镇洛阳。以行台尚书司马子如为尚书左仆射，与右仆射高隆之、侍中高岳、孙腾留邺，共知朝政。诏以迁民赀产未立，出粟一百三十万石以赈之。

【译文】庚午日（二十一日），东魏任命赵郡王元谌为大司马，咸阳王元坦为太尉，开府仪同三司高盛为司徒，高敖曹为司空。元坦，是元树的弟弟。

丞相高欢认为洛阳西边靠近西魏，南边又临近梁朝的国境，于是议定将都城迁徙到邺城，命令颁布三天后就立即出发。丙子日（二十七日），东魏国主孝静帝元善见从洛阳起程，被迫一起搬迁的四十万户民众，狼狈地跟着上路。朝廷征收文武百官的马匹，凡官在尚书丞、郎以上而不是陪从孝静帝元善见的，只许他们骑驴。高欢留在后面指挥。等迁都完成后，才返回晋阳。朝廷将司州改为洛州，任命尚书令元弼做洛州刺史，镇守洛阳。任命行台尚书司马子如做尚书左仆射，与右仆射高隆之、侍中高岳、孙腾留守邺都，一起主持朝廷政事。孝静帝元善见又颁布命令，因为民众迁徙，家产不能马上恢复，所以拿出粮米一百三十万石来救济他们。

十一月，兖州刺史樊子鹄据瑕丘以拒东魏，南青州刺史大野拔帅众就之。

庚寅，东魏主至邺，居北城相州之廨，改相州刺史为司州牧，魏郡太守为魏尹。是时，六坊之众从孝武帝西行者不及万人，馀皆北徙，并给常廪，春秋赐帛以供衣服，乃于常调之外，随丰稔之处，折绢籴粟以供国用。

十二月，魏丞相泰遣仪同李虎、李弼、赵贵击曹泥于灵州。

闰月，元庆和克濑乡而据之。

【译文】十一月，兖州刺史樊子鹄固守瑕丘，抵抗东魏，南青州刺史大野拔率领部队前往救援。

庚寅日（十一日），东魏国主孝静帝元善见到达邺都，定居在北城相州的官署，将相州刺史改为司州牧，将魏郡太守改为魏尹。当时，随从北魏孝武帝元修向西到长安的六坊卫队还不到一万人，其余的都迁到邺城，并且还供应他们定额的官粮，春秋两季又要赐布帛给他们，以供缝制衣服。于是除去他们日常的用度外，随着每年稻麦的成熟，将绢帛折价买进谷粮，以便供给国库使用。

十二月，西魏丞相宇文泰派遣仪同李虎、李弼、赵贵进攻在灵州的曹泥。

闰十二月，梁将元庆和攻克濑乡，并且占据了这座城。

魏孝武帝闺门无礼，从妹不嫁者三人，皆封公主。平原公主明月，南阳王宝炬之同产也，从帝入关，丞相泰使元氏诸王取明月杀之。帝不悦，或时弯弓，或时椎案，由是复与泰有隙。癸巳，帝饮酒遇酖而殂。泰与群臣议所立，多举广平王赞。赞，孝武之兄子也。侍中濮阳王顺，于别室垂涕谓泰曰："高欢逼逐先帝，立幼主以专权，明公宜反其所为。广平冲幼，不如立长君而奉之。"泰乃奉太宰南阳王宝炬而立之。顺，素之玄孙也。殡孝武帝于草堂佛寺。谏议大夫宋球恸哭呕血，浆粒不入口者数日，泰以其名儒，不之罪也。

【译文】西魏孝武帝元修宫中有不守礼法、乱伦败德的事情。他的堂妹没有出嫁的有三人，全都封为公主。平原公主明月和南阳王元宝炬是同母兄妹，跟随孝武帝元修进入函谷关，丞相宇文泰因为孝武帝元修淫及堂妹，有伤风化，就派元氏诸王诱出明月公主，将她杀掉。孝武帝元修十分不高兴，有时拉弓引弦，有时捶打几案，无非是针对宇文泰而发，因此又与宇文泰有了嫌隙。癸巳日（十五日），孝武帝元修喝酒被毒死。宇文泰与群臣商量另立新君，大家都举荐广平王元赞，元赞是魏孝武帝元修哥哥的儿子。侍中濮阳王元顺在别室流着眼泪对宇文泰说："高欢逼迫驱赶了先帝，另外立了年幼的君主而自己大权独揽。你应当改一改他的做法。广平王元赞还很年幼，不如拥立年长的君主。"宇文泰于是迎接太宰南阳王元宝炬并且立他为君主。濮阳王元顺，是常山王元素的曾孙。孝武帝元修的灵柩被移到草堂佛寺。谏议大夫宋球悲伤痛哭到吐血，好几天汤米也不吃，宇文泰因为他是名儒，也没有治他的罪。

魏贺拔胜之在荆州也，表武卫将军独孤信为大都督。东魏既取荆州，魏以信为都督三荆州诸军事、尚书右仆射、东南道行台、大都督、荆州刺史以招怀之。

蛮酋樊五能攻破淅阳郡以应魏，东魏西荆州刺史辛纂欲讨之，行台郎中李广谏曰："淅阳四面无民，唯一城之地，山路深险，表里群蛮。今少遣兵，则不能制贼；多遣，则根本虚弱。脱不如意，大挫威名，人情一去，州城难保。"纂曰："岂可纵贼不讨！"广曰："今所忧在心腹，何暇治疥癣！闻台军不久应至，公但约勒属城，使完垒抚民以待之。虽失淅阳，不足惜也。"纂不从，遣兵攻之，兵败，诸将因亡不返。

【译文】北魏贺拔胜在荆州时，具表上奏请求任用武卫将军独孤信为大都督。东魏已经攻取了荆州，西魏任命独孤信为都督三荆州诸军事、尚书右仆射、东南道行台、大都督、荆州刺史来招抚他。

荆州蛮族酋长樊五能攻破了淅阳郡来策应西魏，东魏西荆州刺史辛纂想要去征讨他，行台郎中李广进谏说："淅阳四面都没有百姓，只有孤单的一座城池，山路又那么幽深艰险，里里外外都是那些蛮人。现在派遣的军队如果太少，就没办法制伏那些贼人；倘若要派多些，那么我们大本营就要变得虚弱了。假如又不尽如人意，没有成功，威名受到损折，人心一旦失去，恐怕连州城都保不住了。"辛纂说："怎么可以放纵贼寇而不去征讨呢？"李广说："现在我们所担心的是内部的人是否亲近可靠，哪里还有闲暇去管外面的事呢？听说官府派遣的军队，不久就会到了，您只要约束住东荆州统辖的城池，使之完好无缺，安抚城中百姓，等待着就好，虽然失去了淅阳，也没有什么可惜的。"辛纂不肯听从，派遣军队去进攻淅阳，结果打了败仗，一些将领趁机逃走不再回来。

城民密召独孤信。信至武陶，东魏遣恒农太守田八能帅群蛮拒信于淅阳，又遣都督张齐民以步骑三千出信之后。信谓其众曰："今士卒不满千人，首尾受敌，若还击齐民，则土民谓我退走，必争来邀我；不如进击八能，破之，齐民自溃矣。"遂击破八能，乘胜袭穰城；辛纂勒兵出战，大败，还趣城。门未及阖，信令都督武川杨忠为前驱，忠叱门者曰："大军已至，城中有应，尔等求生，何不避走！"门者皆散。忠帅众入城，斩纂以徇，城中慑服。信分兵定三荆。居半岁，东魏高敖曹、侯景将兵奄至城下，信兵少不敌，与杨忠皆来奔。

【译文】城中老百姓秘密地召请独孤信。独孤信到了武陶（疑当作武关），东魏派遣恒农太守田八能，带领一群蛮人在淅阳抵挡独孤信，又派遣都督张齐民率领三千名步兵和骑兵绕到独孤信的后面。独孤信对他的部众说："现在我们的士卒不满一千人，前后都受到敌人的包围，假如我们回过头去攻击张齐民的军队，那么淅阳的人民必定以为我要将军队撤退，一定争着来拦截；不如进兵去攻打田八能，倘若将他的军队打败，张齐民的军队自然也就溃散了。"于是击破了田八能的军队，乘胜又去袭击穰城；辛纂率领军队出来迎战，大败，退回到城里。城门因为仓促来不及关上，独孤信命令都督武川人杨忠为先锋，杨忠大声地叱喝守门的士兵说："大军已经到了，城里还有人在接应，你们想要求生的，怎么不避开逃走？"守门的士兵全都逃散。杨忠带领军队进城，杀掉辛纂来安抚百姓，城里的人都害怕而屈服了。独孤信分派军队平定了三荆。过了半年，东魏高敖曹、侯景带领军队突然来到了城下，独孤信因为军队太少，不是他们的敌手，与杨忠一起投奔了梁朝。

资治通鉴卷第一百五十七　梁纪十三

起旃蒙单阏，尽强圉大荒落，凡三年。

【译文】起乙卯（公元535年），止丁巳（公元537年），共三年。

【题解】本卷记录了公元535年到537年的史事，共三年。正当梁武帝萧衍大同元年、二年、三年，西魏文帝元宝炬大统元年、二年、三年，东魏孝静帝元善见天平二年、三年、四年。南朝梁武帝无所作为，南朝无事，与北方修好。本卷主要记载东、西魏创立之初，权臣当政，各立傀儡新君，高欢与宇文泰内修政理，外示用武，潼关之战、沙苑之战这两次大战形成势均力敌，此后双方的战争将围绕洛阳、河东局部地区的争夺而展开，东、西魏对峙局面最终形成。

高祖武皇帝十三

大同元年（乙卯，公元五三五年）春，正月，戊申朔，大赦，改元。

是日，魏文帝即位于城西，大赦，改元大统，追尊父京兆王为文景皇帝，妣杨氏为皇后。

魏渭州刺史可朱浑道元先附侯莫陈悦，悦死，丞相泰攻之，不能克，与盟而罢。道元世居怀朔，与东魏丞相欢善，又母兄皆在邺，由是常与欢通。泰欲击之，道元帅所部三千户西北度乌兰津抵灵州，灵州刺史曹泥资送至云州。欢闻之，遣资粮迎候，拜车骑大将军。

【译文】 大同元年（乙卯，公元535年）春季，正月，戊申朔日（初一），梁武帝萧衍大赦天下，改年号为大同。

当天，西魏文帝元宝炬在长安城西，举行即位大典，大赦境内，改年号为大统，追封已去世的父亲京兆王元愉为文景皇帝，已去世的母亲杨氏为皇后。

原北魏渭州刺史可朱浑道元早先归顺侯莫陈悦，侯莫陈悦死后，丞相宇文泰攻打他，但无法攻下来，于是与可朱浑道元订了盟约后退兵。可朱浑道元世世代代都住在怀朔，与东魏丞相高欢交情很好，而且母亲、哥哥都在邺城，所以常与高欢来往。宇文泰想要去进攻他，可朱浑道元率领部众三千户往西北渡过乌兰津抵达灵州，灵州刺史曹泥资助他到云州。高欢听到后，遣送粮草去迎接等候，任命可朱浑道元为车骑大将军。

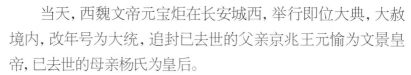

道元至晋阳，欢始闻孝武帝之丧，启请举哀制服。东魏主使群臣议之，太学博士潘崇和以为："君遇臣不以礼则无反服，是以汤之民不哭桀，周武之民不服纣。"国子博士卫既隆、李同轨议以为："高后于永熙离绝未彰，宜为之服。"东魏从之。

魏骁骑大将军、仪同三司李虎等招谕费也头之众，与之共攻灵州，凡四旬，曹泥请降。

【译文】 可朱浑道元到达晋阳，高欢才听到西魏孝武帝元修崩殂的消息，上书朝廷请求为孝武帝元修办理丧事穿孝服。东魏君主孝静帝元善见请群臣一同商议，太学博士潘崇和认为："君主假如对待臣子不用礼法，那么臣子就不必要为君主的去世而服丧，因而商汤时的百姓不为夏桀哭哀，周武王姬发时的百姓也没有为商纣服丧。"国子博士卫既隆、李同轨商量认为："高皇后（孝武帝元修的皇后）在孝武帝元修投奔西方时，虽然没有一起跟去，但并没有断绝名分，所以高皇后应当服丧。"东魏孝静帝元善见听从了群臣的建议。

西魏骁骑大将军、仪同三司李虎等人招降了费也头的部众，与他们一同攻伐灵州，前后进攻了四十天，灵州刺史曹泥请求投降。

【申涵煜评】 孝武以积弱之后，欲与权臣高欢抗到底，是北人气劲。但内仗斛斯椿，犹之以羊御狼；外投宇文泰，何异避汤入火。

【译文】 北魏孝武帝元修是积弱之君，想要和权臣高欢抵抗到底，这是因为北方人气势强劲。但是他在朝廷中依仗斛斯椿，就像把羔羊用来抵御狼；在外投靠宇文泰，和避开热水进入火中有什么不同？

己酉，魏进丞相略阳公泰为都督中外诸军、录尚书事、大行台，封安定王。泰固辞王爵及录尚书，乃封安定公。以尚书令斛斯椿为太保，广平王赞为司徒。

乙卯，魏主立妃乙弗氏为皇后，子钦为皇太子。后仁恕节俭，不妒忌，帝甚重之。

稽胡刘蠡升，自孝昌以来，自称天子，改元神嘉，居云阳谷；魏之边境常被其患，谓之"胡荒"。壬戌，东魏丞相欢袭击，大破之。

【译文】 己酉日（初二），西魏晋升丞相略阳公宇文泰为都督中外诸军、录尚书事、大行台，封为安定王；宇文泰坚决辞去王爵及录尚书的职位，于是封为安定公。任命尚书令斛斯椿为太保，广平王元赞为司徒。

乙卯日（初八），西魏文帝元宝炬立王妃乙弗氏为皇后，儿子元钦为皇太子。皇后仁慈宽厚，节约勤俭，不妒忌，文帝非常敬重她。

稽胡人刘蠡升从北魏孝明帝元诩以来，就自称为天子，改年号为神嘉，居住在云阳谷，北魏的边境经常受到他的侵扰，被叫作"胡荒"。壬戌日（十五日），东魏丞相高欢袭击刘蠡升，将他们打得大败。

勃海世子澄通于欢妾郑氏，欢归，一婢告之，二婢为证；欢杖澄一百而幽之，娄妃亦隔绝不得见。欢纳魏敬宗之后尔朱氏，有宠，生子浟，欢欲立之。澄求救于司马子如。子如入见欢，伪为不知者，请见娄妃；欢告其故。子如曰："消难亦通子如妾，此事正可掩覆。妃是王结发妇，常以父母家财奉王；王在怀朔被杖，背无完皮，妃昼夜供侍；后避葛贼，同走并州，贫困，妃然马矢自作靴；恩义何可忘也！夫妇相宜，女配至尊，男承大业。且娄领军之勋，何宜摇动！一女子如草芥，况婢言不必信邪！"欢因使子如更鞫之。子如见澄，尤之曰："男儿何意畏威自诬！"因教二婢反其辞，胁告者自缢，乃启欢曰："果虚言也。"欢大悦，召娄妃及澄。妃遥见欢，一步一叩头，澄且拜且进，父子、夫妇相泣，复如初。欢置酒曰："全我父子者，司马子如也！"赐之黄金百三十斤。

【译文】 勃海王高欢的世子高澄与高欢的妾郑氏暗中私通，高欢攻打稽胡回来后，有一位婢女将这件事告诉了高欢，并且有另两位婢女做证；高欢杖打渤海世子高澄一百棍，又将他关押起来，他的母亲娄妃也被隔绝起来，不能与他见面。高欢收纳魏敬宗元子攸的皇后尔朱氏，非常宠幸，生了一个儿子高溆，高欢想立他为世子。勃海世子高澄求救于司马子如。司马子如去见高欢，假装不知道内情，请求看望娄妃，高欢将这件事告诉了他。司马子如说："我的儿子司马消难也与我的妾私通，这种事正应当为他掩饰才对，何况娄妃是大王的结发夫妻，经常把娘家的财物拿回来帮助大王，大王在怀朔镇时，曾因触怒了镇帅而被用杖责打，背部受伤，几乎看不到完好的肌肤，娄妃日夜地服侍看护你，后来为了躲避贼人葛荣，娄妃与大王一同奔走到并州，沿途贫穷困顿，娄妃亲自烧马粪做饭，自己制作靴子，这种恩义怎么可以忘掉呢？夫妇相处融洽，女儿嫁给了尊贵的天子，儿子继承伟大的基业。况且娄妃的弟弟娄领军的功勋卓著，怎么可以轻易动摇？一个地位卑下的妇人，不值得为她伤了家中和气，况且婢女的话也不必相信啊！"高欢因此命司马子如再深入审查事实真相。司马子如见了世子高澄，责怪他说："男孩子何必为了害怕威势，甘心自己受污蔑呢？"于是命做证的两个婢女推翻她们的证词，威逼那位告密的婢女自杀，这才回复高欢说："果真是虚假的谎言！"高欢非常高兴，召见娄妃与世子高澄。娄妃远远地看见高欢，走一步行一叩头礼，世子高澄一边叩拜一边走向前，父子、夫妇相对哭泣，和好如初。高欢摆设酒宴，说："成全我们父子和睦关系的，是你司马子如啊！"赏赐给他一百三十斤黄金。

【乾隆御批】 子如论娄妃是矣，附高澄，而反其通父妾之罪，则大谬正理。史称父子夫妇复如初，盖喜其善处人人伦，而不知实伤人伦大义矣！

【译文】 司马子如关于娄妃的议论是正确的，附和高澄，而帮他把私通父亲小妾的案子翻案，却大大违背了正理。历史上说父子、夫妇再次和好如初, 只不过是称赞他善于处理他人的人伦关系, 却不知道这样做实际是损害了人伦大义啊!

甲子, 魏以广陵王欣为太傅, 仪同三司万俟受洛干为司空。

己巳, 东魏以丞相欢为相国, 假黄钺, 殊礼; 固辞。

东魏大行台尚书司马子如帅大都督窦泰、太州刺史韩轨等攻潼关, 魏丞相泰军于霸上。子如与轨回军, 从蒲津宵济, 攻华州。时修城未毕, 梯倚城外, 比晓, 东魏人乘梯而入。

刺史王罴卧未起, 闻阁外匈匈有声, 袒身露髻徒跣, 持白梃大呼而出, 东魏人见之惊却。罴逐至东门, 左右稍集, 合战, 破之, 子如等遂引去。

【译文】 甲子日(十七日), 西魏任命广陵王元欣做太傅, 仪同三司万俟受洛干为司空。

己巳日(二十二日), 东魏任命丞相高欢为相国, 可以使用天子的仪仗, 享有特殊的礼遇。高欢坚决推辞。

东魏大行台尚书司马子如带领大都督窦泰、太州刺史韩轨等攻打潼关, 西魏丞相宇文泰驻军在霸上。司马子如与韩轨回转军队, 从蒲津趁夜偷渡过黄河, 进攻华州。当时华州修整城墙还未完工, 梯子靠在城外, 等到天一亮, 东魏人利用梯子爬进城。

刺史王罴睡觉还没起床, 听到楼外喧闹的声音, 光着身子, 露着发髻, 打着赤脚, 手拿白色大杖大吼奔出, 东魏人一见吓得往后奔逃。王罴将他们追逐到东门, 部下才渐渐地聚集起来, 并肩作战, 合力打败东魏军, 司马子如等人于是率领军队离去。

二月, 辛巳, 上祀明堂。

壬午，东魏以咸阳王坦为太傅，西河王悰为太尉。

东魏使尚书右仆射高隆之发十万夫撤洛阳宫殿，运其材入邺。

丁亥，上耕藉田。

东魏仪同三司娄昭等攻兖州，樊子鹄使前胶州刺史严思达守东平，昭攻拔之；遂引兵围瑕丘。久不下，昭以水灌城；己丑，大野拔见子鹄计事，因斩其首以降。始，子鹄以众少，悉驱老弱为兵，子鹄死，各散走。诸将劝娄昭尽捕诛之，昭曰："此州不幸，横被残贼，跂望官军以救涂炭。今复诛之，民将谁诉！"皆舍之。

【译文】二月，辛巳日（初四），梁武帝萧衍在明堂举行祭祀大典。

壬午日（初五），东魏任命咸阳王元坦做太傅，西河王元悰为太尉。

东魏命尚书右仆射高隆之征调十万名役夫拆掉洛阳的宫殿，将那些材料运到邺城。

丁亥日（初十），梁武帝萧衍为了劝民勤于农事，亲自到藉田耕种。

东魏仪同三司娄昭等进攻兖州，樊子鹄派前任胶州刺史严思达守卫东平郡，娄昭攻克了东平郡。于是带领军队包围瑕丘，久攻不下，娄昭引水灌城；己丑日（十二日），大野拔趁樊子鹄议事之机，砍了樊子鹄的头，拿去向娄昭投降。起初，樊子鹄因为部众少，逼着那些年老瘦弱的人都当兵，樊子鹄死了后，这些人就各自分散逃走。众位将领劝娄昭统统将他们捉来杀掉，娄昭说："这座州城已经很不幸，无缘无故地被蹂躏残杀，人们盼望着官府的军队来拯救他们的困境，假如今天我再杀他们，老百姓的冤情要向谁诉说呢？"大家听了，就放弃了追杀的打算。

戊戌，司州刺史陈庆之伐东魏，与豫州刺史尧雄战，不利而还。

三月，辛酉，东魏以高盛为太尉，高敖曹为司徒，济阴王晖业为司空。

东魏丞相欢伪与刘蠡升约和，许以女妻其太子。蠡升不设备，欢举兵袭之。辛酉，蠡升北部王斩蠡升首以降。馀众复立其子南海王，欢进击，擒之，俘其皇后、诸王、公卿以下四百馀人，华、夷五万馀户。

【译文】戊戌日（二十一日），司州刺史陈庆之进攻东魏，与豫州刺史尧雄交战，结果战事失利又退了回去。

三月，辛酉日（十五日），东魏任命高盛为太尉，高敖曹为司徒，济阴王元晖业为司空。

东魏丞相高欢假装与刘蠡升订约讲和，并且将女儿许配给他的太子为妻。刘蠡升没有防备，高欢发兵偷袭他，辛酉日（十五日），刘蠡升手下的北部王砍下刘蠡升的头来投降高欢。其余部众又立了他的儿子南海王为皇帝，高欢进兵攻打他，将南海王抓了起来，又俘虏了他的皇后、诸王、公卿以下四百多人，还有华、夷民众五万多户。

壬申，欢入朝于邺，以孝武帝后妻彭城王韶。

魏丞相泰以军旅未息，吏民劳弊，命所司斟酌古今可以便时适治者，为二十四条新制，奏行之。

泰用武功苏绰为行台郎中，居岁馀，泰未之知也，而台中皆称其能，有疑事皆就决之。泰与仆射周惠达论事，惠达不能对，请出议之。出，以告绰，绰为之区处，惠达入白之，泰称善，曰：

"谁与卿为此议者?"惠达以绰对, 且称绰有王佐之才, 泰乃擢绰为著作郎。泰与公卿如昆明池观渔, 行至汉故仓池, 顾问左右, 莫有知者。泰召绰问之, 具以状对。泰悦, 因问天地造化之始, 历代兴亡之迹, 绰应对如流。泰与绰并马徐行, 至池, 竟不设网罟而还。遂留绰至夜, 问以政事, 卧而听之。绰指陈为治之要, 泰起, 整衣危坐, 不觉膝之前席, 语遂达曙不厌。诘朝, 谓周惠达曰:"苏绰真奇士, 吾方任之以政。"即拜大行台左丞, 参典机密, 自是宠遇日隆。绰始制文案程式朱出、墨入及计帐、户籍之法, 后人多遵用之。

【译文】壬申日(二十六日), 高欢到邺城朝见东魏孝静帝元善见, 将魏孝武帝元修的皇后(高欢的长女)嫁给彭城王元韶为妻。

西魏丞相宇文泰认为战争一直不能停息, 官吏百姓都困苦疲惫, 于是命令所属官员参考古今适合于目前情况, 又利于治理天下的方法, 列出二十四条新的法令, 奏请西魏文帝元宝炬后实施。

宇文泰任命武功人苏绰为行台郎中, 过了一年多, 宇文泰还不知道他的才智, 而行台里的人却都已经称赞他的才能, 任何疑难的事都去请教他, 由他做主决定。宇文泰与仆射周惠达商讨大事, 周惠达有回答不出来的地方, 就请求先退下再商议。当周惠达退出后, 便去请教苏绰, 苏绰替他分析解决, 周惠达再回去禀告宇文泰, 宇文泰认为周惠达回答得很好, 说:"是谁与你一同商讨的呢?"周惠达就提起苏绰的名字, 并且称赞苏绰有辅佐君王的才干, 宇文泰就提拔苏绰为著作郎。宇文泰与公卿大臣到昆明池观鱼, 走到长安城西汉时的旧仓池, 宇文泰回过头问身边的人, 都没有人知道仓池的历史。宇文泰召请苏绰来询问他，苏绰详细地将仓池的兴衰情况回答出来。宇文泰特别高兴，因此问他有关天地造化万物开始，历代兴盛灭亡的事迹，苏绰对答如流。宇文泰与苏绰并肩骑马，慢慢地向前走，到了昆明池边，竟没有架设渔网捕鱼就回去了。于是留苏绰一同过夜，问他政治上的一些问题，宇文泰最初躺着听他说。苏绰陈述处理政事应当注意的要点，宇文泰起身整理衣襟，端正地坐着聆听，不知不觉地向前移动，脚都伸到坐席的前面去了，于是一直谈到天亮都还不满足。第二天上朝时，宇文泰对周惠达说："苏绰真是一位奇才，我将任命他担任重要的职务。"随即任命苏绰为大行台左丞，参与国家机要大事，从此日益受到宇文泰的宠信。苏绰开始制定各种文书案卷的程序格式，政府批文和下达的文书用红笔书写，下级上报的文书用墨笔书写以及计账、户籍等方面的法规，后来的人多沿用遵循他所制定的许多制度。

东魏以封延之为青州刺史，代侯渊。渊既失州任而惧，行及广川，遂反，夜，袭青州南郭，劫掠郡县。夏，四月，丞相欢使济州刺史蔡俊讨之。渊部下多叛，渊欲南奔，于道为卖浆者所斩，送首于邺。

元庆和攻东魏城父，丞相欢遣高敖曹帅三万人趣项，窦泰帅三万人趣城父，侯景帅三万人趣彭城，以任祥为东南道行台仆射，节度诸军。

五月，魏加丞相泰柱国。

元庆和引兵逼东魏南兖州，东魏洛州刺史韩贤拒之。六月，庆和攻南顿，豫州刺史尧雄破之。

【译文】东魏任命封延之做青州刺史，接替侯渊的职位。侯渊失去了青州的职位，因而心里害怕，走到广川就反叛了，夜里,偷袭青州南边的外城,劫掠附近的郡县。夏季,四月,丞相高欢命济州刺史蔡俊去征讨他,侯渊的部下大多叛逃,侯渊想投奔到梁朝去,在半路上被卖酒的人杀死,砍下头颅,送到邺城。

梁朝元庆和去攻打东魏的城父,丞相高欢派遣高敖曹带领三万人奔往项城,窦泰带领三万人奔往城父,侯景带领三万人奔往彭城,让任祥做东南道行台仆射,指挥调派各路军队。

五月,西魏加封丞相宇文泰为柱国大将军。

梁朝元庆和率领军队进逼东魏南兖州,东魏洛州刺史韩贤抵抗他的入侵。六月,元庆和攻打南顿,豫州刺史尧雄打败了他。

秋,七月,甲戌,魏以开府仪同三司念贤为太尉,万俟受洛干为司徒,开府仪同三司越勒肱为司空。

益州刺史鄱阳王范、南梁州刺史樊文炽合兵围晋寿,魏东益州刺史傅敬和来降。范,恢之子;敬和,竖眼之子也。

魏下诏数高欢二十罪,且曰:"朕将亲总六军,与丞相扫除凶丑。"欢亦移檄于魏,谓宇文黑獭、斛斯椿为逆徒,且言:"今分命诸将,领兵百万,刻期西讨。"

东魏遣行台元晏击元庆和。

或告东魏司空济阴王晖业与七兵尚书薛琡贰于魏,八月,辛卯,执送晋阳,皆免官。

【译文】秋季,七月,甲戌日(三十日),西魏任命开府仪同三司念贤为太尉,万俟受洛干为司徒,开府仪同三司越勒肱为司空。

梁朝益州刺史鄱阳王萧范、南梁州刺史樊文炽,联合行动围攻晋寿,西魏东益州刺史傅敬和投降梁朝。萧范,是萧恢的儿子；傅敬和，是傅竖眼的儿子。

西魏文帝元宝炬下诏逐一列举高欢二十条罪状，并且说："朕将亲自率领大军，与丞相一同去剪除这些凶恶的叛贼。"高欢也向西魏发布讨伐的檄文，说宇文泰、斛斯椿都是叛逆的贼人，并且说："现在我已经分别命令各位领兵将军，带领军队百万人，即将选定日子向西讨伐。"

东魏派遣行台元晏进攻梁朝的元庆和。

有人告发东魏司空济阴王元晖业与七兵尚书薛琡有造反的意图。八月，辛卯日（十七日），两人被抓到晋阳，高欢免去了他们的官职。

甲午，东魏发民七万六千人作新宫于邺，使仆射高隆之与司空胄曹参军辛术共营之，筑邺南城周二十五里。术，琛之子也。

赵刚自蛮中往见东魏东荆州刺史赵郡李愍，劝令附魏，愍从之，刚由是得至长安。丞相泰以刚为左光禄大夫。刚说泰召贺拔胜、独孤信等于梁，泰使刚来请之。

九月，丁巳，东魏以开府仪同三司襄城王旭为司空。

【译文】甲午日（二十日），东魏征调百姓七万六千人到邺城盖新的宫殿，命仆射高隆之与司空胄曹参军辛术一同负责营造，并且修建在邺城的南城，周长二十五里。辛术，是辛琛的儿子。

赵刚从蛮中出发去见东魏东荆州刺史赵郡人李愍，劝说他归属西魏，李愍听从了他的意见，赵刚因此得以到达长安。丞相宇文泰任命赵刚为左光禄大夫。赵刚劝说宇文泰派人到梁朝去召回贺拔胜和独孤信，宇文泰派赵刚前往梁朝请他们回来。

九月，丁巳日（十四日），东魏任命开府仪同三司襄城王元旭做司空。

冬，十月，魏太师上党文宣王长孙稚卒。

魏秦州刺史王超世，丞相泰之内兄也，骄而黩货，泰奏请加法，诏赐死。

十一月，丁未，侍中、中卫将军徐勉卒。勉虽骨鲠不及范云，亦不阿意苟合，故梁世言贤相者称范、徐云。

癸丑，东魏主祀圜丘。

甲午，东魏阊阖门灾。门之初成也，高隆之乘马远望，谓其匠曰："西南独高一寸。"量之果然。太府卿任忻集自矜其巧，不肯改。隆之恨之，至是谮于丞相欢曰："忻集潜通西魏，令人故烧之。"欢斩之。

【译文】冬季，十月，西魏太师上党文宣王长孙稚去世。

西魏秦州刺史王超世，是丞相宇文泰的妻兄。骄横而且贪财敛货，宇文泰上书请求加重处罚，西魏文帝元宝炬下诏赐死了王超世。

十一月，丁未日（初五），梁朝侍中、中卫将军徐勉去世。徐勉虽然刚直比不上范云，但也不会阿谀逢迎，随便附和别人，所以梁朝世代提到贤明的丞相都会称赞范云、徐勉两个人。

癸丑日（十一日），东魏孝静帝元善见在圜丘举行祭祀大典。

甲午日（十一月无此日），东魏阊阖门发生火灾。这个门刚建好的时候，高隆之骑在马上远远地望过去，告诉工匠说："只有西南角的地方高了一寸。"用尺去量，果真是高了一寸。太府卿任忻集夸耀自己建造得精巧，不愿修改。高隆之怀恨在心，因此发生火灾后就在丞相高欢面前进谗言："任忻集暗中与西魏勾结, 派人故意将宫门烧掉。"高欢杀死任忻集。

北梁州刺史兰钦引兵攻南郑, 魏梁州刺史元罗举州降。

东魏以丞相欢之子洋为骠骑大将军、开府仪同三司, 封太原公。洋内明决而外如不慧, 兄弟及众人皆嗤鄙之; 独欢异之, 谓长史薛琡曰: "此儿识虑过吾。"幼时, 欢尝欲观诸子意识, 使各治乱丝, 洋独抽刀斩之, 曰: "乱者必斩!"又各配兵四出, 使都督彭乐帅甲骑伪攻之, 兄澄等皆怖挠, 洋独勒众与乐相格, 乐免胄言情, 犹擒之以献。

初, 大行台右丞杨愔从兄岐州刺史幼卿, 以直言为孝武帝所杀, 愔同列郭秀害其能, 恐之曰: "高王欲送卿于帝所。"愔惧, 变姓名逃于田横岛。久之, 欢闻其尚在, 召为太原公开府司马, 顷之, 复为大行台右丞。

【译文】 梁朝北梁州刺史兰钦领兵进攻南郑, 西魏梁州刺史元罗率领整个梁州投降梁朝。

东魏任命丞相高欢的儿子高洋为骠骑大将军、开府仪同三司, 封为太原公。高洋内心非常明智果敢, 可是外表看起来好像并不精明, 他的兄弟和其他的人都讥笑鄙视他; 只有高欢特别器重他, 对长史薛琡说: "这个小孩的见识、能力都超过我。"还在高洋小的时候, 高欢曾经想要考察每个儿子的智能识见, 命他们每个人去整理杂乱的丝线, 只有高洋拔起刀来将丝线砍断, 说: "乱的就要砍掉。"又给他们各自配备军队分头出去, 命令都督彭乐带领装甲骑兵假装去围攻他们, 哥哥高澄等人都恐惧而屈服求饶, 只有高洋统御军队与彭乐格斗, 彭乐将头盔取下向他求情, 高洋仍然将他捉去献给高欢。

起初, 大行台右丞杨愔的堂兄岐州刺史杨幼卿, 因为直言进谏,被北魏孝武帝元修杀掉,与杨愔共事的郭秀妒忌他的才能,恐吓杨愔说:"高王想将你送到孝武帝那里。"杨愔害怕,变更姓名逃到田横岛。过了很久,高欢听说他还健在,召请他做太原公开府司马,不久,又升为大行台右丞。

【乾隆御批】 独斩乱丝,真得不治之治,较改弦更张,语更明快。其识虑诚有过人处。

【译文】 独斩乱丝,真能使不能治理的得到治理,与改弦更张相比,语气更显明快。他的见解与谋略确实有过人之处。

十二月,甲午,东魏文武官量事给禄。

魏以念贤为太傅,河州刺史梁景叡为太尉。

是岁,鄱阳妖贼鲜于琛改元上愿,有众万馀人。鄱阳内史吴郡陆襄讨擒之,案治党与,无滥死者。民歌之曰:"鲜于平后善恶分,民无枉死赖陆君。"

柔然头兵可汗求婚于东魏,丞相欢以常山王妹为兰陵公主,妻之。柔然数侵魏,魏使中书舍人库狄峙奉使至柔然,与约和亲,由是柔然不复为寇。

【译文】 十二月,甲午日(二十二日),东魏依据文武官员任职的轻重,给予相应的俸禄。

西魏任命念贤做太傅,河州刺史梁景叡为太尉。

这一年,鄱阳地区的妖贼鲜于琛改年号为上愿,共有部众万余人。鄱阳内史吴郡人陆襄征讨并捉住他,依法惩治同党的人,没有出现滥杀无辜的情况。老百姓歌颂说:"鲜于平后善恶分,民无枉死赖陆君。"(鲜于琛被平定后,善人恶人立刻分晓,老百姓依赖着陆襄的贤明公正,所以没有冤死的。)

柔然头兵可汗向东魏求婚,丞相高欢封常山王元鸷的妹妹为兰陵公主,嫁给头兵可汗为妻。柔然多次侵犯东魏,东魏派遣中书舍人库狄峙奉命出使柔然,与他们订盟约并且结为婚姻关系,从此柔然不再侵扰东魏。

大同二年(丙辰,公元五三六年)春,正月,辛亥,魏祀南郊,改用神元皇帝配。

甲子,东魏丞相欢自将万骑袭魏夏州,身不火食,四日而至,缚稍为梯,夜入其城,擒刺史斛拔俄弥突,因而用之,留都督张琼将兵镇守,迁其部落五千户以归。

【译文】大同二年(丙辰,公元536年)春季,正月,辛亥日(初九),西魏文帝元宝炬在长安城南郊举行祭天大典,改用神元皇帝拓跋力微来配享宗庙。

甲子日(二十二日),东魏丞相高欢亲自带领万余骑兵侵犯西魏夏州,沿途不生火煮饭,只吃干粮,四日后就到达夏州城下,命兵士绑起长矛当梯子,趁着夜半天黑,攻入城里,擒住刺史斛拔俄弥突,高欢将他争取过来继续任用他,留下都督张琼率领军队镇守在那儿,并且下令迁移斛拔俄弥突部落中的五千户人家,由自己带着返回晋阳。

魏灵州刺史曹泥与其婿凉州刺史普乐刘丰复叛降东魏,魏人围之,水灌其城,不没者四尺。东魏丞相欢发阿至罗三万骑径度灵州,绕出魏师之后,魏师退。欢帅骑迎泥及丰,拔其遗户五千以归,以丰为南汾州刺史。

东魏加丞相欢九锡;固让而止。

上为文帝作皇基寺以追福,命有司求良材。曲阿弘氏自湘州买巨材东下，南津校尉孟少卿欲求媚于上，诬弘氏为劫而杀之，没其材以为寺。

【译文】 西魏灵州刺史曹泥，与他的女婿凉州刺史普乐人刘丰又背叛投降东魏，西魏军队包围了他们，用水灌进城里，没被水淹没的城墙只剩四尺高。

东魏丞相高欢调动阿至罗的三万名骑兵，直接飞渡到灵州，绕到西魏军队的后面侵袭，西魏军队向后撤退。高欢带领骑兵迎接曹泥与刘丰，并将他们遗留下来的五千户人家，迁移到晋阳，高欢任用刘丰为南汾州刺史。

东魏孝静帝元善见给丞相高欢加九锡。可是高欢坚持推辞，于是作罢。

梁武帝萧衍为已故父亲文帝萧顺之兴建皇基寺祈福，命令有关部门去寻求上等的建材。曲阿人弘氏从湘州买了大木材向东运送，南津校尉孟少卿想找机会向武帝萧衍献媚，就诬陷弘氏的木材是抢劫而来的，因此就将他杀掉，没收了他的木材去修建皇基寺。

二月，乙亥，上耕藉田。

东魏勃海世子澄，年十五，为大行台、并州刺史，求入邺辅朝政，丞相欢不许，丞相主簿乐安孙搴为之请，乃许之。丁酉，以澄为尚书令，加领军、京畿大都督。魏朝虽闻其器识，犹以年少期之；既至，用法严峻，事无凝滞，中外震肃。引并州别驾崔暹为左丞、吏部郎，亲任之。

【译文】 二月，乙亥日（初四），梁武帝萧衍为了劝民勤于农事，亲自到藉田耕种。

东魏渤海王的世子高澄，十五岁，为大行台、并州刺史，请求进入邺城辅佐朝政，丞相高欢不允许，丞相主簿乐安人孙搴代为请求，高欢这才答应。丁酉日（二十六日），任命高澄为尚书令，加领军、京畿大都督。朝廷大臣虽然早已听说过他的器度和才识，但还认为他年纪小。等高澄到了朝廷后，执行法令十分严苛，任何政事都没有拖延停滞的，朝廷内外都特别震惊敬佩他。高澄又举荐并州别驾崔暹做左丞、吏部郎，十分亲近信任他。

司马子如、高季式召孙搴剧饮，醉甚而卒。丞相欢亲临其丧。子如叩头请罪，欢曰："卿折我右臂，为我求可代者！"子如举中书郎魏收，欢以收为主簿。收，子建之子也。它日，欢谓季式曰："卿饮杀我孙主簿，魏收治文书不如我意；司徒尝称一人谨密者为谁？"季式以司徒记室广宗陈元康对，曰："是能夜中阇书，快吏也。"召之，一见，即授大丞相功曹，掌机密，迁大行台都官郎。时军国多务，元康问无不知。欢或出，临行，留元康在后，马上有所号令九十馀条，元康屈指数之，尽能记忆。与功曹平原赵彦深同知机密，〔时〕人谓之陈、赵。而元康势居赵前，性又柔谨，欢甚亲之，曰："如此人诚难得，天赐我也。"彦深名隐，以字行。

东魏丞相欢令阿至罗逼魏秦州刺史万俟普，欢以众应之。

【译文】司马子如、高季式召请孙搴畅饮，孙搴酒醉过度而死。丞相高欢亲自去吊唁，司马子如叩头请罪，高欢说："你已经折断了我的右手臂，你去替我寻找可以代替孙搴的人才吧！"司马子如推荐了中书郎魏收，高欢任命魏收为主簿。魏收，是魏子建的儿子。有一天，高欢对高季式说："你喝酒杀了我的孙主簿，魏收处理文书，不能让我满意，司徒高敖曹称赞过一个人做事非常谨慎小心，他是谁呢？"高季式将司徒记室广宗人陈元康推荐给高欢，说："这人就是晚上也能在黑暗中书写，大家都称他快吏。"召唤他前来，高欢一看，立刻颁授他大丞相功曹的官位，掌理机密文件，不久改迁为大行台都官郎。当时军务国政繁多，但陈元康对于所问的没有不知道的。高欢有时出门，临走时，命陈元康跟在他身后，他坐在马上有时发出命令多达九十多条，陈元康一个一个地数着，都能记录下来。与功曹平原人赵彦深一起担任机密要务，当时人称他们"陈赵"。而陈元康的地位在赵彦深之上，性情又温柔敦厚，高欢十分信任他，说："这样的人才，实在很难得，是上天恩赐给我的。"赵彦深名叫赵隐，以他的字行于世。

东魏丞相高欢命阿至罗进逼西魏秦州刺史万俟普，高欢率领部众去接应阿至罗。

三月，戊申，丹杨陶弘景卒。弘景博学多艺能，好养生之术。仕齐为奉朝请，弃官，隐居茅山。上早与之游，及即位，恩礼甚笃，每得其书，焚香虔受。屡以手敕招之，弘景不出。国家每有吉凶征讨大事，无不先谘之，月中常有数信，时人谓之"山中宰相"。将没，为诗曰："夷甫任散诞，平叔坐论空。岂悟昭阳殿，遂作单于宫！"时士大夫竞谈玄理，不习武事，故弘景诗及之。

甲寅，东魏以华山王鸷为大司马。

魏以凉州刺史李叔仁为司徒，万俟洛为太宰。

【译文】三月，戊申日（初七），梁朝丹杨人陶弘景去世。陶弘景学识渊博，多才多艺，喜好养生的方法。在南齐担任过奉朝请的职务，后来辞官，隐居在茅山。梁武帝萧衍早年曾与他交好，等到武帝即位后，对他恩惠和礼遇非常深厚，每次收到他的书信，都要焚香虔诚地拜读。武帝多次写信去招请他出来做官，陶弘景都不肯出来。国家每次有吉祥或凶恶的征兆，或者是征战、讨伐的大事，没有不事先征询他意见的，有时一个月中有数次使者来往传信，当时的人称他为"山中宰相"。他临死以前，曾作诗说："夷甫任散诞，平叔坐论空。岂悟昭阳殿，遂作单于宫！"（晋时有司马王夷甫，气质高雅，十分有才华，但是性情散漫，喜欢谈论那些怪诞的言论；三国魏时有侍中尚书何平叔，虽然很英俊，但是喜欢坐论不切实际的玄理，他们这样难道会领悟到昭阳殿，终究有一天会变成单于的宫殿！）因为当时的士大夫争相谈论玄学义理，不去学习领兵作战的知识，所以陶弘景作这首诗来讽喻朝廷的士大夫。

甲寅日（十三日），东魏任命华山王元鸷为大司马。

西魏任命凉州刺史李叔仁为司徒，万俟洛为太宰。

【乾隆御批】　弘景知时不可为，自托方外。虽胜夷甫、平叔一格，然究其节，概不过与唐武攸绪同背项直。胡寅责："其无一言以省帝心。"故非苛论。

【译文】　陶弘景知道对于时政已无能为力，因此置身方外。虽然比夷甫、平叔略胜一格，然而探究他的臣节，也不过与唐武攸绪同类。胡寅责备他说："没有一句话能让皇帝觉悟。"确实不是严苛的论述。

【申涵煜评】　弘景临终之诗，世以为预知侯景事。不知彼见江左不竞，恐将来为魏所灭。故有"单于宫"之语，未必是精于术数。

【译文】　陶弘景临终写的诗句，世上都认为这是事先知道侯景叛乱的事情。而不了解他看到江左不强劲，害怕以后会被北魏所消灭。因此才有"单于宫"的诗句，不一定他是对术数的研究精湛。

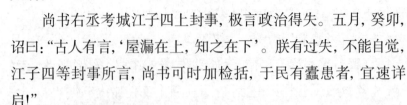

夏，四月，乙未，以票骑大将军、开府同三司之仪元法僧为太尉。

尚书右丞考城江子四上封事，极言政治得失。五月，癸卯，诏曰："古人有言，'屋漏在上，知之在下'。朕有过失，不能自觉，江子四等封事所言，尚书可时加检括，于民有蠹患者，宜速详启！"

戊辰，东魏高盛卒。

魏越勒肱卒。

魏秦州刺史万俟普与其子太宰洛、幽州刺史叱干宝乐、右卫将军破六韩常及督将三百人奔东魏，丞相泰轻骑追之，至河北千馀里，不及而还。

【译文】夏季，四月，乙未日（二十五日），梁朝任命骠骑大将军、开府同三司之仪元法僧为太尉。

梁朝尚书右丞考城人江子四向梁武帝萧衍奉上用袋子密封的奏疏，详尽论述了国家政治的得失，五月，癸卯日（初三），武帝萧衍下诏书说："古代人说：'房顶漏水，知道的一定是住在屋子下面的人。'我有过错，不能自己觉察，江子四在密折上所说的情况，尚书可以随时调查，若对老百姓有所损害，应当立即详细地启奏，让我知道！"

戊辰日（二十八日），东魏太尉高盛去世。

西魏司空越勒肱去世。

西魏秦州刺史万俟普与他的儿子担任太宰的万俟洛、幽州刺史叱干宝乐、右卫将军破六韩常以及督将三百人投奔东魏，丞相宇文泰率领轻骑追赶他们，追到黄河以北一千多里，没追上就回来了。

秋，七月，庚子，东魏大赦。

上待魏降将贺拔胜等甚厚，胜请讨高欢，上不许。胜等思归，前荆州大都督抚宁史宁谓胜曰："朱异言于梁主无不从，请厚结之。"胜从之。上许胜、宁及卢柔皆北还，亲饯之于南苑。胜怀上恩，自是见鸟兽南向者皆不射之。行至襄城，东魏丞相欢遣侯景以轻骑邀之，胜等弃舟自山路逃归，从者冻馁，道死者太半。既至长安，诣阙谢罪。魏主执胜手欷歔曰："乘舆播越，天也，非卿之咎。"丞相泰引卢柔为从事中郎，与苏绰对掌机密。

【译文】秋季，七月，庚子朔日（初一），东魏大赦境内。

梁武帝萧衍对待魏国降将贺拔胜等十分优厚，贺拔胜请求征讨高欢，武帝萧衍不允许。贺拔胜想回到西魏，从前的荆州大都督抚宁人史宁对贺拔胜说："朱异说的话，武帝没有不听从的，你应当好好地结交他。"贺拔胜听取了史宁的意见。

后来武帝萧衍允许贺拔胜、史宁与卢柔都回到北方，并且亲自在南苑为他们饯行。贺拔胜十分感怀武帝萧衍的恩德，从那以后凡是看见禽兽跑向南方的都不射杀它们。他们走到襄城时，东魏丞相高欢派侯景带着轻便的马骑来邀请他们到东魏，贺拔胜一行抛弃了小船从山路逃走，跟随的人因为挨饿受冻，在路上死了大半。到了长安，贺拔胜亲自进宫向西魏文帝元宝炬请罪，文帝元宝炬握着贺拔胜的手流泪叹息说："我会流亡在外，这是天意，不是你的罪过。"丞相宇文泰举荐卢柔为从事中郎，与苏绰一同掌管机密。

九月，壬寅，东魏以定州刺史侯景兼尚书右仆射、南道行台，督诸将入寇。

魏以扶风王孚为司徒，斛斯椿为太傅。

冬，十月，乙亥，诏大举伐东魏。东魏侯景将兵七万寇楚州，虏刺史桓和；进军淮上，南、北司二州刺史陈庆之击破之，景弃辎重走。十一月，己亥，罢北伐之师。

魏复改始祖神元皇帝为太祖，道武皇帝为烈祖。

【译文】九月，壬寅日（初四），东魏任命定州刺史侯景兼任尚书右仆射、南道行台，统领诸将进犯梁朝。

西魏任命扶风王元孚为司徒，斛斯椿为太傅。

冬季，十月，乙亥日（初八），梁武帝萧衍下诏命令大规模进攻东魏。东魏侯景带领军队七万人进犯梁朝的楚州，擒获刺史桓和；进军淮上，梁朝南、北司二州的刺史陈庆之将侯景的军队击败，侯景丢弃辎重装备逃走了。十一月，己亥日（初二），梁朝撤回北伐的军队。

西魏又重新改始祖神元皇帝拓跋力微为太祖，道武皇帝拓跋珪为烈祖。

十二月，东魏以并州刺史尉景为太保。

壬申，东魏遣使请和，上许之。

东魏清河文宣王亶卒。

丁丑，东魏丞相欢督诸军伐魏，遣司徒高敖曹趣上洛，大都督窦泰趣潼关。

癸未，东魏以咸阳王坦为太师。

是岁，魏关中大饥，人相食，死者什七八。

【译文】十二月，东魏任命并州刺史尉景为太保。

壬申日（初六），东魏派遣使者到梁朝请求谈和，梁武帝萧衍答应了。

东魏清河文宣王元亶去世。

丁丑日（十一日），东魏丞相高欢督导各路军队征讨西魏，派遣司徒高敖曹赶往上洛，大督都窦泰赶往潼关。

癸未日（十七日），东魏任命咸阳王元坦为太师。

这一年，西魏关中发生大饥荒，出现人吃人的现象，死掉了十之七八的老百姓。

【申涵煜评】 善见作天子，而父亶竟以清河王终，始知瞽瞍北面之说，亦想当然耳。与周世宗生父柴守礼老于乡里，竟不得一至京师，皆是诧事。

【译文】 元善见做了天子，但是父亲元亶竟然以清河王的身份逝世，才明白大舜的父亲向北方称臣的说法，推测也必定是这样了。和周世宗亲生父亲柴守礼在乡间终老，竟然没有得到一次进京师的机会，都是世上令人惊异的事情。

大同三年（丁巳，公元五三七年）春，正月，上祀南郊，大赦。

东魏丞相欢军蒲坂，造三浮桥，欲度河。魏丞相泰军广阳，谓诸将曰："贼掎吾三面，作浮桥以示必度。此欲缀吾军，使窦泰得西入耳。欢自起兵以来，窦泰常为前锋，其下多锐卒，屡胜而骄，今袭之，必克；克泰，则欢不战自走矣。"诸将皆曰："贼在近，舍而袭远，脱有蹉跌，悔何及也！不如分兵御之。"丞相泰曰："欢再攻潼关，吾军不出灞上，今大举而来，谓吾亦当自守，有轻我之心，乘此袭之，何患不克！贼虽作浮桥，未能径度，不过五日，吾取窦泰必矣！"行台左丞苏绰、中兵参军代人达奚武亦以为然。庚戌，丞相泰还长安，诸将意犹异同。丞相泰隐其计，以问族子直事郎中深，深曰："窦泰，欢之骁将，今大军攻蒲坂，则欢拒守而泰救之，吾表里受敌，此危道也。不如选轻锐潜出小关，窦泰躁急，必来决战，欢持重未即救，我急击泰，必可擒也。擒泰则欢势自沮，回师击之，可以决胜。"丞相泰喜曰:"此吾心也。"乃声言欲保陇右。辛亥，谒魏主而潜军东出，癸丑旦，至小关。窦泰猝闻军至，自风陵度，丞相泰出马牧泽，击窦泰，大破之，士众皆尽，窦泰自杀，传首长安。丞相欢以河冰薄，不得赴救，撤浮桥而退，仪同代人薛孤延为殿，一日之中斫十五刀折，乃得免。丞相泰亦引军还。

资治通鉴

【译文】大同三年 (丁巳，公元537年) 春季，正月，梁武帝萧衍在南郊举行祭天大典，大赦天下。

东魏丞相高欢屯驻军队在蒲坂，修建了三座浮桥，想要渡河。西魏的丞相宇文泰驻军在广阳，对诸位将领说:"贼兵从三个方向牵制着我们，又修建浮桥表示要渡河，这是他们想吸引牵制我们的军队，使得窦泰的军队能够进军到西边罢了。高欢从起兵以来，窦泰经常做他的先锋部队，窦泰的手下都是些精锐的士兵，多次打胜战，因此很骄横，现在我们去袭击他，一定可以取胜;打赢了窦泰，那么高欢自然不用交战就会逃走了。"诸将都说:"贼兵在近处，却要舍弃近的敌人而偷袭远的，万一有了失误，哪来得及后悔呢! 不如分散军队去抵抗他们。"丞相宇文泰说:"高欢第二次攻打潼关时，我们的军队只是防守而没有离开灞上，现在他大规模地率军前来，一定以为我们也应该是自守，有轻视我们的心理，趁着这种机会袭击他，何必担心不会胜利! 贼兵虽然造了浮桥，但不能立刻渡过来，不出五天，我一定将窦泰捉来! "行台左丞苏绰、中兵参军代人达奚武也认为应当如此。庚戌日(十四日)，丞相宇文泰回到长安，诸将意见还是没有统一。丞相宇文泰隐瞒自己的计策，把这件事拿去问宗族侄儿直事郎中宇文深，宇文深说:"窦泰，是高欢手下勇健的将领，假如我们的大军现在去进攻蒲坂，那么高欢坚守不出，而窦泰从外围来救援他，我们里外受敌，这是危险的方法啊！不如选择轻便的精锐部队偷偷地潜伏到小关，窦泰骄横急躁，一定会来决战，高欢老成持重，一定不会立即来营救，我们迅速地去攻打窦泰，必定可以将他捉拿住。捉住窦泰，那么高欢的气势自然低落，我们调回军队再去进攻他，一定可以打胜。"丞相宇文泰说："这正是我心里所想的。"于是声称说要死守陇右。辛亥日（十五日），进见西魏文帝元宝炬然后暗地里将军队向东边带出。癸丑日（十七日）早晨，到了小关。窦泰忽然间听到宇文泰的军队来了，从风陵渡河迎战，丞相宇文泰从马牧泽出击，攻击窦泰，大破窦泰的军队，窦泰的士卒全都战死，窦泰自杀，宇文泰将他的头砍下，传送到长安。东魏丞相高欢因为河上冰很薄，不能够渡河过去营救，只好撤掉浮桥退兵，仪同代人薛孤延殿后，一天当中，砍坏了十五把钢刀，才得以解除危险。西魏丞相宇文泰也领兵返回长安。

高敖曹自商山转斗而进，所向无前，遂攻上洛。郡人泉岳及弟猛略与顺阳人杜窋等谋翻城应之，洛州刺史泉企知之，杀岳及猛略。杜窋走归敖曹，敖曹以为乡导而攻之。敖曹被流矢，通中者三，殒绝良久，复上马，免胄巡城。企固守旬馀，二子元礼、仲遵力战拒之，仲遵伤目，不堪复战，城遂陷。企见敖曹曰："吾力屈，非心服也。"敖曹以杜窋为洛州刺史。敖曹创甚，曰："恨不见季式作刺史。"丞相欢闻之，即以高季式为济州刺史。

敖曹欲入蓝田关，欢使人告曰："窦泰军没，人心恐动，宜速还，路险贼盛，拔身可也。"敖曹不忍弃众，力战，全军而还，以泉企、泉元礼自随，泉仲遵以伤重不行。企私戒二子曰："吾馀生无几，汝曹才器足以立功，勿以吾在东，遂亏臣节。"元礼于路逃还。泉、杜虽皆为土豪，乡人轻杜而重泉。元礼、仲遵阴结豪右，袭窋，杀之，魏以元礼世袭洛州刺史。

【译文】 高敖曹从商山辗转战斗，引军急进，所经过的地方没有不攻克的，勇往直前，于是攻到了上洛。洛郡人泉岳与他的弟弟泉猛略，还有顺阳人杜窋等人谋划翻过城墙去接应高敖曹，被洛州刺史泉企知道了，将泉岳和泉猛略杀死。杜窋逃走去归附高敖曹，高敖曹命他做向导向上洛进攻。高敖曹被流箭射中了三次，晕坠马下，好久才苏醒过来，又骑上马，脱掉盔甲，巡视城墙。泉企坚守洛州十几天，两个儿子泉元礼与泉仲遵极力奋战抗拒敌人，泉仲遵伤了眼睛，不能再战，洛城终于陷落。泉企看到高敖曹，说："我兵力衰弱而败，并不是内心服你。"高敖曹任命杜窋为洛州刺史。高敖曹伤得很重，说："我遗憾没有看见弟弟高季式做刺史。"东魏丞相高欢听到之后，就任命高季式为济州刺史。

高敖曹想进入蓝田关，高欢派人告诉他说："窦泰的军队已经被消灭了，人心恐怕会骚动，还是赶紧回来，路途十分危险贼兵又多，必要时可以自己脱身。"高敖曹不忍心丢弃那些部众，尽力作战，率领全部军队回来，把泉企、泉元礼带在身边，泉仲遵因为伤重没有跟着一起走。泉企暗中告诫两个儿子说："我剩下的时日已经不多了，你们的才识、器量都足够为国家建功立业，不要因为我在东边，就丧失了你们做臣子的节操。"泉元礼在半路上逃了回来。泉家、杜家虽然都是当地的豪门大族，但是乡人比较轻视杜家而看重泉家。泉元礼、泉仲遵暗中结合那些豪杰，袭击杜窋，将他杀掉，西魏让泉元礼继承他父亲的官职做洛州刺史。

资治通鉴

二月，丁亥，上耕藉田。

己丑，以尚书左仆射何敬容为中权将军，护军将军萧渊藻为左仆射，右仆射谢举为右光禄大夫。

魏槐里获神玺，大赦。

(二)〔三〕月，辛未，东魏迁七帝神主入新庙，大赦。

魏斛斯椿卒。

夏，五月，魏以广陵王欣为太宰，贺拔胜为太师。

【译文】 二月，丁亥日（二十二日），梁武帝萧衍为了劝民勤于农事，亲自到藉田去耕种。

己丑日（二十四日），梁朝任命尚书左仆射何敬容为中权将军，护军将军萧渊藻为左仆射，右仆射谢举为右光禄大夫。

西魏在槐里县获得天子传国的玉玺，文帝元宝炬下令大赦。

三月，辛未日（初六），东魏将七位已故皇帝的神牌灵位（七帝：道武帝拓跋珪、明元帝拓跋嗣、太武帝拓跋焘、文成帝拓跋浚、献文帝拓跋弘、孝文帝元宏、宣武帝元恪）迁到新盖的宗庙。大赦境内。

西魏斛斯椿去世。

夏季，五月，西魏任命广陵王元欣为太宰，贺拔胜为太师。

六月，魏以扶风王孚为太保，梁景叡为太傅，广平王赞为太尉，开府仪同三司武川王盟为司空。

东魏丞相欢游汾阳之天池，得奇石，隐起成文曰“六王三川”。以问行台郎中阳休之，对曰：“六者，大王之字；王者，当王天下。河、洛、伊为三川,泾、渭、洛亦为三川。大王若受天命,终应奄有关、洛。"欢曰:"世人无事常言我反,况闻此乎?慎勿妄言!"休之,固之子也。行台郎中中山杜弼承间劝欢受禅,欢举杖击走之。

【译文】六月,西魏任命扶风王元孚为太保,梁景叡为太傅,广平王元赞为太尉,开府仪同三司武川王元盟为司空。

东魏丞相高欢到汾阳县的天池游乐,得到了一块奇石,上面隐约地仿佛有可以辨识的字:"六王三川。"高欢拿去问行台郎中阳休之,阳休之回禀说:"六,是大王的字(高欢字贺六浑),'王'的意思是应该君临天下。河、洛、伊是三条大川,泾、渭、洛也是三条大川。大王假如接受天命,终究应当拥有关中、洛水等地方。"高欢说:"世上的人,闲来没事经常说我要造反,更何况听到你说的这些话,请你谨慎小心,不要乱讲话。"阳休之,是阳固的儿子。行台郎中中山人杜弼趁机劝高欢接受东魏孝静帝元善见的禅位,高欢举起手杖将他赶走。

东魏遣兼散骑常侍李谐来聘,以吏部郎卢元明、通直侍郎李业兴副之。谐,平之孙;元明,昶之子也。秋,七月,谐等至建康,上引见,与语,应对如流。谐等出,上目送之,谓左右曰:"朕今日遇勍敌。卿辈尝言北间全无人物,此等何自而来!"是时邺下言风流者,以谐及陇西李神俊、范阳卢元明、北海王元景、弘农杨遵彦、清河崔赡为首。神俊名挺,宝之孙;元景名昕,宪之曾孙也;皆以字行。赡,㥄之子也。

时南、北通好,务以俊乂相夸,衔命接客,必尽一时之选,无才地者不得与焉。每梁使至邺,邺下为之倾动,贵胜子弟盛饰聚观,礼赠优渥,馆门成市。宴日,高澄常使左右觇之,一言制胜,澄为之抚掌。魏使至建康亦然。

【译文】东魏派兼散骑常侍李谐出使梁朝,让吏部郎卢元明、通直侍郎李业兴为副使。李谐,是李平的孙子;卢元明,是卢昶的儿子。秋季,七月,李谐一行人来到建康,梁武帝萧衍召见他们,与他们谈话,李谐等人应对如流。李谐他们出去后,武帝萧衍目送他们离开,然后对身边的人说:"我今天遇到了劲敌,你们这些人曾经说北方朝廷里没有什么人才,这些人是从什么地方来的呢?"当时人说到邺城的风流人物,推李谐与陇西人李神俊、范阳人卢元明、北海人王元景、弘农人杨遵彦、清河人崔赡为领头。李神俊名挺,是李宝的孙子;王元景名昕,是王宪的曾孙,他们都是以字行世。崔赡,是崔㥄的儿子。

当时南北方往来通好,必定拿自己的贤才来夸耀,奉命的使者或接待主客,一定都是最杰出的人才,没有才干或门第低的人是不能参与的。每次梁朝的使者来到邺城,邺城内必因此而有所骚动,显贵门户的子弟盛装打扮聚集去观看,赠送礼物也十分优厚,行馆门前一片热闹非凡。宴会的时候,高澄常常派身边的人去试探他们的虚实,假如有一句话能占了上风取胜,高澄就会为他拍手。东魏的使者到了建康,也是这样。

独孤信求还北,上许之。信父母皆在山东,上问信所适,信曰:"事君者不敢顾私亲而怀贰心。"上以为义,礼送甚厚。信与杨忠皆至长安,上书谢罪。魏以信有定三荆之功,迁骠骑大将军,加侍中、开府仪同三司,馀官爵如故。丞相泰爱杨忠之勇,留置帐下。

魏宇文深劝丞相泰取恒农。八月,丁丑,泰帅李弼等十二将伐东魏,以北雍州刺史于谨为前锋,攻盘豆,拔之。戊子,至恒农。庚寅，拔之，擒东魏陕州刺史李徽伯，俘其战士八千。

【译文】 独孤信请求梁武帝萧衍让他回到北方去，武帝答应了。独孤信的父母都在山东，武帝问独孤信要去什么地方，独孤信说："侍奉国君的人不敢因为顾念亲情而对国君不忠。"武帝认为他这种是正义的行为，就送给他十分丰富的礼物。独孤信与杨忠都来到长安，向西魏文帝元宝炬上奏书请罪。西魏因为独孤信有平定三荆的功劳，改封独孤信为骠骑大将军，加侍中、开府仪同三司，其余的官爵都与以前一样。丞相宇文泰喜爱杨忠的勇敢，将他留在自己身边。

西魏宇文深劝告丞相宇文泰进攻恒农。八月，丁丑日（十四日），宇文泰率领李弼等十二将进攻东魏，任命北雍州刺史于谨做先锋，攻打盘豆，攻克了这座城。戊子日（二十五日），到达恒农，庚寅日（二十七日），攻陷了恒农，擒获了东魏陕州刺史李徽伯，俘虏了士兵八千名。

【乾隆御批】 两国相持，争以应对敏捷相夸尚，则所谓俊乂者率可知矣。幸而地丑德齐，苟延岁月。有能为之主，取之如反掌耳。

【译文】 两国相持，争相以应对敏捷相互夸耀推崇，然而所谓杰出贤能的人才大概就可想而知了。幸而地方辖地相同，德行相等，因此能够苟延岁月。遇到贤能的人作为君主，得到它简直是易如反掌！

时河北诸城多附东魏，左丞杨㯹自言父猛尝为邵郡白水令，知其豪杰，请往说之，以取邵郡；泰许之。㯹乃与土豪王覆怜等举兵，收邵郡守程保及县令四人，斩之，表覆怜为郡守，遣谍说谕东魏城堡，旬月之间，归附甚众。东魏以东雍州刺史司马恭镇正平，司空从事中郎闻喜裴邃欲攻之，恭弃城走，泰以杨㯹行正平郡事。

上修长干寺阿育王塔，出佛爪发舍利。辛卯，上幸寺，设无碍食，大赦。

【译文】 当时黄河北边的许多城邑都归降东魏，行台左丞杨㯹说他的父亲杨猛曾经做邵郡的白水县令，所以熟悉当地的豪杰，请求前去劝说他们，以便取得邵郡。宇文泰答应了他的请求，杨㯹于是与当地的土豪王覆怜等人一起发兵，拘捕邵郡太守程保与县令共四人，将他们杀掉。杨㯹上表奏请让王覆怜为邵郡太守，派遣间谍游说那些归顺东魏的城堡，一个月中，来归降的人很多。东魏派东雍州刺史司马恭镇守正平郡，司空从事中郎闻喜人裴邃打算进攻司马恭，司马恭弃城逃走了，宇文泰让杨㯹管理正平郡的事务。

梁武帝萧衍修缮长干寺的阿育王塔，挖出了佛指甲、头发和舍利子。辛卯日（二十八日），武帝萧衍到长干寺，举行无遮大会。同时大赦天下。

九月，柔然为魏侵东魏三堆，丞相欢击之，柔然退走。

行台郎中杜弼以文武在位多贪污，言于丞相欢，请治之。欢曰："弼来，我语尔！天下贪污习俗已久。今督将家属多在关西，宇文黑獭常相招诱，人情去留未定；江东复有一吴翁萧衍，专事衣冠礼乐，中原士大夫望之以为正朔所在。我若急正纲纪，不相假借，恐督将尽归黑獭，士子悉奔萧衍，人物流散，何以为国！尔宜少待，吾不忘之。"

【译文】 九月，柔然替西魏进攻东魏的三堆县，东魏丞相高欢还击他们，柔然战败逃走。

行台郎中杜弼认为文、武官员中有许多贪污的官吏，禀告丞相高欢，请求治他们的罪。高欢说："杜弼，你过来，我告诉你，天下官员贪污的习俗，由来已久。现在那些督军将领的家属大多在关西，宇文黑獭常常引诱招降他们回去，人情所在，去留的事是很难确定的；江东还有老头儿萧衍，专门倡导儒家的礼乐，中原的士大夫认为他们是正统的所在。我们假如急着端正纲常法纪，不采取宽容的态度，恐怕督将都会去归顺宇文黑獭，那些读书人就要投奔到萧衍那儿去了，人才流播四散，还怎么建立这个国家？你应当稍微忍耐些，我不会忘记这件事的。"

欢将出兵拒魏，杜弼请先除内贼。欢问内贼为谁，弼曰："诸勋贵掠夺百姓者是也。"欢不应，使军士皆张弓注矢，举刀，按稍，夹道罗列，命弼冒出其间，弼战粟流汗。欢乃徐谕之曰："矢虽注不射，刀虽举不击，稍虽按不刺，尔犹亡魄失胆。诸勋人身犯锋镝，百死一生，虽或贪鄙，所取者大，岂可同之常人也！"弼乃顿首谢不及。

欢每号令军士，常令丞相属代郡张华原宣旨，其语鲜卑则曰："汉民是汝奴，夫为汝耕，妇为汝织，输汝粟帛，令汝温饱，汝何为陵之？"其语华人则曰："鲜卑是汝作客，得汝一斛粟、一匹绢，为汝击贼，令汝安宁，汝何为疾之？"

【译文】高欢将要发兵进攻西魏，杜弼请求先除掉内贼。高欢询问内贼是谁，杜弼说："那些功勋贵戚抢夺百姓财物的就是呀！"高欢没有回答，命军士们拉开弓，架上箭，举起刀，拿着长矛，两边排列着，命令杜弼从中间跑过去，杜弼害怕得两腿发抖直冒汗，高欢于是慢慢地告诉他："箭虽然架上了，但并没有射出；刀虽然举起来，但并没有砍下去；长矛虽然拿在手上，却没有刺出来，你就害怕得没有了魂，胆战心惊，那些有功勋的人冒着锋镝，经过多少次死战才捡回一条生命，虽然有时候贪心鄙吝了些，但是他们对国家的功勋很大，怎么可以与一般人相比呢？"杜弼于是为自己没有想到这些而磕头谢罪。

高欢每次向将士们发布命令时，常常命丞相属官代郡人张华原传达，要是面对鲜卑人他就说："汉人是你们的奴仆，男子为你们耕种，女人替你们织布，供给你们粟粮布帛，使你们能温饱，你们为什么要欺凌他们呢？"要是面对汉人他就说："鲜卑人是你们的雇工，取得你们一斛粟粮、一匹绢帛，为你们去攻打贼兵，让你们能安定地生活，你们为什么要憎恨他们呢？"

时鲜卑共轻华人，唯惮高敖曹。欢号令将士，常鲜卑语，敖曹在列，则为之华言。敖曹返自上洛，欢复以为军司、大都督，统七十六都督。以司空侯景为西道大行台，与敖曹及行台任祥、御史中尉刘贵、豫州刺史尧雄、冀州刺史万俟洛同治兵于虎牢。敖曹与北豫州刺史郑严祖握槊，贵召严祖，敖曹不时遣，枷其使者。使者曰："枷则易，脱则难。"敖曹以刀就枷刌之，曰："又何难！"贵不敢校。明日，贵与敖曹坐，外白治河役夫多溺死，贵曰："一钱汉，随之死！"敖曹怒，拔刀斫贵；贵走出还营，敖曹鸣鼓会兵，欲攻之，侯景、万俟洛共解谕，久之乃止。敖曹尝诣相府，门者不纳，敖曹引弓射之，欢知而不责。

【译文】当时鲜卑人都十分看不起汉人，只害怕高敖曹。高欢发号施令给将士时，常用鲜卑语，若是高敖曹也在队伍里，就用汉语。高敖曹回到上洛，高欢又任命他为军司、大都督，统领七十六个都督。任命司空侯景为西道大行台，与高敖曹以及行台任祥、御史中尉刘贵、豫州刺史尧雄、冀州刺史万俟洛一同在虎牢治理军务。高敖曹与北豫州刺史郑严祖玩握槊游戏，刘贵召请郑严祖，高敖曹不放郑严祖离开，并用木枷锁住使者的脖子。使者说："锁住很容易，要取下来就很难了。"高敖曹用刀在木枷上将使者的头砍掉说："有什么困难。"刘贵不敢计较。第二天刘贵与高敖曹一同坐着，外面来通报说修筑河堤的工人有很多被淹死了，刘贵说："汉人不值钱，随他去死！"高敖曹十分生气，拿刀要砍刘贵，刘贵逃回营里，高敖曹击鼓聚集军队，要去攻打刘贵，侯景、万俟洛一同出来劝说，好久才平息。高敖曹曾经到丞相府，守门的不肯放他进去，高敖曹拉开弓就向门卫射去，高欢知道后，并没有责备高敖曹。

【申涵煜评】 敖曹诣相府，门者不内，引弓射之。夫贵人如天神，阍人如鬼，相习久为固然，安得敖曹之矢日穿七札为快？

【译文】 高敖曹拜访丞相府第，守门的人不让他进去，他就拉开弓箭射向他。富贵之人就像天神，守门的人就像鬼神，相互影响久了是自然，难道非得要高敖曹用弓箭射穿他才快意？

闰月，甲子，以武陵王纪为都督益、梁等十三州诸军事、益州刺史。

东魏丞相欢将兵二十万自壶口趣蒲津，使高敖曹将兵三万出河南。时关中饥，魏丞相泰所将将士不满万人，馆谷于恒农五十馀日，闻欢将济河，乃引兵入关，高敖曹遂围恒农。欢右长史薛琡言于欢曰："西贼连年饥馑，故冒死来入陕州，欲取仓粟。今敖曹已围陕城，粟不得出，但置兵诸道，勿与野战，比及麦秋，其民自应饿死，宝炬、黑獭何忧不降！愿勿渡河。"侯景曰："今兹举兵，形势极大，万一不捷，猝难收敛。不如分为二军，相继而进，前军若胜，后军全力；前军若败，后军承之。"欢不从，自蒲津济河。

丞相泰遣使戒华州刺史王罴，罴语使者曰："老罴当道卧，貉子那得过！"欢至冯翊城下，谓罴曰："何不早降！"罴大呼曰："此城是王罴冢，死生在此。欲死者来！"欢知不可攻，乃涉洛，军于许原西。

【译文】闰月，甲子日（初二），梁武帝萧衍任命武陵王萧纪为都督益州、梁州等十三州诸军事及益州刺史。

东魏丞相高欢带领二十万军队从壶口前往蒲津，派高敖曹率领兵马三万人从河南出兵。当时关中地区正闹饥荒，西魏丞相宇文泰所率领的将士还不到一万人，在恒农驻扎了有五十多天，听到高欢将要渡过黄河，于是率领军队进入函谷关，高敖曹趁机包围恒农。高欢右长史薛琡对高欢说："西方的敌人已经连着有好几年的饥荒，所以这次冒着生命的危险进入陕州，是想要取得仓库里的粟粮。现在高敖曹已经包围了陕城，粟粮不能再运出去，我们只要在每个要道上部署军队，而不要与他们在野外作战，等到夏天，他们的老百姓自会饿死，我们还发愁元宝炬、宇文黑獭不会投降吗？希望你下令不要渡过河去。"侯景说："这一次出兵，规模很大，万一不能取胜，仓促间很难控制局面，不如分成两队，前后相接行进，前面的军队假如打胜了，后面的军队就全力追击；前面的军队假如失败了，后面的军队也可以顶替上去。"高欢没有听从，从蒲津渡过黄河。

西魏丞相宇文泰派遣使者告诫华州刺史王罴，王罴对使者说："有我老罴卧守在要道上，貉子哪里能够通过？"高欢来到冯翊城下，对王罴说："你为什么不早点投降？"王罴大声地喊道："这个城就是王罴的坟墓，活着死了都在这里，想送死的就过来!"高欢知道不能进攻,于是渡过洛水,驻兵在许原的西边。

　　泰至渭南,徵诸州兵,皆未会。欲进击欢,诸将以众寡不敌,请待欢更西以观其势。泰曰:"欢若至长安,则人情大扰;今及其远来新至,可击也。"即造浮桥于渭,令军士赍三日粮,轻骑度渭,辎重自渭南夹渭而西。冬,十月,壬辰,泰至沙苑,距东魏军六十里。诸将皆惧,宇文深独贺。泰问其故,对曰:"欢镇抚河北,甚得众心,以此自守,未易可图。今悬师度河,非众所欲,独欢耻失窦泰,愎谏而来,所谓忿兵,可一战擒也。事理昭然,何为不贺!愿假深一节,发王罴之兵邀其走路,使无遗类。"泰遣须昌县公达奚武觇欢军,武从三骑,皆效欢将士衣服,日暮,去营数百步下马,潜听得其军号,因上马历营,若警夜者,有不如法,往往挞之,具知敌之情状而还。

　　【译文】宇文泰到了渭水南边,征调各州的军队,都没有前来会合。宇文泰想进兵攻击高欢,将领都认为寡不敌众,请求等待高欢再向西边进兵时,观察形势再做决定。宇文泰说:"高欢假如到了长安,那么人心必定会有很大的骚动,现在他们从远方刚来到这个新的环境,一切还很陌生,应该可以攻打他们。"立刻就在渭水架设了浮桥,命令士卒带了三天的粮食,率领他们骑着马轻装渡过渭水,其他的必需用品及装备、车辆则命人从渭水南边沿着渭水往西运送。冬季,十月,壬辰日(初一),宇文泰到了沙苑,距离东魏军队六十里,所有将领都十分害怕,只有宇文深向他道贺。宇文泰问他什么原因,宇文深回答说:"高欢镇守在黄河以北,很得众人的拥戴,倘若固守在那里,是很难征服的。现在他孤军渡河而来,并不是众人所希望的,只是高欢对失去窦泰感觉耻辱,固执己见,不听劝谏而来的,这就是所说的在气头上出兵，可以打一仗就将他活捉了。这种道理是很明显的，怎么能不道贺呢？希望丞相授我一个符节，去调动王罴的军队，阻挡他们的退路，使他们一个也活不了。"宇文泰派须昌县公达奚武去窥探高欢的军营，达奚武及三个随从的骑兵，都模仿高欢的将士并穿上他们的衣服，天黑的时候，偷偷来到离高欢军营数百步的地方下了马，暗暗地偷听到了他们军营里的口令，然后上了马到高欢的军营，假装夜间巡逻的人，遇上不守军规的敌方士兵，往往鞭打一顿，摸清了敌人的情形后才回到自己的营地。

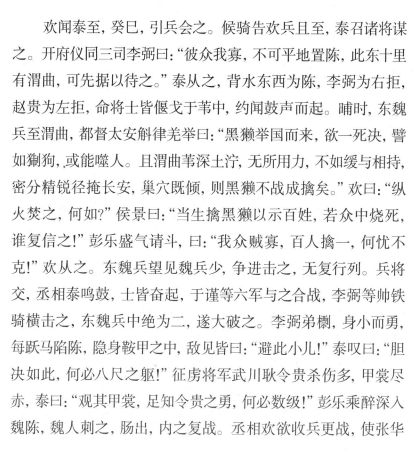

　　欢闻泰至，癸巳，引兵会之。候骑告欢兵且至，泰召诸将谋之。开府仪同三司李弼曰："彼众我寡，不可平地置陈，此东十里有渭曲，可先据以待之。"泰从之，背水东西为陈，李弼为右拒，赵贵为左拒，命将士皆偃戈于苇中，约闻鼓声而起。晡时，东魏兵至渭曲，都督太安斛律羌举曰："黑獭举国而来，欲一死决，譬如猘狗，或能噬人。且渭曲苇深土泞，无所用力，不如缓与相持，密分精锐径掩长安，巢穴既倾，则黑獭不战成擒矣。"欢曰："纵火焚之，何如？"侯景曰："当生擒黑獭以示百姓，若众中烧死，谁复信之！"彭乐盛气请斗，曰："我众贼寡，百人擒一，何忧不克！"欢从之。东魏兵望见魏兵少，争进击之，无复行列。兵将交，丞相泰鸣鼓，士皆奋起，于谨等六军与之合战，李弼等帅铁骑横击之，东魏兵中绝为二，遂大破之。李弼弟檦，身小而勇，每跃马陷陈，隐身鞍甲之中，敌见皆曰："避此小儿！"泰叹曰："胆决如此，何必八尺之躯！"征虏将军武川耿令贵杀伤多，甲裳尽赤，泰曰："观其甲裳，足知令贵之勇，何必数级！"彭乐乘醉深入魏陈，魏人刺之，肠出，内之复战。丞相欢欲收兵更战，使张华原以簿历营点兵，莫有应者，还，白欢曰："众尽去，营皆空矣！"欢犹未肯去。阜城侯斛律金曰："众心离散，不可复用，宜急向河东。"欢据鞍未动，金以鞭拂马，乃驰去，夜，度河，船去岸远，欢跨橐驼就船，乃得度，丧甲士八万人，弃铠仗十有八万。丞相泰追欢至河上，选留甲士二万馀人，馀悉纵归。都督李穆曰："高欢破胆矣，速追之，可获。"泰不听，还军渭南，所徵之兵甫至，乃于战所人种柳一株以旌武功。

【译文】高欢听说宇文泰的军队来了，癸巳日（初二），率军与他决战。军中侦察敌情的人回禀宇文泰说，高欢的军队将要来了，宇文泰召请各将领一同谋划。开府仪同三司李弼说："他们人多，我们人少，不可以在平地上列阵，这里再向东面十里有渭曲，可以先占据这个地方等待敌人。"宇文泰听从了他的建议，背着渭水向东西布下阵势，李弼指挥右边方阵，赵贵指挥左边方阵，命令将士都埋伏在芦苇中，约定听到鼓声后，发动进攻。大约傍晚的时候，东魏的军队抵达渭曲，都督太安人斛律羌举说："宇文泰率领全国的军队前来，必定拼死力战，以决胜负，好比狂犬，有时是会咬人的。况且渭曲这地方苇丛那么深，土地又多泥泞，没有办法发挥我方军队的力量，不如慢慢地与他周旋，暗中分派精锐的兵马直接袭击长安，假如他们的巢穴被攻陷了，那么自然不需再打仗就可以捉到宇文泰了。"高欢说："放火将他们烧掉，怎么样？"侯景说："应当活捉宇文泰给老百姓看，假如与部众一起烧死，谁会相信！"彭乐气势很盛，请求战斗到底，说："我方人多，敌方人少，一百个人对付一个人，何必担心不能克敌制胜？"高欢听从他的建议。东魏兵看见西魏兵士很少，于是争着向前进攻，原来的队列乱得不成样子。两兵将要交战时，西魏丞相宇文泰敲响了战鼓，西魏伏兵都奋起作战,于谨等人率领六支队伍与敌人交战,西魏李弼率领精锐的骑兵拦腰攻击东魏兵,东魏军队被截成两半,于是大败东魏军队。李弼的弟弟李櫙,身体矮小却勇猛无比,每次跃上战马冲入敌阵,将自己藏在鞍甲中,敌兵看见他都说:"赶快避开这个小孩!"宇文泰看了,赞叹着说:"有如此的胆识就够了,又何必要有八尺高的身躯呢!"征虏将军武川人耿令贵杀伤了许多人,铠甲衣裳都染成了红色,宇文泰说:"看耿令贵的铠甲衣裳,就足以知道他的勇敢,又何必去数他斩获首级的多少而计功呢?"彭乐趁着三分醉意解去甲胄冲到西魏的军阵中,被西魏军一枪刺进肚子,肚破肠流,彭乐将肠子放入肚中又继续与敌人对战。东魏丞相高欢想收兵再战,让张华原巡视各营,依照簿册点兵,没有人回应,张华原急忙跑回来,回禀高欢说:"部众都跑掉了,营区里空空的没有人了!"高欢还是不肯回去。阜城侯斛律金说:"部队军心都已离散,不可以再用,应当赶快逃到河东。"高欢依旧按着马鞍不肯移动,斛律金用鞭子抽打马匹,马才奔驰而去。晚上,高欢要渡河,偏偏船离岸上很远,高欢跨乘骆驼上船,才得以渡河,一共损失了武装部众八万人,遗弃了铠甲和兵器有十八万件。西魏丞相宇文泰追击高欢直到河边,他在被打散的东魏士兵中挑选留下了两万多人,其余的都释放他们回去。都督李穆说:"高欢吓破了胆!赶快去追杀他,一定可以活捉。"宇文泰没有听从,带领军队回到渭南,恰巧所征调的各路兵马刚刚来到,于是在打仗的地方每人种一株柳树,来表扬战功。

侯景言于欢曰:"黑獭新胜而骄,必不为备,愿得精骑二万,径往取之。"欢以告娄妃,妃曰:"设如其言,景岂有还理!得黑獭而失景，何利之有！"欢乃止。

魏加丞相泰柱国大将军，李弼等十二将皆进爵增邑有差。

高敖曹闻欢败，释恒农，退保洛阳。

己酉，魏行台宫景寿等向洛阳，东魏洛州大都督韩贤击走之。州民韩木兰作乱，贤击破之。一贼匿尸间，贤自按检收铠仗，贼欻起斫之，断胫而卒。

魏复遣行台冯翊王季海与独孤信将步骑二万趣洛阳，洛州刺史李显趣三荆，贺拔胜、李弼围蒲坂。

【译文】侯景对高欢说："宇文泰刚获胜难免会骄傲，一定不会有所防备，希望能带领精锐骑兵两万名，直接去进攻他。"高欢将这件事告诉娄妃，娄妃说："假如真如他所说，侯景哪里还会有回来的道理！打败了宇文泰却失去了侯景，又有什么好处可言？"高欢于是制止侯景出兵。

西魏加封丞相宇文泰为柱国大将军，李弼等十二位大将都进封爵位，增加封邑，每个人都不相同。

高敖曹听到高欢战败的消息，放弃了恒农，退守到洛阳。

己酉日（十八日），西魏行台宫景寿等人出兵前往洛阳，东魏洛州大都督韩贤带兵出击，赶走了宫景寿。洛阳州民韩木兰起来作乱，韩贤将他打败。一个贼兵藏匿在尸体中，韩贤亲自检收铠甲兵器，贼兵突然跳起来砍杀韩贤，韩贤因小腿被砍断而死。

西魏又派遣行台冯翊王季海与独孤信率领步、骑兵两万赶往洛阳，洛州刺史李显前往三荆，贺拔胜、李弼围攻蒲坂。

东魏丞相欢之西伐也，蒲坂民敬珍谓其从祖兄祥曰："高欢迫逐乘舆，天下忠义之士皆欲剚刃于其腹。今又称兵西上，吾欲与兄起兵断其归路，此千载一时也。"祥从之，纠合乡里，数日，有众万馀。会欢自沙苑败归，祥、珍帅众邀之，斩获甚众。贺拔胜、李弼至河东，祥、珍帅猗氏等六县十馀万户归之，丞相泰以珍为平阳太守，祥为行台郎中。

东魏秦州刺史薛崇礼守蒲坂，别驾薛善，崇礼之族弟也，言于崇礼曰："高欢有逐君之罪，善与兄忝衣冠绪馀，世荷国恩，今大军已临，而犹为高氏固守，一旦城陷，函首送长安，署为逆贼，死有馀愧。及今归款，犹为愈也。"崇礼犹豫不决。善与族人斩关纳魏师，崇礼出走，追获之。丞相泰进军蒲坂，略定汾、绛，凡薛氏预开城之谋者，皆赐五等爵。善曰："背逆归顺，臣子常节，岂容阖门大小俱叨封邑！"与其弟慎固辞不受。

【译文】东魏丞相高欢讨伐西魏的时候，蒲坂的一位百姓敬珍，对他的族兄敬祥说："高欢逼走了孝武帝元修，天下有忠义气节的人都想将刀子插进他的肚子里。现在他又率军向西魏进攻，我想与你共同发兵来切断他的后路，这是千年难逢的大好机会。"敬祥赞同他的建议，集合乡里的人，几天就有一万多人。恰好高欢从沙苑失败退回，敬祥和敬珍带领部众拦击高欢，杀死、俘虏了很多人。贺拔胜、李弼到了河东，敬祥、敬珍带领猗氏等六个县十多万户的民众归降他们，西魏丞相宇文泰任命敬珍为平阳太守，敬祥为行台郎中。

东魏秦州刺史薛崇礼驻守蒲坂，他手下的别驾薛善，是薛崇礼同族的弟弟，对薛崇礼说："高欢有驱逐君主的大罪，我与你拥有这种高官显贵的地位，世代承受国家恩惠，现在大军已经来临，我们还在替高欢坚守，万一城破，我们的头被装在匣子中送到长安，上面被署名为叛逆的贼人，死了仍然感到羞愧。不如弃暗投明，恐怕还能保全性命。"薛崇礼还在犹豫不能决定。

薛善便与族人劈开了城门，迎接西魏的军队。薛崇礼仓促逃走，但是中途又被擒获。西魏丞相宇文泰进军蒲坂，大致平定了汾、绛两州。所有与薛氏一起打开城门的薛氏族人，都授给他们五等的封爵。薛善说："背叛叛逆者，归顺君王，这些都是作为人臣常有的节操，怎么能够允许我们所有的人，不论是谁都得封邑呢？"薛善和他的弟弟薛慎坚持辞谢不肯接受。

东魏行晋州事封祖业弃城走，仪同三司薛修义追至洪洞，说祖业还守，祖业不从。修义还据晋州，安集固守。魏仪同三司长孙子彦引兵至城下，修义开门伏甲以待之。子彦不测虚实，遂退走。丞相欢以修义为晋州刺史。

独孤信至新安，高敖曹引兵北度河。信逼洛阳，洛州刺史广阳王湛弃城归邺，信遂据金墉城。孝武帝之西迁也，散骑常侍河东裴宽谓诸弟曰："天子既西，吾不可以东附高氏。"帅家属逃于大石岭。独孤信入洛，乃出见之。时洛阳荒废，人士流散，唯河东柳虬在阳城，裴诹之在颍川，信俱徵之，以虬为行台郎中，诹之为开府属。

【译文】东魏代理晋州刺史封祖业弃城逃走，仪同三司薛修义追到洪洞，说服封祖业回晋州守城。封祖业不肯。薛修义只好回去镇守晋州，安抚聚合部众，坚守城池。西魏仪同三司长孙子彦带领军队到了晋州城下，薛修义打开城门，在周围埋伏了甲兵等候他进来。长孙子彦没有办法探知内部的虚实，于是退走了。丞相高欢任命薛修义为晋州刺史。

独孤信到了新安，高敖曹带领军队向北渡过黄河，独孤信逼近洛阳，洛州刺史广阳王元湛弃城逃奔邺城，独孤信于是攻占金墉城。北魏孝武帝元修向西边迁移到关中时，散骑常侍河东人裴宽对他的弟弟们说:"天子已经到西边去了,我们不可以留在东边归顺高欢。"裴宽就率领家属逃到大石岭。独孤信进入洛阳,裴宽才出来与他相见。当时洛阳已经荒废,名门士族流落分散到各处,只有河东人柳虬留在阳城,裴诹之留在颍川,独孤信把他们都征召出来,任用柳虬做行台郎中,裴诹之做开府仪同三司的属官。

东魏颍州长史贺若统执刺史田迄,举城降魏,魏都督梁回入据其城。前通直散骑侍郎郑伟起兵陈留,攻东魏梁州,执其刺史鹿永吉。前大司马从事中郎崔彦穆攻荥阳,执其太守苏淑,与广州长史刘志皆降于魏。伟,先护之子也。丞相泰以伟为北徐州刺史,彦穆为荥阳太守。

【译文】东魏颍州长史贺若统逮捕刺史田迄,率领全城投降西魏,西魏都督梁回进入并占据这座城。从前的通直散骑侍郎郑伟从陈留发兵,进攻东魏梁州,逮捕刺史鹿永吉。从前的大司马从事中郎崔彦穆进攻荥阳,逮捕太守苏淑,与广州长史刘志都投降了西魏。郑伟,是郑先护的儿子。西魏丞相宇文泰任命郑伟为北徐州刺史,崔彦穆为荥阳太守。

十一月,东魏行台任祥帅督将尧雄、赵育、是云宝攻颍川,丞相泰使大都督宇文贵、乐陵公辽西怡峰将步骑二千救之。军至阳翟,雄等军已去颍川三十里,祥帅众四万继其后。诸将咸以为"彼众我寡,不可争锋"。贵曰:"雄等谓吾兵少,必不敢进。彼与任祥合兵攻颍川,城必危矣。若贺若统陷没,吾辈坐此何为!今进据颍川,有城可守,又出其不意,破之必矣!"遂疾趋,据颍川,背城为陈以待。雄等至,合战,大破之。雄走,赵育请降,俘其士卒万馀人，悉纵遣之。任祥闻雄败，不敢进，贵与怡峰乘胜逼之，祥退保宛陵；贵追及，击之，祥军大败。是云宝杀其阳州刺史那椿，以州降魏。魏以贵为开府仪同三司，是云宝、赵育为车骑大将军。

【译文】十一月，东魏行台任祥带领督将尧雄、赵育、是云宝攻打颍川，丞相宇文泰派大都督宇文贵、乐陵公辽西人怡峰带领步兵与骑兵两千名去解救颍川的危机。西魏军队到达阳翟时，尧雄他们的军队距离颍川只剩三十里了，行台任祥带领军队四万人跟随在他们后面。西魏的所有将领都认为"敌人军队人数多我们人数少，没有办法与他们对抗"。宇文贵说："尧雄这些人认为我们军队人数少，一定不敢前进。他与任祥联合兵力攻打颍川，颍川城必定非常危险。如果贺若统真的落个城破人亡的结局，我们这些人空坐在这里，又能做什么？现在我们前进据守颍川，还有城让我们坚守，又可令敌人出乎意外，必可打败敌军。"于是赶快向前进军，据守颍川，背靠州城，排成阵式等候敌军。尧雄等人到达后，两军交战，宇文贵大败尧雄的军队，尧雄败走，赵育请求投降，宇文贵俘虏了东魏的士卒好几万人，全部释放了。任祥听到尧雄战败，不敢再前进。宇文贵与怡峰乘胜进逼任祥，任祥退守到宛陵；宇文贵又追到宛陵，攻打他，任祥的军队大败。是云宝将阳州刺史那椿杀死，率领阳城投降西魏。西魏任命宇文贵为开府仪同三司，是云宝、赵育为车骑大将军。

【乾隆御批】薛善斩关约师，视崇礼之为欢固守者，相去奚啻霄壤？且知归顺为臣子常节，坚辞五等之封，在浊世尤为仅见。

【译文】薛善斩杀守城门的人，交给魏军，与薛崇礼为高欢固守比起来，相差何止天壤之别？而且知道归顺是为人臣子固有的节操，坚决辞掉五等封爵，在混乱的时代尤为罕见。

都督杜陵韦孝宽攻东魏豫州，拔之，执其行台冯邕。孝宽名叔裕，以字行。

丙子，东魏以骠骑大将军、仪同三司万俟普为太尉。

司农张乐皋等聘于东魏。

十二月，魏行台杨白驹与东魏阳州刺史段粲战于蓼坞，魏师败绩。

魏荆州刺史郭鸾攻东魏东荆州刺史清都慕容俨，俨昼夜拒战二百馀日，乘间出击鸾，大破之。时河南诸州多失守，唯东荆获全。

【译文】梁朝都督杜陵人韦孝宽征讨东魏豫州，将豫州城攻下，拘捕了行台冯邕。韦孝宽名叫韦叔裕，孝宽是字，他是以字行世。

丙子日（十五日），东魏任命骠骑大将军、仪同三司万俟普为太尉。

梁朝司农张乐皋等人出使东魏。

十二月，西魏行台杨白驹与东魏阳州刺史段粲在蓼坞交战，西魏的军队被打败了。

西魏荆州刺史郭鸾攻打东魏东荆州刺史清都人慕容俨，慕容俨不分昼夜抵抗作战，打了两百多天，趁着对方松懈的机会偷袭郭鸾，大败郭鸾的军队。当时河南很多州都已失守，只有东荆州得以保全。

河间邢磨纳、范阳卢仲礼、仲礼从弟仲裕等皆起兵海隅以应魏。

东魏济州刺史高季式有部曲千馀人，马八百匹，铠仗皆备。濮阳民杜灵椿等为盗，聚众近万人，攻城剽野，季式遣骑三百，一战擒之，又击阳平贼路文徒等，悉平之，于是远近肃清。

或谓季式曰："濮阳、阳平乃畿内之郡，不奉诏命，又不侵境，何急而使私军远战！万一失利，岂不获罪乎！"季式曰："君何言之不忠也！我与国家同安共危，岂有见贼而不讨乎！且贼知台军猝不能来，又不疑外州有兵击之，乘其无备，破之必矣。以此获罪，吾亦无恨！"

【译文】河间人邢磨纳、范阳人卢仲礼、卢仲礼堂弟卢仲裕等人在沿海地区起兵响应西魏。

东魏济州刺史高季式有亲兵一千多人，马八百匹，铠甲兵器统统具备。濮阳百姓杜灵椿等一批人沦为盗匪，聚集了部众将近有一万人，攻占城池到处抢夺财物，高季式派遣三百名骑兵，一战就抓获了杜灵椿，又攻击阳平的贼人路文徒等人，统统将他们平定了，于是京畿远近乱事都被平定。

有人对高季式说："濮阳、阳平是京畿内的两个属郡，你并没有接到朝廷诏命就去平乱。而那些人也没有侵犯我们的济州，何必急着派遣部队跨越州境到那么远的地方去作战，万一失利了，岂不是要受到处罚？"高季式说："你为什么说这些不忠于国家的话呢？我与国家是同享安定，共赴患难的，哪有看见强盗而有不讨平的道理呢？而且盗贼也知道官府的军队不可能立即到来，又不担心有外州的军队来攻击他们，趁着他们没有防备的时候，去攻打他们，一定可以击败他们，假如因此受到处罚，我也没有什么好遗憾的。"

资治通鉴卷第一百五十八　梁纪十四

起著雍敦牂，尽阏逢困敦，凡七年。

【译文】起戊午（公元538年），止甲子（公元544年），共七年。

【题解】本卷记录了公元538年到544年的南北朝史事，共七年。正当梁武帝萧衍大同四年到十年，西魏文帝元宝炬大统四年到十年，东魏孝静帝元善见元象元年、兴和元年、二年、三年、四年、武定元年、二年。主要内容还是写东、西魏争战，势均力敌，进一步巩固了北方的分裂形势。此时期，东、西魏着手整顿吏治，改革政治，清查户口，休养生息，出现了一些新气象。梁武帝萧衍例行祭天、大赦、亲耕藉田，无所作为，政治腐败，交趾郡的李贲造反，不仅久征不下，而且颠倒是非，枉杀良将孙冏、卢子雄，梁朝呈现衰败势头。

高祖武皇帝十四

大同四年（戊午，公元五三八年）春，正月，辛酉朔，日有食之。

东魏砀郡获巨象，送邺。丁卯，大赦，改元元象。

二月，己亥，上耕藉田。

东魏大都督善无贺拔仁攻魏南汾州，刺史韦子粲降之，丞相泰灭子粲之族。东魏大行台侯景等治兵于虎牢，将复河南诸

331

州，魏梁回、韦孝宽、赵继宗皆弃城西归。侯景攻广州，数旬，未拔，闻魏救兵将至，集诸将议之，行洛州事卢勇请进观形势。乃帅百骑至大隗山，遇魏师。日已暮，勇多置幡旗于树颠，夜，分骑为十队，鸣角直前，擒魏仪同三司程华，斩仪同三司王征蛮而还。广州守将骆超遂以城降东魏，丞相欢以勇行广州事。勇，辩之从弟也。于是，南汾、颍、豫、广四州复入东魏。

【译文】大同四年（戊午，公元538年）春季，正月，辛酉朔日（初一），发生日食。

东魏在砀郡捕获巨象，送到邺城。丁卯日（初七），东魏孝静帝元善见大赦境内，改年号为元象。

二月，己亥日（初十），梁武帝萧衍亲自到藉田耕种，来劝民勤于农事。

东魏大都督善无人贺拔仁攻打西魏南汾州，西魏刺史韦子粲投降，西魏丞相宇文泰听说之后诛灭了韦子粲的家族。东魏大行台侯景等人从虎牢出兵，打算收复河南各州，西魏梁回、韦孝宽、赵继宗都丢弃了城池向西边逃跑。侯景进攻广州，没有攻克，听说西魏救兵将到，召集各位将领商议，代理洛州政务卢勇请求前往侦察军情，于是带领百名骑兵到达大隗山，遭遇了西魏的军队。天已经黑了，卢勇命士兵将很多狭长的旗帜绑在树顶，晚上，将骑兵分成十队，吹起号角，直奔向前，俘虏了西魏仪同三司程华，杀死了仪同三司王征蛮后才回营。广州守将骆超，于是打开城门投降东魏，东魏丞相高欢任用卢勇代理广州事务。卢勇，是卢辩的堂弟。于是南汾、颍州、豫州、广州四个州又重归东魏管辖。

初，柔然头兵可汗始得返国，事魏尽礼。及永安以后，雄据北方，礼渐骄倨，虽信使不绝，不复称臣。头兵尝至洛阳，心慕中国，乃置侍中、黄门等官；后得魏汝阳王典签淳于覃，亲宠任事，以为秘书监，使典文翰。及两魏分裂，头兵转不逊，数为边患。魏丞相泰以新都关中，方有事山东，欲结婚以抚之，以舍人元翌女为化政公主，妻头兵弟塔寒。又言于魏主，请废乙弗后，纳头兵之女。甲辰，以乙弗后为尼，使扶风王孚迎头兵女为后。头兵遂留东魏使者元整，不报其使。

【译文】起初，柔然头兵可汗从北魏刚回国的时候，对北魏称臣纳贡一切都依照礼数。等到北魏孝庄帝元子攸永安年间以后，他在北方称霸，逐渐骄傲自大而不讲礼，虽然仍旧派遣使臣通信，来往不断，但已不再称臣。头兵可汗曾经到过洛阳，内心仰慕中原文化，于是设置了侍中、黄门等官职，后来得到了北魏汝阳王的典签官淳于覃，头兵可汗亲近宠信淳于覃，让他做秘书监，负责文书。等到北魏分裂成东魏、西魏以后，头兵可汗就变得不再恭顺了，多次侵犯北方边境，成为边境的忧患。西魏丞相宇文泰因为刚刚建都关中，恰巧东边又有战事，想要结为姻亲来安抚他们，于是封舍人元翌的女儿为化政公主，让她嫁给头兵可汗的弟弟塔寒为妻。又对西魏文帝元宝炬进言，请求废去乙弗后，迎娶头兵可汗的女儿。甲辰日（十五日），西魏文帝元宝炬命乙弗后削发为尼，派遣扶风王元孚迎娶头兵可汗的女儿，立为皇后。头兵可汗于是扣留了东魏的使者元整，也不派使者回访东魏。

三月，辛酉，东魏丞相欢以沙苑之败，请解大丞相，诏许之；顷之，复故。

柔然送悼后于魏，车七百乘、马万匹、驼二千头。至黑盐池，遇魏所遣卤簿仪卫。柔然营幕，户席皆东向，扶风王孚请正南面，后曰："我未见魏主，固柔然女也。魏仗南面，我自东向。"丙子，立皇后郁久闾氏。丁丑，大赦。以王盟为司徒。丞相泰朝于长安，还屯华州。

夏，四月，庚寅，东魏高欢朝于邺；壬辰，还晋阳。

五月，甲戌，东魏遣兼散骑常侍郑伯猷来聘。

【译文】三月，辛酉日（初二），东魏丞相高欢因为沙苑一战的失利请求解除大丞相的职位，东魏孝静帝元善见下诏答应了他的请求，但没过多久，又恢复了他的职位。

柔然头兵可汗将女儿悼后送往西魏，陪嫁有车七百乘，马一万匹，骆驼两千头。到了黑盐池，遇到西魏派遣来的迎接新后的仪仗卫队。柔然人宿营帐篷的门户座席都朝向东边，扶风王元孚请求改向南面，悼后说："我还没见到君王，仍然还是柔然的女子，你们的仪仗面向南，我自己面向东。"丙子日（十七日），西魏文帝元宝炬立头兵可汗的女儿郁久闾氏为皇后。丁丑日（十八日），西魏大赦境内。文帝元宝炬任命王盟为司徒。丞相宇文泰到长安觐见文帝，又回来驻守在华州。

夏季，四月，庚寅日（初二），东魏高欢到邺城觐见东魏孝静帝元善见。壬辰日（初四），高欢回到晋阳。

五月，甲戌日（十六日），东魏派遣兼散骑常侍郑伯猷出使梁朝。

秋，七月，东魏荆州刺史王则寇淮南。

癸亥，诏以东冶徒李胤之得如来舍利，大赦。

东魏侯景、高敖曹等围魏独孤信于金墉，太师欢帅大军继之；景悉烧洛阳内外官寺民居，存者什二三。魏主将如洛阳拜园陵, 会信等告急, 遂与丞相泰俱东, 命尚书左仆射周惠达辅太子钦守长安, 开府仪同三司李弼、车骑大将军达奚武帅千骑为前驱。

【译文】秋季, 七月, 东魏荆州刺史王则进犯梁朝的淮南。

癸亥日(初六), 梁武帝萧衍因为东冶服劳役的犯人李胤之得到如来佛的舍利, 下诏大赦天下。

东魏侯景、高敖曹等人在金墉围攻独孤信, 太师高欢带领军队跟随在后; 侯景将洛阳内外的官寺民居统统烧掉, 留下的只有十之二三。西魏文帝元宝炬要到洛阳去祭拜祖宗的陵墓, 恰好独孤信因危难而请求援救, 于是文帝元宝炬与丞相宇文泰一同向东进发, 命令尚书左仆射周惠达辅佐太子元钦留守长安, 开府仪同三司李弼、车骑大将军达奚武带领千名骑兵为先锋。

八月, 庚寅, 丞相泰至毂城, 侯景等欲整陈以待其至, 仪同三司太安莫多娄贷文请帅所部击其前锋, 景等固止之。贷文勇而专, 不受命, 与可朱浑道元以千骑前进。夜, 遇李弼、达奚武于孝水。弼命军士鼓噪, 曳柴扬尘, 贷文走, 弼追斩之, 道元单骑获免, 悉俘其众送恒农。

泰进军瀍东, 侯景等夜解围去。辛卯, 泰帅轻骑追景至河上, 景为陈, 北据河桥, 南属邙山, 与泰合战。泰马中流矢惊逸, 遂失所之。泰坠地, 东魏兵追及之, 左右皆散, 都督李穆下马, 以策抶泰背骂曰: "笼东军士! 尔曹主何在, 而独留此?" 追者不疑其贵人, 舍之而过。穆以马授泰, 与之俱逸。

【译文】八月, 庚寅日(初三), 丞相宇文泰到达毂城, 侯景等人排好军阵等待西魏军队的到来, 仪同三司太安人莫多娄贷文请求带领军队去攻击西魏的先锋部队, 侯景等人坚决阻止他。莫多娄贷文勇猛但是刚愎自用，不肯听从命令，与可朱浑道元率领一千个骑兵向前进发，晚上，在孝水遇到了李弼、达奚武。李弼下令军士们一齐大声呼喊，拖着木柴扬起漫天灰尘，莫多娄贷文逃跑，李弼率军追杀过去将他砍死，可朱浑道元一人骑马逃走，其余的士卒都被俘虏，押送到恒农。

宇文泰进兵瀍水东边，侯景等人连夜解除包围退走。辛卯日（初四），宇文泰带领轻骑追赶侯景到黄河上游，侯景排好兵阵，北边据守着河桥，南边连属着邙山，与宇文泰对战。宇文泰的马被流箭射中惊吓逃奔，失去控制。宇文泰坠落马下，东魏的士兵从后面追上了他，他身边的人全都逃散了，都督李穆跳下马，用手上的马鞭抽打宇文泰的脊背说："你这个萎靡不振的小兵，你们的主将逃到哪里去了，怎么只有你一个人留在这里？"那些追兵没有怀疑这就是他们要找的主将，丢下他奔跑而过。李穆将马交给宇文泰，与他一起逃回军营。

魏兵复振，击东魏兵，大破之，东魏兵北走。京兆忠武公高敖曹，意轻泰，建旗盖以陵陈，魏人尽锐攻之，一军皆没，敖曹单骑走投河阳南城。守将北豫州刺史高永乐，欢之从祖兄子也，与敖曹有怨，闭门不受。敖曹仰呼求绳，不得，拔刀穿阖未彻而追兵至。敖曹伏桥下，追者见其从奴持金带，问敖曹所在，奴指示之。敖曹知不免，奋头曰："来！与汝开国公。"追者斩其首去。高欢闻之，如丧肝胆，杖高永乐二百，赠敖曹太师、大司马、太尉。泰赏杀敖曹者布绢万段，岁岁稍与之，比及周亡，犹未能足。魏又杀东魏西兖州刺史宋显等，虏甲士万五千人，赴河死者以万数。

【译文】西魏又重新整顿兵马，攻打东魏军队，大败东魏军。东魏军队向北逃走。京兆忠武公高敖曹，心里轻视宇文泰，他竖起自己的帅旗冲入西魏军阵，西魏用他们最精锐的军队去攻击高敖曹，高敖曹全军覆没，他单人独骑逃奔河阳南城。守城的大将是北豫州刺史高永乐，是高欢族兄的儿子，与高敖曹有仇恨，不肯打开城门接纳他。高敖曹抬头大叫请求放下绳索，没有人理睬，只好拔出刀想砍破城门，但是门还没砍破，后面的追兵已经到了。高敖曹躲到桥底下，追来的士兵看见他的随从奴仆拿着他的金带，就问高敖曹在什么地方，奴仆指向桥下，高敖曹知道逃不掉了，于是扬起头来说："来呀! 送给你一个当开国公的机会吧! "追兵将他的头砍下拿走了。高欢听到高敖曹被杀，好像丢失了肝胆一样，将高永乐打了两百大板，追赠高敖曹为太师、大司马、太尉。宇文泰奖赏杀高敖曹的那位兵士布绢一万段，年年给他一点，等到北周灭亡的时候，还没有发完。西魏又杀死了东魏西兖州刺史宋显等人，俘虏了士兵一万五千人，掉到黄河里淹死的数以万计。

初，欢以万俟普尊老，特礼之，尝亲扶上马。其子洛免冠稽首曰："愿出死力以报深恩。"及邙山之战，诸军北度桥，洛独勒兵不动，谓魏人曰："万俟受洛干在此，能来可来也! "魏人畏之而去，欢名其所营地为回洛。

是日，东、西魏置陈既大，首尾悬远，从旦至未，战数十合，氛雾四塞，莫能相知。魏独孤信、李远居右，赵贵、怡峰居左，战并不利。又未知魏主及丞相泰所在，皆弃其卒先归。开府仪同三司李虎、念贤等为后军，见信等退，即与俱去。泰由是烧营而归，留仪同三司长孙子彦守金墉。

【译文】起初，高欢因为万俟普爵位高，年纪也大了，特别尊重他，曾经亲自扶他上马。他的儿子万俟洛摘下帽子叩头说：

"我愿意牺牲性命、战死沙场来报答这份深厚的恩宠。"等到邙山之战时，各路军队向北渡过河桥逃走，只有万俟洛按兵不动，对西魏人说："万俟受洛干在这里，要来的就过来吧！"西魏将士害怕，就撤退了，高欢将他驻守的营地命名为回洛。

这一天，东、西魏双方布置的军阵范围都很庞大，头尾相距很远，从早上到晚上，两兵相接，交战好几十回合，烟雾弥漫，彼此无法辨认。西魏独孤信、李远居于右侧，赵贵、怡峰居于左侧，战况都不是很好，又不知道西魏文帝元宝炬与丞相宇文泰在什么地方，都抛弃自己的军队先撤回。开府仪同三司李虎、念贤等做后备部队，看到独孤信他们退走，也与他们一同退走。宇文泰因而烧毁营寨撤回西边，留下仪同三司长孙子彦镇守金墉。

王思政下马，举长稍左右横击，一举辄蹄数人。陷陈既深，从者尽死，思政被重创，闷绝，会日暮，敌亦收兵。思政每战常著破衣弊甲，敌不知其将帅，故得免。帐下督雷五安于战处哭求思政，会其已苏，割衣裹创，扶思政上马，夜久，始得还营。

平东将军蔡祐下马步斗，左右劝乘马以备仓猝，祐怒曰："丞相爱我如子，今日岂惜生乎！"帅左右十馀人合声大呼，击东魏兵，杀伤甚众。东魏人围之十馀重，祐弯弓持满，四面拒之。东魏人募厚甲长刀者直进取之，去祐可三十步，左右劝射之，祐曰："吾曹之命，在此一矢，岂可虚发！"将至十步，祐乃射之，应弦而倒，东魏兵稍却，祐徐引还。

【译文】西魏将军王思政跳下马来，举起长矛左右横击，一出击常常杀死好几个敌人。不久陷入敌阵越来越深，跟随他的人都战死了，王思政也受了重伤，晕倒在地，恰好天黑了，敌人也收兵回营去。王思政每次出战，常穿着破旧的战衣，坏的铠甲，敌人看不出他是主帅，因而得以免死。他的帐下都督雷五安在战场上哭喊着找寻王思政，恰好他也苏醒过来，于是雷五安割下自己的衣服包扎王思政的伤口，扶着王思政上马，深夜才返回到营地。

平东将军蔡祐下马步行与敌人搏斗，身边的人劝他乘着马以便撤退时方便，蔡祐生气地说："丞相爱我就像亲生的儿子一般，今天我怎能还爱惜自己的性命呢？"蔡祐率领左右十几个人一起大声呼喊，攻击东魏士兵，杀伤了许多人。东魏的军队包围了他有十几层，蔡祐尽力拉满弓，旋转身体向四面发箭抗敌。忽然有一个东魏人身穿厚甲，拿着长刀向前直冲向蔡祐要杀他，距离蔡祐大约三十步时，身边的人劝他赶快射敌，蔡祐说："我们的命就在这支箭上，怎么可以随便射出去呢？"快要到十步时，蔡祐才射出去，敌人应弦而倒，东魏军队稍稍退后，蔡祐才慢慢地带兵回去。

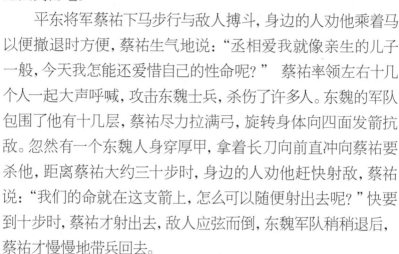

魏主至恒农，守将已弃城走，所虏降卒在恒农者相与闭门拒守，丞相泰攻拔之，诛其魁首数百人。

蔡祐追及泰于恒农，夜，见泰，泰曰："承先，尔来，吾无忧矣。"泰惊不得寝，枕祐股，然后安。祐每从泰战，常为士卒先，战还，诸将皆争功，祐终无所言。泰每叹曰："承先口不言勋，我当代其论叙。"泰留王思政镇恒农，除侍中、东道行台。

魏之东伐也，关中留守兵少，前后所虏东魏士卒散在民间，闻魏兵败，谋作乱。李虎等至长安，计无所出，与太尉王盟、仆射周惠达等奉太子钦出屯渭北。百姓互相剽掠，关中大扰。于是沙苑所虏东魏都督赵青雀、雍州民于伏德等遂反，青雀据长安子城，伏德保咸阳，与咸阳太守慕容思庆各收降卒以拒还兵。长安大城民相帅以拒青雀，日与之战。大都督侯莫陈顺击贼，屡破之，贼不敢出。顺，崇之兄也。

【译文】西魏文帝元宝炬到了恒农，守城的将领已经弃城逃走了，留在恒农的那些被俘虏的东魏士兵紧闭城门守城抵抗，丞相宇文泰攻陷了恒农，杀掉了领头的几百个人。

蔡祐在恒农才追上宇文泰，晚上，进见宇文泰，宇文泰说："承先，你来了，我就不用怕了。"宇文泰因为惊吓而不能入睡，枕着蔡祐的大腿才安心睡觉。蔡祐每次跟从宇文泰出战，常常身先士卒，战斗结束回来时，每个将领都争着邀功，蔡祐始终不说话。宇文泰每次都感慨说："承先嘴里不谈功勋，我应当代替他论功叙赏。"宇文泰留下王思政镇守恒农，拜王思政为侍中、东道行台。

西魏向东征讨时，留在关中的守兵很少，前前后后俘虏的东魏的士兵都分散到民间，听到西魏军队打了败仗，那些人就想造反作乱。李虎一行人到了长安，也没有想到好的办法，就与太尉王盟、仆射周惠达等请出太子元钦离开京城驻守在渭北。百姓间相互剽夺抢劫，关中大乱。此时，在沙苑俘虏的东魏都督赵青雀、雍州百姓于伏德等人趁机造反，占据了长安内城，于伏德守卫着咸阳，与咸阳太守慕容思庆分别召集降卒来抵抗从洛西撤回来的西魏军队。长安大城的老百姓互相聚合来抵抗赵青雀，每天都与他交战。大都督侯莫陈顺攻打贼兵，多次击败敌人，贼兵不敢再出来。侯莫陈顺，是侯莫陈崇的哥哥。

扶风公王罴镇河东，大开城门，悉召军士谓曰："今闻大军失利，青雀作乱，诸人莫有固志。王罴受委于此，以死报恩。有能同心者可共固守；必恐城陷，任自出城。"众感其言，皆无异志。

魏主留閺乡。丞相泰以士马疲弊，不可速进，且谓青雀等乌合，不能为患，曰："我至长安，以轻骑临之，必当面缚。"通直散骑常侍吴郡陆通谏曰："贼逆谋久定，必无迁善之心。蜂虿有毒，安可轻也！且贼诈言东寇将至，今若以轻骑临之，百姓谓为信然，益当惊扰。今军虽疲弊，精锐尚多，以明公之威，总大军以临之，何忧不克！"泰从之，引兵西入。父老见泰至，莫不悲喜，士女相贺。华州刺史宇文导引兵袭咸阳，斩思庆，擒伏德。南度渭，与泰会攻青雀，破之。太保梁景睿以疾留长安，与青雀通谋，泰杀之。

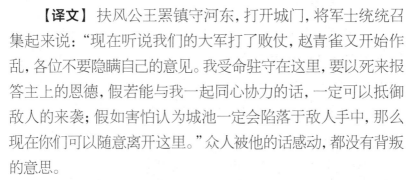

【译文】扶风公王罴镇守河东，打开城门，将军士统统召集起来说："现在听说我们的大军打了败仗，赵青雀又开始作乱，各位不要隐瞒自己的意见。我受命驻守在这里，要以死来报答主上的恩德，假若能与我一起同心协力的话，一定可以抵御敌人的来袭；假如害怕认为城池一定会陷落于敌人手中，那么现在你们可以随意离开这里。"众人被他的话感动，都没有背叛的意思。

西魏文帝元宝炬留在閺乡。丞相宇文泰认为将士与马匹都已经疲惫不堪，不可以立即前进，而且认为赵青雀那些人只是没有纪律的乌合之众，实在不可能造成祸患，于是说："我到长安，带领轻便的骑兵接近他们，必定可以当面捉住他。"通直散骑常侍吴郡人陆通进谏说："叛贼谋逆之计早已确定，肯定没有改过从善的想法，蜜蜂和蝎子都是有毒的东西，怎么可以轻视他们呢？况且贼人还狡诈欺骗说东魏的军队将要到来，现在假如只以轻便骑兵去攻击他们，老百姓就会认为贼人的话可以相信，更加地惊慌。现在我们的军队虽然疲惫困乏，但是精锐的士卒还有很多，凭借您的威名，总领大军去征讨他们，何必担忧不能战胜呢？"宇文泰听从了他的建议，率领军队向西入关。百姓父老看见宇文泰回来了，没有不悲喜交集的，男男女女都互相庆贺。华州刺史宇文导率领军队进入咸阳，斩掉慕容思庆，捉住于伏德，向南渡过渭水与宇文泰会合，攻打赵青雀，大败赵青雀的军队。太保梁景睿由于生病留守在长安，没有出征，却与赵青雀密谋叛乱，宇文泰将他杀死。

东魏太师欢自晋阳将七千骑至孟津，未济，闻魏师已循，遂济河，遣别将追魏师至崤，不及而还。欢攻金墉，长孙子彦弃城走，焚城中室屋俱尽，欢毁金墉而还。

东魏之迁邺也，主客郎中裴让之留洛阳。独孤信之败也，让之弟诹之随丞相泰入关，为大行台仓曹郎中。欢因让之兄弟五人，让之曰："昔诸葛亮兄弟事吴、蜀，各尽其心，况让之老母在此，不忠不孝，必不为也。明公推诚待物，物亦归心；若用猜忌，去霸业远矣。"欢皆释之。

【译文】东魏太师高欢从晋阳带领七千名骑兵来到孟津，还没有渡河，听说西魏军队已经撤走了，于是渡过黄河，派遣别将追赶西魏军队，一直追到崤县，没有追上又回来了。高欢攻打金墉，长孙子彦弃城逃走，并且将城里的房屋都烧光了，高欢拆毁金墉城收兵回去。

东魏迁都到邺城时，主客郎中裴让之留在洛阳。当独孤信邙山兵败的时候，裴让之的弟弟裴诹之随着丞相宇文泰进入关中，担任大行台仓曹郎中。高欢将裴让之兄弟五人都关了起来，裴让之说："从前诸葛亮兄弟，分别为吴国、蜀国效力，都能各尽其对君王的忠心，况且现在我的老母还在这里，不忠不孝的事，一定不会做出来。明公能够以诚心对待众人，那么众人的心也会归顺您；假如用猜疑忌妒的心待人，那么离完成霸业就很远了。"高欢就将他们都放了。

九月，魏主入长安，丞相泰还屯华州。

东魏大都督贺拔仁击邢磨纳、卢仲礼等，平之。

卢景裕本儒生，太师欢释之，召馆于家，使教诸子。景裕讲论精微，难者或相诋诃，大声厉色，言至不逊，而景裕神采俨然，风调如一，从容往复，无际可寻。性清静，历官屡有进退，无得失之色；弊衣粗食，恬然自安，终日端严，如对宾客。

冬，十月，魏归高敖曹、窦泰、莫多娄贷文之首于东魏。

散骑常侍刘孝仪等聘于东魏。

十二月，魏是云宝袭洛阳，东魏洛州刺史王元轨弃城走。都督赵刚袭广州，拔之。于是自襄、广已西城镇复为魏。

魏自正光以后，四方多事，民避赋役，多为僧尼，至二百万人，寺有三万馀区。至是，东魏始诏"牧守、令长擅立寺者，计其功庸，以枉法论"。

【译文】九月，西魏文帝元宝炬进入长安，丞相宇文泰回到华州驻守。

东魏大都督贺拔仁攻打邢磨纳、卢仲礼等人，平定了他们。

卢景裕本来是读书人，太师高欢将他放了，请到家中开学堂，教授子弟。卢景裕讲解得十分精细透彻，有些喜欢刁难的人批评毁谤他，甚至大声严厉地责骂，言语很不礼貌，然而卢景裕仍然神情庄重，风度如常，不紧不慢地回答，看不出一点情绪受到影响的痕迹。卢景裕生性喜爱清静，仕途上常有升迁贬谪，不过他也不会表现出得意或懊丧的神色；穿着破旧的衣服，吃粗粝的食物，安然自得，整天特别端庄严肃，仿佛始终在接待宾客一样。

冬季，十月，西魏把高敖曹、窦泰、莫多娄贷文等人的首级归还东魏。

梁朝散骑常侍刘孝仪出使东魏。

十二月，西魏是云宝袭击洛阳，东魏洛州刺史王元轨弃城逃走。都督赵刚袭取广州，攻克了州城。于是从襄州、广州以西的各城镇又重新归属于西魏。

北魏从孝明帝元诩改年号为正光以后，天下各地战乱不已，老百姓为了逃避赋税徭役，大多数都去做了和尚、尼姑，人数多到二百万人，寺院有三万多所。到此时，东魏开始下诏令："各州郡的刺史、县的长官，如果擅自修建寺院的，计算修建寺庙花费的劳工钱粮，以贪污来论罪。"

初，魏伊川土豪李长寿为防蛮都督，积功至北华州刺史。孝武帝西迁，长寿帅其徒拒东魏，魏以长寿为广州刺史。侯景攻拔其壁，杀之。其子延孙复收集父兵以拒东魏，魏之贵臣广陵王欣、录尚书长孙稚等皆携家往依之，延孙资遣卫送，使达关中。东魏高欢患之，数遣兵攻延孙，不能克。魏以延孙为京南行台、节度河南诸军事、广州刺史。延孙以澄清伊、洛为己任，魏以延孙兵少，更以长寿之婿京兆韦法保为东洛州刺史，配兵数百以助之。法保名祐，以字行，既至，与延孙连兵置栅于伏流。独孤信之入洛阳也，欲缮修宫室，使外兵郎中天水权景宣帅徒兵三千出采运。会东魏兵至，河南皆叛，景宣间道西走，与李延孙相会，攻孔城，拔之，洛阳以南寻亦西附。丞相泰即留景宣守张白坞，节度东南诸军应关西者。是岁，延孙为其长史杨伯兰所杀，韦法保即引兵据延孙之栅。

【译文】起初，北魏伊川郡当地的豪强李长寿任防蛮都督，累积战功后升为北华州刺史。当孝武帝元修向西迁都时，李长寿带领部众抵抗东魏，西魏任命李长寿为广州刺史。侯景攻克了他驻守的营垒，杀了李长寿。李长寿的儿子李延孙又召集了他父亲的部属来抵抗东魏，西魏的权贵大臣广陵王元欣、录尚书长孙稚等人都携带家眷去投奔李延孙，李延孙给他们出兵出钱护送他们，使他们安全到达关中。东魏高欢很担忧，多次派遣军队进攻李延孙，但都不能战胜他。西魏任命李延孙为京南行台、节度黄河以南诸军事、广州刺史。李延孙将平定伊水、洛水的乱事当作自己的职责，西魏认为李延孙军队的人数太少，又任命李长寿的女婿京兆人韦法保做东洛州刺史，配备数百名士兵协助他。韦法保名叫韦祐，用字行世。韦法保的军队到了后，与李延孙一起在伏流城安营扎寨。独孤信进入洛阳时，想修缮洛阳宫殿，派外兵郎中天水人权景宣带领步兵三千名出外去采购木料运入洛阳城，恰好东魏的军队到来，河南地区都反叛了，权景宣抄小路向西边逃走，与李延孙一起会合，攻打孔城，将孔城攻下来，洛阳以南的区域不久又归附西魏。丞相宇文泰随即留下权景宣驻守张白坞，并掌管崤关东南各州响应西魏的军队。这一年，李延孙被他的长史杨伯兰杀害，韦法保立即带领军队占据李延孙的栅垒。

东魏将段琛等据宜阳，遣阳州刺史牛道恒诱魏边民。魏南兖州刺史韦孝宽患之，乃诈为道恒与孝宽书，论归款之意，使谍人遗之于琛营，琛果疑道恒。孝宽乘其猜阻，出兵袭之，擒道恒及琛，崤、渑遂清。东道行台王思政以玉壁险要，请筑城，自恒农徙镇之，诏加都督汾、晋、并州诸军事、并州刺史，行台如故。

东魏以高澄摄吏部尚书，始改崔亮年劳之制，铨擢贤能；又沙汰尚书郎，妙选人地以充之。凡才名之士，虽未荐擢，皆引致门下，与之游宴、讲论、赋诗，士大夫以是称之。

【译文】 东魏将领段琛等人据守宜阳，派遣阳州刺史牛道恒去诱骗西魏边境的百姓。西魏南兖州刺史韦孝宽为此很担忧，于是伪造一封牛道恒写给自己的书信，谈论有关归降的想法，派间谍故意遗失在段琛的军营，段琛果真怀疑起牛道恒来了。韦孝宽就趁着他们相互猜疑的时候，出兵袭击他们，将牛道恒和段琛抓起来，崤山与渑池一带终于安定了。东道行台王思政认为玉壁十分险要，请求修筑城墙并从恒农前去镇守，朝廷诏令给他加官都督汾州、晋州、并州诸军事、并州刺史，行台的职务仍旧保留。

东魏任命高澄代理吏部尚书，开始改革北魏崔亮制定的按照任职年限升迁的制度，选择官吏，提升贤才，又淘汰尚书郎，简选有才能品德及有门第家世的人担任。凡是具有才学名望的士人，即使没有被推荐，也都聘请到自己的门下，每天与他们一同游宴，谈论学问、政事、赋诵诗词，士大夫因此十分赞扬他。

【乾隆御批】 资劳以驭中材，拔擢以优贤俊，自是古今通议。然澄虽议改"停年"，仍不出妙选引致而已，适足使标榜、干进者得志。何异扬汤止沸邪？

【译文】 根据资格和功劳选官只能驾驭中等之材，选拔可以得到优秀的贤俊之士，自然是古今普遍适用的道理与法则。然而高澄虽然议论改革不问人才高下，专以年资浅深为标准的"停年格"，仍逃不出精选引荐的办法，恰好使那些自我标榜、钻营谋取仕进的人得志。这和扬汤止沸又有什么不同呢？

大同五年(己未，公元五三九年)春，正月，乙卯，以尚书左仆射萧渊藻为中卫将军，丹杨尹何敬容为尚书令，吏部尚书张缵为仆射。缵，弘策之子也。自晋、宋以来，宰相皆以文义自逸，敬容独勤簿领，日旰不休，为时俗所嗤鄙。自徐勉、周舍既卒，当权要者，外朝则何敬容，内省则朱异。敬容质愳无文，以纲维为己任；异文华敏洽，曲营世誉。二人行异而俱得幸于上。异善伺候人主意为阿谀，用事三十年，广纳货赂，欺罔视听，远近莫不忿疾。园宅、玩好、饮膳、声色穷一时之盛。每休下，车马填门，唯王承、王稚及褚翔不往。承、稚，暕之子；翔，渊之曾孙也。

【译文】大同五年(己未，公元539年)春季，正月，乙卯朔日(初一)，梁朝任命尚书左仆射萧渊藻为中卫将军，丹杨知县何敬容为尚书令，吏部尚书张缵为仆射。张缵，是梁武帝萧衍舅舅张弘策的儿子。从晋、宋以来，宰相都以谈论诗文、义理为乐，何敬容却单独在公文簿籍上特别勤奋，每天辛勤工作不肯休息，被世俗的人嗤笑和鄙视。梁朝从徐勉、周舍死了以后，掌握大权要务的，外朝就是何敬容，内省就是朱异。何敬容生性敬谨而少文才，以维系国家纲常法度为己任；朱异文采横逸，行事敏捷适当，曲意来博取世俗赞誉。二人行事不相同，却都受到梁武帝萧衍的宠信。朱异很会侍奉君上，喜欢阿谀奉承，当权三十年，到处贪污受贿，欺骗蒙蔽君主的视听，因此远近的人无不对他憎恨愤怒。他的园林住宅、玩赏嗜好、饮食、歌舞美色，都是当时最讲究的享受，每次从朝中休假回家，府邸门口排满了来拜访的朋友的车马，只有王承、王稚与褚翔不去拜访他。王承、王稚，是王暕的儿子；褚翔，是褚渊的曾孙。

丁巳，御史中丞参礼仪事贺琛奏："南、北二郊及藉田，往还并宜御辇，不复乘辂。"诏从之，祀宗庙仍乘玉辇。琛，场之弟子也。

辛酉，东魏以尚书令孙腾为司徒。

辛未，上祀南郊。

魏丞相泰于行台置学，取丞郎、府佐德行明敏者充学生，悉令旦治公务，晚就讲习。

东魏丞相欢，以徐州刺史房谟、广平太守羊敦、广宗太守窦瑗、平原太守许惇有政绩清能，与诸刺史书，褒称谟等以劝之。

【译文】丁巳日（初三），御史中丞参礼仪事贺琛上奏说："祭天、祭地与亲耕藉田大典时，来回都应当坐天子的辇车，不要再乘坐马车。"梁武帝萧衍下诏命，采纳了贺琛的建议，祭祀宗庙时仍乘坐人拉的玉辇车。贺琛，是贺场弟弟的儿子。

辛酉日（初七），东魏任命尚书令孙腾为司徒。

辛未日（十七日），梁武帝萧衍在南郊举行祭天大典。

西魏丞相宇文泰在行台内设立学堂，选取丞郎、府佐中品德优秀、思想敏捷的人充当学生，命令他们白天处理公务，晚上进堂学习。

东魏丞相高欢，因为徐州刺史房谟、广平太守羊敦、广宗太守窦瑗、平原太守许惇有良好的政绩，而且清廉能干，所以给各州刺史写信，褒奖称赞房谟等人来劝勉各州刺史。

夏，五月，甲戌，东魏立丞相欢女为皇后；乙亥，大赦。

魏以开府仪同三司李弼为司空。秋，七月，魏以扶风王孚为太尉。

九月，甲子，东魏发畿内十万人城邺，四十日罢。冬，十月，癸亥，以新宫成，大赦，改元兴和。

魏置纸笔于阳武门外以求得失。

十一月，乙亥，东魏使散骑常侍王元景、魏收来聘。

东魏人以《正光历》浸差，命校书郎李业兴更加修正，以甲子为元，号曰《兴光历》，既成，行之。

【译文】夏季，五月，甲戌日（二十二日），东魏孝静帝元善见册立丞相高欢的女儿为皇后；乙亥日（二十三日），孝静帝元善见大赦境内。

西魏任用开府仪同三司李弼做司空。秋季，七月，任用扶风王元孚做太尉。

九月，甲子日（十四日），东魏征发京畿内十万名百姓修筑邺城，四十天才完工。冬季，十月，癸亥日（十月无此日），因为新的宫殿完工，孝静帝元善见大赦境内，改年号为兴和。

西魏在阳武门的外面准备了纸和笔，要大家提意见，以便知晓政治的得失。

十一月，乙亥日（二十六日），东魏派散骑常侍王元景、魏收出使梁朝。

东魏因为发觉《正光历》渐渐有了差错，于是命令校书郎李业兴重新加以修订改正，用甲子作一元六十年的开始，号称《兴光历》，完成后推行。

散骑常侍朱异奏：“顷来置州稍广，而小大不伦，请分为五品，其位秩高卑，参僚多少，皆以是为差。”诏从之。于是上品二十州，次品十州，次品八州，次品二十三州，下品二十一州。时上方事征伐，恢拓境宇，北逾淮、汝，东距彭城，西开牂柯，南平俚洞，建置州郡，纷纭甚众，故异请分之。其下品皆异国之人来归附者，徒有州名而无土地，或因荒徼之民所居村落置州及郡县，刺史守令皆用彼人为之，尚书不能悉领，山川险远，职贡罕通。五品之外，又有二十馀州不知处所。凡一百七州。又以边境镇戍，虽领民不多，欲重其将帅，皆建为郡，或一人领二三郡太守，州郡虽多而户口日耗矣。

魏自西迁以来，礼乐散逸，丞相泰命左仆射周惠达、吏部郎中北海唐瑾损益旧章，至是稍备。

【译文】 梁朝散骑常侍朱异上奏："最近设置的新州逐渐增多，然而州的大小不均，请求将各州分为五种品级，州长官俸禄的高低，参佐僚属的多少，都根据各州的等级有所差别。"武帝萧衍下诏依从了他的建议。于是全国第一等级的有二十州，第二等级的有十个州，第三等级的有八个州，第四等级的有二十三个州，第五等级的有二十一个州。当时武帝萧衍正忙于征战的事情，想要收复失地，开拓边境，北边越过了淮水、汝水，东边与彭城相隔，西边开拓了牂柯，南边平定了俚洞并建立的州郡，州县多错综复杂，因此朱异请求划分各州等级。那些第五等级州县都是归附梁朝的少数民族控制的地区，只有州名而没有土地，有的在荒凉边塞的百姓所居住的村落设置州或者郡县，刺史、太守、县令统统任用当地的土著之民担任，尚书省不能全部统御管理，山川险阻，相隔遥远，赋税贡品也很难收取。在五等以外，又有二十几个州不知道在什么地方。一共是一百零七州。又由于在边境镇守，虽治理的百姓不多，但是为了提高将帅的地位，都改建为郡，有的一人兼领两三个郡的太守，州郡虽然很多，但是人口却日益减少。

西魏自从迁都到西边后，礼乐教化散失，丞相宇文泰让左仆射周惠达、吏部郎中北海人唐瑾修改或增加原有的典章制度，到现在才初见完备。

【乾隆御批】 于偏方割据中日事，建州分郡，甚至有名无地，掩耳盗铃，自欺欺人，孰甚至此！

【译文】 在偏僻的地方割据地盘，建立州、郡，甚至有名无地。这种掩耳盗铃、自欺欺人的做法，有什么比这更甚的呢！

大同六年（庚申，公元五四零年）春，正月，壬申，东魏以广平公库狄干为太保。

丁丑，东魏主入新宫，大赦。

魏扶风王孚卒。

二月，己亥，上耕藉田。

魏铸五铢钱。

东魏大行台侯景出三鸦，将复荆州，魏丞相泰遣李弼、独孤信各将五千骑出武关，景乃还。

【译文】 大同六年（庚申，公元540年）春季，正月，壬申日（二十三日），东魏任命广平公库狄干为太保。

丁丑日（二十八日），东魏孝静帝元善见迁入邺城新的宫殿，大赦天下。

西魏扶风王元孚去世。

二月，己亥日（二十一日），梁武帝萧衍为劝民勤于农事，亲自下藉田耕种。

西魏开始铸造五铢钱。

东魏大行台侯景从三鸦出兵，想要收回荆州，西魏丞相宇文泰派遣李弼、独孤信各自带领五千名骑兵出武关救援，侯景才领兵退回。

资治通鉴

魏文后既为尼，居别宫，悼后犹忌之，乃以其子武都王戊为秦州刺史，使文后随之官。魏主虽限大计，而恩好不忘，密令养发，有追还之意。会柔然举国度河南侵，时颇有言柔然以悼后故兴师者，帝曰："岂有兴百万之众为一女子邪！虽然，致人此言，朕亦何颜以见将帅！"乃遣中常侍曹宠赍手敕赐文后自尽。文后泣谓宠曰："愿至尊千万岁，天下康宁，死无恨也！"遂自杀。凿麦积崖而葬之，号曰寂陵。

【译文】西魏文后出家为尼，居住在别宫，柔然女悼后仍然很妒忌她，于是任命她的儿子武都王元戊做泰州刺史，叫文后跟随儿子居住到泰州。西魏文帝元宝炬虽然碍于国家大局不得不废掉文后，但仍然没有忘记彼此的恩爱，于是悄悄嘱咐文后再留头发，有让她再回宫的意思。恰好柔然全国军队渡河向南进犯而来，当时有人说柔然是因为悼后的缘故而来兴师问罪的，文帝元宝炬说："哪里有调动百万军队是为了一个女人的道理呢？虽然是这样，但是有人既然已经这样说了，我又有什么脸面来面对各位将领呢？"于是派中常侍曹宠拿着亲手写的敕令命文后自杀。文后流着眼泪对曹宠说："但愿皇帝长命百岁，天下能太平安乐，我死了也没有什么好遗憾的了！"于是自杀了。文帝元宝炬下令挖掘麦积崖做墓穴将文后葬在那里，称为寂陵。

夏，丞相泰召诸军屯沙苑以备柔然。右仆射周惠达发士马守京城，堑诸街巷，召雍州刺史王罴议之，罴不应召，谓使者曰："若蠕蠕至渭北者，王罴自帅乡里破之，不烦国家兵马，何为天子城中作如此惊扰！由周家小儿恇怯致此。"柔然至夏州而退。未几，悼后遇疾殂。

五月，乙酉，魏行台宫延和、陕州刺史宫延庆降于东魏，东魏以河北马场为义州以处之。

东魏阳州武公高永乐卒。

闰月，丁丑朔，日有食之。

己丑，东魏封皇兄景植为宜阳王，皇弟威为清河王，谦为颍川王。

【译文】夏季，丞相宇文泰召集各路人马驻守在沙苑，以便防范柔然的进犯。右仆射周惠达派出兵马镇守京城，在各街巷挖掘深壕，想召请雍州刺史王罴一同商议，但是王罴没有接受他的召请，对派去的使者说："如果蠕蠕（柔然）来到渭北的话，王罴自会带领乡亲父老击败他们，不必劳烦朝廷的兵马，为什么要在天子的京城中做这样的惊扰之举呢？谁像周家的那个小子一样害怕畏惧到这种地步。"柔然到了夏州又撤退而回。不久，悼后因为生病而去世。

五月，乙酉日（五月无此日），西魏行台宫延和、陕州刺史宫延庆投降了东魏，东魏在河北马场设置义州来安置他们。

东魏阳州武公高永乐去世。

闰月，丁丑朔日（初一），发生日食。

己丑日（闰五月无此日），东魏孝静帝元善见封皇兄元景植为宜阳王，皇弟元威为清河王，元谦为颍川王。

六月，壬子，东魏华山王鸷卒。

秋，七月，丁亥，东魏使兼散骑常侍李象等来聘。

八月，戊午，大赦。

〔九月〕，戊戌，司空袁昂卒，遗疏不受赠谥，敕诸子勿上行状及立铭志；上不许，赠本官，谥穆正公。

冬，十一月，魏太师念贤卒。

吐谷浑自莫折念生之乱，不通于魏。伏连筹卒，子夸吕立，始称可汗，居伏俟城。其地东西三千里，南北千馀里，官有王、公、仆射、尚书、郎中、将军之号。是岁，始遣使假道柔然，聘于东魏。

【译文】六月，壬子日（初六），东魏华山王元鸷去世。

秋季，七月，丁亥日（十二日），东魏派兼散骑常侍李象等出使梁朝。

八月，戊午日（十三日），梁朝大赦天下。

九月，戊戌日（二十四日），梁朝司空袁昂去世，留下奏疏表示不接受任何追赠及谥号，告诫他的儿子不可以呈报有关他生平事迹的行状，也不要立墓志铭以传后世。梁武帝萧衍不同意，仍旧赐给他原来担任的官职，谥号为穆正公。

冬季，十一月，西魏太师念贤去世。

吐谷浑自从莫折念生叛乱的事件后，就不再与西魏来往。伏连筹去世后，他的儿子伏夸吕即位，开始自称可汗，居住在伏俟城。他们的土地东西有三千里，南北也有一千多里，官位分有王、公、仆射、尚书、郎中、将军等名号，这一年，又开始派遣使者，借柔然境内的道路，出使东魏。

大同七年（辛酉，公元五四一年）春，正月，辛巳，上祀南郊，大赦。辛丑，祀明堂。

宕昌王梁（企）〔仚〕定为其下所杀，弟弥定立。二月，乙巳，以弥定为河、梁二州刺史、宕昌王。

辛亥，上耕藉田。

魏幽州刺史顺阳王仲景坐事赐死。

三月，魏夏州刺史刘平伏据上郡反，大都督于谨讨擒之。

夏，五月，遣兼散骑常侍明少遐等聘于东魏。

【译文】 大同七年（辛酉，公元541年）春季，正月，辛巳日（初九），梁武帝萧衍到京师南郊举行祭天大典，大赦天下。辛丑日（二十九日），武帝在明堂举行祭祀典礼。

宕昌王梁企定被他的部属杀害，他的弟弟梁弥定即位。二月，乙巳日（初三），梁朝任命梁弥定做河、梁二州的刺史、宕昌王。

辛亥日（初九），梁武帝萧衍为了劝民勤于农事，亲自到藉田耕种。

西魏幽州刺史顺阳王元仲景因事获罪，西魏文帝元宝炬赐他自杀。

三月，西魏夏州刺史刘平伏占据上郡造反，大都督于谨前往征讨并捉住了他。

夏季，五月，梁朝派遣兼散骑常侍明少遐等人到东魏访问。

秋，七月，己卯，东魏宜阳王景植卒。

魏以侍中宇文测为大都督、行汾州事。测，深之兄也，为政简惠，得士民心。地接东魏，东魏人数来寇抄，测擒获之，命解缚，引与相见，为设酒殽，待以客礼，并给粮饩，卫送出境。东魏人大惭，不复为寇，汾、晋之间遂通庆吊，时论称之。或告测交通境外者，丞相泰怒曰："测为我安边，我知其志，何得间我骨肉！" 命斩之。

魏丞相泰欲革易时政，为强国富民之法，大行台度支尚书兼司农卿苏绰尽其智能，赞成其事，减官员，置二长，并置屯田以资军国。又为六条诏书，九月，始奏行之：一曰清心，二曰敦教化，三曰尽地利，四曰擢贤良，五曰恤狱讼，六曰均赋役。泰甚重之，尝置诸坐右，又令百司习诵之，其牧守令长非通六条及计帐者，不得居官。

【译文】秋季，七月，己卯日（初九），东魏宜阳王元景植去世。

西魏任命侍中宇文测为大都督、代理汾州政事。宇文测，是宇文深的哥哥，办理政事非常简明，施惠于民，深得士人与百姓的拥护。汾州和东魏接壤，东魏人常常来侵扰掠夺，宇文测在捉到他们后，就会命令手下将绳子解开，与他们见面，并为他们摆设酒食佳肴，像招待客人一样款待他们，非常礼遇，而且又馈赠粮食，再护送他们离开州境。东魏人非常羞愧，再也不敢来侵扰，西魏汾州与东魏晋州两方居民遇上婚丧喜庆的事情又开始来往，当时的舆论都很称赞。有人密报宇文测与境外敌国往来的事情，丞相宇文泰生气地说："宇文测为我安定边疆，我知道他忠于朝廷，你们又何必挑拨离间我们亲如兄弟的感情？"命令属下将诬告的人杀掉。

西魏丞相宇文泰打算革新，改进当时的政治，推行强国富民的政策法令，大行台度支尚书兼司农卿苏绰竭尽自己的才智，帮助完成这件事，裁减朝中官员，另外设置两个令长，并推行屯田政策，以资助军队、充实国库。又写了六条奏疏，九月，才上奏请求实施：一是纯洁心灵，二是促进教化，三是发挥土地效用，四是提拔贤良有才德的人，五是慎重对待狱讼，六是平均赋税徭役。宇文泰十分重视这些建议，经常将它放置在座席的右侧，并且命令各个部门的官员时时地诵读它，那些州牧、郡守假如不精通这六条诏令与编制预算，就不可以再做官。

东魏诏群官于麟趾阁议定法制，谓之《麟趾格》，冬，十月，甲寅，颁行之。

乙巳，东魏发夫五万筑漳滨堰，三十五日罢。

十一月，丙戌，东魏以彭城王韶为太尉，度支尚书胡僧敬为司空。僧敬名虔，以字行，国珍之兄孙，东魏主之舅也。

十二月，东魏遣兼散骑常侍李骞来聘。

交趾李贲世为豪右，仕不得志。有并韶者，富于词藻，诣选求官，吏部尚书蔡撙以并姓无前贤，除广阳门郎；韶耻之。贲与韶还乡里，谋作乱，会交州刺史武林侯谘以刻暴失众心，时贲监德州，因连结数州豪杰俱反。谘输赂于贲，奔还广州。上遣谘与高州刺史孙冏、新州刺史卢子雄将兵击之。谘，恢之子也。

是岁，魏又益新制十二条。

【译文】东魏孝静帝元善见下诏命群臣百官在麟趾阁商议制定法规制度，叫作《麟趾格》，冬季，十月，甲寅日（十六日），颁布施行。

乙巳日（十月无此日），东魏征发壮丁五万名修筑漳滨堰，三十五天才修筑完成。

十一月，丙戌日（十八日），东魏任命彭城王元韶为太尉，度支尚书胡僧敬为司空，胡僧敬名叫胡虔，以字行世，是胡国珍哥哥的孙子，东魏孝静帝元善见的舅舅。

十二月，东魏派遣兼散骑常侍李骞出使梁朝。

交趾郡的李贲，世代都是雄踞一方的霸主，但李贲仕途上并不很得意。同郡中有一位叫并韶的人，擅长写文章，进见官府请求推选做官，吏部尚书蔡撙认为并姓以前并没有出过有名望的人，就任命他为广阳门郎，并韶认为这是一件羞耻的事。李贲与并韶回到乡里，恰好交州刺史武林侯萧谘因为苛刻残暴而失去人心，当时李贲正监管德州政事，因而联合好几州的豪杰英雄一起造反。萧谘送贿赂给李贲，才逃回广州。梁武帝萧衍派遣萧谘与高州刺史孙冏、新州刺史卢子雄带领军队攻打李贲。萧谘，是鄱阳王萧恢的儿子。

这一年，西魏又增加了十二条新的制度。

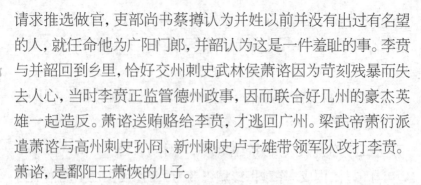

东魏丞相欢以诸州调绢不依旧式，民甚苦之，奏令悉以四十尺为匹。

魏自丧乱以来，农商失业，六镇之民相帅内徙，就食齐、晋，欢因之以成霸业。东西分裂，连年战争，河南州郡鞠为茂草，公私困竭，民多饿死。欢命诸州滨河及津、梁皆置仓积谷以相转漕，供军旅，备饥馑，又于幽、瀛、沧、青四州傍海煮盐，军国之费，粗得周赡。至是，东方连岁大稔，谷斛至九钱，山东之民稍复苏息矣。

东魏尚书令高澄尚静帝妹冯翊长公主，生子孝琬，朝贵贺之，澄曰："此至尊之甥，先贺至尊。"三日，帝幸其第，赐锦彩布绢万匹。于是诸贵竞致礼遗，货满十室。

【译文】东魏丞相高欢认为各州算计绢布的尺度都不依照旧有的规定征收，老百姓吃了许多苦头，因此上奏请求下令全部都以四十尺为一匹。

北魏自从孝昌年间开始动乱以来，农业、商业都不景气，六镇的老百姓相互结伴向内地迁徙，到齐、晋地区来谋生，高欢因此能奠定他的霸业。东西分裂以后，每年都不断地打仗，河南的州郡荒芜太久，都长满了繁茂的杂草，政府和民间，财穷民竭，很多老百姓饿死。

高欢下令各州凡是靠近河边和有渡口、桥梁的地方都要设置粮仓，积存米谷以便利用水陆转运，供给军队的需要，准备应付饥荒，又在幽州、瀛州、沧州、青州四个州临海的地方煮盐，因此国家军队的费用，初步得到保障。到现在，东边连年大丰收，谷粮一斛的价格降到九钱，山东的百姓生活稍微宽裕改善了些。

东魏尚书令高澄娶了孝静帝元善见的妹妹冯翊长公主，生了儿子高孝琬，朝廷贵戚都来道贺，高澄说："这是皇上的外甥儿，应先向皇上道贺。"第三天，孝静帝元善见临幸高澄府第，赏赐彩锦绸缎一万匹。于是各权贵高官竞相馈赠礼品，礼品货物堆满了十个房间。

东魏临淮王孝友表曰："令制百家为族，二十五家为闾，五家为比。百家之内有帅二十五，征发皆免，苦乐不均，羊少狼多，复有蚕食，此之为弊久矣。京邑诸坊，或七八百家唯一里正、二史，庶事无阙，而况外州乎！请依旧置三正之名不改，而每闾止为二比，计族省十二丁，赀绢、番兵，所益甚多。"事下尚书，寝不行。

安成望族刘敬躬以妖术惑众，人多信之。

【译文】东魏临淮王元孝友上表说："现行规定百家为一族，二十五家为一闾，五家为一比。百家内有族帅、闾帅、比帅二十五人，征税劳役都可以免除，他们与百姓相比受苦享乐不能均等，就像羊少而狼多，又有互相侵犯蚕食的事，这种弊端的形成已经很久了。京城的每个邑里，有的七八百家只有一个里正、两个小吏，很多事务都做得不错，何况是京城外面的州呢？

请依照旧有制度设置三正的名称不要改变，而每间限制为两个比，共计一族可以减少十一名壮丁，这样可以增加许多税帛和服兵役的人。"东魏孝静帝元善见将这事交给尚书省办理，但是却被搁置而没有实行。

梁朝安成的名门望族刘敬躬因为用妖术迷惑百姓，众人都相信他。

大同八年（壬戌，公元五四二年）春，正月，敬躬据郡反，改元永汉，署官属，进攻庐陵，逼豫章。南方久不习兵，人情扰骇，豫章内史张绾募兵以拒之。绾，缵之弟也。二月，戊戌，江州刺史湘东王绎遣司马王僧辩、中兵曹子郢讨敬躬，受绾节度。三月，戊辰，擒敬躬，送建康，斩之。僧辩，神念之子也，该博辩捷，器宇肃然，虽射不穿札，而志气高远。

魏初置六军。

夏，四月，丙寅，东魏使兼散骑常侍李绘来聘。绘，元忠之从子也。

【译文】大同八年（壬戌，公元542年）春季，正月，刘敬躬占据安成郡造反称帝，改年号为永汉，设置文武百官，攻打庐陵，又进逼豫章。江南已经很久没有发生战乱了，人们都骚动害怕，豫章内史张绾招募军队去抵御他。张绾，是张缵的弟弟。二月，戊戌日（初二），江州刺史湘东王萧绎派遣司马王僧辩、中兵曹子郢去征讨刘敬躬，接受张绾的节度。三月（原作二月据《梁书》改），戊辰日（初二），张绾捉住了刘敬躬，将他押解到建康，处死了。王僧辩，是王神念的儿子，学识渊博，口才敏捷，器度、仪表端庄威严，虽然射箭不能射穿人的甲胄，但是心气甚高，志向远大。

西魏开始设置六军。

夏季，四月，丙寅日（四月无此日），东魏派遣兼散骑常侍李绘出使梁朝。李绘，是李元忠的侄子。

东魏丞相欢朝于邺。司徒孙腾坐事免；乙酉，以彭城王韶录尚书事，侍中广阳王湛为太尉，尚书右仆射高隆之为司徒。初，太傅尉景与丞相欢同归尔朱荣，其妻，欢之姊也，自恃勋戚，贪纵不法，为有司所劾，系狱；欢三诣阙泣请，乃得免死。丁亥，降为骠骑大将军、开府仪同三司。欢往造之，景卧不起，大叫曰："杀我时趣邪！"欢抚而拜谢之。辛卯，以库狄干为太傅，以领军将军娄昭为大司马，封祖裔为尚书右仆射。六月，甲辰，欢还晋阳。

【译文】东魏丞相高欢到邺城觐见东魏孝静帝元善见。司徒孙腾因罪免职；乙酉日（二十日），孝静帝元善见任命彭城王元韶为录尚书事，侍中广阳王元湛为太尉，尚书右仆射高隆之为司徒。起初，太傅尉景与丞相高欢同样归属于尔朱荣，尉景的妻子，就是高欢的姐姐，尉景仗恃着高欢这位显贵的亲戚，贪污放纵，不遵法纪，被有关部门弹劾，关进监牢里；高欢连续三次进宫请求宽赦，才得以免除死罪，丁亥日（二十二日），贬谪为骠骑大将军、开府仪同三司。高欢去拜访他，尉景躺着不肯起来，大叫说："杀我的时候要快一点啊！"高欢安抚他并向他道歉。辛卯日（二十六日），孝静帝元善见任用库狄干做太傅，任命领军将军娄昭为大司马，封祖裔为尚书右仆射。六月，甲辰日（初十），高欢回到晋阳。

八月，庚戌，东魏以开府仪同三司、吏部尚书侯景为兼尚书仆射、河南道大行台，随机防讨。

魏以王盟为太保。

东魏丞相欢击魏，入自汾、绛，连营四十里，丞相泰使王思政守玉壁以断其道。欢以书招思政曰："若降，当授以并州。"思政复书曰："可朱浑道元降，何以不得？"冬，十月，己亥，欢围玉壁，凡九日，遇大雪，士卒饥冻，多死者，遂解围去。魏遣太子钦镇蒲坂。丞相泰出军蒲坂，至皂荚，闻欢退，度汾，追之，不及。十一月，东魏以可朱浑道元为并州刺史。

【译文】八月，庚戌日（十六日），东魏任命开府仪同三司、吏部尚书侯景为兼尚书仆射、河南大行台，有权按实际情况自定防守以及征讨。

西魏任命王盟为太保。

东魏丞相高欢攻打西魏，从汾州、绛州进军，营垒连接四十里，丞相宇文泰让王思政驻守在玉壁截断他们的通道。高欢写信招诱王思政说："倘若投降，一定将并州给你。"王思政回信说："可朱浑道元投降的时候，为什么没有得到呢？"冬季，十月，己亥日（初六），高欢包围了玉壁，进攻了九天，遇到大风雪，士兵饥饿受冻，大部分都死了，于是解除包围撤走。西魏派遣太子元钦镇守在蒲坂。丞相宇文泰从蒲坂出兵，到了皂荚，听说高欢退兵渡过了汾河，追赶他，没有追上。十一月，东魏任用可朱浑道元做并州刺史。

十二月，魏主狩于华阴，大享将士，丞相泰帅诸将朝之。起万寿殿于沙苑北。

辛亥，东魏遣兼散骑常侍杨斐来聘。

孙冏、卢子雄讨李贲，以春瘴方起，请待至秋；广州刺史新渝侯映不许，武林侯谘又趣之。冏等至合浦，死者什六七，众溃而归。映，憺之子也。武林侯谘奏冏及子雄与贼交通，逗留不进，敕于广州赐死。子雄弟子略、子烈、主帅广陵杜天合及弟僧明、新安周文育等帅子雄之众攻广州，欲杀映、谘，为子雄复冤。西江督护、高要太守吴兴陈霸先帅精甲三千救之，大破子略等，杀天合，擒僧明、文育。霸先以僧明、文育骁勇过人，释之，以为主帅。诏以霸先为直阁将军。

【译文】 十二月，西魏文帝元宝炬到华阴狩猎，设盛宴慰劳将士，丞相宇文泰带领各位将领前去觐见。在沙苑北边建造了万寿殿。

辛亥日（十九日），东魏派遣兼散骑常侍杨斐出使梁朝。

梁朝的孙冏、卢子雄要去征讨李贲，因为时值春天，瘴气正在弥漫，请求延缓到秋天；广州刺史新渝侯萧映不同意，武林侯萧谘又催促他们。孙冏等一行人到了合浦，军队中死了十之六七，部队溃散只好退了回来。萧映，是始兴王萧憺的儿子。武林侯萧谘上奏书说孙冏与卢子雄因为和贼兵勾结，所以逗留不肯前进，梁武帝萧衍命令孙冏与卢子雄在广州自杀。卢子雄的弟弟卢子略、卢子烈、主帅广陵人杜天合与他的弟弟杜僧明、新安人周文育等率领卢子雄的部众进攻广州，想杀掉萧映、萧谘两人，替卢子雄报仇申冤。西江督护、高要郡太守吴兴人陈霸先带领精锐的士兵三千人去救援，大败卢子略等人，杀掉了杜天合，捉住了杜僧明、周文育。陈霸先因为杜僧明、周文育勇猛过人，就释放了他们，任用他们做主帅。后来梁武帝萧衍下诏任命陈霸先为直阁将军。

魏丞相泰妻冯翊公主生子觉。

东魏以光州刺史李元忠为侍中。元忠虽处要任，不以物务干怀，唯饮酒自娱。丞相欢欲用为仆射，世子澄言其放达常醉，不可委以台阁。其子搔闻之，请节酒，元忠曰："我言作仆射不胜饮酒乐，尔爱仆射，宜勿饮酒。"

【译文】西魏丞相宇文泰的妻子冯翊公主，生了儿子宇文觉。

东魏任命光州刺史李元忠为侍中。李元忠虽然身居要职，但不被俗事及公务所干扰，每天只喝酒作乐，丞相高欢想任用他做仆射，世子高澄说李元忠狂放酗酒，不可以将尚书省要职委命给他。李元忠的儿子李搔听到了这个消息，就请求父亲节制饮酒，李元忠说："我认为当仆射比不上喝酒快乐，你想做仆射，那就不要喝酒。"

大同九年（癸亥，公元五四三年）春，正月，壬戌，东魏大赦，改元武定。

东魏御史中尉高仲密取吏部郎崔暹之妹，既而弃之，由是与暹有隙。仲密选用御史，多其亲戚乡党，高澄奏令改选；暹方为澄所宠任，仲密疑其构己，愈恨之。仲密后妻李氏艳而慧，澄见而悦之，李氏不从，衣服皆裂，以告仲密，仲密益怨。寻出为北豫州刺史，阴谋外叛。丞相欢疑之，遣镇城奚寿兴典军事，仲密但知民务。仲密置酒延寿兴，伏壮士，执之，二月，壬申，以虎牢叛，降魏。魏以仲密为侍中、司徒。

【译文】大同九年（癸亥，公元543年）春季，正月，壬戌日（初一），东魏大赦境内，改年号为武定。

东魏御史中尉高仲密娶了吏部郎崔暹的妹妹，不久又将她休掉，因此与崔暹之间有了矛盾。高仲密选用御史时，大多选用自己的亲戚或同乡的人，高澄上奏请求改选，崔暹当时很受高澄的宠爱信任，高仲密怀疑是崔暹在陷害自己，因此更加怨恨他。高仲密后来娶的妻子李氏美丽而又贤惠，高澄看见后很喜欢，但是李氏不肯屈从，衣服都扯破了，李氏就将这件事告诉高仲密，高仲密更加怨恨。不久高仲密出任北豫州刺史，暗中谋划造反，丞相高欢怀疑他，派遣了防城都督奚寿兴去主管北豫州军事，高仲密只负责有关民生的事务。高仲密备酒宴请奚寿兴，埋伏了兵士，趁机将奚寿兴抓了起来。二月，壬申日（十二日），高仲密在虎牢叛变，投降了西魏。西魏任命高仲密为侍中、司徒。

欢以仲密之叛由崔暹，将杀之，高澄匿暹，为之固请，欢曰："我匄其命，须与苦手。"澄乃出暹，而谓大行台都官郎陈元康曰："卿使崔暹得杖，勿复相见。"元康为之言于欢曰："大王方以天下付大将军，大将军有一崔暹不能免其杖，父子尚尔，况于它人！"欢乃释之。

高季式在永安戍，仲密遣信报之；季式走告欢，欢待之如旧。

魏丞相泰帅诸军以应仲密，以太子少傅李远为前驱，至洛阳，遣开府仪同三司于谨攻柏谷，拔之；三月，壬申，围河桥南城。东魏丞相欢将兵十万至河北，泰退军瀍上，纵火船于上流以烧河桥；斛律金使行台郎中张亮以小艇百馀载长锁，伺火船将至，以钉钉之，引锁向岸，桥遂获全。

【译文】 高欢认为高仲密叛变的起因是崔暹，想要杀掉崔暹，高澄先将崔暹藏了起来，再坚持为他恳请赦罪，高欢说："我可以让他活命，但必须痛打一顿。"高澄于是将崔暹交出来，然而却对大行台都官郎陈元康说："你要是让崔暹挨了棍杖，就不要再来见我。"陈元康为了这件事而对高欢说："大王您刚把天下大任交托给大将军高澄，而大将军有一个宠信的人崔暹却连廷杖的罪都无法免除，高澄是您的儿子，父子之间都这样了，更何况是旁人！"高欢于是释放了崔暹。

东魏高季式在永安戍地，高仲密派人送信去向他通报自己叛离东魏，高季式跑去晋阳报告高欢，高欢待他就像从前一样。

西魏丞相宇文泰带领各路军队去接应高仲密，派遣太子少傅李远做先锋，到了洛阳，命开府仪同三司于谨攻打柏谷，攻占了柏谷；三月，壬申日（三月无此日），围攻河桥南城。东魏丞相高欢带领十万军队到达河桥北城，宇文泰的军队退到瀍水边，从上流放下火船要来烧毁河桥，斛律金让行合郎中张亮用一百多只小船载着长锁链，等到火船快要靠近时，用钉子将船钉住，然后用链条拉到对岸，河桥于是得以保全。

欢渡河，据邙山为陈，不进者数日。泰留辎重于瀍曲，夜，登邙山以袭欢。候骑白欢曰："贼距此四十馀里，蓐食乾饮而来。"欢曰："自当渴死！"乃正阵以待之。戊申，黎明，泰军与欢军遇。东魏彭乐以数千骑为右甄，冲魏军之北垂，所向奔溃，遂驰入魏营。人告彭乐叛，欢甚怒。俄而西北尘起，乐使来告捷，虏魏侍中、开府仪同三司、大都督临洮王柬、蜀郡王荣宗、江夏王升、巨鹿王阐、谯郡王亮、詹事赵善及督将僚佐四十八人。诸将乘胜击魏，大破之，斩首三万馀级。

【译文】高欢渡过黄河后，驻守在邙山布下兵阵，好几天都不前进。宇文泰将那些后勤补给和一切行李装备都留在瀍曲，晚上，登上邙山去偷袭高欢。侦察敌情的士兵来报告高欢说："贼兵离这里还有四十多里，大清早吃了干粮才出发来的。"高欢说："他们当会渴死！"于是布好军阵等待西魏军。戊申日（十八日），早晨，宇文泰军队与高欢军队相遇。东魏彭乐带领数千名骑兵做右翼，冲向西魏军队的北边，所到的地方西魏军队都被击溃奔逃，于是直奔向西魏的营垒。有人来报告说彭乐叛变，高欢十分愤怒。不久西北方向尘沙滚滚扬起，原来是彭乐派使者来报告胜利的好消息，俘虏了西魏侍中、开府仪同三司、大都督临洮王元柬、蜀郡王元荣宗、江夏王元升、巨鹿王元阐、谯郡王元亮、詹事赵善和督将僚佐共四十八人。各路将领乘胜追击西魏军队，大破他们的阵营，被斩下首级的有三万多人。

　　欢使彭乐追泰，泰窘，谓乐曰："汝非彭乐邪? 痴男子! 今日无我，明日岂有汝邪! 何不急还营，收汝金宝!"乐从其言，获泰金带一囊以归，言于欢曰："黑獭漏刃，破胆矣!"欢虽喜其胜而怒其失泰，令伏诸地，亲捽其头，连顿之，并数以沙苑之败，举刃将下者三，嚘龁良久。乐曰："乞五千骑，复为王取之。"欢曰："汝纵之何意，而言复取邪?"命取绢三千匹压乐背，因以赐之。

　　明日，复战，泰为中军，中山公赵贵为左军，领军若〔于〕惠等为右军。中军、右军合击东魏，大破之，悉俘其步卒。欢失马，赫连阳顺下马以授欢。欢上马走，从者步骑七人，追兵至，亲信都督尉兴庆曰："王速去，兴庆腰有百箭，足杀百人。"欢曰："事济，以尔为怀州刺史; 若死，用尔子。"兴庆曰："儿小，愿用兄!"欢许之。兴庆拒战，矢尽而死。

　　【译文】高欢派彭乐去追赶宇文泰，宇文泰的情况越来越窘迫，他对彭乐说："你不是彭乐吗? 你这个痴人，今天假如没有我了，明天哪里还有你呀! 还不赶快回营去收取你的金银财宝!"彭乐听信了他的话,获得宇文泰的一袋金带而回,对高欢说:"宇文泰从我刀下漏掉了,但已经吓破胆了!"高欢虽然很高兴他打了胜仗,但也很恼怒没能捉住宇文泰,于是命他趴在地上,亲自揪着他发髻,连续往地上叩,并且数落他在沙苑战败的罪过,高欢越说越气,在彭乐的脖颈上举起刀将要砍下去前后有三次,愤怒得咬牙切齿了好长时间。彭乐说:"乞请赐予我五千名骑兵,再为大王将宇文泰抓来!"高欢说:"你放他们逃走是什么目的?却又说要抓他们回来?"命令部卒拿了三千匹布绢压在彭乐的背上,再将这些布绢赏赐给他。

第二天,两军再交战,宇文泰带领中军,中山公赵贵带领左军,领军若于惠带领右军。中军、右军合力进攻东魏,大败东魏军队,将他们的部众都俘虏了。高欢丢掉了马匹,赫连阳顺跳下马,将马让给高欢,高欢骑上马逃走了,跟从的步兵和骑兵有七个人,当追兵追到时,亲信都督尉兴庆说:"大王赶快逃走,我的腰间还有百支箭,足可以杀掉一百个人。"高欢说:"假如我能逃过这场劫难,让你做怀州刺史,倘若你死了,会委派你的儿子。"尉兴庆说:"我的儿子还小,希望能委任我的哥哥。"高欢允许了。尉兴庆上前死战,箭射完了后他也被杀死了。

东魏军士有逃奔魏者,告以欢所在,泰募勇敢三千人,皆执短兵,配大都督贺拔胜以攻之。

胜识欢于行间,执槊与十三骑逐之,驰数里,槊刃垂及,因字之曰:"贺六浑,贺拔破胡必杀汝!"欢气殆绝,河州刺史刘洪徽从傍射胜,中其二骑,武卫将军段韶射胜马,毙之。比副马至,欢已逸去。胜叹曰:"今日不执弓矢,天也!"

魏南郢州刺史耿令贵,大呼,独入敌中,锋刃乱下,人皆谓已死，俄奋刀而还。如是数四，当令贵前者死伤相继。乃谓左右曰："吾岂乐杀人！壮士除贼，不得不尔。若不能杀贼，又不为贼所伤，何异逐坐人也！"

【译文】东魏士兵有逃奔到西魏去的，告知高欢在哪里，宇文泰招募勇士三千人，都拿着短兵器，由大都督贺拔胜率领一起去进攻高欢。

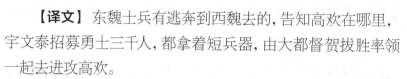

贺拔胜在敌军队伍中认出了高欢，手拿着长矛与十三名骑兵去追杀高欢，奔驰好几里后，长矛的刀尖就要刺到高欢的身体，就叫着高欢的鲜卑名字说："贺六浑，贺拔破胡今天一定要将你杀掉！"（贺拔胜字破胡）高欢上气不接下气，河州刺史刘洪徽及时从旁边用箭射贺拔胜，射死了贺拔胜旁边的两个骑兵，武卫将军段韶也射中了贺拔胜的战马，将马射死了，等到备用马牵来，高欢已经逃走了。贺拔胜长叹地说："今天没有带弓箭，这难道也是天意吗？"

西魏南郢州刺史耿令贵，大声呼喊，单骑闯入敌人军阵中，敌人锋利的刀刃向他身上乱砍，大家都认为他已经死了，不久他又举着大刀回来了。这样来回很多次，阻挡在耿令贵前面的人死伤很多，于是他对身边的人说："我难道愿意杀人吗？大丈夫杀贼，不得不如此。如果不能杀死贼兵，又不能被贼兵所伤害，跟那些只会空发议论、舞文弄墨的人又有什么不同呢？"

左军赵贵等五将战不利，东魏兵复振。泰与战，又不利。会日暮，魏兵遂遁，东魏兵追之；独孤信、于谨收散卒自后击之，追兵惊扰，魏诸军由是得全。若于惠夜引去，东魏兵追之；惠徐下马，顾命厨人营食，食毕，谓左右曰："长安死，此中死，有以异乎？"乃建旗鸣角，收散卒徐还；追骑疑有伏兵，不敢逼。泰遂入关，屯渭上。

欢进至陕，泰使开府仪同三司达奚武等拒之。行台郎中封子绘言于欢曰："混壹东西，正在今日。昔魏太祖平汉中，不乘胜取巴、蜀，失在迟疑，后悔无及。愿大王不以为疑。"欢深然之，集诸将议进止，咸以为"野无青草，人马疲瘦，不可远追。"陈元康曰："两雄交争，岁月已久。今幸而大捷，天授我也，时不可失，当乘胜追之。"欢曰："若遇伏兵，孤何以济？"元康曰："王前沙苑失利，彼尚无伏；今奔败若此，何能远谋！若舍而不追，必成后患。"欢不从，使刘丰生将数千骑追泰，遂东归。

【译文】 左军赵贵等五名大将的战况不太顺利，东魏兵士气又重新振作，宇文泰与他们交战，又战败了。恰好天也黑了，西魏兵于是撤退，东魏兵从后面追赶他们；独孤信、于谨收集那些零散的士兵从东魏军队的后方发起攻击，东魏追兵惊慌，于是西魏的军队得以安然逃脱。若干惠连夜撤退，东魏军队从后面追赶，若干惠慢慢下马，命令伙夫安营煮饭，吃过饭后，对身边的人说："在长安死，还是在这里死，有什么不同呢？"于是竖起旌旗吹响号角，聚集零散的士兵慢慢撤退，追赶的东魏骑兵怀疑可能有埋伏的部队，不敢靠近。宇文泰于是退入关中，屯兵在渭州。

高欢进兵陕州，宇文泰派遣开府仪同三司达奚武等人阻击高欢。行台郎中封子绘对高欢说："统一东、西魏，今日正是好时机。从前魏太祖曹操平定汉中，没有乘胜进取巴、蜀两郡，错就错在犹豫不决，后悔也来不及了。希望您不要迟疑。"高欢认为很对，召集了各位将领商量进攻或是退兵，大家都认为："野地里没有青草，人员马匹疲惫不堪，不可以远途追逐。"陈元康说："两边交兵争战，时间已经很久了。现在侥幸能得胜，这是老天给予我们的机会，好时机不可失去，应当乘胜追击他们。"高欢说："假如遇到埋伏的军队，我们孤军要怎么脱险呢？"陈元康说："大王从前在沙苑战役失败时，他们都没有埋伏军队；今天逃奔失利到这个地步，怎么还会有长远的谋略呢？假如放弃大好时机而不追击，以后必定成为忧患。"高欢没有听从他的建议，命刘丰生带领数千名骑兵去追击宇文泰，自己向东边退回。

【乾隆御批】 沙苑败，而欢不复西行；邙山败，而泰亦不复东出。分据之势遂定于此。然视三国人材，则相去远已。

【译文】 沙苑失败，高欢不再西行；邙山失败，宇文泰也不再东出。分争割据的形势于是在此时定了下来。然而和三国时的人才相比来看，则差的太远了。

泰召王思政于玉壁，将使镇虎牢，未至而泰败，乃使守恒农。思政入城，令开门解衣而卧，慰勉将士，示不足畏。后数日，刘丰生至城下，惮之，不敢进，引军还。思政乃修城郭，起楼橹，营农田，积刍粟，由是恒农始有守御之备。

丞相泰求自贬，魏主不许。是役也，魏诸将皆无功，唯耿令贵与太子武卫率王胡仁、都督王文达力战功多。泰欲以雍、岐、北雍三州授之，以州有优劣，使探筹取之。仍赐胡仁名勇，令贵名豪，文达名信，用彰其功。于是广募关、陇豪右以增军旅。

【译文】 宇文泰在玉壁召见王思政，将要派他镇守虎牢，人还没到宇文泰就战败了，于是让他镇守恒农。王思政进城，命令兵士将城门打开，脱掉衣服躺着休息，慰劳勉励将士，表现出一点都不害怕的样子。过了几天，刘丰生来到城下，畏惧王思政，不敢发动进攻，率军退走。王思政于是修整内城外郭，建筑瞭望台，储存草料米粮，自此恒农开始有了防守抵御敌人的战备。

丞相宇文泰请求贬官，西魏文帝元宝炬不允许。这一次战役，西魏各将领都没有战功，只有耿令贵与太子武卫率王胡仁、都督王文达奋力作战，立功最多。宇文泰想将雍州、岐州、北雍州三个州给他们掌管，但是由于州有好坏，因而用抽签的方式来决定，宇文泰还分别给他们取了新名字，王胡仁叫王勇，耿令贵叫耿豪，王文达叫王杰，用来表彰他们的功绩。随后，西魏又广泛地招募关、陇地区称霸一方的豪杰英雄来增强军队的实力。

高仲密之将叛也，阴遣人扇动冀州豪杰，使为内应，东魏遣高隆之驰驿慰抚，由是得安。高澄密书与隆之曰："仲密枝党与之俱西者，宜悉收其家属，以惩将来。"隆之以为恩旨既行，理无追改，若复收治，示民不信，脱致惊扰，所亏不细，乃启丞相欢而罢之。

以太子詹事谢举为尚书仆射。

夏，四月，林邑王攻李贲，贲将范修破林邑于九德。

清水氐酋李鼠仁，乘魏之败，据险作乱；陇右大都督独孤信屡遣军击之，不克。丞相泰遣典签天水赵昶往谕之，诸酋长聚议，或从或否；其不从者欲加刃于昶，昶神色自若，辞气逾厉，鼠仁感悟，遂相帅降。氐酋梁道显叛，泰复遣昶谕降之，徙其豪帅四十馀人并部落于华州，泰即以昶为都督，使领之。

【译文】高仲密想要背叛东魏，暗中派遣人去煽动冀州的豪杰英雄，让他们做内应。东魏派高隆之骑着驿站的快马去慰问安抚，冀州才算安定下来。高澄秘密写信给高隆之说："高仲密的党羽想与他一同投奔西魏的，应当都将他们的家属关押起来，以便将来他们反叛时作为惩戒。"高隆之认为东魏孝静帝元善见已经施行恩德宽赦，依理不应该改变，假如又要收押惩处，表示对百姓言而无信，可能会导致人心动荡，损失一定不少，于是禀告丞相高欢，搁置了高澄的意见。

梁朝任命太子詹事谢举为尚书仆射。

夏季，四月，林邑王攻打李贲，李贲的大将范修在九德郡打败了林邑王。

清水郡氐族酋长李鼠仁，趁着西魏战败，占据险要叛乱，陇右大都督独孤信多次派遣军队前去攻打，都不能取胜。丞相宇文泰派遣典签天水人赵昶去开导说服他们，各酋长聚集商量，有的愿意归降，有的不愿意；那些不愿归降的想要拿刀杀死赵昶，赵昶神色自若，说话的气势越加严厉，李鼠仁觉悟过来，于是带领他们投降。氐族酋长梁道显反叛，宇文泰又派赵昶去开导说服，迁移了梁道显手下四十多人，并且将他们合并到华州，宇文泰就任用赵昶做都督统领这些氐族部落。

泰使谍潜入虎牢，令守将魏光固守。侯景获之，改其书云："宜速去。"纵谍入城，光宵遁。景获高仲密妻子送邺，北豫、洛二州复入于东魏。

五月，壬辰，东魏以克复虎牢，降死罪已下囚，唯不赦高仲密家。丞相欢以高乾有义勋，高昂死王事，季式先自告，皆为之请，免其从坐。仲密妻李氏当死，高澄盛服见之，曰："今日何如？"李氏默然，遂纳之。乙未，以侯景为司空。

【译文】宇文泰派间谍偷偷地进入虎牢，传令守将魏光坚守城池。可是间谍被侯景抓到了，侯景将信改成："应当快点撤离。”再将间谍放进城里，魏光接到信后连夜逃走。侯景捕获了高仲密的妻子、儿女，将他们送到邺城，北豫州、洛州两个州又纳入了东魏的管辖范围。

五月，壬辰日（初三），东魏因为收复了虎牢，下令死罪以下囚犯予以减刑，只是不赦免高仲密的家人。丞相高欢想到高乾从信都起兵就拥护自己，功劳很大，高昂在河阳战死，高季式自首事先告发高仲密叛逃，所以都替他们请求免除连坐而该判的罪刑。高仲密的妻子李氏应该判死罪。高澄穿着华丽的衣服去见她说：“现在你要不要跟从我呢？”李氏低下头没有说话，于是高澄收纳她为妾。乙未日（初六），东魏任命侯景为司空。

秋，七月，魏大赦。以王盟为太傅，广平王赞为司空。

八月，乙丑，东魏以汾州刺史斛律金为大司马。

东魏遣兼散骑常侍李浑等来聘。

冬，十一月，甲午，东魏主狩于西山；乙巳，还宫。高澄启解侍中，东魏主以其弟并州刺史太原公洋代之。

丞相欢筑长城于肆州北山，西自马陵，东至土隥，四十日罢。

魏诸牧守共谒丞相泰，泰命河北太守裴侠别立，谓诸牧守曰：“裴侠清慎奉公，为天下最。有如侠者，可与俱立！”众默然，无敢应者。泰乃厚赐侠，朝野叹服，号为“独立君”。

【译文】秋季，七月，西魏大赦天下，任命王盟为太傅，广平王元赞为司空。

八月，乙丑日（初八），东魏任用汾州刺史斛律金做大司马。

东魏派遣兼散骑常侍李浑等出使梁朝。

冬季，十一月，甲午日（初八），东魏孝静帝元善见到西山打猎。乙巳日（十九日），回宫。高澄上奏解除自己侍中的职务，东魏孝静帝元善见让他的弟弟并州刺史太原公高洋接替他为司空。

丞相高欢在肆州北山修筑长城，西边从马陵开始，东边到土𤫉，四十天才建完。

西魏各州郡的长官一起来拜见丞相宇文泰，宇文泰命令河北太守裴侠单独站一边，对其他各州郡长官说："裴侠清廉谨慎，奉公守法，是天下人都比不上的，假如有人能与裴侠一样，也可以与他站在一起。"大家都没话说，也没有人敢回答。宇文泰于是给裴侠十分丰厚的赏赐，朝野都赞叹佩服裴侠，称裴侠为"独立君"。

大同十年(甲子，公元五四四年)春，正月，李贲自称越帝，置百官，改元天德。

三月，癸巳，东魏丞相欢巡行冀、定二州，校河北户口损益，因朝于邺。

甲午，上幸兰陵，谒建宁陵，使太子入守宫城；辛丑，谒脩陵。

丙午，东魏以开府仪同三司孙腾为太保。

己酉，上幸京口城北固楼，更名北顾；庚戌，幸回宾亭，宴乡里故老及所经近县迎候者，少长数千人，各赍钱二千。

【译文】大同十年(甲子，公元544年)春季，正月，李贲自称越帝，设置文武百官，改年号为天德。

三月，癸巳日(初九)，东魏丞相高欢巡察冀、定两个州，校对河北户口的增加或减少，接着到邺城觐见东魏孝静帝元善见。

甲午日(初十)，梁武帝萧衍巡幸兰陵，拜谒建宁陵，命令太子入守京城；辛丑日（十七日），武帝萧衍拜谒脩陵。

丙午日（二十二日），东魏任用开府仪同三司孙腾做太保。

己酉日（二十五日），梁武帝萧衍巡幸京口城北固楼，改名为北顾楼；庚戌日（二十六日），武帝萧衍巡幸回宾亭，宴请家乡父老，以及巡幸所经过的附近县前来迎驾的人，老老少少好几千人，都赐给每人两千钱。

壬子，东魏以高澄为大将军、领中书监，元弼为录尚书事，左仆射司马子如为尚书令，侍中高洋为左仆射。

丞相欢多在晋阳，孙腾、司马子如、高岳、高隆之，皆欢之亲旧，委以朝政，邺中谓之四贵，其权势熏灼中外，率多专恣骄贪。欢欲损夺其权，故以澄为大将军、领中书监，移门下机事总归中书，文武赏罚皆禀于澄。

孙腾见澄，不肯尽敬，澄叱左右牵下于床，筑以刀环，立之门外。太原公洋于澄前拜高隆之，呼为叔父，澄怒骂之。欢谓群公曰：“儿子浸长，公宜避之。”于是公卿以下，见澄无不耸惧。库狄干，澄姑之婿也，自定州来谒，立于门外，三日乃得见。

【译文】壬子日（二十八日），东魏任命高澄为大将军，统领中书监，元弼为录尚书事，左仆射司马子如为尚书令，侍中高洋为左仆射。

丞相高欢大多在晋阳，孙腾、司马子如、高岳、高隆之，都是高欢的亲信党羽，高欢把朝政委托给他们，邺城中的人称他们为四贵，他们的权势在朝廷或地方都十分显赫，大多都专横、放纵、傲慢、贪婪。高欢打算稍微削夺他们的权势，因而任命高澄为大将军，领中书监，将门下省机要事情全部归并到中书省，文武百官的赏罚都要听命于高澄。

孙腾看见高澄，不肯十分恭敬，高澄喝令身边的人将他从床上拉下，用刀背击打他，罚他站在门外。太原公高洋在高澄面前拜见高隆之，并称他叔父。高澄十分生气地责骂高洋。高欢对朝中公卿说："我的儿子渐渐长大了，你们应当回避他。"于是公卿百官见了高澄没有不害怕的。库狄干是高澄的姑父，从定州来拜见高澄，站在门外，等了三天才见到高澄。

澄欲置腹心于东魏主左右，擢中兵参军崔季舒为中书侍郎。澄每进书于帝，有所谏请，或文辞繁杂，季舒辄修饰通之。帝报澄父子之语，常与季舒论之，曰："崔中书，我乳母也。"季舒，挺之从子也。

夏，四月，乙卯，上还自兰陵。

五月，甲申朔，魏丞相泰朝于长安。

甲午，东魏遣散骑常侍魏季景来聘。季景，收之族叔也。

尚书令何敬容妾弟盗官米，以书属领军河东王誉；丁酉，敬容坐免官。

【译文】高澄想安排心腹的人在东魏孝静帝元善见左右，提拔中兵参军崔季舒为中书侍郎。高澄每次上书给孝静帝元善见，有所劝谏请求，有时文辞烦琐杂乱，崔季舒就会加以修改润色，使它通顺。孝静帝元善见回复高欢、高澄父子的话，也常常与崔季舒讨论，并且说："崔中书，就像我的乳母一样。"崔季舒，是崔挺的侄子。

夏季，四月，乙卯日（初一），梁武帝萧衍从兰陵回宫。

五月，甲申朔日（初一），西魏丞相宇文泰到长安觐见文帝元宝炬。

甲午日（十一日），东魏派遣散骑常侍魏季景出使梁朝。魏季景，是魏收的同族叔父。

尚书令何敬容小妾的弟弟偷了官家的米，何敬容写信给领军河东王萧誉求情。丁酉日（十四日），何敬容因受牵连而免除了官职。

东魏广阳王湛卒。

魏琅邪贞献公贺拔胜诸子在东者，丞相欢尽杀之，胜愤恨发疾而卒。丞相泰常谓人曰：“诸将对敌神色皆动，唯贺拔公临陈如平时，真大勇也！”

秋，七月，魏更权衡度量，命尚书苏绰损益三十六条之制，总为五卷，颁行之。搜简贤才为牧守令长，皆依新制而遣焉。数年之间，百姓便之。

【译文】东魏广阳王元湛去世。

西魏琅邪贞献公贺拔胜留在东魏的几个儿子，丞相高欢都将他们杀死了，贺拔胜愤怒痛恨发病而死。丞相宇文泰经常对人说：“各位将领面对敌人时，脸色都会改变，只有贺拔公临阵对敌和平常一样，真是英勇无比！”

秋季，七月，西魏更换了度量衡的标准，又命令将尚书苏绰修改增加的三十六条规定，总共五卷，颁布实施。挑选贤能有才干的人担任州郡县的长官，都是按照新颁布的制度来派遣的，几年以后，老百姓都觉得方便。

魏自正光以后，政刑弛纵，在位多贪污。丞相欢启以司州中从事宋游道为御史中尉，澄固请以吏部郎崔暹为之，以游道为尚书左丞。澄谓暹、游道曰：“卿一人处南台，一人处北省，当使天下肃然。”暹选毕义云等为御史，时称得人。义云，众敬之曾孙也。

澄欲假遥威势，诸公在坐，令遥后至，通名，高视徐步，两人挈裾而入；澄分庭对揖，遥不让而坐，觞再行，即辞去。澄留之食，遥曰："适受敕在台检校。"遂不待食而去，澄降阶送之。它日，澄与诸公出，之东山，遇遥于道，前驱为赤棒所击，澄回马避之。

【译文】从北魏孝明帝元诩改年号为正光以后，魏国政令刑法宽松放纵，当权的人大多贪污。丞相高欢想用司州中从事宋游道做御史中尉，高澄坚持请求任用吏部郎崔暹担任御史中尉，让宋游道做尚书左丞。高澄对崔暹、宋游道说："你们一个人在御史台、一个人在尚书省，必定会使天下肃静清廉。"崔暹选用毕义云等人做御史，当时的人都称赞他能任用贤才。毕义云，是毕众敬的曾孙。

　　高澄想提高崔暹的权威，朝廷诸公聚会时，命崔暹最后进来，先通报名字，然后两眼望天，踏着缓慢的步伐，高、崔二人提着衣袖进入厅堂；就座时高澄与诸人分庭对拜行礼，崔暹一点都不谦让就坐下来，敬了两次酒，崔暹就要告辞离开。高澄挽留他吃饭，崔暹说："恰好接到命令要在御史台办公。"于是不等开饭就提前离开了，高澄还走下台阶去送他。有一天，高澄与各公卿到东山出游，半路上遇到崔暹，在前面引导的人被崔暹的前导仪仗队打到，高澄马上掉转马头回避。

　　尚书令司马子如以丞相欢故人，当重任，意气自高，与太师咸阳王坦贪黩无厌；暹前后弹子如、坦及并州刺史可朱浑道元等罪状，无不极笔。宋游道亦劾子如、坦及太保孙腾、司徒高隆之、司空侯景、尚书元羡等。澄收子如系狱，一宿，发尽白，辞曰："司马子如从夏州策杖投相王，王给露车一乘，骖牸牛犊，犊在道死，唯觠角存，此外皆取之于人。"丞相欢以书敕澄曰："司马令，吾之故旧，汝宜宽之。"澄驻马行街，出子如，脱其锁；子如惧曰："非作事邪？"八月，癸酉，削子如官爵。九月，甲申，以济阴王晖业为太尉；太师咸阳王坦以王还第，元羡等皆免官，其馀死黜者甚众。久之，欢见子如，哀其憔悴，以膝承其首，亲为择虱，赐酒百瓶，羊五百口，米五百石。

【译文】尚书令司马子如由于是丞相高欢的老朋友，又担任了要职，傲慢自大，与太师咸阳王元坦聚敛钱财，贪得无厌；崔暹前后弹劾了司马子如、元坦和并州刺史可朱浑道元的罪状，每一份奏折语气都很严厉。宋游道也弹劾了司马子如、元坦与太保孙腾、司徒高隆之、司空侯景、尚书元羡等人的罪状。高澄拘捕了司马子如，将他关在监狱，一个晚上，他的头发全都白了。司马子如上书给高欢说："我从夏州拄着拐杖来投靠大王，大王赐给我一辆没有篷盖的牛车，还有一只弯曲角的雌牛犊，小牛犊在路上死了，现在只留下了弯曲的牛角，除此以外，其他的东西都是从别人那里得到的。"丞相高欢写信告诫高澄说："司马令，是我的老朋友，你应当宽待他。"高澄在街上停下马，命人将司马子如带出来，卸下他的锁链，司马子如很惶恐地说："不是要杀我吧？"八月，癸酉日（二十一日），朝廷免去了司马子如的官位。九月，甲申日（初三），任命济阴王元晖业为太尉；太师咸阳王元坦被免去职位，回到自己的府邸当他的王爷了，元羡等人也都免官，其余判死罪、罢官的还有很多人。过了很长时间，高欢看到司马子如，可怜他面容憔悴，让他的头趴在自己的膝盖上，亲自为他捉虱子，并且赏赐给他一百瓶酒，五百只羊，五百石米。

高澄对诸贵极言褒美崔暹,且戒属之。丞相欢书与邺下诸贵曰:"崔暹居宪台,咸阳王、司马令皆吾布衣之旧,尊贵亲昵,无过二人,同时获罪,吾不能救,诸君其慎之!"

宋游道奏驳尚书违失数百条,省中豪吏王儒之徒并鞭斥之,令、仆已下皆侧目。高隆之诬游道有不臣之言,罪当死。给事黄门侍郎杨愔曰:"畜狗求吠;今以数吠杀之,恐将来无复吠狗。"游道竟坐除名。

澄谓游道曰:"卿早从我向并州,不尔,彼经略杀卿。"游道从澄至晋阳,以为大行台吏部。

己丑,大赦。

【译文】 高澄当着那些权贵的面,极力地夸赞崔暹的才能,并且告诫嘱咐他们听从崔暹的领导。丞相高欢写信给在邺城的权贵们说:"崔暹掌管着御史台,咸阳王、司马令都是我的布衣故旧,地位尊贵,与我关系亲昵,没有人比得过这两个人了,一同被判罪,连我都救不了,你们各位也要小心行事啊!"

宋游道上奏纠正尚书省违规失误达几百条,对尚书省中有权势的官吏王儒那些人都用鞭打并斥责他们,尚书令、尚书仆射以下的官员都嫉妒宋游道。高隆之诬陷宋游道说了大逆不道的话,应该处死。给事黄门侍郎杨愔说:"家里养狗就是要它叫。现在狗叫了几次就要杀掉它,恐怕将来再也找不到会叫的狗了。"宋游道终究被罢了官。

高澄对宋游道说:"你还是早一点跟着我们到并州去吧!不然的话,那些人迟早会杀死你的。"宋游道跟随高澄到达晋阳,被任命为大行台吏部郎。

己丑日(初八),梁朝大赦天下。

东魏以丧乱之后，户口失实，徭赋不均。冬，十月，丁巳，以太保孙腾、大司徒高隆之为括户大使，分行诸州，得无籍之户六十馀万，侨居者皆勒还本属。十一月，甲申，以高隆之录尚书事，以前大司马娄昭为司徒。

庚子，东魏主祀圜丘。

东魏丞相欢袭击山胡，破之，俘万馀户，分配诸州。

是岁，东魏以散骑常侍魏收兼中书侍郎，修国史。自梁、魏通好，魏书每云："想彼境内宁静，此率土安和。"上复书，去"彼"字而已。收始定书云："想境内清晏，今万里安和。"上亦效之。

资治通鉴

【译文】 东魏认为经过战争动乱以后，户口统计不确实，徭役、赋税一定有不均衡的现象。冬季，十月，丁巳日（初六），朝廷任命太保孙腾、大司徒高隆之做括户大使，分别核查各州户口，查出没有户籍的人口共有六十多万户，侨居他乡的户口都命他们回到原籍登记。十一月，甲申日（初四），东魏孝静帝元善见任用高隆之为录尚书事，任用前大司马娄昭做司徒。

庚子日（二十日），东魏孝静帝元善见到圜丘祭祀。

东魏丞相高欢袭击山胡，打败了山胡，俘虏了一万余户，将他们分配到各州。

这一年，东魏命散骑常侍魏收兼任中书侍郎，修订国史。自从梁、魏通好后，魏书常写着："想彼境内宁静，此率土安和。"（希望他们境内能安宁平静，我们本国境内也能祥和平安。）梁武帝萧衍回信，只去掉"彼"这个字。魏收起草国书才确定了这样的用语："想境内清晏，今万里安和。"（希望境内能清明平静，如今天下都安和安定。）梁武帝萧衍撰写国书时也仿效这句话。

资治通鉴卷第一百五十九　梁纪十五

起旃蒙赤奋若，尽柔兆摄提格，凡二年。

【译文】 起乙丑（公元545年），止丙寅（公元546年），共两年。

【题解】 本卷记录了公元545年到546年的南北朝史事，共两年。正当梁武帝萧衍大同十一年、中大同元年，西魏文帝元宝炬大统十一年、十二年，东魏孝静帝元善见武定三年、四年。西魏通过修筑城堡，强化了对河东的控制，对东魏政治、军事重心所在的晋阳地区构成严重威胁。东魏高欢委曲求全与柔然和亲，发动了他生前最后一次讨伐西魏的玉壁大战，兵败西魏，疾病加重，走到了他政治的终点。梁武帝萧衍昏庸治国，对士大夫们过于宽待，十分亲信小人，沉溺于佛教，以个人生活俭约为由，对于大臣的进谏规劝从不听从，对刑事法令疏远放纵，边境不宁，物价飞涨，民不聊生，国势衰微。

高祖武皇帝十五

大同十一年（乙丑，公元五四五年）春，正月，丙申，东魏遣兼散骑常侍李奖来聘。

东魏仪同尔朱文畅与丞相司马任胄、都督郑仲礼等，谋因正月望夜观打簇戏作乱，杀丞相欢，奉文畅为主。事泄，皆死。文畅，荣之子也；其姊，敬宗之后，及仲礼姊大车，皆为欢妾，有宠，故其兄弟皆不坐。

欢上书言："并州，军器所聚，动须女功，请置宫以处配没之口；又纳吐谷浑之女以招怀之。"丁未，置晋阳宫。二月，庚申，东魏主纳吐谷浑可汗从妹为容华。

魏丞相泰遣酒泉胡安诺槃陀始通使于突厥。突厥本西方小国，姓阿史那氏，世居金山之阳，为柔然铁工。至其酋长土门，始强大，颇侵魏西边。安诺槃陀至，其国人皆喜曰："大国使者至，吾国其将兴矣！"

【译文】大同十一年（乙丑，公元545年）春季，正月，丙申日（十七日），东魏派遣兼散骑常侍李奖出使梁朝。

东魏仪同尔朱文畅与丞相司马任胄、都督郑仲礼等，密谋利用正月十五日夜观看打簇戏的时机作乱，杀死丞相高欢，再推举尔朱文畅为主帅。但事情泄露，都被处死。尔朱文畅，是尔朱荣的儿子；他的姐姐就是敬宗元子攸的皇后，现在与郑仲礼的姐姐郑大车，都是高欢的爱妾，因为她们被宠爱，所以她们的兄弟没有被牵连入罪。

高欢上书说："并州是军备武器聚集的地方，随时需要动用妇女做纺织裁缝等事情，请修建宫室，用来安置被发配和没入官府的女奴；再请陛下娶吐谷浑的女儿来招降安抚他们。"丁未日（二十八日），东魏设置了晋阳宫。二月，庚申日（十一日），东魏孝静帝元善见娶吐谷浑可汗的堂妹为容华。

西魏丞相宇文泰派遣酒泉胡人安诺槃陀出使突厥，并与突厥往来。突厥原本是西方的小国，以何史那氏为姓，世世代代居住在金山南边，替柔然做铁工。到了他们的酋长土门统治时期，才开始强大，经常侵犯西魏的西部边疆。安诺槃陀到达突厥的时候，突厥全国人都很高兴地说："大国的使者来了，我们的国家就要兴盛起来了。"

【乾隆御批】《通考》以金山状如兜鍪，北俗呼为突厥，因以为号云云。今按兜鍪蒙古呼为度古勒噶，则马端临所称，初未会对音之义。如《汉书·西域传》之剽窃失真者多矣。

【译文】《通考》以突厥的居住地金山形状如头盔，而北地俗称头盔为突厥，来说明突厥称呼的来源。如今考查蒙古把头盔称作度古勒噶，那么正如马端临所说，起初还不会对照声音译出它的意思。如《汉书·西域传》中剽窃失真的一定很多。

三月，乙未，东魏丞相欢入朝于邺，百官迎于紫陌。欢握崔暹手而劳之曰："往日朝廷岂无法官，莫肯纠劾。中尉尽心徇国，不避豪强，遂使远迩肃清。冲锋陷阵，大有其人，当官正色，今始见之。富贵乃中尉自取，高欢父子无以相报。"赐暹良马。暹拜，马惊走，欢亲拥之，授以辔。东魏主宴于华林园，使欢择朝廷公直者劝之酒；欢降阶跪曰："唯暹一人可劝，并请以臣所射赐物千段赐之。"高澄退，谓暹曰："我尚畏羨，何况馀人！"

然暹中怀颇挟巧诈。初，魏高阳王斌有庶妹玉仪，不为其家所齿，为孙腾妓，腾又弃之；高澄遇诸涂，悦而纳之，遂有殊宠，封琅邪公主。澄谓崔季舒曰："崔暹必造直谏，我亦有以待之。"及暹谄事，澄不复假以颜色。居三日，暹怀刺坠之于前。澄问："何用此为？"暹悚然曰："未得通公主。"澄大悦，把暹臂，入见之。季舒语人曰："崔暹常忿吾佞，在大将军前，每言叔父可杀；及其自作，乃过于吾。"

【译文】三月，乙未日（十六日），东魏丞相高欢到邺城朝

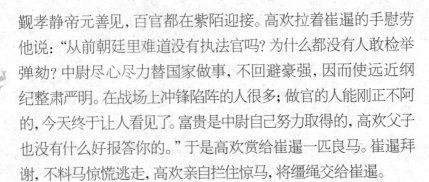

觐孝静帝元善见，百官都在紫陌迎接。高欢拉着崔暹的手慰劳他说："从前朝廷里难道没有执法官吗？为什么都没有人敢检举弹劾？中尉尽心尽力替国家做事，不回避豪强，因而使远近纲纪整肃严明。在战场上冲锋陷阵的人很多；做官的人能刚正不阿的，今天终于让人看见了。富贵是中尉自己努力取得的，高欢父子也没有什么好报答你的。"于是高欢赏给崔暹一匹良马。崔暹拜谢，不料马惊慌逃走，高欢亲自拦住惊马，将缰绳交给崔暹。

东魏孝静帝元善见在华林园设宴，命高欢挑选朝廷里公正耿直的人劝酒；高欢下了台阶跪下说："只有崔暹一个人可以劝酒，同时请求将臣在宴会射礼中所得到的一千段绸绢转送给他。"高澄退席后对崔暹说："连我都敬畏羡慕你，何况是其他的人呢！"然而崔暹心中却颇怀奸诈。起初，魏高阳王元斌有一个庶出的妹妹元玉仪，不能被家人容纳，因而去孙腾家做歌伎，孙腾又将她抛弃；高澄在半路上遇到，很喜欢就收她为妾，于是得到特殊的宠爱，封她为琅邪公主。高澄对崔季舒说："崔暹必定会登门劝阻我，我已经准备好怎么应付他了。"等到崔暹和他商议政事，高澄不再给他好脸色看。过了三天，崔暹故意让怀里藏的名帖落在高澄面前。高澄问："为什么带着这个东西见我呢？"崔暹很恐惧地说："我还没见过公主。"高澄十分高兴，挽着崔暹的手臂，领他进入内室去见琅邪公主。崔季舒对别人说："崔暹常常恼怒我阿谀奉承，在大将军面前，每次都说我这个叔父应该杀；等到看到他的所作所为，早已超过了我。"

【申涵煜评】暹满怀巧诈，与高氏父子相表里，恣其弹射于人前，故极尊宠，不过欲削公室之权，壮私门之威耳。正如喉獒使噬，而摇尾之态终在。

【译文】崔暹心里全是奸巧诡诈，和高氏父子相表里，恣意地将弹丸射向人群，因此受到高氏父子的宠幸，不过是想要削弱皇室宗族的权力，来壮大权臣的威风而已。就像唆使大狗去咬人，但是大狗摇动尾巴来讨好主人的情态始终存在。

夏，五月，甲辰，东魏大赦。

魏王盟卒。

晋氏以来，文章竞为浮华，魏丞相泰欲革其弊。六月，丁巳，魏主飨太庙。泰命大行台度支尚书、领著作苏绰作《大诰》，宣示群臣，戒以政事；仍命"自今文章皆依此体。"

上遣交州刺史杨瞟讨李贲，以陈霸先为司马；命定州刺史萧勃会瞟于西江。勃知军士惮远役，因诡说留瞟。瞟集诸将问计，霸先曰："交趾叛换，罪由宗室，遂使溷乱数州，逋诛累岁。定州欲偷安目前，不顾大计。节下奉辞伐罪，当死生以之。岂可逗挠不进，长寇沮众也！"遂勒兵先发。瞟以霸先为前锋。至交州，贲帅众三万拒之，败于朱鸢，又败于苏历江口，贲奔嘉宁城，诸军进围之。勃，㧑之子也。

【译文】夏季，五月，甲辰日（二十六日），东魏大赦境内。

西魏太傅王盟去世。

从西晋以来，文人写文章都争着在辞藻的浮夸华丽上下功夫，西魏丞相宇文泰想要改革这种弊端。六月，丁巳日（初十），西魏文帝元宝炬在太庙祭祀。宇文泰命令大行台度支尚书、领著作苏绰写一篇《大诰》，宣读给群臣听，劝告他们勤于政事；西魏并且下命令："从今以后文章体制都要依照这种文体。"

梁武帝萧衍派遣交州刺史杨瞟去征讨李贲，任命陈霸先为司马；命令定州刺史萧勃在西江与杨瞟会合。萧勃知道士兵们最害怕远行作战，于是想用花言巧语说服留下杨瞟。杨瞟召集各将领询问他们的想法，陈霸先说："交趾地方的叛乱，罪过是从王室开始的，于是导致混乱局面蔓延到好几州，讨捕好几年了。定州刺史萧勃只想贪图眼前的苟且偷安，不顾国家大计。将军您奉命征讨叛逆，就应该不顾性命勇往直前，怎么可以逗留在此不敢前进，助长敌人的威风而灭自己的士气呢？"于是陈霸先整治军队提前出发。杨瞟让陈霸先做前锋。到了交州，李贲带领三万名部众抵抗，在朱鸢被打败了，又在苏历江口战败，李贲逃到嘉宁城，各路军队将他包围。萧勃，是吴平侯萧昺的儿子。

　　魏与柔然头兵可汗谋连兵伐东魏，丞相欢患之，遣行台郎中杜弼使于柔然，为世子澄求婚。头兵曰："高王自娶则可。"欢犹豫未决。娄妃曰："国家大计，愿勿疑也。"世子澄、尉景亦劝之。欢乃遣镇南将军慕容俨聘之，号曰蠕蠕公主。秋，八月，欢亲迎于下馆。公主至，娄妃避正室以处之；欢跪而拜谢，妃曰："彼将觉之，愿绝勿顾。"头兵使其弟秃突佳来送女，且报聘；仍戒曰："待见外孙乃归。"公主性严毅，终身不肯华言。欢尝病，不得往，秃突佳怨恚，欢舆疾就之。

　　【译文】西魏与柔然头兵可汗商量联合军队征讨东魏，丞相高欢很担心，派遣行台郎中杜弼出使柔然，为他的长子高澄向柔然国求婚。头兵可汗说："假如高欢自己娶亲，我就应允。"高欢犹豫不决，娄妃说："为了国家大计着想，你就不要再迟疑了。"他的长子高澄、尉景也都劝他应允。高欢于是派遣镇南将军慕容俨出使柔然迎娶头兵可汗的女儿，称为蠕蠕公主。秋季，八月，高欢在下馆亲自迎娶蠕蠕公主。蠕蠕公主娶来时，娄妃将自己居住的正室让出来给她；高欢向娄妃下跪拜谢，娄妃说："柔然的公主会觉察到我们的关系，希望我们断绝往来，不要再来看我。"头兵可汗派了他的弟弟秃突佳护送他的女儿，并且回访东魏。头兵可汗告谕他弟弟说："等看到生了外孙，你再回来。"蠕蠕公主性格严肃刚毅，终身不肯说汉语。高欢曾因生病而没有去公主那里，秃突佳埋怨生气，高欢立即抱病登车前往。

冬，十月，乙未，诏有罪者复听入赎。

东魏遣中书舍人尉瑾来聘。乙未，东魏丞相欢请释邙山俘囚桎梏，配以民间寡妇。

十二月，东魏以侯景为司徒，中书令韩轨为司空；戊子，以孙腾录尚书事。

魏筑圜丘于城南。

【译文】冬季，十月，乙未日（十月无此日），梁武帝萧衍下诏，重新允许有罪的人交钱赎罪。

东魏派遣中书舍人尉瑾出使梁朝。乙未日（十月无此日），东魏丞相高欢呈请释放邙山大捷所俘虏来的西魏士兵，将民间的寡妇许配给他们。

十二月，东魏任命侯景为司徒，中书令韩轨为司空；戊子日（十四日），任命孙腾为录尚书事。

西魏在长安城南边建造祭天的圜丘。

散骑常侍贺琛启陈四事：其一以为"今北边稽服，正是生聚教议之时，而天下户口减落，关外弥甚。郡不堪州之控总，县不堪郡之衰削，更相呼扰，惟事徵敛，民不堪命，各务流移，此岂非牧守之过钦！东境户口空虚，皆由使命繁数，穷幽极远，无不皆至，每有一使，所属搔扰，笃困邑宰，则拱手听其渔猎，桀黠长吏，又因之重为贪残，纵有廉平，郡犹掣肘。如此，虽年降复业之诏，屡下蠲赋之恩，而民不得反其居也。”其二以为“今天下守宰所以贪残，良由风俗侈靡使之然也。今之燕喜，相竞夸豪，积果如丘陵，列肴同绮绣，露台之产，不周一燕之资，而宾主之间，裁取满腹，未及下堂，已同臭腐。又，畜妓之夫，无有等秩，为吏牧民者，致赏巨亿，罢归之日，不支数年，率皆尽于燕饮之物、歌谣之具。所费事等丘山，为欢止在俄顷，乃更追恨向所取之少；如复傅翼，增其搏噬，一何悖哉！其馀淫侈，著之凡百，习以成俗，日见滋甚。欲使人守廉白，安可得邪！诚宜严为禁制，导以节俭，纠奏浮华，变其耳目。夫失节之嗟，亦民所自患，正耻不能及群，故勉强而为之；苟以淳素为先，足正雕流之弊矣。”其三以为“陛下忧念四海，不惮勤劳，至于百司，莫不奏事。但斗筲之人，既得伏奏帷扆，便欲诡竞求进，不论国之大体，心存明恕；惟务吹毛求疵，擘肌分理，以深刻为能，以绳逐为务。迹虽似于奉公，事更成其威福，犯罪者多，巧避滋甚，长弊增奸，实由于此。诚愿责其公平之效，黜其谗慝之心，则下安上谧，无徼幸之患矣。”其四以为“今天下无事，而犹日不暇给，宜省事、息费，事省则民养，费息则财聚。应内省职掌各检所部：凡京师治、署、邸、肆及国容、戎备，四方屯、传、邸治，有所宜除，除之，有所宜减，减之；兴造有非急者，徵求有可缓者，皆宜停省，以息费休民。故畜其财者，所以大用之也；养其民者，所以大役之也。若言小事不足害财，则终年不息矣；以小役不足妨民，则终年不止矣。如此，则难可以语富强而图远大矣。”

【译文】 梁朝散骑常侍贺琛上奏陈述四件事：第一，认为"现在北边东魏稽首顺服，正是繁殖人口、积蓄物资和教育训练军民的时候，然而天下户口减少，关外新收复的州郡更是如此。郡承受不了州的催逼，县又承受不了郡的搜刮，互相骚扰，大家只争着征税，聚敛民财，百姓不堪忍受这些政令，都想办法迁徙流动，这难道不是各州郡长官的过失吗？东部边境户口空虚，都是因为国家政令繁杂，即使偏僻荒远的地方，也无所不至，每次一有使者来，所属地区都要受到骚扰，那些无能的地方官，就恭敬地听任使者剥削摆布，而凶恶奸猾的地方官，又趁机加重掠夺，贪婪残暴，纵使有清廉的地方官，也会受到郡守的阻挠和牵制。这样下去，虽然每年颁布恢复生产的诏令，多次赐予百姓免除赋税的恩德，然而百姓仍然不能返回他们的故居啊"！第二，认为"现在天下所以有贪污横暴的事，实在是风俗崇尚奢侈浮华的结果。现在要是宴饮相聚，就相互争着夸耀自己的财富，堆积的果品好像丘陵那样高，排列的佳肴好像美丽的织绣丝绸一样，百两黄金也支付不了一次宴饮的开销，而宾客与主人，也不过为了吃饱肚子，还没有下桌，那些东西就与腐烂发臭的食物没有两样。而且蓄养歌伎的人，根本没有等级的限制，做官的人，敛财亿万，离任回家后，没过几年，都将这些钱财耗费在宴饮的食物以及歌乐所用的行头上。浪费的金钱财物像山丘一样高，就为了满足短暂的欢愉，甚至有些人还抱怨遗憾从前搜刮的钱财不够多；那些人，假如再让他们做官，就如同给吃人的老虎，再加上翅膀一样，让他们变本加厉地搜刮民脂民膏，那是多么违背道义啊！其他荒淫奢侈的例子，多得可以用百计，习惯已经滋长成风俗了，而且一天比一天厉害，想要再教人谨守廉洁的品行，怎么可能做到呢？实在应当严厉地加以禁止限制，提倡节俭，纠正先前的浮华习惯，改变社会风气。我对当前失去节制风气的叹息，也是平民百姓所忧虑的，正因为耻于赶不上别人的排场，所以才勉强学人家这样做；假如大家都认为艰苦朴素是最好的，一定足以改正这些邪侈的陋俗"。第三，认为"陛下忧虑顾念天下，不怕勤苦辛劳，至于文武百官，无不向皇上奏事。但是一些见识短浅的小人，一旦能得到被君王宠幸的机会，就想要一些奸诈手段求得进升，不顾国家的大局，虽然明察是非却故意自我宽恕；只是一味地致力于搜求别人的过失，细小的毛病也不放过，把严酷苛刻当作能事，把纠正斥责别人的过失作为要务。表面上仿佛是奉行公事，实际上是在满足他作威作福的欲望，他们犯的罪过越多，就越能巧妙地逃避处罚，于是助长了弊端，奸邪的事情也日渐增多，实际上都是由于这种做法而起的。假如真正能以公正的办法来要求他们，摈除他们奸邪的用心，那么处在下位的人能安心行事，居于上位的人也能清静自得，就不会再有心存侥幸的忧虑了"。第四，认为"如今天下安定无事，可是仍旧每天事情繁多得仿佛做不完一样，应当减少事务，削减花费，因为事情减少就可以让百姓得以休养生息，减少浪费就是聚集财货。朝廷内部应当省察自己职责所在，每个人要查验自己所属部门：凡是京师的治所、署舍、邸第、市肆，以及国家的礼乐、车服、旗章、兵备等，地方上的军屯、驿传、邸治，这些假如有应当撤销的就要撤销，应当精减的就要精减；兴建营造的工程有不是急切需要的，征求的赋税徭役凡是可以缓办的，都一律停下来，以便节省开支，让百姓得到休息。积蓄财物的原因，是为了派上大用场；休养百姓，是用来准备以后大战役时的征调。如果认为办点小事花不了多少钱，那么就会终年不会停息；如果认为小工程不会妨碍老百姓生活，那么一定整年都不会停止。这样下去很难说是要使国家富强或图谋长远了"！

启奏，上大怒，召主书于前，口授敕书以责琛。大指以为："朕有天下四十馀年，公车谠言，日关听览，所陈之事，与卿不异，每苦佞偡，更增惝惑。卿不宜自同阘茸，止取名字，宣之行路，言'我能上事，恨朝廷之不用'。何不分别显言：某刺史横暴，某太守贪残，尚书、兰台某人奸猾，使者渔猎，并何姓名？取与者谁？明言其事，得以诛黜，更择材良。又，士民饮食过差，若加严禁，密房曲屋，云何可知？傥家家搜检，恐益增苛扰。若指朝廷，我无此事。昔之牲牢，久不宰杀，朝中会同，菜蔬而已；若复减此，必有《蟋蟀》之讥。若以为功德事者，皆是园中之物，变一瓜为数十种，治一菜为数十味；以变故多，何损于事！"我自非公宴，不食国家之食，多历年所；乃至宫人，亦不食国家之食。凡所营造，不关材官及以国匠，皆资雇借以成其事。勇怯不同，贪廉各用，亦非朝廷为之傅翼。卿以朝廷为悖，乃自甘之，当思致悖所以！卿云'宜导之以节俭'，朕绝房室三十馀年，至于居处不过一床之地，雕饰之物不入于宫；受生不饮酒，不好音声，所以朝中曲宴，未尝奏乐，此群贤之所见也。朕三更出治事，随事多少，事少午前得竟，事多日昃方食，日常一食，若昼若夜；昔要腹过于十围，今之瘦削裁二尺馀，旧带犹存，非为妄说。为谁为之？救物故也。"卿又曰'百司莫不奏事，诡竞求进'，今不使外人呈事，谁尸其任！专委之人，云何可得？古人云：'专听生奸，独任成乱。'二世之委赵高，元后之付王莽，呼鹿为马，又可法欤？卿云'吹毛求疵'，复是何人？'擘肌分理'，复是何事？治、署、邸、肆等，何者宜除？何者宜减？何处兴造非急？何处徵求可缓？各出其事，具以奏闻！富国强兵之术，息民省役之宜，并宜具列！若不具列，则是欺罔朝廷。伫闻重奏，当复省览，付之尚书，班下海内，庶惟新之美，复见今日。"琛但谢过而已，不敢复言。

【译文】梁武帝萧衍看了奏章，大发脾气，将主管文书的官员召到跟前，亲口下达诏命责备贺琛，诏书大意是这样的："朕即位已经四十多年了，每天耳闻目睹公车府呈上的臣民直言，与你所说的并没有不同，每每被繁忙的政事所苦，增添朕的疑虑。你不应当把自己混同于一介小民，只是图虚名，在外面到处宣扬，说：'我可以向皇上直陈意见，只恨朝廷根本不采用我的建议。'为什么不分别具体说明：哪一个刺史横政暴敛，哪一个太守贪婪残暴，尚书、兰台里哪些人奸猾狡诈，哪些钦差盘剥百姓，他们姓什名谁，是从谁的手中掠夺，又给予了谁？清楚地说出这些事情的真相，就可以找出那些人来定罪和罢免，另外再选拔贤能的人。还有，士、民的饮食差别很大，倘若要严加禁止，高墙深院，不说别人怎么能知道呢？假如要挨家挨户去搜查，恐怕更增加对老百姓的骚扰。倘若你指的是朝廷里，我绝对没有这样奢靡浪费的事。从前养的家禽牲畜已经好久不杀来享用了。朝廷中各王侯朝见时的宴会，也只用菜蔬烹调罢了；假如还要再节省，一定会遭到《诗经·蟋蟀》那种讥笑。至于那些供佛、供僧设无遮、无碍会等功德供奉之事，都是从园里直接采来的果物，将一种瓜果变化成好几种花样，一种蔬菜烹调成好几种口味，因为变化多，所以种类多，这又有什么损害公事的地方呢？"我除了出席公宴外，不食用朝廷的米粮，已经好几年了，就是后宫的人也不食用朝廷的米粮。凡是我所修建的塔寺，都与公家的材料和朝廷的工匠无关，都是自己花钱雇人来修成的。国家的官员里有勇敢的，也有怯懦的，而贪污的、清廉的也都被任用，这并不表明就是朝廷故意在庇护、助长他们，卿你认为是朝廷的过错，不过是你一厢情愿的结论，你应当想想导致过错的原因是什么？你说：'应当用节俭的口号来倡导。'朕不与嫔妃同房已经三十几年，至于现在居住的地方不过只能放置一张床罢了，雕刻装饰的物品也没有搬进宫廷里来；朕生性不爱喝酒，也不喜好音乐歌舞，因而朝廷中的宴会，从来没有演奏过音乐，这些是文武贤臣都知道的。朕半夜三更就起床处理政事，依照事情多少来分配时间，公事少，中午以前就可处理完，公事多的话，总要过了正午才能吃饭，常常一天只吃一餐，这样白天、晚上地忙碌；朕从前腰围超过十围，现在瘦得只剩下两尺多一点，旧的腰带还保留着，这不是胡乱说的。朕到底为了谁这样做呢？是为了救天下苍生所以如此啊！你又说：'百官没有不上奏政事的，但都心怀诡诈，竞相求取升官而已。'现在假如不让任何人上奏陈事，由谁来担负起这个重任呢？倘若要专门委托给某一个，又要怎么样才能找到合适的人选呢？古人说：'专门听信某些人的话就会有奸邪的事产生，单独信任某些人就会导致乱事。'秦二世将重任委托给赵高，汉元后将大任托付给王莽，结果出现了那种只知道混淆是非，指鹿为马的行为，又怎么能仿效呢？你说'吹毛求疵'又是指谁呢？'擘肌分理'又是指什么事情呢？治所、署舍、邸第、市肆等，哪一个是应当除去的？哪一个是可以裁减的？哪一个地方的修建营造不是急备要用的？哪一个地方的征收可以暂缓？应当分别举出实情，统统列在奏表上让我知道！富国强兵的方法，让百姓休息，节省劳役的方案，也应当具体列好，假如不具体分别列册，那么你就是欺骗、蒙蔽朝廷。朕侧耳倾听你翔实的建议，希望你再具实上奏，朕自然会认真省察阅读，交给尚书省处理，分别颁布天下，希望革新后的新气象，又能在现在的朝廷中见到。"贺琛只是谢罪罢了，不敢再说什么了。

【申涵煜评】 琛所上封事亦无甚触犯处，梁武便大怒，口敕诘责，累百十言。又隐约其词，使臣下无容身之地，失大体而杜言路，此翁老而瞆乱机兆矣。

【译文】 贺琛上奏并没有冒犯皇帝的地方，但是梁武帝萧衍就非常地生气，下诏书责备贺琛，累计有上百句话，而且没有清楚的语意，使得作为臣下的贺琛没有安身的地方，失去了人君的大体，而断了臣子进言之路，这就是老糊涂的征兆了。

上为人孝慈恭俭，博学能文，阴阳、卜筮、骑射、声律、草隶、围棋，无不精妙。勤于政务，冬月四更竟，即起视事，执笔触寒，手为皲裂。自天监中用释氏法，长斋断鱼肉，日止一食，惟菜羹，粝饭而已，或遇事繁，日移中则嗽口以过。身衣布衣，木绵皂帐，一冠三载，一衾二年，后宫贵妃以下，衣不曳地。性不饮酒，非宗庙祭祀、大飨宴及诸法事，未尝作乐。虽居暗室，恒理衣冠，小坐盛暑，未尝褰袒。对内竖小臣，如遇大宾。然优假士人太过，牧守多浸渔百姓，使者干扰郡县。又好亲任小人，颇复苛察。多造塔庙，公私费损。江南久安，风俗奢靡。故琛启及之。上恶其触实，故怒。

【译文】 梁武帝萧衍为人孝顺、慈爱、恭敬、勤俭、博学多才又善写文章，阴阳、卜筮、骑射、音律、书法、围棋等没有不精通的。又能勤于政务，冬天，四更刚过就起来处理政事，手拿着笔杆暴露在寒冷的空气中，手都冻得表皮皲裂。自天监年间开始信佛以来，长年守斋不吃鱼肉，一天只吃一顿饭，而且只吃青菜、粥汤、粗糙的米饭，有时遇到事情繁多，日过正午了，就用水漱口算是吃了饭。身穿粗布的衣服，使用木棉织成的质劣的围帐，一顶帽子戴了三年，一床被子盖了两年，后宫从贵妃以下，不能穿拖地长裙，生性不喝酒，除非宗庙的祭祀，举行大宴会和举办佛法大会，从来不奏乐。即使处在幽暗的没有人的房间，照常整理衣帽，大热天从来不曾拉起衣服或者光着膀子，对待宫中服杂役的小臣，就像对待大宾客一般有礼。但是对士大夫们过于宽待，以致地方州郡长官大多盘剥百姓，派出的使者在各郡县刁难骚扰。又十分亲信小人，在考察的严谨上又颇有缺失。又造了许多塔庙，国家和民众的钱财浪费巨大。江南久居安定生活，风俗变得奢靡浪费，因而贺琛说出来，正触及实情。梁武帝萧衍憎恶他触及实情，所以生气。

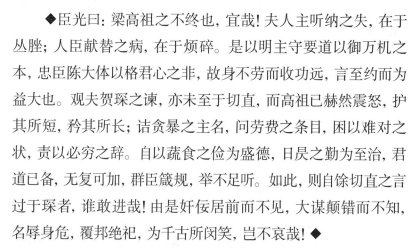

◆臣光曰：梁高祖之不终也，宜哉！夫人主听纳之失，在于丛脞；人臣献替之病，在于烦碎。是以明主守要道以御万机之本，忠臣陈大体以格君心之非，故身不劳而收功远，言至约而为益大也。观夫贺琛之谏，亦未至于切直，而高祖已赫然震怒，护其所短，矜其所长；诘贪暴之主名，问劳费之条目，困以难对之状，责以必穷之辞。自以蔬食之俭为盛德，日昃之勤为至治，君道已备，无复可加，群臣箴规，举不足听。如此，则自馀切直之言过于琛者，谁敢进哉！由是奸佞居前而不见，大谋颠错而不知，名辱身危，覆邦绝祀，为千古所闵笑，岂不哀哉！◆

【译文】◆臣司马光说：梁高祖武皇帝萧衍之所以不能有好的结局，是应当的！为人君主听取接纳臣子的建议出现过失，在于只注意烦琐细碎的地方，而为人臣的进献改革措施出现的弊端，也在于烦琐细碎。所以贤明的君主把握要领来驾驭一切事务，而忠心的臣子上陈治国的大略方针来改正国君的缺失，这样的话就可以不用劳动多少身心而收到长远的功效，说的话非常简洁却大有益处。看贺琛的建议还没有达到简洁直陈的程度，而高祖萧衍已经生气愤怒，袒护自己的缺点，而夸耀自己的长处；追问贪心暴虐的人究竟是谁，盘问劳役人民、浪费公款的事由项目，用难以回答的问题来困扰他，用难以对答的言辞责备他。梁武帝萧衍将自己食用蔬菜水果的俭朴生活当作伟大的德行，每天辛勤工作到过了正午就认为可以使国家达到太平的境地，自以为具备了人君的大德，没有再可以改进的了。文武百官的进谏规劝，他都不听从。这样下去，比贺琛更恳切、更激烈的言辞，谁还敢进谏直陈呢！因此，奸邪欺罔的事发生在眼前，他也看不见，国家大计错综颠倒，他也不知道，最终落得身败名裂，甚至国家败亡，宗嗣断绝，被千古后代人耻笑，怎么不令人悲哀呢？◆

【译文】 司马光对于梁武帝谴责贺琛的事，可说是扬长避短。说其护短还是恰当的。像他所赞扬的，在于不宰杀祭祀用的牲畜，朝会只吃蔬菜等各种细节，实在是被佛教的清净思想所迷惑才会这样做，何足训导官员的恭敬俭约呢？至于说不是公宴不吃国家的东西，尤其违背常理。试想他既然自居皇帝之位，国家之外，难道还有私人财产吗？舍掉国家，又从何处取得供给？如此计较细小之处，想用这些来争胜，竟然不知道自己的言论已经毫无条理，失去依据了吗？

【乾隆御批】 惟辟作福，惟辟作威，非作也。应福者福之，应威者威之。仍其自取耳。然实不可偏废，若武帝则所谓徒作福而不作威。而其作福也，又实私意，顾以多行慈爱为积己之福。驯致白昼杀人，暮夜剽掠，其为种祸，亦仍武帝受之。

【译文】 只有君主作福，只有君主作威，其实并不是作。应该享福的就让他享福，应该作威的就让他作威。这仍然是他自己取得的。然而实在不可偏废，像梁武帝就是所谓的只作福而不作威。而他作福，又实在是按照自己的意愿，所以认为多行慈爱是为自己积福。致使白天杀人，晚上劫掠，种下的祸端，也仍由梁武帝承受。

上敦尚文雅，疏简刑法，自公卿大臣，咸不以鞫狱为意。奸吏招权弄法，货赂成市，枉滥者多。大率二岁刑已上岁至五千人；徒居作者具五任，其无任者著升械；若疾病，权解之，是后囚徒或有优、剧。时王侯子弟，多骄淫不法。上年老，厌于万几。又专精佛戒，每断重罪，则终日不怿；或谋反逆，事觉，亦泣而宥之。由是王侯益横，或白昼杀人于都街，或暮夜公行剽掠，有罪亡命者，匿于王家，有司不敢搜捕。上深知其弊，而溺于慈爱，不能禁也。

【译文】 梁武帝萧衍真心崇尚文雅，对刑事法令疏远放纵，从公卿大臣以下，都不将审判狱讼当一回事。奸邪的官员，凭借权势玩弄法令，到处可以看到用钱财贿赂的事，冤假错案很多。大致判两年徒刑以上的每年有五千人；徒刑囚犯在狱中服役要担任的工作，有五种（专任木匠的做木工，专任冶金的做冶金，专任皮革的做皮革，专任美工色彩的就做颜色渲染，专任陶瓷制作的就做陶工），假如没有专长的就要戴上枷锁；假如生病的，可以暂时解除刑具，此后囚徒内有能力贿赂官员的，那么守吏就假称囚犯生病，解除他的刑械而受到优待；没有能力拿钱贿赂的，就算生病也没法得到解除刑械的待遇，更增加了囚犯的苦楚。当时王侯的子弟，大部分蛮横淫乱，不守法纪。武帝萧衍当时因为年纪大了，厌烦处理政务。再加上一心向佛，每当判了囚犯重罪时，就整天不快乐；有人想造反谋逆，事情被发觉，还哭泣着宽恕他们。从此王侯越发专横，有的大白天就在京都街上杀人，有的夜晚到公家行库去剽夺抢劫，假如犯了罪就藏到王侯家中，官员往往不敢去拘捕。武帝萧衍明明知道这种弊端，但因为过于慈爱，往往也无法制止。

魏东阳王荣为瓜州刺史，与其婿邓彦偕行。荣卒，瓜州首望表荣子康为刺史，彦杀康而夺其位。魏不能讨，因以彦为刺史，屡徵不至，又南通吐谷浑。丞相泰以道远难于动众，欲以计取之，以给事黄门侍郎申徽为河西大使，密令图彦。

徽以五十骑行，既至，止于宾馆；彦见徽单使，不以为疑。徽遣人微劝彦归朝，彦不从；徽又使赞成其留计，彦信之，遂来至馆。徽先与州主簿燉煌令狐整等密谋，执彦于坐，责而缚之；因宣诏慰谕吏民，且云"大军续至"，城中无敢动者，遂送彦于长安。泰以徽为都官尚书。

【译文】西魏东阳王元荣任瓜州刺史，带着他的女婿邓彦一起赴任。元荣死后，瓜州最大的望族上表请求让元荣的儿子元康继任为刺史，邓彦将元康杀掉而夺取了刺史之位。西魏无力征讨，于是任用邓彦做瓜州刺史，每次征召他都不肯前来，又向南勾结吐谷浑。丞相宇文泰认为瓜州路途遥远，很难劳师动众去征讨，打算用计谋攻取，就任命给事黄门侍郎申徽为河西大使，秘密命令他设谋除掉邓彦。

申徽带领五十名骑兵，到达瓜州以后，停留在宾馆；邓彦看到申徽带来的士兵不多，没有怀疑什么。申徽暗中派人劝邓彦归顺朝廷，邓彦不肯听从；申徽又派人表示赞成邓彦留在瓜州的计策，邓彦相信他，于是来到宾馆晋见。申徽先与瓜州主簿敦煌人令孤整等人秘密谋划，在邓彦晋见时抓住他，责备他后又将他绑起来；随后宣读诏书并告慰明示所有的官吏百姓，并且说"大军马上会来"，城里没有人敢轻举妄动，于是押送邓彦到长安。宇文泰封申徽为都官尚书。

中大同元年（丙寅，公元五四六年）春，正月，癸丑，杨瞟等克嘉宁城，李贲奔新昌獠中，诸军顿于江口。

二月，魏以义州刺史史宁为凉州刺史。前刺史宇文仲和据州，不受代，瓜州民张保杀刺史成庆以应之，晋昌民吕兴杀太守郭肆，以郡应保。丞相泰遣太子太保独孤信、开府仪同三司怡峰与史宁讨之。

【译文】中大同元年（丙寅，公元546年）是年夏季四月方改年号为中大同。春季，正月，癸丑日（正月无此日），杨瞟等攻陷了嘉宁城，李贲投奔到新昌獠族中，杨瞟等各路军队停留在江口。

二月，西魏任命义州刺史史宁为凉州刺史。前凉州刺史宇文仲和占据凉州，不肯离职，瓜州百姓张保将瓜州刺史成庆杀掉来响应宇文仲和，晋昌百姓吕兴将太守郭肆杀掉，来响应张保。丞相宇文泰派遣太子太保独孤信、开府仪同三司怡峰与史宁一同去征讨他们。

三月，乙巳，大赦。

庚戌，上幸同泰寺，遂停寺省，讲《三慧经》。夏，四月，丙戌，解讲，大赦，改元。是夜，同泰寺浮图灾，上曰："此魔也，宜广为法事。"群臣皆称善。乃下诏曰："道高魔盛，行善郭生，当穷兹土木，倍增往日。"遂起十二层浮图；将成，值侯景乱而止。

魏史宁晓谕凉州吏民，率皆归附，独宇文仲和据城不下。五月，独孤信使诸将夜攻其东北，自帅壮士袭其西南，迟明，克之，遂擒仲和。

【译文】三月，乙巳日（初三），梁朝大赦天下。

庚戌日（初八），梁武帝萧衍到同泰寺，就停留在同泰寺临时的官署中，讲《三慧经》。夏季，四月，丙戌日（十四日），方才讲完，大赦天下，改大同十二年为中大同元年。当天晚上，同泰寺佛塔发生火灾，武帝萧衍说："这是妖魔作怪，应当大规模做法事。"文武百官都十分赞成。于是武帝萧衍下诏令说："道虽然高，但魔更盛，应当行善阻止魔的滋长，要竭尽全力完成土木工程，再修造一座比以前大一倍的佛寺。"于是建造了十二层佛塔；将要建造完成的时候，恰好遇到侯景的叛乱便停止修建。

西魏史宁去劝说开导凉州的官吏和百姓，官吏和百姓们大都能来归附，只有宇文仲和占据城池不肯归降。五月，独孤信派各位将领夜间攻打州城的东北方，自己带领壮士偷袭州城的西南面，一直到天亮，才攻克了城池，于是捉住了宇文仲和。

初，张保欲杀州主簿令狐整，以其人望，恐失众心，虽外相敬，内甚忌之。整阳为亲附，因使人说保曰："今东军渐逼凉州，彼势孤危，恐不能敌，宜急分精锐以救之。然成败在于将领，令狐延保，兼资文武，使将兵以往，蔑不济矣！"保从之。

整行及玉门，召豪杰述保罪状，驰还袭之。先克晋昌，斩吕兴；进击瓜州，州人素信服整，皆弃保来降，保奔吐谷浑。

【译文】起初，张保想杀死瓜州主簿令狐整，因为令狐整很得人望，杀掉他担心失去民众的心，虽然表面上装出敬重的样子，实际上内心十分嫉恨令狐整。令狐整表面上假装与张保很亲近，便派人去说服张保："现在独孤信的军队从东边渐渐逼近凉州，凉州的形势孤立而危险，恐怕不是他们的敌手，应当立即分派精锐的部队去援救他们。但是军队的成功或失败都在将领的好坏上，令狐延保，文武全才，派他带领军队去救援，没有不成的啊！"张保听从了这个建议。

令狐整带领军队行到玉门郡，召集英雄豪杰宣示张保的罪状，军队又马上回头反击张保。先攻克了晋昌，杀掉了吕兴，又进攻瓜州，州里的人平常就非常信服令狐整，都背叛张保来向令狐整投降。张保逃往吐谷浑。

众议推整为刺史，整曰："吾属以张保逆乱，恐阖州之人俱陷不义，故相与讨诛之；今复见推，是效尤也。"乃推魏所遣使波斯者张道义行州事，具以状闻。丞相泰以申徽为瓜州刺史，召整为寿昌太守，封襄武男。整帅宗族乡里三千馀人入朝，从泰征讨，累迁票骑大将军、开府仪同三司，加侍中。

六月，庚子，东魏以司徒侯景为河南大将军、大行台。

秋，七月，壬寅，东魏遣散骑常侍元廓来聘。

甲子，诏："犯罪非大逆，父母、祖父母不坐。"

【译文】大家商量推举令狐整担任瓜州刺史，令狐整说："我们是由于张保叛逆作乱，担心全州的人都被陷入不义的境地，所以共同讨伐他，现在你们又要推举我，不是更加重我的过错吗？"于是推举西魏派来的波斯使者张道义代行瓜州政事，将情形详细具表上奏。丞相宇文泰任命申徽为瓜州刺史。召请令狐整担任寿昌太守，封为襄武男。令狐整带领宗族三千多人入朝，跟随宇文泰征讨，逐次升官到骠骑大将军、开封仪同三司，加侍中。

六月，庚子日（二十九日），东魏任命司徒侯景为河南大将军、大行台。

秋季，七月，壬寅日（初一），东魏派遣散骑常侍元廓出使梁朝。

甲子日（二十三日），梁武帝萧衍下诏命说："不是犯大逆不道的罪行，父母、祖父母不必连坐。"

先是，江东唯建康及三吴、荆、郢、江、湘、梁、益用钱，其馀州郡杂以谷帛，交、广专以金银为货。上自铸五铢及女钱，二品并行，禁诸古钱。普通中，更铸铁钱。由是民私铸者多，物价腾踊，交易者至以车载钱，不复计数。又自破岭以东，八十为百，名曰"东钱"；江、郢以上，七十为百，名曰："西钱"；建康以九十为百，名曰"长钱"。丙寅，诏曰："朝四暮三，众狙皆喜，名实未亏而喜怒为用。顷闻外间多用九陌钱，陌减则物贵，陌足则物贱，非物有贵贱，乃心有颠倒。至于远方，日更滋甚，徒乱王制，无益民财。自今可通用足陌钱！令书行后，百日为期，若犹有犯，男子谪运，女子质作，并同三年。"诏下而人不从，钱陌益少；至于季年，遂以三十五为百云。

【译文】先前，梁朝只有建康与三吴、荆、郢、江、湘、梁、益等州使用铜钱进行买卖，其余各州郡间杂着用谷子或布帛来交换物品，交州、广州则专门用金、银做买卖。武帝萧衍铸造了五铢钱和女钱，让两种钱一同使用，禁止了那些古钱的通行。普通年间，又铸造了铁钱。自此民间私自铸造钱币的很多，造成物价暴涨，做买卖时甚至用车子载着钱，而不再逐个算计。还有，从破岭以东，每八十文折合一百文，叫作"东钱"；江、郢以上，七十文折合成一百文，叫作"西钱"；建康地方以九十文折合为一百文，叫作"长钱"。丙寅日（二十五日），梁武帝萧衍下诏命说："《庄子》书里讲到猕猴的习性，养猕猴的人每天喂它们芋头，给它们早晨三个晚上四个，它们就发怒不高兴，可是改成早晨四个晚上三个，它们就十分高兴，实际上芋头并没有增多也没有减少，可是却有喜怒不同的现象。最近听说外面多用九陌钱，陌钱少的时候东西就贵，陌钱足够的时候东西就便宜，并不是东西有贵贱的差别，而是人的心理有问题，对事物衡量产生错觉。至于边远的地区，货币混乱的状况一天比一天严重，这只是扰乱了国家的制度，没有使老百姓的钱财增多。从今以后，可以通用分量足的陌钱！命令文书发布后，以一百天为限期，假如还有再犯法的，男子就要被罚到边远地区搬运东西，女子就要以身抵押做苦工，均服役三年。"诏令下来，然而大家仍旧不遵从，陌钱一天天地减少；到了末年，竟然以三十五文折合为一百文了。

上年高，诸子心不相下，互相猜忌。邵陵王纶为丹杨尹，湘东王绎在江州，武陵王纪在益州，皆权侔人主；太子纲恶之，常选精兵以卫东宫。八月，以纶为南徐州刺史。

东魏丞相欢如邺。高澄迁洛阳《石经》五十二碑于邺。

魏徙并州刺史王思政为荆州刺史，使之举诸将可代镇玉壁者。思政举晋州刺史韦孝宽，丞相泰从之。东魏丞相欢悉举山东之众，将伐魏；癸巳，自邺会兵于晋阳；九月，至玉壁，围之。以挑西师，西师不出。

【译文】 梁武帝萧衍年岁大了，几个儿子各怀鬼胎，互相猜忌，邵陵王萧纶做丹杨尹，湘东王萧绎任江州刺史，武陵王萧纪任益州刺史，权力都和皇帝一般；太子萧纲很忌恨他们，常常挑选精锐的步卒来保卫东宫。八月，梁武帝萧衍任命邵陵王萧纶担任南徐州刺史。

东魏丞相高欢到邺城朝觐孝静帝元善见。高澄将洛阳的《石经》五十二碑搬到邺城。

西魏迁调并州刺史王思政担任荆州刺史，让他从诸将中推举一位可代为镇守玉壁的将领。王思政推举了晋州刺史韦孝宽，丞相宇文泰听从了他的意见。东魏丞相高欢调动东魏的全部兵力，将要征讨西魏；癸巳日（二十三日），从邺城出发的军队在晋阳会合；九月，军队到了玉壁，将玉壁包围了起来。他们向西魏的军队挑战，但是西魏军队不肯应战。

李贲复帅众二万自獠中出屯典澈湖，大造船舰，充塞湖中。众军惮之，顿湖口，不敢进。陈霸先谓诸将曰："我师已老，将士疲劳；且孤军无援，入人心腹，若一战不捷，岂望生全！今藉其屡奔，人情未固，夷、獠乌合，易为摧殄。正当共出百死，决力取之；无故停留，时事去矣！"诸将皆默然莫应。是夜，江水暴起七丈，注湖中。霸先勒所部兵乘流先进，众军鼓噪俱前；贲众大溃，窜入屈獠洞中。

【译文】 李贲又带领两万名部众从獠中出发，驻守在典澈湖一带，大量地制造舰船，充满了整个典澈湖。梁朝的士兵都很害怕，停留在典澈湖口，不敢前进。陈霸先对各位将领说：
"我们的军队已经出征很长时间了，将士疲惫困苦，而且我们孤
立无援，又进入敌人的心脏地区，假如第一仗不能打胜，恐怕很
难再期望生还了！现在我们趁着他们多次失利，人心还没有稳
定，而且夷、獠军队不知团结，像乌鸦聚集在一起，最容易被摧
毁。现在正是一同出生入死的时候，要下决心全力攻取；倘若
再无缘无故停驻不前，大好时机就要失去了！"各位将领都沉默
没有人回应。这天晚上，江水突然涨了七丈高，流进典澈湖中。
陈霸先整顿所带领的军队趁着急流率先前进，各路军队也在鼓
声中都向前猛攻；李贲部众大败溃散，逃入屈獠洞里。

冬，十月，乙亥，以前东扬州刺史岳阳王詧为雍州刺史。上
舍詧兄弟而立太子纲，内常愧之，宠亚诸子。以会稽人物殷阜，
故用詧兄弟迭为东扬州以慰其心。詧兄弟亦内怀不平。詧以上
衰老，朝多秕政，遂蓄聚货财，折节下士，招募勇敢，左右至数
千人。以襄阳形胜之地，梁业所基，遇乱可以图大功。乃克己为
政，抚循士民，数施恩惠，延纳规谏，所部称治。

【译文】 冬季，十月，乙亥日(初六)，梁朝任命前东扬州刺
史岳阳王萧詧做雍州刺史。梁武帝萧衍不立岳阳王萧詧兄弟而
另外立了太子萧纲，所以内心对他们有些愧疚，武帝对他们的宠
爱，仅次于自己其他几个儿子。因为会稽地方人民生活富裕，所
以轮流派萧詧兄弟到东扬州任职来安抚他们的心。萧詧兄弟内
心仍然愤愤不平。

萧詧认为皇上年老，朝廷里有很多政事混乱不堪，所以蓄
聚钱财货物，礼贤下士，招募天下勇敢的人，他的左右多达好几
千人。他认为襄阳地方地势险要，是梁国开业的根基，遇到动乱

时还可以图谋建立大功。于是在政事上尽心尽力，安抚士人百姓，常常布施恩德，招揽人才，采纳他们的规劝意见，管辖区域内被治理得井井有条。

【乾隆御批】 詧兄弟之怀不平，乃武帝之内愧有以启之也。卒致子孙争据陵夷，以至于亡。贻谋之道可不慎欤？

【译文】 萧詧兄弟之所以心怀不平，是由于梁武帝内心的愧疚对他有所启迪。终于导致子孙争夺皇位，使国势逐渐衰微而至于亡国。传位之道的谋划怎能不慎重呢？

东魏丞相欢攻玉壁，昼夜不息，魏韦孝宽随机拒之。城中无水，汲于汾，欢使移汾，一夕而毕。欢于城南起土山，欲乘之以入。城上先有二楼，孝宽缚木接之，令常高于土山以御之。欢使告之曰："虽尔缚楼至天，我当穿地取尔。"乃凿地为十道，又用术士李业兴"孤虚法"，聚攻其北，北，天险也。孝宽掘长堑，邀其地道，选战士屯堑上；每穿至堑，战士辄擒杀之。又于堑外积柴贮火，敌有在地道内者，塞柴投火，以皮排吹之，一鼓皆焦烂。敌以攻车撞城，车之所及，莫不摧毁，无能御者。孝宽缝布为幔，随其所向张之，布既悬空，车不能坏。敌又缚松、麻于竿，灌油加火以烧布，并欲焚楼。孝宽作长钩，利其刃，火竿将至，以钩遥割之，松、麻俱落。敌又于城四面穿地为二十道，其中施梁柱，纵火烧之。柱折，城崩。孝宽随崩处竖木栅以扞之，敌不得入。城外尽攻击之术，而城中守御有馀。孝宽又夺据其土山。欢无如之何，乃使仓曹参军祖珽说之曰："君独守孤城而西方无救，恐终不能全，何不降也？"孝宽报曰："我城池严固，兵食有馀。攻者自劳，守者常逸，岂有旬朔之间已须救援！适忧尔众有不返之危。孝宽关西男子，必不为降将军也！"斑复谓城中人曰："韦城主受彼荣禄，或复可尔；自外军民，何事相随入汤火中！"乃射募格于城中云："能斩城主降者，拜太尉，封开国郡公，赏帛万匹。"孝宽手题书背，返射城外云："能斩高欢者准此。"斑，莹之子也。东魏苦攻凡五十日，士卒战及病死者七万人，共为一冢。欢智力皆困，因而发疾。有星坠欢营中，士卒惊惧。十一月，庚子，解围去。

【译文】东魏丞相高欢攻打玉壁，白天晚上都不停歇，西魏韦孝宽随机应变抵抗东魏的进攻。玉壁城里没有水源，必须汲取汾水，高欢派人在汾水上游阻隔水道，使汾水流到他处，不靠近玉壁城，一个晚上就完成了这一工作。高欢在玉壁城的南面堆起土山，想趁机攻入城中。玉壁城上本来就有两座城楼，韦孝宽命人绑起木材接在楼上，保持比土山高的高度来抵御东魏的进攻。高欢派使者去告诉韦孝宽说："就算你将城楼绑到天那么高，我还会穿地攻取你的。"于是挖地道十条，又采用术士李业兴的"孤虚法"，集中进攻玉壁城的北面，北面是天设地造的险要之地。韦孝宽挖掘很长的深坑，阻挡高欢的地道，选拔精锐士卒驻守在深坑上；每次高欢的军队穿过深坑，这边的战士就捕杀他们。又在深坑外面堆积许多木柴，储备了一些火种，一旦地道中有敌人，就塞下木柴投下火把，并用皮囊吹火，一经鼓风吹动，火气进入地道，敌人在地道中间都被烧得焦烂。敌人又用战车来撞城门，战车一撞上，没有不撞坏的，没办法再防御了。韦孝宽将布缝起来制成帐幕，随着敌人战车来的方向张开帐幕，布悬在天空，车子自然没有办法撞坏。敌人又在竹竿上绑上松枝、麻毛这些易燃的物品，灌进油燃上火去烧布幔，并且想将城楼烧掉。韦孝宽命人制作了很长的钩子，用尖利的刀刃做钩刀，敌人的火竿快来时，就用长钩远远地割断火头，松枝、麻毛等都掉落下去。敌人又在玉壁城的四面凿二十条地道，地道中间立有梁柱，放火烧梁柱，梁柱折断，于是城墙崩塌。韦孝宽在崩塌的地方竖立起木栅来抵御，使敌人不能攻进城。敌人用尽了攻打城池的方法，而城中防御的办法还绰绰有余。韦孝宽又夺取了高欢堆的土山。高欢无可奈何，于是派仓曹参军祖珽劝说韦孝宽："你独自把守孤城，而西边也没有人来救援你们，恐怕终究无法保全，为何不早点投降呢？"韦孝宽回答说："我们的城池坚固无比，军队粮食也绰绰有余，你们攻打城池是自找劳苦，我们守城的倒是可以以逸待劳，哪里有十天半个月就已经需要靠救援的道理！倒是担心你们部队有不能返回的危险。我韦孝宽是关西的男子汉，一定不会做投降将军！"祖珽又对城中的人说："韦城主享受着西魏丰厚的俸禄，或许还可以有如此的忠心，但是你们这些军人百姓，为什么一定要跟随他赴汤蹈火，牺牲生命呢？"于是用箭将悬赏捉拿韦孝宽的报酬数额射进城中，说："能杀掉韦城主来投降的，封他做太尉，并且加封他做开国郡公，赏赐布帛一万匹。"韦孝宽在招募书的背面亲手题字，射回到城外说："能将高欢杀掉的，也依照这个标准赏赐。"祖珽，是祖莹的儿子。东魏一共苦攻了五十天，士兵作战牺牲与病死的总计有七万人，一同埋在一个坟墓。高欢精疲力尽，于是旧病发作。有流星坠落在高欢的军营中，将士、兵卒都吃惊害怕。十一月，庚子日（初一），高欢解围退兵。

先是，欢别使侯景将兵趣齐子岭，魏建州刺史杨檦镇车箱，恐其寇邵郡，帅骑御之。景闻檦至，斫木断路六十馀里，犹惊而不安，遂还河阳。

庚戌，欢使段韶从太原公洋镇邺。辛亥，征世子澄会晋阳。

魏以韦孝宽为骠骑大将军、开府仪同三司，进爵建忠公。时人以王思政为知人。

十二月，己卯，欢以无功，表解都督中外诸军，东魏主许之。

欢之自玉壁归也，军中讹言韦孝宽以定功弩射杀丞相；魏人闻之，因下令曰："劲弩一发，凶身自陨。"欢闻之，勉坐见诸贵，使斛律金作《敕勒歌》，欢自和之，哀感流涕。

【译文】 先前，高欢另外派遣侯景率领军队奔赴齐子岭，西魏建州刺史杨檦守卫车箱城，担心东魏军侵犯邵郡，于是带领军队去抵御他们。侯景听说杨檦来了，砍断木头，阻断道路六十多里，仍旧恐惧不安，于是撤回河阳。

庚戌日（十一日），高欢命段韶跟从太原公高洋驻守在邺城。辛亥日（十二日），高欢征调世子高澄在晋阳会合。

西魏任命韦孝宽为骠骑大将军、开府仪同三司，进升爵位为建忠公。当时人称赞王思政能知人善任。

十一月（当为十二月之误），己卯日（十一日），高欢因为出征没有战功，上表请求解除都督中外诸军队，东魏孝静帝元善见同意了。

高欢从玉壁归来后，军中传言韦孝宽用定功弩射死了丞相高欢。西魏这边听到了就发布敕令说："强劲的大弓一旦射出去，凶恶的人自然就会死掉。"高欢听到这话，于是接见诸贵，请他们就坐，命斛律金作《敕勒歌》，高欢亲自唱和，感慨伤心而流下眼泪。

【申涵煜评】 孝宽玉壁之守，才干诚有过人，但敌人攻具施之，临时应变在呼吸之间耳。城中安能预知，一一卒办？边臣报功之词不无粉饰。

【译文】韦孝宽守护玉壁，才能确实超过一般的人，但是敌人攻打城池的工具已经付诸实施，临时应变就在呼吸之间，城里怎能预先知道事情的变化，一一处理呢？守边之臣奏报功劳的言辞肯定有所粉饰。

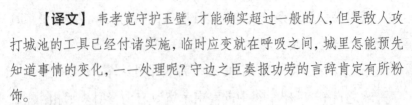

魏大行台度支尚书、司农卿苏绰，性忠俭，常以丧乱未平为己任，荐贤拔能，纪纲庶政；丞相泰推心任之，人莫能间。或出游，常预署空纸以授绰；有须处分，随事施行，及还，启知而已。绰常谓"为国之道，当爱人如慈父，训人如严师。"每与公卿论议，自昼达夜，事无巨细，若指诸掌。积劳成疾而卒。泰深痛惜之，谓公卿曰："苏尚书平生廉让，吾欲全其素志，恐悠悠之徒有所未达；如厚加赠谥，又乖宿昔相知之心；何为而可？"尚书令史麻瑶越次进曰："俭约，所以彰其美也。"泰从之。归葬武功，载以布车一乘，泰与群公步送出同州郭外。泰于车后酹酒言曰："尚书平生为事，妻子兄弟所不知者，吾皆知之。唯尔知吾心，吾知尔志，方欲共定天下，遽舍吾去，奈何！"因举声恸哭，不觉卮落于手。

【译文】西魏的大行台度支尚书、司农卿苏绰，性格忠心朴实，常常认为国家动乱未能平治是自己的责任，举荐贤能，依法处理一切政务；丞相宇文泰诚心地相信他，别人没有办法挑拨离间。宇文泰有时出游，常常事先签署好空白的文书纸交给苏绰；有事需要处理，就根据情况随时办理，等到宇文泰回来时，也只是禀告他知道就行了。苏绰常说："治理国家的大道，就是应该像慈祥的父亲那样去广爱大众，像严厉的老师那样去训导百姓。"每次与公卿谈论国事，从白天到晚上，不管大小事情，他都要一清二楚，最后积劳成疾病死了。宇文泰很痛心和惋惜，对公卿们说："苏尚书一生清廉谦逊，我想要成全他平生的志向，节俭办理他的后事，又恐怕人们不理解我的心意；假如要厚赠他追加谥号，又担心违背了往昔相知甚深的心；要怎么办才好呢？"尚书令史麻瑶，越过班次上前说："节俭办理后事，就是表彰苏尚书的美德。"宇文泰采纳了他的建议。将苏绰送回武功，归葬乡里，用一辆布车载着他的灵柩，宇文泰与朝廷百官徒步送他的灵柩到同州外城。宇文泰在丧车后面斟酒祭地说："苏尚书你这一辈子做的事，妻子、兄弟不了解的，我都了解。也只有你懂得我的心，我知晓你的志向。现在刚刚一同安定了天下，却突然离开我远去，这该怎样办呢？"于是放声痛哭，不知不觉间酒杯从手中掉在了地上。

东魏司徒、河南大将军、大行台侯景，右足偏短，弓马非其长，而多谋算。诸将高敖曹、彭乐等皆勇冠一时，景常轻之，曰："此属皆如豕突，势何所至！"景尝言于丞相欢："愿得兵三万，横行天下，要须济江缚取萧衍老公、以为太平寺主。"欢使将兵十万，专制河南，杖任若己之半体。

景素轻高澄，尝谓司马子如曰："高王在，吾不敢有异；王没，吾不能与鲜卑小儿共事！"子如掩其口。及欢疾笃，澄诈为欢书以召景。先是，景与欢约曰："今握兵在远，人易为诈，所赐书皆请加微点。"欢从之。景得书无点，辞不至；又闻欢疾笃，用其行台郎颍川王伟计，遂拥兵自固。

【译文】东魏司徒、河南大将军、大行台侯景，右脚偏短了些，骑马弯弓都不擅长，然而却擅长谋略算计。各位将领如高敖曹、彭乐等都是当时最勇敢的人，侯景却常常轻视他们说："这些人都如野猪一样，怎么能应付那些情势，有勇无谋罢了！"侯景曾对丞相高欢说："希望带领士兵三万人，横行天下，一定要渡江去捉住萧衍那老头，让他做太平寺的主人。"高欢让他率领十万大军，全权管理黄河以南，依靠信任他就像自己一半的身体。

资治通鉴

侯景一向看不起高澄，曾对司马子如说："高王健在的时候，我不敢有背叛的心意；一旦高王死了，我不会与那个鲜卑小儿一同参与国政。"司马子如捂住他的嘴巴。等到高欢病重时，高澄伪造高欢的书信去召请侯景。从前，侯景与高欢约定说："现在我掌领兵权在远方，别人很容易耍欺诈，你给我写信时都请加上小黑点作为记号。"高欢答应了。侯景接到信，见没有加黑点，知道有诈，所以推托不肯去，又听说高欢病得十分厉害，于是采纳了他的行台郎颍川人王伟的计策，聚集兵士，坚固防守。

欢谓澄曰："我虽病，汝面更有馀忧，何也？"澄未及对，欢曰："岂非忧侯景叛邪？"对曰："然。"欢曰："景专制河南，十四年矣，常有飞扬跋扈之志，顾我能畜养，非汝所能驾御也。今四方未定，勿遽发哀。库狄干鲜卑老公，斛律金敕勒老公，并性遒直，终不负汝。可朱浑道元、刘丰生，远来投我，必无异心。潘相乐本作道人，心和厚，汝兄弟当得其力。韩轨少戆，宜宽借之。彭乐心腹难得，宜防护之。堪敌侯景者，唯有慕容绍宗，我故不贵之，留以遗汝。"又曰："段孝先忠亮仁厚，智勇兼备，亲戚之中，唯有此子，军旅大事，宜共筹之。"又曰："邙山之战，吾不用陈元康之言，留患遗汝，死不瞑目！"相乐，广宁人也。

【译文】高欢对高澄说："我虽然生病，但是你的脸上却显露着忧郁不安的神色，为什么呢？"高澄还没有回答，高欢就说："难道是担心侯景会叛变吗？"高澄回答说："是的。"高欢说："侯景统治河南已经十四年了，常常有飞扬跋扈的心志，我能安抚他，但这不是你所能管束驾驭的。现在天下还没有安定，假如我死了，不要立即发布丧事。库狄干是鲜卑的老人，斛律金是敕勒的老人，都生性耿直，终究是不会背叛你的。可朱浑道元、刘丰生从那么远的地方来投奔我，一定不会有反叛的心。潘相乐本来就是修道的人，心地善良忠厚，你们兄弟一定会得到他的助力。韩轨有些木讷愚直，应当宽待他。彭乐心机很难猜测，要提防他。能打败侯景的，只有慕容绍宗，我故意不尊贵他，特地留给你。"又说："段孝先是个忠贞守节、仁义厚道的人，智勇双全，在亲族中，只有这个孩子是可以造就的人才，军机大事，可以与他一同筹划。"又说："邙山那次战斗，我没有听取陈元康的建议，留下祸患给你，我死了眼睛都闭不上。"潘相乐，是广宁人。

资治通鉴卷第一百六十　梁纪十六

强圉单阏，一年。

【译文】起止丁卯（公元547年），共一年。

【题解】本卷记录了公元547年一年的史事。正当梁武帝萧衍太清元年，西魏文帝元宝炬大统十三年，东魏孝静帝元善见武定五年。这一年着重记述东魏丞相高欢去世，侯景反叛东魏引发的事变。东魏成功地消除了政治领袖更替而形成的危机，西魏小心翼翼地避免了陷入新一轮的战事，梁朝则接纳侯景，并派十万大军支援，梦想统一全国，从而将北方政权内部的政治危机引向江南。侯景既向西魏称臣，又归顺梁朝，联结两国以求自保。东魏讨伐叛贼，西魏、梁朝救援，加上叛军侯景，共四股力量在河南争战。

高祖武皇帝十六

太清元年（丁卯，公元五四七年）春，正月朔，日有食之，不尽如钩。

壬寅，荆州刺史庐陵威王续卒。以湘东王绎为都督荆、雍等九州诸军事、荆州刺史。续素贪婪，临终，有启遣中录事参军谢宣融献金银器千馀件，上方知其富，因问宣融曰："王之金尽此乎？"宣融曰："此之谓多，安可加也！大王之过如日月之食，欲令陛下知之，故终而不隐。"上意乃解。

初，湘东王绎为荆州刺史，有微过，续代之，以状闻，自此二王不通书问。绎闻其死，入阁而跃，屦为之破。

【译文】 太清元年（丁卯，公元547年）是年四月始改年号为太清。春季，正月，朔日（初一），发生日偏食，但太阳并未完全消失，还残留一部分像钩子一样。

壬寅日（初四），梁朝荆州刺史庐陵威王萧续去世。梁武帝萧衍任命湘东王萧绎做都督荆、雍等九州诸军事、荆州刺史。萧续一向贪婪，临死写有一道表章，派遣中录事参军谢宣融进献给武帝萧衍金银宝器一千多件，梁武帝才知道他富有，于是问谢宣融："庐陵威王的金银财宝都在这里了吗？"谢宣融说："这些已可以说是非常多了，怎么可以更多呢？我们大王的过错就像日月蚀一样，大家有目共睹，他想让陛下您了解这一切，所以临死的时候也不隐瞒他的罪过。"梁武帝的不满这才消除了。

起初，湘东王萧绎做荆州刺史时，有小小的过错，萧续接替他以后，将萧绎的过错上表给朝廷，从此两个人不通书信。萧绎听到萧续死去的消息，回到家里高兴得跳起来，脚上的鞋都踏破了。

【乾隆御批】 兄死不哀，喜跃破屦，台城被围，迟徊不进。即后之刻檀肖像，亦不过为收人心之计耳。天道神明其可欺乎？魏征以江陵覆陷乃上灵降鉴此焉。假手理固有之事，亦宜然。

【译文】 萧绎的哥哥死了，他不但不悲哀，还高兴地把鞋底都跳烂了。禁城被围，他又迟疑、徘徊不前。即使后来雕刻檀木肖像，也不过是收买人心的计谋罢了。天道神明难道可以欺骗吗？魏征认为江陵陷落乃是上天有灵，降下可使人引为教训的事情。借别人的手去处理固有的事，也是适宜的。

丙午，东魏勃海献武王欢卒。欢性深密，终日俨然，人不能测，机权之际，变化若神。制驭军旅，法令严肃。听断明察，不可欺犯。擢人受任，在于得才，苟其所堪，无问厮养；有虚声无实者，皆不任用。雅尚俭素，刀剑鞍勒无金玉之饰。少能剧饮，自当大任，不过三爵。知人好士，全护勋旧。每获敌国尽节之臣，多不之罪。由是文武乐为之用。世子澄秘不发丧，唯行台左丞陈元康知之。

侯景自念已与高氏有隙，内不自安。辛亥，据河南叛，归于魏，颍州刺史司马世云以城应之。景诱执豫州刺史高元成、襄州刺史李密、广州刺史怀朔暴显等。遣军士二百人载仗，暮入西兖州，欲袭取之。刺史邢子才觉之，掩捕，尽获之。因散檄东方诸州，各为之备，由是景不能取。

【译文】丙午日（初八），东魏渤海献武王高欢去世。高欢性情深沉缜密，每天神情庄重，没有人能猜测他的心事，在权衡机密要务上，变幻莫测，料事如神。统领军队时，法令严格整肃。听讼断狱，明察秋毫，没人能欺瞒他。提拔人才，托付重任时，重视才能，假如能承担使命的，哪怕是仆人也照常任用；假如是虚张声势，实际上没有能力的，他都不会任用。风尚高雅，崇尚节俭，使用的刀、剑、马鞍、勒绳都没有用金玉来装饰。年少时酒量很大，自从担当要职后，喝酒不超过三杯。知人善任，喜好士人，全心爱护那些有功劳的旧臣，每次擒获了敌国能尽心死节的忠臣，他常常不加罪给他们。因此文武百官乐于被他任用。他死后长子高澄保守秘密没有发丧讣告，只有行台左丞陈元康知道他死了。

侯景自以为与高澄有过节，内心很不自在。辛亥日（十三日），占据河南背叛，归顺西魏，颍州刺史司马世云打开城门响应他。侯景诱捕了豫州刺史高元成、襄州刺史李密、广州刺史怀朔人暴显等。又派遣士兵二百人拿着武器，黄昏时潜入西兖州，想要偷袭攻取西兖州，刺史邢子才发觉了这一行动，率兵围捕，将他们都抓到了，于是邢子才发送公文到东边各州，这些州各自提高警觉防备，因此侯景无法攻陷这些地方。

诸将皆以为景之叛由崔暹，澄不得已，欲杀暹以谢景。陈元康谏曰："今虽四海未清，纲纪已定，若以数将在外，苟悦其心，枉杀无辜，亏废刑典，岂直上负天神，何以下安黎庶！晁错前事，愿公慎之。"澄乃止，遣司空韩轨督诸军讨景。

辛酉，上祀南郊，大赦。甲子，祀明堂。

二月，魏诏："自今应宫刑者，直没官，勿刑。"

魏以开府仪同三司若于惠为司空，侯景为太傅、河南大行台、上谷公。

【译文】各将领都将侯景的背叛归罪于崔暹，高澄迫不得已，想杀掉崔暹来向侯景谢罪。陈元康进谏说："现在天下虽然还没有平定，但是典章制度、国家法纪已经制定了，倘若因为几个将领在外镇守，想取悦他们的心，就冤杀了无辜的人，就等于亏缺废弃刑法政典，这不只是背弃了上天神明，又要拿什么来安抚天下百姓！汉景帝刘启时误杀晁错的事在前可以作为借鉴，希望您谨慎考虑。"高澄于是没有杀崔暹。接着派遣司空韩轨督导各路军队去征讨侯景。

辛酉日（二十三日），梁武帝萧衍到京师南郊举行祭天大典，大赦天下。甲子日（二十六日），梁武帝在明堂祭祀。

三月（当为二月），西魏下诏令说："从今以后应当处宫刑的人，仅收入官府为奴，不必再施刑。"

西魏任命开府仪同三司若于惠为司空，侯景为太傅、河南道行台、上谷公。

庚辰，景又遣其行台郎中丁和来，上表言："臣与高澄有隙，请举函谷以东，瑕丘以西，豫、广、颍、荆、襄、兖、南兖、济、东豫、洛、阳、北荆、北扬等十三州内附，惟青、徐数州，仅须折简。且黄河以南，皆臣所职，易同反掌。若齐、宋一平，徐事燕、赵。"上召群臣廷议。尚书仆射谢举等皆曰："顷岁与魏通和，边境无事，今纳其叛臣，窃谓非宜。"上曰："虽然，得景则塞北可清，机会难得，岂宜胶柱！"

【译文】 庚辰日（十三日），侯景又派遣他的行台郎中丁和到梁朝上表说："臣与高澄有怨仇，请准予我率领函谷关以东，瑕丘以西的豫、广、郢、荆、襄、兖、南兖、济、东豫、洛、阳、北荆、北扬十三个州前来归顺，只有青、徐几州，只要写封信就能来归降了。而且黄河以南的地方，都是我所管辖的范围，要说服易如反掌。倘若青州、徐州一平定，再慢慢地去攻取河北的燕、赵地方。"梁武帝萧衍召集群臣商量这件事。尚书仆射谢举等人都说："近年来与东魏通好，边境地方平安无事，现在接纳他们叛乱的臣子，臣私自以为并不合适。"武帝萧衍说："虽然话是如此，但是能得到侯景的效力，那么塞北地方就可以攻取了，机会是很难得的，怎么可以固执而不知变通呢？"

是岁，正月，乙卯，上梦中原牧守皆以地来降，举朝称庆。旦，见中书舍人朱异，告之，（旦）〔且〕曰："吾为人少梦若有梦，必实。"异曰:"此乃宇内混壹之兆也。"

及丁和至,称景定计以正月乙卯,上愈神之。然意犹未决,尝独言:"我国家如金瓯,无一伤缺,今忽受景地,讵是事宜?脱致纷纭,悔之何及?"朱异揣知上意,对曰:"圣明御宇,南北归仰,正以事无机会,未达其心。今侯景分魏土之半以来,自非天诱其衷,人赞其谋,何以至此!若拒而不内,恐绝后来之望。此诚易见,愿陛下无疑。"上乃定议纳景。

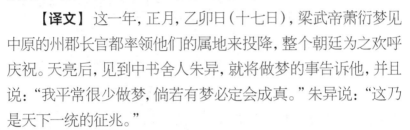

【译文】 这一年,正月,乙卯日(十七日),梁武帝萧衍梦见中原的州郡长官都率领他们的属地来投降,整个朝廷为之欢呼庆祝。天亮后,见到中书舍人朱异,就将做梦的事告诉他,并且说:"我平常很少做梦,倘若有梦必定会成真。"朱异说:"这乃是天下一统的征兆。"

等到丁和来到梁朝,说侯景决定在正月乙卯日(十七日)归附梁朝,武帝萧衍更加认为他的梦是神异的。然而心中仍然不能确定,曾自言自语说:"我们国家的疆土完整巩固,没有一点缺损,现在突然间接受侯景的土地,难道这事是适当的吗?倘若一时疏忽而导致纷乱,后悔又怎么来得及呢?"朱异猜测到武帝萧衍的心思,对武帝说:"圣明的教化能驾驭天下,使南北全部归顺景仰,正由于没有机会,因而不能达到心愿。现在侯景将东魏的土地分一半送来,这不正是上天在引导他的心志,人们在帮助他的谋划,不然何以会这样呢?倘若拒绝而不接纳侯景,恐怕将要断绝以后归降人的希望。这实在是很容易了解的事,希望陛下不必再迟疑了。"梁武帝萧衍于是决定接纳侯景。

壬午,以景为大将军,封河南王,都督河南北诸军事、大行台, 承制如邓禹故事。平西谘议参军周弘正, 善占候, 前此谓人曰:"国家数年后当有兵起。"及闻纳景, 曰:"乱阶在此矣!"

丁亥, 上耕藉田。

三月, 庚子, 上幸同泰寺, 舍身如大通故事。

甲辰, 遣司州刺史羊鸦仁督兖州刺史桓和、仁州刺史湛海珍等, 将兵三万趣悬瓠, 运粮食应接侯景。

魏大赦。

【译文】壬午日(十五日), 梁武帝萧衍任命侯景为大将军, 封为河南王, 都督黄河南北诸军事、大行台, 以皇帝名义直接处理管辖区内的事务, 就像东汉邓禹以前那样。平西谘议参军周弘正, 擅长根据日月蚀及星象的变异来推测吉凶, 在这件事以前, 他对旁人说:"国家几年后当有战乱发生。"等到他听说接纳了侯景的事情后, 说:"祸乱的原因就在这里啊!"

丁亥日(二十日), 梁武帝萧衍为了劝民农事, 亲自下藉田耕种。

三月, 庚子日(初三), 梁武帝萧衍临幸同泰寺, 举行舍身仪式, 就像大通元年那次一样。

甲辰日(初七), 梁朝派遣司州刺史羊鸦仁, 统领兖州刺史桓和、仁州刺史湛海珍等人, 率领兵士三万人赶赴悬瓠, 运粮食接应侯景。

西魏大赦境内。

【乾隆御批】高欢既预虑澄不能驾驭侯景, 且为筹堪敌之人, 岂有书背微点忘而不告之理? 此足见史氏之多文而鲜实。

叔孙豹以梦启竖牛之祸, 梁武帝以梦致侯景之乱, 乃至饿死, 亦复相类。此不待朱异之怂恿而复成乱阶。谚所云:"痴人说梦。"

可不谓大愚乎?

【译文】高欢既然预料到高澄不能驾驭侯景,并且为他筹划好了可以与侯景匹敌之人,怎么会把之前约定好的必须在信的背面画个小点的事忘记,而没有告诉他的道理呢?这足见史官写史常常是文辞华丽而事实却不足。

春秋时期鲁国大夫叔孙豹因受梦境启发而宠用竖牛,结果遭致自己饿死、二子被杀的祸事;梁武帝因为相信梦境导致了侯景之乱,乃至饿死,与叔孙豹的结局相类似。这还没等朱异怂恿就形成了祸乱的阶梯。谚语说:"痴人说梦。"可不就是说的大愚之人吗?

东魏高澄虑诸州有变,乃自出巡抚。留段韶守晋阳,委以军事;以丞相功曹赵彦深为大行台都官郎中。使陈元康豫作丞相欢条教数十纸付韶及彦深,在后以次行之。临发,握彦深手泣曰:"以母、弟相托,幸明此心!"夏,四月,壬申,澄入朝于邺。东魏主与之宴,澄起舞,识者知其不终。

丙子,群臣奉赎。丁亥,上还宫,大赦,改元,如大通故事。

甲午,东魏遣兼散骑常侍李系来聘。系,绘之弟也。

【译文】东魏高澄担心各州叛乱,于是亲自出去巡视安抚。留段韶把守晋阳,将军事委托给他;任命丞相功曹赵彦深为大行台都官郎中。命陈元康事先将丞相高欢处理军政事务的条例教令写在数十张纸上,交给段韶和赵彦深,在以后的日子中依次实行。临出发时,高澄握着赵彦深的手流着泪说:"将我的母亲、弟弟托付给你了,希望你能明白我的心意!"夏季,四月,壬申日(初六),高澄到邺城觐见东魏孝静帝元善见。东魏孝静帝元善见为他设宴款待,高澄起来跳舞,有见识的人都认为高澄父亲刚死就乐而忘哀,是不会有好下场的。

丙子日（初十），梁朝群臣捐钱给佛寺为梁武帝萧衍赎身。丁亥日（二十一日），梁武帝萧衍回到宫中，大赦天下，改年号为太清，就像大通元年一样。

甲午日（二十八日），东魏派遣兼散骑常侍李系出使梁朝。李系，是李绘的弟弟。

五月，丁酉朔，东魏大赦。

戊戌，东魏以襄城王旭为太尉。

高澄遣武卫将军元柱等将数万众昼夜兼行以袭侯景，遇景于颍川北，柱等大败。景以羊鸦仁等军犹未至，乃退保颍川。

甲辰，东魏以开府仪同三司库狄干为太师，录尚书事孙腾为太傅，汾州刺史贺拔仁为太保，司徒高隆之录尚书事，司空韩轨为司徒，青州刺史尉景为大司马，领军将军可朱浑道元为司空，仆射高洋为尚书令、领中书监，徐州刺史慕容绍宗为尚书左仆射，高阳王斌为右仆射。戊午，尉景卒。

【译文】五月，丁酉朔日（初一），东魏大赦境内。

戊戌日（初二），东魏任命襄城王元旭为太尉。高澄派遣武卫将军元柱等带领几万士兵马不停蹄地赶去攻打侯景。在颍川北面与侯景相遇，元柱等人大败。侯景认为羊鸦仁等人的军队还没有到来，所以仍旧退回颍川镇守。

甲辰日（初八），东魏任命开府仪同三司库狄干为太师，录尚书事孙腾为太傅，汾州刺史贺拔仁为太保，司徒高隆之任录尚书事，司空韩轨担任司徒，任用青州刺史尉景做大司马，领军将军可朱浑道元做司空，仆射高洋做尚书令，领中书监，徐州刺史慕容绍宗做尚书左仆射，高阳王元斌做尚书右仆射。戊午日（二十二日），尉景去世。

韩轨等围侯景于颍川。景惧，割东荆、北兖州、鲁阳、长社四城赂魏以求救。尚书左仆射于谨曰："景少习兵，奸诈难测，不如厚其爵位以观其变，未可遣兵也。"荆州刺史王思政以为："若不因机进取，后悔无及。"即以荆州步骑万馀从鲁阳关向阳翟。丞相泰闻之，加景大将军兼尚书令，遣太尉李弼、仪同三司赵贵将兵一万赴颍川。

【译文】韩轨等人在颍川包围侯景。侯景非常害怕，割东荆、北兖州、鲁阳、长社四城贿赂西魏以便求得援救。尚书左仆射于谨说："侯景年轻时就学习军事，奸巧欺诈很难预料，不如先给他高官俸禄，观察他的变化，不可以先派兵出去。"荆州刺史王思政认为："假如不利用时机进攻，后悔就来不及了。"随即派荆州的步卒和骑兵一万多名从鲁阳关向阳翟进发。丞相宇文泰听到后，加封侯景为大将军兼尚书令，派遣太尉李弼、仪同三司赵贵带领一万名军士奔向颍川。

景恐上责之，遣中兵参军柳昕奉启于上，以为："王旅未接，死亡交急，遂求援关中，自救目前。臣既不安于高氏，岂见容于宇文！但螫手解腕，事不得已，本图为国，愿不赐咎！臣获其力，不容即弃，今以四州之地为饵敌之资，已令宇文遣人入守。自豫州以东，齐海以西，悉臣控压；见有之地，尽归圣朝，悬瓠、项城、徐州、南兖，事须迎纳。愿陛下速敕境上，各置重兵，与臣影响，不使差互！"上报之曰："大夫出境，尚有所专；况始创奇谋，将建大业，理须适事而行，随方以应。卿诚心有本，何假词费！"

魏以开府仪同三司独孤信为大司马。

【译文】侯景担心梁武帝萧衍会责怪他，就派遣中兵参军柳昕上奏梁武帝，认为：“朝廷派的军队还没有到达，正逢生死攸关的时候，于是只好求救于关中，解救眼前的危急。臣既然在高欢那儿不能安身，怎么可能被宇文泰接纳？只是手被毒蛇咬了，要断掉手腕，事情实在是迫不得已，本来想为国效力，希望陛下不要加罪指责！臣得到他们的助力，不能马上背弃，现在用四州的地方做诱敌的资本，宇文泰已经派人去镇守。从豫州以东，齐海以西，都在臣的掌握中；现在所有的地方，都归梁朝管辖，悬瓠、项城、徐州、南兖，都可以派人前去接管。希望陛下能立即命令边境各地，聚集众多的军队，来与我互相接应，不要使得彼此有所误会！”武帝萧衍回答他说：“《春秋》大义：大夫离开国境，尚有专断的权力，何况你始创奇谋，将要建立伟大功业，依理必须随事情变化而行动，根据需要来应变。卿对本朝的诚心是有凭有据的，又何须浪费口舌多做解释呢？”

西魏任命开府仪同三司独孤信为大司马。

六月，戊辰，以鄱阳王范为征北将军，总督汉北征讨诸军事，击穰城。

东魏韩轨等围颍川，闻魏李弼、赵贵等将至，己巳，引兵还邺。侯景欲因会执弼与贵，夺其军；贵疑之，不往。贵欲诱景入营而执之，弼止之。羊鸦仁遣长史邓鸿将兵至汝水，弼引兵还长安。王思政入据颍川。景阳称略地，引军出屯悬瓠。

景复乞兵于魏，丞相泰使同轨防主韦法保及都督贺兰愿德等将兵助之。大行台左丞蓝田王悦言于泰曰：“侯景之于高欢，始敦乡党之情，终定君臣之契，任居上将，位重台司；今欢始死，景遽外叛，盖所图甚大，终不为人下故也。且彼能背德于高氏，岂肯尽节于朝廷！今益之以势，援之以兵，窃恐朝廷贻笑将来也。"泰乃召景入朝。

【译文】六月，戊辰日（初三），梁朝任命鄱阳王萧范做征北将军，总督汉北征讨诸军事，攻打穰城。

东魏韩轨等包围颍川，听说西魏李弼、赵贵等人将要到来，乙巳日（六月无此日），领兵回到邺城。侯景想趁机拘捕李弼和赵贵，夺取他们的军队；赵贵产生了怀疑，没有前往。赵贵想引诱侯景进到他们的军营再抓捕他，李弼制止了这件事。羊鸦仁派遣长史邓鸿带领军队到汝水，李弼领兵回到长安。王思政进入颍川据守。侯景假装要去进攻东魏，领兵退出颍川城，驻扎在悬瓠。

侯景又向西魏请求支援，丞相宇文泰派同轨防卫主帅韦法保与都督贺兰愿德等带领军队去救助他。大行台左丞蓝田人王悦对宇文泰说："侯景与高欢，开始是因为同是怀朔镇人，同乡交情深厚，终而有君臣的默契，侯景职任上将，地位高于台司，现在高欢刚过世，侯景就立即在外叛乱，他的野心实在是很大，终究不肯居于人下的缘故。况且他能背叛高氏，怎么可能为我们朝廷坚守节操呢？现在加重他的势力，再派兵援助，我私下担忧朝廷将来会被后人耻笑！"宇文泰于是召请侯景入朝。

景阴谋叛魏，事计未成，厚抚韦法保等，冀为己用，外示亲密无猜间，每往来诸军间，侍从至少，魏军中名将，皆身自造诣。同轨防长史裴宽谓法保曰："侯景狡诈，必不肯入关，欲托款于公，恐未可信。若伏兵斩之，此亦一时之功也。如其不尔，即应深为之防，不得信其诳诱，自贻后悔。"法保深然之，不敢图景，但自为备而已；寻辞还所镇。王思政亦觉其诈，密召贺兰愿德等还，分布诸军，据景七州、十二镇。景果辞不入朝，遗丞相泰书曰:"吾耻与高澄雁行,安能比肩大弟!"泰乃遣行台郎中赵士宪悉召前后所遣诸军援景者。景遂决意来降。魏将任约以所部千馀人降于景。

【译文】侯景暗中想背叛西魏,事情还没有考虑成熟,于是厚赏安抚韦法保等人,希望韦法保能被自己所用,外表上表现得十分亲热而没有一点猜疑的样子。侯景每次到西魏各路军中,带领的侍从很少,对西魏军中的各位将领也都亲自前往问候。同轨防长史裴宽对韦法保说:"侯景阴险狡猾,一定不肯进入长安,他放下架子想与你亲近,恐怕不值得信任。倘若埋伏军队,将他杀死,也是一次难得的功劳。假如你不如此做,就应当深深地对他提防小心,不可以相信他对你的诱惑煽动,免得留下后悔的灾祸。"韦法保深觉有理,不敢图谋算计侯景,只是小心提防而已,不久韦法保向侯景请辞回到自己的镇所。王思政也发觉侯景的欺诈,暗中召集贺兰愿德等撤回,并且分派各路军队,占据了侯景的七个州、十二个镇。侯景果然辞谢不肯入朝,给丞相宇文泰信函中说:"我与高澄同列都觉得羞耻,怎么可以与您比肩同坐!"宇文泰于是派遣行台郎中赵士宪全部召回前后所派遣的各路去援助侯景的军队。侯景于是决定投降梁朝。西魏将领任约带领他所率领的千余名军队投降了侯景。

泰以所授景使持节、太傅、大将军、兼尚书令、河南大行台、都督河南诸军事回授王思政,思政并让不受;频使敦谕,唯受都督河南诸军事。

高澄将如晋阳,以弟洋为京畿大都督,留守于邺,使黄门侍郎高德政佐之。德政,颢之子也。丁丑,澄还晋阳,始发丧。

秋,七月,魏长乐武烈公若于惠卒。

丁酉，东魏主为丞相欢举哀，服緦缞，凶礼依汉霍光故事，赠相国、齐王，备九锡殊礼。戊戌，以高澄为使持节、大丞相、都督中外诸军、录尚书事、大行台、勃海王；澄启辞爵位。壬寅，诏太原公洋摄理军国，遣中使敦谕澄。

【译文】宇文泰将从前颁给侯景的使持节、太傅、大将军、兼尚书令、河南大行台、都督河南各军事的头衔收回再颁给王思政，王思政推辞不肯接受；宇文泰一次又一次地派使者诚恳地劝说，王思政才只接受了都督河南诸军事的职位。

高澄要回到晋阳，命弟弟高洋做京畿大都督，留守在邺城，派黄门侍郎高德政辅佐他。高德政，是高颢的儿子。丁丑日（十二日），高澄回到晋阳，才发布高欢的死讯。

秋季，七月，西魏长乐武烈公若干惠去世。

丁酉日（初二），东魏孝静帝元善见为丞相高欢举哀，穿緦缞的丧服，丧礼依照汉代霍光去世的情形办理。追赠相国、齐王，备九锡的特殊礼遇。戊戌日（初三），孝静帝元善见任命高澄为使持节、大丞相、都督中外诸军、录尚书事、大行台、勃海王；高澄上奏辞去勃海王的爵位。壬寅日（初七），孝静帝元善见诏令太原公高洋摄理军国大事，派遣中使诚恳地劝谕高澄上任。

庚申，羊鸦仁入悬瓠城。甲子，诏更以悬瓠为豫州，寿春为南豫州，改合肥为合州。以鸦仁为司、豫二州刺史，镇悬瓠；西阳太守羊思达为殷州刺史，镇项城。

八月，乙丑，下诏大举伐东魏。遣南豫州刺史贞阳侯渊明、南兖州刺史南康王会理分督诸将。渊明，懿之子；会理，绩之子也。始，上欲以鄱阳王范为元帅；朱异取急在外，闻之，遽入曰：

"鄱阳雄豪盖世，得人死力，然所至残暴，非吊民之材。且陛下昔登北顾亭以望，谓江右有反气，骨肉为戎首，今日之事，尤宜详择。"上默然，曰："会理何如？"对曰："陛下得之矣。"会理懦而无谋，所乘襻舆，施板屋，冠以牛皮。上闻，不悦。贞阳侯渊明时镇寿阳，屡请行，上许之。会理自以皇孙，复为都督，自渊明已下，殆不对接。渊明与诸将密告朱异，追会理还，遂以渊明为都督。

【译文】庚申日（二十五日），梁将羊鸦仁进入悬瓠城。甲子日（二十九日），梁武帝萧衍诏令更改悬瓠为豫州，改寿春为南豫州，改合肥为合州。任用羊鸦仁做司、豫二州的刺史，镇守悬瓠；任命西阳太守羊思达做殷州刺史，镇守项城。

八月，乙丑日（初一），梁武帝萧衍下诏大举进军攻打东魏。派遣南豫州刺史贞阳侯萧渊明、南兖州刺史南康王萧会理分别督导各将领进攻东魏。萧渊明，是萧懿的儿子；萧会理，是萧续的儿子。起初，武帝萧衍想用鄱阳王萧范做元帅；朱异正在外休假，一听到这消息，立即回朝上奏说："鄱阳王萧范雄豪盖世，超越世人，部下愿效死力，然而他所到的地方对百姓十分残暴，不是能体恤百姓的将才。而且陛下从前登北顾亭远望的时候，说江右地方有叛乱的气息，骨肉至亲也会变成仇人，现在这件事，尤其应当仔细斟酌。"武帝萧衍没有说话，停了一下才说："萧会理这个人怎么样呢？"朱异回答说："陛下已经得到想要的人了。"萧会理懦弱而且没有什么谋略，所乘坐的抬轿，用木板做轿身，上面又盖着牛皮，希望能御兵又能自保，武帝得知后，很不高兴。贞阳侯萧渊明镇守寿阳，多次请求出兵，武帝答应了他。萧会理认为自己是皇孙，又担任都督的职位，所以从萧渊明以下的人，几乎不来往。萧渊明和几位将领把情况密告朱异，武帝又将萧会理追回来，于是任命萧渊明做都督。

辛未，高澄入朝于邺，固辞大丞相；诏为大将军如故，馀如前命。

甲申，虚葬齐献武王于漳水之西；潜凿成安鼓山石窟佛顶之旁为穴，纳其枢而塞之，杀其群匠。及齐之亡也，一匠之子知之，发石取金而逃。

戊子，武州刺史萧弄璋攻东魏碛泉、吕梁二戍，拔之。

【译文】辛未日（初七），高澄到邺城觐见东魏孝静帝元善见，坚持辞去大丞相的职位；东魏孝静帝元善见下诏命他和以前一样做大将军，其他的职务也和从前任命的一样。

甲申日（二十日），东魏假装葬齐献武王高欢在漳水的西边；秘密地在安县鼓山石窟佛寺的旁边挖成墓穴，将高欢的灵枢放进去，堵住洞口，杀掉所有的工人。等到北齐亡国的时候，一个匠人的儿子知道埋葬的地点，搬开石头，拿走里面的金银财宝逃走了。

戊子日（二十四日），梁朝武州刺史萧弄璋攻打东魏碛泉、吕梁两个城戍，攻陷了城池。

或告东魏大将军澄云："侯景有北归之志。"会景将蔡道遵北归，言"景颇知悔过"。景母及妻子皆在邺，澄乃以书谕之，语以阖门无恙，若还，许以豫州刺史终其身，还其宠妻、爱子，所部文武，更不追摄。景使王伟复书曰："今已引二邦，扬旌北讨，熊豹齐奋，克复中原，幸自取之，何劳恩赐！昔王陵附汉，母在不归，太上囚楚，乞羹自若，矧伊妻子，而可介意！脱谓诛之有益，欲止不能，杀之无损，徒复坑戮，家累在君，何关仆也！"

戊子，诏以景录行台尚书事。

东魏静帝，美容仪，旅力过人，能挟石师子逾宫墙，射无不中；好文学，从容沉雅。时人以为有孝文风烈，大将军澄深忌之。

【译文】有人告诉东魏大将军高澄说："侯景想要回到北方来。"恰好侯景的大将蔡道遵回到北方来，说："侯景很后悔自己的过错。"侯景的母亲和妻子、儿女都在邺城，于是高澄就写信劝谕他，告诉他全家仍然安好，假如回来，答应让他终生担任豫州刺史，还给他宠妻、爱子，所领属的文武官员，都不再追究。侯景让王伟回信说："现在我已经引动梁朝和西魏共同出兵要向北边征讨，勇猛如熊豹的武士一起进攻，收复中原，我希望能靠自己的力量，何必再烦劳你的恩赐！从前王陵归附汉朝，母亲虽被项羽捉去但王陵并没有回到项王那里，刘邦的父亲在楚做囚犯，汉高祖刘邦依然生活自在，何况是妻子、儿女，有什么好介意的，或许你认为杀他们对你有益，我想阻止也没有办法，杀他们对我也没有什么损失，只是又增加杀戮的事，受累的是你，又关我什么事呢？"

戊子日（二十四日），梁武帝萧衍下诏任命侯景做录行台尚书事。

东魏孝静帝元善见很英俊，体力超过一般人，能挟着石狮子跳过宫中的围墙，射箭百发百中，又喜爱文学，做事从容不迫，举止庄重文雅。当时人认为有孝文帝元宏的风范，大将军高澄十分忌恨他。

始，献武王自病逐君之丑，事静帝礼甚恭，事无大小必以闻，可否听旨。每侍宴，俯伏上寿；帝设法会，乘辇行香，欢执香炉步从，鞠躬屏气，承望颜色，故其下奉帝莫敢不恭。

及澄当国，倨慢顿甚，使中书黄门郎崔季舒察帝动静，小大皆令季舒知之。澄与季舒书曰："痴人比复何似？痴势小差未？宜用心检校。"帝尝猎于邺东，驰逐如飞，监卫都督乌那罗受工伐从后呼曰："天子勿走马，大将军嗔！"澄尝侍饮酒，举大觞属帝曰："臣澄劝陛下酒。"帝不胜忿，曰："自古无不亡之国，朕亦何用此生为！"澄怒曰："朕，朕，狗脚朕！"使崔季舒殴帝三拳，奋衣而出。明日，澄使季舒入劳帝，帝亦谢焉，赐季舒绢百匹。

【译文】 起初，献武王（高欢）常自责于赶走孝武帝元修入关的过错，所以侍奉孝静帝元善见，十分恭敬，不管大小政事都要禀报，事情做与不做也完全遵从圣旨。每次侍奉宴会，总是低头伏地向孝静帝元善见进酒；孝静帝元善见设立法会时，乘坐御车出外进香，高欢拿着香炉步行跟从，弯曲身子，屏住气息，察言观色，秉承孝静帝的意思做事，所以下面的人侍奉孝静帝也不敢不恭敬。

等到高澄当权时，突然间骄傲怠慢，派中书黄门郎崔季舒观察孝静帝元善见的动静，大小事情都要清楚地知道。高澄写信给崔季舒说："那个痴人（孝静帝）比起从前来怎么样了？愚痴的情形好些了吗？要用心仔细地核查校阅。"孝静帝元善见曾到邺城的东边去打猎，追逐奔驰就像飞一样，监卫都督乌那罗受工伐在后面大喊："陛下不要驰马，大将军会发怒的！"高澄曾陪侍孝静帝饮酒，举起酒杯劝孝静帝说："臣高澄给陛下敬酒。"孝静帝十分生气，说："自古以来没有不灭亡的国家，朕这辈子还活着干什么？"高澄发怒说："朕？朕？长着狗脚的朕！"命崔季舒打了孝静帝三拳，才甩着衣袖走出宫。第二天，高澄命崔季舒入宫去向孝静帝谢罪，孝静帝也向崔季舒回谢，赏赐给崔季舒绢布百匹。

帝不堪忧辱，咏谢灵运诗曰："韩亡子房奋，秦帝鲁连耻。本自江海人，忠义动君子。"常侍、侍讲颍川荀济知帝意，乃与祠部郎中元瑾、长秋卿刘思逸、华山王大器、淮南王宣洪、济北王徽等谋诛澄。大器，鸷之子也。帝谬为敕问济曰："欲以何日开讲？"乃诈于宫中作土山，开地道向北城。至千秋门，门者觉地下响，以告澄。澄勒兵入宫，见帝，不拜而坐，曰："陛下何意反？臣父子功存社稷，何负陛下邪！此必左右妃嫔辈所为。"欲杀胡夫人及李嫔。帝正色曰："自古唯闻臣反君，不闻君反臣。王自欲反，何乃责我！我杀王则社稷安，不杀则灭亡无日，我身且不暇惜，况于妃嫔！必欲弑逆，缓速在王！"澄乃下床叩头，大啼谢罪。于是酣饮，夜久乃出。居三日，幽帝于含章堂。壬辰，烹济等于市。

【译文】孝静帝元善见不堪受屈辱，吟咏谢灵运的一首诗："韩亡子房奋，秦帝鲁连耻。本自江海人，忠义动君子。"（韩亡国后，张良勇敢奋起；秦称帝，鲁仲连引以为耻。本来均是江海人，忠义可以振奋君子的心。）常侍、侍讲颍川人荀济明白孝静帝元善见的心意，于是与祠部郎中元瑾、长秋卿刘思逸、华山王元大器、淮南王元宣洪、济北王元徽等密谋杀掉高澄。元大器，是东魏华山王元鸷的儿子。孝静帝元善见假意下诏问荀济："想要在什么时候开讲？"于是暗中在宫中堆了土山，挖掘地道通向北城。挖到千秋门时，守门的士兵感觉到地下有响声，就去报告高澄。高澄带兵进宫，看到孝静帝元善见，不拜就坐了下来说："陛下为什么要造反？我们父子对国家的贡献，天下人都知道，有什么对不起陛下的地方！这一定是左右妃嫔们出的主意。"想杀掉胡夫人与李嫔。孝静帝元善见严正地说："自古以来只听到做臣子的背叛国君，从来没听过做国君的背叛臣子。你自己想要造反，何必来责怪我！我将你杀掉，那么国家就会太平了，倘若不杀你，国家灭亡的日子一定不会太久，我的生命都不值得珍惜，何况是那些嫔妃！你一定要弑朕谋篡，迟早都在你。"高澄于是离开座位叩头，大声痛哭，向孝静帝元善见谢罪。接着君、臣两人痛快地喝酒，到深夜才回去。过了三天，孝静帝元善见被幽禁在含章堂。壬辰日（二十八日），荀济等一批人被押到闹市，用大火烧死了他们。

初，济少居江东，博学能文。与上有布衣之旧，知上有大志，然负气不服，常谓人曰："会于盾鼻上磨墨檄之。"上甚不平。及即位，或荐之于上，上曰："人虽有才，乱俗好反，不可用也。"济上书谏上崇信佛法、为塔寺奢费，上大怒，欲集朝众斩之；朱异密告之，济逃奔东魏。澄为中书监，欲用济为侍读，献武王曰："我爱济，欲全之，故不用济。济入宫，必败。"澄固请，乃许之。及败，侍中杨遵彦谓之曰："衰暮何苦复尔？"济曰："壮气在耳！"因下辨曰："自伤年纪摧颓，功名不立，故欲挟天子，诛权臣。"澄欲宥其死，亲问之曰："荀公何意反！"济曰："奉诏诛高澄，何谓反！"有司以济老病，鹿车载诣东市，并焚之。

【译文】起初，荀济年轻时住在江东，博学能文。与梁武帝萧衍是布衣旧交，知道武帝有伟大的志向，然而任性使气不肯听从武帝，常常对人说："假如他有不寻常的举动，我也应当起兵，在盾牌的把手上磨墨做檄文来声讨他的罪过。"梁武帝很生气。等到武帝萧衍即位的时候，有人在武帝面前推荐荀济，武帝说："荀济这个人是有才干，但喜欢做违反礼俗的事，爱与人唱反调，不可以任用他。"荀济上书劝谏武帝说，为崇信佛法而盖塔寺是奢侈浪费，武帝很生气，想召集在朝的文武百官，当众杀死他。舍人朱异秘密通报他，荀济就逃奔到东魏。高澄当中书监时，想任用荀济做侍读，高欢说："我疼爱荀济，想要保全他，所以不任用他，荀济一入宫，一定会坏事。"高澄坚持请求，高欢才答应。等到这次密谋失败，侍中杨遵彦对荀济说："你已经年老力衰，何苦要做这种事呢？"荀济说："雄心壮志还在啊！"接着下狱后又辩驳说："因为自己慨叹年纪衰老，功名都没建立，所以想要挟持天子，杀掉那些权贵的大臣。"高澄想要宽恕他的死罪，亲自问他说："荀公到底为什么要造反？"荀济说："我只是奉天子的命令将高澄杀掉，怎么叫造反？"主管部门因为看到荀济年老多病，用小车将他载到刑场，连小车一起焚烧了。

【乾隆御批】 欢恣睢无忌，特以篡夺尚非其时，故假虚文掩人耳目。正与澄之下床大啼，景之稽颡殿下同一伪状。史臣乃谓其自病逐君之丑，可谓无识。

荀济果正士，不当逃奔东魏。独其一死，所谓铁中铮铮耳！

【译文】 高欢放纵无忌，只因篡权的时机尚未到来，才故作虚礼掩人耳目。正与高澄的下床大哭，侯景的殿下叩头同属一种虚伪的假象。史臣却说高欢因自己驱逐君王的丑行而惴惴不安，真可说是毫无见识。

荀济如果真是个忠正之士，就不该逃奔东魏。只是他的一死，可算得上是铮铮铁骨！

澄疑谘议温子升知瑾等谋，方使之作献武王碑，既成，饿于晋阳狱，食弊襦而死。弃尸路隅，没其家口，太尉长史宋游道收葬之。澄谓游道曰："吾近书与京师诸贵论及朝士，以卿僻于朋党，将为一病；今乃知卿真是重故旧、尚节义之人，天下人代卿怖者，是不知吾心也。"九月，辛丑，澄还晋阳。

上命萧渊明堰泗水于寒山以灌彭城，俟得彭城，乃进军与侯景犄角。癸卯，渊明军于寒山，去彭城十八里，断流立堰。侍中羊侃监作堰，再旬而成。东魏徐州刺史太原王则婴城固守，侃劝渊明乘水攻彭城，不从。诸将与渊明议军事，渊明不能对，但云"临时制宜"。

【译文】高澄又怀疑大将军府谘议参军温子升知道元瑾等人的密谋，当时正命他作《献武王碑》，等到写完后，立即将他押到晋阳监狱，让他挨饿，结果他吃下自己的破袄而死。高澄命人将他的尸体丢弃在路边，没收他的家人，充当官府的奴婢，太尉长史宋游道替他收尸埋葬。高澄对宋游道说："我最近与京师的诸位显贵人士谈论朝廷里的士人，认为卿疏远朋党，将会给你带来灾祸，现在才知道卿真是一个注重老交情、崇尚节义的人，天下那些替你恐惧不安的人，是不了解我的心思。"九月，辛丑日（初七），高澄回到晋阳。

梁武帝萧衍命令萧渊明在寒山修筑泗水堰，来灌彭城，以便等得到彭城后，便可以进军与侯景相呼应。癸卯日（初九），萧渊明驻军在寒山，距离彭城十八里路，于是截断水流，修造挡水堰。侍中羊侃监工筑堰，二十天完成。东魏徐州刺史太原人王则环城固守，羊侃劝萧渊明趁着水势攻打彭城，萧渊明不肯听从。各位将领和萧渊明商讨军机大事，萧渊明不能回答，只说："到时依照当时的情况，采取相应措施。"

冬，十一月，魏丞相泰从魏主狩于歧阳。

东魏大将军澄使大都督高岳救彭城，欲以金门郡公潘乐为副。陈元康曰："乐缓于机变，不如慕容绍宗；且先王之命也。公但推赤心于斯人，景不足忧也。"时绍宗在外，澄欲召见之，恐其惊叛；元康曰："绍宗知元康特蒙顾待，新使人来饷金；元康欲安其意，受之而厚答其书，保无异也。"乙酉，以绍宗为东南道行台，与岳、乐偕行。初，景闻韩轨来，曰："啖猪肠儿何能为！"闻高岳来，曰："兵精人凡。"诸将无不为所轻者。及闻绍宗来，叩鞍有惧色，曰："谁教鲜卑儿解遣绍宗来！若然，高王定未死邪？"

【译文】冬季，十一月，西魏丞相宇文泰，跟随西魏文帝元宝炬到岐阳狩猎。

东魏大将军高澄派大都督高岳去救援彭城，想让金门郡公潘乐担任副将。陈元康说："潘乐在机智应变上稍迟缓些，比不上慕容绍宗，况且先王临死有遗命，您对这个人要以赤诚的心相待，侯景不值得担心。"当时慕容绍宗在外任职，高澄想召见他，又担心他会吃惊而生反叛的心；陈元康说："慕容绍宗知道我特别蒙受朝廷照顾优待，最近派人送来金钱。我想使他能安定心志，因而接受了他的馈赠，并且很诚恳地回了他的信，我可以保证他不会有叛乱的事。"乙酉日（十一月无此日），东魏任用慕容绍宗做东南道行台，与高岳、潘乐一起出征。起初，侯景听到韩轨来讨伐，说："这个吃猪肠的小子能干些什么呢？"听说高岳来讨伐，说："军队是精锐的，不过人却是一般的。"各位将领没有一个不被他轻视的。等到听说慕容绍宗来征讨，敲着马鞍，面露惧色，说："谁叫那个鲜卑小儿派慕容绍宗来的？假如是这样的话，高王一定还没死啊！"

澄以廷尉卿杜弼为军司，摄行台左丞，临发，问以政事之要、可为戒者，使录一二条。弼请口陈之，曰："天下大务，莫过赏罚。赏一人使天下之人喜，罚一人使天下之人惧，苟二事不失，自然尽美。"澄大悦，曰："言虽不多，于理甚要。"

绍宗帅众十万据橐驼岘。羊侃劝贞阳侯渊明乘其远来击之，不从，旦日，又劝出战，亦不从；侃乃帅所领出屯堰上。

丙午，绍宗至城下，引步骑万人攻潼州刺史郭凤营，矢下如雨。渊明醉，不能起，命诸将救之，皆不敢出。北兖州刺史胡贵孙谓谯州刺史赵伯超曰："吾属将兵而来，本欲何为，今遇敌而不战乎？"伯超不能对。贵孙独帅麾下与东魏战，斩首二百级。伯超拥众数千不敢救，谓其下曰："虏盛如此，与战必败，不如全军早归，可以免罪。"皆曰："善！"遂遁还。

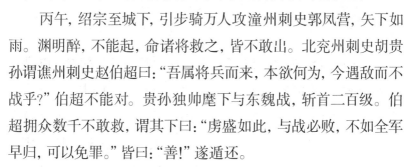

【译文】高澄任命廷尉卿杜弼为军司，代理行台左丞，临派他出征时，高澄还询问他为政的关键以及应警惕的事务，让他写出几条来，杜弼请求用口陈述，说："天下重大的事务，没有比赏罚更关键的，奖赏一个人，要使得天下人都能高兴，惩罚一个人，要使得天下人都会害怕，假如这两件事没有缺失的话，自然是最完美的。"高澄很高兴，说："话虽简要，道理却十分中肯。"

慕容绍宗带领十万名部众据守橐驼岘。羊侃劝贞阳侯萧渊明趁着他们远道而来去进攻他们，萧渊明不肯听从，第二天早晨，羊侃又劝萧渊明出战，他也不听从；羊侃只好带领所属的军队出去驻守在堤坝上。

丙午日（十三日），慕容绍宗到了彭城城下，带领步卒骑兵一万名攻打潼州刺史郭凤的营地，箭如雨一样落下。萧渊明正喝醉酒，大睡不起，好不容易唤醒，命各将领去救援，可是大家都不敢出兵。北兖州刺史胡贵孙对谯州刺史赵伯超说："我们这些人领兵前来，原本是要做什么的呢？现在遇到敌兵却不出去作战?"赵伯超没有说话。胡贵孙单独率领部下去与东魏兵作战,斩下敌人二百个首级。赵伯超拥有数千名士兵却不敢前去救援,对他的部下说:"敌人的气势这么盛,与他们打仗,一定会失败,不如我们带领全部军队早点回去。"大家都说:"好。"于是逃了回去。

初,侯景常戒梁人曰:"逐北勿过二里。"绍宗将战,以梁人轻悍,恐其众不能支,一一引将卒谓之曰:"我当阳退,误吴儿使前,尔击其背。"东魏兵实败走,梁人不用景言,乘胜深入。魏将卒以绍宗之言为信,争共掩击之,梁兵大败,贞阳侯渊明及胡贵孙、赵伯超等皆为东魏所虏,失亡士卒数万人。羊侃结陈徐还。

上方昼寝,宦者张僧胤白朱异启事,上骇之,遽起升舆,至文德殿阁。异曰:"寒山失律。"上闻之,恍然将坠床。僧胤扶而就坐,乃叹曰:"吾得无复为晋家乎!"

郭凤退保潼州,慕容绍宗进围之。十二月,甲子朔,凤弃城走。

【译文】起初,侯景常告诫梁朝人说:"追剿东魏的败兵不可超过二里路。"慕容绍宗即将出征时,认为梁人轻躁而凶猛,担心自己的军队无法抵抗,一个一个地将将士召集过来对他们说:"我将假装败退,引诱梁军深入,你们再从后面进攻他们。"东魏兵真的战败逃走,梁人不听侯景的告诫,乘胜深入敌人的阵营。东魏的将卒都很相信慕容绍宗的话,争着一起趁敌人不备攻打他们,梁兵大败,贞阳侯萧渊明和胡贵孙、赵伯超等人都被东魏俘虏,逃散、死伤的士兵有好几万人。羊侃集合士卒列阵慢慢地退回。

梁武帝萧衍恰好在睡午觉,太监张僧胤报告朱异有事要上奏，梁武帝大惊，立即起来登上轿子来到文德殿。朱异说："韩山的军队出征失利。"武帝一听，恍惚失神得差点从座椅上掉下来，张僧胤扶住武帝坐好，武帝感叹说："我将不再保有王室，而像晋朝一样为夷狄所灭吗？"

郭凤退守潼州，慕容绍宗围攻他。十二月，甲子朔日（初一），郭凤弃城逃走。

东魏使军司杜弼作檄移梁朝曰："皇家垂统，光配彼天，唯彼吴、越，独阻声教。元首怀止戈之心，上宰薄兵车之命，遂解絷南冠，喻以好睦。虽嘉谋长算，爰自我始，罢战息民，彼获其利。侯景竖子，自生猜贰，远托关、陇，依凭奸伪，逆主定君臣之分，伪相结兄弟之亲，岂曰无恩，终成难养，俄而易虑，亲寻干戈。蜂暴恶盈，侧首无托，以金陵逋逃之薮，江南流寓之地，甘辞卑礼，进孰图身，诡言浮说，抑可知矣。而伪朝大小，幸灾忘义，主荒于上，臣蔽于下，连结奸恶，断绝邻好，徵兵保境，纵盗侵国。盖物无定方，事无定势，或乘利而受害，或因得而更失。是以吴侵齐境，遂得勾践之师，赵纳韩地，终有长平之役。矧乃鞭挞疲民，侵轶徐部，筑垒拥川，舍舟徼利。是以援枹秉麾之将，拔距投石之士，含怒作色，如赴私仇。彼连营拥众，依山傍水，举螳螂之斧，被蜛蝫之甲，当穷辙以待轮，坐积薪而候燎。及锋刃才交，埃尘且接，已亡戟弃戈，土崩瓦解，掬指舟中，衽甲鼓下，同宗异姓，缧绁相望。曲直既殊，强弱不等，获一人而失一国，见黄雀而忘深窞，智者所不为，仁者所不向。诚既往之难逮，犹将来之可追。侯景以鄙俚之夫，遭风云之会，位班三事，邑启万家，揣身量分，久当止足。而周章向背，离披不已，夫岂徒然，意亦可见。彼乃授之以利器，诲之以慢藏，使其势得容奸，时堪乘便。今见南风不竞，天亡有征，老贼奸谋，将复作矣。然推坚强者难为功，摧枯朽者易为力。计其虽非孙、吴猛将，燕、赵精兵，犹是久涉行陈，曾习军旅，岂同剽轻之师，不比危脆之众。拒此则作气不足，攻彼则为势有馀，终恐尾大于身，踵粗于股，倔强不掉，狼戾难驯。呼之则反速而衅小，不徵则叛迟而祸大。会应遥望廷尉，不肯为臣，自据淮南，亦欲称帝。但恐楚国亡猨，祸延林木，城门失火，殃及池鱼。横使江、淮士子，荆、扬人物，死亡矢石之下，夭折雾露之中。彼梁主，操行无闻，轻险有素，射雀论功，荡舟称力，年既老矣，耄又及之，政散民流，礼崩乐坏。加以用舍乖方，废立失所，矫情动俗，饰智惊愚，毒螫满怀，妄敦戒业，躁竞盈胸，谬治清净。灾异降于上，怨讟兴于下，人人厌苦，家家思乱，履霜有渐，坚冰且至。传险躁之风俗，任轻薄之子孙。朋党路开，兵权在外。必将祸生骨肉，衅起腹心，强弩冲城，长戈指阙；徒探雀鷇，无救府藏之虚，空请熊蹯，讵延晷刻之命。外崩中溃，今实其时。鹬蚌相持，我乘其弊。方使骏骑追风，精甲辉日，四七并列，百万为群，以转石之形，为破竹之势。当使钟山渡江，青盖入洛，荆棘生于建业之宫，麋鹿游于姑苏之馆。但恐革车之所轥轹，剑骑之所蹂践，杞梓于焉倾折，竹箭以此摧残。若吴之王孙，蜀之公子，归款军门，委命下吏，当即授客卿之秩，特加票骑之号。凡百君子，勉求多福。"其后梁室祸败，皆如弼言。

【译文】东魏让军司杜弼做声讨的檄文送交梁朝，檄文中说："我们皇室的光辉垂示于后世，光耀可与上天媲美，只有你们吴、越地方，阻碍我们的声威教化，东魏皇帝怀着平息天下

资治通鉴

442

干戈的心愿，先丞相高欢也憎恶下达进兵的命令，于是释放了你们的俘虏，希望能修好敦睦。虽然好的计划，长远的打算，是我们开始实施的，可是战争停止，百姓安定，获利的却是你们。侯景这个叛逆的小子，生猜忌不忠的心，远去投奔关中、陇西，归附你们奸邪的朝廷，叛逆的西魏之主却以君臣之礼对待他，与他结为兄弟，难道说对他没有恩情吗？终究还是难以留住他。不久前他改变心意，亲自挑起战端。凶暴的人恶贯满盈，不能被西魏接纳，茫然无所归属，于是把金陵当作逃亡的聚会处，将江南当成流亡寄居的地方，甜言蜜语，卑躬屈膝，作为容身的企图，他奸诈的言辞、浮华的游说，也应当知道了吧！而你们僭伪的梁朝大小官员，幸灾乐祸、见利忘义，君主在上荒淫无道，臣子在下蒙蔽作乱，勾结侯景奸诈险恶之人，断绝邻国的和睦邦交，在境内征兵，纵容盗匪，进犯邻国。事实上任何东西没有一定的去向，任何事情也没有一定的趋势，有时趁着形势做下去反而蒙受灾害，有时因为得到这里反而那边失去更多。所以从前吴国侵犯齐国，于是勾践率领军队入侵，灭亡了吴国，赵国接纳了韩国的土地，终于与秦兵在长平交战，导致国力衰微。何况是你们驱赶疲惫的百姓，突然间进犯到我徐州之地，修筑堡垒，堵塞河川，舍弃船只想寻求利益。所以我们那些拿着鼓槌挥动旗帜的大将，能攻城掠地，勇猛过人的士兵，带着愤怒的脸色，就像对付自己的仇敌一样。你们营连着营，拥有军队那么多，依山傍水，不过就像螳螂一般，打起仗来也只是抬起螳螂臂当作斧头，披着像蛄蟓保护翅膀的壳甲，用这些东西来抵挡车辙、轮轴，就好像坐在堆积的薪柴上等待火把燃烧。等到双方兵刃刚刚相接，尘埃扬起时，已经弃了戟丢了戈，土崩瓦解，轻而易举就被抓去当俘虏，不解甲就被绑起来坐在中军的鼓下受到羞辱。同宗族的人，不同姓名的人全部在监狱里对望。双方差距那么远，强弱又不同，何必因为得到一个人而丢掉了整个国家，见小利而忘大害，就如看见黄雀而忘掉陷阱一样。这是聪明的人不会去干的事，有仁德的人不会向他看齐的。诚然，过去的事我们就不要再去追究，未来的我们还要去追寻。侯景以一个鄙俗的乡间小子，因为遇到际遇，位列三公的高职，拥有万家的采邑，掂量掂量自己的分量，早就可以满足了。然而他钻营顺逆，纷乱不止，难道这只是白忙活的吗？他的用意实在是可以知道的。你们却给他权柄，就好像收藏财物不谨慎，以致引起盗贼偷窃的想法一样，使得情势足以容纳奸邪，让他有机会趁势而起。现在你们梁朝在南边多次失败，这是老天要你们亡国的征兆！侯景这老贼，诡诈的计谋，又将开始了。然而推倒坚硬刚强的是很难成功的，反而是几经摧毁将折的朽木更能发挥他的力量。推算侯景虽然不是像孙子、吴起那样的猛将，手下也没有像燕国、赵国一样的精锐士兵，不过是涉足在兵马行阵中阅历很久的人，学习过打仗的本事，虽不是剽悍冒进的军队，但也不是脆弱易亡的部队。抗拒我魏国恐怕力量还不够，要进攻你梁国则军力有余，只是害怕他尾巴比身体还要大，脚后跟比大腿还要粗，倔强而难以屈服，狠暴乖戾难以驯服，现在征召他，那么他反抗快，但是祸患较小；现在不征召他，那么他就慢慢地作乱，终究会酿成大祸。可能会像东晋苏峻那样遥望廷尉不服惩治，也可能会像西汉黥布那样不肯为臣，自己占据淮南，想要称帝。又恐怕会像楚国一样，猿逃走了，为了找猿，不得不烧掉树林，城门失火，殃及池鱼，无端而受难。迫使江、淮的士子，荆、扬的人物，在箭石中牺牲性命、在雾露中英年早逝，你们的梁武帝萧衍，没听说有什么好的德行，一向也是轻薄阴险，让臣子射麻雀来论功绩，摇船来比勇力，年纪已经老了，心思又将混乱了，政事荒废，百姓外逃，礼乐崩坏，再加上任用罢免官员昏聩不明，废立太子失序，装模作样，搅乱民俗，凭持才智蒙骗愚钝的人，本性凶暴恶毒，却狂妄地努力于佛业，性情浮躁急进，却胡乱地坚守着清静。灾祸异变必定会降临于你们君主头上，毁谤怨恨的话也会从百姓口中说出，人人憎恶痛苦，家家心思紊乱，这种现象不是一朝一夕造成的，所以会这样是日积月累渐渐形成的。将这种危险浮躁的风俗留传下去，任意放纵子孙的轻薄行为，到处结党营私，兵权掌握在外人手里，一定会使灾祸降在骨肉亲人身上，祸兆也一定由亲信的人惹起，强劲的弓箭手一定会冲向城堡，长矛也会指向皇宫；就像赵武灵王进入危险的地方，只能搜寻雏雀而食，无力拯救脏腑的危机，就像楚成王临死请求食熊掌，希望能延长片刻生命。现在正是外力崩溃、朝中混乱的时候，你们鹬蚌相争，我方乘机取利。我们正想派遣骏马骑兵狂奔南下，精良甲兵可与日月同辉，豪杰大将并列行阵，百万部众群聚，观其形势，正任由我军运转，因此说善于驾驭别人的形势，就像在千仞的高山上滚石一样，现在我们声威大震，一出兵必像破竹一样，节节迎刃而解，局势一定不可阻遏。终必使得钟山渡过长江，青包车盖的天子坐车进入洛阳，梁都建业的宫殿一定会因荒芜而荆棘丛生，山上的麋鹿都会跑到姑苏馆去游玩。只怕兵革战车践踏了的土地，剑士骑兵摧残过的地方，江南的名产杞梓遭到折断，竹箭因而受到损毁。假如你们南方梁朝的王孙公子都能诚心归降我们，为我们效命，一定会给你们客卿的俸禄，特别再加上骠骑的封号。你们诸位君子，多多劝勉以便自求多福。”以后梁朝灾祸败亡，都和杜弼说的完全相同。

【申涵煜评】弼《移梁》一檄，不止文词华美，预料梁事，灼如蓍龟。信乎文章有神，孰谓北人可语者止寒山片石也耶？

【译文】杜弼《移梁檄文》，不单是文章词句光彩壮美，而且预测梁国的事情，就像蓍龟占卜一样明白。确实文章有如神灵，谁说北方能说话的人就像是寒山上的一片石头？

侯景围谯城，不下，退攻城父，拔之。壬申，遣其行台左丞王伟等诣建康说上曰："邺中文武合谋，召臣共讨高澄，事泄，澄幽元善见于金墉，杀诸元六十馀人。河北物情，俱念其主，请立元氏一人以从人望，如此，则陛下有继绝之名，臣景有立功之效，河之南北，为圣朝之邾、莒，国之男女，为大梁之臣妾。"上以为然，乙亥，下诏以太子舍人元贞为咸阳王，资以兵力，使还北主魏，须渡江，许即位，仪卫以乘舆之副给之。贞，树之子也。

萧渊明至邺，东魏主升闾阖门受俘，让而释之，送于晋阳，大将军澄待之甚厚。

【译文】侯景围攻谯城没办法取胜，退而攻打城父，攻克了城父。壬申日（初九），侯景派遣行台左丞王伟等到建康游说梁武帝萧衍："邺城中的文武官员一起谋划，召请臣一同去征讨高澄，结果事情败露，高澄幽禁了东魏皇帝元善见，杀掉元姓宗族六十多人。河北地方的人，都怀念他们的国主来统治，所以请求先立一位元氏后裔来迎合大家的愿望。那么，陛下就有继绝世的功业，臣侯景也有立功的机会，黄河南北都是大梁圣朝附属的小国，国中的男女，都将成为大梁的臣民婢妾。"梁武帝萧衍真的以为如此，乙亥日（十二日），武帝下诏派太子舍人元贞做咸阳王，资助他兵马，让他回到北方去统治魏国，等到渡过长江，允许他使用仅次于天子的仪仗。元贞，是元树的儿子。

萧渊明到了邺城，东魏孝静帝元善见打开闾阖门接受降俘，责备后释放了萧渊明，把他送到晋阳，大将军高澄待他十分优厚。

慕容绍宗引军击侯景，景辎重数千两，马数千匹，士卒四万人，退保涡阳。绍宗士卒十万，旗甲耀日，鸣鼓长驱而进。景使谓之曰："公等为欲送客，为欲定雌雄邪？"绍宗曰："欲与公决胜负。"遂顺风布陈。景闭垒，俟风止乃出。绍宗曰："侯景多诡计，好乘人背。"使备之，果如其言。景命战士皆被短甲，执短刀，入东魏陈，但低视，斫人胫马足。东魏兵遂败，绍宗坠马，仪同三司刘丰〔生〕被伤，显州刺史张遵业为景所擒。

【译文】 慕容绍宗率领军队攻打侯景，侯景的补给、支援装备、粮秣等装了好几千辆车，马有几千匹，士卒四万人，退守涡阳。慕容绍宗的军队有十万人，旌旗铠甲可与日光争辉，敲着鼓迅速前进。侯景派使者去问慕容绍宗说："你们是要送客，还是要一决雌雄呢？"慕容绍宗说："想和你一决胜负。"于是顺着风势，排好军阵。侯景关闭营垒，等到风停了才出兵。慕容绍宗说："侯景奸诈无比，喜欢趁人不备从背后进攻。"于是派兵加以戒备，果然被慕容绍宗料中。侯景命令战士穿着短的战甲，拿着短刀进入东魏军阵，只低头看下面，砍人的腿，马的脚。东魏军队因此战败。慕容绍宗从马上掉下来，仪同三司刘丰生被砍伤，显州刺史张遵业被侯景捉去。

绍宗、丰生俱奔谯城，裨将斛律光、张恃显尤之，绍宗曰："吾战多矣，未见如景之难克者也。君辈试犯之！"光等被甲将出，绍宗戒之曰："勿渡涡水。"二人军于水北，光轻骑射之。景临涡水谓光曰："尔求勋而来，我惧死而去。我，汝之父友，何为射我? 汝岂自解不渡水南? 慕容绍宗教汝也!"光无以应。景使其徒田迁射光马, 洞胸; 光易马隐树, 又中之, 退入于军。景擒恃显, 既而舍之。光走入谯城, 绍宗曰: "今定何如, 而尤我也!"光, 金之子也。

【译文】慕容绍宗、刘丰生都投奔到谯城, 副将斛律光、张恃显责备他们兵败的过失。慕容绍宗说: "我作战这么多次, 从来没见过侯景那么难对付的人。你们试着去攻打他看看!"斛律光等人披上铠甲将要出征, 慕容绍宗告诫他们说: "不要渡过涡水。"二人驻军在涡水的北面, 斛律光骑着轻便的马向对岸射箭, 侯景隔着涡水对斛律光说: "你是追求功勋才来这里, 我是害怕被高澄杀死才离开东魏。我是你父亲的朋友, 为什么要射我? 你难道明白不可以渡过涡水到南边来吗? 一定是慕容绍宗教你的吧。"斛律光不知应该怎么回答。侯景命他的侍徒田迁射斛律光的马, 箭穿过马胸; 斛律光换了马躲藏在树林中, 马又被射中, 只好退回军阵里。侯景抓住了张恃显, 随即又将他放了。斛律光回到谯城, 慕容绍宗说: "今天究竟怎么样? 还要责备我吗?"斛律光, 是斛律金的儿子。

开府仪同三司段韶夹涡而军, 潜于上风纵火, 景帅骑入水, 出而却走, 草湿, 火不复然。

魏岐州久经丧乱, 刺史郑穆初到, 有户三千, 穆抚循安集, 数年之间, 至四万馀户, 考绩为诸州之最; 丞相泰擢穆为京兆尹。

侯景与东魏慕容绍宗相持数月, 景食尽, 司马世云降于绍宗。

【译文】开府仪同三司段韶分别在涡水两岸驻军, 偷偷地顺风放火, 侯景带领骑兵跳进水里, 出来后再逃走, 草湿了, 火就不再燃烧。

西魏岐州经过长久的战乱，刺史郑穆刚来时，只有三千户人家，郑穆安抚百姓，使他们遵守法纪，安定聚居，才几年的时间，就增加到四万多户，考核政绩他是各州中最好的；丞相宇文泰提拔郑穆做京兆尹。

侯景与东魏慕容绍宗相持了好几个月，侯景的粮草用完了，他的部将司马世云向慕容绍宗投降。

资治通鉴卷第一百六十一　梁纪十七

著雍执徐，一年。

【译文】 起止戊辰（公元548年），共一年。

【题解】 本卷记录了公元548年一年的史事。正当梁武帝萧衍太清二年，西魏文帝元宝炬大统十四年，东魏孝静帝元善见武定六年。这一年北朝东、西魏没有大事发生，南朝梁武帝接纳奸人东魏叛将侯景，引狼入室，酿成祸乱，史称太清之祸。侯景被东魏平叛军队击败，在率数百人逃亡途中，利用梁将韦黯的怯懦与愚蠢，偷袭并占据了淮南重镇寿阳，东魏为了全力夺取西魏军队占据的河南各州镇，主动向梁"示好"，梁武帝年老昏庸，一面纵容侯景在淮南发展势力，一面积极与东魏讲和，激起侯景起兵南攻建康，从而发生惨烈的建康皇城围攻战。

高祖武皇帝十七

太清二年（戊辰，公元五四八年）春，正月，己亥，慕容绍宗以铁骑五千夹击侯景，景诳其众曰："汝辈家属已为高澄所杀。"众信之。绍宗遥呼曰："汝辈家属并完，若归，官勋如旧。"被发向北斗为誓。景士卒不乐南渡，其将暴显等各帅所部降于绍宗。景众大溃，争赴涡水，水为之不流。景与腹心数骑自硖石济淮，稍收散卒，得步骑八百人，南过小城，人登陴诟之曰："跛奴！欲何为邪！"景怒，破城，杀诟者而去。昼夜兼行，追军不敢逼。使谓绍宗曰："景若就擒，公复何用！"绍宗乃纵之。

辛丑，以尚书仆射谢举为尚书令，守吏部尚书王克为仆射。

甲辰，豫州刺史羊鸦仁以东魏军渐逼，称粮运不继，弃悬瓠，还义阳；殷州刺史羊思达亦弃项城走；东魏人皆据之。上怒，责让鸦仁。鸦仁惧，启申后期，顿军淮上。

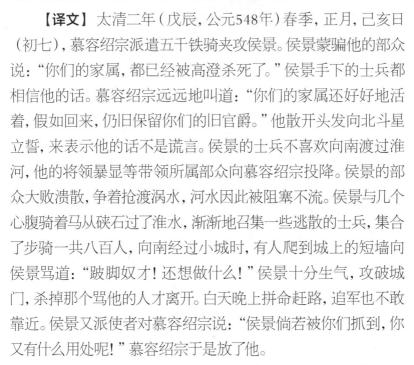

【译文】太清二年（戊辰，公元548年）春季，正月，己亥日（初七），慕容绍宗派遣五千铁骑夹攻侯景。侯景蒙骗他的部众说："你们的家属，都已经被高澄杀死了。"侯景手下的士兵都相信他的话。慕容绍宗远远地叫道："你们的家属还好好地活着，假如回来，仍旧保留你们的旧官爵。"他散开头发向北斗星立誓，来表示他的话不是谎言。侯景的士兵不喜欢向南渡过淮河，他的将领暴显等带领所属部众向慕容绍宗投降。侯景的部众大败溃散，争着抢渡涡水，河水因此被阻塞不流。侯景与几个心腹骑着马从硖石过了淮水，渐渐地召集一些逃散的士兵，集合了步骑一共八百人，向南经过小城时，有人爬到城上的短墙向侯景骂道："跛脚奴才！还想做什么！"侯景十分生气，攻破城门，杀掉那个骂他的人才离开。白天晚上拼命赶路，追军也不敢靠近。侯景又派使者对慕容绍宗说："侯景倘若被你们抓到，你又有什么用处呢！"慕容绍宗于是放了他。

辛丑日（初九），梁朝任命尚书仆射谢举为尚书令，代理吏部尚书王克为仆射。

甲辰日（十二日），豫州刺史羊鸦仁因为东魏军队渐渐逼近，以粮草运输供应不上为借口，放弃了悬瓠城，回到义阳；殷州刺史羊思达也放弃项城逃走了；东魏军队把这些城池都占据了。梁武帝萧衍十分愤怒，斥责羊鸦仁。羊鸦仁很害怕，上奏启请宽限时日收复城池，不敢回到义阳，驻军在淮河岸上。

侯景既败，不知所适，时鄱阳王范除南豫州刺史，未至。马头戍主刘神茂，素为监州事韦黯所不容，闻景至，故往候之，景问曰："寿阳去此不远，城池险固，欲往投之，韦黯其纳我乎？"神茂曰："黯虽据城，是监州耳。王若驰至近郊，彼必出迎，因而执之，可以集事。得城之后，徐以启闻，朝廷喜王南归，必不责也。"景执其手曰："天教也！"神茂请帅步骑百人先为乡导。壬子，景夜至寿阳城下，韦黯以为贼也，授甲登陴。景遣其徒告曰："河南王战败来投此镇，愿速开门。"黯曰："既不奉敕，不敢闻命。"景谓神茂曰："事不谐矣。"神茂曰："黯懦而寡智，可说下也。"乃遣寿阳徐思玉入见黯曰："河南王为朝廷所重，君所知也。今失利来投，何得不受？"黯曰："吾之受命，唯知守城；河南自败，何预吾事！"思玉曰："国家付君以阃外之略，今君不肯开城，若魏追兵来至，河南为魏所杀，君岂能独存！纵使或存，何颜以见朝廷？"黯然之。思玉出报，景大悦曰："活我者，卿也。"癸丑，黯开门纳景，景遣其将分守四门，诘责黯，将斩之。既而抚手大笑，置酒极欢。黯，叡之子也。

【译文】侯景打了败仗后，不知道要到那里去，当时鄱阳王萧范改派南豫州刺史，还没有上任。马头戍主刘神茂，平时就与监州事韦黯意见不合，他听说侯景来了，就去迎接他。侯景问他："寿阳离这里不远，城池坚固险要，我想去投靠，韦黯会接纳我吗？"刘神茂说："韦黯虽然据守城池，只不过是监州罢了，大王若奔驰到近郊，他一定会出来迎接，可趁机将他抓起来，必定可以成事。等到占据了城池，再慢慢地向陛下禀奏，朝廷假如知道大王回到南方来，一定很高兴，绝对不会怪罪的。"侯景拉着他的手说："这是上天在开导我啊！"刘神茂请求带领步骑一百名先出发作为向导。壬子日（二十日），侯景晚上才来到寿阳城下；韦黯以为是贼兵，命士卒穿上铠甲，登上城头短墙，侯景派他的随从去告诉他们说："河南王战败来投靠这里，希望赶快打开城门。"韦黯说："我没有接到陛下的命令，所以也不敢打开城门应允你们的请求。"侯景对刘神茂说："事情好像不太顺利啊！"刘神茂说："韦黯生性懦弱也没有什么主见，可以派人继续说服他。"于是派遣寿阳人徐思玉去拜见韦黯说："河南王是朝廷的重臣，你也是知道的。现在战事失利前来投靠，为何不接纳呢？"韦黯说："我接到的命令，只知道把守城池，河南王自己战败，关我什么事！"徐思玉说："国家托付给你的是边外的战略要地，现在你不肯打开城门，假如魏兵来了，河南王被东魏军队杀掉，你难道能单独地存活下去吗？到那时候又有什么脸面去向朝廷交代呢？"韦黯深觉有理。徐思玉出城通报，侯景很高兴地说："救我的人，就是你。"癸丑日（二十一日），韦黯打开城门接纳侯景，侯景派遣他的部将分别把守住四个城门，责问韦黯，要将他杀掉；过了一会儿又拍手大笑，很高兴地准备酒宴。韦黯，是韦叡的儿子。

　　朝廷闻景败，未得审问；或云："景与将士尽没。"上下咸以为忧。侍中、太子詹事何敬容诣东宫，太子曰："淮北始更有信，侯景定得身免，不如所传。"敬容对曰："得景遂死，深为朝廷之福。"太子失色，问其故，敬容曰："景翻覆叛臣，终当乱国。"太子于玄圃自讲《老》《庄》，敬容谓学士吴孜曰："昔西晋祖尚玄虚，使中原沦于胡、羯。今东宫复尔，江南亦将为戎乎！"

　　【译文】梁朝听到侯景战败了，还未得到准确消息。有人说:"侯景与将士都死了。"朝廷上下都特别忧心。侍中、太子詹事何敬容来到东宫,太子说:"淮北又有信来了,侯景一定得以保全性命,不是像传言那样。"何敬容说:"倘若侯景能死,那才是朝廷的大福。"太子脸色都变了,惊讶地询问原因,何敬容说:"侯景是一个翻云覆雨、变化无常的叛逆臣子,终究会让国家大乱。"太子在东宫玄圃亲自讲授老、庄学说,何敬容对学士吴孜说:"以前西晋崇尚玄学,使得中原沦没在胡、羯手中,现在太子在东宫也是如此,江南地方也将变成犬戎的属地!"

【乾隆御批】 敬容既为詹事不能正谏,而有后言,已失蹇蹇之义,而又为妾弟私属其人,尚足齿哉!

【译文】 何敬容既然是太子詹事却不能直言规劝,却又有后来的那番言论,已经失掉刚正不阿之义,而又替妾的弟弟私下写信向领军说情,这种人何足挂齿?

甲寅,景遣仪同三司于子悦驰以败闻,并自求贬削;优诏不许。景复求资给,上以景兵新破,未忍移易。乙卯,即以景为南豫州牧,本官如故;更以鄱阳王范为合州刺史,镇合肥。光禄大夫萧介上表谏曰:"窃闻侯景以涡阳败绩,只马归命,陛下不悔前祸,复敕容纳。臣闻凶人之性不移,天下之恶一也。昔吕布杀丁原以事董卓,终诛董而为贼;刘牢反王恭以归晋,还背晋以构妖。何者?狼子野心,终无驯狎之性,养虎之喻,必见饥噬之祸。侯景以凶狡之才,荷高欢卵翼之遇,位忝台司,任居方伯,然而高欢坟土未干,即还反噬。逆力不逮,乃复逃死关西;宇文不容,故复投身于我。陛下前者所以不逆细流,正欲比属国降胡以讨匈奴,冀获一战之效耳;今既亡师失地,直是境上之匹夫,陛下爱匹夫而弃与国，臣窃不取也。若国家犹待其更鸣之辰，岁暮之效，臣窃惟侯景必非岁暮之臣；弃乡国如脱屣，背君亲如遗芥，岂知远慕圣德，为江、淮之纯臣乎！事迹显然，无可致惑。臣朽老疾侵，不应干预朝政；但楚囊将死，有城郢之忠，卫鱼临亡，亦有尸谏之节。臣忝为宗室遗老，敢忘刘向之心！"〔上〕叹息其忠，然不能用。介，思话之孙也。

【译文】 甲寅日（二十二日），侯景派遣仪同三司于子悦乘马飞奔前去将失败的消息上奏朝廷，并且自行请求贬官削职。梁武帝萧衍下诏安慰他，没有允许。侯景又请求补给，武帝认为侯景的士兵刚刚打了败仗，不忍心让他调动。乙卯日（二十三日），武帝就任命侯景为南豫州牧，本官仍旧不变；改派鄱阳王萧范为合州刺史，镇守合肥。光禄大夫萧介上表进谏说："我听说侯景在涡阳打了败仗，单人独骑逃命回来，陛下不追究他从前的罪过，又下令接纳他。我听人家说过凶恶的人的本性是不会改变的，天下的恶人都一样。从前吕布杀掉丁原去侍奉董卓，终于还是杀掉董卓成为叛贼；刘牢之反叛王恭投降于东晋，最终还是背弃东晋制造祸乱。这是什么原因呢？俗话说：'狼的儿子终究是野兽的心肠，毕竟没有驯服亲和的习性，以喂养老虎为例，最后必定会因为饥饿而发生咬人的惨祸啊！'侯景凭借凶险狡猾的才智，又得到高欢提携庇护，位至三公，职任诸侯，然而高欢刚过世，坟土未干，立即反过来咬他们一口。叛逆的兵力不够，就又逃命到关西求援；宇文泰不肯收纳他，所以又前来投靠我们。陛下从前所以能包容他，是想像汉代安排投降的胡人，在边境建立属国，以便征讨匈奴，所希望获得的是一次战事的胜利罢了！现在侯景的军队已经失败，土地又失去了，只不过是边境上的平凡匹夫罢了，陛下难道为了爱护一个匹夫而放弃与邻国东魏的友好吗？假如国家仍然等候他再振奋高呼，贞臣尽死节的功效，那么我私下认为侯景绝对不是贞节而能尽忠的臣子；他背弃国家就像脱掉鞋子一样，背弃君王就像丢掉草芥一样，又怎么能知晓他是远远地仰慕我朝圣德，是江、淮地方的忠臣呢？事情的迹象已经很清楚，没有什么可以怀疑的。臣已经老了，又常受疾病的困扰，不应当干涉朝廷政务，但是以前楚国令尹子囊快死的时候，遗言命子庚一定要修筑郢城，君子说子囊有忠心，临死还不忘保卫社稷；卫人史鱼，临终前因有感于卫灵公不用蘧伯玉，不斥退弥子瑕，而且屡谏不听，所以命儿子以尸死谏，感动了卫灵公，这是史鱼尸谏的节操。我忝为宗室遗老，怎么敢忘记汉成帝刘骜时刘向上封事进谏的忠心！”梁武帝萧衍赞叹他的忠心，然而仍然没有采纳他的建议。萧介，是南朝宋元嘉年间萧思话的孙子。

己未，东魏大将军澄朝于邺。

魏以开府仪同三司赵贵为司空。

魏皇孙生，大赦。

二月，东魏杀其南兖州刺史石长宣，讨侯景之党也；其馀为景所胁从者，皆赦之。

东魏既得悬瓠、项城，悉复旧境。大将军澄数遣书移，复求通好；朝廷未之许。澄谓贞阳侯渊明曰：“先王与梁主和好，十有馀年。闻彼礼佛文云：‘奉为魏主，并及先王。’此乃梁主厚意；不谓一朝失信，致此纷扰，知非梁主本心，当是侯景扇动耳，宜遣使谘论。若梁主不忘旧好，吾亦不敢违先王之意，诸人并即遣还，侯景家属亦当同遣。”

【译文】己未日（初三），东魏大将军高澄到邺城觐见孝静帝元善见。

西魏任命开府仪同三司赵贵为司空。

西魏文帝元宝炬孙子诞生，大赦境内。

二月，东魏杀掉他们的南兖州刺史石长宣，讨伐侯景的余党；其余被侯景威逼听命的，都赦免了他们的罪过。

东魏已经得到了悬瓠、项城，又全部收复了旧有的边境，大将军高澄好几次派人送文书到梁朝，又请求两国通好，梁朝没有答应。高澄对贞阳侯萧渊明说：“先王与梁朝和好，已经有十几年了，听说梁武帝萧衍在礼佛时祝文说：‘为魏主及先王高欢祈福。’这乃是梁武帝的一番厚爱心意；不料一朝失信，导致现在的动乱，我知道这不是梁武帝本来的心意，必定是侯景煽动的，应当派遣使者来讨论。假如武帝没有忘记从前和先父的交情，那么我也不敢违背先王的遗愿，被东魏抓来的那些人一定会遣送回国，侯景的家属也一定会一同遣送到梁朝。”

渊明乃遣省事夏侯僧辩奉启于上，称“勃海王弘厚长者，若更通好，当听渊明还。”上得启，流涕，与朝臣议之。右卫将军朱异、御史中丞张绾等皆曰：“静寇息民，和实为便。”司农卿傅岐独曰：“高澄何事须和？必是设间，故命贞阳遣使，欲令侯景自疑；景意不安，必图祸乱。若许通好，正堕其计中。”异等固执宜和，上亦厌用兵，乃从异言，赐渊明书曰：“知高大将军礼汝不薄，省启，甚以慰怀。当别遣行人，重敦邻睦。”

【译文】 萧渊明于是派遣省事夏侯僧辩捧着奏书上呈给梁武帝萧衍，说：“渤海王高澄是一位宽厚的长者，假如两国再通友好，一定允许我萧渊明回国。”武帝萧衍得到启奏，感动得流下眼泪，与朝中大夫一同商议。右将军朱异、御史中丞张绾等人都说："使战乱平息，百姓安息，只有通好才是适当的。"只有司农傅岐说："高澄为什么要通好，一定又有什么阴谋，所以叫贞阳侯派遣使者前来，想让侯景自己产生猜疑；侯景假如思想不安定，一定图谋叛乱。倘若应允通好，正好落入他的计谋圈套。"朱异等人坚持请求通好讲和，武帝萧衍也讨厌战争，于是听从朱异的话，赐给萧渊明书信说："知道高澄大将军对待你不薄，看了你的启奏，十分安慰感怀，一定会另外派遣使者，重新修复两国的友谊。"

　　僧辩还，过寿阳，侯景窃访知之，摄问，具服。乃写答渊明之书，陈启于上曰："高氏心怀鸩毒，怨盈北土，人愿天从，欢身殒越。子澄嗣恶，计灭待时，所以昧此一胜者，盖（大）〔天〕荡澄心以盈凶毒耳。澄苟行合天心，腹心无疾，又何急急奉璧求和？岂不以秦兵扼其喉，胡骑迫其背，故甘辞厚币，取安大国。臣闻'一日纵敌，数世之患'，何惜高澄一竖，以弃亿兆之心！窃以北魏安强，莫过天监之始，钟离之役，匹马不归。当其强也，陛下尚伐而取之；及其弱也，反虑而和之。舍已成之功，纵垂死之虏，使其假命强梁，以遗后世，非直愚臣扼腕，实亦志士痛心。昔伍相奔吴，楚邦卒灭；陈平去项，刘氏用兴；臣虽才劣古人，心同往事。诚知高澄忌贾在翟，恶会居秦，求盟请和，冀除其患。若臣死有益，万殒无辞。唯恐千载，有秽良史。"景又致书于朱异，饷金三百两；异纳金而不通其启。

　　【译文】夏侯僧辩回去的路上，途经寿阳，侯景私下查访得知这件事，收押夏侯僧辩再审问，夏侯僧辩都一一回答。于是侯景写了一封给萧渊明的回信，又上奏给梁武帝萧衍说："高氏心地歹毒，在北边领土上积满了怨恶，高欢的死是每个人所祈愿的，也是老天顺从民意想杀死他。他的儿子高澄继承了他的恶毒心性，大家都在计算着他的灭亡时日，所以老天罔昧而让他打一次胜仗的原因，是上天故意要动摇他的心，使他恶贯满盈罢了。高澄假如行为合于天意，内心没有什么好担忧的，又何必急着要拿财宝璧玉来求和呢？这难道不是因为西魏的军队扼住他的喉咙，北方柔然兵压迫在他的脊背上吗？所以说甜言蜜语，厚币重帛，都是拿来安抚大国的。臣听说：'一天放纵敌人，就会留下数代的灾祸。'何必怜悯高澄这一个小子，而丢弃了亿万百姓的心，我私下以为北魏之强，没有比天监初年时再强的了，钟离的战役，他们一匹战马都没回去。在他们强盛时，陛下尚且可以攻伐战胜他们；等到他们衰弱时，反而想与他们谈和。这是放弃自己的成功，而放纵了垂死的俘虏，让他成为强梁，而遗留给后世祸患，这样不只是我这个愚臣生气，实在是让每个有志气的士人都痛心的事情。从前伍子胥从楚国逃到吴国，吴王阖闾任用他，最终破楚入郢，消灭了楚国；陈平离开项羽归降刘邦，刘邦任用他，终于兴起称帝；臣虽然才能比古人卑劣驽钝，但心志却与他们一样。臣确实知道高澄就像晋人妒嫉贾季奔翟而翟国富强，讨厌随会奔秦而给晋人带来忧患，所以请求订盟约议和，希望剪除他的祸患。假如臣死而有益于梁朝，我一定万死不辞。只怕留下千秋笑柄，有污良史。"侯景又写信给朱异，馈赠给他三百两金子，朱异收了金子而没有把侯景的这道奏章进呈梁武帝萧衍。

己卯，上遣使吊澄。景又启曰："臣与高氏，衅隙已深，仰凭威灵，期雪仇耻；今陛下复与高氏连和，使臣何地自处！乞申后战，宣畅皇威！"上报之曰："朕与公大义已定，岂有成而相纳，败而相弃乎！今高氏有使求和，朕亦更思偃武。进退之宜，国有常制。公但清静自居，无劳虑也！"景又启曰："臣今蓄粮聚众，秣马潜戈，指日计期，克清赵、魏，不容军出无名，故愿以陛下为主耳。今陛下弃臣退外，南北复通，将恐微臣之身，不免高氏之手。"上又报曰："朕为万乘之主，岂可失信于一物！想公深得此心，不劳复有启也。"

【译文】 己卯日（十七日），梁武帝萧衍派使者去慰问高澄。侯景又启奏说："臣与高澄，不合的裂痕已经很深，我仰赖着圣朝的恩德，期待能洗刷仇恨耻辱，现在陛下又与高澄讲和，让臣无地自容，乞请发布檄文而让我出战，宣扬我们圣朝的国威！"梁武帝萧衍回答说："朕与您的君臣关系已经确定，哪里有成功时就相互接纳，失败了就相互背叛的道理？现在高澄派使者前来求和，朕也更想要停息战事。进退的权衡，国家自有制度，你尽管清静养身，不必劳神担忧！"侯景又启奏说："臣现在蓄积粮草，集合部队，喂饱马，修造武器，确定了进兵的日期，攻克东魏，但又不可以没有出兵的理由，所以希望陛下做主下达命令罢了！现在陛下将臣远弃在外，南北再通好往来，恐怕将来我这卑微的性命，不免要丢在高澄的手中。"梁武帝萧衍又回复他说："朕是万乘大国的君主，怎么可以在这件小事上失信，想你必定能理解这份用心，不必再劳驾启奏了！"

景乃诈为邺中书，求以贞阳侯易景；上将许之。舍人傅岐曰："侯景以穷归义，弃之不祥；且百战之馀，宁肯束手受絷！"谢举、朱异曰："景奔败之将，一使之力耳。"上从之，复书曰："贞阳旦至，侯景夕返。"景谓左右曰："我固知吴老公薄心肠！"王伟说景曰："今坐听亦死，举大事亦死，唯王图之！"于是始为反计，属城居民，悉召募为军士，辄停责市估及田租，百姓子女，悉以配将士。

【译文】 侯景于是伪造了东魏邺都来信，请求用贞阳侯萧渊明来换回侯景，梁武帝萧衍打算同意。舍人傅岐说："侯景因为走投无路而来归降，要放弃他是不吉祥的事，而且他是身经百战的人，他难道答应束手就擒吗？"谢举、朱异说："侯景是败逃之将，一个使臣的力量就可把他抓来。"武帝萧衍听从了他们的建议，又回信说："贞阳侯萧渊明早上送来，侯景晚上送回。"侯景对身边的人说："我就知道这吴地老头儿是个薄心肠的人！"王伟游说侯景："现在你坐在这儿听命也是死，造反干大事也是死，只好由你自己谋划决定了！"于是开始做谋反的准备：所统辖郡县的百姓，全部招募为军士，立刻停止征收商税和田租，百姓的女儿都许配给将士。

【乾隆御批】 梁非亡于侯景，实亡于朱异。异始劝纳景已潜种祸机，既复劝许东魏求成，构成叛衅。且更纳景金而不通其启，于鄱阳羊鸦仁之告反，又匿其奏，并执来使。是速景之反者异，成景之乱者亦异也。迄乎景已临江，犹谓必无渡江之志，始终蒙蔽，梁遂以亡。此固奸邪误国之尤。而梁主甘受其毒，独何心哉？

清轻之气上浮而为天，万古不易者也。若浮图氏所称劫运，则又谬悠而不可知。仍此天地也，安得有裂之理？此盖祖女娲炼石补天之奇说。遇电雷之变，史官好怪而甚其词，转云如电若雷耳。

【译文】 梁并非亡于侯景，实际上是亡于朱异。朱异开始劝梁武帝接纳侯景就已种下了潜藏的祸根，后来又劝其答应东魏求和，构成侯景之乱的原因。而且更是接受了侯景的金子却不把他的信呈给梁武帝，在鄱阳羊鸦仁报告反情时，又藏匿了他的奏章，并且抓住来使。因此加速侯景之乱的是朱异，促成侯景之乱的也是朱异。等到侯景已经到达江边，却说他必无渡江之志，始终将梁武帝蒙在鼓里，梁这才灭亡。这本是奸邪误国的例子中尤为突出的。而梁武帝却甘愿受其毒害，这又是什么与众不同的心思呢？

清轻之气上浮而成为天，这是亘古不变的。如佛教所说的劫数，则又荒谬而遥不可知。仍旧是这个天地，怎有分裂之理？这大概是源于女娲炼石补天的神奇传说吧。遇到雷电的变化，史官喜欢怪异的事，而过分其词，把云转化成如电像雷的东西了。

三月，癸巳，东魏以太尉襄城王旭为大司马，开府仪同三司高岳为太尉。辛亥，大将军澄南临黎阳，自虎牢济河至洛阳。魏同轨防长史裴宽与东魏将彭乐等战，为乐所擒，澄礼遇甚厚，宽得间逃归。澄由太行返晋阳。

屈獠洞斩李贲，传首建康。贲兄天宝遁入九真，收馀兵二万围爱州，交州司马陈霸先帅众讨平之。诏以霸先为西江督护、高要太守、督七郡诸军事。

【译文】 三月，癸巳日（初二），东魏任用太尉襄城王元旭做大司马，开府仪同三司高岳做太尉。辛亥日（二十日），大将军高澄向南到达黎阳，从虎牢渡河进入洛阳。西魏同轨防长史裴宽与东魏大将彭乐等人交战，被彭乐捉住，高澄对他十分礼遇，但裴宽趁机逃回西魏。高澄又从太行山回到晋阳。

李贲在屈獠洞被杀，首级送到建康。李贲的哥哥李天宝逃入九真，收拾残余的士兵两万人围攻梁朝的爱州。交州司马陈霸先带领部众前去讨平了他，梁武帝萧衍下诏任命陈霸先为西江督护、高要太守、督导七郡诸军事。

夏，四月，甲子，东魏吏部令史张永和等伪假人官，事觉，纠检、首者六万馀人。

甲戌，东魏遣太尉高岳、行台慕容绍宗、大都督刘丰生等将步骑十万攻魏王思政于颍川。思政命卧鼓偃旗，若无人者。岳恃其众，四面陵城。思政选骁勇开门出战，岳兵败走。岳更筑土山，昼夜攻之，思政随方拒守，夺其土山，置楼堞以助防守。

五月，魏以丞相泰为太师，广陵王欣为太傅，李弼为大宗伯，赵贵为大司寇，于谨为大司空。太师泰奉太子巡抚西境，登陇，至原州，历北长城，东趣五原，至蒲州，闻魏主不豫而还。及至，已愈，泰还华州。

【译文】夏季，四月，甲子日（初三），东魏吏部令史张永和等伪造文书任用官吏，事情被揭发后，被检举揭发、自首的有六万多人。

甲戌日（十三日），东魏派太尉高岳、行台慕容绍宗、大都督刘丰生等带领步卒、骑兵十万人去攻打西魏颍川的王思政。王思政命令部众藏起战鼓，放下旌旗，好像全营都没有人的样子。高岳仗着自己人多势众，四面进攻城池。王思政选拔刚强勇猛的将士打开城门迎战，高岳的军队败走。高岳又筑起土山，不分昼夜地进攻，王思政随着他进攻的方位来防御守备，又攻取了他们的土山，并在城池的短墙上安置高楼来帮助防守。

五月，西魏任命丞相宇文泰为太师，任用广陵王元欣做太傅，李弼做大宗伯，任命赵贵为大司寇，于谨为大司空。太师宇文泰侍奉太子巡视西方边境，登上陇山，到了原州，越过北长城，东向五原，再回到蒲州，听说西魏文帝元宝炬身体不舒服就回来了。等回到长安，魏文帝元宝炬已痊愈，宇文泰就回到华州。

上遣建康令谢挺、散骑常侍徐陵等聘于东魏，复修前好。陵，摛之子也。

六月，东魏大将军澄巡北边。

秋，七月，庚寅朔，日有食之。

乙卯，东魏大将军澄朝于邺。以道士多伪滥，始罢南郊道坛。八月，庚寅，澄还晋阳，遣尚书辛术帅诸将略江、淮之北，凡获二十三州。

【译文】梁武帝萧衍派遣建康令谢挺、散骑常侍徐陵等出使东魏，恢复从前友好的关系。徐陵，是徐摛的儿子。

六月，东魏大将军高澄巡视北部边疆。

秋季，七月，庚寅朔日（初一），发生日食。

乙卯日（二十六日），东魏大将军高澄到邺城朝觐孝静帝元善见。认为假的道士太多，甚至有泛滥的趋势，开始撤除南郊的道坛。八月，庚寅日（初二），高澄回到晋阳，派遣尚书辛术带领各路将领侵犯江、淮的北部，共获得二十三州。

侯景自至寿阳，徵求无已，朝廷未尝拒绝。景请娶于王、谢，上曰："王、谢门高非偶，可于朱、张以下访之。"景恚曰："会将吴儿女配奴！"又启求锦万匹为军人作袍，中领军朱异议以青布给之。又以台所给仗多不能精，启请东冶锻工，欲更营造，敕并给之。景以安北将军夏侯夔之子谲为长史，徐思玉为司马，谲遂去"夏"称"侯"，托为族子。

上既不用景言，与东魏和亲，是后景表疏稍稍悖慢；又闻徐陵等使魏，反谋益甚。元贞知景有异志，累启还朝。景谓曰："河北事虽不果，江南何虑失之，何不小忍！"贞惧，逃归建康，具以事闻；上以贞为始兴内史，亦不问景。

【译文】侯景自从到寿阳后，不断地向朝廷提出请求，梁朝也不曾拒绝。侯景请求娶王、谢宗族的女子，梁武帝萧衍说："王、谢宗族门第高贵，不是你匹配的对象，可以在朱、张宗族以下挑选。"侯景愤怒地说："将来，我要让萧衍的女儿许配给奴仆！"又启奏请求赏赐锦布万匹为军人做战袍，中领军朱异建议给他粗布。侯景又认为御史台所供给的兵器大多不精纯，启奏请求东冶的锻工再加以炼造。侯景任用安北将军夏侯夒的儿子夏侯譒做长史，徐思玉做司马，夏侯譒于是去掉"夏"字改"侯"姓，假称是侯景的同族侄子。

梁武帝萧衍没有采用侯景的建议，和东魏通好，从此以后侯景上奏疏时渐渐露出背逆傲慢的态度，又听说派徐陵等出使东魏，背叛的意图更加明显了。元贞知道侯景有背叛的心志，多次启奏请求调回朝廷。侯景对他说："黄河北边的战役虽然没有什么成果、江南这边又何必担忧会失掉，为什么不稍稍忍耐些呢？"元贞很害怕，逃回建康，将这些事都上表报告；武帝萧衍任命元贞为始兴内史，也没有再追问侯景的事。

临贺王正德，所至贪暴不法，屡得罪于上，由是愤恨，阴养死士，储米积货，幸国家有变；景知之。正德在北与徐思玉相知，景遣思玉致笺于正德曰："今天子年尊，奸臣乱国。以景观之，计日祸败。大王属当储贰，中被废黜，四海业业，归心大王。景虽不敏，实思自效，愿王允副苍生，鉴斯诚款！"正德大喜曰："侯公之意，暗与吾同，天授我也！"报之曰："朝廷之事，如公所言。仆之有心，为日久矣。今仆为其内，公为其外，何有不济！机事在速，今其时矣。"

鄱阳王范密启景谋反。时上以边事专委朱异，动静皆关之，异以为必无此理。上报范曰："景孤危寄命，譬如婴儿仰人乳哺，以此事势，安能反乎！"范重陈之曰："不早剪扑，祸及生民。"上曰："朝廷自有处分，不须汝深忧也。"范复请自以合肥之众讨之，上不许。朱异谓范使曰："鄱阳王遂不许朝廷有一客！"自是范启，异不复为通。

【译文】 临贺王萧正德，每到一个地方总是贪婪残暴，不遵守法令，多次受到梁武帝萧衍的斥责，因此怀恨在心，暗中蓄养亡命的士卒，储备粮草，积存财货，希望国家有变时，趁机造反。侯景知晓了这件事。萧正德在北方时曾与徐思玉很有交情，侯景就派徐思玉拿着书信去对萧正德说："现在陛下年纪大了，常有奸邪臣子干扰朝政，依我看，祸患败亡的日子不远了。大王本来应当是储君人选，中途又遭到废除罢黜，天下敬畏，都心归大王。侯景虽不聪敏，实在诚心想效劳，希望大王允许我达成百姓的心愿，我的忠心，望能鉴察！"萧正德大喜说："侯公的心意，正与我一样，这是上天给我的机会啊！"回信说："朝廷的事，就像你所说的一样，我有这种打算，已经很久了，现在我做内应，你在外行事，哪里会有不成功的道理！机密的事情必须从速行动，现在正是时候。"

鄱阳王萧范秘密启奏说侯景想谋逆造反，当时梁武帝萧衍把边陲之事专门委派给朱异，动静事宜都由他决定，朱异认为一定不会有这种事情。武帝回复萧范说："侯景孤单势危，现在只是寄居在那儿，就好像婴儿一样还要靠人喂奶，以这样的情势，怎么能够造反？"萧范重新陈述说："不早一点消灭他，祸患会牵连到百姓。"武帝说："朝廷自会处理，不需要你来操这么多的心。"萧范又请求派合肥的部众去征讨他，武帝不允许。朱

资治通鉴

异对萧范的使者说："鄱阳王就是不愿意朝廷里有一位外来的客人！"从此萧范的启奏，朱异都不再通报给梁武帝萧衍。

　　景邀羊鸦仁同反，鸦仁执其使以闻。异曰："景数百叛虏，何能为！"敕以使者付建康狱，俄解遣之。景益无所惮，启上曰："若臣事是实，应罹国宪；如蒙照察，请戮鸦仁！"景又上言："高澄狡猾，宁可全信！陛下纳其诡语，求与连和，臣亦窃所笑也。臣宁堪粉骨，投命仇门，乞江西一境，受臣控督。如其不许，即帅甲骑，临江上，向闽、越，非唯朝廷自耻，亦是三公旰食。"上使朱异宣语答景使曰："譬如贫家，畜十客、五客，尚能得意；朕唯有一客，致有忿言，亦朕之失也。"益加赏赐锦彩钱布，信使相望。

【译文】侯景邀请羊鸦仁一起造反，羊鸦仁将派来的使者抓起来，上报朝廷。朱异说："侯景只有几百个反叛的部众，能做得了什么呢！"命令将使者交给建康监狱，不久就放了他，押送回去。侯景更加肆无忌惮，启奏梁武帝萧衍说："假如臣的事是真的，就应当依国法处置，但是假如能受到明察，而没有罪过的话，就应当将羊鸦仁杀掉！"侯景又说："高澄很狡猾，而陛下却宁愿完全相信他的话！陛下接纳了他诡诈的谎言，要求讲和，这让臣私下也觉得可笑。臣怎么能粉身碎骨而投靠在仇人的门下呢？请求能得到江西地区，让臣控制督导。假如不允许，立刻率领铁甲骑兵，渡过长江，向闽、越出兵，这不只是朝廷的羞辱，也是王公大臣所担心的事。"武帝萧衍派朱异传话回答侯景的使者说："就像穷困的人家养十个、五个客，都还能让客人满意，朕只养了一个客，就有愤怒的言辞，这实在是朕的罪过啊！"赏赐给他许多绸缎钱币，信使往来不断。

戊戌，景反于寿阳，以诛中领军朱异、少府卿徐驎、太子右卫率陆验、制局监周石珍为名。异等皆以奸佞骄贪，蔽主弄权，为时人所疾，故景托以兴兵。驎、验，吴郡人；石珍，丹杨人。驎、验迭为少府丞，以苛刻为务，百贾怨之，异尤与之昵，世人谓之"三蠹"。

司农卿傅岐，梗直士也，尝谓异曰："卿任参国钧，荣宠如此。比日所闻，鄙秽狼藉，若使圣主发悟，欲免得乎！"异曰："外间谤讟，知之久矣。心苟无愧，何恤人言！"岐谓人曰："朱彦和将死矣。恃诌以求容，肆辩以拒谏，闻难而不惧，知恶而不改，天夺其鉴，其能久乎！"

资治通鉴

【译文】戊戌日（初十），侯景在寿阳造反，他以杀掉中领军朱异、少府卿徐驎、太子右卫率陆验、制局监周石珍为借口反叛了梁朝。朱异这些人平素都是奸佞狡诈，骄横贪暴，蒙蔽君主，玩弄权术的，被当时人痛恨，因此侯景假托杀他们的名义来起兵。徐驎、陆验是吴郡人；石珍是丹杨人。徐驎、陆验轮流担任少府丞，因为做事苛刻，众多商贾都怨恨他们，朱异特别与他们亲近，当时的人称他们为"三蠹"。

司农卿傅岐，是性情耿直的官吏，曾对朱异说："你担任国家要职，得到的荣耀受到的宠爱如此之多，我最近听说，您的行为卑鄙、龌龊、乱七八糟，假如让圣上知道，想要免祸还可能吗？"朱异说："外面对我的毁谤和诬蔑，陛下知道已经很久了。只要我心地坦荡，没有一点愧疚，又何必去担心别人的话！"傅岐对别人说："朱异快要完了，他仗恃着诌媚陛下而得到官位，花言巧语来拒绝别人的劝谏，听到危难的事情临头也不害怕，知道自己的过错又不知悔改，上天夺去了他的分辨力，难道他还能久存吗？"

景西攻马头，遣其将宋子仙东攻木栅，执戍主曹璆等，上闻之，笑曰："是何能为！吾折棰笞之。"敕购斩景者，封三千户公，除州刺史。甲辰，诏以合州刺史鄱阳王范为南道都督，北徐州刺史封山侯正表为北道都督，司州刺史柳仲礼为西道都督，通直散骑常侍裴之高为东道都督，以侍中、开府仪同三司邵陵王纶持节董督众军以讨景。正表，宏之子；仲礼，庆远之孙；之高，邃之兄子也。

【译文】 侯景向西去进攻马头，派遣他的将领宋子仙向东进攻木栅，抓住了戍主曹璆等人。梁武帝萧衍听到后，笑着说："这又能做什么呢！我折断马鞭来揍他一顿。"下令悬赏能将侯景杀掉的，封为三千户公，拜官为州刺史。甲辰日（十六日），武帝萧衍下诏令任命合州刺史鄱阳王萧范做南道都督，北徐州刺史封山侯萧正表做北道都督，司州刺史柳仲礼做西道都督，通直散骑常侍裴之高做东道都督，任用侍中开府仪同三司邵陵王萧纶持节督率众军来征讨侯景。萧正表，是萧宏的儿子；柳仲礼是柳庆远的孙子；裴之高是裴邃哥哥的儿子。

【乾隆御批】 梁主庸耄，景久已玩之股掌。乃口出大言，适以自愚。可谓不知分量者。

【译文】 梁武帝萧衍年老昏庸，侯景早已把他玩弄于股掌之间。他却口出狂言，恰好说明他在自己欺骗自己。真可以说是一个不知分量的人啊！

九月，东魏濮阳武公娄昭卒。

侯景闻台军讨之，问策于王伟。伟曰："邵陵若至，彼众我寡，必为所困。不如弃淮南，决志东向，帅轻骑直掩建康；临贺反其内，大王攻其外，天下不足定也。兵贵拙速，宜即进路。"景乃留外弟中军大都督王显贵守寿阳；癸未，诈称游猎，出寿阳，人不之觉。冬，十月，庚寅，景扬声趣合肥，而实袭谯州，助防董绍先开城降之。执刺史丰城侯泰。泰，范之弟也，先为中书舍人，倾财以事时要，超授谯州刺史。至州，遍发民丁，使担腰舆、扇、伞等物，不限士庶；耻为之者，重加杖责，多输财者，即纵免之，由是人皆思乱。及侯景至，人无战心，故败。

【译文】九月，东魏濮阳武公娄昭去世。

侯景听说梁武帝萧衍派军队征讨他，就向王伟询问应对的计策，王伟说："假如邵陵王萧纶带兵来的话，他们人多，我们人少，必定会被他们围困。不如放弃淮南，一心一意向东进兵，带领轻便骑兵直扑建康；临贺王萧正德从里面造反，大王从外面进攻，天下不难平定。军队作战贵在迅速，应当立即出发上路。"侯景于是留下表弟中军大都督王显贵固守寿阳；癸未日（二十五日），蒙骗他们说要出去打猎，率军离开寿阳，别人都没有察觉。冬季，十月，庚寅日（初三），侯景传言说要前往合肥，而实际上是去偷袭谯州，谯州助防董绍先打开城门投降侯景，将刺史丰城侯萧泰抓了起来。萧泰，是萧范的弟弟，起初是中书舍人，倾尽家财去侍奉当时权贵，被破格任命为谯州刺史。到了谯州任上，到处征调民间壮丁，命这些人给他抬轿，手持扇、伞等物，不管是士人还是普通百姓，倘若觉得做这些可耻而不做的话，就重重地用刑杖责罚，如果多送财物贿赂他，就可以免除，因此人心都散乱不堪。等到侯景一到，人们都没有战备的心，所以就失败了。

庚子，诏遣宁远将军王质帅众三千巡江防遏。景攻历阳太守庄铁，丁未，铁以城降，因说景曰："国家承平岁久，人不习战，闻大王举兵，内外震骇。宜乘此际速趋建康，可兵不血刃而成大功。若使朝廷徐得为备，内外小安，遣羸兵千人直据采石，大王虽有精甲百万，不得济矣。"景乃留仪同三司田英、郭骆守历阳，以铁为导，引兵临江。江上镇戍相次启闻。上问讨景之策于都官尚书羊侃，侃请"以二千人急据采石，令邵陵王袭取寿阳；使景进不得前，退失巢穴，乌合之众，自然瓦解。"朱异曰："景必无度江之志。"遂寝其议。侃曰："今兹败矣！"

【译文】 庚子日（十三日），梁武帝萧衍下诏令派遣宁远将军王质带领部众三千人巡视长江防止作乱。侯景进攻历阳，太守是庄铁，丁未日（二十日），庄铁开城投降。于是劝侯景说："国家太平的时间太久了，人人不习惯作战，听说大王起兵，国内外的人都震惊恐惧，应当趁着这个时机立即赶往建康，可以不必让战士流血就建立大功业。倘若让朝廷稍微有点准备，内外稍微安定些，只要调遣老弱的兵士一千多人直接占据采石渡口，大王纵然有百万的精兵，也渡不了长江！"侯景于是留下仪同三司田英、郭骆镇守历阳，让庄铁做向导，率领军队靠近江边。江上镇守在边城的官员相继上奏。武帝萧衍就向都官尚书羊侃询问征讨侯景的计策，羊侃请求"派两千人立即据守采石渡口，命令邵陵王萧纶袭击攻打寿阳，让侯景进没办法进，退又失去了巢穴，像乌鸦那样聚合的部队，自然就会瓦解崩溃"。朱异说："侯景一定没有渡江的心志。"于是不采用羊侃的建议。羊侃说："这次一定要失败了！"

戊申，以临贺王正德为平北将军、都督京师诸军事，屯丹杨郡。正德遣大船数十艘，诈称载荻，密以济景。景将济，虑王质为梗，使谍视之。会临川大守陈昕启称："采石急须重镇，王质水军轻弱，恐不能济。"上以昕为云旗将军，代质戍采石，徵质知丹杨尹事。昕，庆之之子也。质去采石，而昕犹未下渚。谍告景云："质已退。"景使折江东树枝为验，谍如言而返，景大喜曰："吾事办矣！"己酉，自横江济于采石，有马数百匹，兵八千人。是夕，朝廷始命戒严。

景分兵袭姑孰，执淮南太守文成侯宁。南津校尉江子一帅舟师千馀人，欲于下流邀景；其副董桃生，家在江北，与其徒先溃走。子一收馀众，步还建康。子一，子四之兄也。

【译文】 戊申日（二十一日），梁武帝萧衍任用临贺王萧正德做平北将军，都督京师诸军事，驻守丹杨郡。萧正德派遣大船数十艘，假装说是装运芦荻，秘密去接侯景渡江。侯景将要渡江时，担心王质会从中作梗，派间谍监视他。恰好临川太守陈昕上奏说："采石渡口急切需要加强防守，王质的水军兵力弱了些，恐怕无法完成重任。"武帝萧衍就任用陈昕做云旗将军，接替王质戍守采石，征召王质担任丹杨尹。陈昕，是陈庆的儿子。王质离开采石，而陈昕还留在建康没去采石赴任。密探告诉侯景说："王质已经离开采石了。"侯景让他折断江南岸树枝作为验证，密探按照他的话做了后返回。侯景大喜说："我的事成功了！"己酉日（二十二日），侯景从横江渡过长江到达采石，一共有马数百匹，兵士八千人。这天晚上，朝廷才开始下令戒严。

侯景分派军队袭击姑孰城，将淮南太守文成侯萧宁抓了起来。南津校尉江子一带领水军一千多人，想在下流阻挡侯景；他的副将董桃生，家住在江北，与他的部属首先溃散逃跑。江子一收拾了残余部众，退回建康。江子一，是江子四的哥哥。

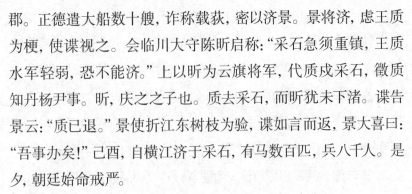

资治通鉴

太子见事急，戎服入见上，禀受方略，上曰：“此自汝事，何更问为！内外军事，悉以付汝。”太子乃停中书省，指授军事，物情惶骇，莫有应募者。朝廷犹不知临贺王正德之情，命正德屯朱雀门，宁国公大临屯新亭，太府卿韦黯屯六门，缮修宫城，为受敌之备。大临，大器之弟也。

己酉，景至慈湖。建康大骇，御街人更相劫掠，不复通行。赦东、西冶、尚方钱署及建康系囚，以扬州刺史宣城王大器都督城内诸军事，以羊侃为军师将军副之，南浦侯推守东府，西丰公大春守石头，轻车长史谢禧、始兴太守元贞守白下，韦黯与右卫将军柳津等分守宫城诸门及朝堂。推，秀之子；大春，大临之弟；津，仲礼之父也。担诸寺库公藏钱，聚之德阳堂，以充军实。

【译文】太子看到事态紧急，穿戴军服进朝叩见梁武帝萧衍，接受战略指示。武帝萧衍说："这是你自己的事，何必又要问我呢！朝廷内外的军政事务，都交给你了。"太子就进驻中书省，指挥布置军事要务，人心惶惶，没有人肯应募出征。朝廷还不知道临贺王萧正德与侯景勾结的事情，仍然让萧正德驻守朱雀门，宁国公萧大临驻守新亭，太府卿韦黯驻守六个城门，修缮宫城，作为迎敌的准备。萧大临，是萧大器的弟弟。

己酉日（二十二日），侯景的军队到了慈湖，建康城内大为惊恐，皇城御街上的行人互相抢劫掳掠，不能再通行。朝廷赦免了东冶、西冶、尚方钱署和建康监狱被关的囚犯劳工，任命扬州刺史宣城王萧大器都督城内诸军事，让羊侃担任军师将军作为萧大器的副手，命南浦侯萧推驻守东府，西丰公萧大春驻守石头，命轻车长史谢禧、始兴太守元贞驻守白下，韦黯与右卫将军柳津等分别守卫宫城各门和朝堂。南浦侯萧推，是安成王萧秀的儿子；萧大春，是萧大临的弟弟；柳津，是柳仲礼的父亲。收聚各个府寺仓库中国家积蓄的钱财，集中在德阳堂，用来充实军备。

庚戌，侯景至板桥，遣徐思玉来求见上，实欲观城中虚实。上召问之。思玉诈称叛景请间陈事，上将屏左右，舍人高善宝曰："思玉从贼中来，情伪难测，安可使独在殿上！"朱异侍坐，曰："徐思玉岂刺客邪！"思玉出景启，言"异等弄权，乞带甲入朝，除君侧之恶。"异甚惭悚。景又请遣了事舍人出相领解，上遣中书舍人贺季、主书郭宝亮随思玉劳景于板桥。景北面受敕，季曰："今者之举何名？"景曰："欲为帝也！"王伟进曰："朱异等乱政，除奸臣耳。"景既出恶言，遂留季，独遣宝亮还宫。

百姓闻景至，竞入城，公私混乱，无复次第，羊侃区分防拟，皆以宗室间之。军人争入武库，自取器甲，所司不能禁，侃命斩数人，方止。是时，梁兴四十七年，境内无事，公卿在位及闾里士大夫罕见兵甲，贼至猝迫，公私骇震。宿将已尽，后进少年并出在外，军旅指撝，一决于侃，侃胆力俱壮，太子深仗之。

【译文】庚戌日（二十三日），侯景军队到了板桥，派遣徐思玉求见梁武帝萧衍，其实是想窥探城里的虚实。梁武帝召见质问他。徐思玉假装说背叛了侯景请求单独向皇上报告情况，武帝将左右人都屏退，舍人高善宝说："徐思玉从敌人那里来，情况很难预料，怎么可以让他单独和陛下在殿堂上？"朱异侍候在旁坐，说："徐思玉难道是刺客吗？"徐思玉拿出侯景的启奏，说："朱异等玩弄权术，请求能携带武器进入朝廷，除掉国君身边的恶人！"朱异十分惭愧害怕。侯景又请求派遣通晓事理的舍人出来总录侯景所说的事，以便皇上分辨是非，梁武帝派中书舍人贺季、主书郭宝亮跟随徐思玉到板桥慰劳侯景，侯景向北面接受敕令，贺季说："今天的出兵举动是以什么名义？"侯景说："想做皇帝啊！"王伟上前说："朱异等人扰乱国事，所以要除掉奸邪的臣子罢了。"侯景已经说出诳妄的话，于是留住贺季，只派遣郭宝亮回宫。

百姓听说侯景来了，争相进城，公私混乱，再也没有秩序。羊侃划分设计城防，都是用宗室来镇守。军士争着进入武器库房，取用兵器盔甲，主管的官员也无法禁止，羊侃下令杀掉了好几个人，才阻止了争夺。这时候，梁朝建国已经四十七年了，境内没有什么事，在位的公卿与乡里士大夫很少见到兵器。贼兵忽然间来到，官府百姓都惊骇震动。老将都死光了，年轻的将领都出巡在外，军队的指挥，全由羊侃决策，羊侃有胆有识，太子全仰仗于他。

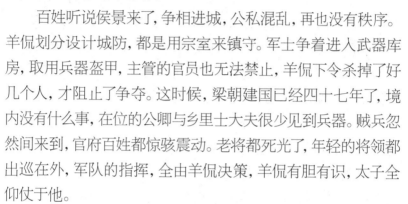

辛亥，景至朱雀桁南，太子以临贺王正德守宣阳门，东宫学士新野庾信守朱雀门，帅宫中文武三千馀人营桁北。太子命信开大桁以挫其锋，正德曰："百姓见开桁，必大惊骇。可且安物情。"太子从之。俄而景至，信帅众开桁，始除一舫。见景军皆著铁面，退隐于门。信方食甘蔗，有飞箭中门柱，信手甘蔗，应弦而落，遂弃军走。南塘游军沈子睦，临贺王正德之党也，复闭桁渡景。太子使王质将精兵三千援信，至领军府，遇贼，未陈而走。正德帅众于张侯桥迎景，马上交揖，既入宣阳门，望阙而拜，歔欷流涕，随景度淮。景军皆著青袍，正德军并著绛袍，碧里，既与景合，悉反其袍。景乘胜至阙下，城中恼惧，羊侃诈称得射书云："邵陵王、西昌侯援兵已至近路。"众乃少安。西丰公大春弃石头，奔京口；谢禧、元贞弃白下走；津主彭文粲等以石头城降景，景遣其仪同三司于子悦守之。

【译文】辛亥日（二十四日），侯景的军队到了朱雀桁南边，太子派临贺王萧正德把守宣阳门，东宫学士新野人庾信把守朱雀门，带领宫中文武官员三千多人在朱雀桁北扎营。太子命庾信断开大浮桥来削弱敌人的兵势，萧正德说："百姓看到断开浮桥，一定大大惊恐，可先暂且安定民心。"太子采纳了他的建议。不久侯景到了，庾信带领部众断开大浮桥，才刚撤开一艘船，看见侯景的军队都戴上铁面具，于是退后躲在城门下。庾信正在吃甘蔗，有飞箭射中了门柱，庾信手上的甘蔗应声而掉落，于是庾信丢弃了军队，拔腿逃跑了。南塘游军沈子睦是临贺王萧正德的同党，又将浮桥重新闭合让侯景军队渡过去。太子派王质带领精锐的三千名兵士援助庾信，到了领军府，与贼兵相遇，还没有列好阵势就逃走了。萧正德带领军队在张侯桥迎接侯景，在马上互相作揖，就进入了宣阳门，萧正德对着宫门下拜，悲伤地流下眼泪，随着侯景渡过淮水。侯景的军队都穿着青色战袍，萧正德的军队都穿着红色的战袍，青色的内里，在和侯景会合后，就将青色内里反过来，也与侯景军队一样都换成青色战袍。侯景乘胜攻到皇城下，京城里人心惊慌，羊侃欺骗大家说得到了一封系在箭上射进来的信，信上说："邵陵王萧纶、西昌侯萧渊藻的援兵已经在附近的路上了。"大家才稍稍安心。西丰公萧大春放弃了石头城，逃到京口；谢禧、元贞放弃了白下城逃走；渡口守将彭文粲等打开石头城投降侯景，侯景派遣他的仪同三司于子悦驻守石头城。

壬子，景列兵绕台城，旛旗皆黑，射启于城中曰："朱异等蔑弄朝权，轻作威福，臣为所陷，欲加屠戮。陛下若诛朱异等，臣则敛辔北归。"上问太子:"有是乎?"对曰:"然。"上将诛之。太子曰:"贼以异等为名耳;今日杀之,无救于急,适足贻笑将来,俟贼平诛之未晚。"上乃止。

【译文】 壬子日(二十五日),侯景排列兵阵包围皇城,军旗都是黑色的,将启奏文书射进城中说:"朱异等人蔑视朝廷,行动轻浮,作威作福,臣被他所陷害,想把他杀掉。陛下假如杀掉朱异那批人,那么臣一定掉转马头率军回到北边去。"梁武帝萧衍问太子:"有这回事吗?"太子回答说:"是的。"武帝想将朱异杀掉。太子说:"贼寇用朱异那些人做借口起兵,假如现在真的将他们杀了,对紧急的情势也没有什么帮助,只是让人耻笑罢了,等到将来贼兵平定后再杀他们也不晚。"武帝才打消杀他们的念头。

景绕城既匝,百道俱攻,鸣鼓吹脣,喧声震地,纵火烧大司马、东、西华诸门。羊侃使凿门上为窍,下水沃火;太子自捧银鞍,往赏战士;直阁将军朱思帅战士数人逾城出外洒水,久之方灭。贼又以长柯斧斫东掖门,门将开,羊侃凿扇为孔,以槊刺杀二人,斫者乃退。景据公车府,正德据左卫府,景党宋子仙据东宫,范桃棒据同泰寺。景取东宫妓数百,分给军士。东宫近城,景众登其墙射城内。至夜,景于东宫置酒奏乐,太子遣人焚之,台殿及所聚图书皆尽。景又烧乘黄厩、士林馆、太府寺。癸丑,景作木驴数百攻城,城上投石碎之。景更作尖项木驴,石不能破。羊侃使作雉尾炬,灌以膏蜡,丛掷焚之,俄尽。景又作登城楼,高十馀丈,欲临射城中。侃曰:"车高堑虚,彼来必倒,可卧而观之。"及车动,果倒。

【译文】 侯景将皇城包围起来，各处一起攻城，打鼓吹号的声音，喧闹声几乎要震动天地。又放火烧大司马以及东、西华城门。羊侃命人在门上凿挖洞穴，灌进水来扑灭火势，太子捧着银鞍，去奖赏战士；直阁将军朱思带领好几个战士爬过城墙到外面洒水，很久才将火扑灭。贼兵又用长柄的斧头去砍东掖门，门快要被打开了，羊侃命人在门扇上挖个洞，用长矛杀了两个人，砍门的贼人才退走。侯景占据了公车府，萧正德据守左卫府，侯景的同党宋子仙驻守东宫，范桃棒据守同泰寺。

侯景抓了东宫的好几百名歌伎，分送给军士。东宫靠近皇城，侯景的部众爬到城墙上向城内射箭。到了晚上，侯景在东宫摆酒奏乐，太子派人放火烧营，台殿与里面所藏的图书都被烧光了。侯景又烧掉乘黄厩、士林馆、太府寺。癸丑日（二十六日），侯景制造了数百个木驴来攻城，城上投下石头将它们打碎。侯景又制造尖顶的木驴，石头砸不破，羊侃派人制作用苇草绑着的像雉尾样子的火把，再将油蜡灌进去，一起丢下去点燃，不一会儿又将尖顶的木驴烧光了。侯景又制造了登城楼车，高十几丈，想爬上往城里射箭。羊侃说："车那么高而深坑是空虚的，楼车过来必定会倒塌，我们可以躺下来看。"等到车一发动，果真都倒塌了。

景攻既不克，士卒死伤多，乃筑长围以绝内外，又启求诛朱异等。城中亦射赏格出外曰："有能送景首者，授以景位，并钱一亿万，布绢各万匹。"朱异、张绾议出兵击之，上问羊侃，侃曰："不可。今出人若少，不足破贼，徒挫锐气；若多，则一旦失利，门隘桥小，必大致失亡。"异等不从，使千馀人出战；锋未及交，退走，争桥赴水死者大半。

侃子鸑，为景所获，执至城下，以示侃，侃曰："我倾宗报主，犹恨不足，岂计一子，幸早杀之！"数日，复持来，侃谓鸑曰："久以汝为死矣，犹在邪！"引弓射之。景以其忠义，亦不之杀。

庄铁虑景不克，托称迎母，与左右数十人趣历阳，先遣书给田英、郭骆曰："侯王已为台军所杀，国家使我归镇。"骆等大惧，弃城奔寿阳，铁入城，不敢守，奉其母奔寻阳。

【译文】侯景不能攻克皇城，士卒死伤的又很多，于是又修建了长的围墙将内外隔绝开来，又请求诛杀朱异等人。城中也射出悬赏规格到城外，说："有能送来侯景首级的，授给他侯景的官位和一亿万钱，布绢各万匹。"朱异、张绾商议出兵攻打他们，询问羊侃，羊侃说："不可以，现在派出的兵倘若太少，不足以击败敌人，只是白白挫伤了军中的锐气罢了；假如太多，一旦失利，城门窄小，一定会导致一大部分人伤亡。"朱异等不肯听从，派一千多人出去迎战，还没有来得及交战，就退了回来，争着挤桥过水，死了一大半的人。

羊侃的儿子羊鸑，被侯景抓住了，将他绑在城下，给羊侃看，羊侃说："我牺牲整个宗族生命，报效君主，都还遗憾不够报答，怎么会吝惜一个儿子，希望你早点将他杀掉吧！"过了几天，又将他绑出来了，羊侃对羊鸑说："我以为你早已经死了，没想到，还活着呢！"于是羊侃拉开弓要射他。侯景被羊侃的忠义感动，也没有杀羊鸑。

庄铁担心侯景不能取胜，假托说要去迎接母亲，和身边的数十人前往历阳，先派人送信去欺骗田英、郭骆说："侯景已经被朝廷的军队杀掉了，朝廷命我回来镇守。"郭骆等人十分害怕，放弃了历阳逃往寿阳，庄铁一进城，不敢停留，带着他的母亲投奔到寻阳。

【申涵煜评】侃引弓射其子,或以为寡恩,不知此正所以保全之子。已落贼手,若有乞怜之色,贼未必从,徒伤大节。故出此险著,冀免万一耳。或曰:汉祖分羹,亦是此意。但君臣、父子间所处不同,彼便已得罪万世。

【译文】羊侃拉弓射子,有人认为他是刻薄少恩,不明白这正是他保护和成全儿子。他的儿子已经落入叛贼的手里,如果乞求敌方,叛贼不一定会顺从,只有白白地损害节操。因此才想出这个危险的动作,希望能避免万一发生的情况罢了。有的人说:汉高祖刘邦分羹之语,也是这种意思。但是君臣、父子之间所处环境不同,刘邦分羹之语实在令万世的人憎恨。

十一月,戊午朔,刑白马,祀蚩尤于太极殿前。

临贺王正德即帝位于仪贤堂,下诏称:"普通已来,奸邪乱政,上久不豫,社稷将危。河南王景,释位来朝,猥用朕躬,绍兹宝位,可大赦,改元正平。"立其世子见理为皇太子,以景为丞相,妻以女,并出家之宝货悉助军费。

于是景营于阙前,分其兵二千人攻东府;南浦侯推拒之,三日,不克。景自往攻之,矢石雨下,宣城王防阁许伯众潜引景众登城。辛酉,克之;杀南浦侯推及城中战士三千人,载其尸聚于杜姥宅,遥语城中人曰:"若不早降,正当如此!"

【译文】十一月,戊午朔日(初一),梁武帝萧衍杀掉一匹白马,在太极殿前祭祀蚩尤。

临贺王萧正德在仪贤堂即皇帝位,下诏说:"自普通年间以来,奸邪臣子扰乱朝政,陛下又久病不愈,国家将要危乱。河南王侯景离开封地,来到朝廷,扶持我继承这个宝座,现在大赦天下，改年号为正平。"立了他的长子萧见理做皇太子，任命侯景为丞相，将女儿嫁给侯景，并且拿出家中的宝器财物来资助军费。于是侯景在皇城宫门外扎营，分派他的军队两千人进攻东府；南浦侯萧推带兵抵抗，三天，还是没有攻下。

侯景亲自带兵前去攻打，箭、石头像雨一样落下，太子的长子宣城王萧大器的防阁将军许伯众，偷偷地带领侯景的部众登上城墙。辛酉日（初四），攻陷了东府，杀掉南浦侯萧推与城中战士三千人，将他们的尸体运到杜姥宅，远远地对城中的人说："假如不早点投降，就一定是这样！"

景声言上已晏驾，虽城中亦以为然。壬戌，太子请上巡城，上幸大司马门，城上闻跸声，皆鼓噪流涕，众心粗安。

江子一之败还也，上责之。子一拜谢曰："臣以身许国，常恐不得其死；今所部皆弃臣去，臣以一夫安能击贼！若贼遂能至此，臣誓当碎身以赎前罪，不死阙前，当死阙后。"乙亥，子一启太子，与弟尚书左丞子四、东宫主帅子五帅所领百馀人开承明门出战。子一直抵贼营，贼伏兵不动。子一呼曰："贼辈何不速出！"久之，贼骑出，夹攻之。子一径前，引槊刺贼；从者莫敢继，贼解其肩而死。子四、子五相谓曰："与兄俱出，何面独旋！"皆免胄赴贼。子四中稍，洞胸而死；子五伤胫，还至垒，一恸而绝。

【译文】侯景声称梁武帝萧衍已经驾崩，城中的人都以为是真的。壬戌日（初五），太子请求武帝出来巡视京城，梁武帝登上大司马门，城上的守军听到帝王出行时清道的声音，都欢呼流泪，军心才稍微安定。

江子一从采石战败回到建康，梁武帝萧衍责备他，江子一谢罪说："臣为国效命，常担心不能为国家牺牲，可是现在所领属的部众，都丢下臣逃走了，臣以一人的力量怎么能去抵挡敌人呢？不过假如贼兵敢到这里来侵扰皇宫，臣立誓一定与敌人拼死来赎过去的罪过，不死在皇宫前，也会死在皇宫后。"乙亥日（十八日），江子一启奏太子，与他的弟弟左丞江子四、东宫主帅江子五带领所领属的百余士卒打开承明门出去迎战。江子一直接冲到贼兵阵营，贼军埋伏的士兵没有行动，江子一大叫："贼党为何不赶快出来！"过了很久，贼人的骑兵才从两边来攻过来。江子一直奔到前面，伸出长矛刺向贼兵，跟随的侍从没有人敢跟着向前，贼兵将他的肩膀砍下而死。江子四、江子五互相说："与哥哥一起出来，有何面目只让哥哥单独去应战！"都脱下头盔奔向贼兵。江子四被长矛射中，穿过胸膛而死；江子五被射中脖子，回到深壕，悲痛而死。

景初至建康，谓朝夕可拔，号令严整，士卒不敢侵暴。及屡攻不克，人心离沮。景恐援兵四集，一旦溃去；又食石头常平诸仓既尽，军中乏食；乃纵士卒掠夺民米及金帛子女。是后米一升直七八万钱，人相食，饿死者什五六。

乙丑，景于城东、西起土山，驱迫士民，不限贵贱，乱加殴捶，疲羸者因杀以填山，号哭动地。民不敢窜匿，并出从之，旬日间，众至数万。城中亦筑土山以应之。太子、宣城王已下，皆亲负土，执畚锸，于山上起芙蓉层楼，高四丈，饰以锦罽，募敢死士二千人，厚衣袍铠，谓之"僧腾客"，分配二山，昼夜交战不息。会大雨，城内土山崩；贼乘之，垂入，苦战不能禁。羊侃令多掷火，为火城以断其路，徐于内筑城，贼不能进。

【译文】侯景刚到建康时，认为很快就可以将城攻下，号令严整，士卒也不敢对百姓侵扰施暴。等到多次攻不下来时，人心慢慢沮丧离散。侯景担心援兵四面聚集过来，军队一下子就会溃散，又因为石头城各仓库也都没有粮食了，军中粮食匮乏；于是放纵士卒去强夺百姓的米粮和金帛、子女。此后，米一升涨到七八万贯钱，人吃人，饿死了十之五六的人。

乙丑日（初八），侯景在城东、城西堆起土山，驱使胁迫士人与百姓做工，不分富贵贫贱，胡乱殴打，疲惫瘦弱的就将他杀了填山，号哭声惊天动地。百姓不敢逃避躲藏，都出来归顺他们，十日间，民众达到数万人。城里也建造了土山来应对。太子、宣城王以下的人都亲自挑土，拿着畚箕、圆锹，在山上建造芙蓉花状的四丈高的层楼，又用彩帛织毛来装饰，招募敢死队两千人，穿着厚衣袍罩着铠甲，称作"僧腾客"，分配在东土山、西土山，白天晚上双方交战不歇。恰好下大雨，城内土山崩溃，贼兵趁机攻入，将要攻进时，城内士兵苦战也阻挡不了敌人，羊侃命令士兵多丢火把，做一个火龙来截断敌人的通路，慢慢地再在里面建造新城墙，贼兵终究无法前进。

景募人奴降者，悉免为良；得朱异奴，以为仪同三司，异家资产悉与之。奴乘良马，衣锦袍，于城下仰诉异曰："汝五十年仕宦，方得中领军；我始事侯王，已为仪同矣！"于是三日之中，群奴出就景者以千数，景皆厚抚以配军，人人感恩，为之致死。

荆州刺史湘东王绎闻景围台城，丙寅，戒严，移檄所督湘州刺史河东王誉、雍州刺史岳阳王詧、江州刺史当阳公大心、郢州刺史南平王恪等，发兵入援。大心，大器之弟；恪，伟之子也。

【译文】侯景招募那些身为奴婢而愿意投降的人，都解除他们的奴隶身份而成为平民。得到朱异的奴仆，让他做仪同三司，将朱异的家产都给了他。奴仆乘着一匹好马，穿着锦衣锦袍，在城底下抬头骂朱异："你做了五十年的官，才做到中领军的官位；我刚刚归顺侯王，已经做到仪同三司了。"于是三天内，一大堆奴仆都跑去跟从侯景，约有一千多人，侯景都安抚他们，配给军职，人人都感激他的恩德，要为他效命。

荆州刺史湘东王萧绎听说侯景包围了皇城，丙寅日（初九），下令戒严，发送公函给所管辖的湘州刺史河东王萧誉、雍州刺史岳阳王萧詧、江州刺史当阳公萧大心、郢州刺史南平王萧恪等处，征调军队前去救援。萧大心，是萧大器的弟弟；萧恪，是萧伟的儿子。

朱异遗景书，为陈祸福。景报书，并告城中士民，以（为）："梁自近岁以来，权幸用事，割剥齐民，以供嗜欲。如曰不然，公等试观：今日国家池苑，王公第宅，僧尼寺塔；及在位庶僚，姬姜百室，仆从数千，不耕不织，锦衣玉食；不夺百姓，从何得之！仆所以趋赴阙庭，指诛权佞，非倾社稷。今城中指望四方入援，吾观王侯、诸将，志在全身，谁能竭力致死，与吾争胜负哉！长江天险，二曹所叹，吾一苇航之，日明气净。自非天人允协，何能如是！幸各三思，自求元吉！"

【译文】朱异派人送信给侯景，陈述祸福。侯景给他回信，并且告诉城中的官吏百姓，认为："梁朝近年来，奸臣当权，搜刮百姓，来满足他们贪婪的欲望。假如说没有的话，大家可以看看：现在国家的城池苑囿，王公的住宅府邸，僧尼的佛塔寺庙，还有那些在位的官僚，妻妾成群，奴仆数千，他们不耕种也不纺织，可是却穿着华丽的衣袍，吃着丰盛的佳肴，不是向百姓搜刮的，又是从哪里拿来的呢？我所以来到皇城之下的原因，是要杀死那些权贵，不是想颠覆国家社稷。现在你们在城里指望着四方将领来救援，我看那些王侯、将领，心思只在保全他们自己，谁愿意竭尽全力为朝廷效力，与我争夺胜败呢！长江天险，是魏武帝曹操、文帝曹丕所惊叹而难渡的，可是我只要一艘小船就渡过来了，而且天气晴朗，气象平静，不费吹灰之力，这倘若没有天人的帮助，怎么会如此顺利呢？希望各位仔细考量，自求多福。"

景又奉启于东魏主，称："臣进取寿春，暂欲停憩。而萧衍识此运终，自辞宝位；臣军未入其国，已投同泰舍身。去月二十九日，届此建康。江海未苏，干戈暂止，永言故乡，人马同恋。寻当整辔，以奉圣颜。臣之母、弟，久谓屠灭，近奉明敕，始承犹在。斯乃陛下宽仁，大将军恩念，臣之弱劣，知何仰报！今辄赍启迎臣母、弟、妻、儿，伏愿圣慈，特赐裁放！"

己巳，湘东王绎遣司马吴晔、天门太守樊文皎等将兵发江陵。

【译文】 侯景又写信给东魏孝静帝元善见，说："臣进攻取得寿春，暂时想停兵休整，然而萧衍知道此时已经是他皇运已经到头之时，所以辞去宝座，臣的军队还没有攻入梁朝国都，他已经舍身到同泰寺了。上个月二十九日，我军来到建康。天下的苦难虽然尚未能得到解救，但战事总算暂时平息，心里永远想念着家乡，就如同马儿想念着北方的家园一样，人马的心情都是相同的。最近就要整顿队伍，回去侍奉圣朝。臣的母亲、兄弟，很久以前听说被杀掉了，最近收到陛下的敕令，才知道他们仍然健在。这乃是陛下的仁慈宽厚，大将军的恩德所在，我能力低劣，不知道如何来回报恩德！现在就要准备好东西启程去迎接臣的母亲、弟弟、妻子、儿女，希望陛下大发慈悲，特别准予释放他们!"

己巳日(十二日),湘东王萧绎派遣司马吴晔、天门太守樊文皎等带领军队发兵江陵。

陈昕为景所擒,景与之极饮,使昕收集部曲,欲用之。昕不可,景使其仪同三司范桃棒囚之。昕因说桃棒,使帅所部袭杀王伟、宋子仙,诣城降。桃棒从之,潜遣昕夜缒入城。上大喜,敕镌银券赐桃棒曰:"事定之日,封汝河南王,即有景众,并给金帛女乐。"太子恐其诈,犹豫不决,上怒曰:"受降常理,何忽致疑!"太子召公卿会议,朱异、傅岐曰:"桃棒降必非谬。桃棒既降,贼景必惊,乘此击之,可大破也。"太子曰:"吾坚城自守以俟外援,援兵既至,贼岂足平!此万全策也。今开门纳桃棒,桃棒之情,何易可知!万一为变,悔无所及。社稷事重,须更详之。"异曰:"殿下若以社稷之急,宜纳桃棒;如其犹豫,非异所知。"太子终不能决。桃棒又使昕启曰:"今止将所领五百人,若至城门,皆自脱甲,乞朝廷开门赐容。事济之后,保擒侯景。"太子见其恳切,愈疑之。朱异拊膺曰:"失此,社稷事去矣!"俄而桃棒为部下所告,景拉杀之。陈昕不知,如期而出,景邀得之,逼使射书城中曰:"桃棒且轻将数十人先入。"景欲衷甲随之,昕不肯,期以必死,乃杀之。

【译文】陈昕被侯景捕获,侯景与他一起痛快喝酒,命陈昕召集他的军队,想任用他。陈昕不同意,侯景派他的仪同三司范桃棒将陈昕抓了起来。陈昕于是游说范桃棒,让他带领所属部众去偷袭并且杀掉王伟、宋子仙,然后到皇城去投降。范桃棒听从他的建议,偷偷地利用晚上遣送陈昕到城外,并且用绳子将他坠入城中。梁武帝萧衍很高兴，敕令拿了银券赏赐给范桃棒说：“事情成功后，封你做河南王，立即拥有侯景的人马，并且赏给你金银、绢帛和歌伎。”太子担心范桃棒诈降，犹疑不决，武帝很生气地说：“接受人家的投降是常理，何必突然间又要怀疑什么！”太子召集公卿开会商量，朱异、傅岐说：“范桃棒投降一定不是假的，范桃棒一投降，贼人侯景一定很吃惊，趁着这机会去进攻，必可以大败贼人。”太子说：“我们坚固城墙自卫来等待外边的救援，援兵倘若到了，贼人难道不能平定！这是万全的计策，现在假如开门接纳范桃棒，范桃棒的情况，要知道谈何容易！万一他又起了变化，后悔就来不及了。国家安危所在，必须详细思考。”朱异说：“殿下假如认为国家大事急切，就应当接纳范桃棒，倘若一定还要迟疑不决，就不是我所能理解的了。”太子终究还是不能决定。范桃棒又叫陈昕启奏说：“现在只带领我所领属的五百人，假如到了城门，都将铠甲脱掉，乞请朝廷打开城门恩赐接纳。等事成了之后，一定保证擒拿侯景。”太子看到他诚恳深切，更加怀疑他。朱异抚着胸说：“失掉了这个机会，国家就要完了！”不久范桃棒被部下告发，侯景分尸处死了他。陈昕不知道，按照约定的时候出来，侯景扣留了他，并且逼迫他写信射入城中说：“范桃棒将带领轻便骑兵数十人先进城。”侯景想穿上战甲，外面再披上衣服跟随着进城，陈昕不肯听从，决心一死，最后只得将陈昕杀掉。

【乾隆御批】 时即计成歼侯景，而“诸王阋墙”，北魏压境，梁祚已难延一线矣。况区区陈昕苦心求济，乃犹为简文狐疑偾事，时势尚可为耶？

【译文】 当时即使计谋成功，将侯景歼灭，而萧氏诸王兄弟阋墙，北魏大军压境，梁朝的国运已难延一线了。况且区区一个陈昕苦心请求帮助朝廷，还被简文帝萧纲猜疑而败事，时势还有什么可为的吗？

景使萧见理与仪同三司卢晖略戍东府。见理凶险，夜，与群盗剽劫于大桁，中流矢而死。

邵陵王纶行至钟离，闻侯景已渡采石，纶昼夜兼道，旋军入援，济江，中流风起，人马溺者什一二。遂帅宁远将军西丰公大春、新淦公大成、永安侯确、安南侯骏、前谯州刺史赵伯超、武州刺史萧弄璋等，步骑三万，自京口西上。大成，大春之弟；确，纶之子；骏，懿之孙也。

【译文】 侯景派萧见理与仪同三司卢晖略戍守东府。萧见理凶恶阴险，晚上，与一群匪徒在朱雀桥上偷窃抢劫，被流箭射中而死。

邵陵王萧纶到了钟离，听说侯景已经渡过采石，萧纶日夜赶路，挥师进城救援，渡长江时，船到江中突然刮起大风，人马溺死了十之一二。于是带领宁远将军西丰公萧大春、新淦公萧大成、永安侯萧确、安南侯萧骏、以前的谯州刺史赵伯超、武州刺史萧弄璋等人，步卒骑兵三万名从京口向西而上。萧大成，是萧大春的弟弟；萧确，是萧纶的儿子；萧骏，是萧懿的孙子。

景遣军至江乘拒纶军。赵伯超曰："若从黄城大路，必与贼遇，不如径指钟山，突据广莫门，出贼不意，城围必解矣。"纶从之，夜行失道，迂二十馀里，庚辰旦，营于蒋山。景见之大骇，悉送所掠妇女、珍货于石头，具舟欲走。分兵三道攻纶，纶与战，破之。时山巅寒雪，乃引军下爱敬寺。景陈兵于覆舟山北，乙酉，纶进军玄武湖侧，与景对陈，不战。至暮，景更约明日会战，纶许之。安南侯骏见景军退，以为走，即与壮士逐之；景旋军击之，骏败走，趣纶军。赵伯超望见，亦引兵走，景乘胜追击之，诸军皆溃。纶收馀兵近千人，入天保寺；景追之，纵火烧寺。纶奔朱方，士卒践冰雪，往往堕足。景悉收纶辎重，生擒西丰公大春、安前司马庄丘慧、主帅霍俊等而还。丙戌，景陈所获纶军首虏铠仗及大春等于城下，使言曰："邵陵王已为乱兵所杀。"霍俊独曰："王小失利，已全军还京口。城中但坚守，援军寻至。"贼以刀殴其背，俊辞色弥厉；景义而释之，临贺王正德杀之。

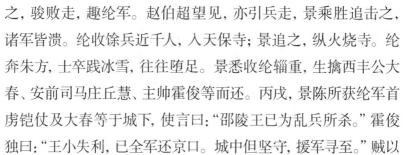

【译文】侯景派军队到江乘抵御萧纶的军队。赵伯超说："假如走黄城大路，一定与贼兵相遇，不如直奔钟山，突然攻占广莫门，让贼人意想不到，一定会解除皇城的包围。"萧纶听从他的建议，晚上行军，走错了路，多绕了二十多里路，庚辰日（二十三日）早上，扎营在蒋山。侯景见到后大为惊骇，将所强夺的妇女和珍宝都运到石头城，准备船只打算逃跑。侯景把军队分成三路进攻萧纶，萧纶与侯景交战，打败了他们。当时山顶寒冷积雪，就领兵下山住在爱敬寺。侯景在覆舟山北面列开兵阵，乙酉日（二十八日），萧纶进军玄武湖边，与侯景对阵，但没有交战。到了黄昏，侯景又另外约定明天交战，萧纶答应了。安南侯萧骏看到侯景的军队退走，以为是败逃，就与壮士一同追赶侯景的军队，侯景立刻回师攻击，萧骏的军队败亡逃走，萧骏赶往萧纶的军中。赵伯超看见了也带兵逃走，侯景乘胜追击，各路军队都溃败了。萧纶收拾残余士卒大约一千人，跑进天保寺；侯景追赶他，放火烧毁天保寺。萧纶投奔到朱方，士兵踩在冰雪上，脚常常陷入冰雪里。侯景将萧纶的所有补给装备都拿走，又活捉了西丰公萧大春、安前司马庄丘慧、主帅霍俊等才收兵。丙戌日（二十九日），侯景在京城下陈列所缴获的萧纶军

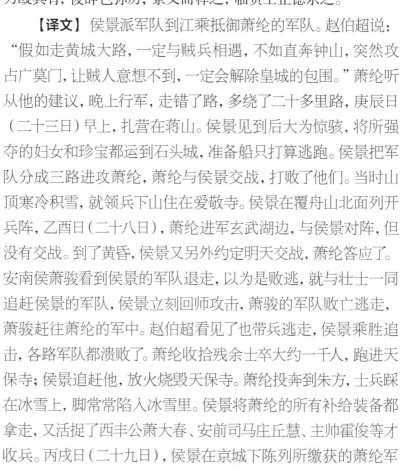

中的铠甲兵器以及杀死的首级和俘虏的萧大春等，派人喊话说："邵陵王萧纶已经被乱兵杀死了。"只有霍俊说："邵陵王只是稍稍失利，已经率军回到京口了，城中只要坚持固守，援军不久就会到了。"贼兵用刀击打他的脊背，霍俊声音脸色更加严厉。侯景认为他有义气释放了他，但是临贺王萧正德却将他杀掉了。

是日晚，鄱阳王范遣其世子嗣与西豫州刺史裴之高、建安太守赵凤举各将兵入援，军于蔡洲，以待上流诸军，范以之高督江右援军事。景悉驱南岸居民于水北，焚其庐舍，大街已西，扫地俱尽。

北徐州刺史封山侯正表镇钟离，上召之入援，正表托以船粮未集，不进。景以正表为南兖州刺史，封南郡王。正表乃于欧阳立栅以断援军，帅众一万，声言入援，实欲袭广陵。密书诱广陵令刘询，使烧城为应，询以告南兖州刺史南康王会理。十二月，会理使询帅步骑千人夜袭正表，大破之；正表走还钟离。询收其兵粮，归就会理，与之入援。

【译文】当天晚上，鄱阳王萧范派遣他的世子萧嗣和西豫州刺史裴之高、建安太守赵凤举，各自率领军队入城救援，扎营在蔡州，来等待上流的各路军队。萧范派裴之高督导江右援军的各项军务。侯景将秦淮河南岸的居民迁到北岸，将他们的房舍烧掉，大街以西全被烧光了。

北徐州刺史封山侯萧正表镇守钟离，梁武帝萧衍召请他入城救援，萧正表以船粮还没准备好做借口推托，没有率领军队前进。侯景任命萧正表做南兖州刺史，封为南郡王。萧正表于是在欧阳竖立门栅来阻挡救援的军队，他率领一万名部众，称要入城援救，实际上是想去偷袭广陵。秘密写信去诱骗广陵县令刘询，让他烧城来响应，刘询将这件事告诉南兖州刺史南康王萧会理。十二月，萧会理派刘询带领步卒骑兵一千人趁夜偷袭萧正表，大败萧正表的军队，萧正表逃回钟离，刘询没收他的兵粮，带回去交给萧会理，然后与他一起入城救援。

癸巳，侍中、都官尚书羊侃卒，城中益惧。侯景大造攻具，陈于阙前，大车高数丈，一车二十轮，丁酉，复进攻城，以虾蟆车运土填堑。

湘东王绎遣世子方等将步骑一万入援建康，庚子，发公安。绎又遣竟陵太守王僧辩将舟师万人，出自汉川，载粮东下。方等有俊才，善骑射，每战，亲犯矢石，以死节自任。

【译文】癸巳日（初七），侍中、都官尚书羊侃去世，城中更加人心惶惶。侯景大量制造攻城用具，陈列在宫门前面，大车高达数丈，一部车子装二十个轮子。丁酉日（十一日），侯景又进攻皇城，用蛤蟆车载运泥土填平护城河。

湘东王萧绎派遣世子萧方等带领步卒骑兵一万名进城解救建康的危机。庚子日（十四日），在公安发兵。萧绎又派竟陵太守王僧辩用船带领一万名将士，从汉川出发，载运粮食向东而下。萧方才智过人，擅长骑马射箭，每次作战，都亲自冲锋陷阵，以为节义而死作为己任。

壬寅，侯景以火车焚台城东南楼。材官吴景有巧思，于城内构地为楼，火才灭，新楼即立，贼以为神。景因火起，潜遣人于其下穿城。城将崩，乃觉之；吴景于城内更筑迂城，状如却月以拟之，兼掷火，焚其攻具，贼乃退走。

太子遣洗马元孟恭将千人自大司马门出荡，孟恭与左右奔降于景。

己酉，景土山稍逼城楼，柳津命作地道以取其土，外山崩，压贼且尽。又于城内作飞桥，悬罩二土山上。景众见飞桥迥出，崩腾而走；城内掷雉尾炬，焚其东山，楼栅荡尽，贼积死于城下，乃弃土山不复修，自焚其攻具。材官将军宋嶷降于景，教之引玄武湖水以灌台城，阙前皆为洪流。

【译文】 壬寅日（十六日），侯景用火车去烧皇城的东南楼台。材官吴景，心思灵巧，在城内地面上堆起城楼，火才刚扑灭，新楼又建立起来了，贼兵以为是神力。侯景趁火燃起，偷偷地派人从下面挖空城墙。城楼快崩塌时才被发觉；吴景命人在城内又建造了弯曲的城墙，形状好像半圆形的月亮，又丢掷火把到城外去烧贼兵的进攻用具，贼兵才退走。

太子派洗马元孟恭带领一千人从大司马门出去抵御，元孟恭和左右的人却逃去投降了侯景。

己酉日（二十三日），侯景修建的土山渐渐逼近城楼，柳津命令士兵做地道将土挖走，外面土山崩塌，将贼兵整个压住。又在城内修建飞桥，悬在半空罩着两个土山上，侯景的部众看到飞桥远远地伸出来，飞快地逃走了，城内又丢掷编制好的像雉尾一样的火把，去烧贼人的东山，楼台门栅都被烧光，死在城下的贼兵堆积如山。于是贼人放弃了土山不再修整，自己烧毁了进攻的工具。材官将军宋嶷向侯景投降，教侯景引玄武湖的水淹没皇城，宫门前一时洪水泛滥。

上徵衡州刺史韦粲为散骑常侍，以都督长沙欧阳頠监州事。粲，放之子也。还，至庐陵，闻侯景乱，粲简阅部下，得精兵五千，倍道赴援。至豫章，闻景已出横江，粲就内史刘孝仪谋之，孝仪曰："必如此，当有敕。岂可轻信人言，妄相惊动！或恐不然。"时孝仪置酒，粲怒，以杯抵地曰："贼已渡江，便逼宫阙，水陆俱断，何暇有报！假令无敕，岂得自安！韦粲今日何情饮酒！"即驰马出部分。

【译文】 梁武帝萧衍征召衡州刺史韦粲做散骑常侍，派都督长沙人欧阳頠为衡州监州事。韦粲，是韦放的儿子。回来时，韦粲抵达庐陵，听说侯景作乱，韦粲检阅军队后，挑选五千名精兵，加速前往援救。到了豫章，听说侯景已经离开了横江，韦粲就近和内史刘孝仪商量，刘孝仪说："一定要去营救的话，也要接到敕令。怎么可以轻信谣言，随意自相惊扰呢！也许不是这样啊。"当时刘孝仪正在摆设酒宴，韦粲很生气，将酒杯丢在地上说："贼兵已经渡江，就要逼近宫阙，水、陆交通都中断，哪里还有比这更好的机会可以报效国家的？如果没有敕令就不出兵，怎么能求得心安？我韦粲今天还有什么心情喝酒？"上马奔驰出去调集军队。

将发，会江州刺史当阳公大心遣使邀粲，粲乃驰往见大心曰："上游藩镇，江州去京最近，殿下情计诚宜在前。但中流任重，当须应接，不可阙镇。今宜且张声势，移镇湓城，遣偏将赐随，于事便足。"大心然之，遣中兵柳昕帅兵二千人随粲，粲至南洲，外弟司州刺史柳仲礼亦帅步骑万馀人至横江，粲即送粮仗赡给之，并散私金帛以赏其战士。

【译文】 将要出发时，恰好江州刺史当阳公萧大心派遣使者前来邀请，韦粲就奔驰去见萧大心说："上游的各藩镇里，江州距离京城最近，按情理，殿下应当进军在前头。但是镇守地处在我们应当暂且虚张声势, 将部队移到溢城镇守, 然后派遣偏将随从在后, 在局势上便可弥补不足。"萧大心赞成他的意见, 派遣中兵柳昕率领两千名士兵跟随着韦粲, 韦粲到达南洲, 他的表弟司州刺史柳仲礼也率领步卒骑兵一万多人到了横江, 韦粲立即派人送粮食、兵器给他们, 并且散发私人的金帛去奖赏那些将士。

西豫州刺史裴之高自张公洲遣船度仲礼, 丙辰夜, 粲、仲礼及宣猛将军李孝钦、前司州刺史羊鸦仁、南陵太守陈文彻, 合军屯新林王游苑。粲议推仲礼为大都督, 报下流众军; 裴之高自以年位, 耻居其下, 议累日不决。粲抗言于众曰: "今者同赴国难, 义在除贼。所以推柳司州者, 正以久捍边疆, 先为侯景所惮; 且士马精锐, 无出其前。若论位次, 柳在粲下, 语其年齿, 亦少于粲, 直以社稷之计, 不得复论。今日形势, 贵在将和, 若人心不同, 大事去矣。裴公朝之旧德, 岂应复挟私情以沮大计! 粲请为诸军解之。"乃单舸至之高营, 切让之曰: "今二宫危逼, 猾寇滔天, 臣子当戮力同心, 岂可自相矛盾! 豫州必欲立异, 锋镝便有所归。"之高垂泣致谢。遂推仲礼为大都督。

【译文】西豫州刺史裴之高从张公洲派船只载运柳仲礼的军队, 丙辰日(三十日)晚上, 韦粲、柳仲礼和宣猛将军李孝钦、前司州刺史羊鸦仁、南陵太守陈文彻, 联合军队驻扎在新林王游苑。韦粲建议推举柳仲礼做大都督, 通报下游的各支军队; 裴之高自认为年纪最长, 居于下位是羞耻的事, 不肯谦让, 讨论了好几天不能决定。韦粲激昂地对大家说: "现在是一同奔赴解决国家的危难, 最重要的是灭掉贼兵。推荐柳司州的原因,正是他在边境保卫国家，时间很久，先前已经使侯景恐惧，而且士兵、马匹都很精锐，没有能比他更好的人选了。假如论职位次第，柳司州在我韦粲之下，说到年岁，也比我小，只是为了国家大计，不要再计较。依现在形势来看，最重要的是各位将领要先和谐，假如人心不同，各怀鬼胎，大好时机就会失去，裴公是朝廷德高望重的旧臣，怎么能夹带着个人感情而阻碍了国家大计！我请求替各位去向他解释。"于是单独乘坐大船来到裴之高的军营，恳切地责备他说："现在陛下、太子正处在危险急迫中，狡猾的盗贼声势盛大就像洪水漫天，做臣子的就应当同心协力，怎么可以互相闹矛盾？你裴豫州一定想要与我们作对的话，那么我们就将群起先攻打你了。"裴之高低下头哭泣着向他谢罪。于是推举柳仲礼做大都督。

宣城内史杨白华遣其子雄将郡兵继至，援军大集，众十馀万，缘淮树栅，景亦于北岸树栅以应之。

裴之高与弟之横以舟师一万屯张公洲。景囚之高弟、侄、子、孙、临水陈兵，连锁列于陈前，以鼎镬、刀锯随其后，谓曰："裴公不降，今即烹之。"之高召善射者使射其子，再发，皆不中。

景帅步骑万人于后渚挑战，仲礼欲出击之。韦粲曰："日晚我劳，未可战也。"仲礼乃坚壁不出，景亦引退。

【译文】宣城内史杨白华派他的儿子杨雄带领郡内兵马随后赶到，救援的军队大会师，一共有十多万人，沿着淮水立起栅栏。侯景也在北岸竖立栅栏来应对。

裴之高与弟弟裴之横用小船带领一万名士兵驻守在张公洲。侯景囚禁了裴之高的弟弟、侄子、儿子、孙子，靠着水边陈列兵阵，然后将他们锁在一起排列在兵阵前，将鼎镬、刀锯等刑具拿出来放在他们的后面，对裴之高说："裴公不投降，现在就将他们烹杀掉。"裴之高召集会射箭的能手射自己的儿子，射了两次，都没有射中。

侯景带领步卒一万人在后渚向对方挑战，柳仲礼欲出兵迎击，韦粲说："天已经晚了，我们的士兵也很疲劳，不可以出去应战。"柳仲礼就坚守营垒不出战，侯景也只好领兵退回。

湘东王绎将锐卒三万发江陵，留其子绥宁侯方诸居守，谘议参军刘之遴等三上笺请留，答教不许。

鄱阳王范遣其将梅伯龙攻王显贵于寿阳，克其罗城；攻中城，不克而退，范益其众，使复攻之。

东魏大将军澄患民钱滥恶，议不禁民私铸，但悬称市门，钱不重五铢，毋得入市。朝议以为年谷不登，请俟它年，乃止。

【译文】湘东王萧绎带领精锐士卒三万名从江陵发兵，留下他的儿子绥宁侯萧方等留守，谘议参军刘之遴等三次上书请求萧绎留下，萧绎都回答说不可以。

鄱阳王萧范派遣他的将军梅伯龙到寿阳攻打王显贵，攻陷了寿阳外城；攻打中城时，没攻下就退回了。萧范又增加更多的部队，命他们再次进攻。

东魏大将军高澄担心民间的钱币太粗劣，分量不足，建议不必禁止百姓私自铸钱，但是必须先在城门口称一下，钱币假如没有重五铢的，不可以拿进市场。朝廷商议结果认为当年谷物歉收，请求等待下一年实行，于是没有执行。

魏太师泰杀安定国臣王茂而非其罪。尚书左丞柳庆谏，泰怒曰："卿党罪人，亦当坐！"执庆于前。庆辞色不挠，曰："庆闻君蔽于事为不明，臣知而不争为不忠。庆既竭忠，不敢爱死，但惧公为不明耳。"泰寤，亟使赦茂，不及，乃赐茂家钱帛，曰："以旌吾过。"

丙辰晦，柳仲礼夜入韦粲营，部分众军。旦日，会战，诸将各有据守，令粲顿青塘。粲以青塘当石头中路，贼必争之，颇惮之。仲礼曰："青塘要地，非兄不可；若疑兵少，当更遣军相助。"乃使直阁将军刘叔胤助之。

【译文】西魏太师宇文泰要杀死安定国臣王茂，但找不出罪名。尚书左丞柳庆劝谏，宇文泰发怒说："你祖护罪人，也应当连带获罪！"将柳庆抓到面前来。柳庆面色不改，语气也不屈服，说："我听说国君在事情上被假象蒙蔽的就称为不明，做臣子的明明知道而不劝谏的就称作不忠，我已经竭尽所能忠于国君，不敢吝惜生命而怕死，只是怕您是个不明的人罢了。"宇文泰终于觉悟，立即派人赦免王茂的罪，但已经来不及了，于是赏赐王茂的家人很多钱帛，说："用这些来弥补我的罪过。"

丙辰晦日（三十日），柳仲礼晚上进入韦粲的军营，商议部署各路援军。天亮后，与侯景会战，各将领都有自己据守的地点，柳仲礼命令韦粲驻扎在青塘。韦粲认为青塘恰好处于通往石头的道路中间，是贼兵一定争取的地方，颇为害怕。柳仲礼说："青塘是个重要地方，非兄驻守不可；假如怀疑兵太少不能抵抗的话，我当再派军队来协助。"于是柳仲礼派直阁将军刘叔胤去支援韦粲。

资治通鉴卷第一百六十二　梁纪十八

屠维大荒落，一年。

【译文】起止己巳（公元549年），共一年。

【题解】本卷记录了公元549年一年的史事。正当梁武帝萧衍太清三年，西魏文帝元宝炬大统十五年，东魏孝敬帝元善见武定七年。这一年，北朝东魏势力扩张，高澄趁梁朝内乱，侵犯梁朝淮南各州镇，又向西打败西魏名将王思政，收复了因侯景叛乱而丢失的全部河南土地。本卷的主要内容还是写侯景叛乱的太清之祸。侯景兵围建康皇城，四面八方救援皇城的军队在建康汇集，建康繁荣不再，经过一百多天的激烈大战，建康士民死伤十之八九，十里长街片瓦不存，变为废墟。宗室诸王不在梁武帝死后齐心协力报君国之仇，反而各怀私心，互相攻伐，地方势力各图发展。梁朝纲纪紊乱，政治腐败，随处可见。

高祖武皇帝十八

太清三年（己巳，公元五四九年）春，正月，丁巳朔，柳仲礼自新亭徙营大桁。会大雾，韦粲军迷失道，比及青塘，夜已过半，立栅未合，侯景望见之，亟帅锐卒攻粲。粲使军主郑逸逆击之，命刘叔胤以舟师截其后，叔胤畏懦不敢进，逸遂败。景乘胜入粲营，左右牵粲避贼，粲不动，叱子弟力战，遂与子尼及三弟助、警、构、从弟昂皆战死，亲戚死者数百人。仲礼方食，投箸被甲，与其麾下百骑驰往救之，与景战于青塘，大破之，斩首数百级，沉淮水死者千馀人。仲礼稍将及景，而贼将支伯仁自后斫仲礼中肩，马陷于淖，贼聚稍刺之，骑将郭山石救之，得免。仲礼被重疮，会稽人惠眪吮疮断血，故得不死。自是景不敢复济南岸，仲礼亦气衰，不复言战矣。邵陵王纶复收散卒，与东扬州刺史临城公大连、新淦公大成等自东道并至。庚申，列营于桁南，亦推柳仲礼为大都督。大连，大临之弟也。

【译文】太清三年（己巳，公元549年）春季，正月，丁巳朔日（初一），柳仲礼把营垒从新亭迁到朱雀桁。恰好遇到大雾，韦粲的军队在路上迷失了方向，等到了青塘，已经过了半夜，竖立的栅门还没有连接起来。侯景看到后，立即率领精锐士卒去进攻韦粲。韦粲派军主郑逸还击，命令刘叔胤用船带领军队从后面去拦截侯景，刘叔胤害怕懦弱不敢进攻，郑逸于是战败。侯景乘胜攻进韦粲的军营，身边的人拉着韦粲躲避贼兵，但是韦粲却站立不动，大声命令子弟全力应战，于是与儿子韦尼，以及三个弟弟韦助、韦警、韦构，还有堂弟韦昂统统战死，亲戚中死去的也有好几百人。柳仲礼正在吃饭，一听到消息，将筷子一丢立即披起战甲，和他的部下一百名骑兵奔驰前去救援，与侯景在青塘交战，大败侯景的军队，斩下敌人首级数百个，沉溺在淮水而死的也有一千多人。柳仲礼的长矛就快刺到侯景，而贼将支伯仁却从后面砍中了柳仲礼的肩膀，马陷进泥潭中，贼兵的长矛集中刺向柳仲礼时，骑将郭山石及时营救，柳仲礼得以免死。柳仲礼受了重伤长成肿疮，会稽人惠眪用嘴去吸吮脓疮，使血不再流出，所以柳仲礼能够不死。从此侯景不敢再渡过秦淮河南岸，柳仲礼也丧失了斗志，不再提打仗的事。邵陵王萧纶又收集散失的士卒，与东扬州刺史临城公萧大连、新淦公萧大成等从东边道路一起赶来。庚申日（初四），在朱雀桁南边排列营垒，也公推柳仲礼担任大都督。萧大连，是萧大临的弟弟。

朝野以侯景之祸共尤朱异，异惭愤发疾，庚申，卒。故事，尚书官不以为赠。上痛惜异，特赠尚书右仆射。

甲子，湘东世子方等及王僧辩军至。

戊辰，封山侯正表以北徐州降东魏，东魏徐州刺史高归彦遣兵赴之。归彦，欢之族弟也。

【译文】朝廷上下都认为侯景的叛乱起源于朱异，所以一同指责他，朱异羞愧、愤怒，因而发病，庚申日（初四），朱异去世。因为旧例，不能赠给他尚书官，梁武帝萧衍非常痛惜朱异，特别追赠他为尚书右仆射。

甲子日（初八），湘东王世子萧方等与王僧辩的军队赶到。

戊辰日（十二日），封山侯萧正表献出北徐州投降了东魏，东魏徐州刺史高归彦派军队接收了北徐州。高归彦，是高欢的同族弟弟。

己巳，太子迁居永福省。高州刺史李迁仕、天门太守樊文皎将援兵万馀人至城下。台城与援军信命久绝，有羊车儿献策，作纸鸱，系以长绳，写敕于内，放以从风，冀达众军，题云："得鸱送援军，赏银百两。"太子自出太极殿前乘西北风纵之，贼怪之，以为厌胜，射而下之。援军募人能入城送启者，鄱阳世子嗣左右李朗请先受鞭，诈为得罪，叛投贼，因得入城，城中方知援兵四集，举城鼓噪。上以朗为直阁将军，赐金遣之。朗缘钟山之后，宵行昼伏积日乃达。

【译文】己巳日（十三日），梁朝太子迁居到永福省。高州刺史李迁仕、天门太守樊文皎带领的援兵一万多人到了城下。皇城和援军信件往来早已隔绝，有一个叫羊车儿的人献了一个计策，命人制作纸鸢，用长绳绑着，将敕令写在里面，放它随风飘去，希望能送到各路军队中，题着："能得到这个纸鸢，送交给援军的，赏银子一百两。"太子来到太极殿前面趁着西北风将它放出去。贼兵觉得很奇怪，认为是用来压伏人的诅咒妖术，就将它射了下来。援军招募能进城去送信的人，鄱阳世子萧嗣的左右侍从李朗请求先接受鞭打，欺骗贼人说获罪受刑，所以反叛投降贼人，因此得以趁机进城，城里才知道原来援兵已经四面八方聚集过来，全城都高兴地打鼓喧闹。梁武帝萧衍任命李朗为直阁将军，赐给他金钱再派他回去。李朗沿着钟山后坡，晚上行走，白天隐伏，几天后才回到军营。

癸未，鄱阳世子嗣、永安侯确、庄铁、羊鸦仁、柳敬礼、李迁仕、樊文皎将兵度淮，攻东府前栅，焚之；侯景退。众军营于青溪之东，迁仕、文皎帅锐卒五千独进深入，所向摧靡。至菰首桥东，景将宋子仙伏兵击之，文皎战死，迁仕遁还。敬礼，仲礼之弟也。

仲礼神情傲很，陵蔑诸将，邵陵王纶每日执鞭至门，亦移时弗见，由是与纶及临城公大连深相仇怨。大连又与永安侯确有隙，诸军互相猜阻，莫有战心。援军初至，建康士民扶老携幼以候之，才过淮，即纵兵剽掠。由是士民失望，贼中有谋应官军者，闻之，亦止。

【译文】癸未日（二十七日），鄱阳世子萧嗣、永安侯萧确、庄铁、羊鸦仁、柳敬礼、李迁仕、樊文皎带领军队渡过淮水，攻打东府前面的栅栏，将它烧掉，侯景只得退兵。众军在青溪的东边安营，李迁仕、樊文皎带领精锐步卒五千名单独前进，深入敌人阵地，所到的地方都将敌人打得一败涂地。到了菰首桥东边，侯景的大将宋子仙埋伏士兵攻击他们，樊文皎战死，李迁仕逃回。柳敬礼，是柳仲礼的弟弟。

柳仲礼神情傲慢而凶狠，蔑视各位将领，邵陵王萧纶每天执鞭为礼到门口求见，也总是推托不肯相见，因此和萧纶还有临城公萧大连结下很深的仇恨。萧大连又和永安侯萧确有点摩擦，各路军相互猜忌阻挠，没有心思作战。援兵刚来时，建康的百姓扶老携幼等候欢迎，可是援军才刚渡过淮水，就放纵士兵盗窃掠夺百姓，因此士民十分失望，贼兵中有人密谋想要响应官军的，听到这种消息，也打消了念头。

王显贵以寿阳降东魏。

临贺王记室吴郡顾野王起兵讨侯景，二月，己丑，引兵来至。初，台城之闭也，公卿以食为念，男女贵贱并出负米，得四十万斛，收诸府藏钱帛五十万亿，并聚德阳堂，而不备薪刍、鱼盐。至是，坏尚书省为薪。撤荐，剉以饲马，荐尽，又食以饭。军士无膴，或煮铠、熏鼠、捕雀而食之。御甘露厨有干苔，味酸咸，分给战士。军人屠马于殿省间，杂以人肉，食者必病。侯景众亦饥，抄掠无所获；东城有米，可支一年，援军断其路。又闻荆州兵将至，景甚患之。王伟曰：“今台城不可猝拔，援兵日盛，吾军乏食，若伪且求和以缓其势，东城之米，足支一年，因求和之际，运米入石头，援军必不得动，然后休士息马，缮修器械，伺其懈怠击之，一举可取也。”景从之，遣其将任约、于子悦至城下，拜表求和，乞复先镇。太子以城中穷困，白上，请许之。上怒曰：“和不如死！”太子固请曰：“侯景围逼已久，援军相仗不战，宜且许其和，更为后图。"上迟回久之，乃曰："汝自图之，勿令取笑千载。"遂报许之。景乞割江右四州之地，并求宣城王大器出送，然后济江。中领军傅岐固争曰："岂有贼举兵围宫阙而更与之和乎！此特欲却援军耳。戎狄兽心，必不可信。且宣城嫡嗣之重，国命所系，岂可为质！"上乃以大器之弟石城公大款为侍中，出质于景。又敕诸军不得复进，下诏曰："善兵不战，止戈为武。可以景为大丞相，都督江西四州诸军事，豫州牧、河南王如故。"己亥，设坛于西华门外，遣仆射王克、上甲侯韶、吏部郎萧瑳与于子悦、任约、王伟登坛共盟。太子詹事柳津出西华门，景出栅门，遥相对，更杀牲歃血为盟。既盟，而景长围不解，专修铠仗，托云"无船，不得即发"，又云"恐南军见蹑"，遣石城公还台，求宣城王出送；邀求稍广，了无去志。太子知其诈言，犹羁縻不绝。慆，懿之孙也。

【译文】王显贵献出寿阳城投降东魏。

临贺王萧正德的记室吴郡人顾野王起兵讨伐侯景，二月，己丑日（初三），顾野王领兵到达建康。起初，皇城刚刚关闭城门时，公卿都系念着粮食，不分男女贵贱都出来扛米，共取得米四十万斛，收集各府库所藏钱帛五十万亿，一起聚合在德阳堂，但是没有准备薪柴、草料、鱼盐。到现在，只好将尚书省拆掉拿来作为柴火用。将草席拆开，割断来喂马，草席吃光了，又喂马匹吃饭。军队士卒没有肉可吃，有的煮铠甲的皮饰、熏老鼠、捕麻雀来吃。御厨房有干海带，味酸咸，拿来分给将士们吃。士兵在宫殿和省台中杀马，掺杂着人肉，吃了的都会生病。

侯景的军队也闹饥荒，搜刮抢掠不到东西吃；东府城还有米粮，可支撑一年，但是援军阻断了通路。又听说荆州兵快要来了，侯景更加担心。王伟说："现在皇城没办法立刻攻下，援兵又一天比一天多，我们军队里缺少粮食，假如假装求和来缓和一下局势，东城的米，还足够食用一年，趁着求和的时机，运米进入石头城，援军一定不会采取动作，然后我们可以休整部队，养好战马，再修造好兵器，等到他们松懈没有防备时，再去进攻，一次出击就可以攻取他们的土地了。"侯景听从了他的建议，派遣他的大将任约、于子悦来到城下，拜送表章请求和谈，乞请再去镇守寿阳。太子因为城中穷困，告诉梁武帝萧衍，请求允许侯景的求和。武帝很生气地说："讲和不如死！"太子坚持请求说："侯景围困逼迫已经这么久了，援军互相争执而不作战，应当允许他们请和的要求，以后再作打算。"梁武帝萧衍迟疑了好久，才说："你自己考虑这件事吧！不要千百年后让人取笑就好。"于是回复允许侯景请和。侯景要求把长江以西南豫州、西豫州、合州、光州四个州的地盘割让给他，并且请求要宣城王萧大器出来护送他，然后才渡过长江。中领军傅岐极力争辩说："哪有贼人自己先发兵来包围宫城而又与他们谈和的事呢！这只不过是想用缓兵之计罢了。他们就像戎狄一样，拥有野兽般的贪欲，他们的话一定不能够相信。而且宣城王萧大器是肩负承嗣王位重责的人，关系国家命运，怎么可以让他做人质去护送他？"梁武帝萧衍就任命宣城王萧大器的弟弟石城公萧大款做侍中，到侯景那儿做人质。又下令各路军队不能再前进，下诏命说："善于用兵的人不用交战，能息止干戈才是武。现在任命侯景做大丞相，都督江西四州（南豫、西豫、合州、光州）诸军事，和从前一样做豫州牧、河南王。"己亥日（十三日），在西华门外设立祭坛，派遣仆射王克、上甲侯萧韶、吏部郎萧瑳与于子悦、任约、王伟登上祭坛一同订下盟约。太子詹事柳津离开西华门，侯景离开栅门，两人远远相对，再杀牲畜歃血为盟立誓。盟约订好后，侯景的包围还是没有解除，专心修造铠甲兵器，推托说："没有船，不能马上离开。"又说："担心驻守在秦淮南岸的援军追赶。"请求派送石城公萧大款回到皇城，让宣城王萧大器来做人质护送他，提的要求越来越多，但一点没有离开的意思。太子知道他的话都是在欺骗，但仍然不断地笼络侯景。萧韶，是萧懿的孙子。

庚子，前南兖州刺史南康王会理、前青冀二州刺史湘潭侯退、西昌侯世子或众合三万，至于马卬洲，景虑其自白下而上，启云："请敕北军聚还南岸，不尔，妨臣济江。"太子即勒会理自白下城移军江潭苑。退，恢之子也。

辛丑，以邵陵王纶为司空，鄱阳王范为征北将军，柳仲礼为侍中、尚书右仆射。景以于子悦、任约、傅士㥄皆为仪同三司，夏侯谱为豫州刺史，董绍先为东徐州刺史，徐思玉为北徐州刺史，王伟为散骑常侍。上以伟为侍中。

【译文】庚子日（十四日），从前的南兖州刺史南康王萧会理、前任青冀二州刺史湘潭侯萧退、西昌侯世子萧或众军共有三万人，到了马卬洲。侯景担忧他们会从白下到上游来，启奏说："请北军聚集回到南岸，不这样的话，妨碍我们渡江。"太子立刻勒令萧会理从白下城移军到江潭苑。萧退，是萧恢的儿子。

辛丑日（十五日），梁武帝萧衍任用邵陵王萧纶做司空，鄱阳王萧范做征北将军，柳仲礼做侍中、尚书右仆射。侯景任命于子悦、任约、傅士㥄都做仪同三司，夏侯谱做豫州刺史，董绍先做东徐州刺史，徐思玉做北徐州刺史，王伟做散骑常侍。梁武帝萧衍又任命王伟做侍中。

乙卯，景又启曰："适有西岸信至，高澄已得寿阳、钟离，臣今无所投足，求借广陵并谯州，俟得寿阳，即奉还朝廷。"又云："援军既在南岸，须于京口渡江。"太子并答许之。

癸卯，大赦。

庚戌，景又启曰："永安侯确、直阁赵威方频隔栅见诉云：'天子自与汝盟，我终当破汝。'乞召侯及威方入，即当引路。"上遣吏部尚书张绾召确，辛亥，以确为广州刺史，威方为盱眙太守。确累启固辞，不入，上不许。确先遣威方入城，因欲南奔。邵陵王纶泣谓确曰："围城既久，圣上忧危，臣子之情，切于汤火，故欲且盟而遣之，更申后计。成命已决，何得拒违！"时台使周石珍、东宫主书左法生在纶所，确谓之曰："侯景虽云欲去而不解长围，意可见也。今召仆入城，何益于事！"石珍曰："敕旨如此，郎那得辞！"确意尚坚，纶大怒，谓赵伯超曰："谯州为我斩之！持其首去！"伯超挥刃眄确曰："伯超识君侯，刀不识也！"确乃流涕入城。

【译文】乙卯日（二十九日），侯景又启奏说："恰好有江西使者来，高澄已经攻取寿阳、钟离，臣现在是没有可以投靠立足的地方了，请求暂借广陵及谯州，等到夺回寿阳，立刻奉还给朝廷。"又说："援军既然在南岸，因而我们必须在京口渡江。"太子都应允了。

癸卯日（十七日），梁朝大赦天下。

庚戌日（二十四日），侯景又启奏说："永安侯萧确、直阁赵威方常常隔着栅栏骂：'陛下自己与你订盟约，我终究是要打败你的。'请召令永安侯和赵威方入城，我就立刻带兵上路回到北方。"梁武帝萧衍派遣吏部尚书张绾召回永安侯萧确，辛亥日（二十五日），任命萧确为广州刺史，赵威方为盱眙太守。萧确多次启奏坚决推辞，不肯进城，武帝不允许。萧确先派遣赵威

506

方进城，自己想趁机向南投奔到荆、江二镇。邵陵王萧纶流着眼泪对萧确说："宫城被包围已经很久了，圣上担忧恐惧，臣子的心情，急切有如身在汤火中，所以这样只想暂且订盟来遣散他们，缓和目前局势，更为他日计谋打算。命令都已经发布了，为什么还要推托违抗呢？"当时台使周石珍、东宫主书左法生都在萧纶那儿，萧确对他们说："侯景虽然口口声声说要离开，却不肯放弃对皇城的长期包围，他的意思是可以知道的。现在将我召唤进城，对事情又有什么帮助呢？"周石珍说："陛下的命令就是这样，您怎么能推托呢？"萧确意志坚定不肯屈服，萧纶很生气地对赵伯超说："赵谯州你去替我杀掉他，将他的头带进城去！"赵伯超举刀看着萧确说："我赵伯超认识君侯，但是刀子却不认识你！"萧确只好流着眼泪进入皇城。

上常蔬食，及围城日久，上厨蔬茹皆绝，乃食鸡子。纶因使者暨通，上鸡子数百枚，上手自料简，歔欷哽咽。

湘东王绎军于郢州之武城，湘州刺史河东王誉军于青草湖，信州刺史桂阳王慥军于西峡口，托云俟四方援兵，淹留不进。中记室参军萧贲，骨鲠士也，以绎不早下，心非之。尝与绎双六，食子未下，贲曰："殿下都无下意。"绎深衔之。

及得上敕，绎欲旋师，贲曰："景以人臣举兵向阙，今若放兵，未及渡江，童子能斩之矣，必不为也。大王以十万之众，未见贼而退，奈何！"绎不悦，未几，因事杀之。慥，懿之孙也。

东魏河内民四千馀家，以魏北徐州刺史司马裔，其乡里也，相帅归之。丞相泰欲封裔，裔因辞曰："士大夫远归皇化，裔岂能帅之！卖义士以求荣，非所愿也。"

【译文】梁武帝萧衍常年吃蔬菜，等到皇城被包围，时日一长，厨房里蔬菜都没有了，就只好吃鸡蛋。萧纶请托使者暂时通融呈上几百个鸡蛋，武帝亲自捡选鸡蛋，悲痛得泣不成声。

湘东王萧绎驻军在郢州的武城，湘州刺史河东王萧誉驻军在青草湖，信州刺史桂阳王萧慥驻军在西峡口，他们都借口说等待四方援兵，因而滞留不肯前进。中记室参军萧贲是一位性情耿直的人，看到萧绎不早点前去援救，心里对他十分不满，曾经与萧绎玩双六博戏，萧绎食子后举棋不下，萧贲说："殿下一点都没有下的意思。"萧绎深深地怀恨在心。

等到接到敕令，萧绎想要回师，萧贲说："侯景以一个为人臣子的身份却出兵去进犯皇宫，现在侯景假如将兵卒放走，还没有渡过长江，连小孩都能杀死他们，因而他一定不会这样做。大王拥有十万名部众，还没见到贼兵就想退走，为什么要这样呢？"萧绎很不高兴，没多久，就借着其他事由将他杀了。萧慥，是萧懿的孙子。

东魏在河内有百姓四千多户，因为是西魏北徐州刺史司马裔的乡亲，所以就相互带领着去投奔他。丞相宇文泰想封爵给司马裔，司马裔坚持推辞说："读书人从远地方来归顺圣朝的教化，司马裔怎么能统领他们呢？出卖这些义士来求得我自身的荣耀，这不是我愿意做的。"

【乾隆御批】 犯阙许和，敕止援军，是延贼入门，又自绝其外救也，梁武聩聩。虽有"和，不如死"之见，而牵于简文之请，卒成和议。所谓天夺其魄者也。

【译文】 敌人侵犯到宫阙下又同意讲和，下诏阻止援军，是延请贼人入门，又自绝外援，梁武帝真是昏聩。虽有"和，不如死"的见识，却因简文的请求，最终达成和议。正所谓老天夺了他的魂魄，离死不远了啊!

侯景运东府米入石头,既毕,王伟闻荆州军退,援军虽多,不相统壹,乃说景曰:"王以人臣举兵,围守宫阙,逼辱妃主,残秽宗庙,擢王之发,不足数罪。今日持此,欲安所容身乎!背盟而捷,自古多矣,愿且观其变。"临贺王正德亦谓景曰:"大功垂就,岂可弃去!"景遂上启,陈上十失,且曰:"臣方事睽违,所以冒陈说直。陛下崇饰虚诞,恶闻实录,以祅怪为嘉祯,以天谴为无咎。敷演六艺,排摈前儒,王莽之法也。以铁为货,轻重无常,公孙之制也。烂羊镌印,朝章鄙杂,更始、赵伦之化也。豫章以所天为血仇,邵陵以父存而冠布,石虎之风也。修建浮图,百度糜费,使四民饥馁,笮融、姚兴之代也。"又言:"建康宫室崇侈,陛下唯与主书参断万机,政以贿成,诸阉豪盛,众僧殷实。皇太子珠玉是好,酒色是耽,吐言止于轻薄,赋咏不出《桑中》;邵陵所在残破;湘东群下贪纵;南康、定襄之属,皆如沐猴而冠耳。亲为孙侄,位则藩屏,臣至百日,谁肯勤王!此而灵长,未之有也。昔鬻拳兵谏,王卒改善,今日之举,复奚罪乎!伏愿陛下小惩大戒,放谗纳忠,使臣无再举之忧,陛下无婴城之辱,则万姓幸甚!"

【译文】侯景将东府的米运往石头城,运完后,王伟听说荆州的军队已经撤走了,其他援军虽然很多,但都相互不能统一,就对侯景说:"大王以人臣的身份起兵,围困皇城,逼迫羞辱了妃嫔,践踏污秽了宗庙,大王的罪过就是拔掉头上的头发去数也数不完。今天弄到这种地步,还想求得安定的容身之处吗?背叛盟约而能打胜仗的,自古以来例子很多,希望暂且观察事态的发展。"临贺王萧正德也对侯景说:"大功业马上就要建立了，怎么可以放弃呢？"侯景于是呈上启奏，陈述梁武帝萧衍的十条过失，并且说："臣正要准备离去，所以敢冒昧直言陈述。陛下崇尚修饰，虚妄而荒诞，不喜欢听到真实的记录，将妖魔鬼怪当作福祉祥瑞，将上天惩罚的罪人，当成没有过错的人。您附会推演六艺，而排斥摈除前贤学说，这是西汉王莽的做法啊！拿铁钱来交换货物，轻重、贵贱没有标准可循，这是后汉公孙述的弊制啊！滥授官爵，乱刻官印，弄得朝纲混乱，这是西汉末更始皇帝刘玄、西晋赵王司马伦的作风啊！豫章王萧综将国君你当成深仇大恨的人，邵陵王萧纶喜怒无常，父亲还活着，遇到丧车，却把孝子的丧服抢来穿上，这是后赵石虎的作风。您大肆修建佛寺，百般奢侈浪费，使得百姓饥饿，这是东汉笮融、后秦姚兴那批鼠辈的做法。"又说，"建康宫廷里崇尚奢侈，陛下只与主书朱异决断一切事务，政事通过贿赂而完成，宦官势大而蛮横，僧尼都很富足。皇太子喜欢珠玉，沉迷酒色，说话轻佻，吟咏跳不出《桑中》；邵陵王到处残害百姓；湘东王的官员们贪婪放纵；南康王、定襄侯的下属都像穿着衣冠而没有人性的狝猴。这些人，论亲是您的儿孙亲侄，论职位是藩臣，我到京城已经一百天了，有谁真肯为王室尽力？依这种情形来看，希望国运能长久，是不可能的道理。从前鬻拳兵谏楚王不听，用军队威逼楚王，最后楚王才改正了过失，今天我这种举动，又有什么罪过呢？恳请陛下能因这种小惩罚来警戒大过，远离谗邪的小人而接纳忠臣的进言，让臣不会有再举兵的忧虑，而陛下也不会有被围困城池的羞辱，那么这将是天下百姓最幸运的事情了！"

上览启，且惭且怒。三月，丙辰朔，立坛于太极殿前，告天地，以景违盟，举烽鼓噪。初，闭城之日，男女十馀万，擐甲者二万馀人；被围既久，人多身肿气急，死者什八九，乘城者不满四千人，率皆羸喘。横尸满路，不可瘗埋，烂汁满沟，而众心犹望外援。柳仲礼唯聚妓妾，置酒作乐，诸将日往请战，仲礼不许。安南侯骏说邵陵王纶曰："城危如此，而都督不救，若万一不虞，殿下何颜自立于世！今宜分军为三道，出贼不意攻之，可以得志。"纶不从。柳津登城谓仲礼曰："汝君父在难，不能竭力，百世之后，谓汝为何！"仲礼亦不以为意。上问策于津，对曰："陛下有邵陵，臣有仲礼，不忠不孝，贼何由平！"

【译文】梁武帝萧衍看了他的启奏，又羞愧又愤怒。三月，丙辰朔日（初一），武帝在太极殿前设立祭坛，祭告天地，因为侯景违背盟约，而点燃烽火，擂鼓呐喊。起初，刚关闭城门的时候，男女十几万人中，穿着铠甲的士兵有两万多人；城被包围了这么久，大部分的人都患了水肿气喘，死了十之八九，能登城作战的不满四千人，大都瘦弱气喘。横在路上的尸体，四处都是，没办法掩埋，腐烂的污水流满了水沟。然而众人的心还盼望着外来的援兵。柳仲礼只知召集歌伎侍妾，备酒享乐，各将领每天去请求出战，柳仲礼都不应允。安南侯萧骏劝说邵陵王萧纶："皇城危险到如此地步，然而都督却不去营救，万一发生不能预料的事情，殿下又有何面目活在世上！现在应当兵分三路，在贼兵没有意料的情况下去进攻他们，一定可以成功。"萧纶不肯听从。柳津登上城墙对柳仲礼说："你的君王正在危难中，你却不肯竭尽全力前来营救，百年以后，后人会怎样批评你呢？"柳仲礼也不在意。梁武帝萧衍问柳津应对的计策，柳津回答说："陛下有邵陵王，臣有柳仲礼，这两个人一个不忠一个不孝，贼兵怎么能平定？"

戊午，南康王会理与羊鸦仁、赵伯超等进营于东府城北，约夜渡军。既而鸦仁等晓犹未至，景众觉之，营未立，景使宋子仙击之，赵伯超望风退走。会理等兵大败，战及溺死者五千人。景积其首于阙下，以示城中。

　　景又使于子悦求和，上使御史中丞沈浚至景所。景实无去志，谓浚曰："今天时方热，军未可动，乞且留京师立效。"浚发愤责之，景不对，横刀叱之。浚曰："负恩忘义，违弃诅盟，固天地所不容！沈浚五十之年，常恐不得死所，何为以死相惧邪！"因径去不顾。景以其忠直，舍之。

　　【译文】戊午日（初三），南康王萧会理和羊鸦仁、赵伯超等将营地推进到东府城北，约好晚上将军队引渡过去。等到了天明，　羊鸦仁等人还没有到达，侯景部众发现了，援军的军营还没立好，侯景就派宋子仙去攻打他们，赵伯超听到消息赶快撤走。萧会理等人的军队大败，战死和溺死的有五千人。侯景将那些首级堆在宫门前，向城中的人示威。

　　侯景又派于子悦去请和，梁武帝萧衍派御史中丞沈浚来到侯景的居所。侯景实在没有离开的打算，因而对沈浚说："现在天气正热，军队不可以移动，乞请暂时留在京师为朝廷效力。"沈浚发怒指责他，侯景不回答，举刀骂沈浚，沈浚说："背弃恩德，忘记道义，违反誓约，本就是天地所不容许存在的人！我沈浚已经五十岁的年纪，常常担心的是不能死得其所，何必用死来吓唬我呢！"于是掉头直走，头也不回。侯景认为他十分忠贞正直，放过了他。

　　【申涵煜评】浚面斥侯景，不顾而退，景亦舍之。至诚可格豚鱼，况景亦人身乎？当时如吴景之巧，傅岐之智，萧确之勇，及浚之忠，台内未始无人，其如外援不振何。韦粲一死，大势已去矣。

【译文】 沈浚当面斥责侯景，没有回头而退下去，侯景也放弃追究他。至诚可以感化小猪和小鱼，何况侯景也是人呢？在当时像吴景的聪明，傅岐的智谋，萧确的勇气，以及沈浚的忠诚，御史台之中不一定没有人才，无奈外援不振。韦粲突然死去，大势已经去了。

于是景决石阙前水，百道攻城，昼夜不息。邵陵世子坚屯太阳门，终日蒲饮，不恤吏士，其书佐董勋、熊昙朗恨之。丁卯，夜向晓，勋、昙朗于城西北楼引景众登城，永安侯确力战，不能却，乃排闼入启上云："城已陷。"上安卧不动，曰："犹可一战乎？"对曰："不可。"上叹曰："自我得之，自我失之，亦复何恨！"因谓确曰："汝速去，语汝父，勿以二宫为念。"因使慰劳在外诸军。

【译文】 于是，侯景破坏了玄武湖的堤防引导湖水分百条通道灌进城里，白天晚上不停地灌输。邵陵王的世子萧坚驻守在太阳门，每日赌博喝酒，不体恤官吏士卒，他的书佐董勋、熊昙朗都很痛恨他。

丁卯日（十二日），天快亮时，董勋、熊昙朗在城西北楼引领侯景的军队登上城，永安侯萧确极力应战，不能击退他们，于是推门进去启奏梁武帝萧衍说："皇城已经失陷了。"梁武帝安卧床上没有动静，说："还可以再打一仗吗？"萧确说："不可以。"武帝感叹地说："天下是我努力得到的，也是我自己失去的，又有什么好懊悔的呢？"便对萧确说："你赶快离开，告诉你的父亲，不要挂念朕与太子了。"顺便命他去慰劳外面的各路军队。

俄而景遣王伟入文德殿奉谒，上命褰帘开户引伟入，伟拜呈景启，称："为奸佞所蔽，领众入朝，惊动圣躬，今诣阙待罪。"上问："景何在？可召来。"景入见于太极东堂，以甲士五百人自卫。景稽颡殿下，典仪引就三公榻。上神色不变，问曰："卿在军中日久，无乃为劳！"景不敢仰视，汗流被面。又曰："卿何州人，而敢至此，妻子犹在北邪？"景皆不能对。任约从旁代对曰："臣景妻子皆为高氏所屠，唯以一身归陛下。"上又问："初渡江有几人？"景曰："千人。""围台城几人？"曰："十万。""今有几人？"曰："率土之内，莫非己有。"上俛首不言。

景复至永福省见太子，太子亦无惧容。侍卫皆惊散，唯中庶子徐摛、通事舍人陈郡殷不害侧侍。摛谓景曰："侯王当以礼见，何得如此！"景乃拜。太子与言，又不能对。

【译文】不久，侯景派王伟进入文德殿拜谒梁武帝萧衍，武帝下令揭起门帘开门让王伟进来，王伟拜谢呈上侯景的启奏，说："臣被奸邪佞臣陷害，领导部众入朝，惊动了圣驾，现在到宫门等待处罚。"武帝问："侯景在哪里？可以召唤他进来。"侯景进入太极东堂晋见武帝，带了武装部队五百人护卫自己。侯景在殿下叩头行礼，司仪引他到三公的席位。武帝神色如常，问他说："你在军中时日很久，岂不是很辛苦？"侯景不敢抬头看前面，汗流满面。梁武帝又说："你是哪一州的人？却敢来到这个地方，妻子还在北方吗？"侯景都不知道应该怎么回答。任约在旁边代替他回答说："臣侯景的妻子、儿女都被高氏杀死了，只留下自己一个人来归顺陛下。"武帝又问："你开始渡江时，带了多少人？"侯景说："一千人。"又问："围困皇城时，有多少人？"侯景说："十万人。"又问："现在你有多少人？"侯景说："国土以内的，没有不是属于我的。"武帝萧衍低头不再说话。

侯景又到永福省见太子，太子也没有恐慌的脸色。侍卫都害怕得逃散了，只有中庶子徐摛、通事舍人陈郡人殷不害在旁侍奉。徐摛对侯景说："侯王应该以礼来见太子，怎么可以如此呢？"侯景这才叩拜。太子与他说话，侯景又不知道怎么回答。

景退，谓其厢公王僧贵曰："吾常跨鞍对陈，矢刃交下，而意气安缓，了无怖心；今见萧公，使人自慑，岂非天威难犯！吾不可以再见之。"于是悉撤两宫侍卫，纵兵掠乘舆、服御、宫人皆尽。收朝士、王侯送永福省，使王伟守武德殿，于子悦屯太极东堂。矫诏大赦，自加大都督中外诸军、录尚书事。

建康士民逃难四出。太子洗马萧允至京口，端居不行，曰："死生有命，如何可逃！祸之所来，皆生于利；苟不求利，祸从何生！"

【译文】侯景退下后，对他身边的厢公王僧贵说："我常常跨上战马和敌人对阵，面对刀丛箭雨，而心情平稳安定，一点也没有畏惧的心，今天见了萧公，让我内心觉得很恐惧，难道说天威真的不可冒犯？我不愿意再看见他了。"于是将两宫的侍卫统统撤走，放纵兵士将车子、衣服车马、宫人等都抢得干干净净。收捕朝中文武大臣、王侯，送到永福省，派王伟驻守武德殿，于子悦驻守在太极殿东堂。假传诏令，大赦天下，加封自己为大都督中外诸军事、录尚书事。

建康的官吏平民四处逃难。太子洗马萧允逃到京口，停留下来不走了，说："生死是命中注定的，哪里是可以逃得了的呢？祸患所以会来，都是因为人们贪图利益；假如不求利，祸患又要从哪里滋生呢？"

己巳，景遣石城公大款以诏命解外援军。柳仲礼召诸将议之，邵陵王纶曰："今日之命，委之将军。"仲礼熟视不对。裴之高、王僧辩曰："将军拥众百万，致宫阙沦没，正当悉力决战，何所多言！"仲礼竟无一言，诸军乃随方各散。南兖州刺史临成公大连、湘东世子方等、鄱阳世子嗣、北兖州刺史湘潭侯退、吴郡太守袁君正、晋陵太守陆经等各还本镇。君正，昂之子也。邵陵王纶奔会稽。仲礼及弟敬礼、羊鸦仁、王僧辩、赵伯超并开营降，军士莫不叹愤。仲礼等入城，先拜景而后见上；上不与言。仲礼见父津，津恸哭曰："汝非我子，何劳相见！"

湘东王绎使全威将军会稽王琳送米二十万石以馈军，至姑孰，闻台城陷，沉米于江而还。

【译文】己巳日（十四日），侯景派遣石城公萧大款用梁武帝萧衍的诏令去解除外面的援军。柳仲礼召请各将领商量，邵陵王萧纶说："今天的命运，都委托给你这位将军了。"柳仲礼一直看着他没有回答。裴之高、王僧辩说："将军拥有百万的军队，致使皇宫陷落，正是应该全力决一死战的时候，我们何必多说什么？"柳仲礼竟然一句话也没说，各路军于是各自分散，退回到原来驻守的地方。南兖州刺史临成公萧大连、湘东王世子萧方、鄱阳王世子萧嗣、北兖州刺史湘潭侯萧退、吴郡太守袁君正、晋陵太守陆经等各自回到原来的城镇。袁君正，是袁昂的儿子。邵陵王萧纶投奔到会稽。柳仲礼和他的弟弟柳敬礼、羊鸦仁、王僧辩、赵伯超都打开营门投降，军士没有不叹息愤怒的。柳仲礼等人进了皇城，先去拜见侯景再去觐见梁武帝萧衍，武帝不跟他说话。柳仲礼去见他的父亲柳津，柳津悲痛哭泣地说："你不是我的儿子，又何必劳驾你来看望我！"

湘东王萧绎派全威将军会稽人王琳送了二十万石米供给援

资治通鉴

军，到了姑孰，听说皇城陷落，将米丢入长江又回去了。

景命烧台内积尸，病笃未绝者，亦聚而焚之。

庚午，诏征镇牧守可复本任。景留柳敬礼、羊鸦仁，而遣柳仲礼归司州，王僧辩归竟陵。初，临贺王正德与景约，平城之日，不得全二宫。及城开，正德帅众挥刀欲入，景先使其徒守门，故正德不果入。景更以正德为侍中、大司马，百官皆复旧职。正德入见上，拜且泣。上曰："啜其泣矣，何嗟及矣！"

秦郡、阳平、盱眙三郡皆降景，景改阳平为北沧州，改秦郡为西兖州。

东徐州刺史湛海珍、北青州刺史王奉伯、淮阳太守王瑜，并以地降东魏。青州刺史明少遐、山阳太守萧邻弃城走，东魏据其地。

【译文】侯景下令将皇城内堆积的尸体烧掉，病重还没死的，也聚集在一起烧死。

庚午日（十五日），梁朝诏令各州郡镇守长官可以恢复原来的职位。侯景留下柳敬礼、羊鸦仁，而派遣柳仲礼回到司州，王僧辩回到竟陵。起初，临贺王萧正德与侯景有约定，平定皇城那天，不能再保全梁武帝萧衍和太子。等到城门打开后，萧正德带领部众挥舞着刀想要进城，侯景先派他的徒众把守住城门，萧正德因而没办法进来。侯景再任命萧正德为侍中、大司马，百官都恢复原有的职位。萧正德入宫看到武帝，边拜边哭。武帝说："哭个不停，后悔也来不及了。"

秦郡、阳平、盱眙三郡都向侯景投降，侯景将阳平郡改成北沧州，将秦郡改为西兖州。

东徐州刺史湛海珍、北青州刺史王奉伯以及淮阳太守王瑜都献出属地去投降东魏。青州刺史明少遐、山阳太守萧邻弃城逃走，东魏占领了这些地方。

侯景以仪同三司萧邕为南徐州刺史，代西昌侯渊藻镇京口。又遣其将徐相攻晋陵，陆经以郡降之。

初，上以河东王誉为湘州刺史，徙湘州刺史张缵为雍州刺史，代岳阳王詧。缵恃其才望，轻誉少年，迎候有阙。誉至，检括州府付度事，留缵不遣；闻侯景作乱，颇陵蹙缵。缵恐为所害，轻舟夜遁，将之雍部，复虑詧拒之。缵与湘东王绎有旧，欲因之以杀誉兄弟，乃如江陵。及台城陷，诸王各还州镇，誉自湖口归湘州。桂阳王慥以荆州督府留军江陵，欲待绎至拜谒，乃还信州。缵遗绎书曰："河东戴橦上水，欲袭江陵，岳阳在雍，共谋不逞。"江陵游军主朱荣亦遣使告绎云："桂阳留此，欲应誉、詧。"绎惧，凿船，沉米，斩缆，自蛮中步道驰归江陵，囚慥，杀之。

【译文】侯景任命仪同三司萧邕做南徐州刺史，接替西昌侯萧渊藻镇守京口。又派遣他的部将徐相去攻打晋陵，陆经率郡投降了他。

起初，梁武帝萧衍任命河东王萧誉做湘州刺史，将湘州刺史张缵迁调做雍州刺史，接替岳阳王萧詧。张缵依仗着自己的才能名望，看不起萧誉这个毛头小子，所以在迎接招待上十分怠慢。

萧誉到任后，检点州府里交接时的事物，留下张缵不让他走，听说侯景作乱，对张缵颇多凌辱逼迫。张缵担心被他陷害，所以趁着晚上乘轻便小船逃走了，即将要到雍州，又担心萧詧会拒绝他，张缵和湘东王萧绎有交情，因而想借用他来杀掉萧誉兄弟，于是前往江陵。等到皇城沦陷，各王都返回自己的州镇，萧誉从湖口回到湘州，桂阳王萧慥因为荆州督府的军队都留在江陵，想等到萧绎回来时去拜见，再回信州。张缵给萧绎写信说："河东王萧誉想乘船溯水而上来偷袭江陵，岳阳王在雍州，共谋叛乱，不可让他们如愿以偿。"江陵巡江军主朱荣也派使者去告诉萧绎说："桂阳王萧慥留在这里，想要与萧誉、萧詧相呼应。"萧绎很害怕，将船凿破，把米沉到水里，将系船的绳索砍断，从蛮人的地方奔驰回到江陵，拘禁了萧慥，又将他杀掉。

侯景以前临江太守董绍先为江北行台，使赍上手敕，召南兖州刺史南康王会理。壬午，绍先至广陵，众不满二百，皆积日饥疲。会理士马甚盛，僚佐说会理曰："景已陷京邑，欲先除诸藩，然后篡位。若四方拒绝，立当溃败，奈何委全州之地以资寇手！不如杀绍先，发兵固守，与魏连和，以待其变。"会理素懦，即以城授之。绍先既入，众莫敢动。会理弟通理请先还建康，谓其姊曰："事既如此，岂可阖家受毙！前途亦思立效，但未知天命如何耳。"绍先悉收广陵文武部曲、铠仗、金帛，遣会理单马还建康。

湘潭侯退与北兖州刺史定襄侯祗出奔东魏。侯景以萧弄璋为北兖州刺史，州民发兵拒之；景遣直阁将军羊海将兵助之，海以其众降东魏，东魏遂据淮阴。祗，伟之子也。

【译文】侯景任命前任临江太守董绍先做江北行台，命他拿着梁武帝萧衍的亲手敕令去召请南兖州刺史南康王萧会理。壬午日（二十七日），董绍先到了广陵，部众还不到二百人，都因为几天的饥饿疲惫不堪。萧会理士气激昂，马匹健壮，僚佐游说萧会理："侯景已经攻陷了京邑，想先除掉各藩镇，然后夺取王位。如果四方诸侯都拒绝，他必定会溃败，为何要放弃全州的土地去资助匪寇，送给他呢？不如先杀掉董绍先，举兵坚守城池，与东魏联合起来，等待将来的变化。"萧会理一向很懦弱，就将城池整个交给董绍先。董绍先进了城，部众都不敢有所行动。萧会理的弟弟萧通理请求先回到建康，对他的姐姐说："事情已经到了如此地步，怎么可以全家都坐着等死？应当好好地为前途着想，只是不晓得老天给我们的命运是什么罢了。"董绍先全部接手了广陵的文武官吏与部众、铠甲兵器、府库财物，派遣萧会理单枪匹马地回到建康。

湘潭侯萧退与北兖州刺史定襄侯萧祗逃往东魏。侯景任命萧弄璋做北兖州刺史，州民出兵抵抗萧弄璋，侯景派直阁将军羊海带领军队去支援萧弄璋，羊海带着他的部众投降了东魏，东魏于是占领了淮阴。萧祗，是萧伟的儿子。

癸未，侯景遣于子悦等将羸兵数百东略吴郡。新城戍主戴僧逷有精甲五千，说太守袁君正曰："贼今乏食，台中所得，不支一旬，若闭关拒守，立可饿死。"土豪陆映公等恐不能胜而资产被掠，皆劝君正迎之。君正素怯，载米及牛酒郊迎。子悦执君正，掠夺财物、子女，东人皆立堡拒之。景又以任约为南道行台，镇姑孰。

夏，四月，湘东世子方等至江陵，湘东王绎始知台城不守，命于江陵四旁七里树木为栅，掘堑三重而守之。

【译文】癸未日（二十八日），侯景派遣于子悦等带领老弱兵数百名向东侵犯吴郡。新城戍主戴僧逷有精锐甲兵五千人，去劝说太守袁君正："贼人现在缺乏粮食，从皇城获得的粮食，也不过能支撑十天罢了，我们倘若关闭关口坚守拒敌，他们立即会饿死。"当地的土豪陆映公担心倘若打不胜，资产必定会被强夺，都劝太守袁君正去迎接于子悦。袁君正素来胆小，载着米、牛和酒到近郊去迎接他们。于子悦扣押了袁君正,掠夺财物、子女,江东的百姓都建立堡垒抵抗于子悦。侯景又任命任约做南道行台,镇守姑孰。

夏季,四月,湘东王世子萧方等到了江陵,湘东王萧绎才知道皇城已经陷落,命令砍伐江陵四周七里内的树木设立栅栏,挖掘三道深沟进行防守。

东魏高岳等攻魏颍川,不克。大将军澄益兵助之,道路相继,逾年犹不下。山鹿忠武公刘丰生建策,堰洧水以灌之,城多崩颓,岳悉众分休迭进。王思政身当矢石,与士卒同劳苦,城中泉涌,悬釜而炊。太师泰遣大将军赵贵督东南诸州兵救之,自长社以北,皆为陂泽,兵至穰,不得前。东魏人使善射者乘大舰临城射之,城垂陷;燕郡景惠公慕容绍宗与刘丰生临堰视之,见东北尘起,同入舰坐避之。俄而暴风至,远近晦冥,缆断,飘船径向城;城上人以长钩牵船,弓弩乱发,绍宗赴水溺死,丰生游上,向土山,城上人射杀之。

甲辰,东魏进大将军勃海王澄位相国,封齐王,加殊礼。丁未,澄入朝于邺,固辞;不许。澄召将佐密议之,皆劝澄宜膺朝命;独散骑常侍陈元康以为未可,澄由是嫌之。崔暹乃荐陆元规为大行台郎以分元康之权。

【译文】东魏高岳等攻打西魏的颍川,攻不下来。大将军高澄再增加兵力去协助他们。在通往颍川的道路上增援军队相继不断,可是过了一年,还是没有攻克。山鹿忠武公刘丰生献计,破坏洧水的堤坝去灌城,城墙大多崩塌,高岳将部众分成十几部分,分批轮流休息不停进攻,王思政冒着飞石箭雨,和士卒们同甘共苦,城中四处都是水,饭锅吊在半空中才能煮饭。太师宇文泰派大将军赵贵指挥东南各州的军队去救援，从长社以北，都成了沼泽，援军到了穰城，就不能再前进了。东魏派擅长射箭的弓箭手乘坐大船对着城内放箭，城池即将被攻陷；东魏燕郡景惠公慕容绍宗与刘丰生到堤坝上视察，看见东北方尘土飞扬，两人赶快躲进船里藏起来。不一会儿暴风来了，远近一片昏暗，船索被吹断了，船一直漂向城里去；城上的人用长钩钩住船，并且用弓箭乱射，慕容绍宗跳到水里淹死了，刘丰生游泳上岸，奔向土山，城上的人用箭射杀了他。

甲辰日（十九日），东魏加封大将军渤海王高澄为相国，封为齐王，特给他赞拜时不必具名，入朝不必趋行，可以带剑履上殿的特殊礼遇。丁未日（二十二日），高澄到邺城朝觐孝静帝元善见，再三推辞封爵；孝静帝没有答应。高澄召请亲密将领僚属秘密商量，大家都劝高澄应当服从朝廷的命令，只有散骑常侍陈元康认为不应接受，高澄因此不喜欢他。崔暹趁此举荐陆元规做大行台来分散陈元康的职权。

湘东王绎之入援也，令所督诸州皆发兵，雍州刺史岳阳王詧遣府司马刘方贵将兵出汉口；绎召詧使自行，詧不从。方贵潜与绎相知，谋袭襄阳，未发；会詧以它事召方贵，方贵以为谋泄，遂据樊城拒命，詧遣军攻之。绎厚资遣张缵使赴镇，缵至大堤，詧已拔樊城，斩方贵。缵至襄阳，詧推迁未去，但以城西白马寺处之；詧犹总军府之政，闻台城陷，遂不受代。助防杜岸绐缵曰：“观岳阳势不容使君，不如且往西山以避祸。”岸既襄阳豪族，兄弟九人，皆以骁勇著名。缵乃与岸结盟，著妇人衣，乘青布舆，逃入西山。詧使岸将兵追擒之，缵乞为沙门，更名法缵，詧许之。

【译文】湘东王萧绎入城救援时，让所管辖的各州都要出兵，雍州刺史岳阳王萧詧派遣府司马刘方贵带兵从汉口出发，萧绎召见萧詧，命他自己带兵出发，萧詧不肯听从。刘方贵暗中和萧绎联系，密谋偷袭襄阳，还没有出发，恰好萧詧有别的事召见刘方贵，刘方贵认为谋划的事情泄露，于是占据樊城违抗命令，萧詧派兵去征讨他。萧绎给予张缵丰厚的资助派他去雍州赴任，张缵到了大堤，萧詧已经攻陷樊城，杀掉了刘方贵。张缵到了襄阳，萧詧拖延没有离开襄阳，只是让张缵在城西白马寺居住；萧詧还指挥着军政要务，听到皇城陷落，于是不接受张缵取代自己。雍州助防杜岸欺骗张缵说："看岳阳王萧詧的样子是容不下你，不如暂时到西山去避一避祸。"杜岸是襄阳有名的豪族，兄弟九人都因为骁勇而出名。张缵于是与杜岸结盟，穿上妇人的衣服，乘坐青布车帘的车子，逃往西山。萧詧派杜岸带领军队去捉拿他，张缵乞求遁入佛门，改名为法缵，萧詧答应了他。

　　荆州长史王冲等上笺于湘东王绎，请以太尉、都督中外诸军事承制主盟，绎不许。丙辰，又请以司空主盟；亦不许。

　　上虽外为侯景所制，而内甚不平。景欲以宋子仙为司空，上曰："调和阴阳，安用此物！"景又请以其党二人为便殿主帅，上不许。景不能强，心甚惮之。太子入，泣谏，上曰："谁令汝来！若社稷有灵，犹当克复；如其不然，何事流涕！"景使其军士入直省中，或驱驴马，带弓刀，出入宫庭，上怪而问之，直阁将军周石珍对曰："侯丞相甲士。"上大怒，叱石珍曰："是侯景，何谓丞相！"左右皆惧。是后上所求多不遂志，饮膳亦为所裁节，忧愤成疾。太子以幼子大圜属湘东王绎，并剪爪发以寄之。五月，丙辰，上卧净居殿，口苦，索蜜不得，再曰："荷！荷！"遂殂。年八十六。景秘不发丧，迁殡于昭阳殿，迎太子于永福省，使如常入朝。王伟、陈庆皆侍太子，太子鸣咽流涕，不敢泄声，殿外文武皆莫之知。

【译文】荆州长史王冲等人写信给湘东王萧绎，请他用太尉、都督中外诸军事的身份秉承梁武帝萧衍的旨意主持各藩的会盟，萧绎没有答应。丙辰日（五月初二），又请求他以司空的身份主持诸藩的会盟，萧绎也没有答应。

梁武帝萧衍虽然表面上似乎被侯景控制，而内心却愤愤不平。侯景想任用宋子仙做司空，武帝说："三公是调理阴阳的人，怎么可任用这个人呢？"侯景又请示任用他的另外两个党羽担任便殿的主帅，武帝不肯。侯景不敢勉强，心里十分害怕。太子入宫，流着泪向武帝进言，武帝说："是谁叫你来的？倘若国家有神灵，就会帮助我们渡过难关，假如不是这样，有什么事值得流泪呢？"侯景派他的军队进入朝廷官衙驻守，有的士兵赶着驴、马，带着弓箭、战刀，随便出入宫殿，武帝很奇怪，就问是怎么回事，直阁将军周石珍回答说："这是侯丞相的甲士。"武帝大发脾气，怒骂周石珍说："是侯景，谁说是丞相！"身边的人都恐惧万分。从此以后武帝所要求的，大部分都不能得到，饮食菜肴也被裁减节制，于是忧郁愤怒而生病了。太子将幼子萧大圜托付给湘东王萧绎，并且剪下指甲、头发寄存在那儿。五月，丙辰日（初二），梁武帝萧衍躺在净居殿，嘴巴苦涩，要求喝蜂蜜，得不到，又一再地说："荷！荷！"便断了气，享年八十六岁。侯景封锁消息，不发布讣闻，将灵柩迁到自己住的昭阳殿，把太子接到永福省，命他像平常一样入朝觐见。王伟、陈庆都侍奉着太子，太子鸣咽着流泪，不敢哭出声，殿外的文武百官都没有人知道这件事。

【申涵煜评】 帝王中年踰八袠者，独宋高宗与帝耳。高固庸庸不足论，帝以开创之君，末年纳亡招乱，颠倒可怜。作大功德，受恶果报。所谓"明德不昌不幸，而有期颐之寿"。

【译文】 帝王中年龄超过八十的人，唯独是宋高宗赵构和梁武帝萧衍两人而已。宋高宗赵构本来就是平凡无奇的人，不值得评论，梁武帝萧衍作为开国之君，在晚年接纳逃亡的人，招致叛乱，反而让人觉得惋惜。梁武帝萧衍做了大功德，反而受到恶果。这就是所说的"明德不昌不幸，而有期颐之寿"。

东魏高岳既失慕容绍宗等，志气沮丧，不敢复逼长社城。陈元康言于大将军澄曰："王自辅政以来，未有殊功。虽破侯景，本非外贼。今颍川垂陷，愿王自以为功。"澄从之，戊寅，自将步骑十万攻长社，亲临作堰。堰三决，澄怒，推负土者及囊并塞之。

辛巳，发高祖丧，升梓宫于太极殿。是日，太子即皇帝位，大赦。侯景出屯朝堂，分兵守卫。

壬午，诏北人在南为奴婢者，皆免之，所免万计；景或更加超擢，冀收其力。

【译文】 东魏高岳自从慕容绍宗死了以后，灰心丧气，不敢再靠近长社城。陈元康对大将军高澄说："大王从辅佐政事以来，也没有为国家立什么特殊功勋，虽然曾经击破侯景的军队，但侯景原本就是东魏人，也不是什么外来的贼寇。现在颍川十分危急，希望大王利用这个机会为自己立点战功。"高澄采纳了他的建议。戊寅日（二十四日），自己带领步卒骑兵十万人去攻打长社，亲自督导修建堤坝。堤坝三次缺口，高澄十分生气，将挑土的人和他们的提篮都推下河中堵塞缺口。

辛巳日（二十七日），梁朝为梁武帝萧衍发丧，将武帝的棺木放于太极殿，这一天，太子即皇帝位，大赦天下，侯景驻守在朝堂，分派士兵在左右守卫。

壬午日（二十八日），梁朝下诏令，凡是北方人在南方做奴婢的都可以免除奴婢身份，免除的奴婢数以万计。侯景又对他们中的一些人提拔任用，希望他们为己所用。

高祖之末，建康士民服食、器用，争尚豪华，粮无半年之储，常资四方委输。自景作乱，道路断绝，数月之间，人至相食，犹不免饿死，存者百无一二。贵戚、豪族皆自出采稆，填委沟壑，不可胜纪。

癸未，景遣仪同三司来亮入宛陵，宣城太守杨白华诱而斩之。甲申，景遣其将李贤明攻之，不克。景又遣中军侯子鉴入吴郡，以厢公苏单于为吴郡太守，遣仪同宋子仙等将兵东屯钱塘，新城戍主戴僧遏据县拒之。御史中丞沈浚避难东归，至吴兴，太守张嵊与之合谋，举兵讨景。嵊，稷之子也。东扬州刺史临城公大连，亦据州不受景命。景号令所行，唯吴郡以西、南陵以北而已。

【译文】梁高祖萧衍末年，建康的官民在穿衣、饮食、器具上都争着崇尚奢华，因为过分浪费，所以粮食的储备不够半年的食用，常常借助四方运输供给。自从侯景叛乱以后，道路阻隔断绝，数月间，因为没有食物，到了人吃人的地步，还免不了有人饿死，而活着的人也不过百分之一二而已。皇亲贵戚、大户人家也都自己出来采食野生稻谷，因为饿死而丢弃在水沟山壑中的尸体，数也数不清。

癸未日（二十九日），侯景派仪同三司萧来亮进入宛陵县，宣城太守杨白华诱杀了他。甲申日（三十日），侯景派遣他的大将军李贤明去攻打宣城，没有攻克。侯景又派中军侯子鉴进入吴郡，任命厢公苏单于担任吴郡太守，派仪同宋子仙等带领军队驻守在东边的钱塘，新城戍主戴僧遏抵抗他。御史中丞沈浚避难回到东边，到了吴兴，太守张嵊与他一同谋划，发兵去征讨侯景。张嵊，是张稷的儿子。东扬州刺史临城公萧大连也占据扬州，不肯听从侯景的命令。所以侯景的号令可以指挥的只有吴郡以西、南陵以北的地方罢了。

魏诏："太和中代人改姓者皆复其旧。"

六月，丙戌，以南康王会理为侍中、司空。

丁亥，立宣城王大器为皇太子。

初，侯景将使太常卿南阳刘之遴授临贺王正德玺绶，之遴剃发僧服而逃。之遴博学能文，尝为湘东王绎长史；将归江陵，绎素嫉其才，己丑，之遴至夏口，绎密送药杀之，而自为志铭，厚其赙赠。

壬辰，封皇子大心为寻阳王，大款为江陵王，大临为南海王，大连为南郡王，大春为安陆王，大成为山阳王，大封为宜都王。

【译文】 西魏文帝元宝炬下诏令说："太和年间代郡人改姓的，都可以恢复原来的姓氏。"

六月，丙戌日（初二），梁朝任命南康王萧会理担任侍中、司空。

丁亥日（初三），梁朝立宣城王萧大器为皇太子。

起初，侯景将派太常卿南阳人刘之遴颁授给临贺王萧正德天子的印章，刘之遴剃掉头发，穿上出家人的衣服逃走了。刘之遴博学能文，曾经担任湘东王萧绎的长史，他将回到江陵，萧绎一向妒忌他的才能，己丑（初三），刘之遴到达夏口，萧绎秘密把毒药送去毒死他，然而却亲自为刘之遴写墓志铭，给刘之遴的家属送了很重的礼物。

壬辰日（初八），梁朝封皇子萧大心做寻阳王，萧大款做江陵王，萧大临做南海王，萧大连做南郡王，萧大春做安陆王，萧大成做山阳王，萧大封做宜都王。

长社城中无盐，人病挛肿，死者什八九。大风从西北起，吹水入城，城坏。东魏大将军澄令城中曰："有能生致王大将军者封侯；若大将军身有损伤，亲近左右皆斩。"王思政帅众据土山，告之曰："吾力屈计穷，唯当以死谢国。"因仰天大哭，西向再拜，欲自刭，都督骆训曰："公常语训等：'汝赍我头出降，非但得富贵，亦完一城人。'今高相既有此令，公独不哀士卒之死乎！"众共执之，不得引决。澄遣通直散骑赵彦深就土山遗以白羽扇，执手申意，牵之以下。澄不令拜，延而礼之。思政初入颍川，将士八千人，及城陷，才三千人，卒无叛者。澄悉散配其将卒于远方，改颍川为郑州，礼遇思政甚重。西阁祭酒卢潜曰："思政不能死节，何足可重！"澄谓左右曰："我有卢潜，乃是更得一王思政。"潜，度世之曾孙也。

【译文】长社城中没有盐，百姓都生病了，手脚弯曲肿胀，死了十之八九。大风从西北边吹起来，将水吹进城里，城墙崩毁。东魏大将军高澄发令给城中的人说："假如能生擒王思政大将军的就给他封侯，要是大将军身体受到损伤，他左右亲近的人都要杀头。"王思政带领部众占据土山，告诉高澄说："我现在已经是智穷力竭的时候，只有用死来报答国家的恩德。"于是仰天大哭，向西边拜了两拜，想要用剑自杀，都督骆训说："您经常告诉我们说：'你们拿我的头去投降，不仅能得到富贵,也保全了整座城的人。'现在高澄相国既然有这样的命令,您难道就不哀伤士卒会因你而死吗?"众人一同抓住他,不让他自杀。高澄派通直散骑赵彦深到土山送给王思政一把白羽扇,赵彦深握着王思政的手,表达高澄的意思,再拉着他下山。高澄没有让他下拜,十分礼遇他。王思政起初刚进入颍川时,有将士八千人,等到城陷落后,才剩下三千人,兵士都没有背叛他。高澄把将卒都遣散分配到远方,将颍川改为郑州,对王思政特别礼遇。西阁祭酒卢潜说:"王思政没有以身殉国,有什么值得尊重的!"高澄对身边的人说:"我有卢潜为我做事,这又得到一个王思政。"卢潜,是卢度世的曾孙。

初,思政屯襄城,欲以长社为行台治所,遣使者魏仲启陈于太师泰,并致书于浙州刺史崔猷。猷复书曰:"襄城控带京、洛,实当今之要地,如有动静,易相应接。颍川既邻寇境,又无山川之固,贼若潜来,径至城下。莫若顿兵襄城,为行台之所。颍川置州,遣良将镇守,则表里胶固,人心易安,纵有不虞,岂能为患!"仲见泰,具以启闻。泰令依猷策。思政固请,且约:"贼水攻期年、陆攻三年之内,朝廷不烦赴救。"泰乃许之。及长社不守,泰深悔之。猷,孝芬之子也。

侯景之南叛也,丞相泰恐东魏复取景所部地,使诸将分守诸城。及颍川陷,泰以诸城道路阻绝,皆令拔军还。

【译文】起初,王思政驻守在襄城,想要将长社当作行台治所,派遣使者魏仲向太师宇文泰报告,并且写信给浙州刺史崔猷。崔猷回信说:"襄城控制着京、洛一带,实在是当今的战略要地,假如有什么事情,也很容易相互接应。颍川和贼寇为邻,又没有险要的山川,贼兵倘若悄悄进来,就直接到城下了。倒不如驻军在襄城，作为行台治所。在颍川设置州治所，派遣良将在那里镇守，那么内外都坚固，人心就比较容易安定，就算有不能预料的情况，难道会产生祸患吗？"魏仲去见宇文泰，都把这些事向宇文泰禀告了。宇文泰发令命王思政依照崔猷的计策。王思政又坚持请示，而且约定说："贼兵如果从水路进攻一年以内，从陆路进攻三年以内，朝廷不需要救援。"宇文泰这才答应他。等到长社陷落的时候，宇文泰深深地后悔。崔猷，是崔孝芬的儿子。

资治通鉴

侯景投奔梁朝时，丞相宇文泰担心东魏又会去攻占侯景原有管辖的地方，派各将领分别把守各城。等到颍川沦陷，宇文泰认为各城道路都隔绝阻断了，就命令他们率军回来。

上甲侯韶自建康出奔江陵，称受高祖密诏征兵，以湘东王绎为侍中、假黄钺、大都督中外诸军事、司徒、承制，自馀藩镇并加位号。

宋子仙围戴僧遏，不克。丙午，吴盗陆绲等起兵袭吴郡，杀苏单于，推前淮南太守文成侯宁为主。

临贺王正德怨侯景卖己，密书召鄱阳王范，使以兵入；景遮得其书，癸丑，缢杀正德。景以仪同三司郭元建为尚书仆射、北道行台、总江北诸军事，镇新秦；封元罗等诸元十馀人皆为王。景爱永安侯确之勇，常置左右。邵陵王纶潜遣人呼之，确曰："景轻佻，一夫力耳，我欲手刃之，正恨未得其便，卿还启家王，勿以确为念。"景与确游钟山，引弓射鸟，因欲射景，弦断，不发，景觉而杀之。

【译文】梁朝上甲侯萧韶从建康投奔江陵，说是受到梁高祖萧衍秘密诏令征调军队，任命湘东王萧绎做侍中、假黄钺、大都督中外诸军事、司徒、承制，其余藩镇都增加了职位封号。

宋子仙围攻戴僧逿，没有攻克。丙午日（二十二日），吴郡大盗陆缉等人起兵袭击吴郡，杀掉苏单于，推选前淮南太守文成侯萧宁做首领。

临贺王萧正德埋怨侯景出卖了自己，秘密写信召请鄱阳王萧范，让他带兵进入建康；侯景拦截了他写的信，癸丑日（二十九日），侯景勒死了萧正德。侯景任命仪同三司郭元建做尚书仆射、北道行台、总领江北诸军事，驻守在新秦；册封元罗等姓元的十几个人为王。侯景很喜爱永安侯萧确的英勇，常常安排他在左右近身。邵陵王萧纶暗地里派人召请萧确，萧确说："侯景举止轻浮，只是一个莽夫罢了，我想亲手杀死他，只恨找不出适合时机，你回去禀告我家王爷，不要挂念萧确。"侯景和萧确到钟山游玩，萧确拉开弓要射鸟，却趁机将箭对准侯景，不料弓弦断了，箭没有发出去，侯景察觉了，将萧确杀死了。

湘东王绎娶徐孝嗣孙女为妃，生世子方等。妃丑而妒，又多失行，绎二三年一至其室。妃闻绎当至，以绎目眇，为半面妆以待之，绎怒而出，故方等亦无宠。及自建康还江陵，绎见其御军和整，始叹其能，入告徐妃，妃不对，垂泣而退。绎怒，疏其秽行，榜于大阁，方等见之，益惧。湘州刺史河东王誉，骁勇得士心，绎将讨侯景，遣使督其粮众，誉曰："各自军府，何忽隶人！"使者三返，誉不与。方等请讨之，绎乃以少子安南侯方矩为湘州刺史，使方等将精卒二万送之。方等将行，谓所亲曰："是行也，吾必死之；死得其所，吾复奚恨！"

侯景以赵威方为豫章太守，江州刺史寻阳王大心遣军拒之，擒威方，系州狱，威方逃还建康。

【译文】湘东王萧绎娶了徐孝嗣的孙女做王妃，生了世子萧方等。王妃长得很丑又爱忌妒别人，行为上常常有失检点，萧绎两三年才去她的宫室一次。王妃听到萧绎要来，因为萧绎瞎了一只眼睛，于是就化半面妆等待他来，萧绎一看很生气就出去了，所以萧方等也不受宠爱。等到萧方等从建康返回江陵，萧绎看到他统率军队从容稳重，这才赞赏他的才能，进入后堂告诉了徐妃，徐妃没有回答他，低下头流着眼泪退下。萧绎很生气，将她平日污秽淫乱的行为一条条罗列出来，张榜公布，萧方等看了，更加害怕了。湘州刺史河东王萧誉刚健勇敢，很得士兵的心，萧绎将要去征讨侯景，派遣使者催促萧誉运出军粮、提供部众。萧誉说："彼此都是军府，我怎么忽然受他管？"使者往返了多次，萧誉就是不给。萧方等请求征讨萧誉，萧绎就任命小儿子安南侯萧方矩做湘州刺史，让萧方等带领精锐士卒两万名护送萧方矩。萧方等要出发时，对左右亲信说："这一次出兵，我一定会死，不过假如死在该死的地方，我还有什么好遗憾的呢？"

侯景任命赵威方做豫章太守，江州刺史寻阳王萧大心派遣军队抵抗他，擒获了赵威方，将他关在州府的监狱里，赵威方寻机逃回建康。

湘东世子方等军至麻溪，河东王誉将七千人击之，方等军败，溺死。安南侯方矩收馀众还江陵，湘东王绎无戚容。绎宠姬王氏，生子方诸。王氏卒，绎疑徐妃为之，逼令自杀，妃赴井死，葬以庶人礼，不听诸子制服。

西江督护陈霸先欲起兵讨侯景，景使人诱广州刺史元景仲，许奉以为主，景仲由是附景，阴图霸先。霸先知之，与成州刺史王怀明等集兵南海，驰檄以讨景仲曰："元景仲与贼合从，朝廷遣曲阳侯勃为刺史，军已顿朝亭。"景仲所部闻之，皆弃景仲而散。秋，七月，甲寅，景仲缢于阁下。霸先迎定州刺史萧勃镇广州。

前高州刺史兰裕，钦之弟也，与其诸弟扇诱始兴等十郡，攻监衡州事欧阳頠。勃使霸先救之，悉擒裕等，勃因以霸先监始兴郡事。

【译文】湘东王世子萧方等的军队到达麻溪，河东王萧誉率领七千名士兵去攻打他，萧方等的军队战败，萧方等淹死了。安南侯萧方矩收拾残余的军队退回江陵，湘东王萧绎知道萧方等的死讯，没有一点悲伤的表情。萧绎宠爱的姬妾王氏，生了儿子萧方诸。王氏突然死了，萧绎怀疑是徐妃害死的，就逼徐妃自杀，徐妃跳井而死，萧绎用老百姓的丧礼将她埋葬，不让儿子们为她穿丧服。

西江督护陈霸先起兵征讨侯景，侯景派人诱骗广州刺史元景仲，答应奉他做君主，元景仲因此归顺侯景，暗地里谋害陈霸先。陈霸先知道后，与成州刺史王怀明等人集合兵力在南海郡，迅速发布檄文来声讨元景仲，说："元景仲已与贼兵联合，朝廷派曲阳侯萧勃为广州刺史，军队已经驻扎在朝亭。"元景仲所率领的部属听说后，都背叛元景仲逃散了。秋季，七月，甲寅日（初一），元景仲在府衙堂下上吊自杀。陈霸先迎接定州刺史萧勃镇守广州。

从前的高州刺史兰裕，是兰钦的弟弟，他与几个弟弟煽动诱骗始兴等十个郡，攻打督率衡州事的欧阳頠。萧勃派陈霸先去救援，将兰裕等一批人都抓了起来。萧勃于是派陈霸先去督率始兴郡的政事。

湘东王绎遣竟陵太守王僧辩、信州刺史东海鲍泉击湘州，分给兵粮，刻日就道。僧辩以竟陵部下未尽至，欲俟众集然后行，与泉入白绎，求申期日。绎疑僧辩观望，按剑厉声曰："卿惮行拒命，欲同贼邪？今日唯有死耳！"因斫僧辩，中其左髀，闷绝，久之方苏，即送狱。泉震怖，不敢言。僧辩母徒行流涕入谢，自陈无训，绎意解，赐以良药，故得不死。丁卯，鲍泉独将兵伐湘州。

陆缉等竞为暴掠，吴人不附，宋子仙自钱塘旋军击之。壬戌，缉弃城奔海盐，子仙复据吴郡。戊辰，侯景置吴州于吴郡，以安陆王大春为刺史。

庚午，以南康王会理兼尚书令。

【译文】湘东王萧绎派遣竟陵太守王僧辩、信州刺史东海人鲍泉去进攻湘州，分配给他们军队粮草，并且限定时日启程。王僧辩认为竟陵的部下还没有到齐，想等到大部队到齐了再出发，于是与鲍泉进入府衙告诉萧绎，请求延期出发。萧绎怀疑王僧辩借故观望拖延，按着剑大声地骂道："你害怕出征违抗命令，想勾结贼兵吗？今天你只有死路一条了！"于是砍向王僧辩，刺中了他的左大腿，王僧辩昏死过去，很久才苏醒过来，随即将他送到监狱里。鲍泉十分震惊害怕，不敢说话。王僧辩的母亲流着眼泪步行到萧绎府中谢罪，诉说自己教子无方，萧绎怒气才缓解，赠给王僧辩好的伤药，所以王僧辩才没有死。丁卯日（十四日），鲍泉单独率军攻伐湘州。

陆缉等人争着四处暴虐掠夺，吴郡民众不肯归顺他。宋子仙从钱塘调回军队攻打他。壬戌日（初九），陆缉放弃了城池投奔到海盐，宋子仙又攻占了吴郡。戊辰日（十五日），侯景在吴郡设置吴州，任命安陆人王大春做刺史。

庚午日（十七日），梁朝任命南康王萧会理兼尚书令。

鄱阳王范闻建康不守，戒严，欲入，僚佐或说之曰："今魏人已据寿阳，大王移足，则虏骑必窥合肥。前贼未平，后城失守，将若之何！不如待四方兵集，使良将将精卒赴之，进不失勤王，退可固本根。"范乃止。会东魏大将军澄遣西兖州刺史李伯穆逼合肥，又使魏收为书谕范。范方谋讨侯景，藉东魏为援，乃帅战士二万出东关，以合州输伯穆，并遣咨议刘灵议送二子勤、广为质于东魏以乞师。范屯濡须以待上游之军，遣世子嗣将千馀人守安乐栅，上游军皆不下，范粮乏，采菰稗、菱藕以自给。勤、广至邺，东魏人竟不为出师。范进退无计，乃沂流西上，军于枞阳。景出屯姑孰，范将裴之悌以众降之。之悌，之高之弟也。

【译文】鄱阳王萧范听说建康失守，已经实行戒严令，想进入建康，僚佐里有人劝他说："现在东魏人已经占领了寿阳，假如大王离开了这里，那么东魏骑兵必定会想去侵犯合肥。前一个贼寇还没有平定，下一个城池又要失去防守，要怎么办才好呢？不如等到四方的军队聚集过来后，选派优良的大将带领精锐的部众前去，这样进可以尽救助王室、平定乱事的职责，退也可以巩固根本。"萧范于是打消了进兵的念头。恰好东魏大将军高澄派遣西兖州刺史李伯穆率军逼近合肥，又派魏收写信劝降萧范。萧范正好谋划征讨侯景，想趁此借东魏为后援，于是带领两万名战士从东关出来，并且将合州送给李伯穆，又派咨议参军刘灵商量遣送两个儿子萧勤、萧广作为人质到东魏去，以便请求东魏派兵援助。萧范驻守濡须等待长江上游的军队下来，派世子萧嗣率领一千多人驻守在安乐栅，上游各路军队都没有下来，萧范缺粮，只好采食菰米、稗、菱、藕来充饥。萧勤、萧广到了邺城，东魏人始终不为他们出兵。萧范进退不得，只好逆流西上，驻军在枞阳。侯景出兵驻守在姑孰，萧范的大将裴之悌带领部众去投降侯景。裴之悌，是裴之高的弟弟。

东魏大将军澄诣邺，辞爵位殊礼，且请立太子。澄谓济阴王晖业曰："比读何书？"晖业曰："数寻伊、霍之传，不读曹、马之书。"

八月，甲申朔，侯景遣其中军都督侯子鉴等击吴兴。

己亥，鲍泉军于石椁寺，河东王誉逆战而败；辛丑，又败于橘洲，战及溺死者万馀人。誉退保长沙，泉引军围之。

辛卯，东魏立皇子长仁为太子。

勃海文襄王高澄以其弟太原公洋次长，意常忌之。洋深自晦匿，言不出口，常自贬退，与澄言，无不顺从。澄轻之，常曰："此人亦得富贵，相书亦何可解！"洋为其夫人赵郡李氏营服玩小佳，澄辄夺取之；夫人或恚未与，洋笑曰："此物犹应可求，兄须何容吝惜！"澄或愧不取，洋即受之，亦无饰让。每退朝还第，辄闭阁静坐，虽对妻子，能竟日不言。或时袒跣奔跃，夫人问其故，洋曰："为尔漫戏。"其实盖欲习劳也。

【译文】东魏大将军高澄到了邺城，辞谢爵位及特殊的礼遇，并且请求册立太子。高澄对济阴王元晖业说："最近你读些什么书？"元晖业说："多次阅读伊尹、霍光的传记，不读曹操、司马懿的书。"

八月，甲申朔日（初一），侯景派他的中军都督侯子鉴等人攻打吴兴。

己亥日（十六日），鲍泉驻扎在石椁寺，河东王萧誉迎战失败；辛丑日（十八日），萧誉又在橘洲打了败仗，战死和溺死的有一万多人。萧誉退守长沙，鲍泉又领兵围困他。

辛卯日（初八），东魏立皇子元长仁做太子。

东魏渤海文襄王高澄因为他的弟弟太原公高洋在兄弟的排行上仅次于自己，心里常常猜忌他。高洋也深深觉得自己应当韬光养晦，所以很少开口说话，常常自我贬退，与高澄说话，没有不顺从的。高澄很轻视他，经常说："这样的人也能得富贵，相术书还有什么可以解释的！"高洋为他的夫人赵郡人李氏制作衣服玩物，高澄就强夺过去，夫人有时生气不肯给，高洋就会笑着说："这种东西还可以再去买来，哥哥需要的，何必要吝惜给予呢？"高澄有时羞愧不敢拿走，高洋就拿给他，他也不谦让。高洋每次退朝回到家里，就关闭楼门静静坐着养身，即使面对着妻子也整天不开口说话。有时祖胸光脚又跑又跳，夫人问他为什么这样，高洋说："为随你意跳跳耍耍罢了！"其实他是在锻炼身体。

澄获徐州刺史兰钦子京，以为膳奴，钦请赎之，不许；京屡自诉，澄杖之，曰："更诉，当杀汝！"京与其党六人谋作乱。澄在邺，居北城东柏堂，嬖琅邪公主，欲其往来无间，侍卫者常遣出外。辛卯，澄与散骑常侍陈元康、吏部尚书侍中杨愔、黄门侍郎崔季舒屏左右，谋受魏禅，署拟百官。兰京进食，澄却之，谓诸人曰："昨夜梦此奴斫我，当急杀之。"京闻之，置刀盘下，冒言进食。澄怒曰："我未索食，何为遽来！"京挥刀曰："来杀汝！"澄自投伤足，入于床下，贼去床，弑之。愔狼狈走出，遗一靴；季舒匿于厕中；元康以身蔽澄，与贼争刀被伤，肠出；库直王纮冒刃御贼；纮奚舍乐斗死。时变起仓猝，内外震骇。太原公洋在城东双堂，闻之，神色不变，指挥部分，入讨群贼，斩而脔之，徐出，言曰："奴反，大将军被伤，无大苦也。"内外莫不惊异。洋秘不发丧。陈元康手书辞母，口占使功曹参军祖珽作书陈便宜，至夜而卒；洋殡之第中，诈云出使，虚除元康中书令。以王纮为领左右都督。纮，基之子也。

【译文】 高澄俘获了徐州刺史兰钦的儿子兰京，将他分配为掌膳食的奴仆，兰钦想赎回儿子，高澄不应允；兰京常常自己请求，高澄鞭打他，说："再来请求，就将你杀掉。"兰京与他的同党六个人共谋叛乱。高澄在邺城，住在北城的东柏堂，他所宠爱的人是琅邪公主，想让她来往方便，因而常常将侍卫差遣到外面。辛卯日（初八），高澄与散骑常侍陈元康、吏部尚书侍中杨愔、黄门侍郎崔季舒屏退了左右的人，密商接受魏主禅位，部署拟订百官的人选和职位。兰京送饭食来，高澄叫他退下，然后对在座的人说："昨天晚上我梦见这个奴仆用刀砍我，应当赶快将他杀掉。"兰京听到了，将刀子放在盘子底下，又假装说来送饭食。高澄十分生气地说："我又没有要你送饭来，为什么突然间送来？"兰京挥动着刀说："是来杀你的！"高澄跳下床伤了脚，躲到床下，贼人兰京挪开床，将他杀了。杨愔狼狈逃走，掉了一只靴子；崔季舒躲在厕所中；陈元康用身体掩护高澄，与贼人争夺刀子被砍伤，肠子都流了出来；库直王纮冒着刀刃的危险对抗贼人；纮奚舍乐在搏斗中死去。当时变动发生得十分突然，里里外外的人都很震惊恐惧。太原公高洋在宫城东双堂，听到后，面不改色地指挥部署军队，进去讨平了那些贼人，将他们杀死，并且将他们的尸体切割成肉块，然后慢慢地走出来，说："奴仆们造反，大将军受了伤，没有什么大碍。"朝廷内外无不感到惊恐奇怪。高澄死了，高洋封锁消息而不发丧。陈元康写信与母亲诀别，又口述让功曹参军祖珽记录他提出的善后建议，到了晚上就死了。高洋将他收殓在自己的府邸，谎称陈元康被派到外地办事去了，还任命陈元康为中书令。高洋任用王纮做领左右都督。王纮，是王基的儿子。

勋贵以重兵皆在并州，劝洋早如晋阳，洋从之。夜，召大将军督护太原唐邕，使部分将士，镇遏四方；邕支配须臾而毕，洋由是重之。

癸巳，洋讽东魏主以立太子大赦。澄死问渐露，东魏主窃谓左右曰："大将军今死，似是天意，威权当复归帝室矣！"洋留太尉高岳、太保高隆之、开府仪同三司司马子如、侍中杨愔守邺，馀勋贵皆自随。甲午，入谒东魏主于昭阳殿，从甲士八千人，登阶者二百馀人，皆攘袂扣刃，若对严敌。令主者传奏曰："臣有家事，须诣晋阳。"再拜而出。东魏主失色，目送之曰："此人又似不相容，朕不知死在何日！"晋阳旧臣宿将素轻洋；及至，大会文武，神彩英畅，言辞敏洽，众皆大惊。澄政令有不便者，洋皆改之。高隆之、司马子如等恶度支尚书崔暹，奏暹及崔季舒过恶，鞭二百，徙边。

【译文】功臣贵戚认为主要的军队都在并州，所以奉劝高洋早一点回到晋阳，高洋采纳他们的建议。晚上，召请大将军督护太原人唐邕部署分派将士控制各地重镇，唐邕一下子就安排好了，高洋因此特别重视他。

癸巳日（初十），高洋暗示东魏孝静帝元善见借确立太子，大赦境内。高澄去世的消息渐渐传开，东魏孝静帝元善见偷偷地对身边的人说："大将军现在死了，这好像是天意，权力应当再回到王室！"高洋留下太尉高岳、太保高隆之、开府仪同三司司马子如、侍中杨愔驻守邺城，其他的勋贵都跟随他。甲午日（十一日），高洋在昭阳殿谒见东魏孝静帝元善见，随从的装甲兵士有八千人，上到殿阶上的有二百多人，个个都捋起袖子伸出胳膊手按着刀柄，仿佛面对着强敌一样。高洋命主持朝仪的人传话启奏说："臣有家里的事要办，必须回到晋阳。"拜了两拜就退了回去。东魏孝静帝元善见吓得脸色都变了，目送他出殿，说："这个人看起来好像不好相处，朕不晓得又要死在哪一天了！"晋阳的旧臣、老将素来都很轻视高洋，等到他一回到晋阳，大会文武百官，英姿勃发，言行畅达，大家都十分惊讶。高澄的政令有不合时宜的，高洋全都修正。高隆之、司马子如等很厌恶度支尚书崔暹，于是上奏陈述崔暹与崔季舒的过失，他们被鞭打二百下后，流放到边疆。

　　侯景以宋子仙为司徒、郭元建为尚书左仆射，与领军任约等四十人并开府仪同三司，仍诏："自今开府仪同不须更加将军。"是后开府仪同至多，不可复记矣。

　　鄱阳王范自枞阳遣信告江州刺史寻阳王大心，大心遣信邀之。范引兵诣江州，大心以溢城处之。

　　吴兴兵力寡弱，张嵊书生，不闲军旅。或劝嵊效袁君正以郡迎侯子鉴。嵊叹曰："袁氏世济忠贞，不意君正一旦隳之。吾岂不知吴郡既没，吴兴势难久全；但以身许国，有死无贰耳！"九月，癸丑朔，子鉴军至吴兴，嵊战败，还府，整服安坐，子鉴执送建康。侯景嘉其守节，欲活之，嵊曰："吾忝任专城，朝廷倾危，不能匡复，今日速死为幸。"景犹欲存其一子，嵊曰："吾一门已在鬼录，不就尔虏求恩！"景怒，尽杀之；并杀沈浚。

　　【译文】侯景任命宋子仙做司徒、郭子建做尚书左仆射，与领军任约等四十人一起为开府仪同三司，于是下诏令说："从今以后开府仪同不需再增加将军的封号。"此后开府仪同增加到很多，没办法再记数了。

　　鄱阳王萧范派人从枞阳送信向江州刺史寻阳王萧大心告急，萧大心派人邀请萧范。萧范领着军队到达江州，萧大心将他安置在溢城。

　　吴兴的兵力又少又弱，张嵊是个读书人，不熟悉打仗带兵的事。有人就劝张嵊效法袁君正献出州郡迎接侯子鉴。张嵊长叹一声说：“袁家的人世世代代都以忠贞相传，可是没料想袁君正一下子就毁坏了名节。我怎么会不知道吴郡假如沦陷了，吴兴势必难以保全，我只是为国家尽心尽力，将生命交付出去，就是死了也不会有二心！”九月，癸丑朔日（初一），侯子鉴的军队到达吴兴，张嵊战败，回到郡府，穿整齐衣服，安静地坐着，侯子鉴将他捉起来送到建康。侯景嘉奖他有节操，想让他活命，张嵊说：“我有辱担任守城池的职务，现在朝廷正值危亡的时候，我又不能光复大业，今天还是赶快让我去死吧！”侯景想保全他一个儿子的性命，张嵊说：“我们一家都已经被登记在鬼名簿上了，不会屈从做你的俘虏而求得恩德！”侯景十分生气，就将他们全家都杀掉了，并且把沈浚也杀了。

　　【申涵煜评】 嵊阖门死节，以洗父稷杀东昏之耻，是又一沈劲。但侯景欲全其一子，嵊答以“一门鬼录”之言，卒致绝祭祀，未免过甚。宜曰：是在公，不关仆也。

　　【译文】 张嵊全家为守节而死去，用来洗刷父亲张稷诛杀东昏侯萧宝卷的耻辱，这又是一个沈劲。但是侯景想要保全他的一个儿子，张嵊回答“一门鬼录”的话，最终导致断绝张氏一门的祭祀，未免说得太过了，应该说“是在公，不关仆也”。

河东王誉告急于岳阳王詧，詧留谘议参军济阳蔡大宝守襄阳，帅众二万、骑二千伐江陵以救湘州。湘东王绎大惧，遣左右就狱中问计于王僧辩，僧辩具陈方略，绎乃赦之，以为城中都督。乙卯，詧至江陵，作十三营以攻之；会大雨，平地水深四尺，詧军气沮。绎与新兴太守杜崱有旧，密邀之。乙丑，崱与兄岌、岸、弟幼安、兄子龛各帅所部降于绎。岸请以五百骑袭襄阳，昼夜兼行，去襄阳三十里，城中觉之，蔡大宝奉詧母龚保林登城拒战。詧闻之，夜遁，弃粮食、金帛、铠仗于澧水，不可胜纪。张缵病足，詧载以随军；及败走，守者恐为追兵所及，杀之，弃尸而去。詧至襄阳，岸奔广平，依其兄南阳太守巘。

【译文】 河东王萧誉向岳阳王萧詧告急，萧詧留下谘议参军济阳人蔡大宝把守襄阳，带领部众两万、骑兵两千攻打江陵以便救援湘州。湘东王萧绎很害怕，派遣身边的人到监狱向王僧辩请教计策，王僧辩将方法策略一个个地陈述明白，萧绎才宽赦了他，让他做城中都督。乙卯日（初三），萧詧到了江陵，分别编了十三营去进攻江陵，恰好下大雨，平地上水面涨高了四尺，萧詧军队士气低落。萧绎和新兴太守杜崱有交情，秘密邀请杜崱。乙丑日（十三日），杜崱和他的哥哥杜岌、杜岸以及弟弟杜幼安、侄子杜龛各自带领所领属的军队来向萧绎投降。杜岸请求率领五百名骑兵袭击襄阳，日夜赶路，当他们距襄阳城还有三十里的时候，被城中的守兵发现，蔡大宝请出萧詧的母亲龚保林登城抵抗作战。萧詧听到消息后，连夜逃走，将粮食、金帛、铠甲、兵器都丢到澧水去，数也数不完。张缵脚有毛病，萧詧将他载在车上随侍在军中，等到战败逃跑的时候，看守他的人担心被追兵追上，因而把张缵杀掉，丢弃尸体逃走了。萧詧到了襄阳，杜岸逃奔到广平，投靠他的哥哥南阳太守杜巘。

湘东王绎以鲍泉围长沙久不克，怒之，以平南将军王僧辩代为都督，数泉十罪，命舍人罗重欢与僧辩偕行。泉闻僧辩来，愕然曰："得王竟陵来助我，贼不足平。"拂席待之。僧辩入，背泉而坐，曰："鲍郎，卿有罪，令旨使我锁卿，卿勿以故意见期。"使重欢宣令，锁之床侧。泉为启自申，且谢淹缓之罪，绎怒解，遂释之。

冬，十月，癸未朔，东魏以开府仪同三司潘相乐为司空。

初，历阳太守庄铁帅众归寻阳王大心，大心以为豫章内史。铁至郡即叛，推观宁侯永为主。永，范之弟也。丁酉，铁引兵袭寻阳，大心遣其将徐嗣徽逆击，破之。铁走，至建昌，光远将军韦构邀击之，铁失其母弟妻子，单骑还南昌，大心遣构将兵追讨之。

宋子仙自吴郡趣钱塘。刘神茂自吴兴趣富阳，前武州刺史富阳孙国恩以城降之。

【译文】湘东王萧绎因为鲍泉围攻长沙很久也攻不下来，十分生气，派平南将军王僧辩代替他做都督，数落鲍泉的十条罪状，命令舍人罗重欢与王僧辩一起同行。鲍泉一听到王僧辩前来，很惊愕地说："让王竟陵来协助我，贼兵是很容易平定的。"擦拭座席等待王僧辩。王僧辩进来后，背对鲍泉坐下，说："鲍郎，你有罪，湘东王命令我将你锁起来，希望你不要以为我们有旧交情而期望我能袒护你。"命罗重欢宣读命令，然后将鲍泉锁在床边。鲍泉为自己启奏申述，并且为军队稽留不进而自行请罪，萧绎这才平息怒气，于是释放了鲍泉。

冬季，十月，癸未朔日（初一），东魏任命开府仪同三司潘相乐为司空。

起初，历阳太守庄铁带领部众去归顺寻阳王萧大心，萧大心任命他做豫章内史。庄铁到达郡城后立即叛变，又推举观宁侯萧永为首领。萧永，是萧范的弟弟。丁酉日（十五日），庄铁率军去袭击寻阳，萧大心派遣大将徐嗣徽去反击，将庄铁打败。庄铁逃走，到了建昌，光远将军韦截击他，庄铁丢弃了他的母亲、弟弟、妻子、儿女，单独骑着马回到南昌，萧大心派遣韦构率军去追讨他。

宋子仙从吴郡前往钱塘。刘神茂从吴兴前往富阳，从前的武州刺史富阳人孙国恩打开城门投降了刘神茂。

十一月，乙卯，葬武皇帝于修陵，庙号高祖。

百济遣使入贡，见城阙荒圮，异于向来，哭于端门；侯景怒，录送庄严寺，不听出。

壬戌，宋子仙急攻钱塘，戴僧遏降之。

岳阳王詧使将军薛晖攻广平，拔之，获杜岸，送襄阳。詧拔其舌，鞭其面，支解而烹之。又发其祖父墓，焚其骸而扬之，以其头为漆碗。

【译文】十一月，乙卯日（初四），侯景葬梁武帝萧衍于修陵，庙号高祖。

百济国派遣使者入贡梁朝，看到建康城荒芜破败，和从前完全不同，于是在皇城正南门的端门前哭了起来；侯景十分生气，拘捕百济国的使者送到庄严寺，不允许他们任意出去。

壬戌日（十一日），宋子仙急攻钱塘，戴僧遏投降了他。

岳阳王萧詧派将军薛晖攻打广平，攻下来了，捉到杜岸，将他送到襄阳。萧詧把他的舌头拔掉，用鞭子抽他的脸，把身子剁成几大块下锅煮。又将他祖父的墓挖开，焚烧尸骨，将骨灰到处散扬，把头颅留下做漆碗。

誉既与湘东王绎为敌，恐不能自存，遣使求援于魏，请为附庸。丞相泰令东阁祭酒荣权使于襄阳。绎使司州刺史柳仲礼镇竟陵以图誉，誉惧，遣其妃王氏及世子嶚为质于魏。丞相泰欲经略江、汉，以开府仪同三司杨忠都督三荆等十五州诸军事，镇穰城。仲礼至安陆，安陆太守沈勰以城降之。仲礼留长史马岫与其弟子礼守之，帅众一万趣襄阳，泰遣杨忠及行台仆射长孙俭将兵击仲礼以救誉。

宋子仙乘胜度浙江，至会稽。邵陵王纶闻钱塘已败，出奔鄱阳，鄱阳内史开建侯蕃以兵拒之，范进击蕃，破之。

【译文】 萧誉已经和湘东王萧绎结为死敌，担心不能生存下去，因而派使者去向西魏求援，请求作为西魏的附庸。西魏丞相宇文泰命东阁祭酒荣权出使到襄阳，萧绎派司州刺史柳仲礼镇守竟陵图谋萧誉，萧誉十分害怕，派他的妃子王氏和世子萧嶚到西魏去做人质。丞相宇文泰想谋取经营江、汉地区，因而派开府仪同三司杨忠都督三荆等十五州诸军事，驻守在穰城。柳仲礼到了安陆，安陆太守沈勰打开城门投降。柳仲礼留下长史马岫和他的弟弟马子礼守城，自己带领部众一万名赶往襄阳，宇文泰派杨忠与行台仆射长孙俭带领军队攻打柳仲礼以救助萧誉。

宋子仙乘胜渡过浙江来到会稽。邵陵王萧纶听说钱塘已经失利，所以就逃奔到鄱阳，鄱阳内史开建侯萧蕃率兵抵抗他，萧纶向萧蕃进攻，将萧蕃的军队击败了。

魏杨忠将至义阳，太守马伯符以下谌城降之，忠以伯符为乡导。伯符，岫之子也。

南郡王大连为东扬州刺史。时会稽丰沃，胜兵数万，粮仗山积，东人惩侯景残虐，咸乐为用，而大连朝夕酣饮，不恤军事；司马东阳留异，凶狡残暴，为众所患，大连悉以军事委之。十二月，庚寅，宋子仙攻会稽，大连弃城走，异奔还乡里，寻以其众降于子仙。大连欲奔鄱阳，异为子仙乡导，追及大连于信安，执送建康，大连犹醉不之知。帝闻之，引帷自蔽，掩袂而泣。于是三吴尽没于景，公侯在会稽者，俱南度岭。景以留异为东阳太守，收其妻子为质。

【译文】西魏杨忠率军到达义阳，太守马伯符献出下溠城投降。杨忠让马伯符做向导。马伯符，是马岫的儿子。

南郡王萧大连做东扬州刺史。当时会稽土地肥沃、物产丰富，能作战的兵有好几万，粮食、武器堆积如山，东部土著居民苦于侯景的残酷暴虐，都乐意为南郡王效力，然而萧大连却早晚沉醉在饮酒享乐中，不考虑军政事务；司马东阳人留异，凶狠狡诈、残酷暴虐，大家既很害怕又憎恶他，萧大连却将全部的军事委托给他。十二月，庚寅日（初九），宋子仙攻打会稽，萧大连弃城逃走，留异逃回他的家乡，不久又率领他的军队去投降宋子仙。萧大连想投奔鄱阳，留异为宋子仙做向导，在信安追到了萧大连，将他抓住送回建康，萧大连仍酒醉未醒。梁简文帝萧纲听到消息，拉起帷幕遮住自己，用衣袖遮住脸暗自哭泣。于是三吴全部被侯景占领，在会稽的那些公侯都向南翻过了大庾岭。侯景任命留异做东阳太守，将他的妻子和儿女留下做人质。

乙酉，东魏以并州刺史彭乐为司徒。

邵陵王纶进至九江，寻阳王大心以江州让之，纶不受，引兵西上。

始兴太守陈霸先结郡中豪杰欲讨侯景，郡人侯安都、张偲等各帅众千馀人归之。霸先遣主帅杜僧明将二千人顿于岭上，广州刺史萧勃遣人止之曰："侯景骁雄，天下无敌，前者援军十万，士马精强，犹不能克，君以区区之众，将何所之！如闻岭北王侯又皆鼎沸，亲寻干戈，以君疏外，讵可暗投！未若且留始兴，遥张声势，保太山之安也。"霸先曰："仆荷国恩，往闻侯景度江，即欲赴援，遭值元、兰，梗我中道。今京都覆没，君辱臣死，谁敢爱命！君侯体则皇枝，任重方岳，遣仆一军，犹贤乎已，乃更止乎！"乃遣使间道诣江陵，受湘东王绎节度。时南康土豪蔡路养起兵据郡，勃乃以腹心谭世远为曲江令，与路养相结，同遏霸先。

魏杨忠拔随郡，执太守桓和。

东魏使金门公潘乐等将兵五万袭司州，刺史夏侯强降之。于是东魏尽有淮南之地。

【译文】乙酉日（二十八日），东魏任命并州刺史彭乐担任司徒。

邵陵王萧纶进兵到九江，寻阳王萧大心将江州让给他，萧纶不肯接受，率军向西前进。

始兴太守陈霸先联络郡中贤俊豪杰想征讨侯景，郡人侯安都、张偲等各自率领部众千余人归顺他。陈霸先派遣主帅杜僧明带领两千名士兵驻扎在大庾岭上，广州刺史萧勃派人阻止陈霸先说："侯景是强横勇猛的枭雄，天下没有人能敌得过他，上次援军来了十万名，士兵、马匹都很精良强悍，还没有办法战胜他，你们只是小小的部众，能把他怎么样呢？最近听说岭北那些王侯闹得都向一锅开水，骨肉之间互相残杀，你和皇家没有什么关系，怎么可以暗中与他们勾结？不如暂时留在始兴，远远地虚张声势，可以保岭南安如泰山。"陈霸先说："我蒙受国家大恩，从前听说侯景渡江，就想去救援，遇到元景仲和兰裕在中途阻截我，使得京都陷落，国君受辱，臣子蒙难，谁还敢吝惜自己的生命呢？君侯是皇族支系，责任重大，统领一方，假如能派我的军队去救援，总比不派军队要好，怎么还要阻止呢？"于是派遣使者从小路绕道去江陵，接受湘东王萧绎的调度。当时南康土豪蔡路养起兵攻占了整个郡城，萧勃就任命他的心腹谭世远担任曲江县令，与蔡路养相勾结，一起阻止陈霸先。

西魏杨忠攻克随郡，将太守桓和抓了起来。

东魏派金门公潘乐等带领军队五万去袭击司州，刺史夏侯强向他投降。于是东魏将淮南土地全部占有。

资治通鉴卷第一百六十三　梁纪十九

上章敦牂，一年。

【译文】起止庚午（公元550年），共一年。

【题解】　本卷记录了公元550年一年的南北朝史事。正当梁朝简文帝萧纲大宝元年，西魏文帝元宝炬大统十六年，北齐文宣帝高洋天宝元年。东魏禅位高氏，北齐建立。西魏侵犯梁朝西境。南朝梁国仍全境混乱。侯景占据建康，控制皇帝，担任丞相，号称宇宙大将军，但他控制的梁朝建康朝廷，已经失去地方势力的支持。侯景性情残暴，以杀人为戏，民心反抗，日渐高涨。

太宗简文皇帝上

大宝元年（庚午，公元五五零年）春，正月，辛亥朔，大赦，改元。

陈霸先发始兴，至大庾岭，蔡路养将二万人军于南野以拒之。路养妻侄兰陵萧摩诃，年十三，单骑出战，无敢当者。杜僧明马被伤，陈霸先救之，授以所乘马。僧明上马复战，众军因而乘之。路养大败，脱身走。霸先进军南康，湘东王绎承制授霸先明威将军、交州刺史。

戊辰，东魏进太原公高洋位丞相、都督中外诸军、录尚书事、大行台、齐郡王。

【译文】大宝元年（庚午，公元550年）春季，正月，辛亥朔日（初一），梁朝大赦天下，改年号为大宝。

陈霸先从始兴发兵，到了大庾岭，蔡路养带领两万名士兵驻扎在南野抵抗陈霸先。蔡路养妻子的侄子兰陵人萧摩诃，才十三岁，单人独骑出去作战，没有人能抵挡得了他。杜僧明的马受伤，陈霸先救了他，并且将自己所骑的马给他，杜僧明跨上马又去作战，众军因此乘势追杀，蔡路养大败，脱身逃走了。陈霸先向南康前进，湘东王萧绎假借梁简文皇帝萧纲的名义颁授陈霸先为明威将军、交州刺史。

戊辰日（十八日），东魏加封太原公高洋的职位为丞相、都督中外诸军事、录尚书事，大行台、齐郡王。

庚午，邵陵王纶至江夏，郢州刺史南平王恪郊迎，以州让之，纶不受；乃推纶为假黄钺，都督中外诸军事，承制置百官。

魏杨忠围安陆，柳仲礼驰归救之。诸将恐仲礼至则安陆难下，请急攻之，忠曰："攻守势殊，未可猝拔；若引日劳师，表里受敌，非计也。南人多习水军，不闲野战，仲礼师在近路，吾出其不意，以奇兵袭之，彼怠我奋，一举可克。克仲礼，则安陆不攻自拔，诸城可传檄定也。"乃选骑二千，衔枚夜进，败仲礼于漴头，获仲礼及其弟子礼，尽俘其众。马岫以安陆，别将王叔孙以竟陵，皆降于忠。于是，汉东之地尽入于魏。

【译文】庚午日（二十日），邵陵王萧纶到了江夏，郢州刺史南康王萧恪在郊外迎接他，并且将整个州让给他，萧纶不肯接受，于是推举萧纶做假黄钺，都督中外诸军事，假借梁简文皇帝萧纲的名义设立百官。

西魏杨忠围困安陆，柳仲礼奔驰回去救援。各将领都担心假如柳仲礼一来，那么安陆必定很难攻下，请求赶快进攻，杨忠说："攻和守的形势不同，我们不能够立即攻下城；我们带领的军队会日益疲惫，到时腹背受敌，这不是好计策。南方的军队大多擅长在水上作战，不太熟悉在野地里作战，柳仲礼的军队就在附近的路上，我们出其不意，派兵去偷袭他，他们行军疲劳而我们正是振奋的时候，一战就可以战胜他们。打败了柳仲礼，那么安陆这边不必再攻自然会投降，其他各城可以传送文书然后平定他们。"于是挑选了两千名骑兵，命他们口衔木棍，趁夜晚前进，在漂头将柳仲礼打败，捉住了柳仲礼和他的弟弟柳子礼，将他们的部众也都俘虏了。马岫献出安陆，别将王叔孙献出竟陵，都投降了杨忠，此时汉水以东土地又都归属西魏管辖。

广陵人来嶷说前广陵太守祖皓，曰："董绍先轻而无谋，人情不附，袭而杀之，此壮士之任耳。今欲纠帅义勇，奉戴府君。若其克捷，可立桓、文之勋；必天未悔祸，犹足为梁室忠臣。"皓曰："此仆所愿也。"乃相与纠合勇士，得百馀人。癸酉，袭广陵，斩南兖州刺史董绍先；据城，驰檄远近，推前太子舍人萧勔为刺史，仍结东魏为援。皓，暅之之子；勔，勃之兄也。乙亥，景遣郭元建帅众奄至，皓婴城固守。

【译文】广陵人来嶷游说前广陵太守祖皓："董绍先是一个急躁而没有计谋的人，不能得到百姓的拥戴，偷袭并杀掉他，这本来就是大丈夫的责任。现在我们想要纠集带领义勇的军队，一起来拥护你为首领，假如能够成功，可以建立像齐桓公、晋文公那样的功绩，老天一定也不会责备我们的行为，而且还能够成为梁室的忠臣。"祖皓说："这正是我所想的啊！"于是与他们一起征召了一批勇士，共一百多人。癸酉日（二十日），偷袭广陵，杀掉了南兖州刺史董绍先；占领了城池，派人到远近各城镇传送文书，推举前太子舍人萧勔做南兖州刺史，仍旧联合东魏做援军。祖皓，是祖暅的儿子；萧勔，是萧勃的哥哥。乙亥日（二十五日），侯景派郭元建带领部众突然来袭，祖皓环城固守。

二月，魏杨忠乘胜至石城，欲进逼江陵，湘东王绎遣舍人庾恪说忠曰："詧来伐叔而魏助之，何以使天下归心！"忠遂停湹北。绎遣舍人王孝祀等送子方略为质以求和，魏人许之。绎与忠盟曰："魏以石城为封，梁以安陆为界，请同附庸，并送质子，贸迁有无，永敦邻睦。"忠乃还。

宕昌王梁弥定为其宗人獠甘所袭，弥定奔魏，獠甘自立。羌酋傍乞铁葱据渠株川，与渭州民郑五丑合诸羌以叛魏。丞相泰使大将军宇文贵、凉州刺史史宁讨之，擒斩铁葱、五丑。宁别击獠甘，破之，獠甘将百骑奔生羌巩廉玉。宁复纳弥定于宕昌，置岷州于渠株川，进击巩廉玉，斩獠甘，虏廉玉送长安。

侯景遣任约、于庆等帅众二万攻诸藩。

【译文】二月，西魏杨忠乘胜抵达石城，想进逼江陵，湘东王萧绎派遣舍人庾恪游说杨忠："萧詧来攻打他的叔叔，然而西魏却要来帮助他，这怎么能使天下人信服呢？"杨忠因此停军在湹水北面。萧绎派遣舍人王孝祀等护送儿子萧方略去西魏做人质请求和谈，西魏答应了他。萧绎和杨忠订立盟约说："西魏以石城做疆界，梁以安陆做疆界，请同时互相为附庸国，并且相互送儿子做人质，互相往来贸易，永远保持睦邻友好。"杨忠这才返回。

宕昌王梁弥定被同族人梁獠甘袭击，梁弥定投奔到西魏，梁獠甘自立为王。羌族酋长傍乞铁葱攻占了渠株川，与渭州老

资治通鉴

百姓郑五丑联合各羌族一起反叛西魏。丞相宇文泰派大将军宇文贵、凉州刺史史宁去征讨他们，捉住并杀了傍乞铁葱、郑五丑。史宁另外又去进攻梁獠甘，击败了他，梁獠甘带领百余名骑兵投奔到境外羌人巩廉玉那里。史宁又在宕昌迎回梁弥定，让他担任宕昌王，又在渠株川设置岷州，进攻巩廉玉，杀死梁獠甘，俘获巩廉玉，将他押送到长安。

侯景派遣任约、于庆等带领两万名部众去进攻各个藩镇。

邵陵王纶欲救河东王誉而兵粮不足，乃致书于湘东王绎曰："天时地利，不及人和，况乎手足肱支，岂可相害！今社稷危耻，创巨痛深，唯应剖心尝胆，泣血枕戈，其馀小忿，或宜容宥。若外难未除，家祸仍构，料今访古，未或不亡。夫征战之理，唯求克胜；至于骨肉之战，愈胜愈酷，捷则非功，败则有丧，劳兵损义，亏失多矣。侯景之军所以未窥江外者，良为藩屏盘固，宗镇强密。弟若陷洞庭，不戢兵刃，雍州疑迫，何以自安，必引进魏军以求形援。弟若不安，家国去矣。必希解湘州之围，存社稷之计。"绎复书，陈誉过恶不赦，且曰："誉引杨忠来相侵逼，颇遵谈笑，用却秦军，曲直有在，不复自陈。临湘旦平，暮便即路。"纶得书，投之于案，慷慨流涕曰"天下之事，一至于斯，湘州若败，吾亡无日矣！"

【译文】邵陵王萧纶想救援河东王萧誉，但是军队里粮食不够了，于是写信给湘东王萧绎说："天时、地利，还比不上人和，何况我们都是手足兄弟，怎么可以互相攻打呢？现在国家正是受危害遭羞辱的时候，创伤这么多，伤痛又那么深，我们只有开诚布公，学习勾践卧薪尝胆的精神，和血吞泪，随时备战，其他小小的积怨，应当要宽容互谅。假如外来的灾难不能除去，家中的祸乱却不停不休，从现在的一些实例追溯到过往史实，没有不因此灭亡的。出征作战的道理，在于求得胜利；至于骨肉间的争斗，越是胜利越觉得凶残，胜利又有什么功绩可言，败了只是徒然损失，劳累将士反而有损道义，损失的不免太多了。侯景的军队没有对长江上游发动侵略的原因，实在是由于藩邦屏障坚固，宗镇强盛严密。假如弟弟你攻下湘州，仍不收起兵器，萧誉就要怀疑你进逼，又怎么能自安，到时一定引进西魏军来寻求援助。倘若现在不能求得安定，整个国家就危险了。您一定要解除湘州的围困，为国家生存大计着想。"萧绎回信给萧纶，陈述河东王萧誉罪大恶极，依法都不能宽赦，而且说："萧誉若引杨忠的军队威胁侵扰，我可以轻而易举地就将他们击退，到底谁是谁非，我就不再多讲了。假如湘州早上平定，我的军队黄昏就会上路。"萧纶接到信后，丢在桌子上，感慨万分地流下眼泪说："天下的事，到了如此地步，湘州倘若失陷，我这里也保不住了！"

【申涵煜评】 国乱君危，不闻一旅勤王，而荆、雍、襄三州方且骨肉起衅，亲寻干戈，萧梁诸子弟都是犹犬。邵陵遗湘东一书甚嘉，不可以人废言。

【译文】 国家混乱，君主危险，没有听说有一支军队来救援君主平定叛乱，而荆州、雍州、襄州三州兄弟之间还挑起冲突，亲人之间互相开战，萧梁子弟几乎都是猪狗般的人。邵陵王萧子贞送给湘东王萧绎的信很是值得赞许，不能因人而废言。

侯景遣侯子鉴帅舟师八千，自帅徒兵一万，攻广陵，三日，克之，执祖皓，缚而射之，箭遍体，然后车裂以徇；城中无少长皆埋之于地，驰马射而杀之。以子鉴为南兖州刺史，镇广陵。景还建康。

丙戌，以安陆王大春为东扬州刺史。省吴州。乙巳，以尚书仆射王克为左仆射。

庚寅，东魏以尚书令高隆之为太保。

宣城内史杨白华进据安吴，侯景遣于子悦等帅众攻之，不克。

东魏行台辛术将兵入寇，围阳平，不克。

【译文】侯景派遣侯子鉴带领水军八千人，自己带领步兵一万，攻打广陵，三天后，将广陵攻下，抓住祖皓，将他绑起来用箭射他，箭射满了他的身体，然后用车分尸示众，城中无论老少都半埋在地上，骑马奔驰射杀他们。任命侯子鉴做南兖州刺史，驻守广陵。侯景回到建康。

丙戌日（初六），梁朝任命安陆王萧大春为东扬州刺史。撤销了吴州。乙巳日（二十五日），任命尚书仆射王克做左仆射。

庚寅日（初十），东魏任用尚书令高隆之做太保。

梁朝宣城内史杨白华进攻据守安吴，侯景派于子悦带领部众去攻打他，没有攻下。

东魏行台辛术带领军队进犯梁朝，围攻阳平，没有攻克。

侯景纳上女溧阳公主，甚爱之。三月，甲申，景请上禊宴于乐游苑，帐饮三日。上还宫，景与公主共据御床，南面并坐，群臣文武列坐侍宴。

庚申，东魏进丞相洋爵为齐王。

临川内史始兴王毅等击庄铁，鄱阳王范遣其将巴西侯瑱救之，毅等败死。

鄱阳世子嗣与任约战于三章，约败走；嗣因徙镇三章，谓之安乐栅。

【译文】侯景娶了梁简文帝萧纲的女儿溧阳公主，十分疼爱她。三月，甲申日（三月无此日），侯景在乐游苑请梁简文帝参加在水边举行的驱除不祥祭祀的春禊宴聚，施帐设饮一共三天。梁简文帝回宫后，侯景与溧阳公主一同坐在御床上，背北朝南并肩坐着，文武百官并列两旁侍奉宴饮。

庚申日（十一日），东魏晋升丞相高洋的爵位为齐王。

梁朝临川内史始兴人王毅等攻打庄铁，鄱阳王萧范派遣他的大将巴西人侯瑱去援救庄铁，王毅等战败被杀。

鄱阳王世子萧嗣与任约在三章交战，任约战败逃走，萧嗣因此迁移镇守在三章，称作安乐栅。

夏，四月，庚辰朔，湘东王绎以上甲侯韶为长沙王。

丙午，侯景请上幸西州，上御素辇，侍卫四百馀人，景浴铁数千，翼卫左右。上闻丝竹，凄然泣下，命景起舞，景亦请上起舞。酒阑坐散，上抱景于床曰："我念丞相。"景曰："陛下如不念臣，臣何得至此！"逮夜乃罢。

时江南连年旱蝗，江、扬尤甚，百姓流亡，相与入山谷、江湖，采草根、木叶、菱芡而食之，所在皆尽，死者蔽野。富室无食，皆鸟面鹄形，衣罗绮，怀金玉，俯伏床帷，待命听终。千里绝烟，人迹罕见，白骨成聚，如丘陇焉。

【译文】夏季，四月，庚辰朔日（初一），湘东王萧绎任命上甲侯萧韶为长沙王。

丙午日（二十七日），侯景请求梁简文帝萧纲到西州，梁简文帝乘坐白色的辇车，侍卫有四百多人，侯景则有刚猛的铁甲卫士数千名跟随，分在左右保护。梁简文帝听到音乐声，悲伤地流下眼泪，命侯景起来跳舞，侯景也请梁简文帝起来跳舞。

酒宴快结束，坐上的人逐渐散去，梁简文帝萧纲在座席上抱着侯景说："我很想念你啊，丞相！"侯景说："陛下假如不想念我，我怎么能到这里呢？"宴会一直到晚上才结束。

当时江南连年发生旱灾、蝗灾，江州、扬州尤其厉害，百姓四处迁徙逃亡，也有相互结伴到山谷、江湖，采草根、树叶和菱角、苽米来吃的，饥民所到之处，都没吃的东西了，死人满山遍野。有钱人家也没有吃的东西，个个饿得都像鸟一样尖脸，像鹄般的身形，只好穿起绫罗绸缎的衣服，身上戴着珠宝，睡在床上，等待死亡来临。千里之内没有煮饭的烟火，也很少看得见人的踪迹，一堆堆人死后的白骨，仿佛小山丘一样堆着。

景性残酷，于石头立大碓，有犯法者捣杀之。常戒诸将曰："破栅平城，当净杀之，使天下知吾威名。"故诸将每战胜，专以焚掠为事，斩刈人如草芥，以资戏笑。由是百姓虽死，终不附之。又禁人偶语，犯者刑及外族。为其将帅者，悉称行台，来降附者，悉称开府，其亲寄隆重者曰左右厢公，勇力兼人者曰库直都督。

魏封皇子儒为燕王，公为吴王。

侯景召宋子仙还京口。

邵陵王纶在郢州，以听事为正阳殿，内外斋阁，悉加题署。其部下陵暴军府，郢州将佐莫不怨之。谘议参军江仲举，南平王恪之谋主也，说恪图纶，恪惊曰："若我杀邵陵，宁静一镇，荆、益兄弟必皆内喜，海内若平，则以大义责我矣。且巨逆未枭，骨肉相残，自亡之道也。卿且息之。"仲举不从，部分诸将，刻日将发；谋泄，纶压杀之。恪狼狈往谢，纶曰："群小所作，非由兄也。

凶党已毙，兄勿深忧！"

【译文】 侯景性情残暴，在石头城设立大石碓。有触犯刑律的就用石碓捣杀。常常告诫各位将领说："把敌人的栅门攻陷或讨平了城镇，就要将那里的人都杀掉，让天下的人都知道我们的厉害。"因此他的将领们每次打胜仗，就专门做烧杀掠夺的事，杀人、砍人就好像在砍草一样，甚至有以此来游戏玩乐的。因而百姓即使明知是死也不归顺他。侯景还下令禁止百姓互相交谈，违反的受刑罚还要株连亲戚。做他的将帅的，一律称呼为行台；来投降归顺的，一律称呼为开府；他身边的亲信就称左右厢公，比一般人勇猛刚强的称库直都督。

西魏文帝元宝炬封皇子元儒为燕王，元公为吴王。

侯景召唤宋子仙返回京口。

邵陵王萧纶在郢州，将州衙办公署称作正阳殿，将里里外外的斋堂阁楼都加上名称。他的部下欺压萧恪的将帅，因此郢州的将佐没有不怨恨他的。谘议参军江仲举，是南平王萧恪的重要谋士，于是游说萧恪除掉萧纶，萧恪惊讶地说："假如我杀掉了邵陵王，让一镇得以保持宁静，荆州、益州的兄弟们，内心一定十分喜悦，海内倘若平定了，那么大家一定会用兄弟的大义来指责我，况且现在最大的敌人侯景还没有消灭，骨肉就要相互残杀，这是自取灭亡的道路，你还是暂时打消这个念头吧！"江仲举不肯听从，部署诸将，约定日期将要发动兵变，结果事情被泄露出去，邵陵王萧纶压死了他。萧恪狼狈地前去谢罪，萧纶说："是那批小人的所作所为，不是兄长的意思。凶党都已经死了，兄长不必忧虑！"

王僧辩急攻长沙，辛巳，克之。执河东王誉，斩之，传首江陵，湘东王绎反其首而葬之。

初，世子方等之死，临蒸周铁虎功最多，誉委遇甚重。僧辩得铁虎，命烹之，呼曰："侯景未灭，奈何杀壮士！"僧辩奇其言而释之，还其麾下。绎以僧辩为左卫将军，加侍中、镇西长史。

绎自去岁闻高祖之丧，以长沙未下，故匿之。壬寅，始发丧，刻檀为高祖像，置于百福殿，事之甚谨，动静必咨焉。绎以为天子制于贼臣，不肯从大宝之号，犹称太清四年。丙午，绎下令大举讨侯景，移檄远近。

【译文】 王僧辩急切地攻打长沙，辛巳日（初二），攻克了长沙。拘捕了河东王萧誉，并杀死了他。将首级传送到江陵，湘东王萧绎把萧誉首级送回长沙安葬了他。

起初，萧绎世子萧方等战死，萧誉部将临蒸人周铁虎的功劳最多，萧誉很看重他。王僧辩捉到了周铁虎，命令部属将他烹杀掉，他大叫说："侯景还没有消灭，为什么要杀壮士？"王僧辩对他说的话感到惊讶，就释放了他，将他的部下也还给他。萧绎任命王僧辩为左卫将军，加侍中、镇西长史。

萧绎从去年听到梁高祖萧衍驾崩的消息后，由于长沙还没有攻下来，于是将消息隐匿起来。壬寅日（二十三日），才为梁武帝萧衍发丧，用檀木雕刻了高祖的肖像，放置在百福殿，十分恭谨地供奉，一举一动都前往请示。萧绎认为简文帝萧纲被贼臣侯景控制着，因而不肯用大宝的年号，仍旧称作太清四年。丙午日（二十七日），萧绎下令大举出兵征讨侯景，并且用檄文通知远近各地。

鄱阳王范至溢城，以晋熙为晋州，遣其世子嗣为刺史，江州郡县多辄改易。寻阳王大心，政令所行，不出一郡。大心遣兵击庄铁，嗣与铁素善，请发兵救之，范遣侯瑱帅精甲五千助铁。由是二镇互相猜忌，无复讨贼之志。大心使徐嗣徽帅众二千，筑垒稽亭以备范，市籴不通，范数万之众，无所得食，多饿死。范愤恚，疽发于背，五月，乙卯，卒。其众秘不发丧，奉范弟安南侯恬为主，有众数千人。

丙辰，侯景以元思虔为东道大行台，镇钱塘。丁巳，以侯子鉴为南兖州刺史。

【译文】鄱阳王萧范到了溢城，将晋熙郡改为晋州，任命他的世子萧嗣为刺史，江州所属郡县的守令多被更换。寻阳王萧大心，他的政令推行范围只在寻阳一郡而已。萧大心派兵去攻打庄铁，萧嗣和庄铁平常交情不错，因而庄铁请求他们派兵来援救，萧范派侯瑱带领精锐甲兵五千去援助庄铁，因此两镇相互猜疑忌恨，再也没有征讨叛贼侯景的心志了。萧大心命徐嗣徽带领部众两千名，在稽亭建造堡垒来防范萧范的军队，阻断了交通，当时市面上买不进米粮，萧范有数万名部众，没有办法得到粮食充饥，大多饿死了。萧范愤怒怨恨，背上毒疮发作，五月，乙卯日（初七），萧范去世。萧范的军队封锁消息不发讣闻，共同推举萧范的弟弟安南侯萧恬做军主，有部众几千名。

丙辰日（初八），侯景任命元思虔为东道大行台，驻守钱塘。丁巳日（初九），任命侯子鉴为南兖州刺史。

东魏齐王洋之为开府也，勃海高德政为管记，由是亲昵，言无不尽。金紫光禄大夫丹杨徐之才、北平太守广宗宋景业，皆善图谶，以为太岁在午，当有革命，因德政以白洋，劝之受禅。洋以告娄太妃，太妃曰："汝父如龙，兄如虎，犹以天位不可妄据，终身北面。汝独何人，欲行舜、禹之事乎！"洋以告之才，之才曰："正为不及父兄，故宜早升尊位耳。"洋铸像卜之而成，乃使开府仪同三司段韶问肆州刺史斛律金，金来见洋，固言不可，以宋景业首陈符命，请杀之。洋与诸贵议于太妃前，太妃曰："吾儿懦直，必无此心，高德政乐祸，教之耳。"洋以人心不壹，使高德政如邺察公卿之意，未还；洋拥兵而东，至平都城，召诸勋贵议之，莫敢对。长史杜弼曰："关西，国之劲敌，若受魏禅，恐彼挟天子，自称义兵而东向，王何以待之！"徐之才曰："今与王争天下者，彼亦欲为王所为，纵其屈强，不过随我称帝耳。"弼无以应。高德政至邺，讽公卿，莫有应者。司马子如逆洋于辽阳，固言未可。洋欲还，仓丞李集曰："王来为何事，而今欲还？"洋伪使于东门杀之，而别令赐绢十匹，遂还晋阳。自是居常不悦。徐之才、宋景业等日陈阴阳杂占，云宜早受命。高德政亦敦劝不已。洋使术士李密卜之，遇《大横》，曰："汉文之卦也。"又使宋景业筮之，遇《乾》之《鼎》，曰："《乾》，君也。《鼎》，五月卦也。宜以仲夏受禅。"或曰："五月不可入官，犯之，终于其位。"景业曰："王为天子，无复下期，岂得不终于其位乎！"洋大悦，乃发晋阳。

【译文】东魏齐王高洋开府建署的时候，渤海人高德政做记室参军，因此两人十分亲近，无话不谈。金紫光禄大夫丹杨人徐之才、北平太守广宗人宋景业对图谶都有精深的研究，认为当太岁星运行到午年的时候，一定会有朝代更替的事情发生，于是由高德政向高洋禀告，劝高洋早点接受禅让。高洋将这件事告诉娄太妃，太妃说："你的父亲像一条龙一般，你的哥哥也似一头猛虎，他们都还认为皇位是不可以随便妄想占有的，因而一辈子仍然北面称臣，你是什么人，还贪心妄想去做像舜、禹那等伟大的事情吗？"高洋将这些话告诉徐之才，徐之才回答他：

“就是由于你比不上你的父兄，因而应当早点升到这尊贵的地位啊！”高洋铸造铜像卜问是否可以成功，又派开府仪同三司段韶去询问肆州刺史斛律金，斛律金来晋阳见高洋，坚持主张不可以这样做，认为宋景业首先陈述接受天命的符命，所以请求先将他杀掉。

高洋与各权贵在太妃面前商议，太妃说：“我的儿子个性非常懦弱耿直，必定不会有僭越的心志，高德政喜欢惹祸，是他教唆的。”高洋认为人们意见无法统一，派高德政到邺城去观察公卿们的心意，人还没回来；高洋便率兵东进，到了平都城召集各位功勋贵戚商议，大家都不敢回答。长史杜弼说：“关西宇文泰，是我们国家面对的实力雄厚的敌人，假如我们接受东魏孝静帝元善见的禅让，恐怕他们要挟持西魏文帝元宝炬，自称是忠义之师而向东发兵，大王要拿什么来应对他们呢？”徐之才说：“今天与我们争夺天下的那些人，他们也想做大王所想做的事，就算他们不服气，不过也会跟在我们后面称帝罢了。”杜弼无言以对。高德政到了邺城，劝谏公卿，没有人附和他。司马子如在辽阳迎接高洋，坚持主张不可接受禅让。高洋打算回到晋阳，仓丞李集说：“大王是为了什么事来的呢？现在却急着要回去？”高洋假装派人在东门将他杀掉，又另外命人赏赐他十匹绢，于是回到晋阳。从此以后，高洋常常很不高兴。徐之才、宋景业等人每天都在陈述阴阳占卜的道理，告诉高洋应当早点接受禅让的天命。高德政也不停地敦促劝说。高洋命术士李密占卜这件事，卜到《大横》的卦，说：“这是汉文帝刘恒登位占卜得到的卦啊！”又命宋景业用蓍草筮卜问，遇到《乾》卦变至《鼎》卦，说：“《乾》，是国君。《鼎》是五月的卦。应当在仲夏五月受禅。”有人说：“五月做官不可以上任，假如犯了忌，将死在这个位子上。"宋景业说:"大王当了天子,就不必还要有下一次的升迁了,怎么不是死在职位上呢?"高洋十分高兴,于是从晋阳出发。

高德政录在邺诸事,条进于洋,洋令左右陈山提驰驿赍事条并密书与杨愔。是月,山提至邺,杨愔即召太常卿邢劭等议撰仪注,秘书监魏收草九锡、禅让、劝进诸文;引魏宗室诸王入北宫,留于东斋。甲寅,东魏进洋位相国,总百揆,备九锡。洋行至前亭,所乘马忽倒,意甚恶之,至平都城,不复肯进。高德政、徐之才苦请曰:"山提先去,恐其漏泄。"即命司马子如、杜弼驰驿续入,观察物情。子如等至邺,众人以事势已决,无敢异言。洋至邺,召夫赍筑具集城南。高隆之请曰:"用此何为?"洋作色曰:"我自有事,君何问为! 欲族灭邪!"隆之谢而退。于是作圜丘,备法物。

【译文】高德政草拟了到达邺城应当办理的各项事务,分条向高洋汇报,高洋命令亲信陈山提乘驿站快马,拿着草拟的条目和秘密书信交给杨愔。这个月,陈山提到了邺城,杨愔立刻召集太常卿邢劭商量拟定各种礼节,秘书监魏收草拟九锡、禅让、劝进等各种文书;杨愔引领东魏的宗室诸王进入北宫,扣留在东斋。甲寅日(初六),东魏晋升高洋为宰相,总领百官,并准备给他车马、衣服、乐器、朱户、纳陛、虎贲、弓矢、铁钺、柜经鬯等九锡的礼遇。高洋行进到前亭,他乘坐的马突然倒地,高洋心里很讨厌,到了平都城,不肯再前进。高德政、徐之才极力请求说:"陈山提先到邺城,担心他会把消息泄露出去。"高洋随即命司马子如、杜弼由驿站借马继续前进进入邺城,以便观察人心。司马子如等到了邺城,大家以为大局已定,无法挽回，所以不敢有其他的议论。高洋到了邺城，征调民夫拿着筑墙工具在城南集合。高隆之向他请示说："用这些做什么？"高洋变了脸色说："我自有我的事，你问什么？想全族都被砍头是不是？"高隆之谢罪退下，于是修建圜丘，准备祭天典礼用的礼仪器物。

丙辰，司空潘乐、侍中张亮、黄门郎赵彦深等求入启事，东魏孝静帝在昭阳殿见之。亮曰："五行递运，有始有终。齐王圣德钦明，万方归仰，愿陛下远法尧、舜。"帝敛容曰："此事推挹已久，谨当逊避。"又曰："若尔，须作制书。"中书郎崔劼、裴让之曰："制已作讫。"使侍中杨愔进之。东魏主既署，曰："居朕何所？"愔对曰："北城别有馆宇。"乃下御坐，步就东廊，咏范蔚宗《后汉书·赞》曰："献坐不辰，身播国屯，终我四百，永作虞宾。"所司请发，帝曰："古人念遗簪弊履，朕欲与六宫别，可乎？"高隆之曰："今日天下犹陛下之天下，况在六宫！"帝步入，与妃嫔已下别，举宫皆哭。赵国李嫔诵陈思王诗云："王其爱玉体，俱享黄发期。"直长赵道德以故犊车一乘候于东阁，帝登车，道德超上抱之，帝叱之曰："朕自畏天顺人，何物奴敢逼人如此！"道德犹不下。出云龙门，王公百僚拜辞，高隆之洒泣。遂入北城，居司马子如南宅，遣太尉彭城王韶等奉玺绶，禅位于齐。

【译文】丙辰日（初八），司空潘乐、侍中张亮、黄门郎赵彦深等人请求上殿奏事，东魏孝静帝元善见在昭阳殿接见他们。张亮说："朝代的更迭，就像五行的运转，有始有终，齐王高洋圣明有德，四方归附景仰，希望陛下能仿效从前的圣君尧、舜禅让贤能的美德。"孝静帝元善见收敛仪容庄重地说："这件事我已经推让很久，谨当退位让贤。"又说："假如这样的话，我应当写禅让诏书。"中书郎崔劼、裴让之说:"禅让诏书已经拟好了。"让侍中杨愔呈递上来。东魏孝静帝元善见签署后,说:"你们要将朕迁到哪里呢?"杨愔回答说:"北城另外有一个馆舍。"孝静帝便走下宝座,走到东廊,吟诵范晔《后汉书·汉献帝纪》里的赞词说:"汉献帝刘协生不逢时,身遭播迁,国家又遭变故,汉有天下四百年而终,永远只能像尧的儿子丹朱一样做虞的宾客。"掌管禅让的官员,请孝静帝离开皇宫到别的馆舍去,孝静帝说:"古人对自己不要的发簪,破烂的鞋子都还会留念,朕想与六宫的妃嫔告别,可以吗?"高隆之说:"现在的天下仍旧是陛下的天下,更何况是六宫。"孝静帝走进后宫,与妃嫔及其下属告别,整个后宫的人都痛哭起来。赵国人李嫔吟诵陈思王曹植的诗:"大王要爱惜自己的福体,希望和大王共享有长寿。"直长赵道德准备了一辆车在东阁门等候,孝静帝登上车,赵道德越过前面抱住孝静帝,孝静帝十分生气地骂道:"朕敬畏上天,顺应民心,哪个不是东西的奴仆敢这样子逼迫主人!"赵道德仍然不下车。走出云龙门,王公百官都拜别送行,高隆之流泪哭泣。于是孝静帝进入北城,住在司马子如在邺城的南宅,派遣太尉彭城王元韶等捧着玉玺印绶,禅位给齐王高洋。

戊午,齐王即皇帝位于南郊,大赦,改元天保。自魏敬宗以来,百官绝禄,至是始复给之。己未,封东魏主为中山王,待以不臣之礼。追尊齐献武王为献武皇帝,庙号太祖,后改为高祖;文襄王为文襄皇帝,庙号世宗。辛酉,尊王太后娄氏为皇太后。乙丑,降魏朝封爵有差,其宣力霸朝及西、南投化者,不在降限。

文成侯宁起兵于吴,有众万人,己巳,进攻吴郡;行吴郡事侯子荣逆击,杀之。宁,范之弟也。子荣因纵兵大掠郡境。

自晋氏度江，三吴最为富庶，贡赋商旅，皆出其地。及侯景之乱，掠金帛既尽，乃掠人而食之，或卖于北境，遗民殆尽矣。

【译文】 戊午日（初十），齐王高洋在南郊即皇帝位，大赦境内，改年号为天保。从北魏敬宗元子攸以后，百官就停发俸禄，从现在开始又恢复供给。己未日（十一日），北齐封东魏孝静帝元善见为中山王，特别准许他不必以臣礼相待。追尊齐献武王高欢为献武皇帝，庙号为太祖，后来改为高祖；追尊文襄王高澄为文襄皇帝，庙号为世宗。辛酉日（十三日），尊王太后娄氏为皇太后。乙丑日（十七日），北齐将东魏给各位官员的封爵按不同情况降了级，那些追随高欢起兵的功勋贵戚，还有关西及江南等地来归降的，不在降爵的范围之内。

梁朝文成侯萧宁在吴郡起兵，共有部众一万人。己巳日（二十一日），萧宁向吴郡进攻，代行吴郡政事的侯子荣反击他，将萧宁杀死。萧宁，是萧范的弟弟。侯子荣于是放纵士兵在吴郡境内大肆劫掠。

自从东晋司马氏迁都江东以来，三吴可以说是最富庶的地区，朝廷贡品、租赋、商人、旅人都出于这里。等到侯景叛乱后，金帛被抢夺光了，于是开始抢人来吃，有的把人卖到北朝，留下来的百姓都快死光了。

是时，唯荆、益所部尚完实，太尉、益州刺史武陵王纪移告征、镇，使世子圆照帅兵三万受湘东王节度。圆照军至巴水，绎授以信州刺史，令屯白帝，未许东下。

六月，辛巳，以南郡王大连行扬州事。

江夏王大款、山阳王大成、宜都王大封自信安间道奔江陵。

齐主封宗室高岳等十人、功臣库狄干等七人皆为王。癸未，封弟浚为永安王，淹为平阳王，浟为彭城王，演为常山王，涣为上党王，淯为襄城王，湛为长广王，湝为任城王，湜为高阳王，济为博陵王，凝为新平王，润为冯翊王，洽为汉阳王。

【译文】这时，只有荆、益所属的地区还算完整充实，太尉、益州刺史武陵王萧纪向各征镇发布移文，派世子萧圆照带领兵卒三万名，受湘东王萧绎节度。萧圆照的部队到了巴水，萧绎授给他信州刺史的职位，命令他驻守白帝城，没有允许他继续东下。

六月，辛巳日(初三)，梁朝任用南郡王萧大连代行扬州政务。

江夏王萧大款、山阳王萧大成、宜都王萧大封从信安抄小路投奔江陵。

北齐国主高洋封宗室高岳、高隆之等十人，和功臣库狄干、斛律金、贺拔仁、韩轨、可朱浑道元等七人为王。癸未日(初五)，晋封弟弟高浚为永安王，高淹为平阳王，高浟为彭城王，高演为常山王，高涣为上党王，高淯为襄城王，高湛为长广王，高湝为任城王，高湜为高阳王，高济为博陵王，高凝为新平王，高润为冯翊王，高洽为汉阳王。

鄱阳王范既卒，侯瑱往依庄铁，铁忌之；瑱不自安，丙戌，诈引铁谋事，因杀之，自据豫章。

寻阳王大心遣徐嗣徽夜袭溢城，安南侯恬、裴之横等击走之。

齐主娶赵郡李希宗之女，生子殷及绍德；又纳段韶之妹。及将建中宫，高隆之、高德政欲结勋贵之援，乃言："汉妇人不可为天下母，宜更择美配。"帝不从。丁亥，立李氏为皇后，以段氏为昭仪，子殷为皇太子。庚寅，以库狄干为太宰，彭乐为太尉，潘相乐为司徒，司马子如为司空。辛卯，以清河王岳为司州牧。

【译文】鄱阳王萧范死后，侯瑱去投靠庄铁，庄铁猜忌他；侯瑱内心常常不安，丙戌日（初八），侯瑱设计欺骗庄铁说要商议要事，趁机将庄铁杀了，自己占据豫章。

寻阳王萧大心派遣徐嗣徽趁夜袭击溢城，安南侯萧恬、裴之横等攻击并赶跑了徐嗣徽。

北齐国主高洋娶了赵郡人李希宗的女儿，生了两个儿子高殷和高绍德，又娶了段韶的妹妹。等到将要建立中宫时，高隆之、高德政想结交功勋贵戚取得援助，就说："这些汉族的女人，不配母仪天下，应当再选择更好的对象婚配。"高洋不肯听从。丁亥日（初九），高洋立李氏做皇后，封段氏为昭仪，儿子高殷为皇太子。庚寅日（十二日），高洋任用库狄干做太宰，任命彭乐为太尉，潘相乐为司徒，司马子如为司空。辛卯日（十三日），高洋任用清河王高岳做司州牧。

侯景以羊鸦仁为五兵尚书。庚子，鸦仁出奔江西，将赴江陵，至东莞，盗疑其怀金，邀杀之。

魏人欲令岳阳王詧发哀嗣位，詧辞，不受。丞相泰使荣权册命詧为梁王，始建台，置百官。

陈霸先修崎头古城，徙居之。

初，燕昭成帝奔高丽，使其族人冯业以三百人浮海奔宋，因留新会。自业至孙融，世为罗州刺史，融子宝为高凉太守。高凉冼氏，世为蛮酋，部落十馀万家，有女，多筹略，善用兵，诸洞皆服其信义；融聘以为宝妇。融虽累世为方伯，非其土人，号令不行；冼氏约束本宗，使从民礼，每与宝参决辞讼，首领有犯，虽亲戚无所纵舍，由是冯氏始得行其政。

【译文】侯景任用羊鸦仁做五兵尚书。庚子日（二十二日），羊鸦仁出逃到江西，想要前往江陵，到了东莞，盗匪怀疑他身上藏有金子，截杀了他。

西魏想让岳阳王萧詧为梁武帝萧衍发丧并继承王位，萧詧辞谢，不肯接受。丞相宇文泰派荣权册封萧詧做梁王，开始建立行台，设立百官。

陈霸先修筑崎头古城，迁徙到那里驻守。

起初，北燕国昭成帝冯弘投奔到高丽，命他的族人冯业带三百个人用舟筏渡海投奔南朝宋国，因而留在新会。从冯业到他的孙子冯融，世世代代做罗州刺史，到冯融的儿子冯宝成为高凉太守。高凉大姓洗氏，世代是蛮族酋长，部落有十几万户，有个女儿，足智多谋，也很会用兵，各蛮洞都诚服于她的信义；冯融迎娶她做冯宝的妻子。冯融虽然世代为一方长官，但不是当地的土著，他的号令没办法推行；洗氏约束本族的人，让他们遵从老百姓应守的礼仪，和冯宝一起审问案件，假如有首领犯罪，虽然是亲戚也秉公办理，没有丝毫的宽容，因此冯氏才得以推行他的政令。

高州刺史李迁仕据大皋口，遣使召宝，宝欲往，洗氏止之曰："刺史无故不应召太守，必欲诈君共反耳。"宝曰："何以知之？"洗氏曰："刺史被召援台，乃称有疾，铸兵聚众而后召君；此必欲质君以发君之兵也，愿且无往以观其变。"数日，迁仕果反，遣主帅杜平虏将兵入灨石，城鱼梁以逼南康，陈霸先使周文育击之。洗氏谓宝曰："平虏，骁将也，今入灨石与官军相拒，势未得还，迁仕在州，无能为也。君若自往，必有战斗，宜遣使卑辞厚礼告之曰：'身未敢出，欲遣妇参。'彼闻之，必憙而无备。我将千馀人，步担杂物，唱言输赕，得至栅下，破之必矣。"宝从之。迁仕果不设备，洗氏袭击，大破之，迁仕走保宁都。文育亦击走平虏，据其城。洗氏与霸先会于瀼石，还，谓宝曰："陈都督非常人也，甚得众心，必能平贼，君宜厚资之。"

【译文】高州刺史李迁仕占据大皋口，派遣使者召请冯宝，冯宝想前往，洗氏阻止他说："刺史不应当无缘无故召唤太守，一定想欺骗你一同反叛。"冯宝说："你怎么知道呢？"洗氏说："刺史被召唤去救援朝廷时，就以有病在身而推托，铸造兵器又聚合部队，然后才召唤你，这一定是想将你当人质，而命令你出动军队，希望暂时不要去以观察他的变化。"几天后，李迁仕果然造反，派遣主帅杜平虏带领军队进到瀼石，在鱼梁修筑城池，接着进逼南康，陈霸先派周文育去攻打他。洗氏对冯宝说："杜平虏是一位勇将，现在进入瀼石与官军对抗，依形势看一时回不来，李迁仕在高州，现在也没办法做什么。你假如自行前往，一定打仗，所以应当派遣使者用谦卑的言辞和厚重的礼物去告诉他说：'我不敢自己前来，所以想派遣我的夫人前来参见。'他一听，一定很高兴而没有防备的心。我带领一千多人，一边挑着杂物走路，一边宣扬着说，要用财物来赎罪，能靠近到栅栏下，击败他们是必然的事。"冯宝采纳了她的建议。李迁仕果然不设防备，洗氏偷袭攻击，大败他们的军队，李迁仕逃走投奔宁都。周文育也将杜平虏赶走，攻占了瀼石镇。洗氏与陈霸先在瀼石会合，回来后，洗氏对冯宝说："陈都督不是一般的人才，很得士兵的拥护，一定能平定贼兵，你应当全力资助他。"

湘东王绎以霸先为豫州刺史，领豫章内史。

辛丑,裴之横攻稽亭,徐嗣徽击走之。

秋,七月,辛亥,齐立世宗妃元氏为文襄皇后,宫曰静德。又封世宗子孝琬为河间王,孝瑜为河南王。乙卯,以尚书令封隆之录尚书事,尚书左仆射平阳王淹为尚书令。

辛酉,梁王詧入朝于魏。

【译文】 湘东王萧绎任命陈霸先为豫州刺史,兼领豫章内史。

辛丑日(二十三日),裴之横攻打稽亭,徐嗣徽打跑了他。

秋季,七月,辛亥日(初三),北齐立世宗高澄的妃子元氏为文襄皇后,宫室名为静德殿。又封世宗高澄的儿子高孝琬为河间王、高孝瑜为河南王。乙卯日(初七),北齐任命尚书令封隆之为录尚书事,尚书左仆射平阳王高淹为尚书令。

辛酉日(十三日),梁王萧詧到西魏朝见文帝元宝炬。

【乾隆御批】 詧虽为湘东所逼,然舍宗邦而朝敌国,卒致衅成,骨肉庙社邱墟。其罪实浮于绎矣。作史者以其子孙仕唐显贵,遂多恕辞,岂得为直笔哉?

【译文】 萧詧虽然被湘东王所逼迫,然而舍弃自己的国家去朝拜敌国,终于导致战事的形成,骨肉宗庙变成了废墟。他的罪恶实在是超过了萧绎。作史者因为他的子孙在唐朝为官显贵,于是多有宽恕之辞,这难道可以称得上是秉笔直书的忠直史官吗?

初,东魏遣仪同武威牒云洛等迎鄱阳世子嗣,使镇皖城。嗣未及行,任约军至,洛等引去;嗣遂失援,出战,败死。约遂略地至溢城,寻阳王大心遣司马韦质出战而败,帐下犹有战士千馀人,咸劝大心走保建州;大心不能用,戊辰,以江州降约。先是,大心使前太子洗马韦臧镇建昌，有甲士五千，闻寻阳不守，欲帅众奔江陵，未发，为麾下所杀。臧，粲之子也。

于庆略地至豫章，侯瑱力屈，降之，庆送瑱于建康。景以瑱姓，待之甚厚，留其妻子及弟为质，遣瑱庆徇蠡南诸郡，以瑱为湘州刺史。

【译文】起初，东魏派遣仪同武威人牒云洛等去迎接鄱阳王世子萧嗣，让他镇守皖城。萧嗣还来不及出发，任约的军队就到了。牒云洛等率军退走，萧嗣于是失去了援军，出兵作战，战败而死。任约于是侵占土地到达溢城，寻阳王萧大心派遣司马韦质出去应战，战败，帐下还有战士一千多人，都劝萧大心退守建州，萧大心不肯听从，戊辰日（二十日），献出江州向任约投降。从前萧大心派太子洗马韦臧镇守建昌，有武装士兵五千名，听说寻阳已经失守，想带领部众投奔江陵，还没出发，就被部下杀死。韦臧，是韦粲的儿子。

侯景部将于庆侵占土地到达豫章，侯瑱兵力不足，投降了于庆，于庆将侯瑱送到建康。侯景因为与侯瑱是同姓，所以待他十分优厚，将他的妻子和弟弟留下来做人质，派侯瑱跟随于庆去安抚彭蠡湖以南的各郡，任命侯瑱为湘州刺史。

初，巴山人黄法氍，有勇力，侯景之乱，合徒众保乡里。太守贺诩下江州，命法氍监郡事。法氍屯新淦，于庆自豫章分兵袭新淦，法氍败之。陈霸先使周文育进军击庆，法氍引兵会之。

邵陵王纶闻任约将至，使司马蒋思安将精兵五千袭之，约众溃；思安不设备，约收兵袭之，思安败走。

湘东王绎改宜都为宜州，以王琳为刺史。

是月，以南郡王大连为江州刺史。

【译文】起初，巴山人黄法氍有勇力，当侯景叛乱的时候，联合百姓保卫乡里。巴山太守贺诩到江州，委派黄法氍监管巴山郡中事务。黄法氍驻守在新淦，于庆从豫章分派军队攻击新淦，黄法氍打败了他。陈霸先派周文育进军攻打于庆，黄法氍率领部队与他会合。

邵陵王萧纶听说任约将要到来，派司马蒋思安带领精锐军队五千人去袭击任约，任约部众溃败；蒋思安不做防备，任约收拾残兵偷袭他，蒋思安战败逃走。

湘东王萧绎将宜都改为宜州，任命王琳为刺史。

这个月，梁朝任命南郡王萧大连为江州刺史。

魏丞相泰以齐主称帝，帅诸军讨之。以齐王郭镇陇右，徵秦州刺史宇文导为大将军、都督二十三州诸军事，屯咸阳，镇关中。

益州沙门孙天英帅徒数千人夜攻州城，武陵王纪与战，斩之。

邵陵王纶大修铠仗，将讨侯景。湘东王绎恶之，八月，甲午，遣左卫将军王僧辩、信州刺史鲍泉等帅舟师一万东趣江、郢，声言拒任约，且云迎邵陵王还江陵，授以湘州。

齐主初立，励精为治。赵道德以事属黎阳太守清河房超，超不发书，棓杀其使；齐主善之，命守宰各设棓以诛属请之使。久之，都官中郎宋轨奏曰：“若受使请赇，犹致大戮，身为枉法，何以加罪！”乃罢之。

【译文】西魏丞相宇文泰因为北齐国主高洋称帝，带领各路军队讨伐高洋。宇文泰派齐王元郭镇守陇右，征调秦州刺史宇文导做大将军，都督二十三州诸军事，驻兵咸阳，以镇守关中。

益州和尚孙天英带领徒众几千人趁夜攻打州城，武陵王萧纪和他交战，将孙天英杀了。

邵陵王萧纶大修铠甲、兵器，将要征讨侯景。湘东王萧绎厌恶他，八月，甲午日（十七日），萧绎派遣左卫将军王僧辩、信州刺史鲍泉等带领水军一万名，向东奔赴江、郢，声称去对抗任约，而且还说要迎接邵陵王萧纶回江陵，将湘州给他。

北齐国主高洋刚刚登基，励精图治。赵道德以私事请托黎阳太守清河人房超，房超不打开请托信，用大杖打死了使者；北齐国主高洋赞赏房超，命令郡县长官各自设置大杖来击杀请托的使者。过了很久，都官中郎宋轨上奏章说："假如奉命去请托，还要导致杀身的大刑，那要是自身触犯了刑法，怎样加罪呢？"高洋才罢除了这种刑法。

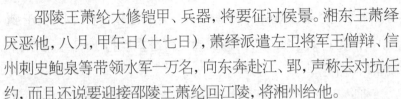

司都功曹张老上书请定齐律，诏右仆射薛琡等取魏《麟趾格》，更讨论损益之。

齐主简练六坊之人，第一人必当百人，任其临陈必死，然后取之，谓之"百保鲜卑"。又简华人之勇力绝伦者，谓之"勇士"，以备边要。

始立九等之户，富者税其钱，贫者役其力。

九月，丁巳，魏军发长安。

【译文】司都功曹张老上书请求制定北齐的法律，北齐国主高洋下令右仆射薛琡等人将从前北魏《麟趾格》的法令制度，再拿来讨论删改修订。

北齐国主高洋精选六军的宿卫兵士，必须每个人能对付一百个人，保证他一到战阵必能抱定必死决心，才能入选，叫作"百保鲜卑"，又选了汉人里面勇力超凡的人，号称"勇士"，以备边防要塞之需。

北齐国主高洋又开始把户口制定为九等级，有上、中、下三等，每等又分上中下，有钱的就缴纳钱财，没钱的就服徭役劳工。

九月，丁巳日（初十），西魏军从长安出发向东攻打北齐。

王僧辩军至鹦鹉洲，郢州司马刘龙虎等潜送质于僧辩，邵陵王纶闻之，遣其子威正侯礩将兵击之，龙虎败，奔于僧辩。纶以书责僧辩曰："将军前年杀人之侄，今岁伐人之兄，以此求荣，恐天下不许！"僧辩送书于湘东王绎，绎命进军。辛酉，纶集其麾下于西园，涕泣言曰："我本无他，志在灭贼，湘东常谓与之争帝，遂尔见伐。今日欲守则交绝粮储，欲战则取笑千载，不容无事受缚，当于下流避之。"麾下壮士争请出战，纶不从，与礩自仓门登舟北出。僧辩入据郢州。绎以南平王恪为尚书令、开府仪同三司，世子方诸为郢州刺史，王僧辩为领军将军。

【译文】王僧辩的军队到了鹦鹉洲，郢州司马刘龙虎等暗中派人送礼给王僧辩，邵陵王萧纶听到后，派遣他的儿子威正侯萧礩带领军队去攻打刘龙虎，刘龙虎战败，投奔到王僧辩那儿。萧纶写信去责备王僧辩说："将军前年杀了人家的侄子，今年又征讨人家的哥哥，用这种方法求荣，恐怕是天下人所不答应的事。"王僧辩写信给湘东王萧绎，萧绎命令他继续进兵。辛酉日（十四日），萧纶将部下集合到西园，流着眼泪说："我本来没有其他的野心，只是立志想把贼兵消灭而已，可是湘东王萧绎常常说我是想跟他争帝位，所以多次讨伐我。现在假如我想守住城池，就会断绝粮运储备，倘若想开战，又怕会让千年以后的人耻笑，又不能无缘无故就被抓去，因而决定到下游去避一避难。"部下壮士都争着请求出战，萧纶不肯听从，和他的儿子萧礩从仓门乘船向北出逃。王僧辩进城占据郢州。萧绎任命南平王萧恪为尚书令、开府仪同三司，世子萧方诸任郢州刺史，王僧辩任领军将军。

纶遇镇东将军裴之高于道，之高之子畿掠其军器，纶与左右轻舟奔武昌涧饮寺，僧法馨匿纶于岩穴之下。纶长史韦质、司马姜律等闻纶尚存，驰往迎之，说七栅流民以求粮仗。纶出营巴水，流民八九千人附之，稍收散卒，屯于齐昌，遣使请降于齐，齐以纶为梁王。

湘东王绎改封皇子大款为临川王，大成为桂阳王，大封为汝南王。

癸亥，魏军至潼关。

庚午，齐主如晋阳，命太子殷居凉风堂监国。

南郡王中兵参军张彪等起兵于若邪山，攻破浙东诸县，有众数万。吴郡人陆令公等说太守南海王大临往依之，大临曰："彪若成功，不资我力；如其桡败，以我自解。不可往也。"

【译文】萧纶在路上遇到镇东将军裴之高，裴之高的儿子裴畿强夺了他的兵器，萧纶和身边的人乘快船逃到武昌涧饮寺，僧人法馨将萧纶藏在岩洞下面。萧纶的长史韦质、司马姜律等听说萧纶还活着，跑去迎接他，说服了北江州七栅的流亡百姓资助粮草兵器。萧纶出来在巴水扎营，流民中有八九千人都去投靠他，渐渐收集了失散的士卒，驻扎在齐昌。派遣使者去向北齐请和，北齐国主高洋任命萧纶为梁王。

湘东王萧绎改封皇子萧大款为临川王，萧大成为桂阳王，萧大封为汝南王。

癸亥日（十六日），西魏军队到了潼关。

庚午日（二十三日），北齐国主高洋到了晋阳，命令太子高殷住在凉风堂监理国事。

南郡王中兵参军张彪等从若邪山起兵，攻克了浙东各县，有部众好几万人。吴郡人陆令公等劝说太守南海王萧大临去投奔他，萧大临说："张彪假如会成功，不需要我们的力量；倘若他失败了，就会将罪过归到我们身上以求自我解脱，因而不可以去投靠他。"

任约进寇西阳、武昌。初，宁州刺史彭城徐文盛募兵数万人讨侯景，湘东王绎以为秦州刺史，使将兵东下，与约遇于武昌。绎以庐陵王应为江州刺史，以文盛为长史行府州事，督诸将拒之。应，续之子也。邵陵王纶引齐兵未至，移营马栅，距西阳八十里，任约闻之，遣仪同叱罗子通等将铁骑二百袭之，纶不为备，策马亡走。时湘东王绎亦与齐连和，故齐人观望，不助纶。定州刺史田祖龙迎纶，纶以祖龙为绎所厚，惧为所执，复归齐昌。行至汝南，魏所署汝南城主李素，纶之故吏也，开城纳之，任约遂据西阳、武昌。

【译文】任约进兵侵犯西阳、武昌。起初，宁州刺史彭城人徐文盛等招募了士兵好几万人去征讨侯景，湘东王萧绎任命他为秦州刺史，命他带领军队东下，与任约在武昌遭遇。萧绎任命庐陵王萧应为江州刺史，任命徐文盛为长史代理庐陵王管理军政事务，督导各位将领抵抗任约。萧应，是萧续的儿子。邵陵王萧纶引领的齐兵尚未到达，就将营地移到马栅，距离西阳八十里，任约听到后，派遣仪同叱罗子通等带领铁甲骑兵二百名偷袭他，萧纶没有防备，骑着马赶快逃跑。当时湘东王萧绎也和北齐联络，因而齐人只在旁边观望，不去援助萧纶。定州刺史田祖龙去迎接萧纶，但是萧纶认为田祖龙和萧绎的交情深厚，怕去了后反被他捉住，又回到齐昌。当他们走到汝南时，西魏任命的汝南城主李素，是萧纶从前的老部下，将城门打开接纳了他，任约于是攻占了西阳、武昌。

【乾隆御批】 建陵书喻湘东，执言尚正，即西园涕泣亦颇自知恻心。柳津乃以"不忠不孝"与仲礼并讥，持论不无矫激。然观纶终于降齐苟免。则畏首畏尾，亦不过彼善于此而已。

【译文】 邵陵王写信劝喻湘东王，他提出的主张还算正确，就是西园流泪也颇知自己的悲恸伤心。柳津却以"不忠不孝"的名义把他和柳仲礼一起讥讽，持论不免有些偏激。然而观察萧纶最终向齐投降，苟且免于损害。如果没有投降，也会畏首畏尾，只不过是他善于这样罢了。

裴之高帅子弟部曲千馀人至夏首，湘东王绎召之，以为新兴、永守二郡太守。又以南平王恪为武州刺史，镇武陵。

初，邵陵王纶以衡阳王献为齐州刺史，镇齐昌；任约击擒之，送建康，杀之。献，畅之孙也。

乙亥，进侯景位相国，封二十郡，为汉王，加殊礼。

岳阳王詧还襄阳。

【译文】 裴之高带领子弟和所属军队一千多人到了夏首，湘东王萧绎召见他，任命他做新兴、永宁二郡的太守。又任命南平王萧恪担任武州刺史，驻守武陵。

起初，邵陵王萧纶任用衡阳王萧献做齐州刺史，驻守齐昌，任约攻打并抓住了他，将他送到建康杀死。萧献，是萧畅的孙子。

乙亥日（二十八日），梁朝进封侯景为相国，封邑二十郡，为汉王，赐给他特殊的礼遇。

岳阳王萧詧回到襄阳。

黎州民攻刺史张贲，贲弃城走。州民引氐酋北益州刺史杨法琛据黎州，命王、贾二姓诣武陵王纪请法琛为刺史。纪深责之，囚法琛质子崇颢、崇虎。冬，十月，丁丑朔，法琛遣使附魏。

己卯，齐主至晋阳宫。广武王长弼与并州刺史段韶不协，齐主将如晋阳，长弼言于帝曰："韶拥强兵在彼，恐不知人意，岂可径往投之！"帝不听。既至，以长弼语告之，曰："如君忠诚，人犹有谗，况其馀乎！"长弼，永乐之弟也。乙酉，以特进元韶为尚书左仆射，段韶为右仆射。

【译文】黎州的百姓进攻刺史张贲，张贲弃城逃走，州民又引领氐族的酋长北益州刺史杨法琛占领了黎州，杨法琛派出王、贾二姓的人去觐见武陵王萧纪，请求任用杨法琛做黎州刺史。萧纪狠狠地痛骂他们，将杨法琛的儿子杨崇颢、杨崇虎当人质关了起来。冬季，十月，丁丑朔日（初一），杨法琛派遣使者想要依附西魏。

己卯日（初三），北齐国主高洋到达晋阳宫。广武王高长弼和并州刺史段韶不和，北齐国主高洋将往晋阳，高长弼对北齐国主高洋说："段韶在那里拥有强兵，恐怕不会顺从人意，怎么可以直接就去他那里呢？"北齐国主高洋不肯听从。到达晋阳后，北齐国主高洋就把高长弼说的话告诉了段韶，说："像你这么忠心耿耿的人，还有人进谗言，何况是其他的人呢！"高长弼，是高永乐的弟弟。乙酉日（初九），特别加封任命元韶任尚书左仆射，段韶任右仆射。

乙未，侯景自加宇宙大将军、都督六合诸军事，以诏文呈上。上惊曰："将军乃有宇宙之号乎！"

立皇子大钧为西阳王，大威为武宁王，大球为建安王，大昕为义安王，大挚为绥建王，大圜为乐梁王。

齐东徐州刺史行台辛术镇下邳。十一月，侯景徵租入建康，术帅众度淮断之，烧其谷百万石，遂围阳平，景行台郭元建引兵救之。壬戌，术略三千馀家，还下邳。

武陵王纪帅诸军发成都，湘东王绎遣使以书止之曰："蜀人勇悍，易动难安，弟可镇之，吾自当灭贼。"又别纸云："地拟孙、刘，各安境界；情深鲁、卫，书信恒通。"

【译文】乙未日（十九日），侯景加封自己为宇宙大将军、都督六合诸军事，写好诏文呈递给梁简文帝萧纲，梁简文帝惊讶地说："竟有宇宙将军的称号啊！"

梁简文帝萧纲立皇子萧大钧为西阳王，萧大威为武宁王，萧大球为建安王，萧大昕为义安王，萧大挚为绥建王，萧大圜为乐梁王。

北齐东徐州刺史行台辛术镇守下邳。十一月，侯景征调税租运往建康，辛术带领部队渡过淮河，截断了他漕运的道路，烧掉一百万石粮食，于是围攻阳平，侯景的行台郭元建领军救援。壬戌日（十六日），辛术劫掠了三千多户民众，回到下邳。

武陵王萧纪带领各路军队从成都出发，湘东王萧绎派遣使者送书信阻止他们说："蜀人勇猛凶悍，很容易躁动却很难平定，老弟你要好好镇守蜀地，我自会将贼兵灭掉。"又另外写一张字条说："想与你分地而治，像吴、蜀一样各为一国，并且希望我们像鲁、卫一样兄弟情深，常常互通书信。"

甲子，南平王恪帅文武拜笺推湘东王绎为相国，总百揆；绎不许。

魏丞相泰自弘农为桥，济河，至建州。丙寅，齐主自将出顿东城。泰闻其军容严盛，叹曰："高欢不死矣！"会久雨，自秋及冬，魏军畜产多死，乃自蒲阪还。于是河南自洛阳，河北自平阳已东，皆入于齐。

【译文】甲子日（十八日），南平王萧恪带领文武官员拿着奏表拜请推举湘东王萧绎为相国，总领百官；萧绎没有答应。

西魏丞相宇文泰从弘农建桥，渡过黄河，到达建州。丙寅日（二十日），北齐国主高洋带领军队驻扎在东城。宇文泰听说他的军队军容严整盛大，感叹地说："高欢没有死啊！"恰好雨下个不停，从秋到冬，西魏军队的牲畜大都死了，宇文泰就从蒲阪撤军。这时候河南从洛阳以东，河北从平阳以东，都划入北齐的疆界。

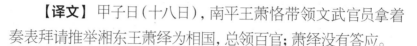

丁卯，徐文盛军贝矶，任约帅水军逆战，文盛大破之，斩叱罗子通、赵威方，仍进军大举口。侯景遣宋子仙等将兵二万助约，以约守西阳，久不能进，自出屯晋熙。

南康王会理以建康空虚，与太子左卫将军柳敬礼、西乡侯劝、东乡侯勔谋起兵诛王伟。安乐侯义理出奔长芦，集众得千馀人。建安侯贲、中宿世子子邕知其谋，以告伟。伟收会理、敬礼、劝、勔及会理弟祁阳侯通理，俱杀之。义理为左右所杀。钱塘褚冕，以会理故旧，捶掠千计，终无异言。会理隔壁谓之曰："褚郎，卿岂不为我致此？卿虽忍死明我，我心实欲杀贼！"冕竟不服，景乃宥之。劝，暠之子；贲，正德之弟子；子邕，憺之孙也。

【译文】丁卯日（二十一日），徐文盛驻军在贝矶，任约带领水军迎战，徐文盛大败任约，斩杀叱罗子通、赵威方，并且进兵大举口。侯景派遣宋子仙等带领士兵两万去援助任约，让任约守住西阳，任约很久不能前进，侯景只好自己出军驻守在晋熙。

南康王萧会理认为建康空虚，因而想与太子左卫将军柳敬礼、西乡侯萧劝、东乡侯萧勔起兵杀死王伟。安乐侯萧乂理出逃到长芦，招募士众共得到一千多人。建安侯萧贲、中宿世子萧子邕得知他们的谋划，就将此事告诉了王伟。王伟拘捕了萧会理、柳敬礼、萧劝、萧勔和萧会理的弟弟祁阳侯萧通理，将他们都杀死了。萧乂理被身边的人杀死。钱塘人褚冕，因为是萧会理的旧交，被王伟严刑拷打，始终没有二话。萧会理隔着墙壁对他说："褚郎，卿难道不是因为我而导致如此吗？卿虽然拼死维护我，但我的内心确实是想将贼人杀死。"褚冕终究不肯屈服，侯景只好宽宥他。萧劝，是萧昺的儿子；萧贲，是萧正德的弟弟；萧子邕，是萧憺的孙子。

帝自即位以来，景防卫甚严，外人莫得进见，唯武林侯谘及仆射王克、舍人殷不害，并以文弱得出入卧内，帝与之讲论而已。及会理死，克、不害惧祸，稍自疏。谘独不离帝，朝请无绝；景恶之，使其仇人刁戍刺杀谘于广莫门外。

帝之即位也，景与帝登重云殿，礼佛为誓云："自今君臣两无猜贰，臣固不负陛下，陛下亦不得负臣。"及会理谋泄，景疑帝知之，故杀谘。帝自知不久，指所居殿谓殷不害曰："庞涓当死此下。"

【译文】梁简文帝萧纲从即位以来，侯景对他的防卫十分严密，外人是没办法见到他的，只有武林侯萧谘和仆射王克、舍人殷不害可以见到，并且由于他们都是文弱书生，因而能够在梁简文帝的卧室内进进出出，梁简文帝也只是和他们谈论文义罢了。等到萧会理一死，王克、殷不害都很担心惹祸，渐渐疏远了梁简文帝。只有萧谘没有离开梁简文帝，每天朝见请安从未间断；侯景很厌恶他，就派萧谘的仇人刁戍在广莫门外把萧谘杀了。

梁简文帝萧纲即位时，侯景和梁简文帝登上重云殿，向着佛像叩拜发誓说："从今以后，我们君臣两个没有任何猜忌，臣一定不会辜负陛下，陛下也不能辜负了臣。"等到萧会理遇刺的消息泄露后，侯景怀疑梁简文帝早知道了这件事，所以杀了萧谘。梁简文帝知道自己可能不能久活，指着自己所住的宫殿对殷不害说："庞涓一定会死在这里。"

景自帅众讨杨白华于宣城，白华力屈而降，景以其北人，全之，以为左民尚书，诛其兄子彬以报来亮之怨。

十二月，丙子朔，景封建安侯贲为竟陵王，中宿世子子邕为随王，仍赐姓侯氏。

辛丑，齐主还邺。

邵陵王纶在汝南，修城池，集士卒，将图安陆。魏安州刺史马祐以告丞相泰，泰遣杨忠将万人救安陆。

武陵王纪遣潼州刺史杨乾运、南梁州刺史谯淹合兵二万讨杨法琛，法琛发兵据剑阁以拒之。

侯景还建康。

【译文】侯景带领部众到宣城去征讨杨白华，杨白华力竭投降，侯景认为杨白华是北方人，保全了他的性命，让他担任左民尚书，杀掉了他哥哥的儿子杨彬来报复从前来亮被杨白华杀死的仇恨。

十二月, 丙子朔日(初一), 侯景封建安侯萧贲做竟陵王, 中宿世子萧子邕为随王, 并且赐给他们姓侯。

辛丑日(二十六日), 北齐国主高洋从晋阳回到邺城。

邵陵王萧纶在汝南, 修筑城池, 集合士兵, 将攻打安陆。西魏安州刺史马祐将这件事禀告丞相宇文泰, 宇文泰派遣杨忠带领一万名军士去救援安陆。

武陵王萧纪派遣潼州刺史杨乾运、南梁州刺史谯淹联合士兵两万名去征讨杨法琛, 杨法琛出兵据守剑阁来对抗他们。

侯景从晋熙返回建康。

初, 魏敬宗以尔朱荣为柱国大将军, 位在丞相上; 荣败, 此官遂废。

大统三年, 文帝复以丞相泰为之。其后功参佐命, 望实俱重者, 亦居此官, 凡八人, 曰安定公宇文泰, 广陵王欣, 赵郡公李弼, 陇西公李虎, 河内公独孤信, 南阳公赵贵, 常山公于谨, 彭城公侯莫陈崇, 谓之八柱国。泰始籍民之才力者为府兵, 身租庸调, 一切蠲之, 以农隙讲阅战陈, 马畜粮备, 六家供之。合为百府, 每府一郎将主之, 分属二十四军。泰任总百揆, 督中外诸军; 欣以宗室宿望, 从容禁闼而已。馀六人各督二大将军, 凡十二大将军, 每大将军各统开府二人, 开府各领一军。是后功臣位至柱国大将军、开府仪同三司、仪同三司者甚众, 率为散官, 无所统御, 虽有继掌其事者, 闻望皆出诸公之下云。

齐主命散骑侍郎宋景业造《天保历》, 行之。

【译文】起初, 北魏敬宗元子攸任命尔朱荣担任柱国大将军, 位在丞相之上; 尔朱荣败亡以后, 这个官衔就被废掉了。

大统三年，西魏文帝元宝炬又任命丞相宇文泰担任这个官职。以后有辅佐皇帝登位之功，名望和功绩都很高的人，也担任这个官职，一共有八个人，这八个人是安定公宇文泰、广陵王元欣、赵郡公李弼、陇西公李虎、河内公独孤信、南阳公赵贵、常山公于谨、彭城公侯莫陈崇，称作八柱国。宇文泰这时开始登记平民中才智勇力出众的人作为府兵，他们自身的租、庸、调一切纳物都予以免除，利用农闲的时候，让他们操练武功，学习战争阵法，所需要的马匹粮草，由六家平民供应，共设一百府，每府由一郎将率领，一百府分属二十四个军。宇文泰担任总统领，督导中外诸军事；元欣因为是宗室中德高望重的人，位列八柱国，只是在宫禁中悠闲地进出罢了。其余的六人每人分别督导两大将军，共有十二位大将军，每位大将军又各统领开府两人，开府各率领一军。从此以后功臣中官位到柱国大将军、开府仪同三司、仪同三司的人很多，一律是闲散的官衔，没有统领军队，虽然也有继续掌管军队的，但是声名威望都在八柱国之下。

北齐国主高洋命令散骑侍郎宋景业制定《天保历》，颁布实行。

【乾隆御批】 隋唐府兵并祖宇文泰之制。刘友益以为得三代"寓兵于农"遗意。然沿及开元、天宝间，调发远征，勾稽缺籍，又成弊政矣。故曰：徒法，不能以自行。

【译文】 隋唐的府兵都源于宇文泰的制度。刘友益认为宇文泰的制度得益于三代"寓兵于农"遗留下来的意愿。然而沿袭到开元、天宝年间，调发府兵远征时，考核兵籍册，常常查不到士兵的名字，又成为一种弊政。因此说：空有法律，自己却不一定能够实行。